ADC BUCH 2006

ART DIRECTORS CLUB FÜR DEUTSCHLAND · VERLAG HERMANN SCHMIDT MAINZ

Sobald wir am Ziel unserer Wünsche sind, erlischt unser Interesse an den Objekten unserer Begierde. Unsere Sehnsucht entdeckt sofort etwas Neues.

INHALT

10	VORWORT
12	ADC JURYS
36	PUBLIKUMSANZEIGEN
82	PUBLIKUMSANZEIGEN LÄNGER LAUFENDER KAMPAGNEN
96	FACHANZEIGEN
108	TAGESZEITUNGSANZEIGEN
118	PLAKATE UND POSTER (INDOOR & OUTDOOR)
146	PRODUKT- UND WERBEBROSCHÜREN
148	KALENDER
160	TEXT
170	FOTOGRAFIE
196	ILLUSTRATION
204	VERKAUFSFÖRDERUNG
234	MEDIA
250	TV-SPOTS
284	KINOWERBEFILME
298	FILME FÜR VERKAUFSFÖRDERUNG
302	TV ON-AIR-PROMOTION
304	MUSIKKOMPOSITIONEN/SOUND DESIGN
312	TV-DESIGN/KINO-DESIGN
318	FUNK SPOTS
332	INTEGRIERTE KAMPAGNEN
338	DIALOGMARKETING
334	PRODUCT WEBSITES
369	CORPORATE WEBSITES
370	ONLINE ADVERTISING
376	GUERILLA MARKETING UND ALTERNATIVE MEDIEN
381	INTERAKTIVE MEDIEN IM RAUM
386	SPEZIALDISZIPLINEN
394	INFORMATIONSMEDIEN
398	GESCHÄFTSBERICHTE
402	BÜCHER UND VERLAGSOBJEKTE
416	KUNST-, KULTUR- UND VERANSTALTUNGSPLAKATE
424	CORPORATE DESIGN
426	GRAFISCHE EINZELARBEITEN
444	TYPOGRAFIE
450	PACKAGING
454	PUBLIC AREAS
458	KOMMUNIKATION IM RAUM
480	EVENTS
494	ZEITSCHRIFTENGESTALTUNG
510	ZEITSCHRIFTENTITEL
520	ZEITSCHRIFTENBEITRÄGE
538	ZEITUNGSGESTALTUNG
542	CORPORATE PUBLISHING
554	ADC JURY-CHAIRMAN
556	ADC STUDENT DES JAHRES
558	ADC TALENTE DES JAHRES
562	ADC JUNIOR DES JAHRES
564	ADC EHRENMITGLIED DES JAHRES
570	ADC KUNDE DES JAHRES
574	KREATIVPHOENIX
578	MITGLIEDER
610	EHRENMITGLIEDER
612	NACHRUFE
615	ADC VORSTAND
617	FÖRDERMITGLIEDER
618	DIE AGENTUREN, DIE PRODUKTIONEN, DIE VERLAGE
620	AUFTRAGGEBER: DIE FIRMEN
622	AUFTRAGGEBER: DIE PRODUKTE
626	DIE MACHER
640	IMPRESSUM

10

DER ADC MIT NEW FLAVOUR

Neulich las ich eine einfache Definition von Geisteskrankheit: »Die gleiche Sache immer wieder tun. Und erwarten, dass etwas anderes passieren wird.«

Im Allgemeinen erkennen wir nicht, wie sehr wir immer in den gleichen Denkmustern verharren. Dennoch sind wir irgendwann davon überzeugt, etwas Originelles geschaffen zu haben. Die meiste Zeit haben wir jedoch nichts Neues getan, sondern nur mehr von dem, was schon immer gemacht wurde – vielleicht nur mit einer kleinen persönlichen Note. Die Folge davon ist eine Welt der Gleichartigkeit. Tom Peters nennt sie ein »Meer von Ähnlichkeiten«. Jean Baudrillard bezeichnet sie als »fotokopierte Welt«.

In Zeiten von gehobenem Mainstream und demokratisiertem Design zeigen uns 20 Fachdisziplinen auf den folgenden 516 Seiten, dass immer mehr Kreative und Unternehmen nicht länger die alten Rezepte unverändert wiederkäuen. Dass wir uns der Vielfalt der verschiedenen Fachdisziplinen öffnen und sie vernetzen. Dass wir aufhören, Angst vor dem Wandel zu haben und arrogant gegenüber dem Neuen zu sein. Dass wir erkennen, welch bedeutende Rolle die Kreativität bei der Gestaltung des Wandels spielt.

Heute ist Wandel Diskontinuität. Mit anderen Worten: Der Wandel folgt keinem bestimmten Muster mehr. So müssen wir auch mit der Rationalität eines Denkens von oben nach unten oder vom Film zum Regalstopper brechen. Wir haben begonnen, verkehrt herum zu denken, von rechts nach links, von unten nach oben.

Die gegenseitige Verknüpfung der Medien wird noch stärker zunehmen. Der 30-Sekünder alleine wird nicht mehr der dominierende Werbeträger sein. Und eine simple visuelle Adaption auf andere Medien bedeutet noch lange keine integrierte Kommunikation.

So gesehen darf sich keine Fachdisziplin mehr über die andere stellen. Jede der 20 Kategorien dient uns als eine Ideen-Quelle. Und alle Quellen inspirieren in gleicher Weise. Neue Ideen können sich nur entwickeln, wenn Grenzen abgeschafft werden. In der Informationstechnologie – wie auch auf allen Gebieten der modernen Wissenschaft – wird dieser Fortschritt durch eine interdisziplinäre Arbeitsweise und die Kombination verschiedener Fähigkeiten bereits erreicht.

Wenn wir das akzeptieren, werden wir uns von so mancher Eitelkeit befreien und dazu beitragen, dass sich in Agenturen und auf Unternehmensseite weiter herumspricht: Die vielen isoliert gepflegten Spezialdisziplinen sind ein Relikt aus dem letzten Jahrhundert.

Im Sinne von Ideen, die auch wirklich »kleben« bleiben.

Michael Preiswerk,
Vorstandssprecher des ADC Deutschland

14 ADC JURYS

JURY 1 PUBLIKUMSANZEIGEN, PUBLIKUMSANZEIGEN LÄNGER LAUFENDER KAMPAGNEN

01 Tobias Ahrens **02** Paul Apostolou **03** Alexander Bartel **04** Dietmar Henneka **05** Ralf Heuel **06** Gepa Hinrichsen **07** Amir Kassaei, Juryvorsitz **08** Bastian Kuhn **09** Christian Mommertz **10** Michael Ohanian **11** Thomas Pakull **12** Martin Pross **13** Kai Röffen **14** Michael Schirner **15** Christian Traut **16** Oliver Voss **17** Gregor Wöltje

JURY 2 FACHANZEIGEN, TAGESZEITUNGSANZEIGEN

01 Feico Derschow **02** Kai Fehse **03** Christoph Herold **04** Detmar Karpinski **05** Stefan Kolle **06** Dagmar König **07** Thomas Kurzawski **08** Bernhard Lukas **09** Ralf Nolting
10 Lars Oehlschlaeger **11** Jan Ritter **12** Alex Römer **13** Tim Schneider **14** Sebastian Turner **15** Burkhart von Scheven, Juryvorsitz **16** Stefan Vonderstein **17** Timm Weber

ADC JURYS

JURY 3 PLAKATE UND POSTER (INDOOR & OUTDOOR)

01 Kathrin Berger 02 Arndt Dallmann 03 Kurt Georg Dieckert 04 Ove Gley 05 Florian Grimm 06 Delle Krause, Juryvorsitz 07 Johannes Krempl 08 Tim Krink
09 Gudrun Müllner 10 Patricia Pätzold 11 Nina Puri 12 Heiko Schmidt 13 Alexander Weber-Grün 14 Lars Wohlnick 15 Ewald Wolf 16 Peter Zizka

ADC JURYS 17

JURY 4 **PRODUKT- UND WERBEBROSCHÜREN, KALENDER**

01 Christoph Everke **02** Richard Jung, Juryvorsitz **03** Diether Kerner **04** Lars Kruse **05** Hartmut Pflüger **06** Raphael Püttmann **07** Jan Rexhausen **08** Heiner Baptist Rogge
09 Oliver Seltmann **10** Reinhard Spieker **11** Axel Thomsen **12** Conny J. Winter

JURY 5 TEXT

01 Catrin Florenz **02** Mike Friedrich **03** Jan Geschke **04** Doris Haider **05** Oliver Handlos **06** Judith Homoki **07** Armin Jochum **08** Eva Jung **09** Stephanie Krink **10** Harald Linsenmeier **11** Ono Mothwurf **12** Bettina Olf **13** Peter Quester **14** Armin Reins **15** Joachim Schöpfer **16** Matthias Wetzel, Juryvorsitz **17** Ulrich Zünkeler

JURY 6 **FOTOGRAFIE**

01 René Clohse **02** Uwe Düttmann **03** Georg Fischer **04** Heico Forster **05** Kai-Uwe Gundlach **06** Fritz Haase **07** Dirk Haeusermann, Juryvorsitz **08** Volker Hinz
09 Claudia Kempf **10** Till Leeser **11** Benjamin Lommel **12** Beat Nägeli **13** Alexander Reiss **14** Patrick They (ohne Abbildung) **15** Christian von Alvensleben **16** Thimoteus Wagner

01

02

03

04

05

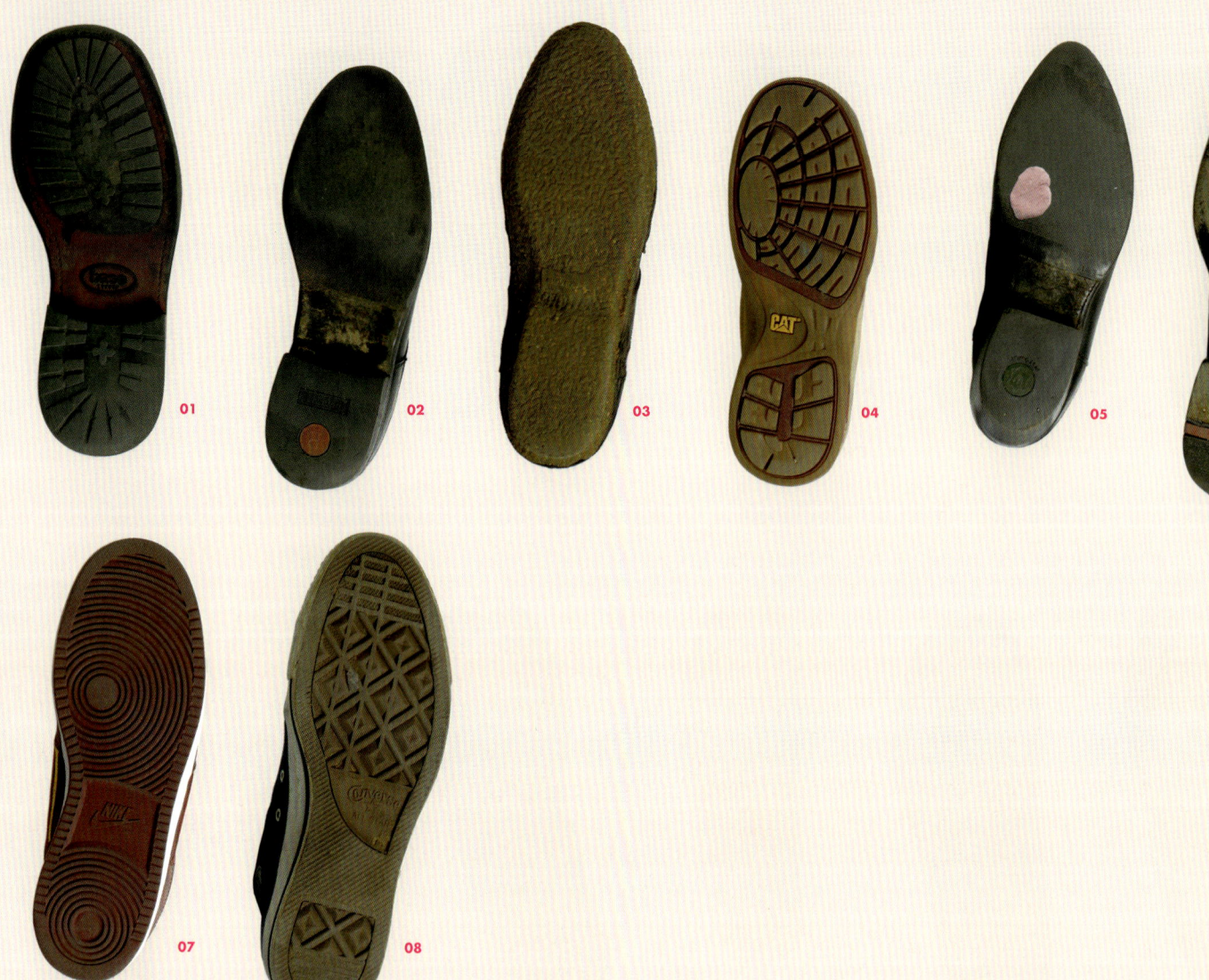

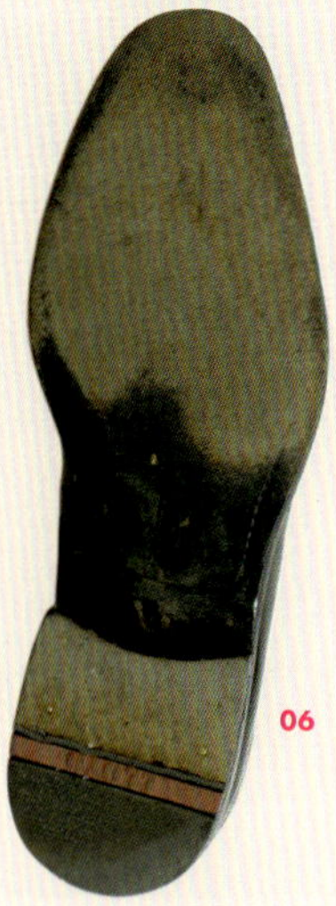
06

07

08

JURY 7 ILLUSTRATION

01 Oliver Diehr **02** Joseph Emonts-Pohl **03** Olaf Hajek **04** Thomas Hofbeck **05** Dietmar Reinhard, Juryvorsitz **06** Thilo Rothacker **07** Boris Schwiedrzik **08** Götz Ulmer

JURY 8 **VERKAUFSFÖRDERUNG, MEDIA**

01 Michael Barche **02** Philip Borchardt **03** Ekkehard Frenkler **04** Andreas Geyer **05** Peter Hirrlinger **06** Till Hohmann **07** Helen Kötter **08** Britta Poetzsch
09 Utz D. Rausch, Juryvorsitz **10** Matthias Schmidt **11** Christian Schwarm **12** Gerhard Peter Vogel **13** Thomas Walmrath

JURY 9 TV-SPOTS

01 Niels Alzen 02 Fred Baader 03 Sönke Busch 04 Oliver Frank 05 Andreas Grabarz, Juryvorsitz 06 Guido Heffels 07 Carsten Heintzsch 08 Caspar-Jan Hogerzeil
09 Mathias Jahn 10 Constantin Kaloff 11 André Kemper 12 Raphael Milczarek 13 Carlos Obers 14 Mike Ries 15 Alexander Schill 16 Deneke von Weltzien

JURY 10 KINOWERBEFILME, FILME FÜR VERKAUFSFÖRDERUNG, TV ON-AIR-PROMOTION

01 Hans-Joachim Berndt **02** Felix Bruchmann **03** Torsten Hennings **04** Nikolai Karo **05** Oliver Kessler **06** Robert Krause **07** Olaf Oldigs **08** Fiete Osenbrügge **09** Michael R. Reissinger **10** Stefan Schulte **11** Klemens Schüttken **12** Dörte Spengler-Ahrens **13** Julia Stackmann **14** Manfred Vogelsänger **15** Jürgen Vossen **16** Thomas Wildberger **17** Dietrich Zastrow, Juryvorsitz

JURY 11 MUSIKKOMPOSITIONEN/SOUND DESIGN, MUSIKVIDEOS, TV-DESIGN/KINO-DESIGN

01 Asta Baumöller 02 Reinhard Besser 03 Helge Blöck 04 Timo Blunck 05 Rainer Bollmann 06 Axel Eckstein 07 John Groves 08 Wilbert Hirsch, Juryvorsitz 09 Nicole Hoefer 10 Stephan Moritz 11 Christian Schneider 12 Christian Seifert 13 Heike Sperling 14 Mathias Willvonseder

JURY 12 FUNK SPOTS

01 Hans-Peter Albrecht 02 Robert Brünig 03 Kay Eichner 04 Klaus Funk, Juryvorsitz 05 Stephan Ganser 06 Matthias Harbeck 07 Ingo Höntschke 08 Alexander Jaggy
09 Peter Jooß 10 Jochen Leisewitz 11 Jan Leube 12 Jana Liebig 13 Matthias Lührsen 14 Andreas Manthey 15 Achim Szymanski 16 Ulrike Wegert 17 Harald Wittig

JURY 13 INTEGRIERTE KAMPAGNEN

01 Frank Dovidat 02 Wolf Heumann 03 Hans Dieter Kügler 04 Frank Lübke 05 Marco Mehrwald 06 Gerd Neumann 07 Jan Okusluk 08 Michael Preiswerk
09 Torsten Rieken 10 Volker Schrader 11 Marc Strotmann 12 Eric Urmetzer 13 Manfred Wappenschmidt 14 Arnfried Weiss 15 Claudia Willvonseder
16 Ralf Zilligen, Juryvorsitz 17 Stefan Zschaler

JURY 14 DIALOGMARKETING

01 Christoph Hildebrand **02** Joerg Jahn **03** Andreas Klemp **04** Michael Koch, Juryvorsitz **05** Wolfgang Sasse **06** Pius Walker **07** Hans Weishäupl

ADC JURYS

JURY 15 PRODUCT- UND CORPORATE WEBSITES, ONLINE ADVERTISING, CD-ROM/DVD, GUERILLA MARKETING UND ALTERNATIVE MEDIEN, INTERAKTIVE MEDIEN IM RAUM, SPEZIALDISZIPLINEN

01 Olaf Czeschner **02** Oliver Hinrichs **03** Lukas Kircher **04** Sven Klohk **05** David Linderman **06** Diddo Ramm **07** Oliver Viets **08** Michael Volkmer **09** Peter Waibel **10** Marc Wirbeleit, Juryvorsitz

 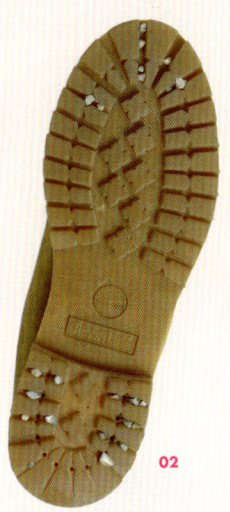  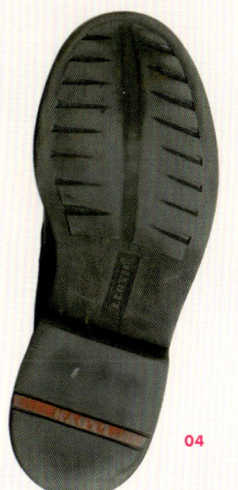  

 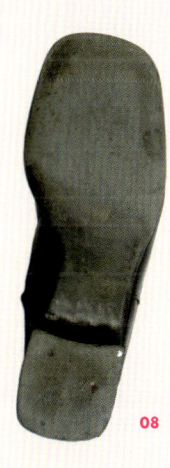 

JURY 16 INFORMATIONSMEDIEN, GESCHÄFTSBERICHTE, BÜCHER UND VERLAGSOBJEKTE, KUNST-, KULTUR- UND VERANSTALTUNGSPLAKATE

01 Stefan Baggen **02** Norbert Herold **03** Helmut Himmler **04** Uwe Marquardt **05** Chris Mayrhofer **06** Stefan Nowak **07** Jochen Rädeker, Juryvorsitz **08** Julia Schmidt **09** Wolfgang Schneider

JURY 17 CORPORATE DESIGN, GRAFISCHE EINZELARBEITEN, TYPOGRAFIE, PACKAGING, PUBLIC AREAS

01 Joerg Bauer **02** Wolfgang Behnken **03** Lo Breier **04** Veronika Classen **05** Kirsten Dietz **06** Johannes Erler **07** Thomas Feicht **08** Achim Heine **09** Klaus Hesse, Juryvorsitz **10** Achim Jäger **11** Detlef Krüger **12** Ivica Maksimovic **13** Raban Ruddigkeit **14** Matthias Spaetgens **15** Christine Taylor

JURY 18 KOMMUNIKATION IM RAUM

01 Frank Brammer **02** Heike Brockmann **03** Lutz Engelke **04** Michael Keller **05** Roland Lambrette, Juryvorsitz **06** Heinrich Paravicini **07** Peter Redlin **08** Daniel Requardt
09 Susanne Schmidhuber **10** Frank C. Ulrich **11** Manfred Wagner **12** Tobias Wannieck

01

02

03

04

05

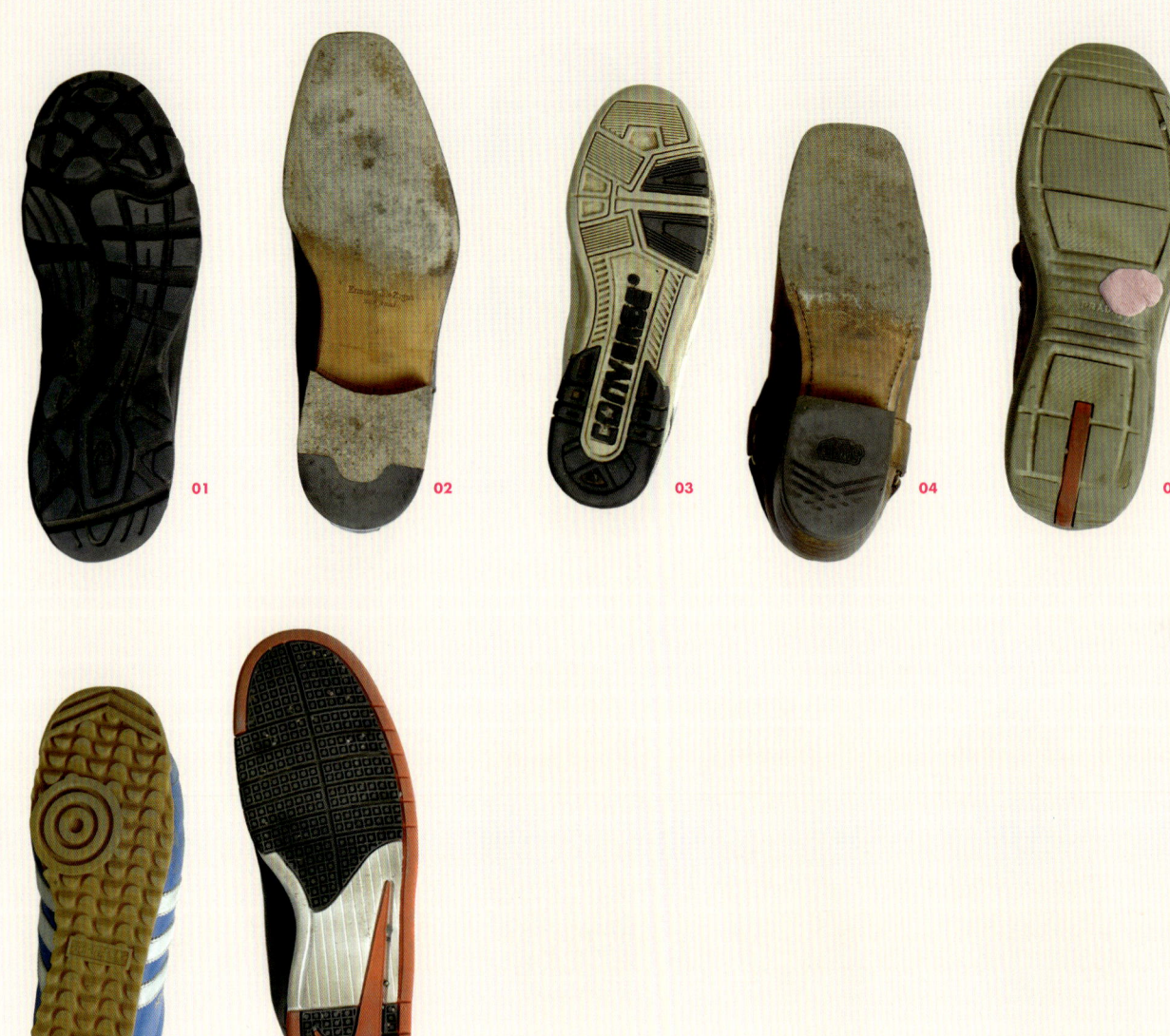

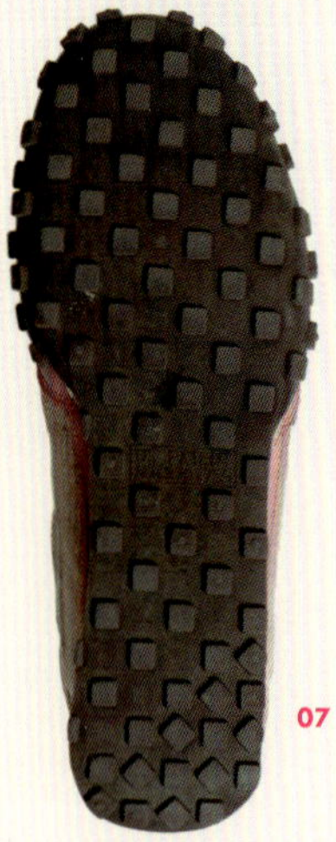

07

08

09

JURY 19 **EVENTS**

01 Tobias Eichinger **02** Claus Fischer **03** Sebastian Hardieck **04** Florian Käppler **05** Matthias Kindler, Juryvorsitz **06** Johannes Milla (ohne Abbildung) **07** Kerrin Nausch **08** Stefan Schäfer-Mehdi **09** Stefan Weil

JURY 20 ZEITSCHRIFTENGESTALTUNG, ZEITSCHRIFTENTITEL, ZEITSCHRIFTENBEITRÄGE, ZEITUNGSGESTALTUNG, CORPORATE PUBLISHING, REDAKTIONELLE ONLINE-BEITRÄGE

01 André Aimaq **02** Dirk Bartos **03** Wolfgang Behnken, Juryvorsitz **04** Mirko Borsche **05** Mieke Haase **06** Hubertus Hamm **07** Tom Jacobi **08** Daniel Josefsohn **09** Petra Langhammer **10** Dirk Linke **11** Dora Reale **12** Constantin Rothenburg **13** Patrick Schrag **14** Anna Clea Skoluda **15** Christoph Steinegger **16** Michael Weies **17** Jan Weiler

34 PUBLIKUMSANZEIGEN
PUBLIKUMSANZEIGEN LÄNGER LAUFENDER KAMPAGNEN
FACHANZEIGEN
TAGESZEITUNGSANZEIGEN
PLAKATE UND POSTER (INDOOR & OUTDOOR)

DIE KATEGORIE
PUBLIKUMSANZEIGEN
WIRD UNTERSTÜTZT VON
FOCUS

DIE KATEGORIE
PLAKATE UND POSTER
WIRD UNTERSTÜTZT VON
STRÖER
out of home media

ssic
werbung

BEYERDYNAMIC PREMIUM STEREO-KOPFHÖRER DT 990, DT 880, DT 770 KAMPAGNE »MORE INTENSE MUSIC«
AUFTRAGGEBER beyerdynamic GmbH & Co. KG   **MARKETINGLEITUNG** Michael Ehl   **AGENTUR** Jung von Matt AG   **CREATIVE DIRECTION** Götz Ulmer, Daniel Frericks, Oliver Voss
ART DIRECTION Till Monshausen, Martin Terhart   **KUNDENBERATUNG** Philipp Schnitzler, Anke Göbber   **AGENTUR PRODUCER** Carsten Koeslag   **TEXT** Dennis May, Fabian Frese

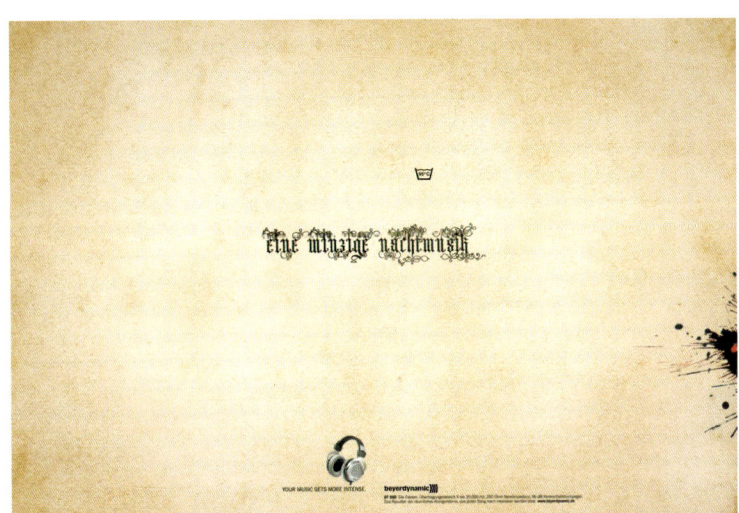

PUBLIKUMSANZEIGEN SILBER

SCHIFF   **EISBERG**

WER FILME LIEBT, BRAUCHT NUR ZWEI WÖRTER: **TV SPIELFILM**

PRALINEN   **PARKBANK**

WER FILME LIEBT, BRAUCHT NUR ZWEI WÖRTER: **TV SPIELFILM**

TV SPIELFILM KAMPAGNE »ZWEI WÖRTER«

AUFTRAGGEBER TV Spielfilm Verlag GmbH   **MARKETINGLEITUNG** Dr. Michael Kleinjohann   **WERBELEITUNG** Nicole Gräber   **AGENTUR** Jung von Matt AG
CREATIVE DIRECTION Götz Ulmer, Daniel Frericks   **ART DIRECTION** Till Monshausen   **KUNDENBERATUNG** Turan Tehrani, Anke Göbber, Dennis Schneider
GRAFIK Javier Suarez Argueta, René Gebhardt, Björn Kernspeckt   **PRODUKTION** Ulrich Grimm   **TEXT** Dennis May, Fabian Frese

MESSER

DUSCHVORHANG

WER FILME LIEBT, BRAUCHT NUR ZWEI WÖRTER: **TV SPIELFILM**

RESTAURANT

ORGASMUS

WER FILME LIEBT, BRAUCHT NUR ZWEI WÖRTER: **TV SPIELFILM**

STERN MAGAZIN »LABYRINTH«
AUFTRAGGEBER Stern Gruner+Jahr AG & Co. **WERBELEITUNG** Jan-Piet Stempels
AGENTUR Grabarz & Partner **CREATIVE DIRECTION** Ralf Nolting, Patricia Pätzold, CCO: Ralf Heuel **ART DIRECTION** Tomas Tulinius
KUNDENBERATUNG Volker Jensen, Reinhard Patzschke **GRAFIK** Florian Pack **TEXT** Teja Fischer

PUBLIKUMSANZEIGEN SILBER 41

Der *stern* unterstützt „Exit", das Aussteigerprogramm für Rechtsradikale.

Zusätzlich erhielt diese Anzeige Bronze
in der Kategorie Tageszeitungsanzeigen auf Seite 117.

42 PUBLIKUMSANZEIGEN BRONZE

www.volkswagen.de

Der neue Polo. Beruhigend sicher.

Aus Liebe zum Automobil

VW POLO KAMPAGNE »BERUHIGEND SICHER«
AUFTRAGGEBER Volkswagen AG   **MARKETINGLEITUNG** Lutz Kothe   **WERBELEITUNG** Martina Berg   **AGENTUR** DDB Berlin GmbH
CREATIVE DIRECTION Amir Kassaei, Mathias Stiller, Wolfgang Schneider   **ART DIRECTION** Kristoffer Heilemann   **KUNDENBERATUNG** Cathleen Losch
STRATEGISCHE PLANUNG Jason Lusty   **FOTOGRAFIE** Olaf Hauschulz   **ART BUYING** Elke Dilchert   **TEXT** Ludwig Berndl

www.volkswagen.de

Der neue Polo. Beruhigend sicher.

Aus Liebe zum Automobil

MINI KAMPAGNE »CHARACTERS ARROWS«

AUFTRAGGEBER BMW AG   **MARKETINGLEITUNG** Hildegard Wortmann   **WERBELEITUNG** Robert Gocke, Bernhard Ederer   **AGENTUR** Jung von Matt AG
CREATIVE DIRECTION Oliver Voss, Götz Ulmer, Oliver Handlos   **ART DIRECTION** Martin Terhart, Julia Ziegler   **KUNDENBERATUNG** Anke Peters, Dennis Schneider, Turan Tehrani
STRATEGISCHE PLANUNG Kim Beavers   **FOTOGRAFIE** Igor Panitz   **ART BUYING** Susanne Nagel   **GRAFIK** Tim Lütje, Sebastian Gröbner, Philipp Cerny
PRODUKTION Marcus Loick   **TEXT** Dennis May, Jo Marie Farwick

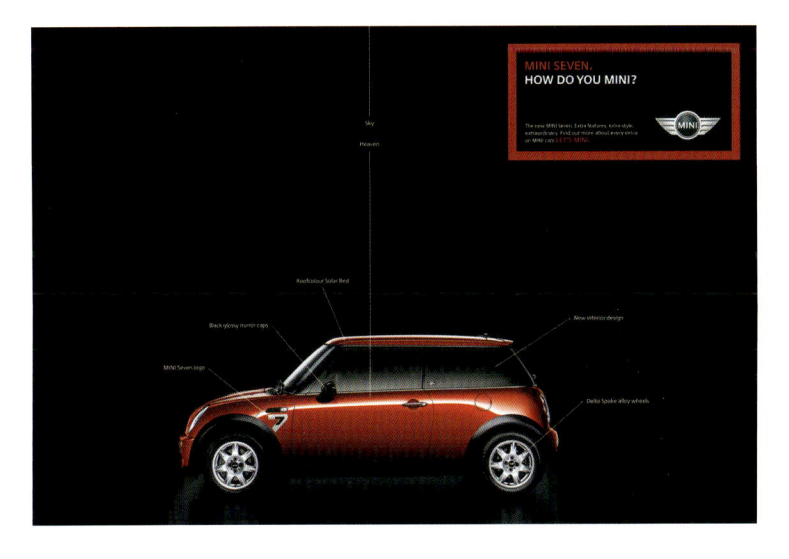

PUBLIKUMSANZEIGEN BRONZE

WELCOME TO SANT'AGATA BOLOGNESE. HOME OF LAMBORGHINI.

LAMBORGHINI KAMPAGNE »WELCOME TO SANT'AGATA«
AUFTRAGGEBER Automobili Lamborghini S.p.A. **WERBELEITUNG** Manfred Fitzgerald **AGENTUR** Philipp und Keuntje GmbH
CREATIVE DIRECTION Diether Kerner, Martien Delfgaauw, Oliver Handlos **ART DIRECTION** Alexander Sehrbrock **KUNDENBERATUNG** Tanja Heier, Nina Jäger
FOTOGRAFIE Jürgen Berderow **TEXT** Oliver Gill, Jan Krause

PUBLIKUMSANZEIGEN BRONZE 47

48 PUBLIKUMSANZEIGEN BRONZE

SONY PLAYSTATION2 »BOYHOOD«

AUFTRAGGEBER
Sony Computer Entertainment
Deutschland GmbH
MARKETINGLEITUNG
Ulrich Barbian
AGENTUR
TBWA\ Deutschland
CREATIVE DIRECTION
Kurt Georg Dieckert, Stefan Schmidt
ART DIRECTION
Boris Schwiedrzik
KUNDENBERATUNG
Martin Hegel
AGENTUR PRODUCER
Katrin Dettmann
BILDBEARBEITUNG
24+7
DESIGN
Christine Taylor
TEXT
Helge Blöck

PUBLIKUMSANZEIGEN **BRONZE** 49

fun, anyone?
PlayStation 2

ADVENTURE IS EVERYWHERE.

Jeep
THERE'S ONLY ONE

JEEP KAMPAGNE »MATSCH«

AUFTRAGGEBER DaimlerChrysler AG   **MARKETINGLEITUNG** Robert Scheffler   **WERBELEITUNG** Florian Laudan   **AGENTUR** KNSK Werbeagentur GmbH
CREATIVE DIRECTION Tim Krink, Niels Holle   **ART DIRECTION** Hanadi Chawaf, Oliver Fermer   **KUNDENBERATUNG** Torsten Nitzsche, Philipp Ernsting, Kim Sperling
AGENTUR PRODUCER Heinz-Rudi Junge   **BILDBEARBEITUNG** Hanadi Chawaf   **GRAFIK** Hanadi Chawaf, Boris Schatte   **POST PRODUCTION** abc DIGITAL
TEXT Berend Brüdgam

PUBLIKUMSANZEIGEN BRONZE 51

ADVENTURE IS EVERYWHERE.

Jeep
THERE'S ONLY ONE

Zusätzlich erhielt diese Kampagne Silber in der Kategorie Plakate und Poster (Indoor & Outdoor) auf Seite 122/123.

Sieben Jahre haben unsere Ingenieure diese Uhr entwickelt. Danach ging's erst mal zum Friseur.

Geht auch.

Ingenieur Automatic Ref. 3227: Ist ein IWC-Ingenieur mit einem hochpräzisen und perfekten Zeitmesser wie der Ingenieur beschäftigt, tritt die eigene Perfektion schon mal in den Hintergrund.

Schon die Fünfzigerjahre gehörten nach technischer Präzision strebenden Ingenieuren. Nie zuvor gab es so eine Technikbegeisterung, nie zuvor so viele Innovationen im Maschinenbau, in der Elektrotechnik sowie im Flugzeug- und Fahrzeugbau. Damals entstand auch die erste Ingenieur in Schaffhausen. Eine perfekt geschützte, hochpräzise Uhr: extrem robust, extrem zuverlässig, extrem langlebig. Angetrieben wird sie von einem Automatik-Aufzug, benannt nach dem früheren technischen Direktor Albert Pellaton. In den Mechanismus integriert ist ein Schockabsorbersystem, das die Uhr gegen härteste mechanische Beanspruchungen wappnet. Zudem muss sie extreme Hitze und Kälte aushalten. Dank des unerschütterlichen Glaubens an Technik und Fortschritt wurde aus Visionen endlich Wirklichkeit. So, wie es sich unser Gründer einst vorgestellt hatte.

Schaffhausen

Der amerikanische Uhrmacher Florentine Ariosto Jones aus Boston gründete im Jahr 1868 die International Watch Company in der Nordostschweiz. Seitdem entwickelten die Ingenieure zahlreiche Zeitmesser wie die Grande Complication, die Ingenieur-Linie, die Portugieser-Modelle, die Familie der Fliegeruhren, die Da Vinci- und die Aquatimer-Serie. Probus Scafusia (Bewährtes aus Schaffhausen) ist Ausdruck der Philosophie von IWC. Die vielen technischen Errungenschaften und Innovationen, die ihren Ursprung in der Schaffhauser Manufaktur haben, sind seit nunmehr 137 Jahren in aller Welt ein eindrückliches Zeugnis dafür.

Heute, fünfzig Jahre nach der ersten Ingenieur von IWC, ist es Zeit für ein neues Modell. Mit klaren Formen und optimaler Ablesbarkeit – Purismus auf höchstem Niveau. Wieder schützt ein Innengehäuse aus Weicheisen ihr kostbares, feinmechanisches Uhrwerk gegen Magnetfelder bis 80.000 A/m. Natürlich wieder mit Pellaton-Aufzug, Wasserdichtigkeit bis 120 Meter, integriertem Metallband und einem nochmals verbesserten Schockabsorbersystem. Somit ist sie für alle irdischen Herausforderungen bestens gerüstet, verkraftet rasante Beschleunigungen und Bremsmanöver und erträgt Vibrationen, Stösse, Schläge, extreme Temperaturen und sogar extreme Frisuren. Wenn es denn sein muss.
IWC. Engineered for men.

Manufakturwerk Kaliber 80110.

IWC-Manufaktur-Automatikwerk nach Pellaton | Schockabsorber | Datum | Weicheisen-Innengehäuse für Magnetfeldschutz bis 80.000 A/m | IWC-Metallband-System | Entspiegeltes Saphirglas | Wasserdicht bis 120 m | Edelstahl

IWC
SCHAFFHAUSEN
SINCE 1868

IWC Schaffhausen, Baumgartenstrasse 15, CH-8201 Schaffhausen, www.iwc.ch

---

IWC SCHAFFHAUSEN »IWC MARKENKAMPAGNE«

AUFTRAGGEBER IWC Schaffhausen **MARKETINGLEITUNG** Jaqueline Rose **WERBELEITUNG** Nicola Renda **AGENTUR** Jung von Matt AG
CREATIVE DIRECTION Götz Ulmer, Daniel Frericks, Deneke von Weltzien, Oliver Voss
ART DIRECTION Julia Ziegler, Christian Kroll **KUNDENBERATUNG** Christian Hupertz, Dennis Schneider, Turan Tehrani, Nicole Thomas
ART BUYING Amelie Krogmann **GRAFIK** Simon Hiebl, Richard Weiretmayr, Damjan Pita
TEXT Peter Gocht, Matthias Storath, Jo Marie Farwick, Sebastian Behrendt, Ron Kanecke, Philipp Barth

PUBLIKUMSANZEIGEN BRONZE 53

Zusätzlich erhielt diese Kampagne Bronze in der Kategorie Text auf Seite 160/161. Dort werden weitere Motive gezeigt.

54 PUBLIKUMSANZEIGEN BRONZE

BOSCH »BUSCH«

AUFTRAGGEBER
Robert Bosch GmbH

MARKETINGLEITUNG
Andreas Palfalvi

AGENTUR
Jung von Matt AG

CREATIVE DIRECTION
Deneke von Weltzien,
Daniel Frericks,
Götz Ulmer

ART DIRECTION
Christian Kroll

KUNDENBERATUNG
Rolf Kutzera

FOTOGRAFIE
Manu Agah

TEXT
Peter Gocht

BOSCH
Technik fürs Leben

PUBLIKUMSANZEIGEN BRONZE 55

Zusätzlich erhielt diese Arbeit eine Auszeichnung in der Kategorie Plakate und Poster (Indoor & Outdoor) auf Seite 143.

56 PUBLIKUMSANZEIGEN BRONZE

SIEMENS

Der leiseste Staubsauger seiner Klasse: technopower sound & silence.

Siemens. Die Zukunft zieht ein.

SIEMENS TECHNOPOWER SOUND & SILENCE KAMPAGNE »PUTZFRAUEN«
AUFTRAGGEBER BSH Bosch und Siemens Hausgeräte GmbH **MARKETINGLEITUNG** Richard Weidenbach **WERBELEITUNG** Monika Lenz
AGENTUR Scholz & Friends **CREATIVE DIRECTION** Stefan Setzkorn, Silke Schneider, Gunnar Loeser **ART DIRECTION** Axel Schilling, Marc Ebenwaldner
KUNDENBERATUNG Frank-Michael Trau, Corina Berthold, Bettina Künning **FOTOGRAFIE** hiepler, brunier **ART BUYING** Kerstin Mende, Kati Nissen
BILDBEARBEITUNG Metagate GmbH, Hamburg **GRAFIK** Pia Schneider **TEXT** Johan H. Ohlson, Alexander Schierl

PUBLIKUMSANZEIGEN BRONZE 57

58 PUBLIKUMSANZEIGEN BRONZE

WORLD VISION DEUTSCHLAND KAMPAGNE »WORLD VISION«
AUFTRAGGEBER WORLD VISION Deutschland e.V. **MARKETINGLEITUNG** Wolfgang Eisert **AGENTUR** DDB Berlin GmbH
CREATIVE DIRECTION Amir Kassaei, Mathias Stiller, Wolfgang Schneider **ART DIRECTION** Kristoffer Heilemann **KUNDENBERATUNG** Michael Lamm, Louisa Ibing
STRATEGISCHE PLANUNG Jason Lusty, Wiebke Dreyer **ILLUSTRATION** Dorus Brekelmans **ART BUYING** Sandra Markus **TEXT** Ludwig Berndl

Zusätzlich erhielt diese Kampagne eine Auszeichnung in der Kategorie Illustration auf Seite 201.
Der Film zur Kampagne erhielt eine Auszeichnung in der Kategorie Kinowerbefilme auf Seite 290.

VW PHAETON KAMPAGNE »SUBSTANZ«
AUFTRAGGEBER Volkswagen AG **MARKETINGLEITUNG** Jörn Hinrichs, Lutz Kothe **WERBELEITUNG** Martina Berg, Peter-Michael Jann
AGENTUR Grabarz & Partner **CREATIVE DIRECTION** Ralf Nolting, Patricia Pätzold, CCO: Ralf Heuel **ART DIRECTION** Christoph Stricker, Jan Knauss
KUNDENBERATUNG Reinhard Patzschke, Britt Neumann, Sandra Humbek **FOTOGRAFIE** Nico Weymann **ART BUYING** Garnet Lange
GRAFIK Amelie Graalfs **TEXT** Thies Schuster, Oliver Heidorn

PUBLIKUMSANZEIGEN AUSZEICHNUNG 61

Seit 25 Jahren bauen wir quattro für mehr Kontrolle.

Zusätzlich erhielt diese Kampagne eine Auszeichnung in der Kategorie Fotografie auf Seite 182.
Der Film zur Kampagne erhielt Bronze in der Kategorie TV-Spots auf Seite 264.

AUDI Q7 KAMPAGNE »ULTIMATIV QUATTRO«
AUFTRAGGEBER AUDI AG   **MARKETINGLEITUNG** Hans-Christian Schwingen   **WERBELEITUNG** Jagoda Low-Becic   **AGENTUR** kempertrautmann gmbh
ART DIRECTION Florian Kitzing   **KUNDENBERATUNG** Michael Trautmann, Ann-Katrin Schelkmann, Stefanie Pricken (Team Assistenz)   **FOTOGRAFIE** Anatol Kotte
GRAFIK Tim Belser   **POST PRODUCTION** Royal Post Club, Hamburg   **PRODUKTION** Romey von Malottky GmbH, Hamburg   **TEXT** Lennart Witting

VW TOUAREG KAMPAGNE »STRASSENRÄNDER«
AUFTRAGGEBER Volkswagen AG **MARKETINGLEITUNG** Jörn Hinrichs, Lutz Kothe **WERBELEITUNG** Michael Lendle, Peter-Michael Jann
AGENTUR Grabarz & Partner **CREATIVE DIRECTION** Ralf Nolting, Patricia Pätzold, CCO: Ralf Heuel **ART DIRECTION** Tomas Tulinius
KUNDENBERATUNG Reinhard Patzschke, Sandra Humbek **FOTOGRAFIE** Emir Haveric c/o Klein Photographen **ART BUYING** Susanne Wiegel
GRAFIK Julia Elbers **TEXT** Martien Delfgaauw

Kinder brauchen Platz. Der Sharan.

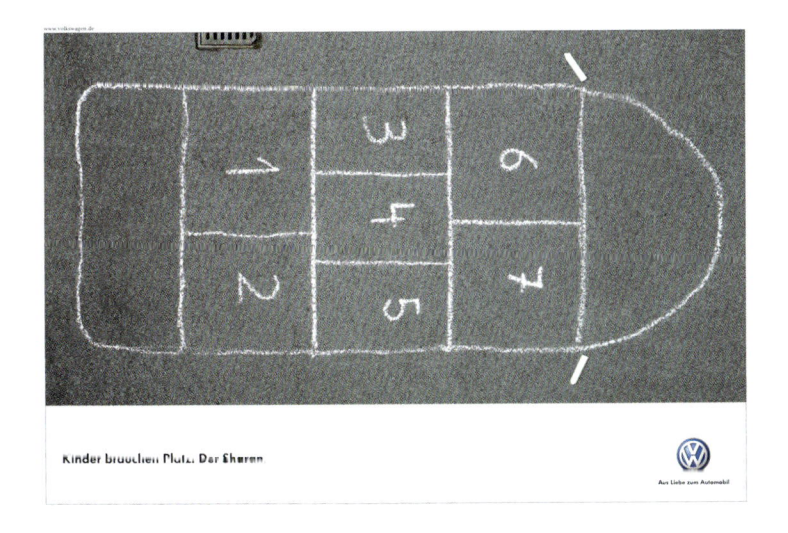

Zusätzlich erhielt diese Kampagne eine Auszeichnung in der Kategorie Plakate und Poster (Indoor & Outdoor) auf Seite 142.

VW SHARAN KAMPAGNE »KINDER BRAUCHEN PLATZ«
AUFTRAGGEBER Volkswagen AG   **MARKETINGLEITUNG** Lutz Kothe   **WERBELEITUNG** Martina Berg   **AGENTUR** DDB Berlin GmbH
CREATIVE DIRECTION Amir Kassaei, Alexander Weber-Grün, Bastian Kuhn   **ART DIRECTION** Björn Löper, Arnaud Loix van Hooff, Doreen Krause
KUNDENBERATUNG Cathleen Losch   **STRATEGISCHE PLANUNG** Jason Lusty   **FOTOGRAFIE** Cecil Arp   **ART BUYING** Elke Dilchert
TEXT Lina Jachmann, Björn Bremer, Kai Abd El-Salam

64 PUBLIKUMSANZEIGEN AUSZEICHNUNG

DIE NATUR WAR NICHT NETT ZU IHNEN?

ZAHLEN SIE ES IHR HEIM.

Jeep
DAS ORIGINAL

DIE NATUR WAR NICHT NETT ZU IHNEN?

ZAHLEN SIE ES IHR HEIM.

Jeep
DAS ORIGINAL

Zusätzlich erhielt diese Kampagne eine Auszeichnung in der Kategorie Plakate und Poster (Indoor & Outdoor) auf Seite 136.
Dort wird ein weiteres Motiv gezeigt.

JEEP KAMPAGNE »UGLY«

AUFTRAGGEBER DaimlerChrysler AG **MARKETINGLEITUNG** Robert Scheffler **WERBELEITUNG** Florian Laudan **AGENTUR** KNSK Werbeagentur GmbH
CREATIVE DIRECTION Tim Krink, Niels Holle **ART DIRECTION** Oliver Fermer **KUNDENBERATUNG** Torsten Nitzsche, Philipp Ernsting, Kim Sperling
AGENTUR PRODUCER Heinz-Rudi Junge **BILDBEARBEITUNG** abc DIGITAL **GRAFIK** Thomas Thiele, Boris Schatte, Hanadi Chawaf
POST PRODUCTION abc DIGITAL **TEXT** Berend Brüdgam

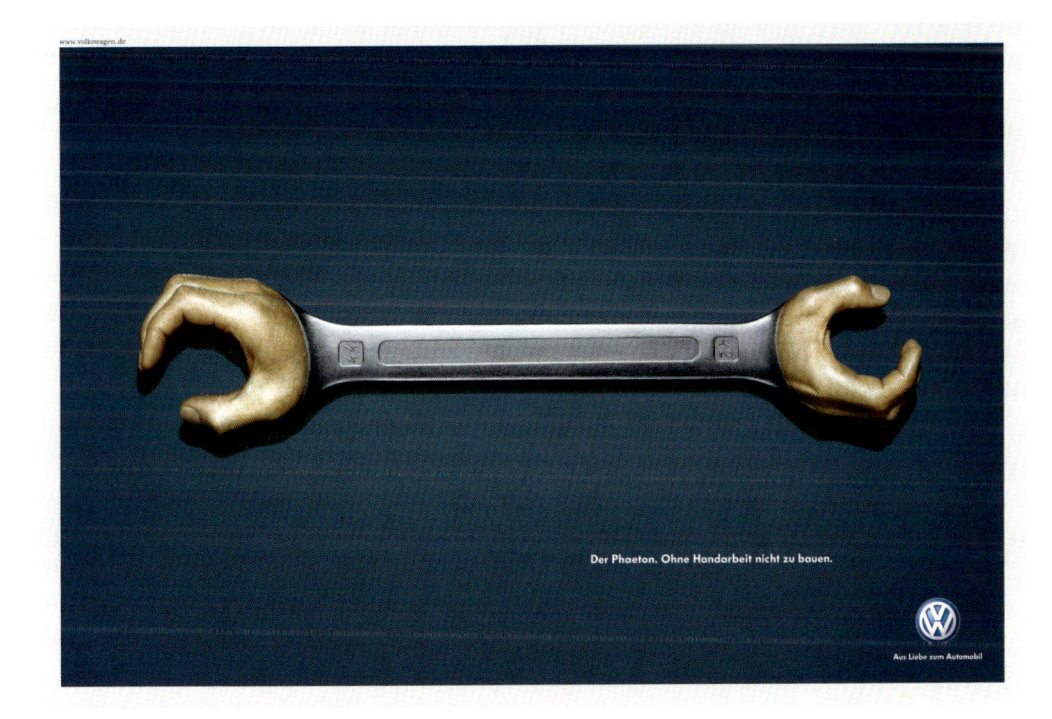

Zusätzlich erhielt diese Kampagne eine Auszeichnung in der Kategorie Plakate und Poster (Indoor & Outdoor) auf Seite 140. Dort wird ein weiteres Motiv gezeigt.

VW PHAETON KAMPAGNE »WERKZEUGE«
AUFTRAGGEBER Volkswagen AG **MARKETINGLEITUNG** Jörn Hinrichs, Lutz Kothe **WERBELEITUNG** Michael Lendle, Peter-Michael Jann
AGENTUR Grabarz & Partner **CREATIVE DIRECTION** Ralf Nolting, CCO: Ralf Heuel **ART DIRECTION** Jan Riggert, Paul Pfau, Christoph Stricker
KUNDENBERATUNG Reinhard Patzschke, Britt Neumann, Sandra Humbek **FOTOGRAFIE** Martin Timmermann c/o Susanne Bransch
ART BUYING Susanne Wiegel **GRAFIK** Amelie Graalfs, Jasmin Remmers **TEXT** Sid Guha

66 PUBLIKUMSANZEIGEN **AUSZEICHNUNG**

THE WORLD'S FASTEST POLICE CAR: LAMBORGHINI GALLARDO POLIZIA

LAMBORGHINI GALLARDO POLICE CAR »POLIZIA«
AUFTRAGGEBER Automobili Lamborghini S.p.A. **WERBELEITUNG** Manfred Fitzgerald **AGENTUR** Philipp und Keuntje GmbH
CREATIVE DIRECTION Diether Kerner, Oliver Handlos **ART DIRECTION** Frederik Hofmann **KUNDENBERATUNG** Tanja Heier, Nina Jäger
GRAFIK Sönke Schmidt **TEXT** Jens Daum

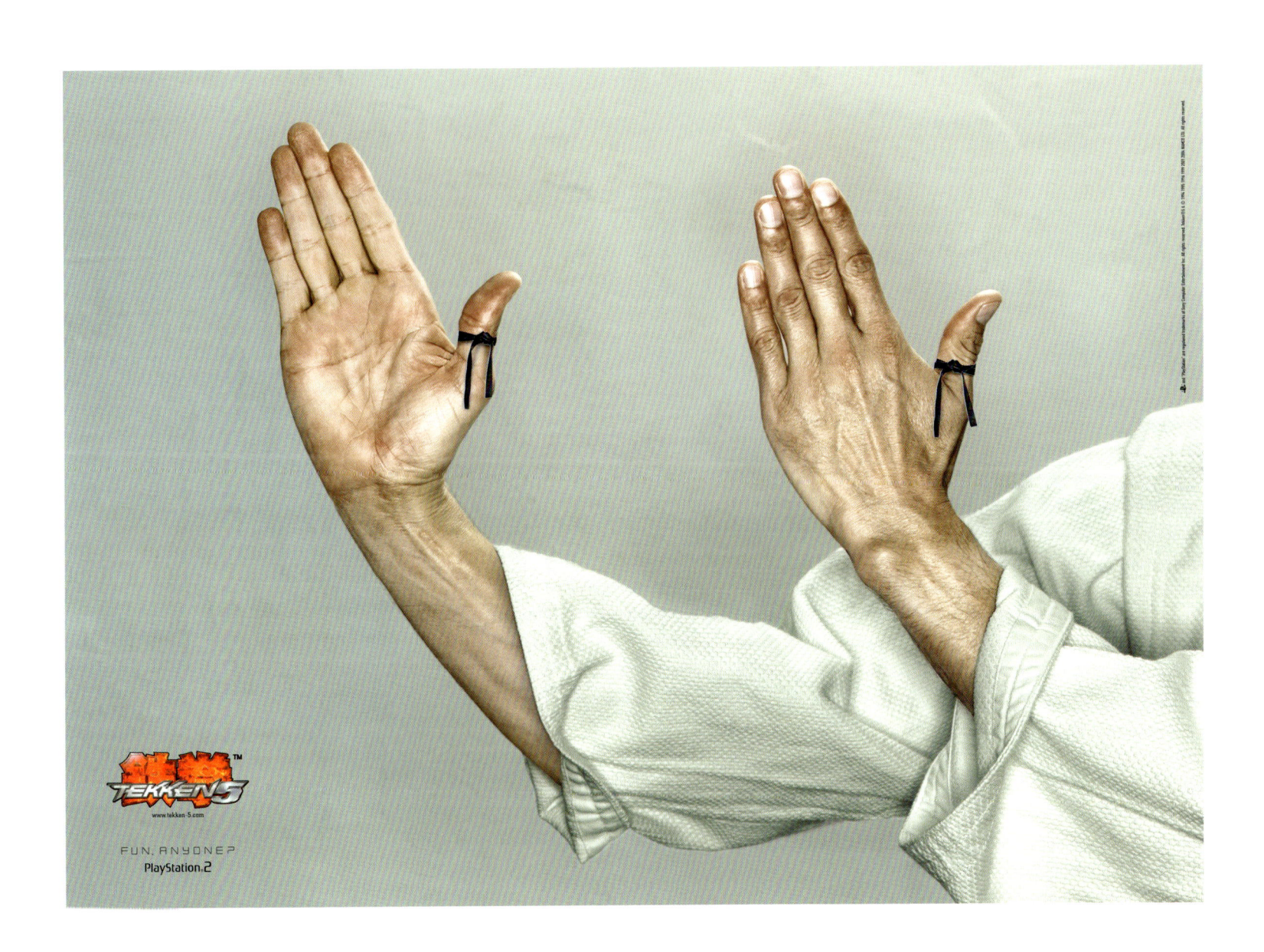

SONY PLAYSTATION2 »BLACK BELT«
AUFTRAGGEBER Sony Computer Entertainment Deutschland GmbH **MARKETINGLEITUNG** Ulrich Barbian **AGENTUR** TBWA\ Deutschland
CREATIVE DIRECTION Kurt Georg Dieckert, Stefan Schmidt **ART DIRECTION** Marianne Heggenhougen **KUNDENBERATUNG** Martin Hegel
STRATEGISCHE PLANUNG Moritz Kiechle **FOTOGRAFIE** Joerg Reichardt **AGENTUR PRODUCER** Katrin Dettmann **BILDBEARBEITUNG** 24+7
DESIGN Christine Taylor **GRAFIK** Melanie Lullies **TEXT** Markus Ewertz

EINE KURZE ZUSAMMENFASSUNG VON 2005 FÜR ALLE, DIE MIT ANDEREN DINGEN BESCHÄFTIGT WAREN.

JANUAR

Der Modemacher Rudolph Moshammer („Mosi") wird tot in seiner Wohnung aufgefunden. Die Polizei nimmt einen 25-jährigen Iraker fest. Er gesteht, Moshammer nach einem Streit um die Bezahlung für sexuelle Handlungen mit einem Kabel erdrosselt zu haben. Der neue Airbus A380, das größte Passagierflugzeug aller Zeiten, wird der Öffentlichkeit vorgestellt. US-Präsident George W. Bush schließt einen Militärschlag gegen den Iran nicht aus, falls Teheran über sein Atomprogramm nicht umfassend Auskunft gibt. Deutschland stockt die finanzielle Hilfe für die von der Flutkatastrophe betroffenen Länder auf eine halbe Milliarde Euro auf. Damit liegt Deutschland weltweit an der Spitze – bis es von Australien überholt wird.

FEBRUAR

Nordkorea bestätigt zum ersten Mal offiziell den Besitz von Atomwaffen. Damit wolle sich der kommunistische Staat vor den USA schützen, denen Pjöngjang „eine unverhohlene Politik zur Isolierung und Erstickung" Nordkoreas vorwirft. Beim Teamwettbewerb der Ski-WM gewinnt Deutschland vor Österreich und Frankreich. Das Kyoto-Protokoll zum Klimaschutz tritt in Kraft. Papst Johannes Paul II. wird erneut ins Krankenhaus eingeliefert.

MÄRZ

Steve Fossett startet einen neuen Versuch, um die Welt zu fliegen. Papst Johannes Paul II. erteilt stumm den Segen „Urbi et Orbi", weil ihm die Stimme versagt. Der syrische Präsident Assad stellt einen Truppenabzug aus dem Libanon in Aussicht. Fast jeder achte Deutsche lebt in Armut. Das geht aus dem zweiten Armutsbericht der Bundesregierung hervor. So wuchs die Prozentzahl derer, die in Armut leben von 12,1 % (1998) auf 13,5 %.

APRIL

Papst Johannes Paul II. stirbt nach schwerer Krankheit im Alter von 84 Jahren. Millionen Menschen drängen sich in kilometerlangen Schlangen, um ihm die letzte Ehre zu erweisen. Zum neuen Papst wird der deutsche Kardinal Joseph Ratzinger gewählt. Er nimmt den Namen Benedikt XVI. an. Die BILD-Zeitung titelt: „Wir sind Papst". Formel-1-Fahrer Fernando Alonso gewinnt den Großen Preis von Bahrain. Camilla Parker Bowles und Prinz Charles heiraten. Indien und die Volksrepublik China unterzeichnen einen Vertrag, der langjährige Grenzstreitigkeiten zwischen den beiden Ländern in der Region des Himalaja beilegen soll. Die Eisbären Berlin werden Deutscher Eishockeymeister. Harald Juhnke stirbt im Alter von 75 Jahren.

MAI

Der Computervirus Sober legt die Server des Organisationskomitees der Fußballweltmeisterschaft 2006 lahm. Ein amerikanisches Militärgericht verurteilt die Soldatin Sabrina Harman wegen Misshandlung von Gefangenen im irakischen Gefängnis Abu Ghraib zu einer Haftstrafe von sechs Monaten. Die Anklage hatte drei Jahre gefordert. Deutschland ist Tennismannschaftsweltmeister. Elena Paparizou gewinnt für Griechenland mit dem Lied „My Number One" den Eurovision Song Contest 2005. Die deutsche Sängerin Gracia landet auf dem letzten Platz. Infolge der hohen Niederlage der SPD bei den Landtagswahlen in Nordrhein-Westfalen kündigen der SPD-Vorsitzende Franz Müntefering und Bundeskanzler Gerhard Schröder Neuwahlen für den kommenden Herbst an. Der FC Liverpool gewinnt das Champions-League-Finale gegen den AC Milan im Elfmeterschießen mit 6 : 5 (3 : 3 nach regulärer Spielzeit und Verlängerung). CDU-Chefin Angela Merkel wird von den Unionsparteien CDU und CSU als Kanzlerkandidatin nominiert.

JUNI

Die deutsche Kultusministerkonferenz beschließt auf ihrer Tagung die verbindliche Einführung der neuen Rechtschreibung zum 1. August 2005. In Streitfällen soll jedoch weiterhin „Toleranz geübt" werden. Michael Jackson wird im Kindesmissbrauchsprozess in allen Anklagepunkten freigesprochen. Beim Großen Preis der USA können wegen nicht rennfähiger Reifen von Michelin nur die drei Teams starten, die Bridgestone-Reifen verwenden (Ferrari, Minardi und Jordan). Prinzessin Máxima bringt eine gesunde Tochter zur Welt: Alexia. Die deutsche Frauen-Fußballnationalmannschaft wird nach dem 3:1 gegen Norwegen zum vierten Mal in Folge Europameister. Die deutsche Herren-Fußballnationalmannschaft verliert das Halbfinale im Confederations Cup gegen Brasilien mit 2 : 3 Toren und verpasst dadurch den Einzug ins Finale. Dort besiegt Brasilien Argentinien mit 4 : 1. Im Spiel um Platz drei schlägt Deutschland Mexiko mit 4 : 3 nach Verlängerung.

JULI

Das IOC gibt London als Austragungsort der XXX. Olympischen Sommerspiele 2012 bekannt. Bei einer Serie von Terroranschlägen in London sterben über 50 Menschen; etwa 700 werden verletzt. In Leeds werden einige Verdächtige verhaftet. Weitere Festnahmen erfolgen in Pakistan und Ägypten. Der Amerikaner Lance Armstrong gewinnt vor Ivan Basso und Jan Ullrich zum siebten Mal die Tour de France.

AUGUST

Adidas-Salomon gibt bekannt, dass das Unternehmen den US-amerikanischen Konkurrenten Reebok für 3,1 Milliarden Euro gekauft hat. Adidas rückt damit dichter zum Weltmarktführer Nike auf. Die siebenköpfige Besatzung des vor der Küste Kamtschatkas havarierten russischen U-Boots „AS-28" wird gerettet. Der britische Spezialroboter Scorpion kappt das Stahlseil, das sich im Antrieb des U-Boots verfangen hatte. Verschärfte Haftbedingungen für den inhaftierten Ölunternehmer Michail Chodorkowski. Er muss seine Gefängniszelle nun mit zehn weiteren Insassen teilen. Chodorkowski, einst der reichste Mann Russlands, darf weder fernsehen noch Zeitung lesen. Gerüchte besagen, er hätte im Gefängnis den russischen Präsidenten Wladimir Putin kritisiert. Die Rolling Stones starten ihre 31. Welttournee mit dem Namen „A Bigger Bang". Die vierte Games Convention, Europas größte Messe für Computer- und Videospiele in Leipzig, erzielte eine Rekordzahl von rund 134.000 Besuchern. Hochwasser in Bayern, Österreich und der Schweiz. Die amerikanische Stadt New Orleans wird vom Hurrika Katrina bedroht und evakuiert. Die vom Hurrikan betroffene Fläche übersteigt die von Deutschland.

SEPTEMBER

Erst 100 Stunden nach dem verheerenden Hurrikan trifft der erste Hilfskonvoi mit Lebensmitteln, Trinkwasser und Medikamenten in der überfluteten Südstaatenmetropole New Orleans ein. Der ehemalige US-Außenminister Colin Powell erklärt gegenüber dem Sender ABC, seine 2003 gemachte Behauptung über irakische Massenvernichtungswaffen und die daraus resultierende Gefahr des Saddam-Regimes sei falsch gewesen. Deutschland hat gewählt: Union 35,2%, SPD 34,3%, FDP 9,8%, Grüne 8,1%, Die Linkspartei 8,7%, andere 3,9%. Da weder Union/FDP noch SPD/Grüne eine Mehrheit erreichen, ist es unklar, welche der fünf im Bundestag vertretenen Fraktionen koalieren werden. Trotzdem erklären sich sowohl Schröder als auch Merkel zum Wahlgewinner und zukünftigen Bundeskanzler.

OKTOBER

Der neue iranische Präsident, Mahmud Ahmadinedschad, ruft zur Zerstörung Israels auf. Der britische Premierminister Tony Blair und viele andere westliche Regierungschefs verurteilen die Äußerungen. Wenn die iranische Regierung weiterhin derartige Standpunkte vertrete, „werden die Menschen glauben, dass sie eine wirkliche Bedrohung der Sicherheit und Stabilität unserer Welt" sind, so Blair. Der Vogelgrippe-Virus breitet sich in Asien aus. Saddam Hussein wird vor Gericht gestellt. Den 19. und letzten Grand Prix der Formel-1-Saison kann der Spanier Fernando Alonso auf Renault F1 für sich entscheiden, wodurch der Rennstall auch die Konstrukteurswertung gewinnt. Nach wochenlangen Sondierungsgesprächen ist nun die große Koalition fix. Angela Merkel wird die erste Bundeskanzlerin Deutschlands.

NOVEMBER

Der Unfalltod zweier Jugendlicher löst in ganz Frankreich eine Welle der Gewalt aus. In sozialen Problemvierteln liefern sich Jugendliche Straßenschlachten mit der Polizei und stecken Autos in Brand. Nach einem Bericht der „Washington Post" unterhält der US-Geheimdienst CIA mehrere Geheimgefängnisse für Terrorverdächtige in Osteuropa und Asien. Australische Sicherheitskräfte verhinderten mit der Verhaftung von 16 Verdächtigen in Sydney und Melbourne die Ausführung eines größeren Terroranschlags. Die Teilnehmer an der Fußballweltmeisterschaft 2006 stehen fest. Neben 14 europäischen Ländern (darunter erstmals die Ukraine und nach langem wieder die Schweiz) nehmen erstmals drei Teams aus Afrika teil (Elfenbeinküste, Ghana, Togo) sowie Trinidad und Tobago.

DEZEMBER

Alt-Bundeskanzler Gerhard Schröder nimmt einen Aufsichtsratsposten des russischen Pipeline-Konsortiums Gasprom an und wird dafür heftig kritisiert. Die Gruppen für die FIFA Fußballweltmeisterschaft 2006 werden ausgelost. Deutschland trifft im Eröffnungsspiel am 9. Juni 2006 auf Costa Rica. **NINTENDO DS**

NINTENDO DS »JAHRESRÜCKBLICK«
AUFTRAGGEBER Nintendo of Europe GmbH **AGENTUR** Jung von Matt AG **CREATIVE DIRECTION** Denke von Weltzien, Thimoteus Wagner
ART DIRECTION Mirjam Heinemann **KUNDENBERATUNG** Jasmin Bedir, Anke Göbber, Leonie Plate **GRAFIK** Claudia Trippel **TEXT** Philipp Barth

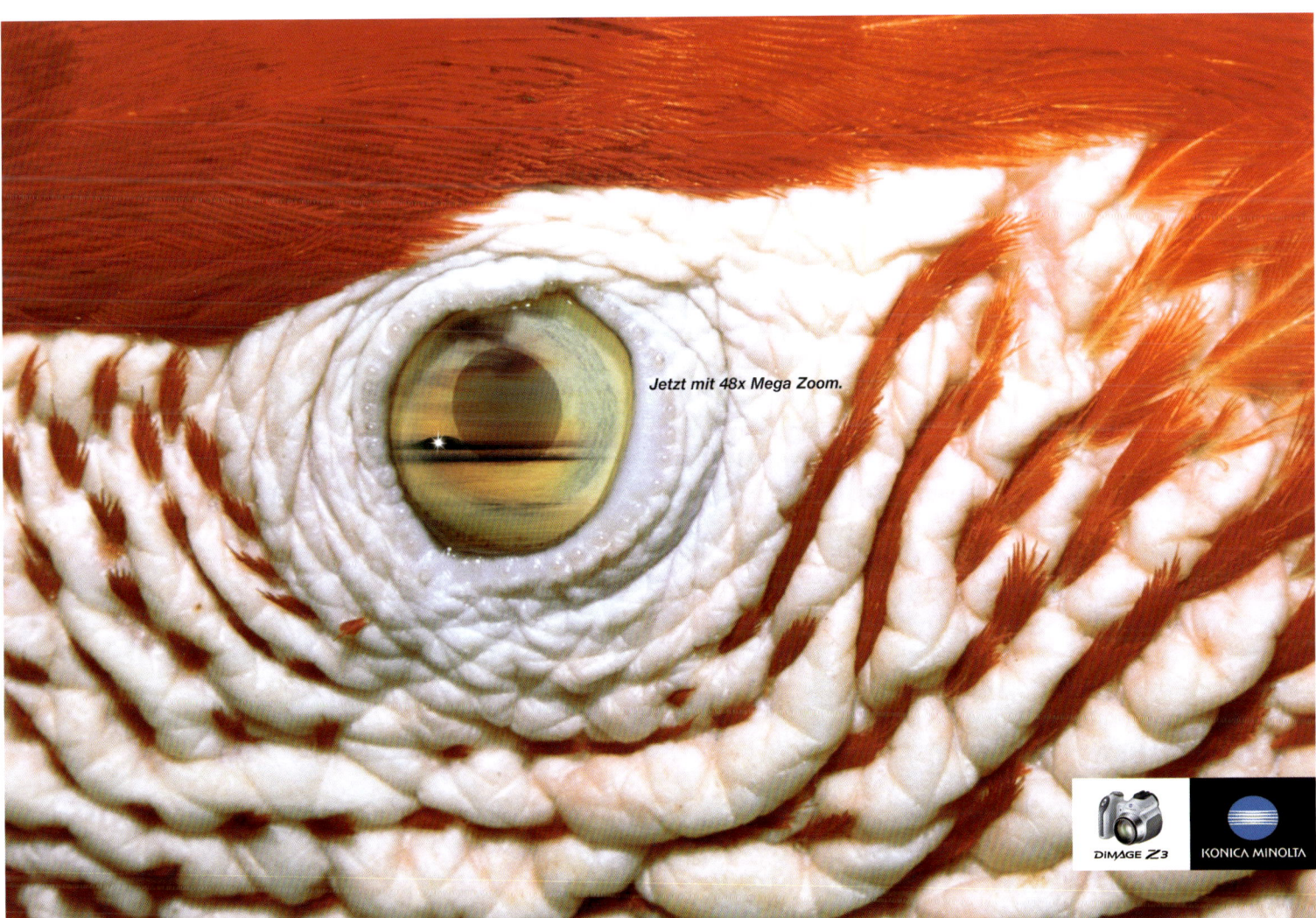

KONICA MINOLTA DIMAGE Z3 »TIERAUGEN«
AUFTRAGGEBER Konica Minolta Photo Imaging Europe GmbH **MARKETINGLEITUNG** Christl Kramler **AGENTUR** Scholz & Friends
CREATIVE DIRECTION Stefan Leick, Mario Gamper **ART DIRECTION** Volkmar Weiß **KUNDENBERATUNG** Jörg Mayer, Robin Kasper
FOTOGRAFIE Zefa, Corbis und Image Bank **AGENTUR PRODUCER** Anikó Krüger **BILDBEARBEITUNG** Appel Grafik Berlin
TEXT Stephan Deisenhofer

Für alle, die ihre Freundin nicht mehr verstecken müssen.
(Günstige Cabrios unter sixt.de)

SIXT RENT A CAR »CHARLES & CAMILLA«
AUFTRAGGEBER Sixt GmbH & Co. Autovermietung KG **MARKETINGLEITUNG** Yvonne Gerlach **AGENTUR** Jung von Matt AG
CREATIVE DIRECTION Wolf Heumann, Timm Hanebeck, Matthias Rauschen **ART DIRECTION** Martin Besl **KUNDENBERATUNG** Daniela Braun, Janet Tischer
AGENTUR PRODUCER Jörg Mergemeier **GRAFIK** Vanessa Rabea Schrooten, Stefan Lenz **TEXT** Henning Müller-Dannhausen

Der Film zur Kampagne erhielt zusätzlich Bronze in der Kategorie TV-Spots auf Seite 256 sowie in der Kategorie Kinowerbefilme auf Seite 286/287.

HORNBACH BAU- UND GARTENMÄRKTE KAMPAGNE »SIE WERDEN WACHSEN«
AUFTRAGGEBER HORNBACH Baumarkt AG   **MARKETINGLEITUNG** Jürgen Schröcker   **WERBELEITUNG** Diana Weber
AGENTUR HEIMAT, Berlin   **CREATIVE DIRECTION** Guido Heffels, Jürgen Vossen   **ART DIRECTION** Marc Wientzek, Tim Schneider
KUNDENBERATUNG Yves Krämer, Barbara Widder   **STRATEGISCHE PLANUNG** HEIMAT, Berlin   **FOTOGRAFIE** Kristof Fischer, Gerrit Hahn
BILDBEARBEITUNG PX1   **GRAFIK** Joachim Zeh   **TEXT** Sebastian Kainz, Till Eckel

72   **PUBLIKUMSANZEIGEN**   AUSZEICHNUNG

☐ Vollschlank
☐ Voll OK?

Hört Schönheit bei Größe 38 auf?
Reden Sie mit!

www.InitiativeFuerWahreSchoenheit.de | Dove

☐ Grau?
☐ Großartig?

Muss man als Frau über graue Haare unglücklich sein?
Reden Sie mit!

www.InitiativeFuerWahreSchoenheit.de | Dove

Zusätzlich erhielt diese Kampagne eine Auszeichnung in der Kategorie Tageszeitungsanzeigen auf Seite 116. Dort wird das Motiv »Faltig« gezeigt.

DOVE INITIATIVE FÜR WAHRE SCHÖNHEIT KAMPAGNE »VOLLSCHLANK, GRAU, FALTIG«
AUFTRAGGEBER Unilever Deutschland   **MARKETINGLEITUNG** Reiner Krüger   **WERBELEITUNG** Nicole Ehlen   **AGENTUR** Ogilvy & Mather
CREATIVE DIRECTION Jörg Herzog, Dennis Lewis   **ART DIRECTION** Jörg Herzog, Britta Adaschkiewitz   **KUNDENBERATUNG** Katja Wenninger, Ilona Elspass
FOTOGRAFIE Rankin   **BILDBEARBEITUNG** Rankin   **TEXT** Bettina Biermann, Katja Galow

> Das leckere Holsten gibt es jetzt auch im praktischen 10 Liter Fass in dem jede Menge leckeres Holsten drin ist wie ihr euch denken könnt also mir hat es ja prächtig geschmeckt und ich finde das mit dem 10 Liter Fass eine ziemlich tolle Idee und auch ungemein praktisch weil 10 Liter leckeres Holsten drin sind aber ich glaube das habe ich schon erwähnt..

HOLSTEN. AUF UNS, MÄNNER.

HOLSTEN PILSENER »AUF UNS, MÄNNER.«
AUFTRAGGEBER Holsten-Brauerei AG **MARKETINGLEITUNG** Jan Hillesland **WERBELEITUNG** Jörg Peter, Viktoria Wollmann, Marc Steinhardt
AGENTUR Scholz & Friends **CREATIVE DIRECTION** Matthias Schmidt, Constantin Kaloff **ART DIRECTION** Jens Stein
KUNDENBERATUNG Sarah Schulte-Herbrüggen, Nicole Thomas **FOTOGRAFIE** Heribert Schindler **ART BUYING** Adriana Meneses von Arnim
BILDBEARBEITUNG Appel Grafik Berlin **GRAFIK** Julia Witsche, Annegret Richter **TEXT** Philipp Wöhler

COMPUTER BILD KAMPAGNE »TASTATUR«
AUFTRAGGEBER Axel Springer AG **MARKETINGLEITUNG** Matthias Maier **WERBELEITUNG** Stefan Bromberg **AGENTUR** Jung von Matt AG
CREATIVE DIRECTION Oliver Voss, Deneke von Weltzien, Götz Ulmer, Daniel Frericks **ART DIRECTION** Javier Suarez Argueta
KUNDENBERATUNG Sabine Beck, Anke Göbber **FOTOGRAFIE** Stephan Försterling **AGENTUR PRODUCER** Marcus Loick **ART BUYING** Anika Fregin
GRAFIK Javier Suarez Argueta **TEXT** Javier Suarez Argueta

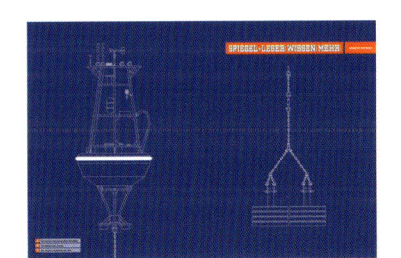

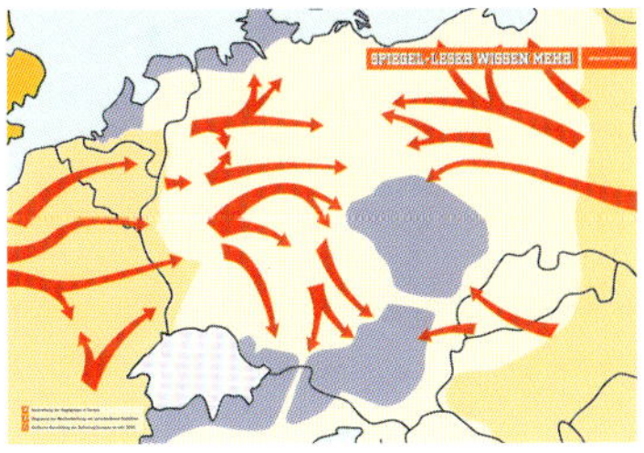

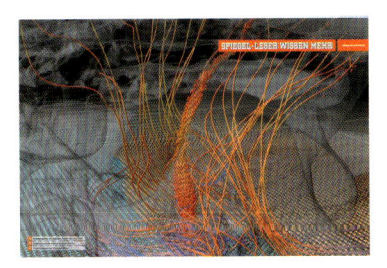

PUBLIKUMSANZEIGEN AUSZEICHNUNG 75

DER SPIEGEL KAMPAGNE »SPIEGEL-LESER WISSEN MEHR«
AUFTRAGGEBER SPIEGEL-Verlag Rudolf Augstein GmbH & Co. KG   **MARKETINGLEITUNG** Christian Schlottau   **WERBELEITUNG** Christoph Hellerung
AGENTUR DDB Düsseldorf GmbH   **CREATIVE DIRECTION** Amir Kassaei, Eric Schoeffler   **ART DIRECTION** Annabelle Marschall
KUNDENBERATUNG Simone von dem Bussche, Lina Burchardt, Kirsten Emmerich   **ILLUSTRATION** Petra Beiße   **TEXT** Nadia Al-Mardini

OROVERDE TROPENWALDSTIFTUNG KAMPAGNE »KAMPF UM DEN REGENWALD«

AUFTRAGGEBER OroVerde Tropenwaldstiftung, Bonn **MARKETINGLEITUNG** Dr. Volkhard Wille **WERBELEITUNG** Birthe Hesebeck **AGENTUR** Ogilvy
CREATIVE DIRECTION Helmut Himmler, Lars Huvart **ART DIRECTION** Till Schaffarczyk **KUNDENBERATUNG** Roland Stauber, Friederike Vogel **FOTOGRAFIE** Corbis
ART BUYING Christina Hufgard, Pepe Freund **GRAFIK** Till Schaffarczyk **TEXT** Aleš Polcar

Unser Beitrag zum Einsteinjahr: Einstein.

Nicht nur der große Schiller, auch Deutschlands berühmtester Physiker kommt aus Baden-Württemberg: Albert Einstein wurde am 14. März 1879 in Ulm geboren, wo schon Johannes Kepler wirkte. Zum 100-jährigen Jubiläum seiner Relativitätstheorie haben wir uns erlaubt, diese einmal verständlich zusammenzufassen. Unter anderem besagt sie Folgendes: Je höher Sie sich befinden, desto schneller vergeht die Zeit. Sollte Ihnen also mal langweilig sein, empfehlen wir einen Aufstieg zum Feldberg (1493 m). Bereits im zarten Alter von 15 Monaten zog Einstein übrigens aus Baden-Württemberg fort – aber Sie wissen ja, Zeit ist relativ: Manchmal reichen 15 Monate bei uns, um zum Genie zu reifen. Wo und wie wir das Einsteinjahr feiern, erfahren Sie unter www.ulm.de und www.baden-wuerttemberg.de

Baden-Württemberg
Wir können alles. Außer Hochdeutsch.

LAND BADEN-WÜRTTEMBERG »EINSTEIN«
AUFTRAGGEBER Staatsministerium Baden-Württemberg   **WERBELEITUNG** Michael Hörrmann   **AGENTUR** Scholz & Friends
CREATIVE DIRECTION Martin Pross, Julia Schmidt   **ART DIRECTION** Jens Stein   **KUNDENBERATUNG** Thomas Caprano, Nina Weinmann, Daniela Harzer
BILDBEARBEITUNG Appel Grafik Berlin   **GRAFIK** Annegret Richter   **TEXT** Philipp Wöhler, Gerald Meilicke

IMAGEKAMPAGNE »DU BIST DEUTSCHLAND«

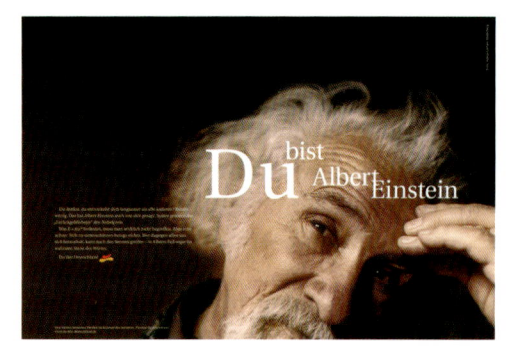

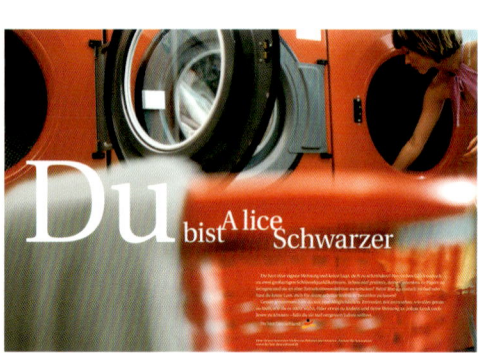

AUFTRAGGEBER Bertelsmann AG   **MARKETINGLEITUNG** Bernd Bauer   **WERBELEITUNG** Helge Hoffmeister
AGENTUR Jung von Matt AG/kempertrautmann GmbH   **CREATIVE DIRECTION** Oliver Voss, Deneke von Weltzien   **ART DIRECTION** Hans Weishäupl
KUNDENBERATUNG Michael Trautmann (kempertrautmann), Julia Krömker, Niklas Kruchten   **FOTOGRAFIE** Bilderberg, Leo Krumbacher, Florian Geiss
ART BUYING Hülya Corty   **GRAFIK** Lai-Sha Chan, Sina Gieselmann, Esther Schwarz   **PRODUKTION** Birgit Weber   **TEXT** Philipp Jessen

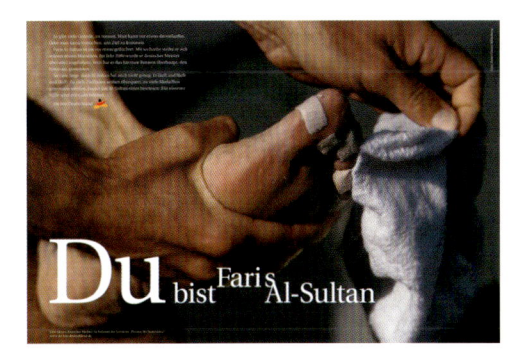

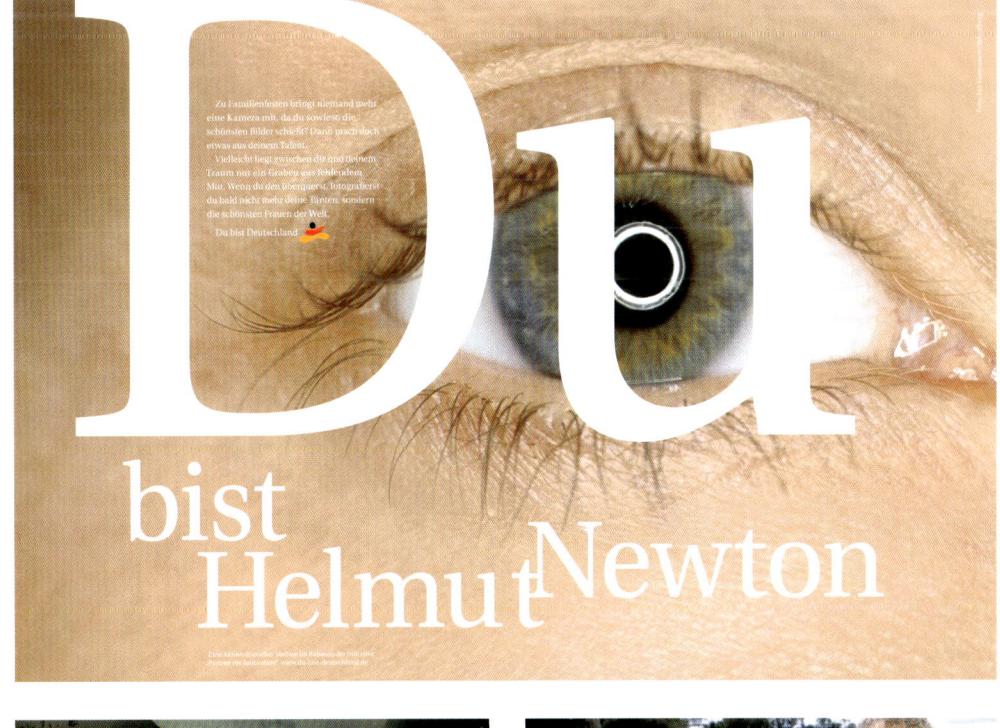

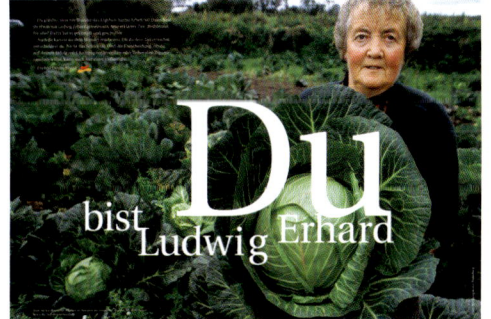

PUBLIKUMSANZEIGEN **AUSZEICHNUNG** 79

PUBLIKUMSANZEIGEN

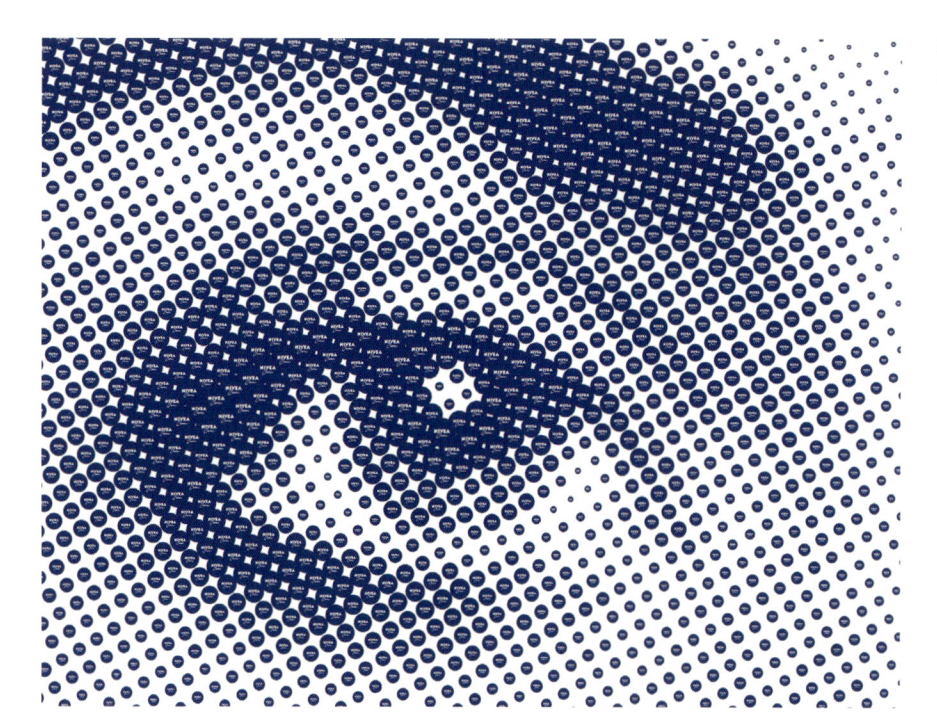

Zusätzlich erhielt diese Kampagne Silber in der Kategorie Plakate und Poster (Indoor & Outdoor) auf Seite 118/119.

NIVEA CREME KAMPAGNE »RASTERPUNKTE«
AUFTRAGGEBER Beiersdorf AG **MARKETINGLEITUNG** Frank Hennings **AGENTUR** TBWA\ Deutschland
CREATIVE DIRECTION Dietrich Zastrow **ART DIRECTION** Sandra Birkemeyer, Katja Kröger
KUNDENBERATUNG Valeska Lamberti **AGENTUR PRODUCER** Alexander Heldt
BILDBEARBEITUNG Helmut Gass Reprotechnik **TEXT** Regine Becker

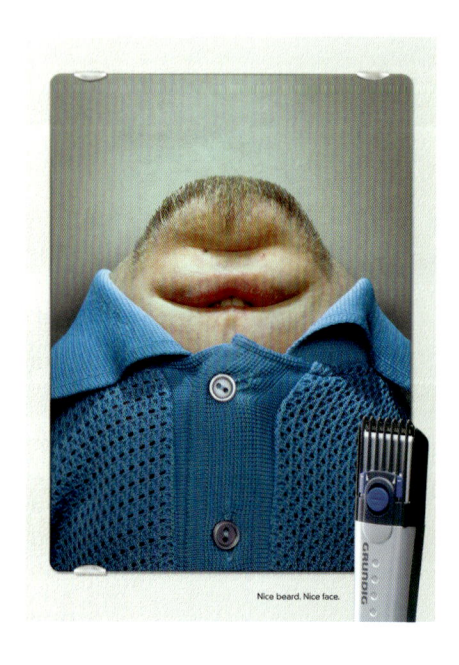

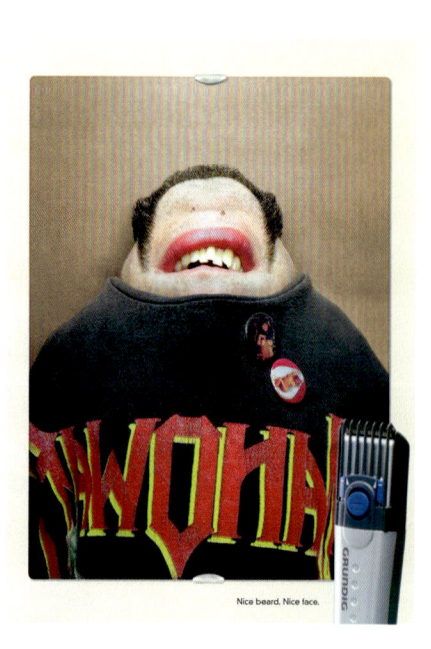

Zusätzlich erhielt diese Kampagne eine Auszeichnung in der Kategorie Fotografie auf Seite 185.

GRUNDIG BARTSCHNEIDER ANZEIGENKAMPAGNE »BARTGESICHTER«
AUFTRAGGEBER Payer Germany GmbH **MARKETINGLEITUNG** Stefan Haberkern
WERBELEITUNG Irene Scheler **AGENTUR** Scholz & Friends **CREATIVE DIRECTION** Matthias Spaetgens, Jan Leube
ART DIRECTION Johannes Hicks, Mathias Rebmann **KUNDENBERATUNG** Katrin Seegers, Uli Geiger
FOTOGRAFIE Hans Starck **BILDBEARBEITUNG** Appel Grafik Berlin **TEXT** Stuart Kummer

Zusätzlich erhielt diese Kampagne Bronze in der Kategorie
Plakate und Poster (Indoor & Outdoor) auf Seite 130/131.

INTERTOOL KAMPAGNE »LANGLEBIGE WERKZEUGE«
AUFTRAGGEBER Intertool GmbH, Schweiz **WERBELEITUNG** Kurt Wellenreiter **AGENTUR** Ogilvy
CREATIVE DIRECTION Christian Mommertz, Dr. Stephan Vogel **ART DIRECTION** Philipp Böttcher, Marco Weber
KUNDENBERATUNG John F. Goetze, Katharina Lotz **FOTOGRAFIE** Heinz Wuchner
ART BUYING Christina Hufgard **GRAFIK** Marc Wuchner, Kapka Dotcheva **TEXT** Philipp Böttcher

HORNBACH BAU- UND GARTENMÄRKTE KAMPAGNE »WOMEN AT WORK«
AUFTRAGGEBER HORNBACH Baumarkt AG   **MARKETINGLEITUNG** Jürgen Schröcker   **WERBELEITUNG** Diana Weber   **AGENTUR** HEIMAT, Berlin
CREATIVE DIRECTION Guido Heffels, Jürgen Vossen   **ART DIRECTION** Marc Wientzek, Tim Schneider   **KUNDENBERATUNG** Yves Krämer, Barbara Widder
STRATEGISCHE PLANUNG HEIMAT, Berlin   **FOTOGRAFIE** Sven Schrader   **AGENTUR PRODUCER** Carola Storto   **BILDBEARBEITUNG** PX1
DESIGN Joachim Zeh, Eva Bajer, Oliver Schneider   **MATERIALAUSWAHL UND HERSTELLUNGSKONTROLLE** Carola Storto   **MEDIA** Crossmedia
TEXT Joachim Bosse, Alexander Ardelean, Guido Heffels, Sebastian Kainz, Till Eckel

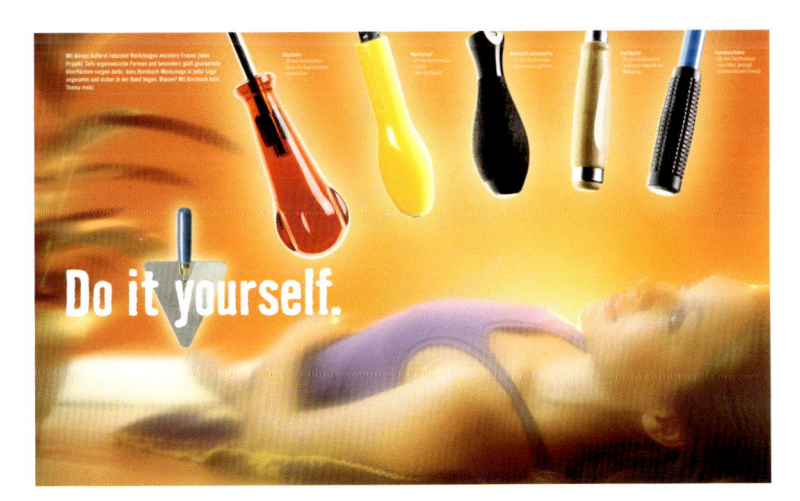

PUBLIKUMSANZEIGEN LÄNGER LAUFENDER KAMPAGNEN SILBER 83

84 PUBLIKUMSANZEIGEN LÄNGER LAUFENDER KAMPAGNEN SILBER

Für Menschen, die Präzision zu schätzen wissen: WMF Grand Gourmet Klingen. Unübertrefflich scharf und aus einmaligem Spezialklingenstahl gefertigt. Mehr Informationen zu WMF Grand Gourmet Klingen erhalten Sie im Internet unter www.wmf.de oder natürlich in unseren WMF Filialen.

WMF MESSER KAMPAGNE »SCHARFE MESSER«
AUFTRAGGEBER WMF AG   **MARKETINGLEITUNG** Stefan Kellerer   **WERBELEITUNG** Wolfgang Dalferth   **AGENTUR** KNSK Werbeagentur GmbH
CREATIVE DIRECTION Tim Krink, Niels Holle   **ART DIRECTION** Thomas Thiele   **KUNDENBERATUNG** Kirsten Kohls
FOTOGRAFIE Arte & Immagini srl/Corbis, Araldo de Luca/Corbis   **AGENTUR PRODUCER** Heinz-Rudi Junge   **GRAFIK** Hanadi Chawaf, Boris Schatte
POST PRODUCTION DDE Reprotechnik   **TEXT** Steffen Steffens

PUBLIKUMSANZEIGEN LÄNGER LAUFENDER KAMPAGNEN SILBER 85

Für Menschen, die Präzision zu schätzen wissen: WMF Grand Gourmet Klingen. Unübertrefflich scharf und aus einmaligem Spezialklingenstahl gefertigt. Mehr Informationen zu WMF Grand Gourmet Klingen erhalten Sie im Internet unter www.wmf.de oder natürlich in unseren WMF Filialen.

Für Menschen, die Präzision zu schätzen wissen: WMF Grand Gourmet Klingen. Unübertrefflich scharf und aus einmaligem Spezialklingenstahl gefertigt. Mehr Informationen zu WMF Grand Gourmet Klingen erhalten Sie im Internet unter www.wmf.de oder natürlich in unseren WMF Filialen.

PUBLIKUMSANZEIGEN LÄNGER LAUFENDER KAMPAGNEN BRONZE

VW NEW BEETLE CABRIOLET
KAMPAGNE »HERE COMES THE SUN«

AUFTRAGGEBER
Volkswagen AG

MARKETINGLEITUNG
Lutz Kothe

WERBELEITUNG
Martina Berg

AGENTUR
DDB Berlin GmbH

CREATIVE DIRECTION
Amir Kassaei, Wolfgang Schneider, Mathias Stiller

ART DIRECTION
Sandra Schilling

KUNDENBERATUNG
Michael Lamm, Louisa Ibing

STRATEGISCHE PLANUNG
Jason Lusty

FOTOGRAFIE
Stockmaterial (Corbis)

ART BUYING
Elke Dilchert

TEXT
Ulrich Lützenkirchen

Zusätzlich erhielt diese Kampagne eine Auszeichnung in der Kategorie Plakate und Poster (Indoor & Outdoor) auf Seite 138. Dort wird ein weiteres Motiv gezeigt.

www.volkswagen.de

Here comes the sun. Das New Beetle Cabriole

Aus Liebe zum Automobil

Zusätzlich erhielt diese Kampagne eine Auszeichnung in der Kategorie
Fachanzeigen auf Seite 102 sowie in der Kategorie Plakate und Poster (Indoor & Outdoor)
auf Seite 142. Dort werden weitere Motive gezeigt.

PUBLIKUMSANZEIGEN LÄNGER LAUFENDER KAMPAGNEN BRONZE

WERU KAMPAGNE
»WERU SCHALLSCHUTZFENSTER«

AUFTRAGGEBER
Weru AG
MARKETINGLEITUNG
Dieter Frost
WERBELEITUNG
Malte Hyba
AGENTUR
Scholz & Friends
CREATIVE DIRECTION
Matthias Spaetgens, Jan Leube
ART DIRECTION
Kay Lübke
KUNDENBERATUNG
Katrin Seegers, Uli Geiger
FOTOGRAFIE
Ralph Baiker
GRAFIK
Anatolij Pickmann, Liisa-Triin Vurma
TEXT
Michael Häußler

FRANKFURTER ALLGEMEINE ZEITUNG KAMPAGNE »DAHINTER STECKT IMMER EIN KLUGER KOPF«

AUFTRAGGEBER
Frankfurter Allgemeine Zeitung GmbH
MARKETINGLEITUNG
Dr. Jan P. Klage
AGENTUR
Scholz & Friends
CREATIVE DIRECTION
Sebastian Turner, Martin Pross, Matthias Spaetgens, Jan Leube, Julia Schmidt
ART DIRECTION
Mathias Rebmann
KUNDENBERATUNG
Katrin Seegers, Marie Toya Gaillard, Katrin Ploska
FOTOGRAFIE
Thomas Meyer, Ostkreuz
BILDBEARBEITUNG
Appel Grafik Berlin
GRAFIK
Sara dos Santos Vieira, Matias Proietti

Zusätzlich erhielt diese Kampagne Bronze in der Kategorie Tageszeitungsanzeigen auf Seite 110/111. Dort werden weitere Motive gezeigt.

PUBLIKUMSANZEIGEN LÄNGER LAUFENDER KAMPAGNEN BRONZE

Frankfurter Allgemeine
ZEITUNG FÜR DEUTSCHLAND

Dahinter steckt immer ein kluger Kopf.

PUBLIKUMSANZEIGEN LÄNGER LAUFENDER KAMPAGNEN BRONZE

Deutschlands Denkmäler brauchen Hilfe. KTO 30 55555 BLZ 380 400 07

DEUTSCHE STIFTUNG DENKMALSCHUTZ

DEUTSCHE STIFTUNG DENKMALSCHUTZ KAMPAGNE »GELDSCHEIN«
AUFTRAGGEBER Deutsche Stiftung Denkmalschutz **WERBELEITUNG** Dr. Ursula Schirmer **AGENTUR** Ogilvy **CREATIVE DIRECTION** Simon Oppmann, Peter Römmelt
ART DIRECTION Simon Oppmann **KUNDENBERATUNG** Marco Bisello **FOTOGRAFIE** Hana Kostreba **GRAFIK** Hana Kostreba **TEXT** Peter Römmelt

PUBLIKUMSANZEIGEN LÄNGER LAUFENDER KAMPAGNEN BRONZE 93

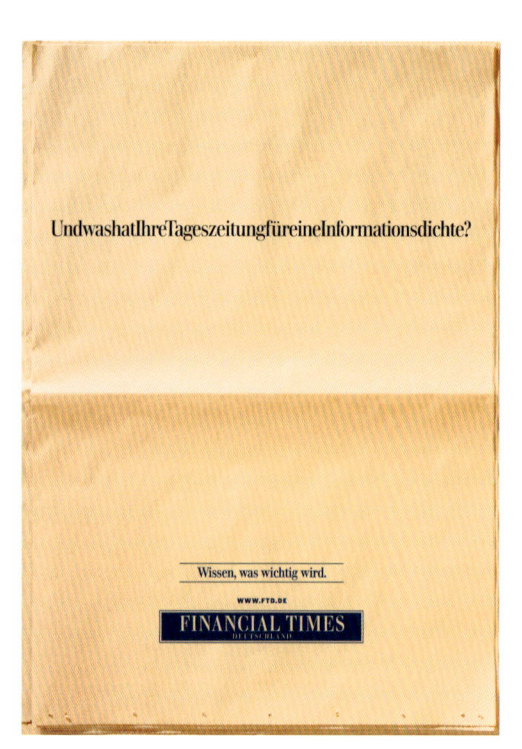

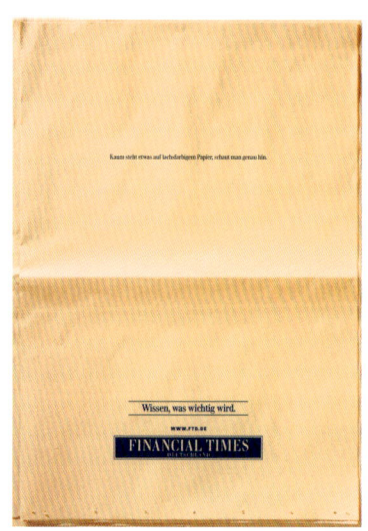

PUBLIKUMSANZEIGEN LÄNGER LAUFENDER KAMPAGNEN AUSZEICHNUNG

Welcher Anlagetyp sind Sie?
a) b) c)

Das Eckige muss in das Runde

UndwashatIhréTageszeitungfüreineInformationsdichte?

Kinder und Betrunkene sagen die Wahrheit.
Aber die liegen nicht morgens auf Ihrem Schreibtisch.

Manche treffen sehr mutige und äußerst riskoreiche Entscheidungen.
Toll!
Aber völlig unnötig.

Wer glaubt schon das Märchen vom Tellerwäscher?
Es war ein Zeitungsjunge.

Dam t Ihnen kei e De ails f hlen

FinAAAncial Times Deutschland

ver Zu hänge sammen stehen

Kann nicht etwas auf hochschlagem Papier, schont man genau hin.

FINANCIAL TIMES DEUTSCHLAND »IMAGEKAMPAGNE«
AUFTRAGGEBER Financial Times Deutschland GmbH & Co. KG **MARKETINGLEITUNG** Tanja Madsen
WERBELEITUNG Ralf Gessner **AGENTUR** KNSK Werbeagentur GmbH **CREATIVE DIRECTION** Tim Krink, Niels Holle, Vera Hampe
ART DIRECTION Martin Augner **KUNDENBERATUNG** Stephanie Barthold **STRATEGISCHE PLANUNG** Torben Schacht
GRAFIK Nick Jungclaus, Boris Schatte **TEXT** Olaf Hörning, Vera Hampe, Steffen Steffens, Berend Brüdgam

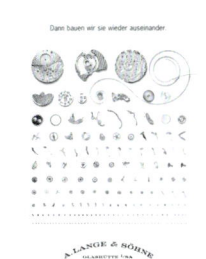

LANGE UHREN KAMPAGNE »LANGE & SÖHNE«
AUFTRAGGEBER Lange Uhren GmbH **MARKETINGLEITUNG** Annette Bamert **WERBELEITUNG** Jan Müller
AGENTUR Scholz & Friends **CREATIVE DIRECTION** Matthias Spaetgens, Jan Leube **ART DIRECTION** Cathrin Ciuraj, Tim Stockmar
KUNDENBERATUNG Katrin Seegers, Penelope Winterhager, Vanessa Schmoranzer, Cathleen Michaelis
TEXT Katharina Psczolla, Torsten Lindner, Edgar Linscheid, Christian Ole Puls

96 FACHANZEIGEN BRONZE

DHL »GOLDHELM«

AUFTRAGGEBER
Deutsche Post AG

MARKETINGLEITUNG
Wolfgang Giehl

WERBELEITUNG
Dirk Ude

AGENTUR
Jung von Matt AG

CREATIVE DIRECTION
Burkhart von Scheven,
Michael Pfeiffer-Belli

ART DIRECTION
Gen Sadakane

KUNDENBERATUNG
Frank Lotze, Sandra Ortmann

ILLUSTRATION
Ertugrul Edirne

ART BUYING
Hülya Corty

GRAFIK
Christian Leuffert

POST PRODUCTION
PX1

PRODUKTION
Andreas Reinhardt

TEXT
Jan Harbeck, Mirko Stolz

Absolut sichere Kunsttransporte. DHL

WIENERS+WIENERS WERBELEKTORAT
»WEIHNACHTSANZEIGE 2005«

AUFTRAGGEBER
Wieners+Wieners Werbelektorat GmbH
MARKETINGLEITUNG
Ralf Wieners, Wolfgang Bruch
WERBELEITUNG
Ralf Wieners, Wolfgang Bruch
AGENTUR
Grabarz & Partner
CREATIVE DIRECTION
Ralf Heuel, Dirk Siebenhaar
ART DIRECTION
Sebastian Hahn, Djik Ouchiian
KUNDENBERATUNG
Ina Bach
TEXT
Martin Graß

Wir wünschen ein gesundes neues Jahr.

WIENERS+WIENERS
Werbelektorat und Adaptionen

98 FACHANZEIGEN BRONZE

WMF MESSER KAMPAGNE
»SCHÄRFER, ALS MAN DENKT«

AUFTRAGGEBER
WMF AG
MARKETINGLEITUNG
Stefan Kellerer
WERBELEITUNG
Wolfgang Dalferth
AGENTUR
KNSK Werbeagentur GmbH
CREATIVE DIRECTION
Anke Winschewski, Vappu Singer
ART DIRECTION
Jan Blumentritt
KUNDENBERATUNG
Kirsten Kohls
FOTOGRAFIE
Michaela Rehn
AGENTUR PRODUCER
Heinz-Rudi Junge
ART BUYING
Franziska Boyens
BILDBEARBEITUNG
DDE Reprotechnik
GRAFIK
Mischa Kirchner, Christine Manger
TEXT
Daniela Schubert

Schärfer, als man denkt. Das WMF Messer Grand Gourmet mit Damasteel-Klinge.

EUROEYES AUGEN LASER ZENTRUM KAMPAGNE »BESSER SEHEN«

AUFTRAGGEBER EuroEyes Service GmbH   **MARKETINGLEITUNG** Dr. Jörn Jörgensen   **WERBELEITUNG** Carmen Llanos-Ahrens
AGENTUR Scholz & Friends   **CREATIVE DIRECTION** Tobias Holland   **ART DIRECTION** Jochen Saken   **KUNDENBERATUNG** Raphael Brinkert, Helke Wieners
FOTOGRAFIE René Clohse   **ILLUSTRATION** Liv Kristin Thiele   **ART BUYING** Kati Nissen   **BILDBEARBEITUNG** Anne-France Peters   **TEXT** Roman Jonsson

**STUDIO FUNK KAMPAGNE
»GERÄUSCHE«**

AUFTRAGGEBER
Studio Funk GmbH und Co. KG
MARKETINGLEITUNG
Klaus Funk
WERBELEITUNG
Klaus Funk, Torsten Hennings
AGENTUR
Grabarz & Partner
CREATIVE DIRECTION
Ralf Heuel, Ralf Nolting
ART DIRECTION
Tomas Tulinius
KUNDENBERATUNG
Sandra Humbek
GRAFIK
Julia Elbers
TEXT
Markus Ewertz

Zusätzlich erhielt diese Kampagne Bronze in der Kategorie Publikumsanzeigen länger laufender Kampagnen auf Seite 88/89 sowie eine Auszeichnung in der Kategorie Plakate und Poster (Indoor & Outdoor) auf Seite 142. Dort werden weitere Motive gezeigt.

WERU KAMPAGNE »WERU SCHALLSCHUTZFENSTER«
AUFTRAGGEBER Weru AG **MARKETINGLEITUNG** Dieter Frost **WERBELEITUNG** Malte Hyba **AGENTUR** Scholz & Friends
CREATIVE DIRECTION Matthias Spaetgens, Jan Leube **ART DIRECTION** Kay Lübke **KUNDENBERATUNG** Katrin Seegers, Uli Geiger
FOTOGRAFIE Ralph Baiker **GRAFIK** Anatolij Pickmann, Liisa-Triin Vurma **TEXT** Michael Häußler

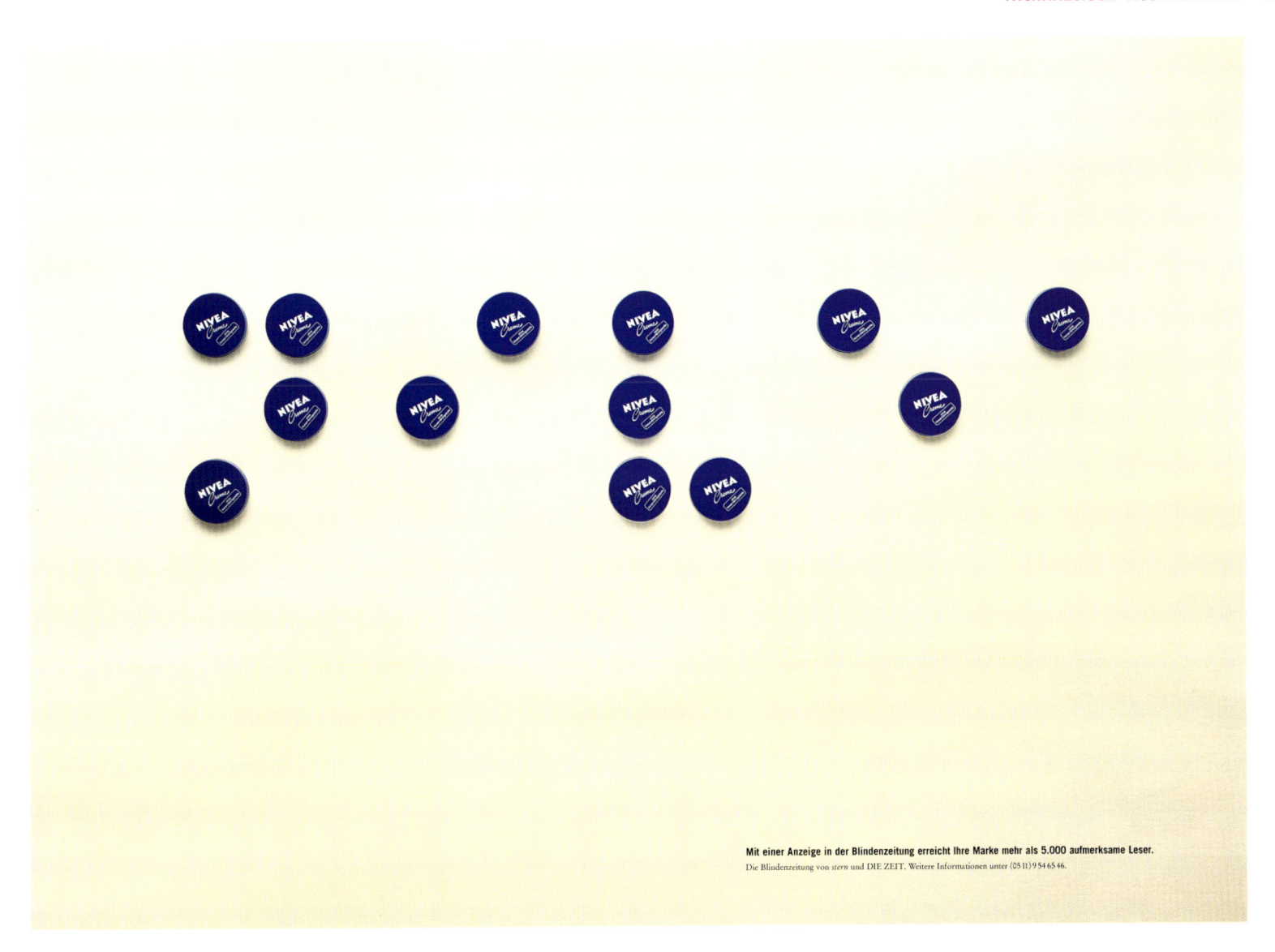

FACHANZEIGEN **AUSZEICHNUNG** 103

Mit einer Anzeige in der Blindenzeitung erreicht Ihre Marke mehr als 5.000 aufmerksame Leser.
Die Blindenzeitung von *stern* und DIE ZEIT. Weitere Informationen unter (05 11) 9 54 65 46.

BLINDENZEITUNG STERN & DIE ZEIT INSERENTENKAMPAGNE »BLINDENSCHRIFT«
AUFTRAGGEBER Stern Gruner+Jahr AG & Co.   **WERBELEITUNG** Jan-Piet Stempels   **AGENTUR** Grabarz & Partner
CREATIVE DIRECTION Ralf Nolting, Patricia Pätzold, CCO: Ralf Heuel   **ART DIRECTION** Tomas Tulinius   **KUNDENBERATUNG** Volker Jensen, Reinhard Patzschke, Daniela Stephan
FOTOGRAFIE Sven Berghäuser   **GRAFIK** Julia Elbers   **TEXT** Oliver Heidorn

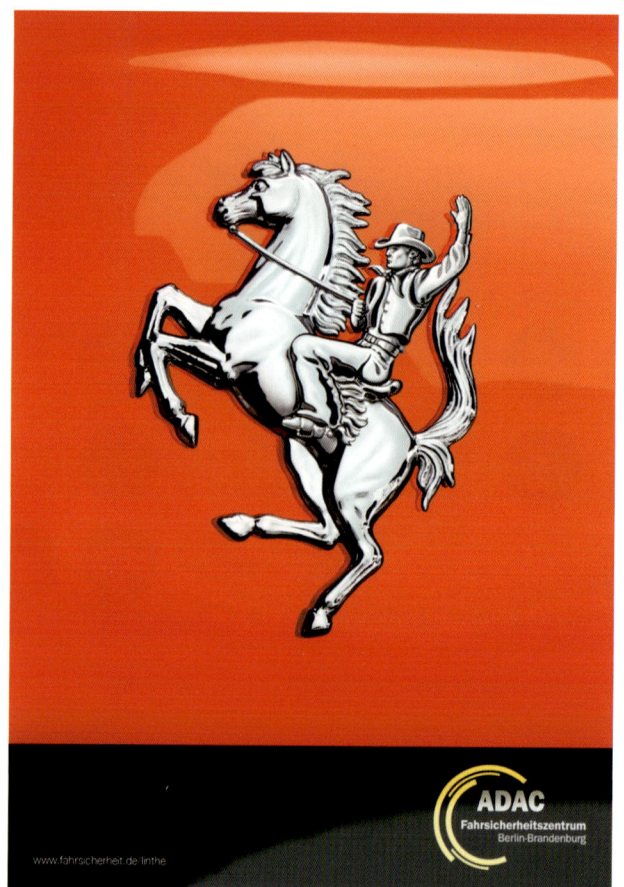

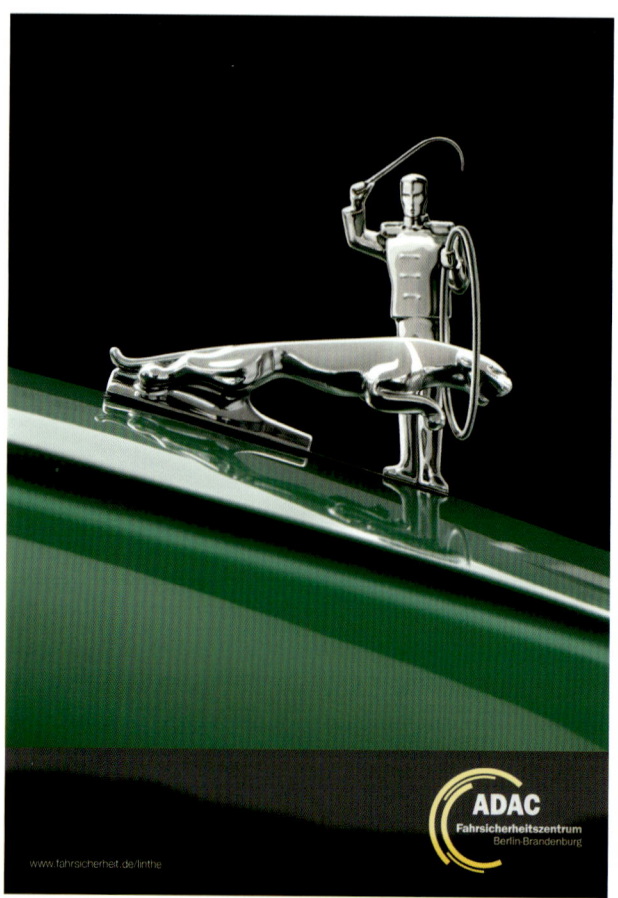

ADAC FAHRSICHERHEITSZENTRUM »FAHRSICHERHEITSKAMPAGNE«
AUFTRAGGEBER ADAC Fahrsicherheitszentrum **MARKETINGLEITUNG** Christian Thiesen **WERBELEITUNG** Marco Kessler **AGENTUR** Scholz & Friends
CREATIVE DIRECTION Matthias Spaetgens, Jan Leube **ART DIRECTION** David Fischer **KUNDENBERATUNG** Katrin Seegers, Vera Hofmann, Jeanine Wyrwoll
FOTOGRAFIE Felix Krumbholz **ILLUSTRATION** Jean-Pierre Kunkel **ART BUYING** Adriana Meneses von Arnim, Kirsten Rendtel **TEXT** Axel Tischer

FACHANZEIGEN **AUSZEICHNUNG** 105

KNSK freut sich über den silbernen Löwen und bedankt sich bei WMF.

KNSK/WMF »DANKANZEIGE WMF«
AUFTRAGGEBER KNSK Werbeagentur GmbH **AGENTUR** KNSK Werbeagentur GmbH **CREATIVE DIRECTION** Tim Krink, Niels Holle
ART DIRECTION Thomas Thiele **KUNDENBERATUNG** Kirsten Kohls **FOTOGRAFIE** Arte & Immagini srl/Corbis, Araldo de Luca/Corbis
AGENTUR PRODUCER Heinz-Rudi Junge **GRAFIK** Hanadi Chawaf, Boris Schatte **POST PRODUCTION** DDE Reprotechnik **TEXT** Steffen Steffens

106 FACHANZEIGEN AUSZEICHNUNG

BISLEY BÜROMÖBEL KAMPAGNE
»PERFECTLY ORGANISED«

AUFTRAGGEBER
Bisley GmbH
MARKETINGLEITUNG
Garry Carr (UK), Robert Mayer
AGENTUR
Kolle Rebbe Werbeagentur GmbH
CREATIVE DIRECTION
Andreas Geyer, Ulrich Zünkeler
ART DIRECTION
Stefan Hägerling, Petra Cremer, Pia Kortemeier
KUNDENBERATUNG
Gregor W. Busch, Alexander Duve
DRUCK
Partner Werbung und Druck, Hamburg
GRAFIK
Benjamin Allwardt
PRODUKTION
Marc Schecker
TEXT
Hanna Kayenburg

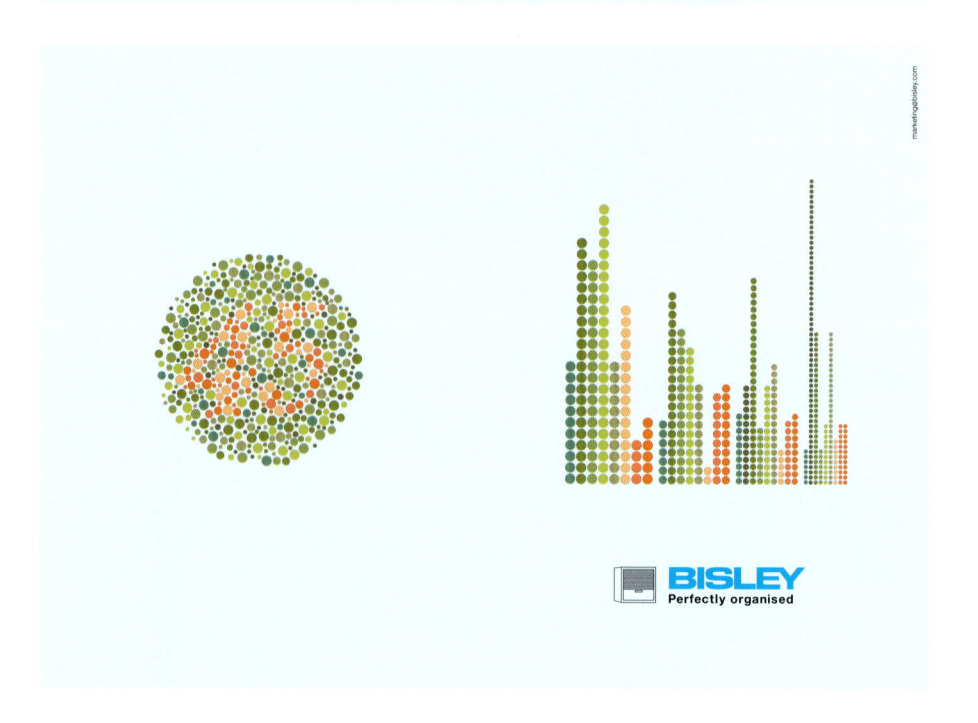

Für Entdecker. Der Sprinter JAMES COOK.

MERCEDES-BENZ SPRINTER JAMES COOK »WELTENBUMMLER«
AUFTRAGGEBER DaimlerChrysler AG, DCVD   **MARKETINGLEITUNG** Jochen Sengpiehl   **WERBELEITUNG** Claudia Schöttle, Antje Stange   **AGENTUR** Scholz & Friends
CREATIVE DIRECTION Constantin Kaloff, Julia Schmidt   **ART DIRECTION** Gregory French   **KUNDENBERATUNG** Stefanie Wurst, Thomas Caprano, Janina Rahaus
FOTOGRAFIE Map Resources   **ART BUYING** Dominique Steiner   **BILDBEARBEITUNG** Appel Grafik Berlin   **TEXT** Peter Quester

GLOBUS SB WARENHAUS BEILEGER »TIERWOCHE«
AUFTRAGGEBER Globus SB Warenhaus Holding GmbH & Co. KG **MARKETINGLEITUNG** Stefan Magel **AGENTUR** Ogilvy
CREATIVE DIRECTION Christian Mommertz, Dr. Stephan Vogel **ART DIRECTION** Christian Mommertz **KUNDENBERATUNG** Holger Wohlfarth
FOTOGRAFIE Stockmaterial **ART BUYING** Christina Hufgard **GRAFIK** Nicole Hofer **TEXT** Dr. Stephan Vogel, Christian Mommertz

Zusätzlich erhielt diese Arbeit eine Auszeichnung in der Kategorie Verkaufsförderung auf Seite 230.

110 TAGESZEITUNGSANZEIGEN BRONZE

Dahinter steckt immer ein kluger Kopf.

Vitali Klitschko, Boxsportler

FRANKFURTER ALLGEMEINE ZEITUNG KAMPAGNE »DAHINTER STECKT IMMER EIN KLUGER KOPF«
AUFTRAGGEBER Frankfurter Allgemeine Zeitung GmbH   **MARKETINGLEITUNG** Dr. Jan P. Klage   **AGENTUR** Scholz & Friends
CREATIVE DIRECTION Sebastian Turner, Martin Pross, Matthias Spaetgens, Jan Leube, Julia Schmidt
ART DIRECTION Mathias Rebmann   **KUNDENBERATUNG** Katrin Seegers, Marie Toya Gaillard, Katrin Ploska   **FOTOGRAFIE** Thomas Meyer, Ostkreuz
BILDBEARBEITUNG Appel Grafik Berlin   **GRAFIK** Sara dos Santos Vieira, Matias Proietti

Wendelin Wiedeking, Vorstandsvorsitzender

Frankfurter Allgemeine
ZEITUNG FÜR DEUTSCHLAND

Dahinter steckt immer ein kluger Kopf.

Zusätzlich erhielt diese Kampagne Bronze in der Kategorie
Publikumsanzeigen länger laufender Kampagnen auf Seite 90/91.
Dort wird ein weiteres Motiv gezeigt.

Die modernste Art, ein Automobil zu bauen.

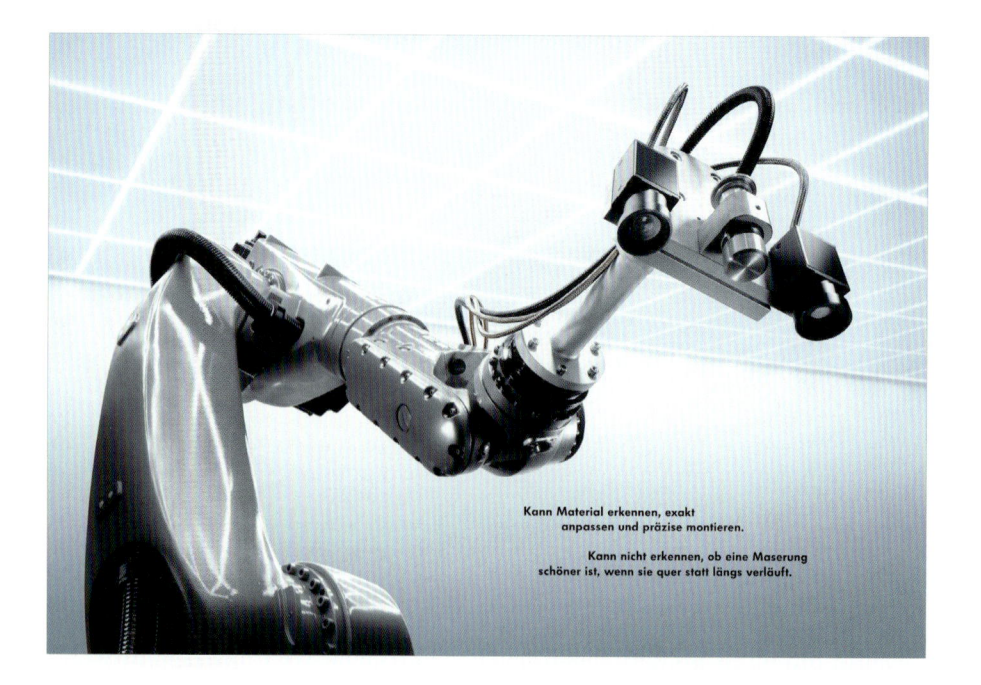

Kann Material erkennen, exakt anpassen und präzise montieren.

Kann nicht erkennen, ob eine Maserung schöner ist, wenn sie quer statt längs verläuft.

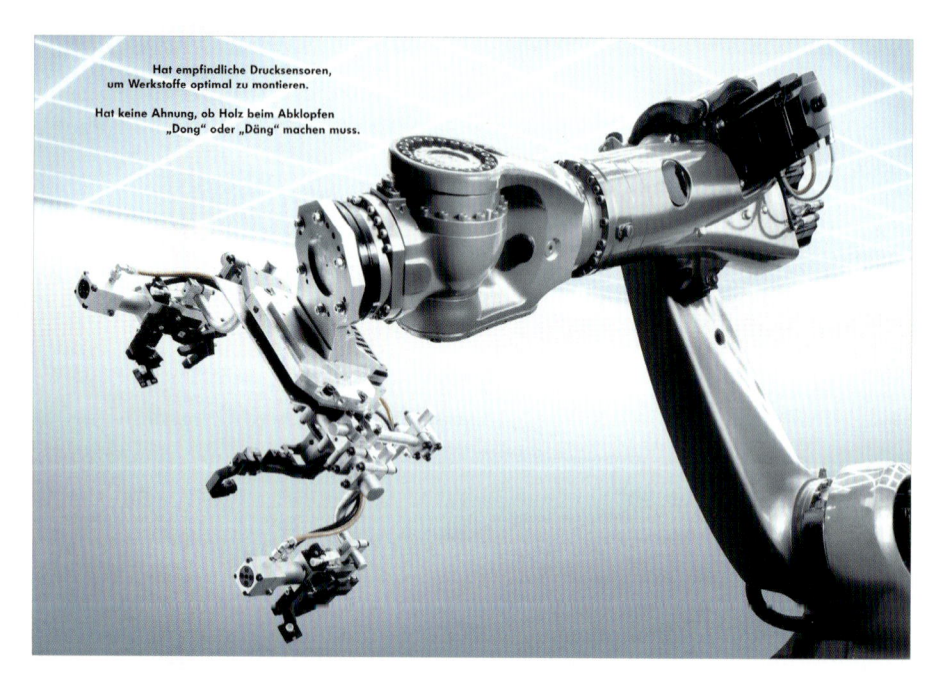

Hat empfindliche Drucksensoren, um Werkstoffe optimal zu montieren.

Hat keine Ahnung, ob Holz beim Abklopfen „Dong" oder „Däng" machen muss.

VW PHAETON BEILEGER »ROBOTER«
AUFTRAGGEBER Volkswagen AG   **MARKETINGLEITUNG** Jörn Hinrichs, Lutz Kothe   **WERBELEITUNG** Martina Berg, Peter-Michael Jann
AGENTUR Grabarz & Partner   **CREATIVE DIRECTION** Ralf Nolting, Patricia Pätzold, CCO: Ralf Heuel   **ART DIRECTION** Christoph Stricker
KUNDENBERATUNG Reinhard Patzschke, Britt Neumann, Sandra Humbek   **FOTOGRAFIE** Tom Grammerstorf
ART BUYING Garnet Lange, Susanne Wiegel   **GRAFIK** Amelie Graalfs   **TEXT** Thies Schuster

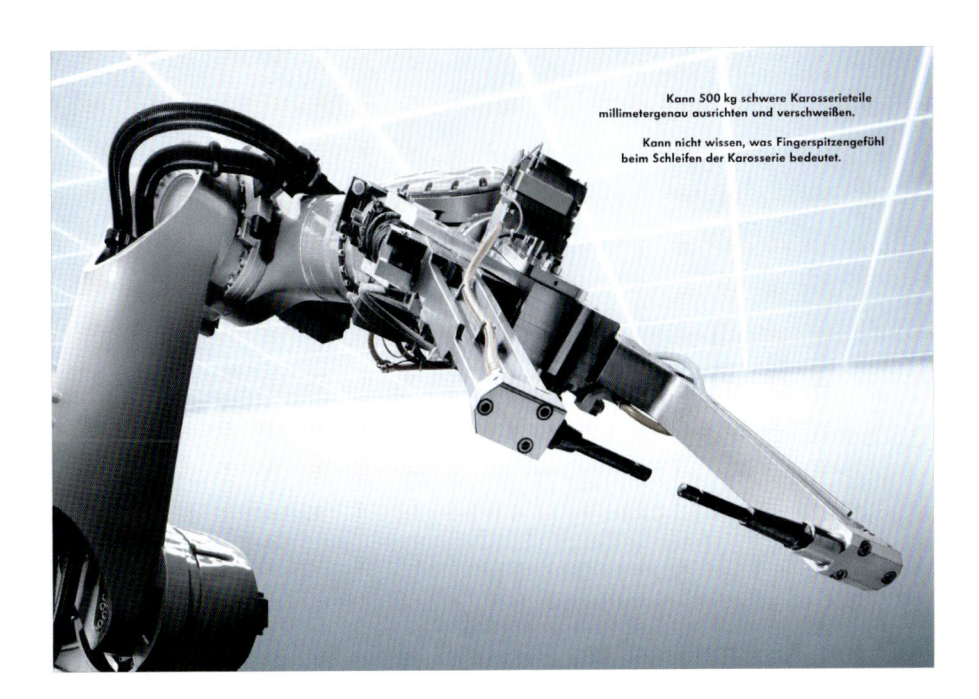

Kann 500 kg schwere Karosserieteile
millimetergenau ausrichten und verschweißen.

Kann nicht wissen, was Fingerspitzengefühl
beim Schleifen der Karosserie bedeutet.

Hat seine Arbeitsschritte perfekt an
den Produktionsplan angepasst.

Hat noch nie ein Auto von Anfang bis
Ende zusammengebaut.

Der Phaeton. Ohne Handarbeit nicht zu bauen.

HORNBACH BAU- UND GARTENMÄRKTE »HELDENKAMPAGNE 2005«

AUFTRAGGEBER HORNBACH Baumarkt AG **MARKETINGLEITUNG** Jürgen Schröcker **WERBELEITUNG** Diana Weber **AGENTUR** HEIMAT, Berlin
CREATIVE DIRECTION Guido Heffels, Jürgen Vossen **ART DIRECTION** Marc Wientzek **KUNDENBERATUNG** Yves Krämer, Barbara Widder
STRATEGISCHE PLANUNG HEIMAT, Berlin **FOTOGRAFIE** Kristof Fischer **BILDBEARBEITUNG** PX1 **GRAFIK** Joachim Zeh **TEXT** Guido Heffels, Sebastian Kainz

59,99

ALLES GUTE ZUM GEBURTSTAG.

SATURN
GEIZ IST GEIL!

SATURN »GLÜCKWUNSCH«
AUFTRAGGEBER Saturn **MARKETINGLEITUNG** Oliver Mehwald **WERBELEITUNG** Ralf Schmitt
AGENTUR Jung von Matt AG **CREATIVE DIRECTION** Arno Lindemann, Bernhard Lukas
ART DIRECTION Hendrik Schweder, Jonas Keller **KUNDENBERATUNG** Frauke Stürmer, Anne Ehrig, Bent Rosinski

☐ Faltig?
☐ Fabelhaft?

Ist Schönheit wirklich eine Frage des Alters?
Reden Sie mit!

InitiativeFuerWahreSchoenheit.de | *Dove.*

Zusätzlich erhielt diese Kampagne eine Auszeichnung in der Kategorie Publikumsanzeigen auf Seite 72. Dort werden weitere Motive gezeigt.

DOVE INITIATIVE FÜR WAHRE SCHÖNHEIT »FALTIG«
AUFTRAGGEBER Unilever Deutschland **MARKETINGLEITUNG** Reiner Krüger **WERBELEITUNG** Nicole Ehlen **AGENTUR** Ogilvy & Mather
CREATIVE DIRECTION Jörg Herzog, Dennis Lewis **ART DIRECTION** Jörg Herzog, Britta Adaschkiewitz **KUNDENBERATUNG** Katja Wenninger, Ilona Elspass
FOTOGRAFIE Rankin **BILDBEARBEITUNG** Rankin **TEXT** Bettina Biermann, Katja Galow

STERN MAGAZIN »LABYRINTH«

AUFTRAGGEBER
Stern Gruner+Jahr AG & Co.
WERBELEITUNG
Jan-Piet Stempels
AGENTUR
Grabarz & Partner
CREATIVE DIRECTION
Ralf Nolting, Patricia Pätzold, CCO: Ralf Heuel
ART DIRECTION
Tomas Tulinius
KUNDENBERATUNG
Volker Jensen, Reinhard Patzschke
GRAFIK
Florian Pack
TEXT Teja Fischer

Zusätzlich erhielt diese Anzeige Silber in der Kategorie Publikumsanzeigen auf Seite 40/41.

Zusätzlich erhielt diese Arbeit Bronze in der Kategorie Text auf Seite 164.

MERCEDES-BENZ

SONDERFAHRZEUGE »ABSCHIED POLIZEIWANNE«

AUFTRAGGEBER
DaimlerChrysler AG, DCVD
MARKETINGLEITUNG
Jochen Sengpiehl
WERBELEITUNG
Claudia Schöttle, Peer Näher
AGENTUR
Scholz & Friends
CREATIVE DIRECTION
Martin Pross, Julia Schmidt, Matthias Schmidt
ART DIRECTION
Jens Stein
KUNDENBERATUNG
Stefanie Wurst, Thomas Caprano, Eva Scholze, Michael Thorsten Schulze, Stephan Otte
FOTOGRAFIE
Matthias Koslik
ART BUYING
Kirsten Rendtel, Dominique Steiner
TEXT
Philipp Wöhler

NIVEA CREME KAMPAGNE »RASTERPUNKTE«
AUFTRAGGEBER Beiersdorf AG   **MARKETINGLEITUNG** Thomas Schönen (GF NIVEA Haus)   **AGENTUR** TBWA\ Deutschland
CREATIVE DIRECTION Dietrich Zastrow   **ART DIRECTION** Sandra Birkemeyer, Katja Kröger   **KUNDENBERATUNG** Thomas Ohlsen
AGENTUR PRODUCER Alexander Heldt   **BILDBEARBEITUNG** Helmut Gass Reprotechnik   **TEXT** Regine Becker

PLAKATE UND POSTER (INDOOR & OUTDOOR) SILBER

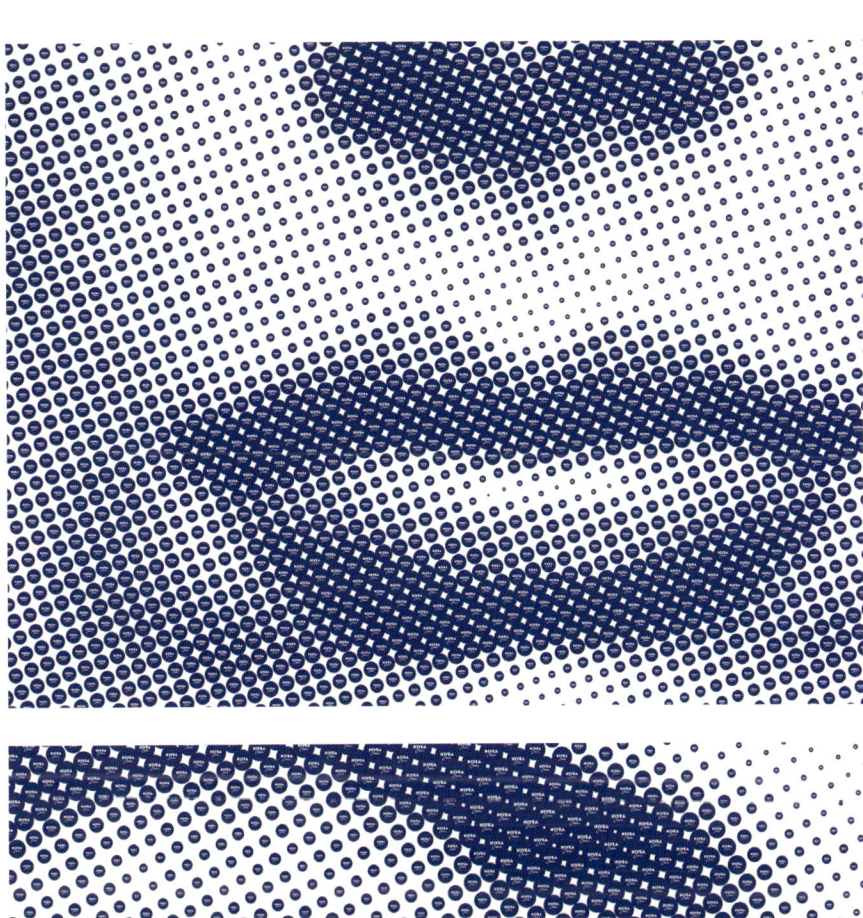

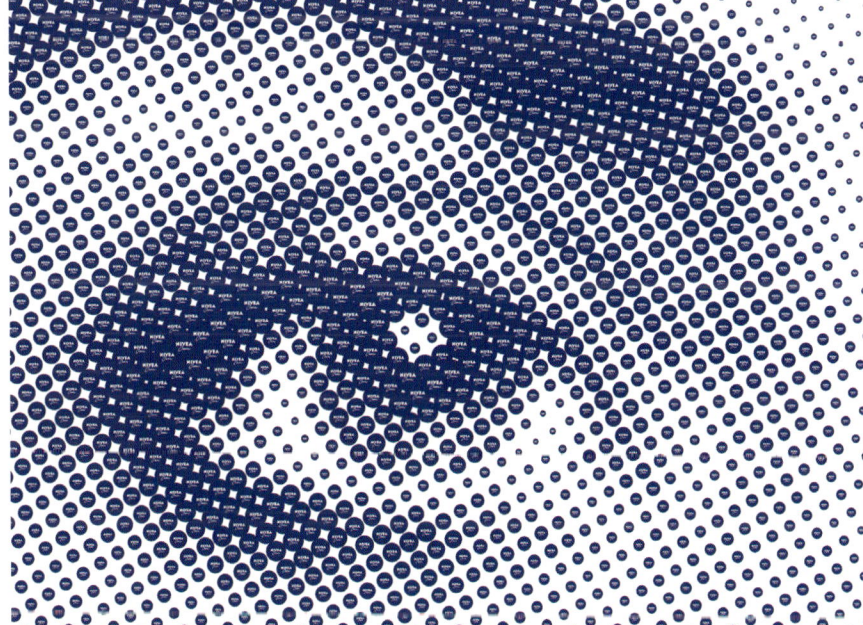

Zusätzlich erhielt diese Kampagne Bronze in der Kategorie Publikumsanzeigen auf Seite 80.

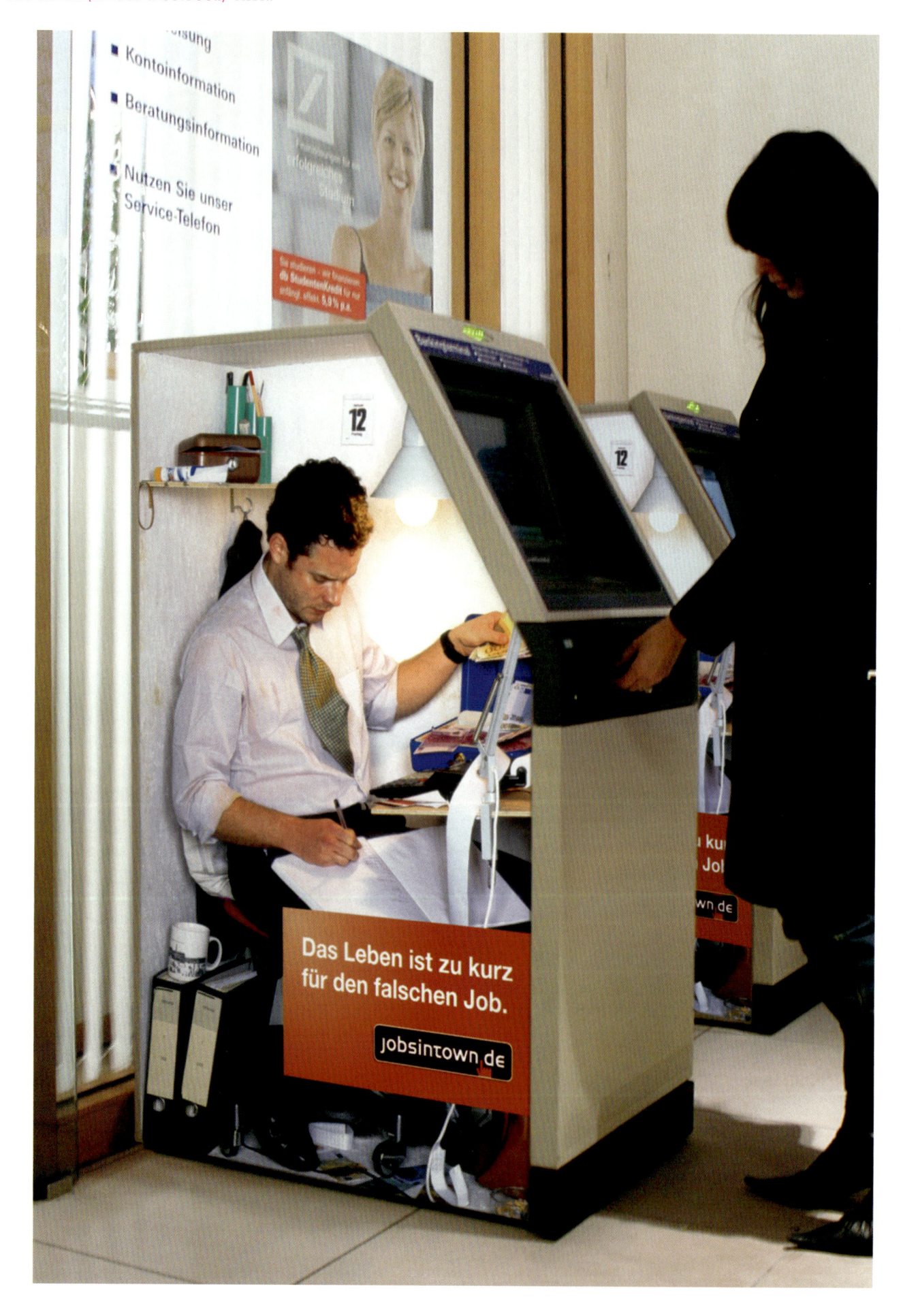

JOBSINTOWN.DE AUTOMATENAUFKLEBER »FALSCHER ARBEITSPLATZ«

AUFTRAGGEBER jobsintown.de **AGENTUR** Scholz & Friends **CREATIVE DIRECTION** Matthias Spaetgens, Jan Leube
ART DIRECTION David Fischer **KUNDENBERATUNG** Katrin Seegers, Katrin Ploska **FOTOGRAFIE** Hans Starck
AGENTUR PRODUCER Sören Gessat **GRAFIK** Inga Schulze, Sara dos Santos Vieira **TEXT** Axel Tischer

PLAKATE UND POSTER (INDOOR & OUTDOOR) SILBER 121

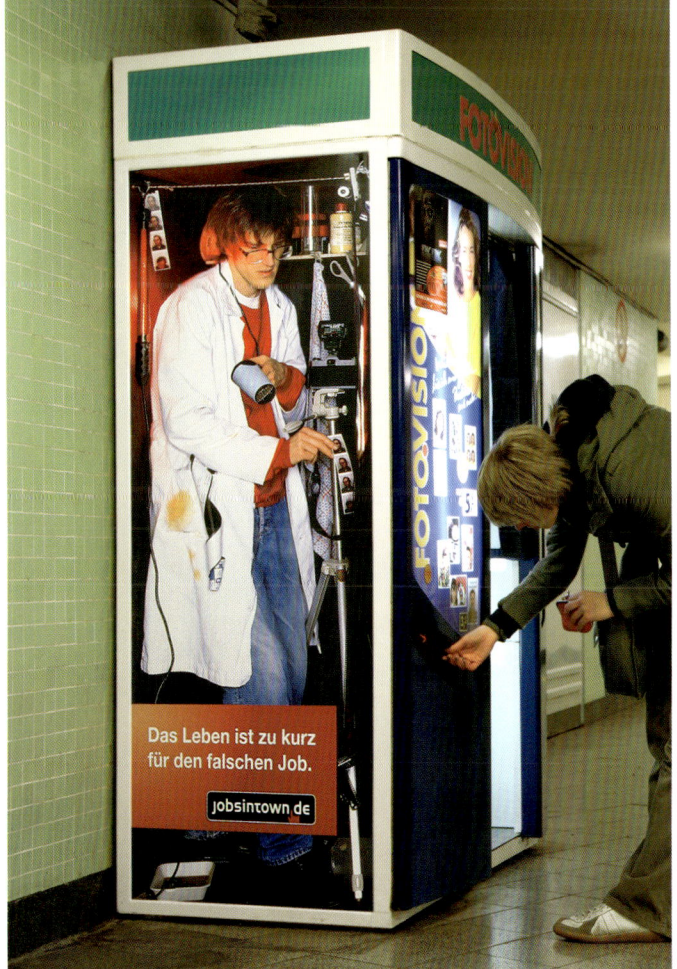

Zusätzlich erhielt diese Arbeit Bronze in der
Kategorie Media auf Seite 248.

ADVENTURE IS EVERYWHERE.

Jeep
THERE'S ONLY ONE

JEEP KAMPAGNE »MATSCH«
AUFTRAGGEBER DaimlerChrysler AG **MARKETINGLEITUNG** Robert Scheffler **WERBELEITUNG** Florian Laudan
AGENTUR KNSK Werbeagentur GmbH **CREATIVE DIRECTION** Tim Krink, Niels Holle **ART DIRECTION** Hanadi Chawaf, Oliver Fermer
KUNDENBERATUNG Torsten Nitzsche, Philipp Ernsting, Kim Sperling **AGENTUR PRODUCER** Heinz-Rudi Junge **BILDBEARBEITUNG** Hanadi Chawaf
GRAFIK Hanadi Chawaf, Boris Schatte **POST PRODUCTION** abc DIGITAL **TEXT** Berend Brüdgam

PLAKATE UND POSTER (INDOOR & OUTDOOR) SILBER 123

Zusätzlich erhielt diese Kampagne Bronze in der Kategorie Publikumsanzeigen auf Seite 50/51.

SHURI-RYU SELBSTVERTEIDIGUNG FÜR FRAUEN KAMPAGNE »SELBSTVERTEIDIGUNG NACH ALLEN REGELN«
AUFTRAGGEBER Shuri-Ryu Berlin   MARKETINGLEITUNG Lydia Lang   AGENTUR TBWA\ Deutschland
CREATIVE DIRECTION Kai Röffen, Knut Burgdorf   ART DIRECTION Boris Grunwald, Andreas Hinsenkamp   KUNDENBERATUNG Sven Reuter
ILLUSTRATION Tim Moeller   AGENTUR PRODUCER Philipp Thywissen   TEXT Dirk Wilkesmann

PLAKATE UND POSTER (INDOOR & OUTDOOR) **BRONZE** 125

Zusätzlich erhielt diese Arbeit eine Auszeichnung in der Kategorie Verkaufsförderung auf Seite 231.

HANDWERKERINNEN-AGENTUR PERLE KAMPAGNE »HANDARBEIT«

AUFTRAGGEBER Perle Hamburg **MARKETINGLEITUNG** Astrid Bah **AGENTUR** JWT Hamburg **CREATIVE DIRECTION** Torsten Rieken
ART DIRECTION Patricia Wetzel **KUNDENBERATUNG** Sandra Scheumann **FOTOGRAFIE** Reinhard Hunger **AGENTUR PRODUCER** Burkhard Fimmen
ART BUYING Peter Ortmann **BILDBEARBEITUNG** Albert Bauer KG

PLAKATE UND POSTER (INDOOR & OUTDOOR) **BRONZE** 127

128 PLAKATE UND POSTER (INDOOR & OUTDOOR) BRONZE

NOAH KAMPAGNE »KEIN KÄFIG IST GROSS GENUG«
AUFTRAGGEBER NOAH Menschen für Tiere e.V.   **MARKETINGLEITUNG** Christina Kunze   **WERBELEITUNG** Christina Kunze
AGENTUR Jung von Matt AG   **CREATIVE DIRECTION** Jan Rexhausen, Dörte Spengler-Ahrens   **ART DIRECTION** Jens Petter Waernes, Erik Dagnell
KUNDENBERATUNG Biljana Heric, Dennis Schneider, Turan Tehrani   **ART BUYING** Anika Fregin   **TEXT** Erik Dagnell, Jens Petter Waernes

PLAKATE UND POSTER (INDOOR & OUTDOOR) BRONZE 129

Zusätzlich erhielt diese Kampagne eine Auszeichnung in der Kategorie Media auf Seite 249.

**INTERTOOL KAMPAGNE
»LANGLEBIGE WERKZEUGE«**

AUFTRAGGEBER
Intertool GmbH, Schweiz
WERBELEITUNG
Kurt Wellenreiter
AGENTUR
Ogilvy
CREATIVE DIRECTION
Christian Mommertz, Dr. Stephan Vogel
ART DIRECTION
Philipp Böttcher, Marco Weber
KUNDENBERATUNG
John F. Goetze, Katharina Lotz
FOTOGRAFIE
Heinz Wuchner
GRAFIK
Marc Wuchner, Kapka Dotcheva
TEXT
Philipp Böttcher

Zusätzlich erhielt diese Kampagne eine Auszeichnung in der Kategorie Publikumsanzeigen auf Seite 81.

Netter Versuch, Mama…

PLAKATE UND POSTER (INDOOR & OUTDOOR) BRONZE 133

MCDONALD'S ÖSTERREICH »BUTTERBROT«

AUFTRAGGEBER
McDonald's Werbeges. m.b.H.
MARKETINGLEITUNG
Hannes Wuchterl
WERBELEITUNG
Robert Markowitsch
AGENTUR
GBK, Heye Werbeagentur GmbH
CREATIVE DIRECTION
Alexander Bartel, Martin Kießling
ART DIRECTION
Zeljko Pezely
KUNDENBERATUNG
André Musalf, Clemens Dreyer, Philipp Krumpel
TEXT
Marcel Koop

ECLIPSE GUM KAMPAGNE »KILLER«

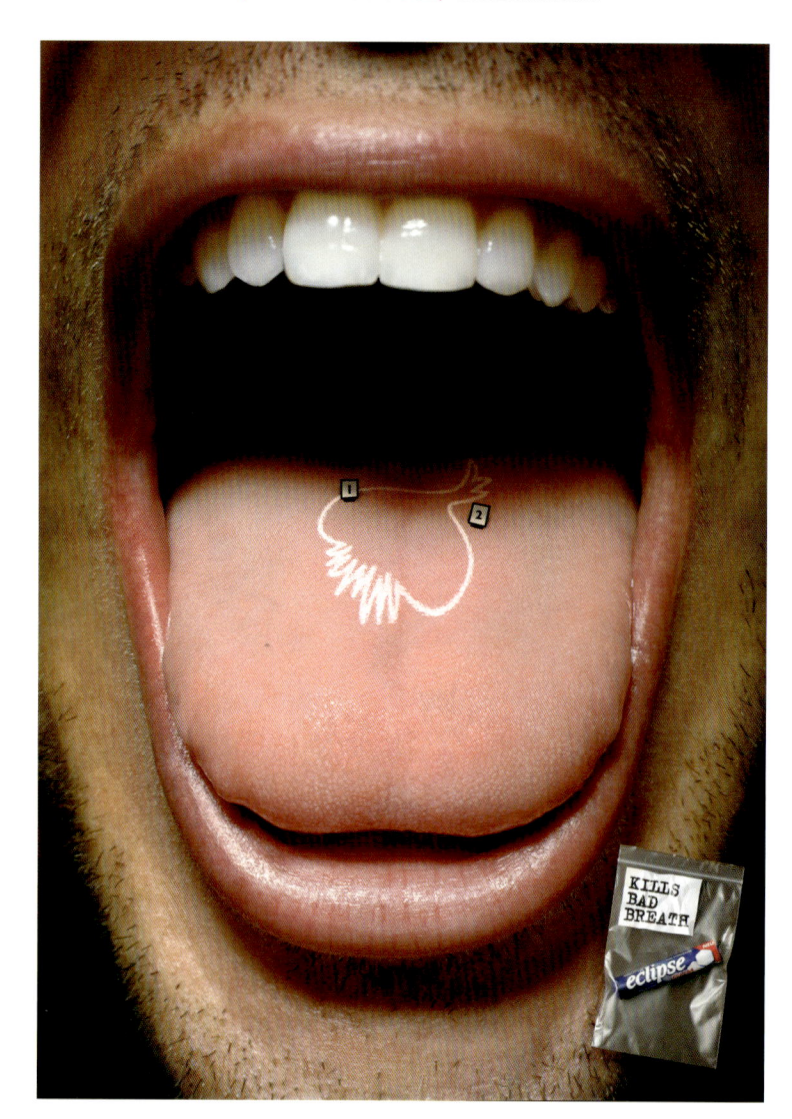

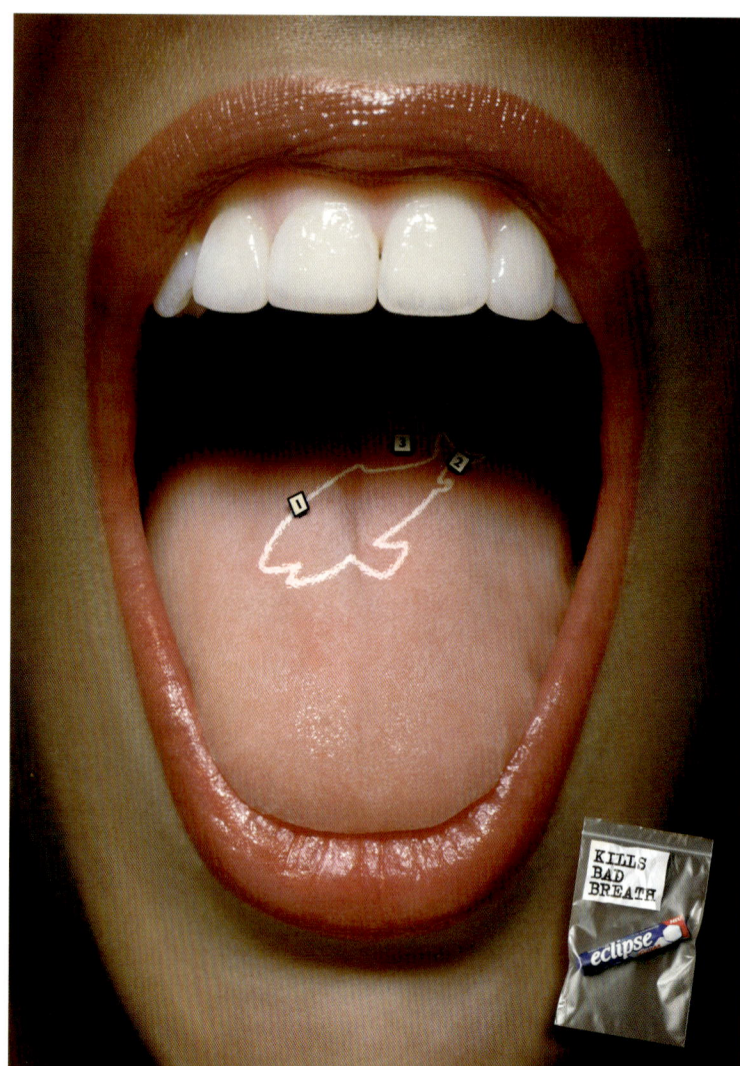

AUFTRAGGEBER Wrigley's Deutschland **MARKETINGLEITUNG** Radek Pawlak **WERBELEITUNG** Uli Haist **AGENTUR** BBDO Campaign GmbH Düsseldorf
CREATIVE DIRECTION Stefan Fredebeul **ART DIRECTION** Astrid Schröder **KUNDENBERATUNG** Sabine Frank, Birgitta Illguth
FOTOGRAFIE Andreas Pawlitzki, Jost Hiller **AGENTUR PRODUCER** Anja Heinrichs **ART BUYING** Birgit Paulat **BILDBEARBEITUNG** Stefan Kranefeld

PLAKATE UND POSTER (INDOOR & OUTDOOR) **AUSZEICHNUNG**

NHB STUDIOS FOR SOUNDDESIGN KAMPAGNE »ANY SOUND YOU CAN IMAGINE«

AUFTRAGGEBER
nhb studios

MARKETINGLEITUNG
Matthias Rewig, Florian Arlart

AGENTUR
Scholz & Friends

CREATIVE DIRECTION
Suze Barrett, Tobias Holland

ART DIRECTION
Christine Rose

KUNDENBERATUNG
Raphael Brinkert, Vera Schleidweiler

FOTOGRAFIE
Ralph Baiker

BILDBEARBEITUNG
Metagate GmbH, Hamburg

GRAFIK
Dominik Hengge

MATERIALAUSWAHL UND HERSTELLUNGSKONTROLLE
Dummy-Bau: Arndt von Hoff

TEXT
Dennis Lück

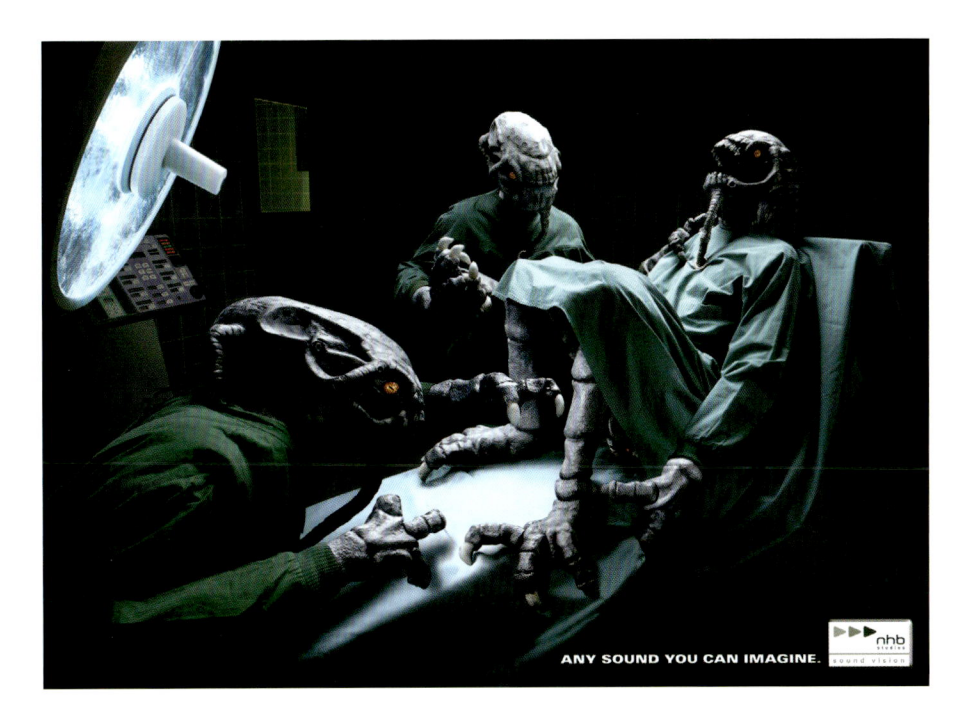

DIE NATUR WAR NICHT NETT ZU IHNEN?

ZAHLEN SIE ES IHR HEIM.

Jeep
DAS ORIGINAL

Zusätzlich erhielt diese Kampagne eine Auszeichnung in der Kategorie Publikumsanzeigen auf Seite 64.
Dort werden weitere Motive gezeigt.

JEEP KAMPAGNE »UGLY«
AUFTRAGGEBER DaimlerChrysler AG   **MARKETINGLEITUNG** Robert Scheffler   **WERBELEITUNG** Florian Laudan
AGENTUR KNSK Werbeagentur GmbH   **CREATIVE DIRECTION** Tim Krink, Niels Holle   **ART DIRECTION** Oliver Fermer
KUNDENBERATUNG Torsten Nitzsche, Kim Sperling, Philipp Ernsting   **AGENTUR PRODUCER** Heinz-Rudi Junge   **BILDBEARBEITUNG** abc DIGITAL
GRAFIK Thomas Thiele, Boris Schatte, Hanadi Chawaf   **POST PRODUCTION** abc DIGITAL   **TEXT** Berend Brüdgam

PLAKATE UND POSTER (INDOOR & OUTDOOR) **AUSZEICHNUNG** 137

ASTRA URTYP KAMPAGNE »ASTRA. WAS DAGEGEN?«
AUFTRAGGEBER Holsten-Brauerei AG   **MARKETINGLEITUNG** Jan Hillesland   **WERBELEITUNG** Christian Daub, Jörg Peter
AGENTUR Philipp und Keuntje GmbH   **CREATIVE DIRECTION** Hans Esders, Holger Lindhardt, Katrin Oeding   **ART DIRECTION** Maren Burrichter, Bill Yom
KUNDENBERATUNG Andreas Müller-Horn, Sandra Fiebranz   **STRATEGISCHE PLANUNG** Torben Hansen
FOTOGRAFIE Sven Sindt, Marcus Albert, Benjamin Ochs, Packshot: Ulrich Hoppe   **PROJEKTMANAGER** Sonja Urban, Michael Glatz   **TEXT** Hans Esders

138 PLAKATE UND POSTER (INDOOR & OUTDOOR) AUSZEICHNUNG

Here comes the sun. Das New Beetle Cabriolet.

Zusätzlich erhielt diese Kampagne Bronze in der Kategorie Publikumsanzeigen länger laufender Kampagnen auf Seite 86/87. Dort wird ein weiteres Motiv gezeigt.

VW NEW BEETLE CABRIOLET KAMPAGNE »HERE COMES THE SUN«
AUFTRAGGEBER Volkswagen AG **MARKETINGLEITUNG** Lutz Kothe **WERBELEITUNG** Martina Berg **AGENTUR** DDB Berlin GmbH
CREATIVE DIRECTION Amir Kassaei, Wolfgang Schneider, Mathias Stiller **ART DIRECTION** Sandra Schilling **KUNDENBERATUNG** Michael Lamm, Louisa Ibing
STRATEGISCHE PLANUNG Jason Lusty **FOTOGRAFIE** Stockmaterial (Corbis, Look) **ART BUYING** Elke Dilchert **TEXT** Ulrich Lützenkirchen

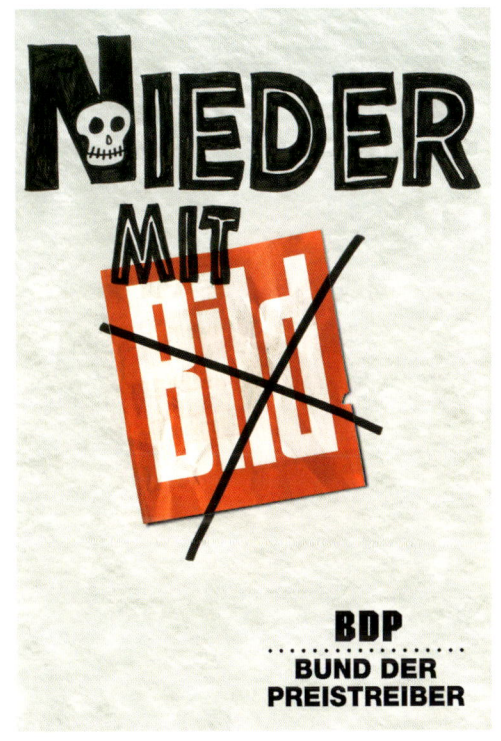

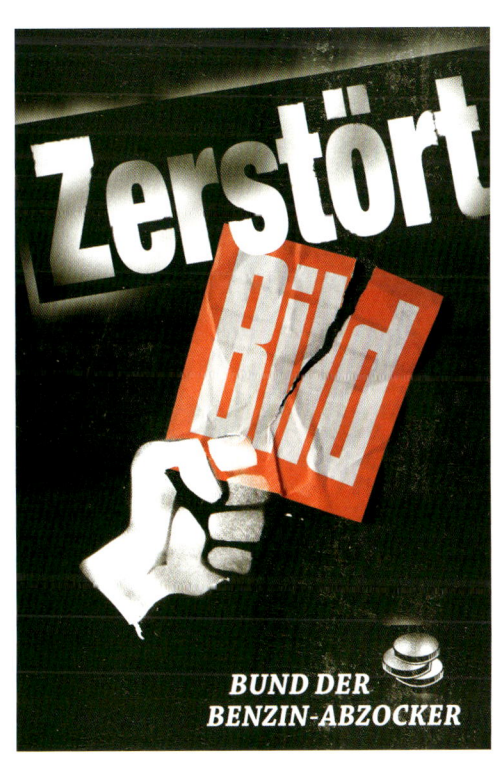

BILD KAMPAGNE »ANTI BILD«
AUFTRAGGEBER Axel Springer AG   **MARKETINGLEITUNG** Karin Hilbert   **WERBELEITUNG** Tanja Hackner   **AGENTUR** Jung von Matt AG
CREATIVE DIRECTION Hans Weishäupl, Willy Kaussen, Oliver Voss   **KUNDENBERATUNG** Julia Krömker, Andrea Iser, Birthe Kraeße
GRAFIK Kim Jessica Ney, Nicole Vollmer   **TEXT** André Hennen

Der Phaeton. Ohne Handarbeit nicht zu bauen.

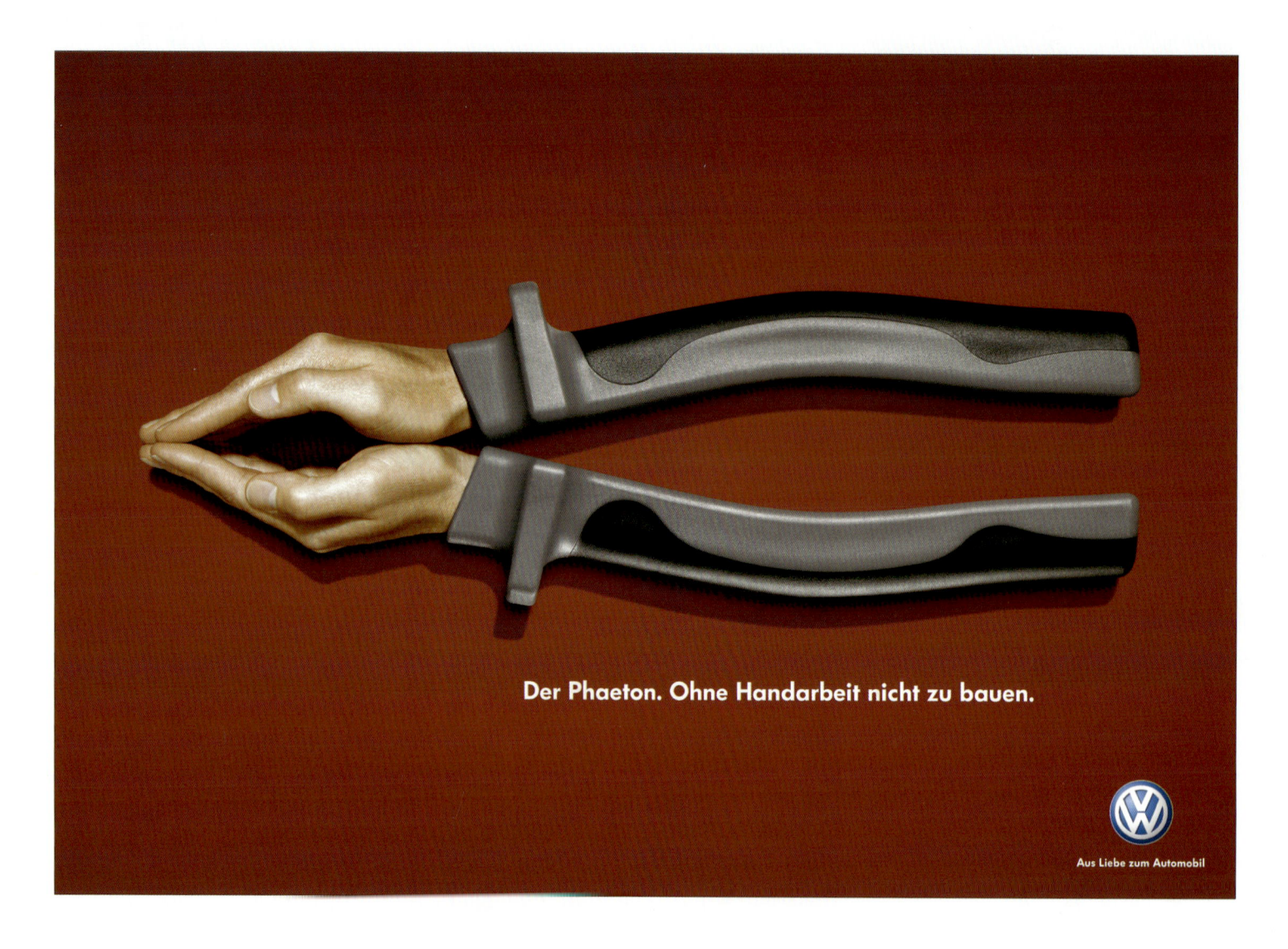

Zusätzlich erhielt diese Kampagne eine Auszeichnung in der Kategorie Publikumsanzeigen auf Seite 65. Dort werden weitere Motive gezeigt.

VW PHAETON KAMPAGNE »WERKZEUGE«
AUFTRAGGEBER Volkswagen AG **MARKETINGLEITUNG** Jörn Hinrichs, Lutz Kothe **WERBELEITUNG** Michael Lendle, Peter-Michael Jann
AGENTUR Grabarz & Partner **CREATIVE DIRECTION** Ralf Nolting, CCO: Ralf Heuel **ART DIRECTION** Jan Riggert, Paul Pfau, Christoph Stricker
KUNDENBERATUNG Reinhard Patzschke, Britt Neumann, Sandra Humbek **FOTOGRAFIE** Martin Timmermann c/o Susanne Bransch
ART BUYING Susanne Wiegel **GRAFIK** Amelie Graalfs, Jasmin Remmers **TEXT** Sid Guha

PEPSI LIGHT »GETRÄNKEKISTEN LIGHT«
AUFTRAGGEBER PepsiCo Deutschland **MARKETINGLEITUNG** Mike Podobrin **AGENTUR** BBDO Campaign GmbH Düsseldorf
CREATIVE DIRECTION Sebastian Hardieck, Raphael Milczarek **ART DIRECTION** Fabian Kirner, Jörg Sachtleben
KUNDENBERATUNG Heike Flottmann, Annika Lauhöfer **FOTOGRAFIE** Simone Rosenberg, Svenson Linnert
ART BUYING Eva a Wengen **TEXT** Felix Lemcke

142 PLAKATE UND POSTER (INDOOR & OUTDOOR)

WERU KAMPAGNE
»WERU SCHALLSCHUTZFENSTER«

AUFTRAGGEBER
Weru AG
MARKETINGLEITUNG
Dieter Frost
WERBELEITUNG
Malte Hyba
AGENTUR
Scholz & Friends
CREATIVE DIRECTION
Matthias Spaetgens, Jan Leube
ART DIRECTION
Kay Lübke
KUNDENBERATUNG
Katrin Seegers, Uli Geiger
FOTOGRAFIE
Ralph Baiker
GRAFIK
Anatolij Pickmann, Liisa-Triin Vurma
TEXT
Michael Häußler

Zusätzlich erhielt diese Kampagne Bronze in der Kategorie Publikumsanzeigen länger laufender Kampagnen auf Seite 88/89 sowie eine Auszeichnung in der Kategorie Fachanzeigen auf Seite 102.

VW SHARAN KAMPAGNE
»KINDER BRAUCHEN PLATZ«

AUFTRAGGEBER
Volkswagen AG
MARKETINGLEITUNG
Lutz Kothe
WERBELEITUNG
Martina Berg
AGENTUR
DDB Berlin GmbH
CREATIVE DIRECTION
Amir Kassaei, Alexander Weber-Grün, Bastian Kuhn
ART DIRECTION
Björn Löper, Doreen Krause
KUNDENBERATUNG
Cathleen Losch
STRATEGISCHE PLANUNG
Jason Lusty
FOTOGRAFIE
Cecil Arp
ART BUYING
Elke Dilchert
TEXT
Lina Jachmann, Kai Abd El-Salam

Zusätzlich erhielt diese Kampagne eine Auszeichnung in der Kategorie Publikumsanzeigen auf Seite 63.

BOSCH »BUSCH«

AUFTRAGGEBER
Robert Bosch GmbH

MARKETINGLEITUNG
Andreas Palfalvi

AGENTUR
Jung von Matt AG

CREATIVE DIRECTION
Deneke von Weltzien,
Daniel Frericks, Götz Ulmer

ART DIRECTION
Christian Kroll

KUNDENBERATUNG
Rolf Kutzera

FOTOGRAFIE
Manu Agah

TEXT
Peter Gocht

Die neue Bosch Strauchschere AHS 18 ACCU.

BOSCH
Technik fürs Leben

Zusätzlich erhielt diese Arbeit Bronze in der Kategorie Publikumsanzeigen auf Seite 54/55.

144 PRODUKT- UND WERBEBROSCHÜREN
KALENDER

sweet
erry
print
munikation

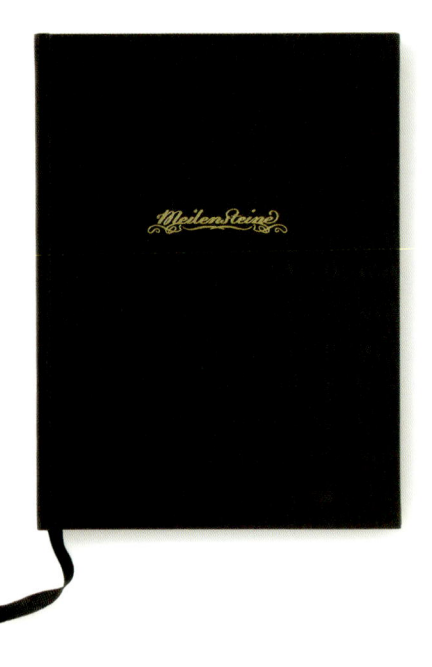

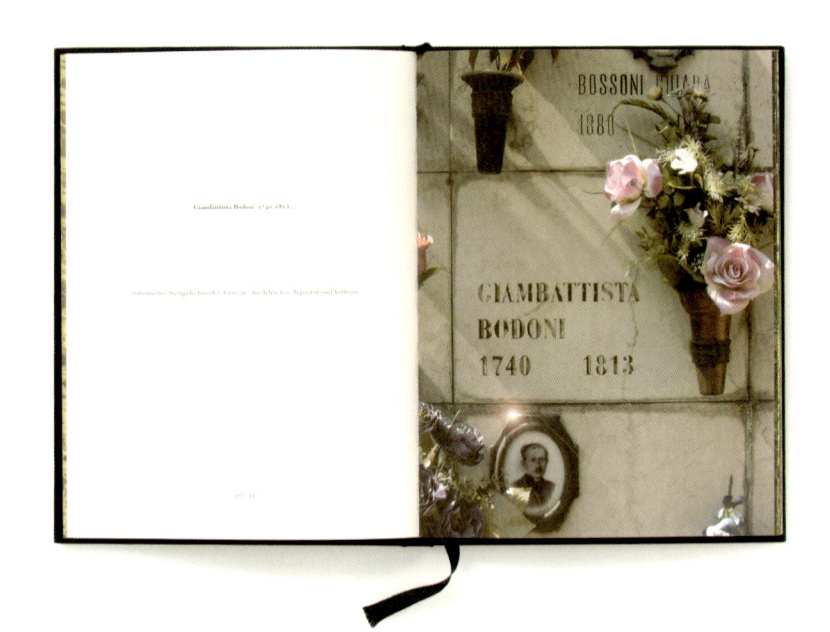

146 PRODUKT- UND WERBEBROSCHÜREN BRONZE

CICERO TYPOGRAFISCHES MANIFEST
»MEILENSTEINE«

AUFTRAGGEBER
Cicero Werkstudio
WERBELEITUNG
Wolfgang Schif
AGENTUR
BBDO Campaign GmbH Stuttgart
CREATIVE DIRECTION
Armin Jochum, Andreas Rell, Jörg Bauer
ART DIRECTION
Armin Jochum, Jörg Bauer
KUNDENBERATUNG
Andreas Rauscher
PRODUCER
Wolfgang Schif
PRODUKTION
Cicero Werkstudio
TEXT
Andreas Rell

Zusätzlich erhielt diese Arbeit eine Auszeichnung in der Kategorie Informationsmedien auf Seite 397 sowie Bronze in der Kategorie Grafische Einzelarbeiten auf Seite 432/433.

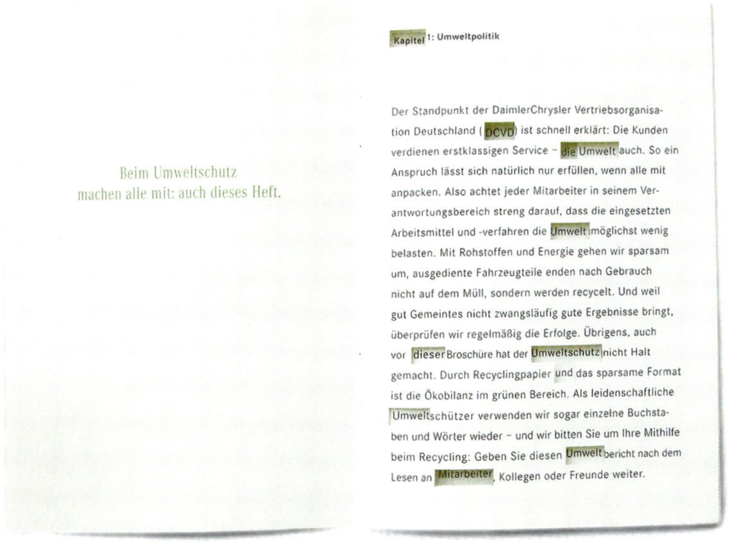

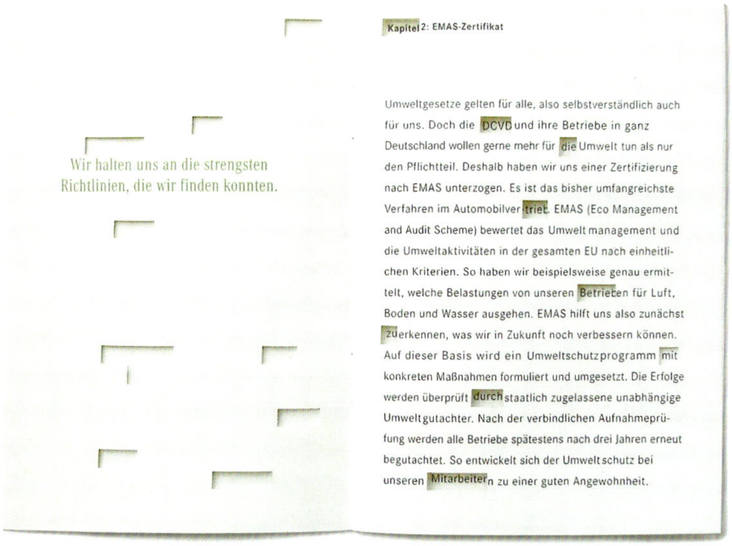

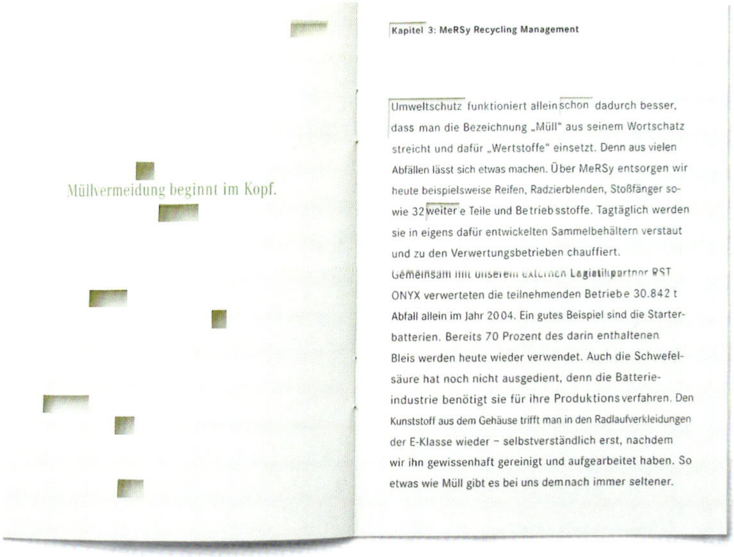

DAIMLERCHRYSLER
BROSCHÜRE »DER UMWELTSCHUTZ-
JAHRESBERICHT 2005«

AUFTRAGGEBER
DaimlerChrysler AG, DCVD
MARKETINGLEITUNG
Jochen Sengpiehl
WERBELEITUNG
Claudia Schöttle, Antje Stange
AGENTUR
Scholz & Friends
CREATIVE DIRECTION
Matthias Schmidt, Julia Schmidt
ART DIRECTION
Jens Stein
KUNDENBERATUNG
Stefanie Wurst, Thomas Caprano,
Eva Scholze, Michael Thorsten Schulze,
Stephan Otte
TEXT
Gerald Meilicke

148 **KALENDER** SILBER

BOSCH ELEKTROWERKZEUGE KALENDER »SCHRAUBEN«
AUFTRAGGEBER Robert Bosch GmbH   **MARKETINGLEITUNG** Bernd Müller   **WERBELEITUNG** Claus von Berg   **AGENTUR** Jung von Matt AG
CREATIVE DIRECTION Wolf Heumann, Andreas Ottensmeier, Ove Gley   **ART DIRECTION** Olaf Scheer   **KUNDENBERATUNG** Natalie Martens, Romy Petrausch
GRAFIK Carolin Bastian   **TEXT** Sascha Hanke, Michael Okun

2006

| Januar | Februar | März | April | Mai | Juni | Juli | August | September | Oktober | November | Dezember |

365 Tage Akku-Power mit den neuen Lithium-Ionen-Schraubern von Bosch.

BOSCH Technik fürs Leben

SPARKASSEN-ANLAGEBERATUNG KALENDER 2006 »MALEN NACH TAGEN«
AUFTRAGGEBER Deutscher Sparkassen Verlag GmbH **MARKETINGLEITUNG** Dr. Lothar Weissenberger, Ulrike von Oertzen
WERBELEITUNG Arne Münster, Lutz Plümecke **AGENTUR** Jung von Matt AG **CREATIVE DIRECTION** Deneke von Weltzien, Thimoteus Wagner, Thorsten Meier
ART DIRECTION Mirjam Heinemann **KUNDENBERATUNG** Jasmin Bedir, Leonie Plate, Philipp Schnitzler **GRAFIK** Christian Behrendt, Claudia Trippel, Markus Rittenbruch
PRODUKTION Ulrich Grimm **TEXT** Philipp Barth

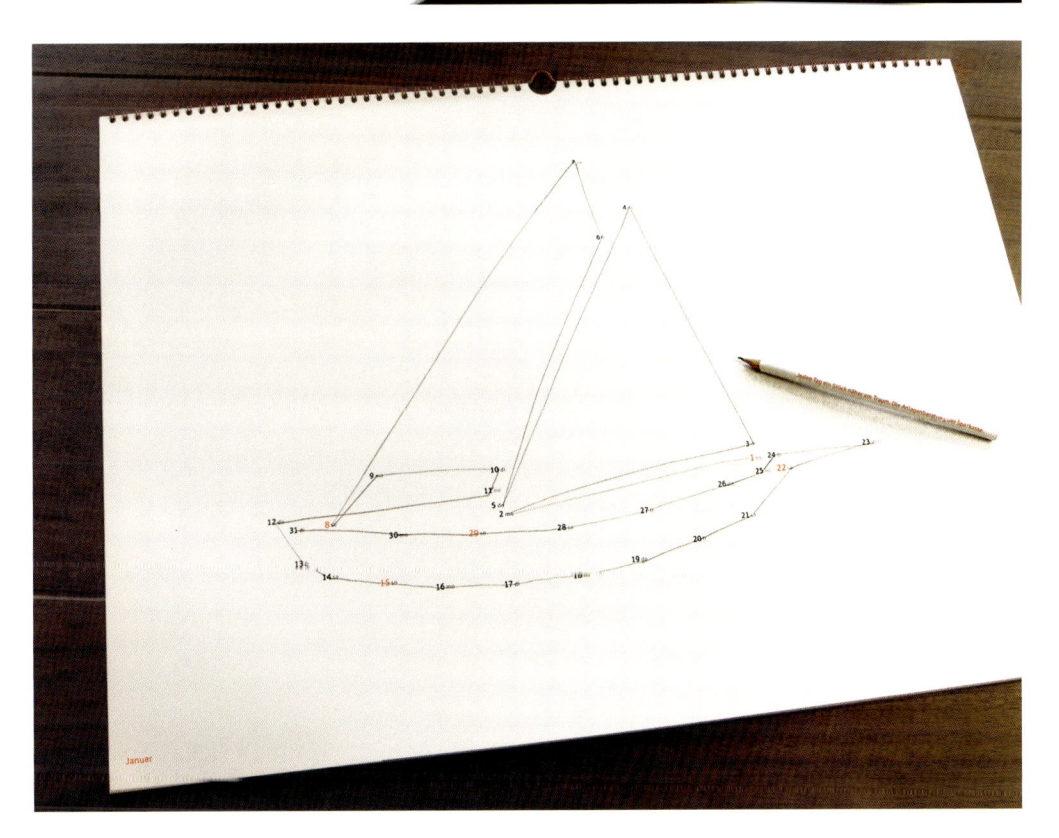

Zusätzlich erhielt diese Arbeit eine Auszeichnung in der Kategorie Dialogmarketing auf Seite 351.

152 **KALENDER AUSZEICHNUNG**

HAHN NITZSCHE STUDIOS KALENDER »MISCHPULT«

AUFTRAGGEBER Hahn Nitzsche Studios   **AGENTUR** Jung von Matt AG   **CREATIVE DIRECTION** Wolf Heumann   **ART DIRECTION** Jörg Bruns
AGENTUR PRODUCER Malte Rehde   **TEXT** Sascha Hanke

KALENDER **AUSZEICHNUNG** 153

GARDENA KALENDER »JEDER GARTEN EIN KUNSTWERK«
AUFTRAGGEBER GARDENA Deutschland GmbH   **MARKETINGLEITUNG** Werner Zingler
AGENTUR Serviceplan Dritte Werbeagentur GmbH   **CREATIVE DIRECTION** Christoph Everke   **ART DIRECTION** Andrea Gärtner, Matthias Mittermüller
KUNDENBERATUNG Daniela Klüglein, Christiane Löschke   **TEXT** Tim Strathus

DEUTSCHE POST POSTKARTENKALENDER »SCHÖNE GRÜSSE!« – 365 POSTKARTEN AUS DEM ALLTAG
AUFTRAGGEBER Deutsche Post AG, Produktwerbung Brief   **MARKETINGLEITUNG** Stephan Dahm   **WERBELEITUNG** Moritz Sattler, Johanna Perscheid
AGENTUR lyhssauer Projektgemeinschaft, Düsseldorf   **CREATIVE DIRECTION** Sabrina Lyhs-Webelhaus, Jane Sauer   **ART DIRECTION** Sabrina Lyhs-Webelhaus
FOTOGRAFIE Sabrina Lyhs-Webelhaus, Jane Sauer   **DESIGN** Sabrina Lyhs-Webelhaus   **DESIGNBÜRO** lyhssauer Projektgemeinschaft, Düsseldorf
DRUCK pva, Landau   **IDEE** Sabrina Lyhs-Webelhaus, Jane Sauer   **KONZEPT** Sabrina Lyhs-Webelhaus, Jane Sauer   **TEXT** Jane Sauer

KALENDER **AUSZEICHNUNG** 155

Zusätzlich erhielt diese Arbeit Gold in der Kategorie Fotografie auf Seite 170/171 sowie eine Auszeichnung in der Kategorie Dialogmarketing auf Seite 351.

MEISSENER PORZELLAN KALENDER »MEISSEN AB 18«
AUFTRAGGEBER Staatliche Porzellan-Manufaktur Meissen GmbH **MARKETINGLEITUNG** Wolfgang Kolitsch **AGENTUR** Scholz & Friends
CREATIVE DIRECTION Martin Pross, Raphael Püttmann, Mario Gamper **ART DIRECTION** Anje Jager **KUNDENBERATUNG** Jörg Mayer, Michael Schulze
FOTOGRAFIE Attila Hartwig **ART BUYING** Adriana Meneses von Arnim **BILDBEARBEITUNG** Andreas Freitag/BerlinPostproduction, Appel Grafik Berlin
GRAFIK Melanie Fischbach **TEXT** Stephan Deisenhofer

156 KALENDER AUSZEICHNUNG

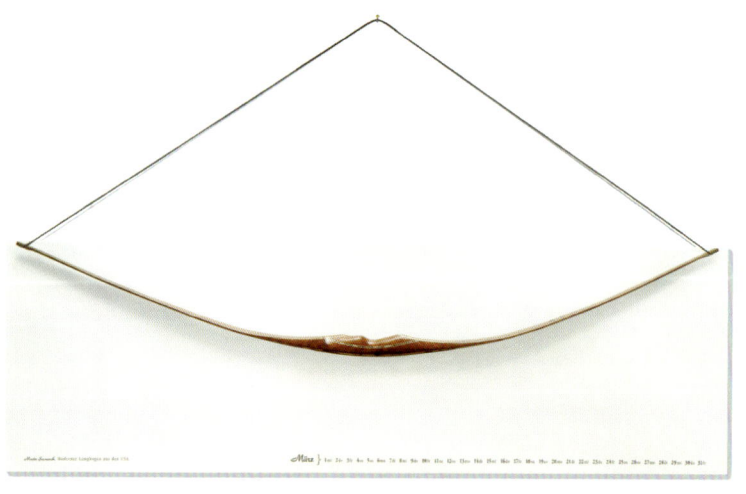

ARCHERY DIRECT »BOGENKALENDER«
AUFTRAGGEBER Archery Direct   **AGENTUR** Jung von Matt AG   **CREATIVE DIRECTION** Deneke von Weltzien, Thimoteus Wagner   **ART DIRECTION** Mirjam Heinemann
KUNDENBERATUNG Maren Rabe   **GRAFIK** Claudia Trippel   **PRODUKTION** Malte Rehde   **TEXT** Philipp Barth

Zusätzlich erhielt diese Arbeit Bronze in der Kategorie Verkaufsförderung auf Seite 214/215.

FC SCHALKE 04 FANKALENDER »DER SCHALKE KALENDER«
AUFTRAGGEBER FC Schalke 04 Supporters Club e.V.   **MARKETINGLEITUNG** Frank Arndt   **AGENTUR** Scholz & Friends   **CREATIVE DIRECTION** Suze Barrett, Tobias Holland
ART DIRECTION Marcin Baba   **KUNDENBERATUNG** Raphael Brinkert, Helke Wieners   **BILDBEARBEITUNG** Lars Pollmann, Metagate GmbH, Hamburg   **TEXT** Dennis Lück

Zusätzlich erhielt diese Arbeit eine Auszeichnung in der Kategorie Verkaufsförderung auf Seite 225.

HLX KALENDER »HLX SPARLENDER«
AUFTRAGGEBER Hapag-Lloyd Express GmbH   **MARKETINGLEITUNG** Theresa Rasche   **AGENTUR** Scholz & Friends   **CREATIVE DIRECTION** Matthias Spaetgens, Jan Leube
ART DIRECTION Johannes Hicks   **KUNDENBERATUNG** Katrin Seegers, Wolfgang Schlutter, Vera Hofmann   **TEXT** Stuart Kummer, Lars Baldermann, Georg Klein

BUBL
BIG
TEXT

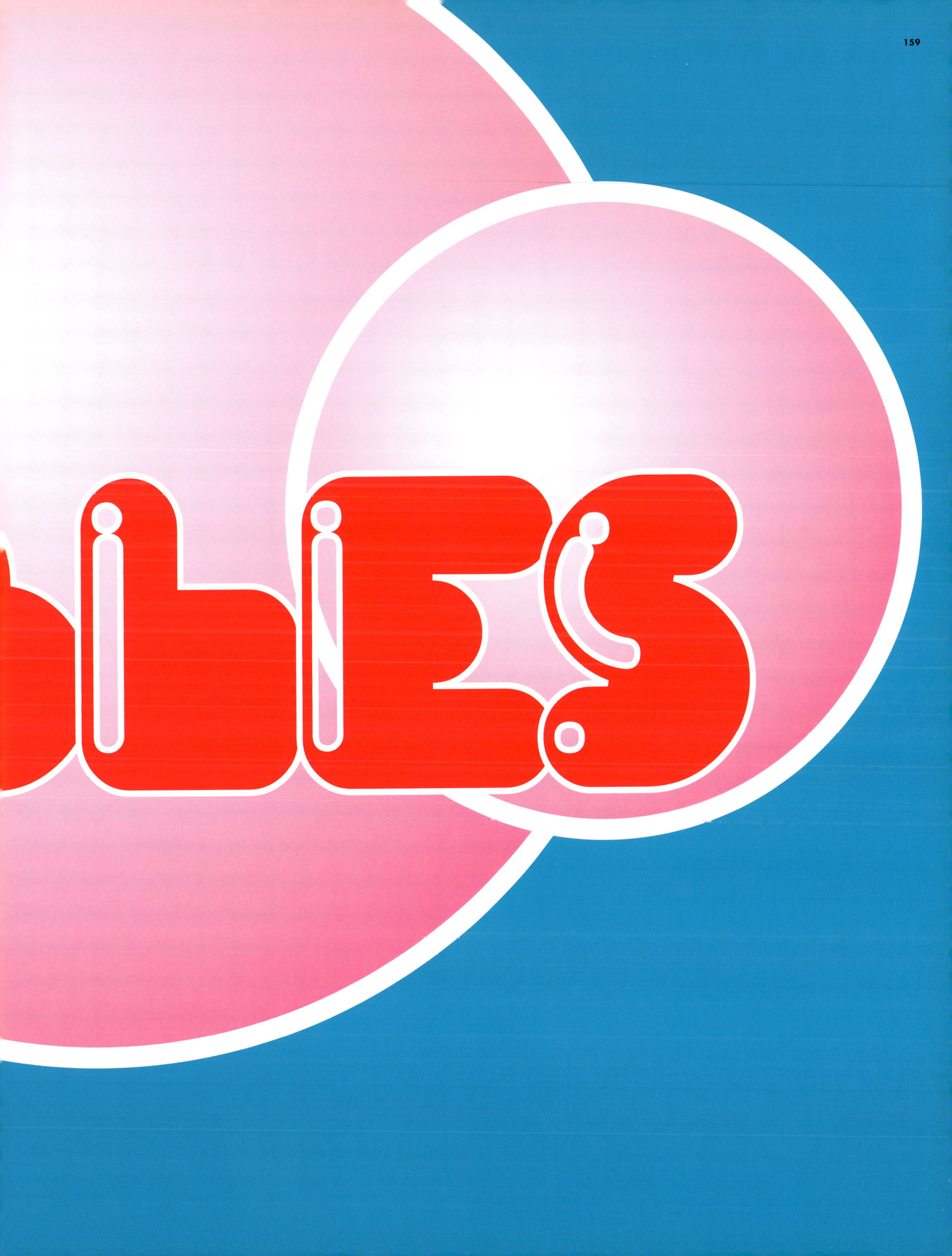

Diese Uhr läuft so lange wie Sie.
Plus sieben Tage.

IWC
SCHAFFHAUSEN
SINCE 1868

Nicht schlappmachen.

Portugieser Automatic. Ref. 5001: Bewegen Sie Ihr Handgelenk und das weltweit grösste mechanische Automatikwerk setzt sich in Gang. Ein Blick durch den Saphirglasboden zeigt, wie der Pellaton-Klinkenaufzug in kurzer Zeit für 7 Tage Gangreserve aufbaut – ablesbar an der Gangreserve-Anzeige. Und: Ein Hebel stoppt mechanisch die gesamte Uhr, wenn Sie sie 168 Stunden nicht tragen. Aber warum sollten Sie das tun? **IWC. Engineered for men.**

Mechanisches Manufakturwerk | Schwungmasse mit Medaillon aus 18 Kt. Gelbgold | Gangautonomie von 7 Tagen | Automatischer Pellaton-Aufzug (Bild) | Gangreserve-Anzeige | Datum | Entspiegeltes Saphirglas | Saphirglasboden | 18 Kt. Rotgold

IWC Schaffhausen, Baumgartenstrasse 15, CH-8201 Schaffhausen. www.iwc.ch

Zusätzlich erhielt diese Kampagne Bronze in der Kategorie Publikumsanzeigen auf Seite 52/53.
Dort werden weitere Motive gezeigt.

IWC SCHAFFHAUSEN »IWC MARKENKAMPAGNE«
AUFTRAGGEBER IWC Schaffhausen **MARKETINGLEITUNG** Jaqueline Rose **WERBELEITUNG** Nicola Renda **AGENTUR** Jung von Matt AG
CREATIVE DIRECTION Götz Ulmer, Daniel Frericks, Deneke von Weltzien, Oliver Voss **ART DIRECTION** Julia Ziegler, Christian Kroll
KUNDENBERATUNG Christian Hupertz, Dennis Schneider, Turan Tehrani, Nicole Thomas **ART BUYING** Amelie Krogmann **GRAFIK** Simon Hiebl, Richard Weiretmayr, Damjan Pita
TEXT Peter Gocht, Matthias Storath, Jo Marie Farwick, Sebastian Behrendt, Ron Kanecke, Philipp Barth

Für Menschen, die in 40.000 Fuss lieber den Steuerknüppel in der Hand halten als Tomatensaft.

„Puuh" **Spitfire UTC. Ref. 3251:** Nichts lässt Pilotenherzen höher schlagen als der Name Spitfire. Das gilt für das legendäre Jagdflugzeug wie für die Uhr. Die UTC-Anzeige gibt Ihnen die weltweit verbindliche Greenwich Mean Time an. Das beidseitig entspiegelte Saphirglas ist gegen plötzlichen Druckabfall gesichert. Bleibt nur eine Frage unbeantwortet: Warum trinken im Flugzeug alle immer Tomatensaft? **IWC. Engineered for men.** — Mechanisches Uhrwerk | Automatischer Aufzug | 24-Stunden-Anzeige (UTC) | Stundenzeiger in Stundenschritten verstellbar (TZC = Time Zone Corrector) | Datumsanzeige | Weicheisen-Innengehäuse zur Magnetfeldabschirmung (Bild) | Verschraubte Krone | Wasserdicht bis 60 m | Edelstahl

IWC Schaffhausen, Baumgartenstrasse 15, CH-8201 Schaffhausen. www.iwc.ch

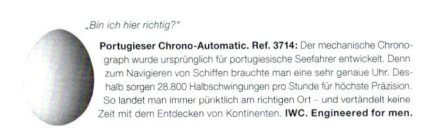

Der Letzte, für den es gut war, zur falschen Zeit am falschen Ort zu sein, war Columbus.

„Bin ich hier richtig?" **Portugieser Chrono-Automatic. Ref. 3714:** Der mechanische Chronograph wurde ursprünglich für portugiesische Seefahrer entwickelt. Denn zum Navigieren von Schiffen brauchte man eine sehr genaue Uhr. Deshalb sorgen 28.800 Halbschwingungen pro Stunde für höchste Präzision. So landet man immer pünktlich am richtigen Ort – und verständelt keine Zeit mit dem Entdecken von Kontinenten. **IWC. Engineered for men.** — Mechanisches Chronographenwerk | Automatischer Aufzug | Kleine Sekunde mit Stoppvorrichtung | Entspiegeltes Saphirglas | Wasserdicht bis 30 m | 40,9 mm Gehäusedurchmesser | Edelstahl

IWC Schaffhausen, Baumgartenstrasse 15, CH-8201 Schaffhausen. www.iwc.ch

Warum Fische mit offenem Mund schwimmen.

„Wow!" **Aquatimer Automatic 2000. Ref. 3538:** IWC ist Partner der Equipe Cousteau und unterstützt die Profitaucher bei wissenschaftlichen Expeditionen. Zum Beispiel 2004 im Roten Meer. Diese Uhr mit 4,3 mm starkem Saphirglas, wasserdicht bis 2.000 m, selbstdichtendem Kronensystem und Innendrehring war auch dabei. Und verdrängte die Korallen von Platz 1 der Unterwasser-Sehenswürdigkeiten. **IWC. Engineered for men.** — Mechanisches Uhrwerk | Automatischer Aufzug | Zentrumsekunde mit Stoppvorrichtung | Datum | Innen liegende Drehring (Bild) | Verschraubte Krone | 42 mm Gehäusedurchmesser | Druckfest bis 200 bar

IWC Schaffhausen, Baumgartenstrasse 15, CH-8201 Schaffhausen. www.iwc.ch

In 577 Jahren wird die Mondphasenanzeige um einen Tag abweichen. Oder ist es der Mond, der abweicht?

Nicht schummeln! **Portugieser Perpetual Calendar. Ref. 5021:** Das ist die hohe Schule der Feinuhrmacherei aus Schaffhausen: Ihre ewige Mondphasenanzeige, die erstmals den Mondstand auf der Nord- und Südhalbkugel korrekt anzeigt, ist so genau, dass sie erst in 577 Jahren um einen Tag abweichen wird. Ihr ewiges Kalendarium ist bis 2499 mechanisch programmiert. Lassen Sie Ihren Ur-Ur-Ur-Ur-Ur-Ur-Ur-Ur-Enkel dies bitte überprüfen. **IWC. Engineered for men.** — Mechanisches Manufakturwerk | Automatischer Pellaton-Aufzug | Gangreserve von 7 Tagen | Wasserdicht bis 30 m | Ewiger Kalender (Bild) | Ewige Mondphasenanzeige auf beiden Erdhalbkugeln | 18 Kt. Rotgold

IWC Schaffhausen, Baumgartenstrasse 15, CH-8201 Schaffhausen. www.iwc.ch

Wer wettet mit Mephisto um die Seele von Faust?

Faust ist der Körperteil, den man sich im Streit ins Gesicht haut. Und die Haut ist das größte menschliche Organ. Und Organ. ist eine Abkürzung. Und Abkürzungen sind das, was man benutzt, wenn man morgens zu spät aus dem Haus geht. Und Haus ist, wenn Legastheniker an der Börse Glück haben. Und Glück ist Gluck auf türkisch. Und in der türkischen Flagge ist ein Halbmond. Und der Halbmond ist eine Illusion. Und Illusionen sind die Basis jeder Hoffnung. Und Hoffnung ist für den Fortbestand unserer Spezies un-ab-ding-bar. Und wer un-ab-ding-bar ist, kann kein Haremswächter werden. Und Haremswächter haben es schwer. Und schwer ist der Mut im Herbst. Und herbst ist der Superlativ von herbe. Und herbe reimt sich auf derbe. Und derbe ist, wenn man was mit seiner Lehrerin am Laufen hat. Und am Laufen erkennt man, ob jemand hinkt. Und hinken tut der Vergleich von Buddha mit **GOTT.**

Diese Eselsbrücke für den Deutschunterricht wird dir präsentiert von K-fee. Und wer K-fee trinkt, ist so wach wie noch nie.

3,141592653 sind die ersten zehn Ziffern welcher Zahl?

Zahl heißt der Graf in der Sesamstraße. Und die Sesamstraße kam immer um sechs. Und sechs ist wie Sex, nur mit weichem S. Und ein S sieht aus wie eine Schlange. Und Schlangen bilden sich immer vor der Sixtinischen Kapelle. Und Kapellen machen Musik. Und Musik gibt's in Hessen mit Handkäs. Und Handkäs ist nicht so schlimm wie Fußkäs. Und Fußkäs kommt, wenn man nie duschen tut. Und tut macht die Trompete. Und die Trompete ist ein Teil des Ohrs. Und ohrs ist Teil des Rohrs. Und durch Rohre fließt Öl. Und Öl macht Amerikaner selig. Und selig sind die geistig Armen. Und unter den Armen wachsen Haare. Und Haare kann man spalten. Und „Spalte" heißt die Scheide in verklemmten Aufklärungscomics. Und in verklemmten Aufklärungscomics heißen die Töchter Anna. Und die lange Anna ist der Felsen vor Helgoland. Und Helgoland gehört zum Kreis Pinneberg. Und Pinneberg hat das Autokennzeichen **Pi.**

Diese Eselsbrücke für den Mathematikunterricht wird dir präsentiert von K-fee. Und wer K-fee trinkt, ist so wach wie noch nie.

K-FEE ANZEIGENKAMPAGNE »ESELSBRÜCKEN«
AUFTRAGGEBER K-fee AG **MARKETINGLEITUNG** Richard Radtke, Hubertus Sprungala **WERBELEITUNG** Wolf H. Lange **AGENTUR** Jung von Matt AG
CREATIVE DIRECTION Arno Lindemann, Bernhard Lukas, Christian Fritsche **KUNDENBERATUNG** Bent Rosinski, Agnes Uhlig **ILLUSTRATION** Hendrik Schweder
GRAFIK Joanna Swistowski **PRODUKTION** Carsten Koeslag **TEXT** Christian Fritsche

Wie heißt der Stoff, den Pflanzen bei der Photosynthese gewinnen?
Gewinnen kann man ein Herz. Und Herzen pochen. Und pochen tut man auf sein Recht. Und recht ordentlich sind traditionell die Leistungen der deutschen Ruderer. Und Ruderer rühren den Fluss um. Und Fluss gibt's auch mit Pferd dahinter. Und dahinter ist, wohin man kommt, wenn man eine Intrige aufdeckt. Und auf Decken macht man Picknick. Und ein Picknick macht man im Freien. Und im Freien war Casanova Weltmeister. Und Weltmeister wollen die Deutschen 2006 im Fußball werden. Und im Fußball ist Zuspiel ein anderes Wort für Pass. Und ein Passwort wäre zum Beispiel C6 H12 O6. Und C6 H12 O6 nennt man im Allgemeinen **Traubenzucker.**

Diese Eselsbrücke für den Biologieunterricht wird dir präsentiert von K-fee. Und wer K-fee trinkt, ist so wach wie noch nie.

Wer führte das kaiserliche Heer im 30-Jährigen Krieg?
Krieg ist die schlimmste Form der Auseinandersetzung. Und auseinander gesetzt werden Schüler, die den Unterricht stören. Und der Stör ist der Fisch, dessen Eier man Kaviar nennt. Und Kaviar sieht aus wie kleine dunkle Perlen. Und Perlen findet man in Austern. Und Austern klingt französisch ausgesprochen wie Ostern. Und zu Ostern gibt's ein Osterlamm. Und das Osterlamm ist der Leib Jesu. Und Jesu ist ein interessanter Genitiv. Und der Genitiv ist bekanntlich dem Dativ sein Tod. Und der Tod wird jeden von uns erwischen. Und erwischen sollte man sich nie lassen. Und lassen sollte man nie einen fahren. Und fahren kann man mit der Bahn. Und die Bahn kann entgleisen. Und Entgleisungen sind peinlich. Und eine Pein ist ein Gallenstein. Und das klingt wie **Wallenstein.**

Diese Eselsbrücke für den Geschichtsunterricht wird dir präsentiert von K-fee. Und wer K-fee trinkt, ist so wach wie noch nie.

Seit 33 Jahren auf jeder Demo dabei. Und seine Ideale bis heute nicht verraten.

▶ Berlins treuester Demonstrationsteilnehmer nimmt Abschied: unser 508 D. Nach über drei Jahrzehnten scheiden er und seine Kollegen 609 D und 611 D aus dem Polizeidienst – und somit aus der aktiven Innenpolitik. Für ihre Ideale Sicherheit, Zuverlässigkeit und Qualität mussten sie einiges einstecken – und wurden zur Legende: Der Spiegel spricht ehrfürchtig von einer „Ikone der bundesdeutschen Demonstrationskultur" – der Berliner sagt schlicht „die Wanne".

▶ Wie die Wanne zur Wanne wurde, weiß heute niemand mehr so genau. Fest steht nur: Es war ein steiniger Weg dorthin. In den 70er Jahren lautete das Ideal der Berliner Hausbesetzer „Keine Macht für niemand", ausgegeben von der Musikgruppe Ton Steine Scherben. Steine und Scherben flogen dann auch durch die Straßen, wenn Hausbesetzer und Rechtsstaat aneinander gerieten. Auf die Wanne ging alles nieder, was nur irgendwie fliegen konnte: Pflastersteine, Farbbeutel, Flaschen, Molotowcocktails, Eisenstangen und Katapultgeschosse – besonders kräftige Steinewerfer schmissen sogar mit ganzen Gehwegplatten. Doch beim Thema Fahrgastsicherheit machte die Wanne keine Kompromisse. Ausgestattet mit doppelter Blechhaut, verstärktem Dach, Boden, Tank und Motor sowie mit Sicherheitsglas, Schutzgittern und Rodgard-Notlaufbereifung bot sie allem, was da flog, die von vielen Einsätzen gezeichnete Stirn.

▶ Eigentlich hätte es in den 80er Jahren ruhiger werden müssen, denn jetzt hießen die Ideale Pazifismus und Umweltschutz. Passend dazu sang die Band Gänsehaut: „Karl der Käfer wurde nicht gefragt, man hat ihn einfach fortgejagt." Doch in Kreuzberg kam die Friedensbewegung nicht bei jedem an. Auch die Wanne wurde nicht gefragt – aber sie ließ sich deswegen noch lange nicht fortjagen. Der 1. Mai 1987 begann mit einem friedlichen Straßenfest, endete in einer Straßenschlacht und begründete damit die Tradition der Berliner Mai-Krawalle. Seither bahnt sich der 2,8-Liter-Diesel der Wanne jedes Jahr heiser grollend seinen Weg durch den Kreuzberger Steinhagel.

▶ Eines wollen wir an dieser Stelle nicht vergessen: Die meisten Demonstrationen verliefen friedlich, und die Wanne war ein gern gesehener Gast. So auch 1989, als ein gewisser Dr. Motte mit 150 Gleichgesinnten über den Ku'damm zog. Aus ihrem Lautsprecherwagen tönten keine Parolen, sondern Technomusik. Wie der 1. Mai in Kreuzberg wurde die Loveparade zu einem alljährlichen Pflichttermin für die Wanne. Bis zu 1,5 Millionen Menschen demonstrierten ihre Bereitschaft zum bedingungslosen Tanzen, und Dr. Motte lieferte in seinen Ansprachen den ideologischen Überbau: mit gesellschaftskritischen Meilensteinen wie „Friede, Freude, Eierkuchen" (1989), „The spirit makes you move" (1992) oder „Music is the key" (1999). Immer mittendrin: die Wanne – ein Raver der ersten Stunde.

▶ Und heute? Wo sind all die Ideale hin? Wo sind sie geblieben? Aus so manchem Hausbesetzer wurde inzwischen selbst ein Hausbesitzer. Und im Gegensatz zu vielen Zeitgenossen, die sich längst ins Privatleben zurückgezogen haben, erscheint die Wanne noch immer hoch motiviert auf jeder Kundgebung. Hand aufs Herz: Wann waren Sie das letzte Mal auf einer Demo? Nutzen Sie doch die nächste Gelegenheit und verabschieden Sie sich von der Wanne – einem der letzten Berliner Originale. Aber bitte friedlich.

Mercedes-Benz

Zusätzlich erhielt diese Arbeit eine Auszeichnung in der Kategorie Tageszeitungsanzeigen auf Seite 117.

MERCEDES-BENZ SONDERFAHRZEUGE »ABSCHIED POLIZEIWANNE«
AUFTRAGGEBER DaimlerChrysler AG, DCVD **MARKETINGLEITUNG** Jochen Sengpiehl **WERBELEITUNG** Claudia Schöttle, Peer Näher
AGENTUR Scholz & Friends **CREATIVE DIRECTION** Martin Pross, Julia Schmidt, Matthias Schmidt **ART DIRECTION** Jens Stein
KUNDENBERATUNG Stefanie Wurst, Thomas Caprano, Eva Scholze, Michael Thorsten Schulze, Stephan Otte **FOTOGRAFIE** Matthias Koslik
ART BUYING Kirsten Rendtel, Dominique Steiner **TEXT** Philipp Wöhler

Ein Problem heisst bei uns nicht Optimierungsmöglichkeit, sondern Problem.

Julius Bär
True to you.

Wir behandeln alle Kunden wie langjährige Kunden. Auch wenn sie erst 10 Jahre bei uns sind.

Julius Bär
True to you.

JULIUS BÄR ANZEIGENKAMPAGNE »TRUE TO YOU«
AUFTRAGGEBER Julius Bär   **MARKETINGLEITUNG** Jürg Stähelin, Dr. Jan A. Bielinski   **WERBELEITUNG** Markus Halper
AGENTUR Jung von Matt AG   **CREATIVE DIRECTION** Alexander Jaggy, Tom Seinige   **ART DIRECTION** Axel Eckstein
KUNDENBERATUNG Rolf Helfenstein, Sacha Baer, Christine Kuhnt   **GRAFIK** Inken Rohweder
TEXT Alexander Jaggy, Tom Seinige, Axel Eckstein, Markus Rottmann

Lektorats- und Fremdsprachenservice aus einer Hand

Ihr Chef findet am Wochenende 3 Fehler im Booklet. Das nennt man Black Monday.

Professionelles Korrigieren, Übersetzen und Adaptieren. Tel. 08000-WIENERS, Fax 0 41 02/2 35-5 00, www.wienersundwieners.de

WIENERS+WIENERS
Werbelektorat und Adaptionen

Lektorats- und Fremdsprachenservice aus einer Hand

Hätte ich keine Fehler gemacht, wäre der Etat noch da. Das nennt man Konjunktiv.

Professionelles Korrigieren, Übersetzen und Adaptieren. Tel. 08000-WIENERS, Fax 0 41 02/2 35-5 00, www.wienersundwieners.de

WIENERS+WIENERS
Werbelektorat und Adaptionen

Lektorats- und Fremdsprachenservice aus einer Hand

Mitglieder für unsere Betriebssportmannschaft gesucht (Scrabble-Erfahrung Voraussetzung).

Professionelles Korrigieren, Übersetzen und Adaptieren. Tel. 08000-WIENERS, Fax 0 41 02/2 35-5 00, www.wienersundwieners.de

WIENERS+WIENERS
Werbelektorat und Adaptionen

Lektorats- und Fremdsprachenservice aus einer Hand

Wie Texter enden, die nicht bei uns lesen lassen? Fragen Sie Herrn Hemingway.

Professionelles Korrigieren, Übersetzen und Adaptieren. Tel. 08000-WIENERS, Fax 0 41 02/2 35-5 00, www.wienersundwieners.de

WIENERS+WIENERS
Werbelektorat und Adaptionen

Lektorats- und Fremdsprachenservice aus einer Hand

Auch mit einem Platin-Füllfederhalter kann man sich sein Grab schaufeln.

Professionelles Korrigieren, Übersetzen und Adaptieren. Tel. 08000-WIENERS, Fax 0 41 02/2 35-5 00, www.wienersundwieners.de

WIENERS+WIENERS
Werbelektorat und Adaptionen

WIENERS+WIENERS WERBELEKTORAT »LEKTORATSKAMPAGNE«
AUFTRAGGEBER Wieners+Wieners Werbelektorat GmbH **MARKETINGLEITUNG** Ralf Wieners, Wolfgang Bruch
AGENTUR Grabarz & Partner **CREATIVE DIRECTION** Ralf Heuel, Dirk Siebenhaar **ART DIRECTION** Gabi Schnauder
KUNDENBERATUNG Ina Bach **GRAFIK** Sigrid Paßkowski **TEXT** Ralf Heuel

BILD TITEL »WIR SIND PAPST!«

AUFTRAGGEBER
BILD
CREATIVE DIRECTION
Veronika Illmer, Markus Ackermann
ART DIRECTION
Patrick Markowski
VERLAG
Axel Springer AG
CHEFREDAKTION
Kai Diekmann
REDAKTION
Georg Streiter

Zusätzlich erhielt diese Arbeit Gold in der Kategorie Zeitungsgestaltung auf Seite 538/539.

168 FOTOGRAFIE

ash
ografie

170 FOTOGRAFIE GOLD

Zusätzlich erhielt diese Arbeit eine Auszeichnung in der Kategorie Kalender auf Seite 155 sowie in der Kategorie Dialogmarketing auf Seite 351.

MEISSENER PORZELLAN KALENDER »MEISSEN AB 18«
AUFTRAGGEBER Staatliche Porzellan-Manufaktur Meissen GmbH **MARKETINGLEITUNG** Wolfgang Kolitsch **AGENTUR** Scholz & Friends
CREATIVE DIRECTION Martin Pross, Raphael Püttmann, Mario Gamper **ART DIRECTION** Anje Jager **KUNDENBERATUNG** Jörg Mayer, Michael Schulze
FOTOGRAFIE Attila Hartwig **AGENTUR PRODUCER** Anikó Krüger **ART BUYING** Adriana Meneses von Arnim
BILDBEARBEITUNG Andreas Freitag/BerlinPostproduction, Appel Grafik Berlin **GRAFIK** Melanie Fischbach **TEXT** Stephan Deisenhofer

FOTOGRAFIE GOLD

QVEST MAGAZIN »ARCHITEKTUR DER DICHTE«
AUFTRAGGEBER Qvest Magazin **FOTOGRAFIE** Michael Wolf

FOTOGRAFIE SILBER 173

BRUNO BRUNI BUCH »GAUMENFREUDEN & KUNSTGENUSS«

AUFTRAGGEBER Bruno Bruni **AGENTUR** Atelier Christian von Alvensleben **CREATIVE DIRECTION** Christian von Alvensleben
ART DIRECTION Ilona Kittel **STRATEGISCHE PLANUNG** Claus Runge **FOTOGRAFIE** Christian von Alvensleben **VERLAG** Hädecke Verlag
DRUCK Bosch Druck, Landshut **EDITOR** Walter Hädecke

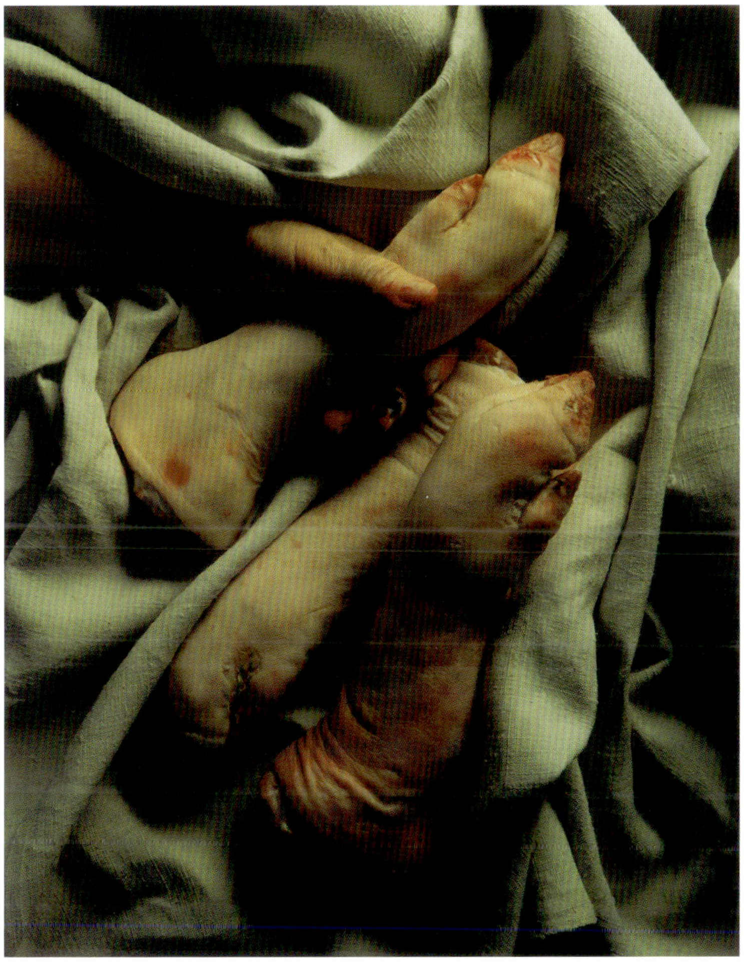

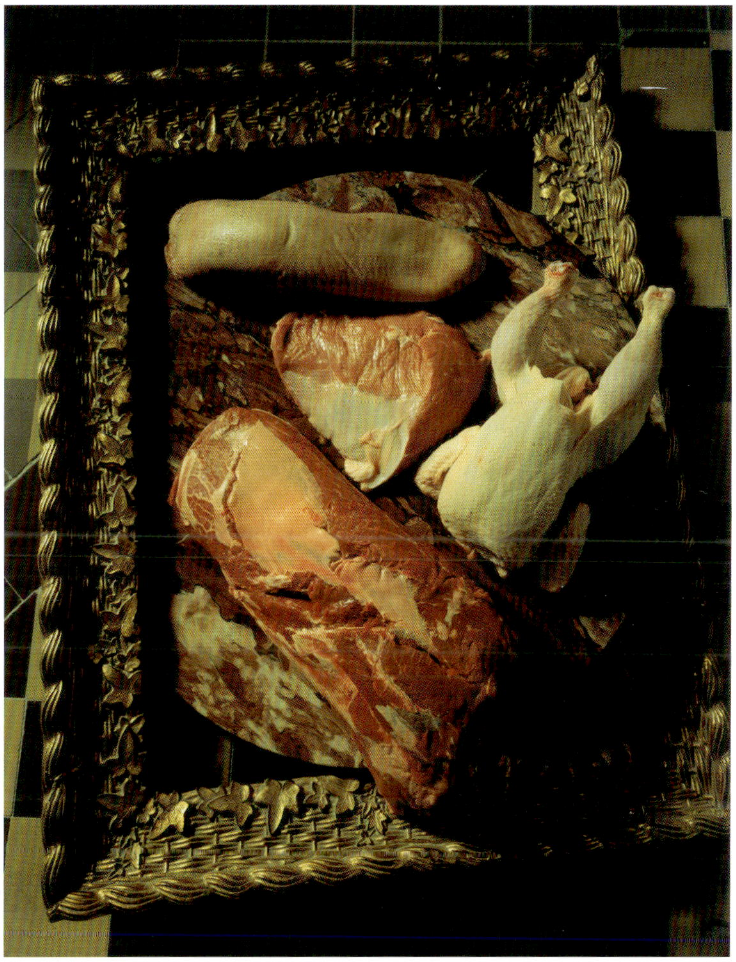

PORSCHE PRINTKAMPAGNE »PORSCHE DESIGN«
AUFTRAGGEBER PLH, Porsche Lizenz- und Handelsgesellschaft mbH & Co. KG   **MARKETINGLEITUNG** Julia Hohenhof   **AGENTUR** KW43 branddesign
CREATIVE DIRECTION Margit Tabert   **ART DIRECTION** Katja Hopp, Arndt Klos   **KUNDENBERATUNG** Frank Schrader, Michael Rewald
FOTOGRAFIE Kai-Uwe Gundlach   **AGENTUR PRODUCER** Charlie Hodes, CPI GmbH Düsseldorf   **ART BUYING** Susanne Conrad, Grey Worldwide
BILDBEARBEITUNG Farbraum   **FOTOASSISTENZ** Claudia Eschborn   **PRODUCER** Christian Severin, Christof Plümacher   **PRODUKTION** CP Productions Inc.

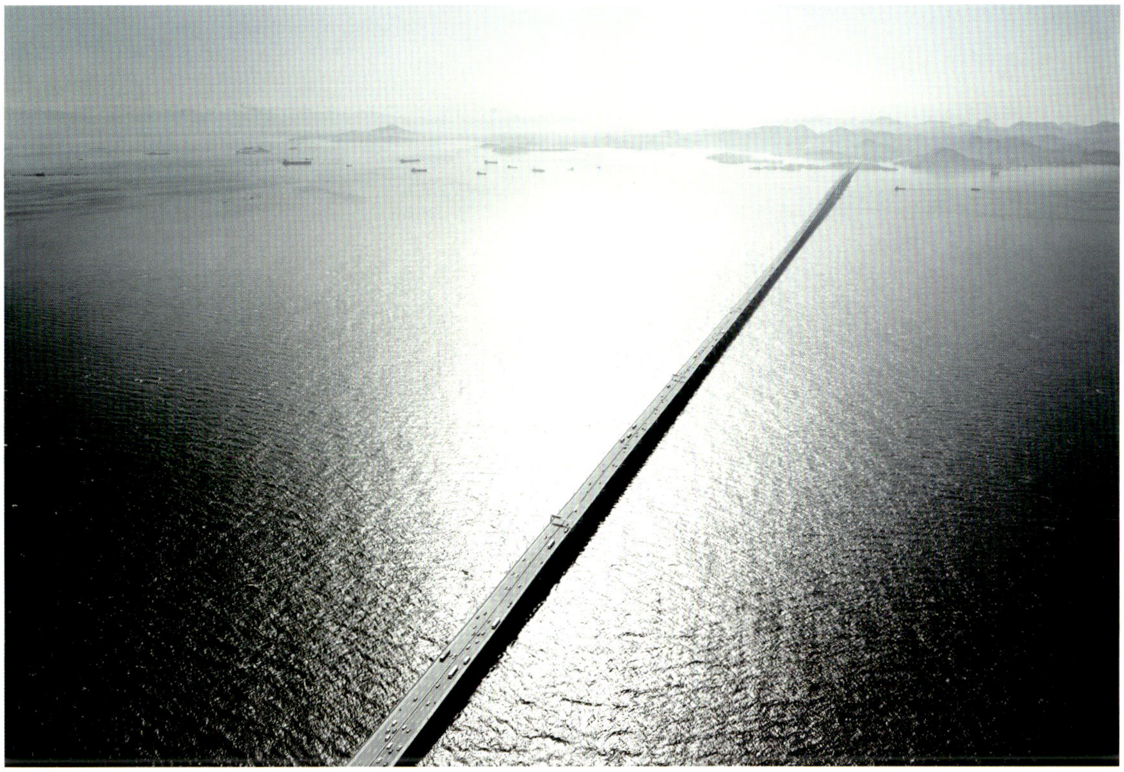

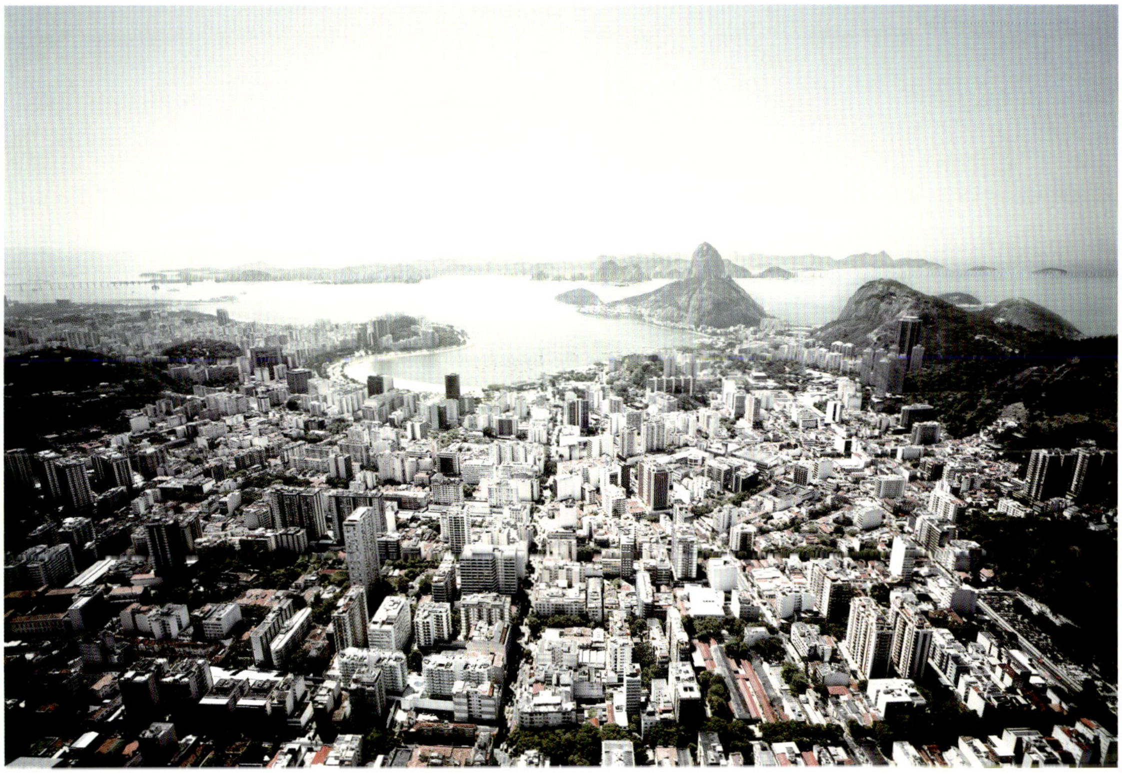

UWE DUETTMANN MAILING »NO TRESPASSING«
AUFTRAGGEBER Uwe Duettmann   AGENTUR Studio Duettmann   FOTOGRAFIE Uwe Duettmann

FOTOGRAFIE BRONZE 179

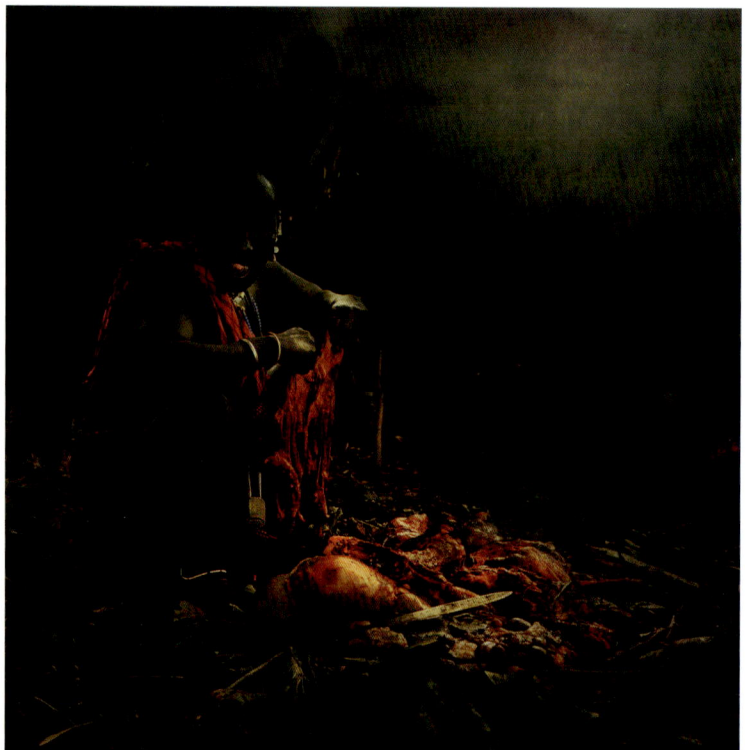

AERNOUT OVERBEEKE PRINTKAMPAGNE »MASSAI«
AUFTRAGGEBER Aernout Overbeeke for Kamitei Foundation   **AGENTUR** BBDO Campaign GmbH Stuttgart   **CREATIVE DIRECTION** Armin Jochum, Andreas Rell
ART DIRECTION Stefan Nagel, Melanie Sonnenschein, Steffen Stäuber   **FOTOGRAFIE** Aernout Overbeeke   **AGENTUR PRODUCER** Wolfgang Schif   **PRODUKTION** Christa Klubert

FOTOGRAFIE BRONZE 181

Zusätzlich erhielt diese Arbeit eine Auszeichnung in der Kategorie Publikumsanzeigen auf Seite 61.
Der Film zur Kampagne erhielt Bronze in der Kategorie TV-Spots auf Seite 264.

AUDI Q7 KAMPAGNE »ULTIMATIV QUATTRO«
AUFTRAGGEBER AUDI AG **MARKETINGLEITUNG** Hans-Christian Schwingen **WERBELEITUNG** Jagoda Low-Becic **AGENTUR** kempertrautmann gmbh
ART DIRECTION Florian Kitzing **KUNDENBERATUNG** Michael Trautmann, Ann-Katrin Schelkmann, Stefanie Pricken (Team Assistenz) **FOTOGRAFIE** Anatol Kotte
GRAFIK Tim Belser **POST PRODUCTION** Royal Post Club. Hamburg **PRODUKTION** Romey von Malottky GmbH, Hamburg **TEXT** Lennart Witting

AUDI QUATTRO ANZEIGENKAMPAGNE »25 JAHRE QUATTRO«
AUFTRAGGEBER AUDI AG **MARKETINGLEITUNG** Hans-Christian Schwingen **WERBELEITUNG** Jagoda Becic, Silke Mathews, Gerhard Kiefer
AGENTUR Saatchi & Saatchi GmbH **CREATIVE DIRECTION** Benjamin Lommel, Harald Wittig, Tobias Eichinger **ART DIRECTION** Anne Petri, Kirsten Hohls
KUNDENBERATUNG Gerhard Nonnenmacher, Florian Voigt, Anne Ziegler **FOTOGRAFIE** Kai-Uwe Gundlach **AGENTUR PRODUCER** Amandus Platt
ART BUYING Julia Kallmeyer **BILDBEARBEITUNG** Farbraum **FOTOASSISTENZ** Claudia Eschborn, Frithjof Ohm **GRAFIK** Anne Petri
PRODUCER Christian Severin, Christof Plümacher **PRODUKTION** CP Productions Inc. **TEXT** Jörn Welle, Eva Kinkel-Clever

BMW MAGAZIN »BMW M5«

AUFTRAGGEBER BMW Magazin   **AGENTUR** Ring Zwei   **CREATIVE DIRECTION** Dirk Linke   **FOTOGRAFIE** Kai-Uwe Gundlach
VERLAG Hoffmann und Campe Verlag GmbH   **BILDBEARBEITUNG** PX3   **BILDREDAKTION** Gabriele Mayrhofer-Mik   **CHEFREDAKTION** Bernd Zerelles
FOTOASSISTENZ Claudia Eschborn   **PRODUCER** Christian Severin, Christof Plümacher   **PRODUKTION** CP Productions Inc.

FOTOGRAFIE **AUSZEICHNUNG** 185

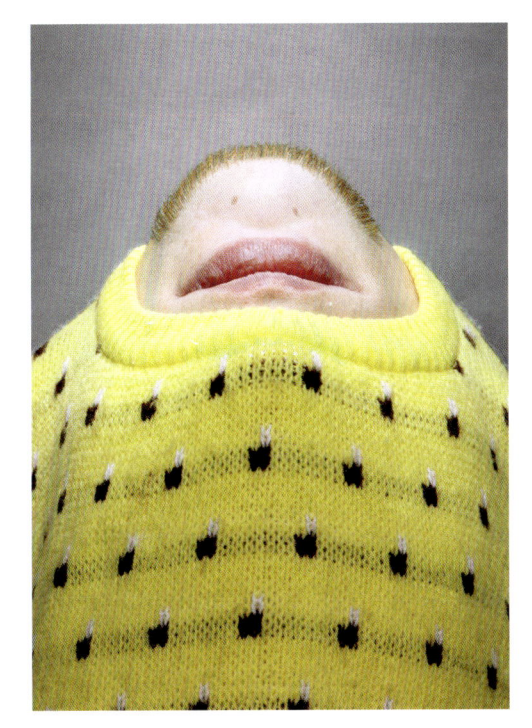

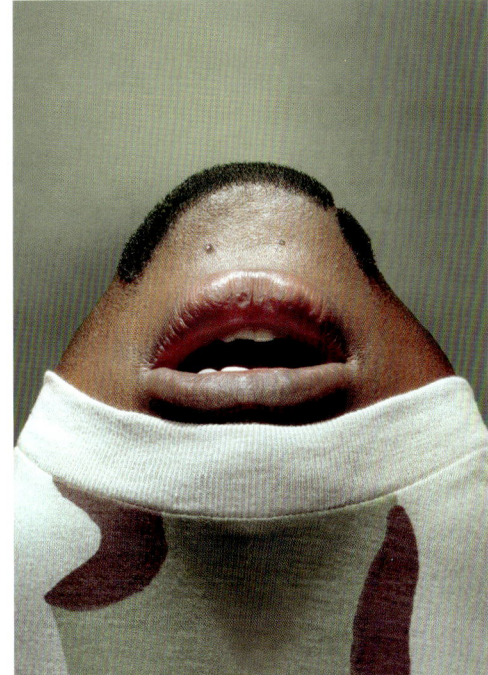

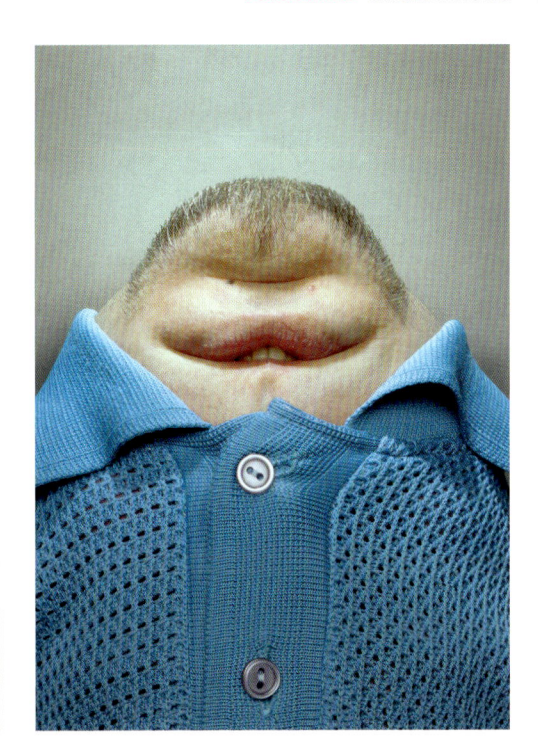

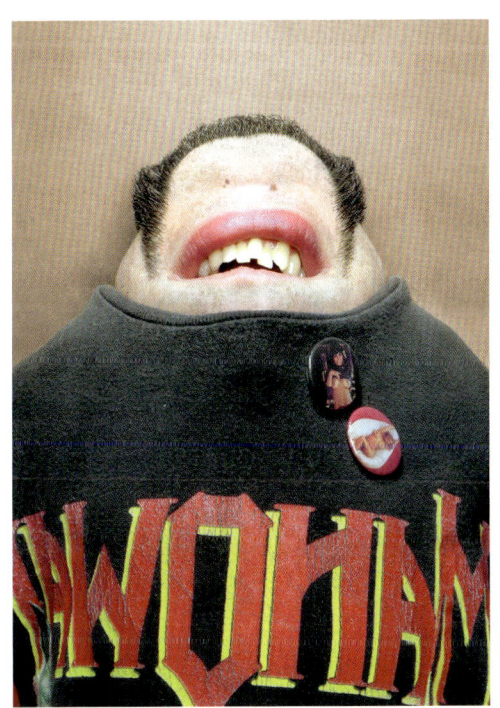

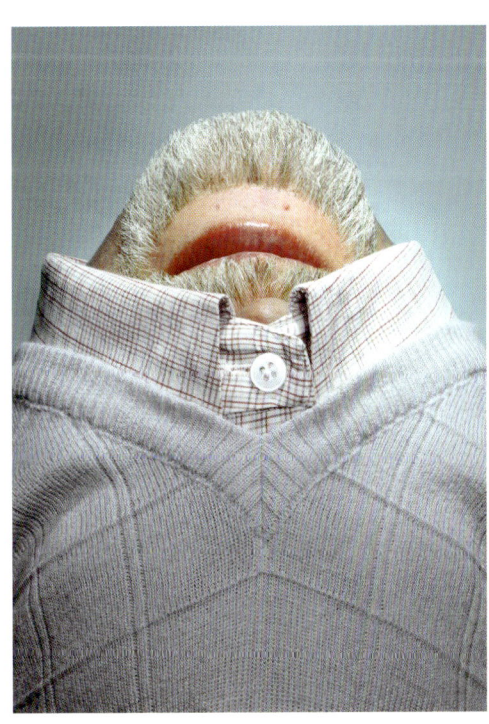

Zusätzlich erhielt diese Arbeit eine Auszeichnung in der Kategorie Publikumsanzeigen auf Seite 80.

GRUNDIG BARTSCHNEIDER ANZEIGENKAMPAGNE »BARTGESICHTER«
AUFTRAGGEBER Payer Germany GmbH   **MARKETINGLEITUNG** Stefan Haberkern   **WERBELEITUNG** Irene Scheler   **AGENTUR** Scholz & Friends
CREATIVE DIRECTION Matthias Spaetgens, Jan Leube   **ART DIRECTION** Johannes Hicks, Mathias Rebmann   **KUNDENBERATUNG** Katrin Seegers, Uli Geiger
FOTOGRAFIE Hans Starck   **BILDBEARBEITUNG** Appel Grafik Berlin   **TEXT** Stuart Kummer

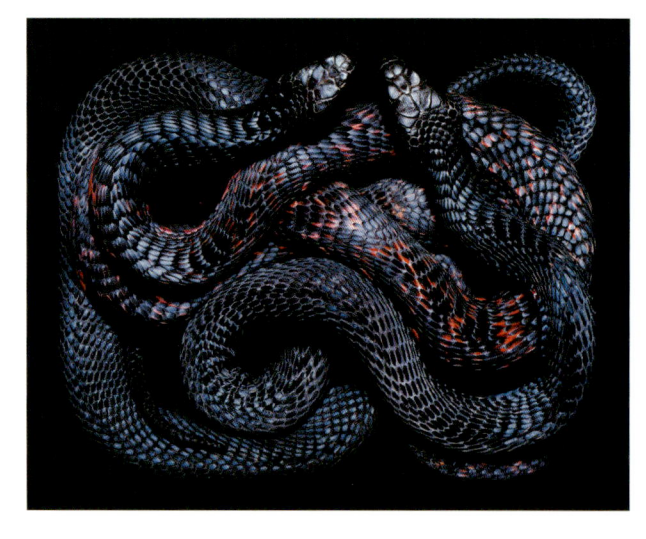

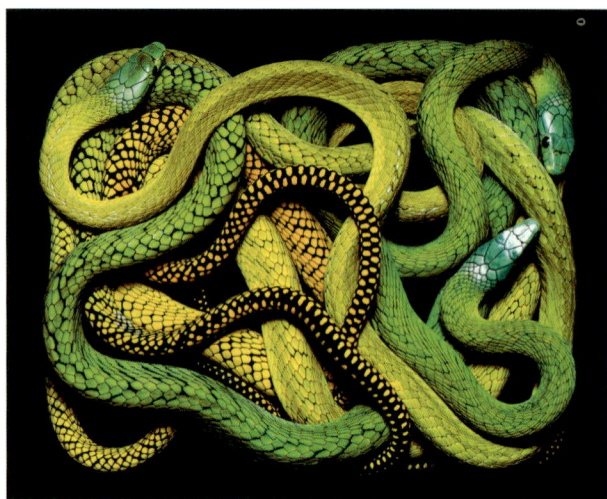

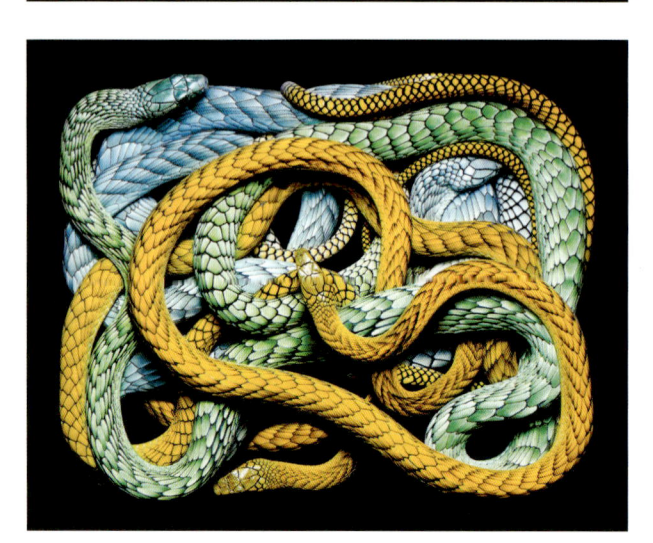

STERN MAGAZIN NR. 48/2005 »SCHLANGEN IN EINER BOX«
AUFTRAGGEBER Stern Gruner+Jahr AG & Co. **ART DIRECTION** Tom Jacobi **FOTOGRAFIE** Guido Mocafico **VERLAG** Gruner+Jahr AG & Co.
CHEFREDAKTION Andreas Petzold, Thomas Osterkorn

KAI-UWE GUNDLACH KAMPAGNE »BRÜCKEN«
AUFTRAGGEBER Kai-Uwe Gundlach   FOTOGRAFIE Kai-Uwe Gundlach

188 FOTOGRAFIE AUSZEICHNUNG

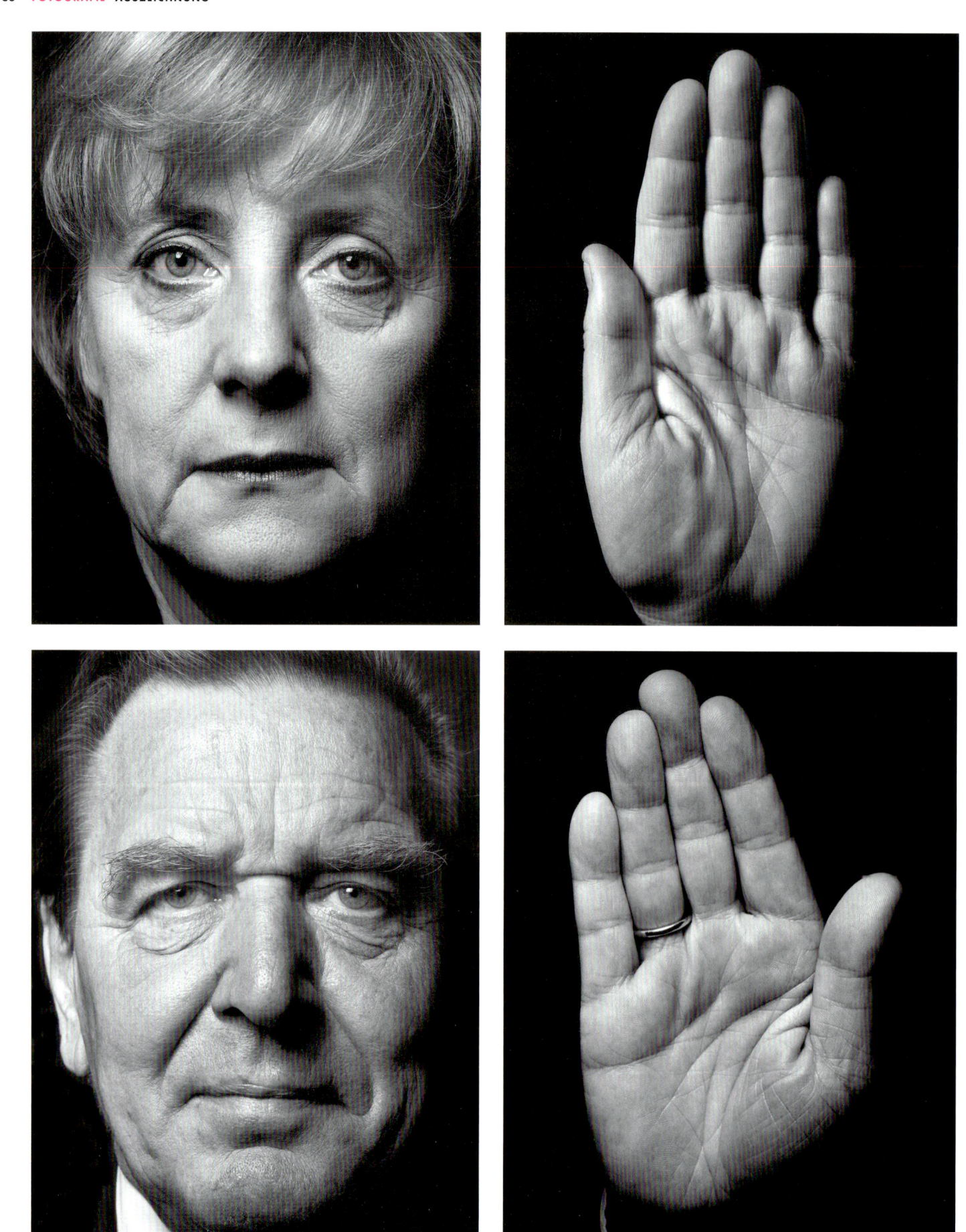

STERN MAGAZIN NR. 38/2005 »POLITIKER UND IHRE HÄNDE«
AUFTRAGGEBER Stern Gruner+Jahr AG & Co.   **ART DIRECTION** Tom Jacobi   **FOTOGRAFIE** Walter Schels   **VERLAG** Gruner+Jahr AG & Co.
CHEFREDAKTION Andreas Petzold, Thomas Osterkorn

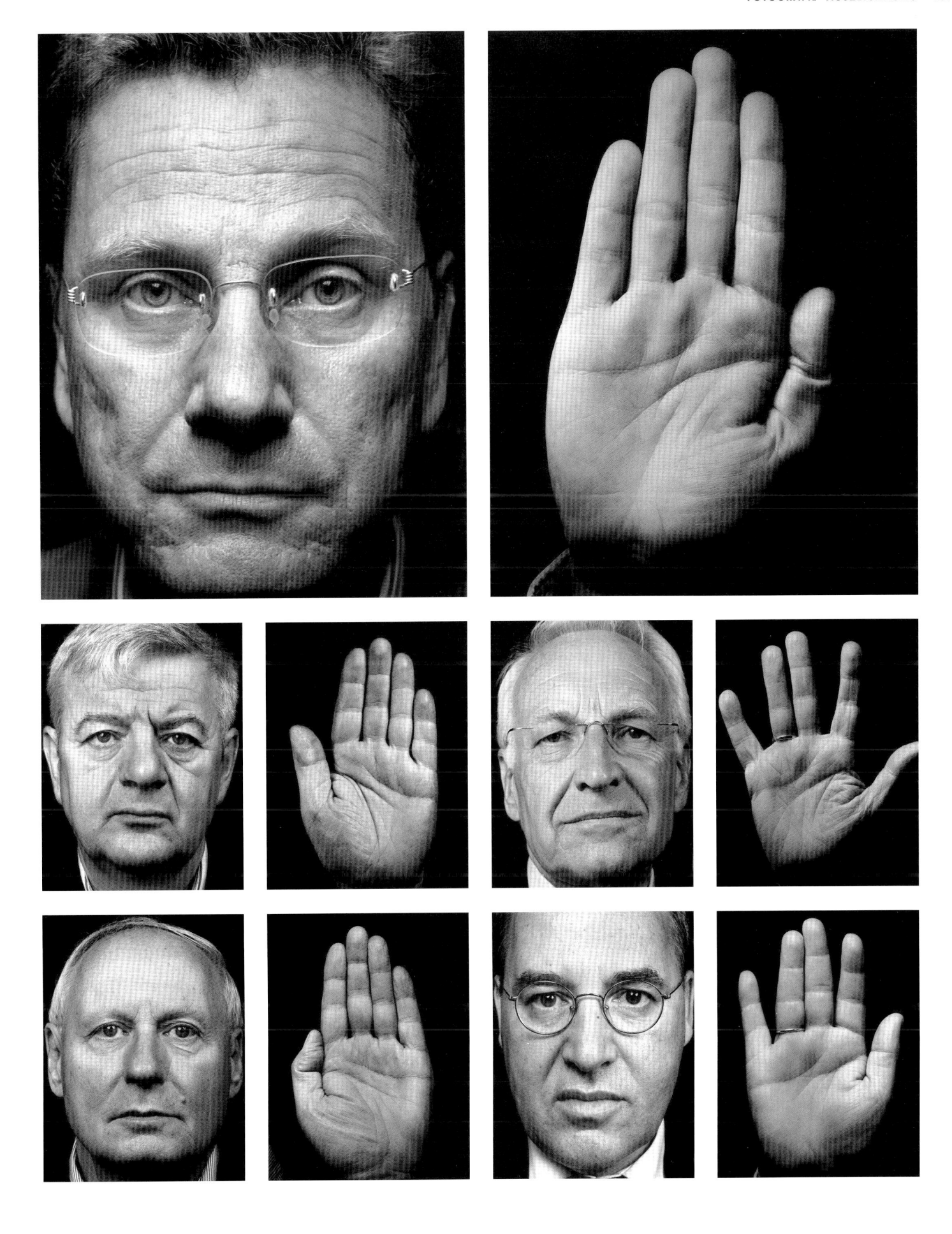

FOTOGRAFIE **AUSZEICHNUNG** 189

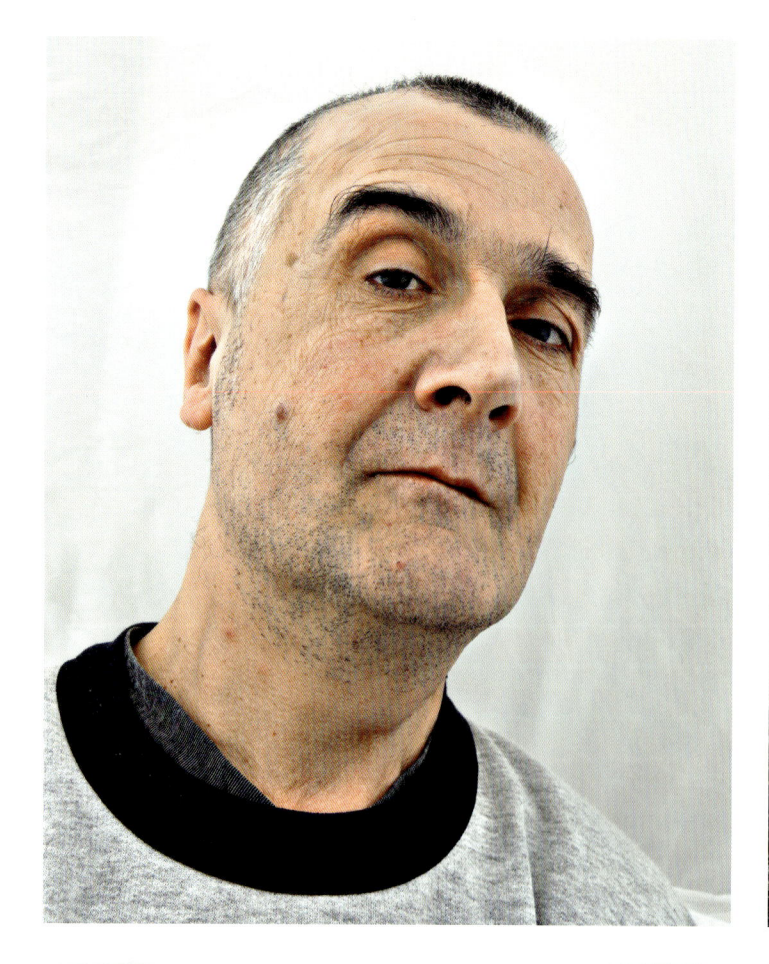

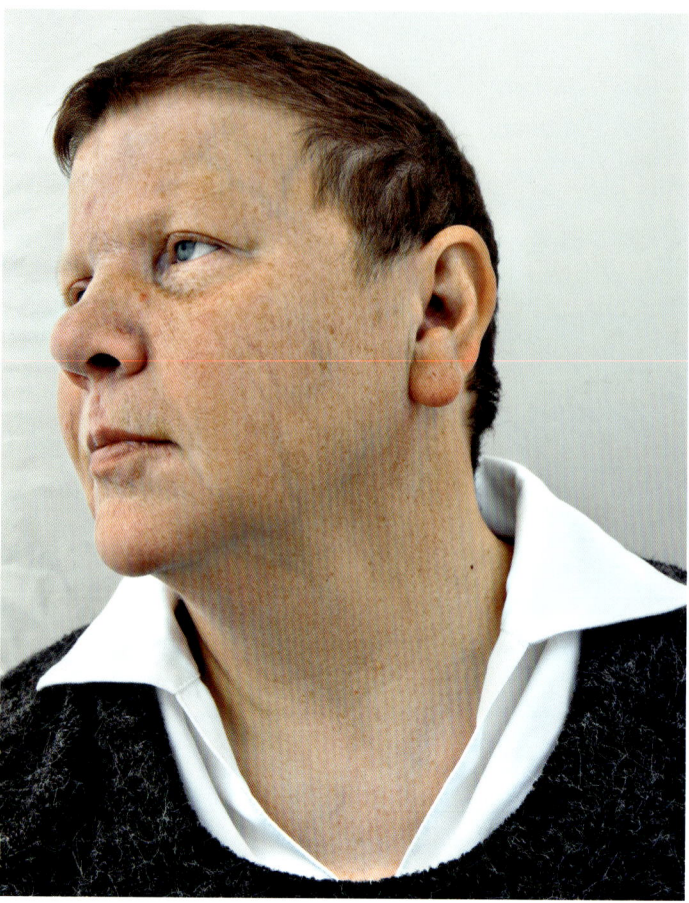

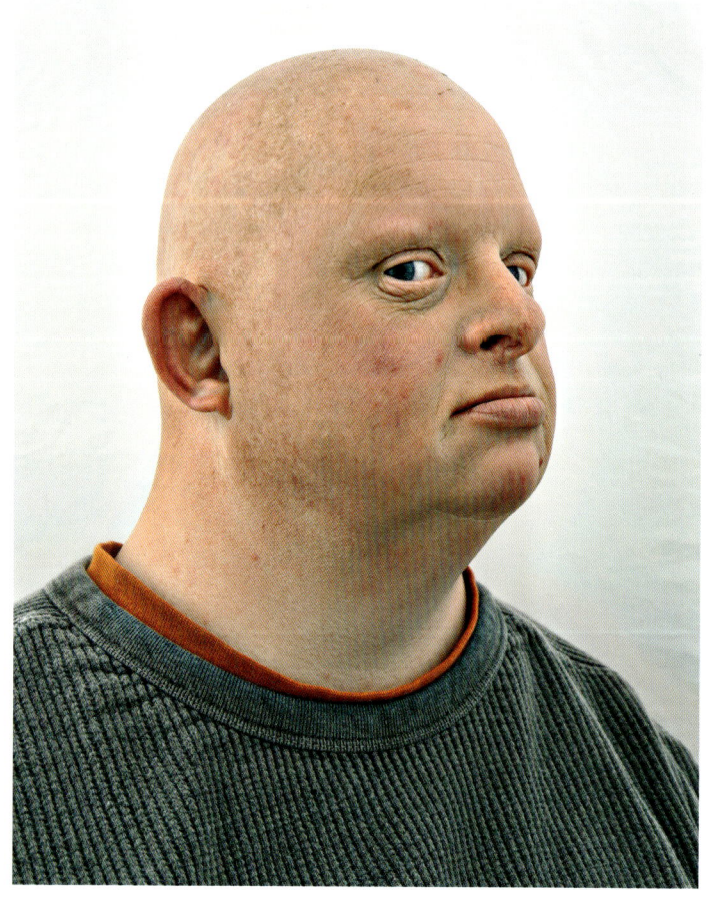

BUCH »ICH BIN WIE DU – NUR ANDERS«
AUFTRAGGEBER Karlshöhe Ludwigsburg **WERBELEITUNG** Jörg Conzelmann **AGENTUR** Wensauer & Partner
KUNDENBERATUNG Petra Bürkle **FOTOGRAFIE** Hubertus Hamm **BILDBEARBEITUNG** Sorin Morar **FOTOASSISTENZ** Sorin Morar
GRAFIK Sandra Herrmann **POST PRODUCTION** delta E **TEXT** Uta Hennemeier

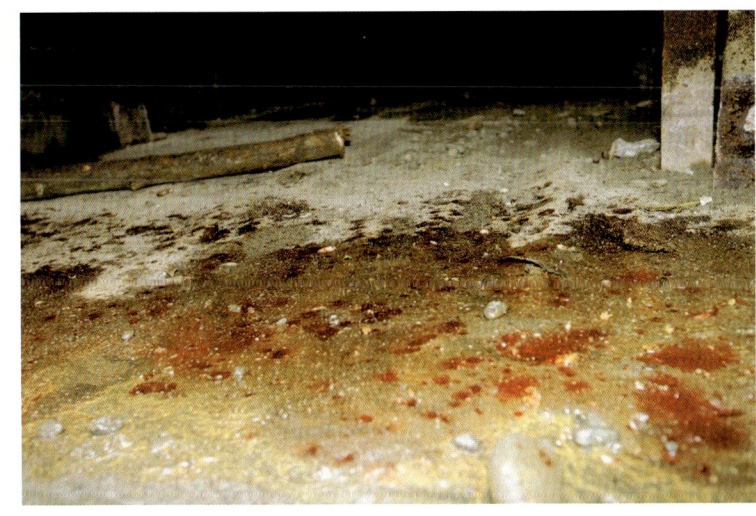

ANIMALS ASIA FOUNDATION ANZEIGENKAMPAGNE »MONDBÄREN«

AUFTRAGGEBER Animals Asia Foundation e.V. **MARKETINGLEITUNG** Christa Filipowicz **AGENTUR** kempertrautmann gmbh
CREATIVE DIRECTION Mathias Lamken, Niels Alzen **ART DIRECTION** Mathias Lamken **KUNDENBERATUNG** Stefanie Pricken **FOTOGRAFIE** Ursula Meissner
GRAFIK Tim Belser **POST PRODUCTION** ZERONE de Groot & Thoss KG **TEXT** Niels Alzen

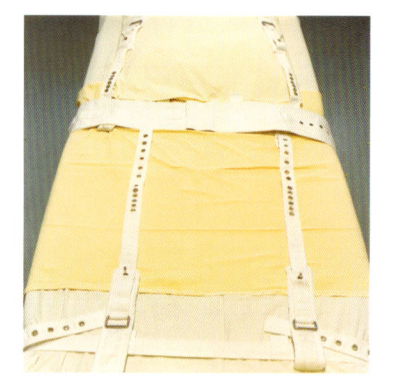

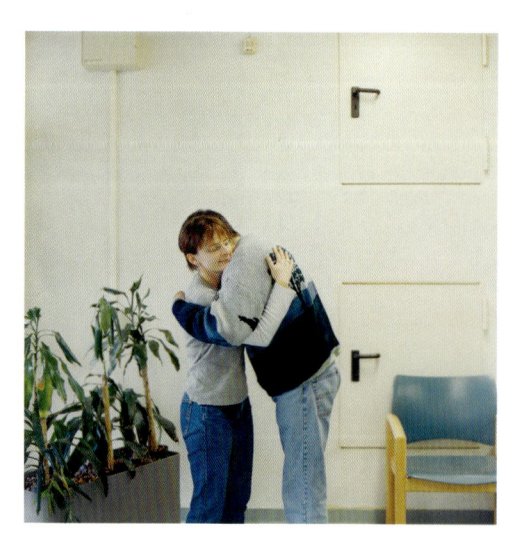

STERN MAGAZIN NR. 44/2005 »IRRENANSTALT«
AUFTRAGGEBER Stern Gruner+Jahr AG & Co. **ART DIRECTION** Tom Jacobi **FOTOGRAFIE** Peter Granser **VERLAG** Gruner+Jahr AG & Co.
CHEFREDAKTION Andreas Petzold, Thomas Osterkorn

ALLIANZ ARENA MAGAZIN »ARENA«
AUFTRAGGEBER Süddeutsche Zeitung Magazin **ART DIRECTION** Mirko Borsche **FOTOGRAFIE** Hubertus Hamm **BILDBEARBEITUNG** Andreas Neuerer
FOTOASSISTENZ Sorin Morar **POST PRODUCTION** delta E

orig

inal
Illustration

OROVERDE TROPENWALDSTIFTUNG PLAKATKAMPAGNE »MONSTER«
AUFTRAGGEBER OroVerde Tropenwaldstiftung, Bonn   **MARKETINGLEITUNG** Dr. Volkhard Wille   **WERBELEITUNG** Birthe Hesebeck   **AGENTUR** Ogilvy
CREATIVE DIRECTION Helmut Himmler, Lars Huvart   **ART DIRECTION** Till Schaffarczyk   **KUNDENBERATUNG** Roland Stauber, Friederike Vogel
FOTOGRAFIE Stockmaterial   **ILLUSTRATION** Till Schaffarczyk   **ART BUYING** Christina Hufgard   **GRAFIK** Till Schaffarczyk   **TEXT** Aleš Polcar

ILLUSTRATION BRONZE 197

Zusätzlich erhielt diese Arbeit eine Auszeichnung
in der Kategorie Grafische Einzelarbeiten auf Seite 442.

HEKMAG MAGAZIN »MENSCHEN ZUM ANZIEHEN«
AUFTRAGGEBER André Aimaq   **AGENTUR** Aimaq·Rapp·Stolle Werbeagentur GmbH   **CREATIVE DIRECTION** André Aimaq
ILLUSTRATION Oda Jaune-Immendorf   **VERLAG** Hekmag Verlag   **CHEFREDAKTION** André Aimaq, Christopher Knipping, Ulrike Miebach
GRAFIK Christian Feldhusen   **PROJEKTMANAGER** Robert Stolle, Karoline Huber

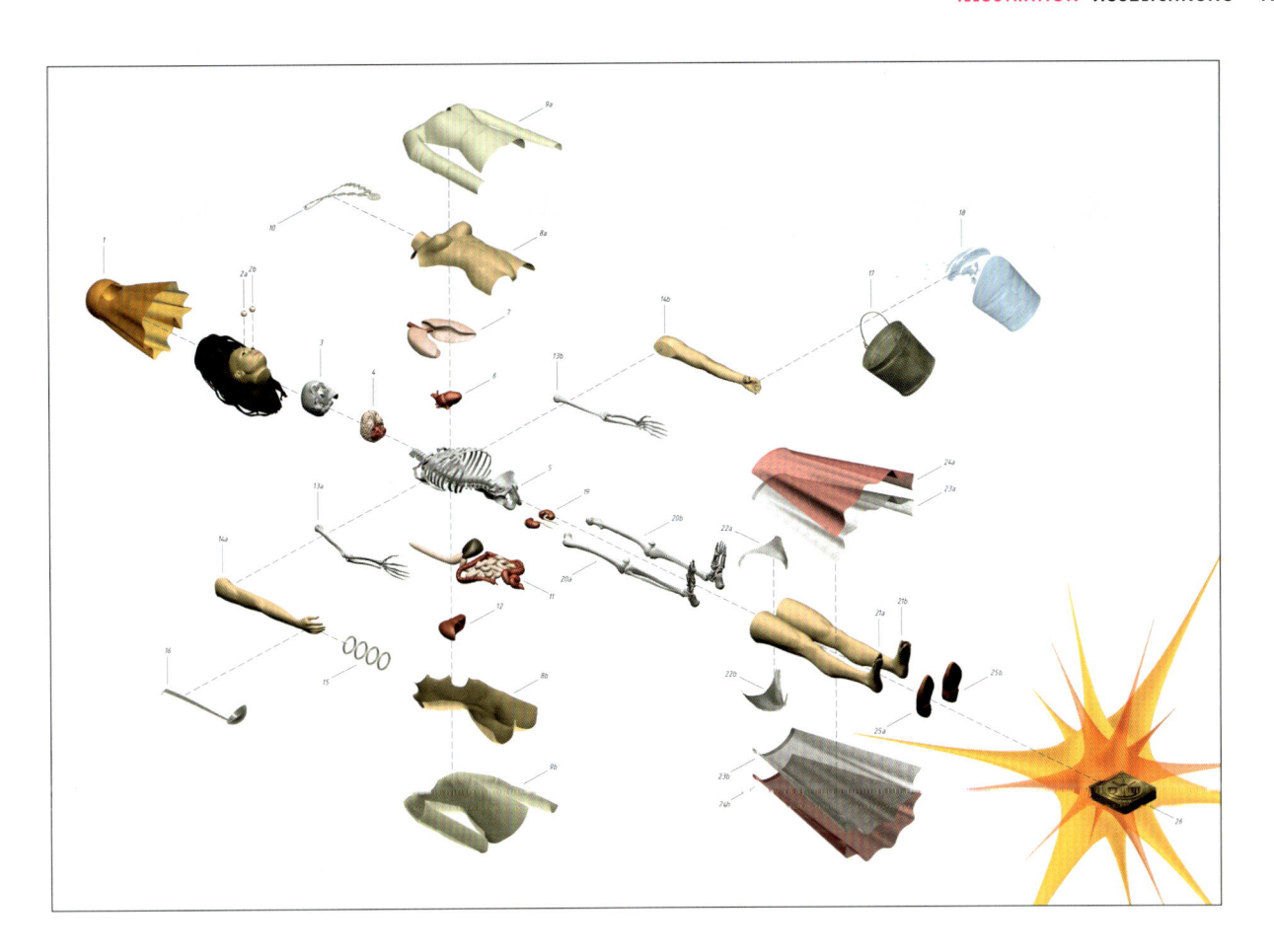

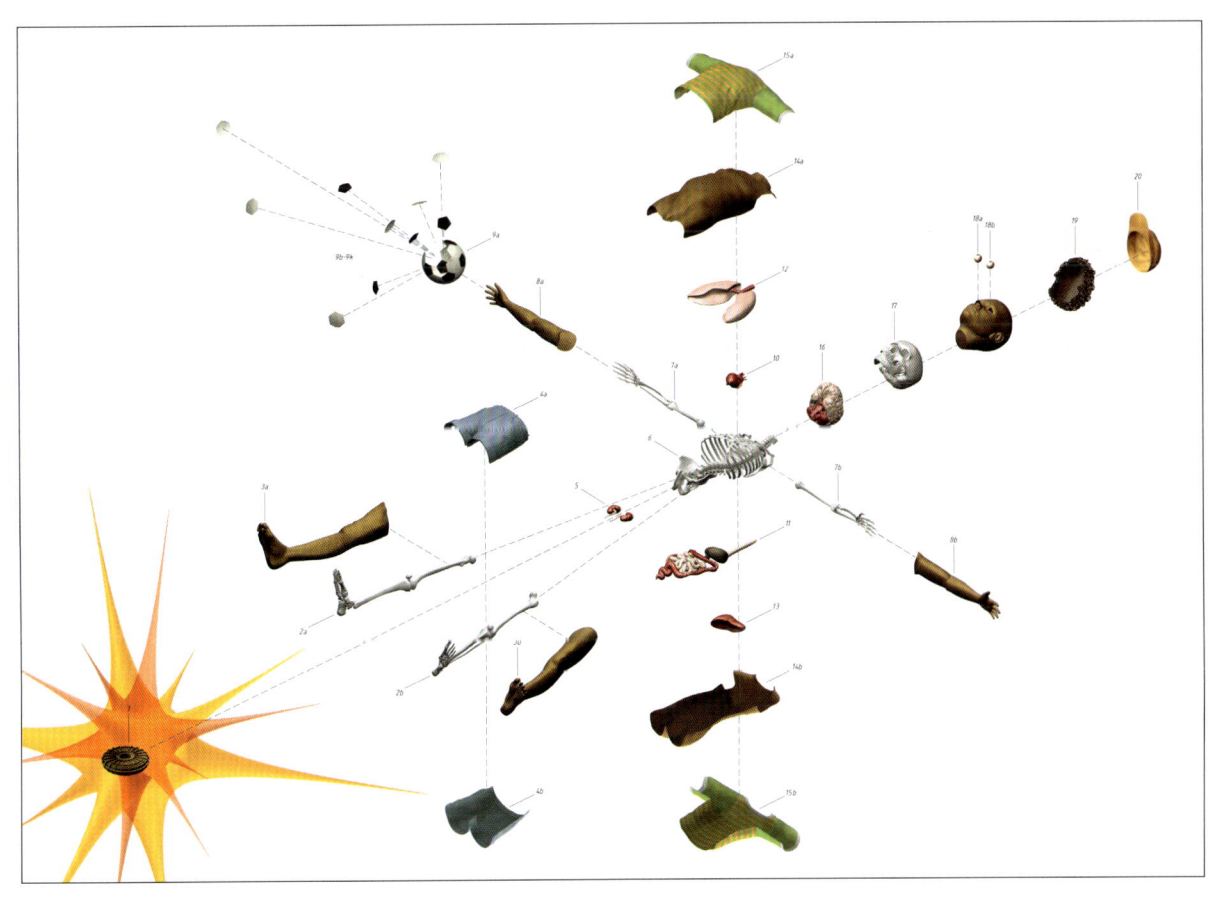

AKTIONSBÜNDNIS LANDMINE.DE ANZEIGENKAMPAGNE »MINEN-EXPLOSION«

AUFTRAGGEBER Aktionsbündnis Landmine.de **MARKETINGLEITUNG** Thomas Küchenmeister **AGENTUR** Scholz & Friends
CREATIVE DIRECTION Julia Schmidt, Matthias Schmidt, Constantin Kaloff **ART DIRECTION** Tim Stübane
KUNDENBERATUNG Thomas Caprano, Janina Rahaus **ILLUSTRATION** Carolina Cwiklinska **GRAFIK** Fabian Braun **TEXT** Birgit van den Valentyn

BEST LIFE MAGAZIN »WIR HÄTTEN SO GERN EIN KIND ...«
AUFTRAGGEBER Best Life **ART DIRECTION** Andreas Schomberg **ILLUSTRATION** James Jean **VERLAG** Rodale-Motor-Presse GmbH & Co.
BILDREDAKTION Grit Brüggemann **CHEFREDAKTION** Frank Hofmann **GRAFIK** David Röhr (stellv. Art Director)

Zusätzlich erhielt diese Arbeit Bronze in der Kategorie Publikumsanzeigen auf Seite 58/59.
Der Film zur Kampagne erhielt eine Auszeichnung in der Kategorie Kinowerbefilme auf Seite 290.

WORLD VISION DEUTSCHLAND
ANZEIGENKAMPAGNE
»WORLD VISION«

AUFTRAGGEBER
WORLD VISION Deutschland e.V.
MARKETINGLEITUNG
Wolfgang Eisert
AGENTUR
DDB Berlin GmbH
CREATIVE DIRECTION
Amir Kassaei, Mathias Stiller,
Wolfgang Schneider
ART DIRECTION
Kristoffer Heilemann
KUNDENBERATUNG
Michael Lamm, Louisa Ibing
STRATEGISCHE PLANUNG
Jason Lusty, Wiebke Dreyer
ILLUSTRATION
Dorus Brekelmans
ART BUYING
Sandra Markus
TEXT
Ludwig Berndl

SOU
AP

VERKAUFS

FÖRDERUNG

204 **VERKAUFSFÖRDERUNG** SILBER

HÄAGEN-DAZS PROMOTION »GESCHMACKVOLLE BRIEFMARKEN«
AUFTRAGGEBER General Mills **MARKETINGLEITUNG** Stefan Feußner **AGENTUR** TBWA\ Deutschland **CREATIVE DIRECTION** Dietrich Zastrow
ART DIRECTION Kirsten Frenz **KUNDENBERATUNG** Janina Levy, Fabienne Nerlich **AGENTUR PRODUCER** Alexander Heldt **TEXT** Susanne Thomé

»Let your tongue travel« ist der Claim von Häagen-Dazs.
Mit den schmeckenden Häagen-Dazs Briefmarken kann man seinen Lieblingsgeschmack jetzt wirklich auf die Reise schicken. Die echten österreichischen Postwertzeichen schmecken je nach Motiv entweder nach Choc Choc Chip, Panna Cotta & Raspberry, Cookies & Cream, Macadamia Nut Brittle oder Strawberry Cheesecake. Sie gibt es als Treueprämie in den Häagen-Dazs Shops.

Zusätzlich erhielt diese Arbeit Silber in der Kategorie Media auf Seite 247.

TOYS«R«US WEIHNACHTSPROMOTION »REAL TOYS.«
AUFTRAGGEBER TOYS«R«US   **MARKETINGLEITUNG** Helmut Hort   **WERBELEITUNG** Liane Konnert   **AGENTUR** Grey Worldwide GmbH
CREATIVE DIRECTION Florian Meimberg, Torsten Pollmann   **ART DIRECTION** Florian Meimberg   **KUNDENBERATUNG** Sandra Friedrich   **BERATUNG** Sandra Lehrenfeld
BILDBEARBEITUNG Peter Engel   **IDEE** Claudia Meimberg, Florian Meimberg, Torsten Pollmann   **KONZEPT** Claudia Meimberg, Florian Meimberg, Torsten Pollmann
MATERIALAUSWAHL UND HERSTELLUNGSKONTROLLE Marit Bischoff   **TEXT** Claudia Meimberg, Torsten Pollmann

Spielzeugautos müssen so echt aussehen wie möglich. Deshalb hat TOYS«R«US in der Vorweihnachtzeit echte Feuerwehrautos, Bagger und Müllwagen mit überdimensionalen Preisschildern ausgestattet.
Das Ergebnis: Von den kleineren Ausgaben, die sie hinterher unterm Weihnachtsbaum gefunden haben, waren die Kinder genauso begeistert wie von den großen.

Zusätzlich erhielt diese Arbeit Bronze in der Kategorie Media auf Seite 247.

Ein Ort ist eine Zahl. Eine Zahl ist ein Ort. Das wurde in Köln eindrucksvoll sichtbar. Bodenaufkleber entlang der sonst unsichtbaren Postleitzahlengrenzen schafften hier Aufmerksamkeit für das neue Postleitzahlenbuch. Und machten so das nüchterne Zahlenwerk zum aufregenden Stadtgespräch.

VERKAUFSFÖRDERUNG SILBER **209**

DEUTSCHE POST POSTLEITZAHLENBUCH
AKTION »PLZ-GRENZEN«

AUFTRAGGEBER
Deutsche Post AG
MARKETINGLEITUNG
Stephan Dahm
WERBELEITUNG
Dirk Behrend
AGENTUR
BBDO Campaign GmbH Düsseldorf
CREATIVE DIRECTION
Carsten Bolk
ART DIRECTION
Jacques Pense, Marco Becker
KUNDENBERATUNG
Frieder Kornbichler, Dirk Bittermann,
Ulrike Heinecke
FOTOGRAFIE
Svenson Linnert
TEXT
Andreas Walter

Zusätzlich erhielt diese Kampagne Bronze in der Kategorie Media auf Seite 248 sowie eine Auszeichnung in der Kategorie Funk Spots auf Seite 327.

In einer Citroën DS präsentiert GAULOISES »Théâtre en route« – das kleinste Theater der Welt.
In der einstündigen Aufführung irren drei Zuschauer mit einem fremden Fahrer und einer mysteriösen
Frau durch die Nacht. Theater und Realität verschwimmen. Das Stück wurde, in Kooperation mit
dem Deutschen Schauspielhaus Hamburg, in acht Großstädten aufgeführt.
Von wenigen gesehen, von Millionen gelesen.

GAULOISES AKTION »THÉÂTRE EN ROUTE«
AUFTRAGGEBER British American Tobacco (Germany) GmbH **MARKETINGLEITUNG** Thomas Wallek **WERBELEITUNG** Oliver Piskora
AGENTUR Kolle Rebbe Werbeagentur GmbH + Faktor 3 AG **CREATIVE DIRECTION** Ulrich Zünkeler, Andreas Geyer, Kilian Becker **ART DIRECTION** Rolf Leger, Marco Lidzba
KUNDENBERATUNG Tanja Reschner, Eliane Muller, Ole Müggenburg, Kilian Becker **STRATEGISCHE PLANUNG** Ole Müggenburg **GRAFIK** Kai Gerken
KÜNSTLER Schauspieler: Lisa-Marie Janke, Sebastian Schwab **REGIE** Stefan Pucher, Script: Tom Stromberg **TEXT** Stefan Wübbe, Anne Pilgrim, Richard Dresser

VERKAUFSFÖRDERUNG BRONZE 211

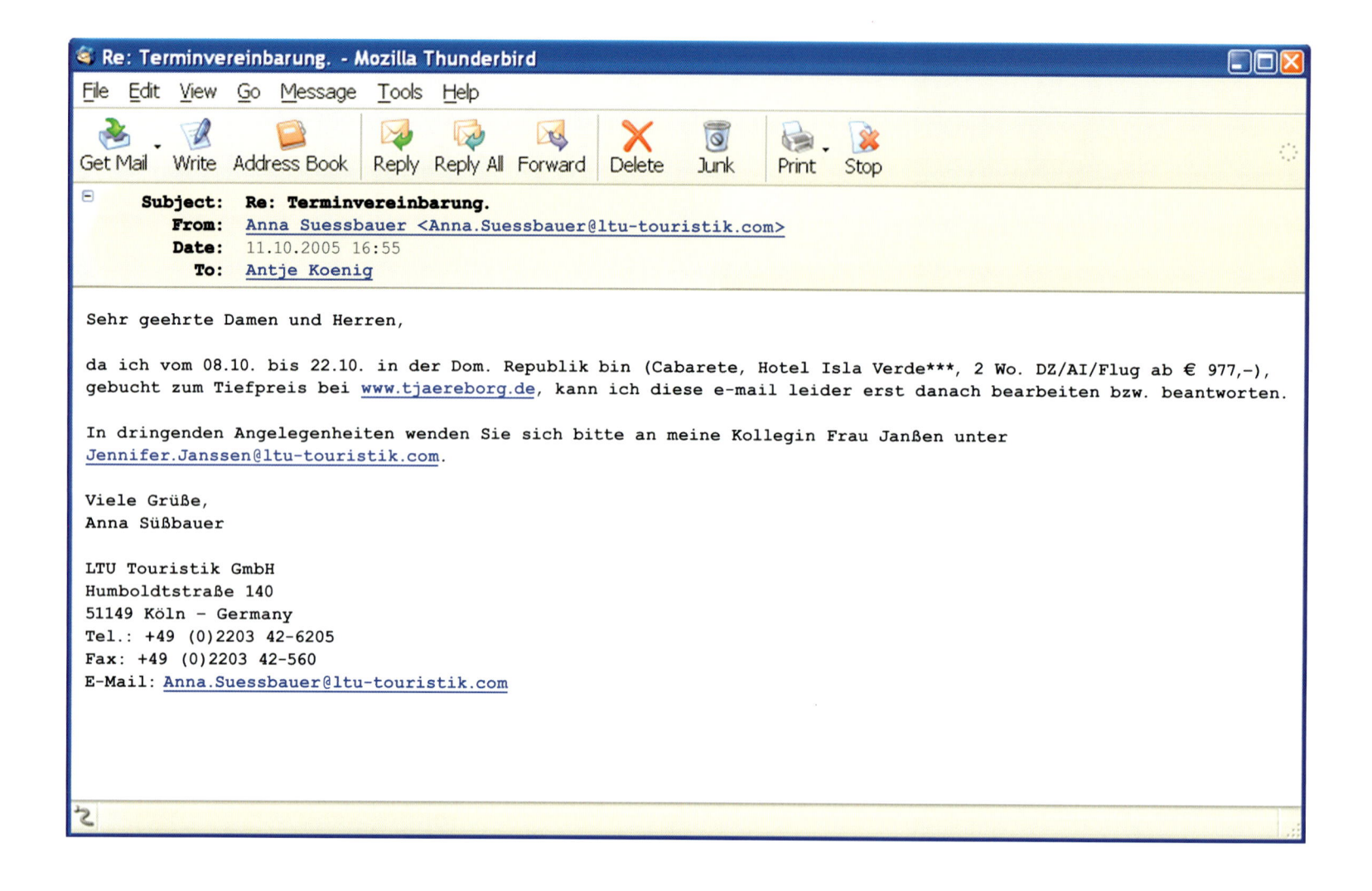

Subject: Re: Terminvereinbarung.
From: Anna Suessbauer <Anna.Suessbauer@ltu-touristik.com>
Date: 11.10.2005 16:55
To: Antje Koenig

Sehr geehrte Damen und Herren,

da ich vom 08.10. bis 22.10. in der Dom. Republik bin (Cabarete, Hotel Isla Verde***, 2 Wo. DZ/AI/Flug ab € 977,-), gebucht zum Tiefpreis bei www.tjaereborg.de, kann ich diese e-mail leider erst danach bearbeiten bzw. beantworten.

In dringenden Angelegenheiten wenden Sie sich bitte an meine Kollegin Frau Janßen unter Jennifer.Janssen@ltu-touristik.com.

Viele Grüße,
Anna Süßbauer

LTU Touristik GmbH
Humboldtstraße 140
51149 Köln – Germany
Tel.: +49 (0)2203 42-6205
Fax: +49 (0)2203 42-560
E-Mail: Anna.Suessbauer@ltu-touristik.com

TJAEREBORG (LTU TOURISTIK) REMAIL »ICH BIN IM URLAUB«
AUFTRAGGEBER Tjaereborg (LTU Touristik) **MARKETINGLEITUNG** Kai Willersinn **AGENTUR** Jung von Matt AG **CREATIVE DIRECTION** Alexander Stehle, Michael Preuss
KUNDENBERATUNG Anna Selter **STRATEGISCHE PLANUNG** Daniel Adolph

VERKAUFSFÖRDERUNG BRONZE 213

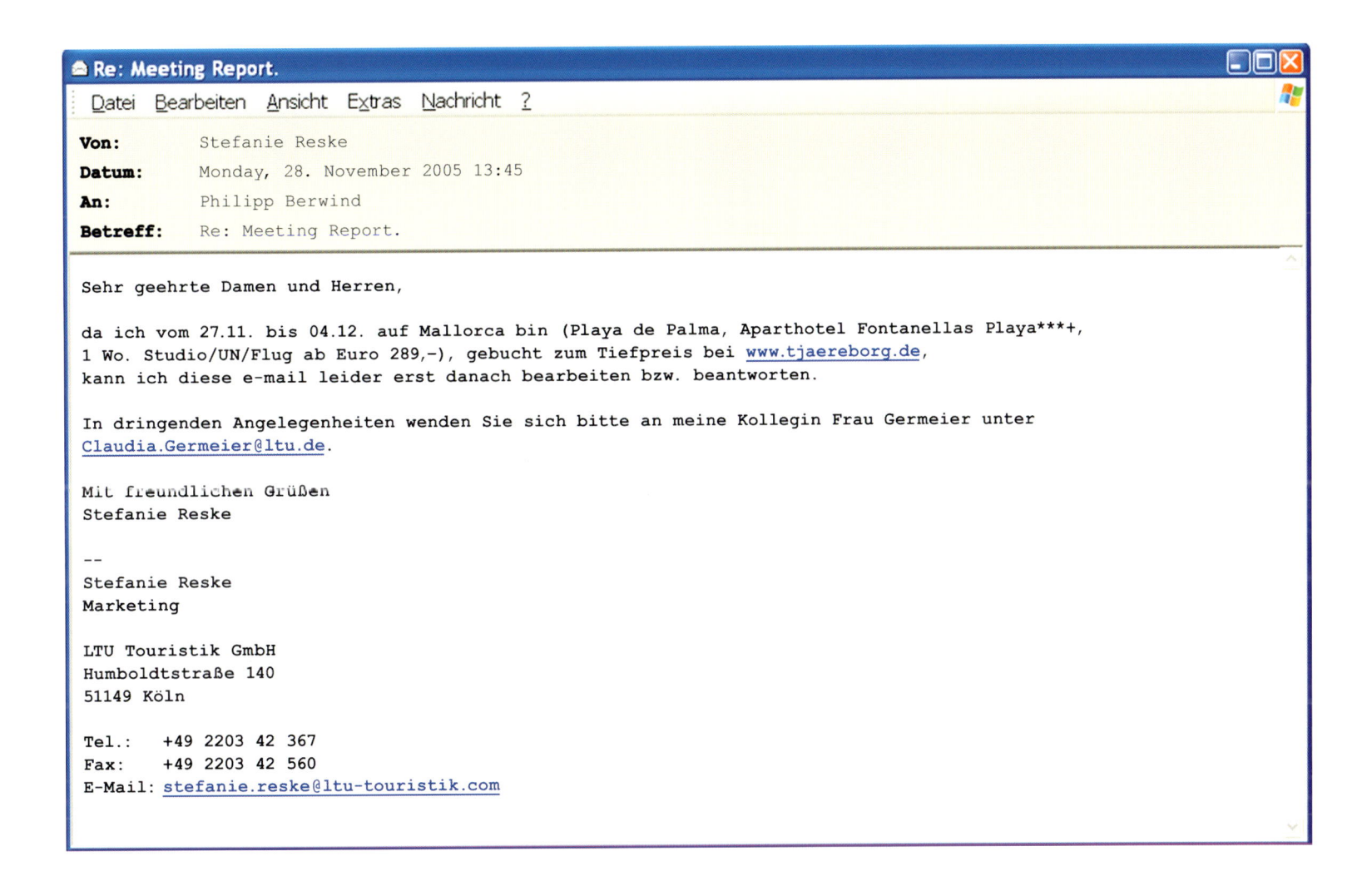

```
Re: Meeting Report.
Datei  Bearbeiten  Ansicht  Extras  Nachricht  ?

Von:      Stefanie Reske
Datum:    Monday, 28. November 2005 13:45
An:       Philipp Berwind
Betreff:  Re: Meeting Report.

Sehr geehrte Damen und Herren,

da ich vom 27.11. bis 04.12. auf Mallorca bin (Playa de Palma, Aparthotel Fontanellas Playa***+,
1 Wo. Studio/UN/Flug ab Euro 289,-), gebucht zum Tiefpreis bei www.tjaereborg.de,
kann ich diese e-mail leider erst danach bearbeiten bzw. beantworten.

In dringenden Angelegenheiten wenden Sie sich bitte an meine Kollegin Frau Germeier unter
Claudia.Germeier@ltu.de.

Mit freundlichen Grüßen
Stefanie Reske

--
Stefanie Reske
Marketing

LTU Touristik GmbH
Humboldtstraße 140
51149 Köln

Tel.:   +49 2203 42 367
Fax:    +49 2203 42 560
E-Mail: stefanie.reske@ltu-touristik.com
```

Jeder kennt sie: die automatische Abwesenheitsmail. REWE-Touristik nutzt diesen Mechanismus erstmals als Kommunikationstool. Wenn ein Mitarbeiter im Urlaub ist, wird auf eintreffende Mails automatisch eine Remail verschickt, die um ein aktuelles Angebot des Reiseveranstalters Tjaereborg ergänzt ist. So verbreiten sich Tjaereborg-Angebote fast von selbst bei privaten und geschäftlichen Kontakten.

Zusätzlich erhielt diese Arbeit eine Auszeichnung in der Kategorie Media auf Seite 248.

214 VERKAUFSFÖRDERUNG BRONZE

FC SCHALKE 04 FANKALENDER »DER SCHALKE KALENDER«
AUFTRAGGEBER FC Schalke 04 Supporters Club e.V. **MARKETINGLEITUNG** Frank Arndt **AGENTUR** Scholz & Friends **CREATIVE DIRECTION** Suze Barrett, Tobias Holland
ART DIRECTION Marcin Baba **KUNDENBERATUNG** Raphael Brinkert, Helke Wieners **BILDBEARBEITUNG** Lars Pollmann, Metagate GmbH, Hamburg **TEXT** Dennis Lück

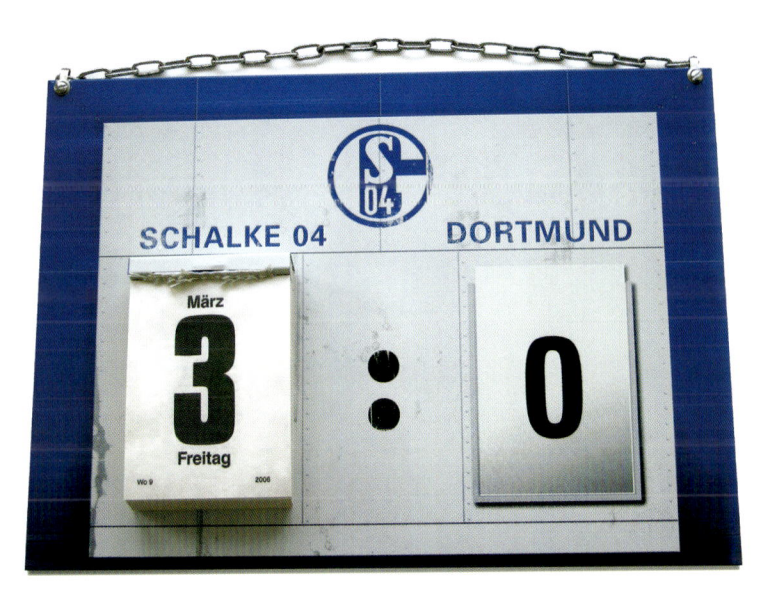

Es gibt nichts Schöneres für einen Schalke-Fan, als einen Sieg des FC gegen Dortmund. Dieses höchste aller Glücksgefühle bescheren wie den Fans mit einem Tagesabreißkalender: Jeder Tag des Tagesabreißkalenders steht auf der Anzeigentafel für ein weiteres geschossenes Tor von Schalke 04 gegen den Erzrivalen.

Zusätzlich erhielt diese Arbeit eine Auszeichnung in der Kategorie Kalender auf Seite 157.

VW GOLF GTI® »LARS & BORIS BUCH«

AUFTRAGGEBER Volkswagen AG **MARKETINGLEITUNG** Lutz Kothe **WERBELEITUNG** Michael Lendle **AGENTUR** DDB Berlin GmbH
CREATIVE DIRECTION Amir Kassaei, Natalie Sofinskyj, Mathias Stiller, Wolfgang Schneider **ART DIRECTION** Katharina Hauptkorn, Stefanie Witt, Kristoffer Heilemann
KUNDENBERATUNG Louisa Ibing **STRATEGISCHE PLANUNG** Jason Lusty **ILLUSTRATION** Katharina Hauptkorn **TEXT** Ludwig Berndl

In Text und Bild eng an Wilhelm Buschs berühmte Lausbubengeschichte angelehnt, erzählt das Buch die Geschichte von Lars und Boris, zwei ausgesprochen frühreifen Rüpeln. Ihr lasterhafter Lebensweg führt unaufhaltsam zum GTI® – denn der ist »für Jungs, die damals schon Männer waren«.

Zusätzlich erhielt diese Arbeit eine Auszeichnung in der Kategorie Funk Spots auf Seite 329 sowie in der Kategorie Grafische Einzelarbeiten auf Seite 441.

Produktname:
Carola Wendt Aktion Funk-Jury

Titel:
„Manuel"

Kommunikationsaufgabe:
Entwicklung einer aufmerksamkeitsstarken Aktion im Rahmen des ADC Wettbewerbes 2005.

Ziel:
Die besonderen Leistungen von Personalberaterin Carola Wendt bei potenziellen Auftraggebern bekannt machen.

Lösung:
Ein Funkspot sorgte in der ADC Funk-Jury 2005 für besonderes Aufsehen, und zwar nicht nur wegen seines überraschenden Inhalts, sondern auch wegen seiner besonderen Zielgruppe: die Mitglieder der ADC Funk-Jury. Personalberaterin Carola Wendt wandte sich mit einem extra produzierten und natürlich im Radio gelaufenen Spot direkt an ihre potenziellen Auftraggeber: hochkarätige Kreative in Führungspositionen. Im Spot beschwert sich ein Texter vehement bei der Jury, dass seine Funkspots nie etwas gewinnen und dass sich das gefälligst mal ändern soll.

Eine Off-Sprecherin kommentiert: Suchen Sie Texter, die auch mal neue Wege gehen, um ihr Ziel zu erreichen? Dann sprechen Sie jetzt mit Carola Wendt Personalberatung für Werber und Nachwuchs. Tel. 0 40-63 60 76 0. Und jetzt weiterhin viel Spaß beim ADC 2005. In der Jury gab es daraufhin eine große Diskussion, der Spot wurde als Promotion entlarvt und hatte so sein Ziel voll erreicht: Carola Wendt bei der Zielgruppe ins Gespräch zu bringen.

Kommunikationsmittel:
Ein Funkspot, der seine ganze Wirkung erst in der ADC Jury 2005 entfaltete und so zur Promotionaktion wurde.

CAROLA WENDT AKTION FUNK-JURY »MANUEL«
AUFTRAGGEBER @Carola Wendt GmbH **AGENTUR** weigertpirouzwolf Werbeagentur GmbH
CREATIVE DIRECTION Kay Eichner, Michael Reissinger **KUNDENBERATUNG** Christian Laur **FUNKPRODUKTION** Hastings Audio Network
REGIE Dennis Gunske **SPRECHER** Manuel Kruck **TEXT** Manuel Kruck **TONMEISTER** Dennis Gunske

VERKAUFSFÖRDERUNG **AUSZEICHNUNG** 219

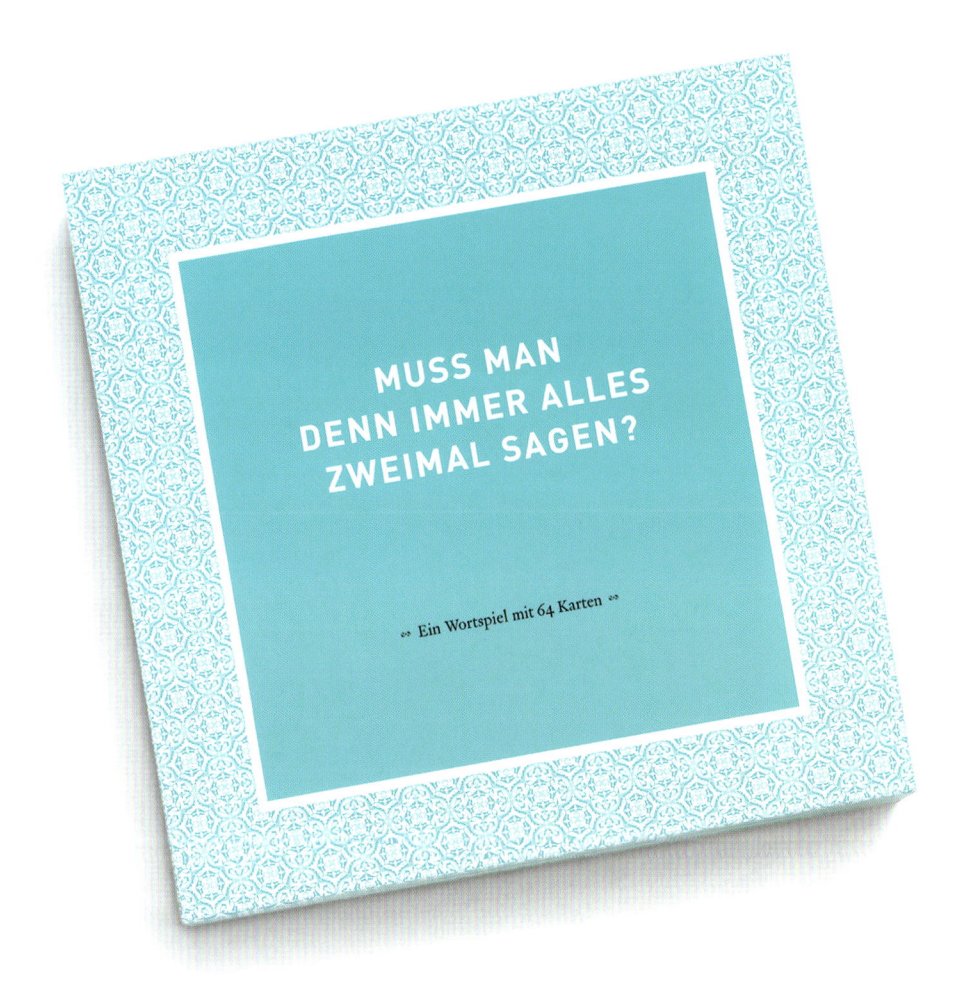

Mit einem ungewöhnlichen Wortspiel stellt sich das freie KreativTeam Himmelspach & Riebenbauer bei neuen Agenturen vor. Im Gegensatz zum klassischen Memory werden bei »MUSS MAN DENN IMMER ALLES ZWEIMAL SAGEN?« keine Bild-, sondern Wortpaare wie Cous-Cous, Mau-Mau, Chow-Chow oder Duran-Duran gebildet.

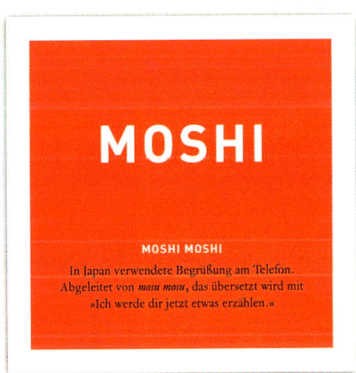

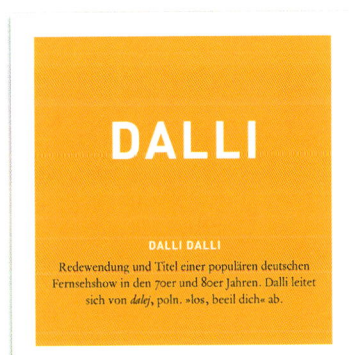

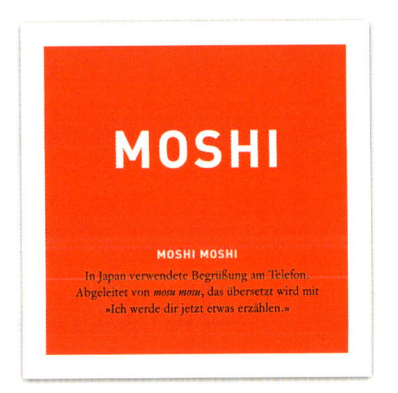

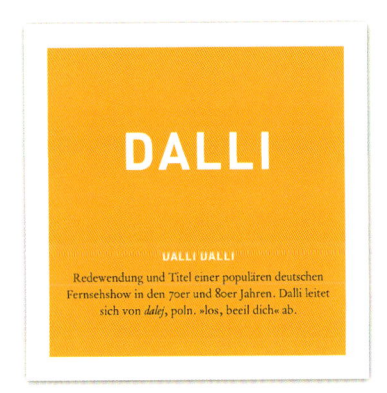

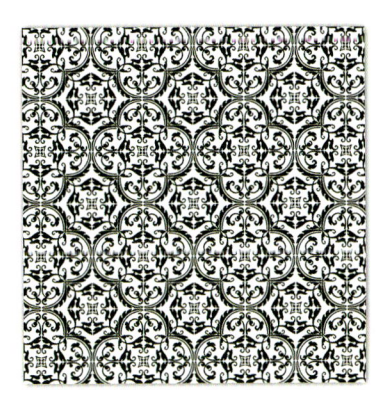

CHRISTIAN HIMMELSPACH, FRANZ RIEBENBAUER MAILING »MUSS MAN DENN IMMER ALLES ZWEIMAL SAGEN?«
AUFTRAGGEBER Himmelspach & Riebenbauer **AGENTUR** Himmelspach & Riebenbauer **CREATIVE DIRECTION** Christian Himmelspach, Franz Riebenbauer
ART DIRECTION Franz Riebenbauer **KUNDENBERATUNG** Caro Frank **DESIGN** Franz Riebenbauer **KONZEPT** Christian Himmelspach, Franz Riebenbauer
TEXT Christian Himmelspach

Acht Tage saß Stuntmann Stefan Kaufmann in 25 Metern Höhe direkt gegenüber der Gedächtniskirche auf einem Flachbildschirm. So brachte er es zum Stadtgespräch und hunderttausende Berliner und Messebesucher zum Staunen.

MEDIA MARKT RIESENPOSTER/AKTION »WELTREKORD-IM-FLACHBILDSCHIRM-FÜR-1777-EURO-SITZEN«
AUFTRAGGEBER Media Markt Management GmbH, Ingolstadt **AGENTUR** kempertrautmann gmbh **ART DIRECTION** Florian Kitzing
KUNDENBERATUNG Boris Malvinsky, Ann-Katrin Schelkmann **DESIGN** Tim Belser **PRODUKTION** AF-FIX Werbegesellschaft mbH **TEXT** Lennart Witting

In mehreren deutschen Städten wiesen stille Straßenmusiker auf Musicload als Bezugsquelle für Musik hin. Ein ungewohntes Bild: Wochenende in einer deutschen Stadt und in der Fußgängerzone musizieren und singen ein paar Straßenmusiker. Jedoch geben diese Straßenmusiker dabei keinen einzigen Laut von sich. Schilder auf dem Rücken der Musiker gaben die Auflösung für dieses ungewöhnliche Schauspiel: Musik gibt's bei musicload.

MUSICLOAD AKTION »KEINE STRASSENMUSIK«
AUFTRAGGEBER T-Online International AG **MARKETINGLEITUNG** Burkhard Graßmann **WERBELEITUNG** Susanne Peter, Marc-Matthias Bökle
AGENTUR Kolle Rebbe Werbeagentur GmbH **CREATIVE DIRECTION** Christoph Hildebrand, Sven Klohk **ART DIRECTION** Kerstin Berk
KUNDENBERATUNG Joko Schulte **STRATEGISCHE PLANUNG** Dominic Veken **TEXT** Sebastian Oehme

222 VERKAUFSFÖRDERUNG **AUSZEICHNUNG**

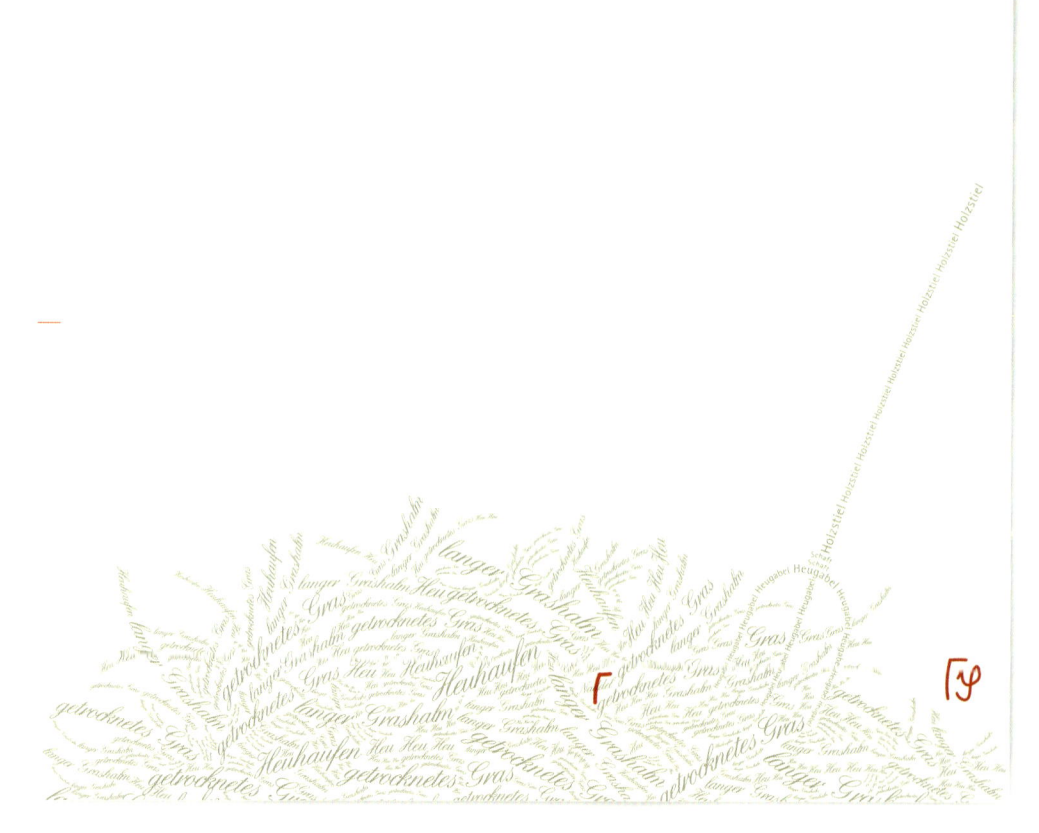

Werbung wollen, aber kein Geld dafür haben? Das Lektorat Karen am Ende nutzt das eigene Briefpapier. So ist jede Rechnung und jeder Brief gleichzeitig ein Mailing, das die Zielgruppe optisch anspricht und den Wert eines Lektorats belegt.

Zusätzlich erhielt diese Arbeit eine Auszeichnung in der Kategorie Grafische Einzelarbeiten auf Seite 441. Dort wird ein weiteres Motiv gezeigt.

KAREN AM ENDE LEKTORAT BRIEFPAPIER »FINDE DEN FEHLER«
AUFTRAGGEBER Karen am Ende   **AGENTUR** Jung von Matt AG   **CREATIVE DIRECTION** Deneke von Weltzien   **ART DIRECTION** Christian Kroll
KUNDENBERATUNG Julia Klug, Larissa Hinz   **GRAFIK** Christoph Lehmann   **TEXT** Peter Gocht

Der erste Hörtest zum Sehen. In Anlehnung an den medizinischen Sehtest platziert das Forum Besser Hören eine Schautafel, die alltägliche Geräusche von laut bis leise visualisiert. Das unliebsame Thema Hörtest gewinnt so an Sympathie, zugleich liefert diese Form der Darstellung ein relevantes Statement: Wer schlecht hört, verzichtet auf ein gutes Stück Alltag.

Dezibel		Dezibel
110 dB		110 dB
100 dB		95 dB
85 dB		75 dB
65 dB		50 dB
40 dB		30 dB

Machen Sie den Hörtest.

FORUM BESSER HÖREN

FORUM BESSER HÖREN PLAKAT »OPTISCHER HÖRTEST«
AUFTRAGGEBER Vereinigung der Hörgeräte-Industrie   **MARKETINGLEITUNG** Inge Steinl
AGENTUR Jung von Matt AG   **CREATIVE DIRECTION** Michael Pfeiffer-Belli, Oliver Handlos   **ART DIRECTION** Michael Janke
KUNDENBERATUNG Maik Richter, Sergej Müller, Henning Gerstner   **ART BUYING** Hülya Corty
GRAFIK Annett Hofmann, Estève Despond   **POST PRODUCTION** PX1   **PRODUKTION** Andreas Reinhardt   **TEXT** Michael Häussler

224 **VERKAUFSFÖRDERUNG** **AUSZEICHNUNG**

Wie gut Trucker in den neuen Komfort-Betten im Actros schlafen, war für Besucher des Truck Grand Prix nicht zu überhören. Aus fünf Fahrerhauskabinen dröhnte lautes Schnarchen – der beste Beweis für die komfortablen Betten im Actros.

MERCEDES-BENZ ACTROS PROMOTION »SCHNARCHENDES FAHRERHAUS«
AUFTRAGGEBER DaimlerChrysler AG, DCVD   **MARKETINGLEITUNG** Jochen Sengpiehl   **WERBELEITUNG** Claudia Schöttle, Sascha Thieme   **AGENTUR** Scholz & Friends
CREATIVE DIRECTION Matthias Schmidt, Julia Schmidt   **ART DIRECTION** Tim Stübane   **KUNDENBERATUNG** Stefanie Wurst, Thomas Caprano, Eva Scholze, Susi Schulz
FUNKPRODUKTION Studio Funk Berlin   **AGENTUR PRODUCER** Anke Landmark   **TEXT** Birgit van den Valentyn

HLX ist nichts zu billig: Anstatt die ansonsten wunderhübschen und gestalterisch einwandfreien Kalender von 1983 einfach wegzuwerfen, entdeckt HLX, dass sie auf den Tag genau mit denen von 2005 übereinstimmen – und verwendet sie einfach noch mal! So hat HLX mal wieder am richtigen Ende gespart.

Zusätzlich erhielt diese Arbeit eine Auszeichnung in der Kategorie Kalender auf Seite 157.

HLX KALENDER »HLX SPARLENDER«
AUFTRAGGEBER Hapag-Lloyd Express GmbH   **MARKETINGLEITUNG** Theresa Rasche   **AGENTUR** Scholz & Friends
CREATIVE DIRECTION Matthias Spaetgens, Jan Leube   **ART DIRECTION** Johannes Hicks   **KUNDENBERATUNG** Katrin Seegers, Wolfgang Schlutter, Vera Hofmann
TEXT Stuart Kummer, Lars Baldermann, Georg Klein

226 VERKAUFSFÖRDERUNG AUSZEICHNUNG

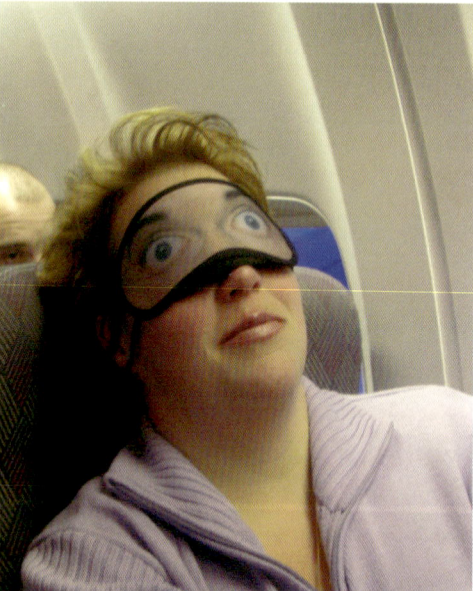

Im Rahmen einer Promotion haben wir diese spezielle Schlafbrille auf Flügen von und nach Deutschland verteilt. Die Brille demonstriert anschaulich den K-fee-Effekt: »K-fee. So wach warst du noch nie.«

K-FEE AKTION »SCHLAFBRILLE«
AUFTRAGGEBER K-fee AG **MARKETINGLEITUNG** Richard Radtke, Hubertus Sprungala **WERBELEITUNG** Wolf H. Lange **AGENTUR** Jung von Matt AG
CREATIVE DIRECTION Deneke von Weltzien, Oliver Voss **ART DIRECTION** Tim Schierwater **FOTOGRAFIE** Ralph Hargarten **GRAFIK** Anke Borchers, Gero von Gersdorff
PRODUKTION Malte Rehde **TEXT** Sebastian Behrendt

VERKAUFSFÖRDERUNG AUSZEICHNUNG 227

Um zu zeigen, dass die Flamme eines TOKAI Feuerzeugs besonders leistungsstark ist, wurde der Passagierkorb eines Heißluftballons so umgestaltet, dass er wie ein TOKAI Feuerzeug aussah. Beim Aufsteigen des Heißluftballons hatte es den Anschein, dass die Flamme, die den Ballon antreibt, aus dem TOKAI Feuerzeug kam.

TOKAI FEUERZEUGE PROMOTION »HEISSLUFT«
AUFTRAGGEBER Tokai Deutschland **MARKETINGLEITUNG** Hanno Bertling (Director), Karsten Henow (Assistant) **WERBELEITUNG** Karsten Henow
AGENTUR Publicis Frankfurt GmbH **CREATIVE DIRECTION** Claudia Willvonseder **ART DIRECTION** Nico Jünger **KUNDENBERATUNG** Daniel Dormeyer, Volker Selle
FOTOGRAFIE Johannes Krezslack **ART BUYING** Constanze Rudorf **TEXT** Konstantinos Manikas

228 VERKAUFSFÖRDERUNG AUSZEICHNUNG

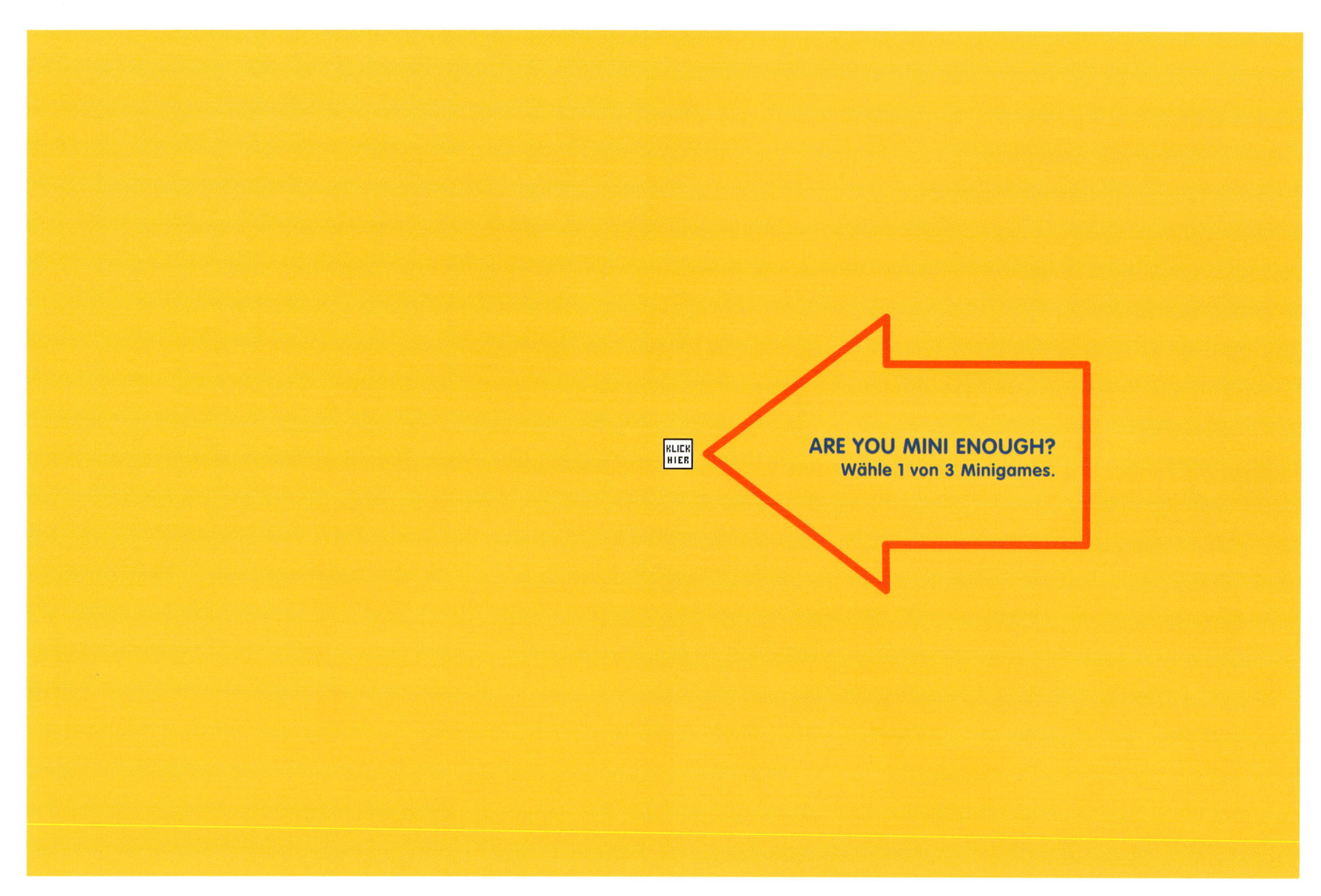

ARE YOU MINI ENOUGH?
Wähle 1 von 3 Minigames.

KLICK HIER

Drei Klassiker der Computerspiel-Geschichte.
Eine Spielfläche von 18 auf 18 Pixel. Die größte Herausforderung auf der kleinsten Homepage der Welt. Diejenigen, die die Klassiker »Pong«, »Space Invaders« oder »Break Out« in der kleinsten bestehenden Version im Internet erfolgreich meisterten, waren wirklich »mini enough« für Leibniz Minis. Unter den erfolgreichen Teilnehmern wurden Leibniz-Minis-Starter-Pakete verlost.

LEIBNIZ MINIS ONLINEPROMOTION »ARE YOU MINI ENOUGH?«
AUFTRAGGEBER Bahlsen GmbH & Co KG **MARKETINGLEITUNG** Marko Lange, Tilman Heitbrink **AGENTUR** Kolle Rebbe Werbeagentur GmbH
CREATIVE DIRECTION Sven Klohk, Christoph Hildebrand **ART DIRECTION** Andreas Krallmann **KUNDENBERATUNG** Merle Schmidmeier, Inga Bestehorn
TECHNISCHE LEITUNG Tobias Böhning **TEXT** Sebastian Oehme

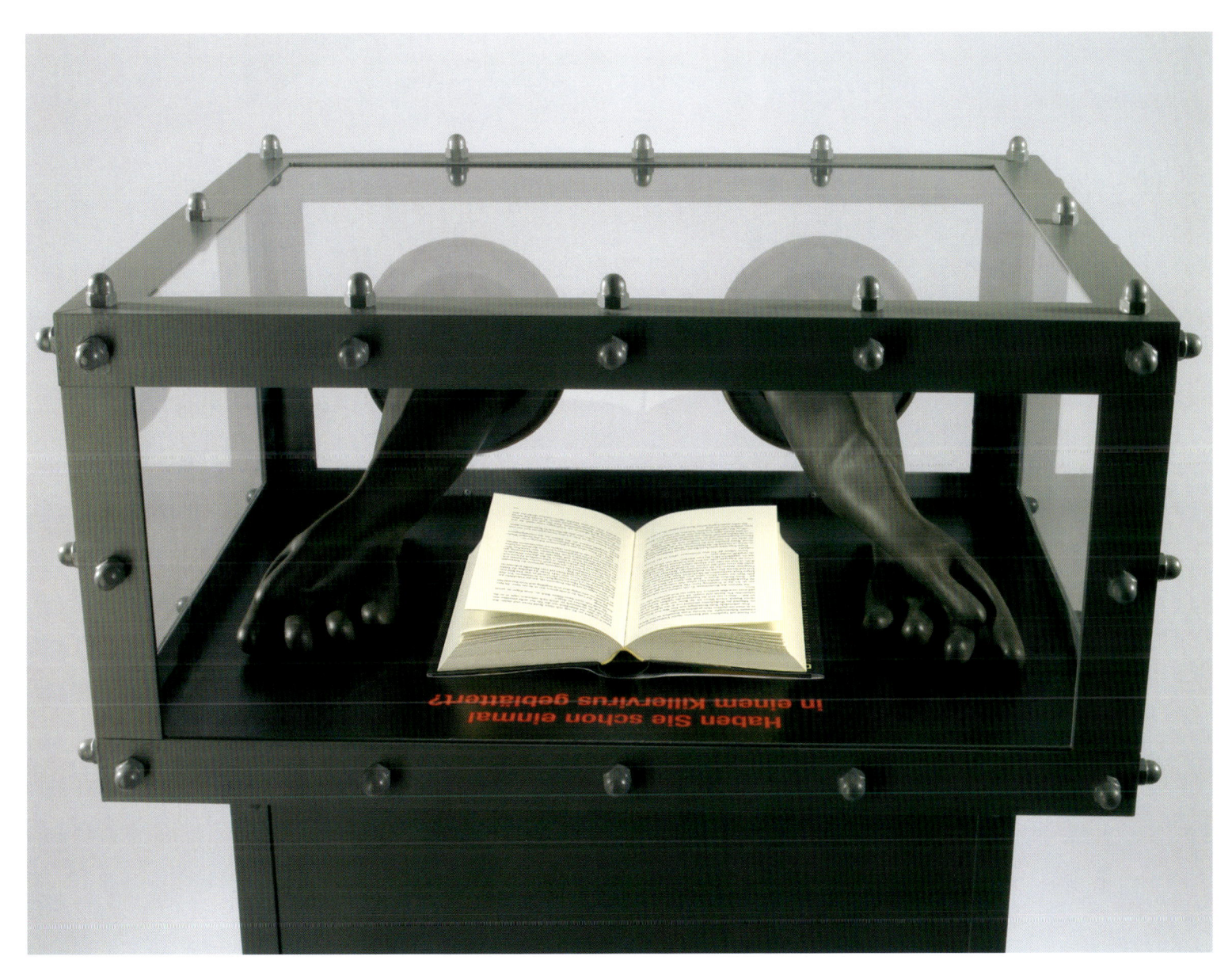

Vorsicht ansteckend! Der neue Thriller von Ken Follett handelt von einem Killervirus. Damit eine Leseprobe in Buchhandlungen und auf Messen nicht tödlich endet, liegt der ansteckende Lesestoff in einem Quarantäne-Kasten. Und selbst die Bücher unter dem Kasten sind sicher verwahrt – eingeschweißt in einer Schutzhülle mit Warnhinweis.

POS-DISPLAY FÜR KEN FOLLETTS EISFIEBER »QUARANTÄNE-KASTEN«
AUFTRAGGEBER Verlagsgruppe Lübbe GmbH & Co. KG **MARKETINGLEITUNG** Gregor Möller **WERBELEITUNG** Brigitte Bäth (Produktmanagement)
AGENTUR Serviceplan Zweite Werbeagentur GmbH **CREATIVE DIRECTION** Ekkehard Frenkler **ART DIRECTION** Ekkehard Frenkler, Michaela Gressbach, Sybille Stempel
KUNDENBERATUNG Melanie Stagg **PRODUCER** Hayo Ross (Display-Bau) **TEXT** Christine Deinhart

TUI möchte auch im Business-to-Business-Geschäft Lust auf Urlaub machen. Deshalb wurde die Marketingabteilung mit individuellen Visitenkarten ausgestattet. Jeder Mitarbeiter weckt jetzt Urlaubswünsche. Mit seiner eigenen, schönen Visitenpostkarte.

Zusätzlich erhielt diese Arbeit eine Auszeichnung in der Kategorie Grafische Einzelarbeiten auf Seite 439.

TUI MAILING »VISITENKARTEN«
AUFTRAGGEBER TUI Deutschland **MARKETINGLEITUNG** Andreas Faahs **WERBELEITUNG** Nils Behrens
AGENTUR Jung von Matt AG **CREATIVE DIRECTION** Deneke von Weltzien, Thimoteus Wagner **ART DIRECTION** Mirjam Heinemann
KUNDENBERATUNG Julia Klug, Larissa Hinz **GRAFIK** Claudia Trippel, Katja Koggelmann **TEXT** Philipp Barth

Globus ist eine große Supermarktkette in Süddeutschland. Und das ist ein klassischer Schweinebauch TZ-Beileger, wie er uns tagtäglich entgegenpurzelt – mit einer nicht ganz so alltäglichen Idee.

Zusätzlich erhielt diese Arbeit Bronze in der Kategorie Tageszeitungsanzeigen auf Seite 108/109.

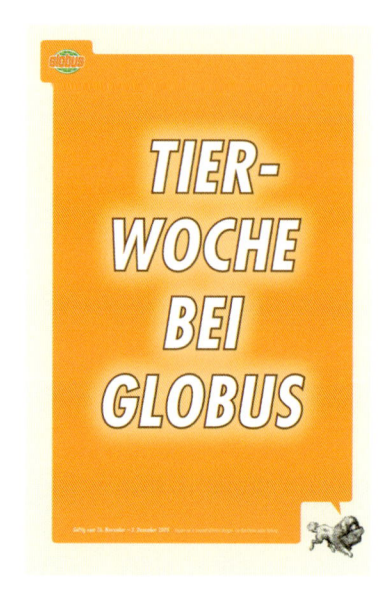

GLOBUS SB WARENHAUS TZ-BEILEGER »TIERWOCHE«
AUFTRAGGEBER Globus SB Warenhaus Holding GmbH & Co. KG **MARKETINGLEITUNG** Stefan Magel
AGENTUR Ogilvy **CREATIVE DIRECTION** Christian Mommertz, Dr. Stephan Vogel **ART DIRECTION** Christian Mommertz
KUNDENBERATUNG Holger Wohlfarth **FOTOGRAFIE** Stockmaterial **ART BUYING** Christina Hufgard
GRAFIK Nicole Hofer **TEXT** Dr. Stephan Vogel, Christian Mommertz

Mit dem Footbook wurde das dem Barfuß-Laufen nahe Schuh-Konzept NIKE Free bei Opinion-Leadern vorgestellt. Also Menschen, die gemeinhin weniger geleistet haben als eine bei QVC bestellte Saftpresse, sich aber allgemeiner Beliebtheit erfreuen. Da muss so ein Mailing natürlich was hermachen, also wurde ein limitiertes, fein gebundenes Buch herausgebracht, das sich dem Barfuß-Laufen samt den Füßen widmete. Normalos bekamen nur eine abgespeckte Beileger-Version.

Zusätzlich erhielt diese Arbeit eine Auszeichnung in der Kategorie Informationsmedien auf Seite 395.

NIKE FREE BUCH »FOOTBOOK«
AUFTRAGGEBER NIKE Deutschland GmbH   **MARKETINGLEITUNG** Oliver Eckart   **AGENTUR** HEIMAT, Berlin
CREATIVE DIRECTION Guido Heffels, Jürgen Vossen   **ART DIRECTION** Marc Wientzek, Oliver Schneider, Tim Schneider, Jürgen Vossen
KUNDENBERATUNG Caroline Theissen, Frank Ricken   **STRATEGISCHE PLANUNG** HEIMAT, Berlin
FOTOGRAFIE Matthias von Bechtolsheim (Titel), Stockmaterial, Nike Archive   **ILLUSTRATION** Ole Bahrmann, Oliver Schneider, Armand Lidtke   **AGENTUR PRODUCER** Carola Storto   **BILDBEARBEITUNG** PX1   **BILDREDAKTION** Carola Storto
CHEFREDAKTION Oliver Eckart   **DESIGN** Oliver Schneider, Armand Lidtke, Marc Wientzek, Joachim Zeh, Wieden+Kennedy Amsterdam   **DESIGNBÜRO** La Manana   **GRAFIK** Oliver Schneider, Armand Lidtke, Joachim Zeh
PROJEKTMANAGER Carola Storto   **REDAKTION** Matthias von Bechtolsheim, Guido Heffels   **TEXT** Guido Heffels
TYPOGRAFIE Oliver Schneider, Armand Lidtke

Gewalt existiert überall. Darum kann man ihr auch überall begegnen. Wir gehen dorthin, wo die Angst den Frauen im Nacken sitzt – ins Parkhaus, zum finsteren Fahrstuhl, in öffentliche Toiletten. Hier zeigen wir, wie leicht es ist, sich zu verteidigen. Ohne viel Kraft. Dafür aber nach allen grundlegenden Regeln der Kampfkunst.

Zusätzlich erhielt diese Arbeit Bronze in der Kategorie Plakate und Poster (Indoor & Outdoor) auf Seite 124/125.

SHURI-RYU SELBSTVERTEIDIGUNG FÜR FRAUEN PROMOTION
»SELBSTVERTEIDIGUNG NACH ALLEN REGELN«
AUFTRAGGEBER Shuri-Ryu Berlin   **MARKETINGLEITUNG** Lydia Lang   **AGENTUR** TBWA\ Deutschland
CREATIVE DIRECTION Kai Röffen, Knut Burgdorf   **ART DIRECTION** Boris Grunwald, Andreas Hinsenkamp   **KUNDENBERATUNG** Sven Reuter   **ILLUSTRATION** Tim Moeller
AGENTUR PRODUCER Philipp Thywissen   **TEXT** Dirk Wilkesmann

MEDIA

DIE KATEGORIE MEDIA WIRD UNTERSTÜTZT VON

fachverband ambientmedia

w
avor

234 MEDIA GOLD

HLX TV-SPOT-KAMPAGNE »DIE PARTEIEN ZUR WAHL«
AUFTRAGGEBER Hapag-Lloyd Express GmbH **MARKETINGLEITUNG** Theresa Rasche **AGENTUR** Scholz & Friends/Titanic Verlag GmbH & Co. KG
CREATIVE DIRECTION Jan Leube, Martin Pross, Matthias Spaetgens, Sebastian Turner **ART DIRECTION** Johannes Hicks
KUNDENBERATUNG Katrin Seegers, Wolfgang Schlutter, Vera Hofmann **FILMPRODUKTION** cine plus Media Service GmbH & Co. KG **KAMERA** Sascha Löw
REGIE Matthias Spaetgens **SCHNITT** Cornelis Harder, Valeska Peters **TEXT** Martin Sonneborn, Riza A. Coertlen, Stuart Kummer, Lars Baldermann

HLX kauft die Wahlwerbe-Sendezeit der Partei »Die Partei« vom Satiremagazin Titanic. Anlässlich der Debatte über Schleichwerbung in ARD und ZDF gießt HLX Öl ins Feuer und lässt den »Partei«-Vorsitzenden Martin Sonneborn vor überquellendem HLX-Hintergrund nur eines machen: Schleichwerbung! So platziert sich HLX zum Spottpreis in der besten Sendezeit – und kommt wie immer billig davon.

Zusätzlich erhielten diese Spots Silber in der Kategorie Filme für Verkaufsförderung auf Seite 301.

236 MEDIA BRONZE

Für den Umzug des Frankfurter Literaturhauses wurde der 3,5 km lange »Freiluftroman« installiert, der das alte mit dem neuen Literaturhaus verband. Die Installation wurde quer durch die Stadt zwischen Bäumen, Laternen und Ständern gespannt. Das wetterfeste Band wurde durch Umzugsschilder unterbrochen und so zur 3,5 km langen »Umzugsabsperrung«. Der »Freiluftroman« wurde auf Anschlag geschrieben und endete direkt vor der Tür des neuen Literaturhauses.

Zusätzlich erhielt diese Arbeit eine Auszeichnung in der Kategorie Kommunikation im Raum auf Seite 477.

LITERATURHAUS FRANKFURT INSTALLATION »FREILUFTROMAN«
AUFTRAGGEBER Literaturhaus Frankfurt **MARKETINGLEITUNG** Dr. Maria Gazzetti, Susanne Gumbmann **WERBELEITUNG** Silke Hartmann
AGENTUR Standard Rad./Gregor Aigner **CREATIVE DIRECTION** Gregor Aigner **KUNDENBERATUNG** Kerstin Amend **GRAFIK** Standard Rad. **IDEE** Gregor Aigner
KONZEPT Gregor Aigner **TECHNISCHE INSTALLATION** Jörg Spamer, Standard Rad./Gregor Aigner, Literaturhaus Frankfurt **TEXT** Gregor Aigner

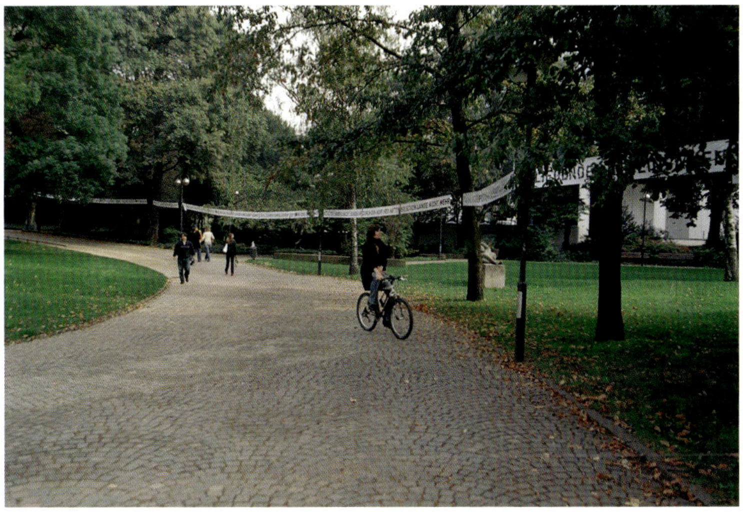

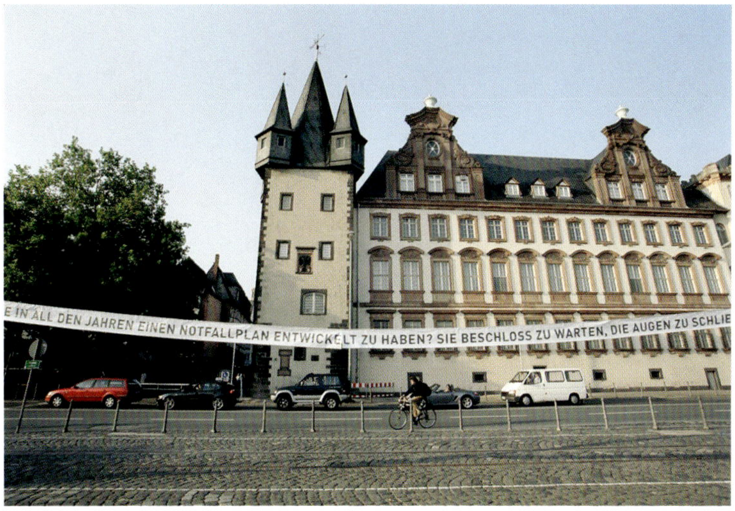

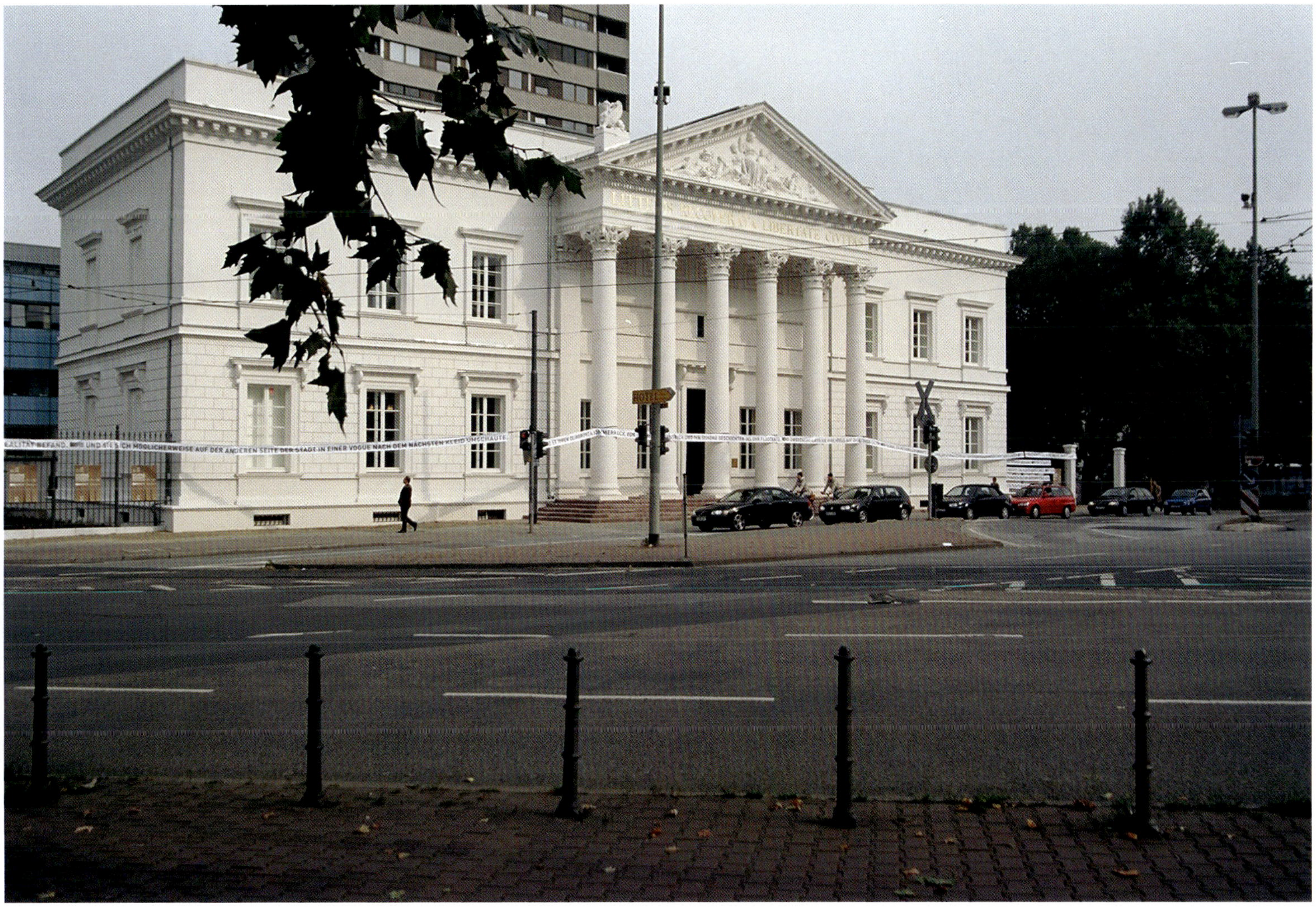

MEDIA BRONZE

**LILIPUT POWER 4 ANZEIGE
»BITTE FREIRUBBELN«**

AUFTRAGGEBER
AEG Hausgeräte GmbH
MARKETINGLEITUNG
Martin Thielmann
AGENTUR
BBDO Campaign GmbH Düsseldorf
CREATIVE DIRECTION
Carsten Bolk
ART DIRECTION
Jörg Sachtleben, Concetta Milione
KUNDENBERATUNG
Antje Rehse, Liselotte Schwenkert
FOTOGRAFIE
Oliver Lippert
ART BUYING
Birgit Paulat
TEXT
Marco Obermann

Die Anzeige ist komplett mit einer »Rubbelschicht« überzogen. Durch das Freirubbeln wird der Konsument mit einem typischen Haushaltsproblem konfrontiert: Krümel. Zugleich wird ihm auf der freigerubbelten Fläche aber auch die Problemlösung präsentiert: Der AEG Electrolux Handstaubsauger verbunden mit der Frage »Wie wär's jetzt hiermit?«

Bitte freirubbeln.

Wie wär's jetzt hiermit?

AEG
PERFEKT IN FORM UND FUNKTION Electrolux

240　MEDIA　AUSZEICHNUNG

Erstmals griff Sixt am Flughafen Köln direkt in die Architektur ein, um die Aussage zu unterstützen:
Nicht vergessen, Sixt ist günstig.

SIXT RENT A CAR INSTALLATION »KNOTEN«
AUFTRAGGEBER Sixt GmbH & Co. Autovermietung KG   **MARKETINGLEITUNG** Yvonne Gerlach   **AGENTUR** Jung von Matt AG
CREATIVE DIRECTION Wolf Heumann, Matthias Rauschen, Timm Hanebeck   **ART DIRECTION** Martin Besl   **KUNDENBERATUNG** Daniela Braun, Janet Tischer
AGENTUR PRODUCER Jörg Mergemeier   **GRAFIK** Vanessa Rabea Schrooten   **MESSEBAU** Display Modellbau Küppers
PRODUKTION Onnen & Klein Reproduktion   **TEXT** Silke Lisek

Wir zeigen Business-Travellern, wo sie richtig gut Golf spielen können.
Die Flugzeug-Sonnenblenden sind mit einem fliegenden Golfball bedruckt und verweisen
auf die Golfplätze der Robinson Clubs.

ROBINSON CLUB GOLF URLAUB PROMOTION »GOLFBALL, FLUGZEUG, SONNENBLENDE«
AUFTRAGGEBER Robinson Club GmbH   **MARKETINGLEITUNG** Klaus Gengenbach   **WERBELEITUNG** Ralf Raphael   **AGENTUR** Scholz & Friends
CREATIVE DIRECTION Stefan Setzkorn, Silke Schneider, Gunnar Loeser   **ART DIRECTION** Katja Eichbaum, Christian Döring
KUNDENBERATUNG Frank-Michael Trau, Corina Berthold, Tina Kupka   **ART BUYING** Chantal Mene   **BILDBEARBEITUNG** Metagate GmbH, Hamburg

Der gesamte Durchgang vom Hamburger Rathaus zum Jungfernstieg wurde zum BILD-Werbeträger: über 30 Plakate und CLPs mit demselben Text: »Hier steht nichts Wichtiges.« Ohne einen erkennbaren Absender! Nur einige wenige davon im Layout der BILD-Werbung, die auflösen: »Wichtiges steht hier.«

BILD PLAKATKAMPAGNE »WICHTIGES STEHT HIER«

AUFTRAGGEBER Axel Springer AG   **MARKETINGLEITUNG** Karin Hilbert   **WERBELEITUNG** Tanja Hackner   **AGENTUR** Jung von Matt AG
CREATIVE DIRECTION Hans Weishäupl, Willy Kaussen, Oliver Voss   **KUNDENBERATUNG** Julia Krömker, Andrea Iser, Birthe Kraeße   **GRAFIK** Roland Heß, Hi-Sha Chan
TEXT Christian Fritsche

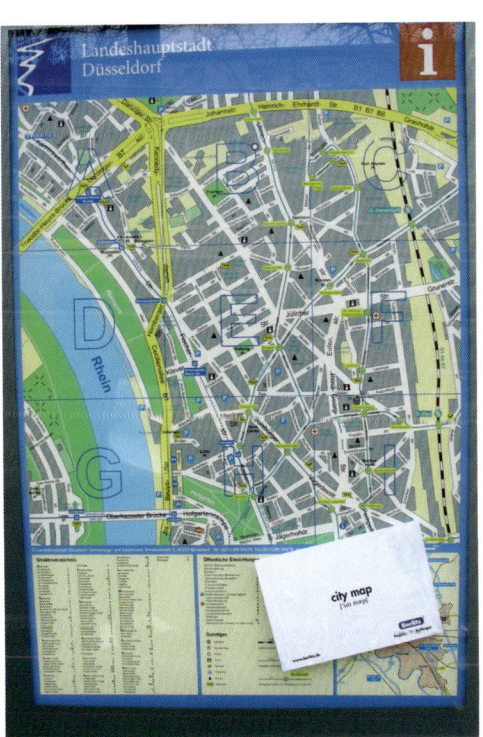

Alle, die eine Sprache lernen wollen, sollten davon überzeugt werden, dass Berlitz die praxisnaheste Sprachschule in Deutschland ist. Um dies zu beweisen, haben wir schlicht und ergreifend Namen von öffentlichen Objekten übersetzt. Und zwar mit Hilfe von Plakaten, die wir auf das jeweilige Objekt vor Ort geklebt haben.

BERLITZ DEUTSCHLAND GMBH »BERLITZ STADTPLAKATE«
AUFTRAGGEBER Berlitz Deutschland GmbH   **MARKETINGLEITUNG** Rita Pauls   **AGENTUR** DDB Düsseldorf GmbH   **CREATIVE DIRECTION** Amir Kassaei, Eric Schoeffler
ART DIRECTION Sachin Talwalkar, Christian Brenner   **FOTOGRAFIE** Christian Brenner   **TEXT** Tim Jacobs

Gutes Fleisch gehört in eine Edelstahl-Knusperpfanne von Fissler. Und dank des Fissler Metzgerei-Einwickelpapiers erfährt das nun auch jeder, der sich in der Metzgerei ein saftiges Steak einpacken lässt. Denn das Einwickelpapier zeigt auf der Innenseite das Bild einer Fissler-Pfanne, in der das gute Stück von Anfang an richtig liegt.

Abbinder:
Edelstahlpfannen von Fissler. Für besonders krosses Fleisch.

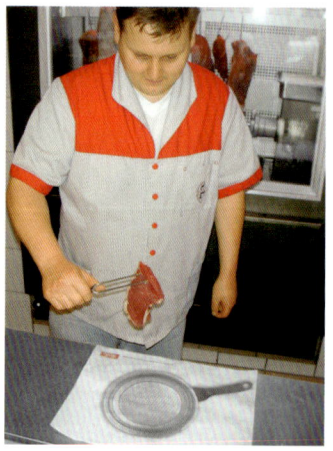

FISSLER EDELSTAHLPFANNEN PROMOTION »EINWICKELPAPIER«
AUFTRAGGEBER Fissler GmbH **WERBELEITUNG** A. Neumann, N. Haushahn, F. Krauthausen **AGENTUR** Leo Burnett Frankfurt **CREATIVE DIRECTION** Andreas Heinzel, Peter Steger
ART DIRECTION Claudia Böckler **KUNDENBERATUNG** Anke Knabe **FOTOGRAFIE** Ramona Heinze **AGENTUR PRODUCER** Thorsten Zeh **TEXT** Florian Kroeber

MEDIA **AUSZEICHNUNG** 245

Für die Dali-Ausstellung wirbt Dalis berühmtestes Kunstwerk: die zerfließende Uhr.
In Kooperation mit der Ströer Out-of-Home Media AG haben wir das Ziffernblatt öffentlicher Uhren gegen ein zerfließendes
Dali-Ziffernblatt ausgetauscht.

DALI AUSSTELLUNG PLAKAT »DALI-UHR«
AUFTRAGGEBER Profil Management   **AGENTUR** Jung von Matt AG   **CREATIVE DIRECTION** Deneke von Weltzien   **ART DIRECTION** Mirjam Heinemann
KUNDENBERATUNG Turan Tehrani, Dennis Schneider   **GRAFIK** Claudia Trippel   **TEXT** Philipp Barth

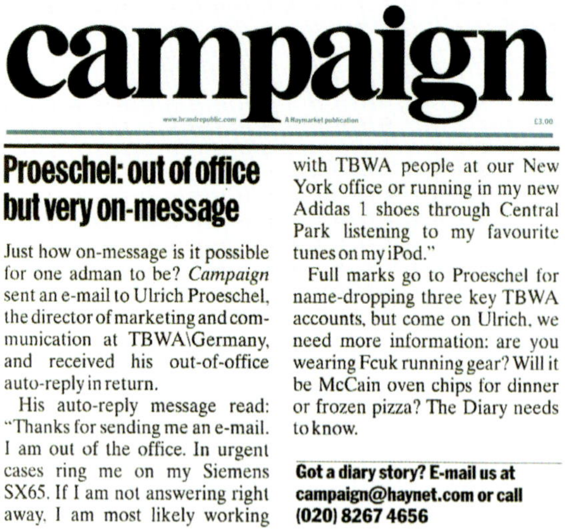

campaign

Proeschel: out of office but very on-message

Just how on-message is it possible for one adman to be? *Campaign* sent an e-mail to Ulrich Proeschel, the director of marketing and communication at TBWA\Germany, and received his out-of-office auto-reply in return.

His auto-reply message read: "Thanks for sending me an e-mail. I am out of the office. In urgent cases ring me on my Siemens SX65. If I am not answering right away, I am most likely working with TBWA people at our New York office or running in my new Adidas 1 shoes through Central Park listening to my favourite tunes on my iPod."

Full marks go to Proeschel for name-dropping three key TBWA accounts, but come on Ulrich, we need more information: are you wearing Fcuk running gear? Will it be McCain oven chips for dinner or frozen pizza? The Diary needs to know.

Got a diary story? E-mail us at campaign@haynet.com or call (020) 8267 4656

Out-of-Office-Replys sind normalerweise langweilige, maschinengenerierte Messages. Nein. Out-of-Office-Reply-Mails sind ein bisher ungenutztes Medium. Verschickt man kleine Geschichten, ergibt sich eine neue Plattform, um Aufmerksamkeit für die eigene Firma oder die betreuten Marken zu schaffen. Ganz nebenbei lässt man die Empfänger am eigenen Leben teilhaben und verbessert so die Beziehung.

(Back in the office on April 29, 2005)

Thank you for sending me an e-mail. I am out of the office until April 29, 2005.

In urgent cases ring me on my Siemens SX65 +49 172 80 98 116.

If I am not picking up immediately I am in a Disruption Workshop at the University of Pforzheim or I am playing soccer in my new adidas soccer gear with some students. Later today I will be checking my mails on my Apple PowerBook and I will get back to you.

Best regards

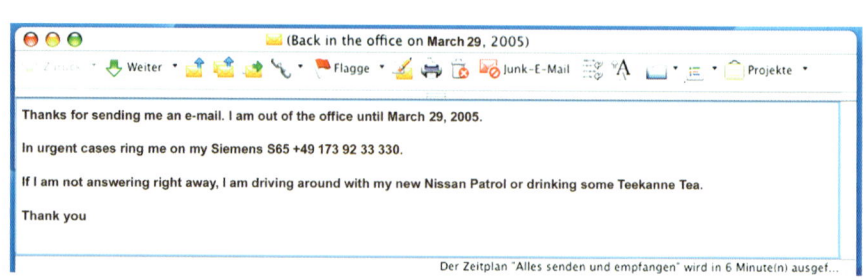

(Back in the office on March 29, 2005)

Thanks for sending me an e-mail. I am out of the office until March 29, 2005.

In urgent cases ring me on my Siemens S65 +49 173 92 33 330.

If I am not answering right away, I am driving around with my new Nissan Patrol or drinking some Teekanne Tea.

Thank you

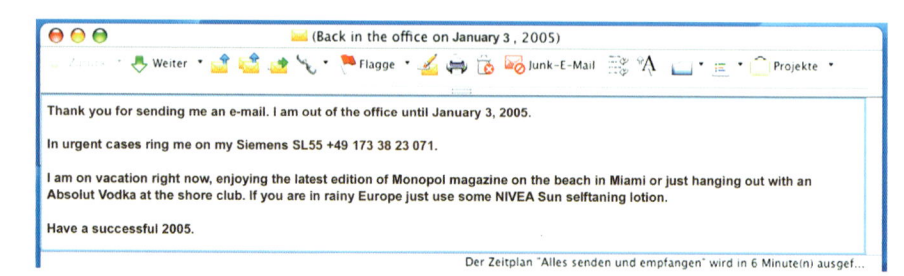

(Back in the office on January 3, 2005)

Thank you for sending me an e-mail. I am out of the office until January 3, 2005.

In urgent cases ring me on my Siemens SL55 +49 173 38 23 071.

I am on vacation right now, enjoying the latest edition of Monopol magazine on the beach in Miami or just hanging out with an Absolut Vodka at the shore club. If you are in rainy Europe just use some NIVEA Sun selftaning lotion.

Have a successful 2005.

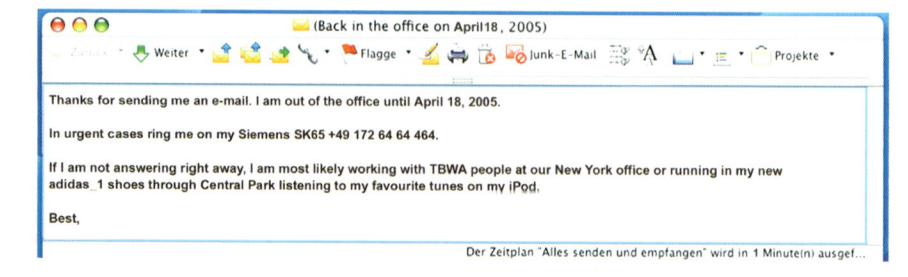

(Back in the office on April 18, 2005)

Thanks for sending me an e-mail. I am out of the office until April 18, 2005.

In urgent cases ring me on my Siemens SK65 +49 172 64 64 464.

If I am not answering right away, I am most likely working with TBWA people at our New York office or running in my new adidas_1 shoes through Central Park listening to my favourite tunes on my iPod.

Best,

Zusätzlich erhielt diese Arbeit eine Auszeichnung in der Kategorie Online Advertising auf Seite 375.

TBWA\DEUTSCHLAND E-MAILS »OUT-OF-OFFICE-REPLY«

AUFTRAGGEBER TBWA\Deutschland **MARKETINGLEITUNG** Ulrich Pröschel **AGENTUR** TBWA\Deutschland **CREATIVE DIRECTION** Stefan Schmidt, Kurt Georg Dieckert **IDEE** Stefan Schmidt **TEXT** jeder Mitarbeiter der TBWA\Deutschland

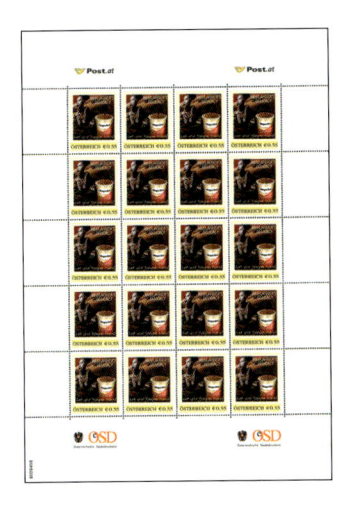

»Let your tongue travel« ist der Claim von Häagen-Dazs. Mit den schmeckenden Häagen-Dazs-Briefmarken kann man seinen Lieblingsgeschmack jetzt wirklich auf die Reise schicken. Die echten österreichischen Postwertzeichen schmecken je nach Motiv entweder nach Choc Choc Chip, Panna Cotta & Raspberry, Cookies & Cream, Macadamia Nut Brittle oder Strawberry Cheesecake. Sie gibt es als Treueprämie in den Häagen-Dazs Shops.

Zusätzlich erhielt diese Arbeit Silber in der Kategorie Verkaufsförderung auf Seite 204/205.

HÄAGEN-DAZS PROMOTION »GESCHMACKVOLLE BRIEFMARKEN«
AUFTRAGGEBER General Mills **MARKETINGLEITUNG** Stefan Feußner **AGENTUR** TBWA\Deutschland
CREATIVE DIRECTION Dietrich Zastrow **ART DIRECTION** Kirsten Frenz
KUNDENBERATUNG Janina Levy, Fabienne Nerlich **AGENTUR PRODUCER** Alexander Heldt **TEXT** Susanne Thomé

Spielzeugautos müssen so echt aussehen wie möglich. Deshalb hat TOYS»R«US in der Vorweihnachtszeit echte Feuerwehrautos, Bagger und Müllwagen mit überdimensionalen Preisschildern ausgestattet. Das Ergebnis: Von den kleineren Ausgaben, die sie hinterher unterm Weihnachtsbaum gefunden haben, waren die Kinder genauso begeistert wie von den großen.

Zusätzlich erhielt diese Arbeit Silber in der Kategorie Verkaufsförderung auf Seite 206/207.

TOYS«R«US WEIHNACHTSPROMOTION »REAL TOYS.«
AUFTRAGGEBER TOYS»R«US **MARKETINGLEITUNG** Helmut Hort **WERBELEITUNG** Liane Konnert **AGENTUR** Grey Worldwide GmbH
CREATIVE DIRECTION Florian Meimberg, Torsten Pollmann **ART DIRECTION** Florian Meimberg **KUNDENBERATUNG** Sandra Friedrich **BERATUNG** Sandra Lehrenfeld
BILDBEARBEITUNG Peter Engel `**IDEE** Claudia Meimberg, Florian Meimberg, Torsten Pollmann **KONZEPT** Claudia Meimberg, Florian Meimberg, Torsten Pollmann
MATERIALAUSWAHL UND HERSTELLUNGSKONTROLLE Marit Bischoff **TEXT** Claudia Meimberg, Torsten Pollmann

248 MEDIA

Ein Ort ist eine Zahl. Eine Zahl ist ein Ort. Das wurde in Köln eindrucksvoll sichtbar. Bodenaufkleber entlang der sonst unsichtbaren Postleitzahlengrenzen schafften hier Aufmerksamkeit für das neue Postleitzahlenbuch. Und machten so das nüchterne Zahlenwerk zum aufregenden Stadtgespräch.

Zusätzlich erhielt diese Kampagne Silber in der Kategorie Verkaufsförderung auf Seite 208/209 sowie eine Auszeichnung in der Kategorie Funk Spots auf Seite 327.

DEUTSCHE POST POSTLEITZAHLENBUCH AKTION »PLZ-GRENZEN«
AUFTRAGGEBER Deutsche Post AG   **MARKETINGLEITUNG** Stephan Dahm   **WERBELEITUNG** Dirk Behrend
AGENTUR BBDO Campaign GmbH Düsseldorf   **CREATIVE DIRECTION** Carsten Bolk   **ART DIRECTION** Jacques Pense, Marco Becker
KUNDENBERATUNG Frieder Kornbichler, Dirk Bittermann, Ulrike Heinecke   **FOTOGRAFIE** Svenson Linnert   **TEXT** Andreas Walter

Mit vollflächigen Aufklebern bieten wir einen überraschenden Einblick in Serviceautomaten und erzeugen eine »Ja, so fühl ich mich auch«-Reaktion. Wir haben speziell Automaten in U-Bahnhöfen und deren näherem Umfeld belegt. So sprechen wir gezielt Pendler an, die mit ihrem Job unzufrieden sind. Und zwar dann, wenn sie sich am meisten mit dem Thema auseinander setzen: auf dem Weg zur Arbeit.

Zusätzlich erhielt diese Arbeit Silber in der Kategorie Plakate und Poster (Indoor & Outdoor) auf Seite 120/121.

JOBSINTOWN.DE AUTOMATENAUFKLEBER »FALSCHER ARBEITSPLATZ«
AUFTRAGGEBER jobsintown.de   **AGENTUR** Scholz & Friends   **CREATIVE DIRECTION** Matthias Spaetgens, Jan Leube
ART DIRECTION David Fischer   **KUNDENBERATUNG** Katrin Seegers, Katrin Ploska   **FOTOGRAFIE** Hans Starck
AGENTUR PRODUCER Sören Gessat   **GRAFIK** Inga Schulze, Sara dos Santos Vieira   **TEXT** Axel Tischer

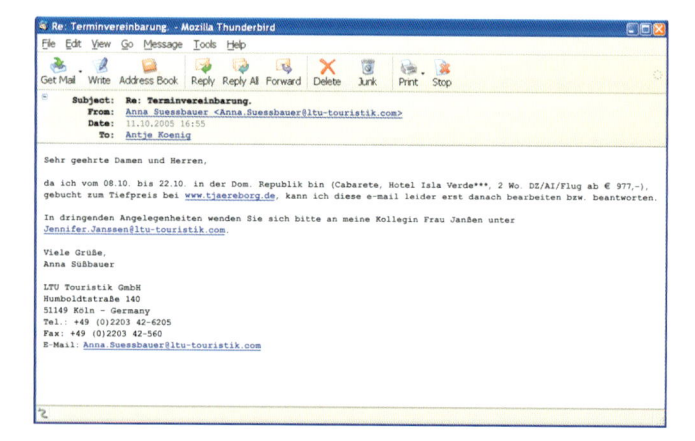

Jeder kennt sie: die automatische Abwesenheitsmail. REWE-Touristik nutzt diesen Mechanismus erstmals als Kommunikationstool. Wenn ein Mitarbeiter im Urlaub ist, wird auf eintreffende Mails automatisch eine Remail verschickt, die um ein aktuelles Angebot des Reiseveranstalters Tjaereborg ergänzt ist. So verbreiten sich Tjaereborg-Angebote fast von selbst bei privaten und geschäftlichen Kontakten.

Zusätzlich erhielt diese Arbeit Bronze in der Kategorie Verkaufsförderung auf Seite 212/213.

TJAEREBORG (LTU TOURISTIK) PROMOTION »ICH BIN IM URLAUB«
AUFTRAGGEBER Tjaereborg (LTU Touristik)   **WERBELEITUNG** Kai Willersinn   **AGENTUR** Jung von Matt AG
CREATIVE DIRECTION Alexander Stehle, Michael Preuss   **KUNDENBERATUNG** Anna Selter
STRATEGISCHE PLANUNG Daniel Adolph

Zusätzlich erhielt diese Arbeit Bronze in der Kategorie
Kommunikation im Raum auf Seite 466/467. Dort ist auch
eine Erläuterung zu dieser Installation zu finden.

JUNG VON MATT INSTALLATION »DAS HÄUFIGSTE WOHNZIMMER DEUTSCHLANDS, ÖSTERREICHS UND DER SCHWEIZ«
AUFTRAGGEBER Jung von Matt   **AGENTUR** Jung von Matt AG
STRATEGISCHE PLANUNG Karen Heumann, Mascha Sperling, Gordon Nemitz, Regula Fecker, Julia Peuckert
IDEE Karen Heumann   **KONZEPT** Karen Heumann, Julia Peuckert
MATERIALAUSWAHL UND HERSTELLUNGSKONTROLLE Ole Grönwoldt, Barbara Wernle, Paul Kozak
TECHNISCHE UMSETZUNG Ole Grönwoldt, Caroline Floh, Catharina Winding, Henning Müller-Dannhausen
TONMEISTER Tonstudio: Hastings Audio Network

Eine Plakatkampagne für NOAH. Menschen für Tiere.
Riesige Poster von lebensgroß abgebildeten Tieren
wurden brutal zusammengeknüllt und mit Gewalt in die
viel zu kleinen City-Light-Poster-Rahmen gequetscht. So
wurden aus den Plakaten quasi dreidimensionale
Skulpturen, eindrucksvolle Mahnmale, Metaphern für das
Leid von Wildtieren in Käfigen.

Zusätzlich erhielt diese Kampagne Bronze
in der Kategorie Plakate und Poster (Indoor & Outdoor)
auf Seite 128/129.

NOAH CLP-KAMPAGNE »KEIN KÄFIG IST GROSS GENUG«
AUFTRAGGEBER NOAH Menschen für Tiere e.V.   **MARKETINGLEITUNG** Christina Kunze
WERBELEITUNG Christina Kunze   **AGENTUR** Jung von Matt AG   **CREATIVE DIRECTION** Jan Rexhausen, Dörte Spengler-Ahrens
ART DIRECTION Jens Petter Waernes, Erik Dagnell   **KUNDENBERATUNG** Biljana Heric, Dennis Schneider, Turan Tehrani
ART BUYING Anika Fregin   **TEXT** Erik Dagnell, Jens Petter Waernes

250 TV-SPOTS
KINOWERBEFILME
FILME FÜR VERKAUFSFÖRDERUNG
TV ON-AIR-PROMOTION
MUSIKKOMPOSITIONEN/SOUND DESIGN
TV-DESIGN/KINO-DESIGN
FUNK SPOTS

DIE ARBEITEN DIESER KATEGORIE FINDEN SIE AUCH AUF DER DVD 251

nit

IPES

elle Medien

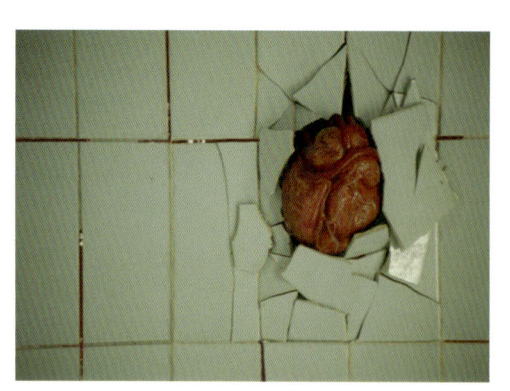

Wer beim Anblick seines DIY-Projekts nur an günstige Preise denkt, hat die Heimwerkerzunft nicht verstanden. In einem selbst gefliesten Pool, einem eigenhändig geschaffenen Garten steckt in erster Linie das Herzblut des Heimwerkers oder Gartenfreunds. Tja, und das fließt in diesem Spot quer durch alle Bereiche. Wie schön, wenn man die bei Hornbach obligatorischen Dauertiefpreise noch obendrauf bekommt.

Zusätzlich erhielt dieser Spot Silber in der Kategorie Kinowerbefilme auf Seite 296 sowie Bronze in Kategorie Musikkompositionen/Sound Design auf Seite 311.

HORNBACH BAU- UND GARTENMÄRKTE »HEARTBEATS«
AUFTRAGGEBER HORNBACH Baumarkt AG **MARKETINGLEITUNG** Jürgen Schröcker **WERBELEITUNG** Diana Weber **AGENTUR** HEIMAT, Berlin
CREATIVE DIRECTION Guido Heffels, Jürgen Vossen **ART DIRECTION** Tim Schneider, Carl Erik Rinsch **KUNDENBERATUNG** Yves Krämer, Barbara Widder
STRATEGISCHE PLANUNG HEIMAT, Berlin **FILMPRODUKTION** Markenfilm, Berlin **AGENTUR PRODUCER** Kerstin Breuer **BILDBEARBEITUNG** nhb studios, Berlin
COMPUTERANIMATION nhb studios, Berlin **EDITOR** Piet Schmelz **GRAFIK** Eva Bajer **KAMERA** Robby Müller **KONZEPT** HEIMAT, Berlin **MEDIA** Crossmedia
MUSIKKOMPOSITION Steve Patuta (Audioforce, Berlin) **POST PRODUCTION** nhb studios, Berlin **PRODUCER** Lutz Müller **REGIE** Carl Erik Rinsch (RSA)
SOUND DESIGN Audioforce, Berlin **SPRECHER** Caruso Sinclair **TECHNISCHE INSTALLATION** Lydia Montmar **TEXT** Till Eckel, Guido Heffels, Carl Erik Rinsch
TONMEISTER Thomas Süss

Nicht jeder weiß, dass die sichersten Autos aus Frankreich kommen. Darum wird im detailgetreuen Crashtest-Ambiente alles gegen die Wand gefahren, was Rang und Namen hat: Die bayerische Weißwurst wird zerfetzt, die japanische Sushi-Rolle zerstört und das schwedische Knäckebrot zersplittert. Nur das Baguette besteht den Test – der Hersteller mit den meisten Bestnoten im Euro-NCAP heißt Renault.

Zusätzlich erhielt dieser Spot Gold in der Kategorie Kinowerbefilme auf Seite 296.

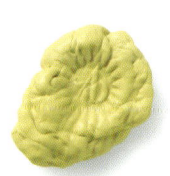

RENAULT SICHERHEIT »CRASHTEST«
AUFTRAGGEBER Renault Deutschland   **MARKETINGLEITUNG** Jörg-Alexander Ellhof (Marketing Kommunikation)   **WERBELEITUNG** Astrid Kauffmann
AGENTUR Nordpol+ Hamburg   **CREATIVE DIRECTION** Lars Rühmann   **ART DIRECTION** Gunther Schreiber   **KUNDENBERATUNG** Mathias Müller-Using, Niklas Franke
STRATEGISCHE PLANUNG Mathias Müller-Using   **FILMPRODUKTION** element e   **GRAFIK** Christoph Bielefeldt, Philipp Dörner, Bertrand Kirschenhofer
MEDIA Carat Hamburg   **PRODUCER** Jürgen Joppen   **PRODUKTION** element e   **REGIE** Silvio Helbig   **TEXT** Ingmar Bartels

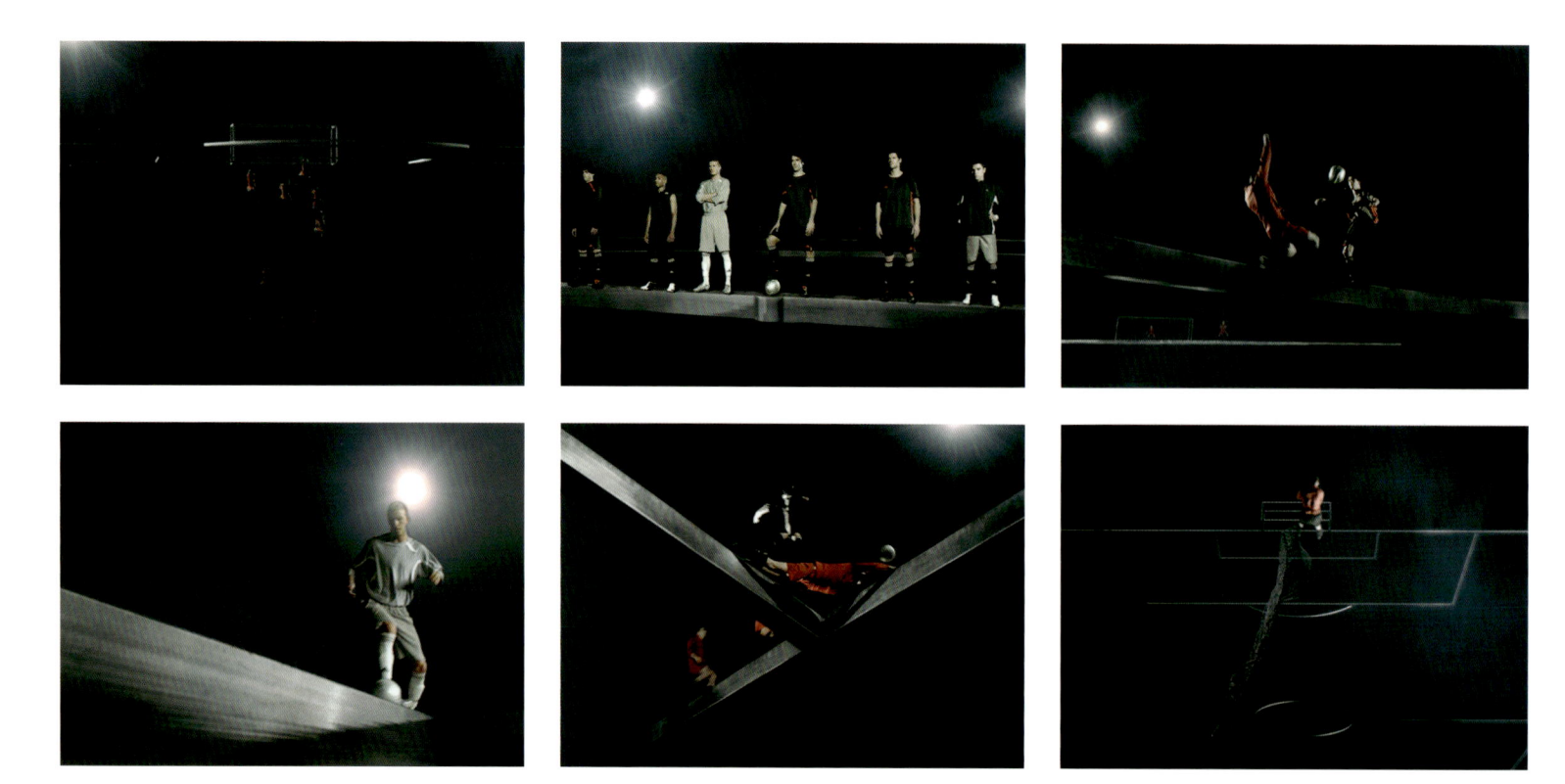

Wir sehen zwei Mannschaften, die um den Fußball kämpfen. Mit Präzision, Balance und Kraft sehen wir das adidas Team auf den schwebenden Linien eines Fußballfeldes agieren. Da sie nur auf den Linien laufen können, müssen die Spieler all ihr Können unter Beweis stellen und zeigen Tricks, die man noch nie gesehen hat. Die Gegenspieler des adidas Teams haben dem nichts entgegenzusetzen und stürzen teilweise in den Abgrund. Kaka bekommt den Ball und schießt ein Tor, das den Torwart der gegnerischen Mannschaft in den Abgrund stürzen lässt.

ADIDAS BRAND »IMPOSSIBLE FIELD«
AUFTRAGGEBER adidas International **MARKETINGLEITUNG** Uli Becker, Arthur Höld **WERBELEITUNG** Martina Jahrbacher **AGENTUR** 180 Amsterdam (180\TBWA)
CREATIVE DIRECTION Exec. CD: Andy Fackrell, Dean Maryon **ART DIRECTION** Dean Maryon **KUNDENBERATUNG** Dan Gibson, Mark Schermers
STRATEGISCHE PLANUNG Josh Mandel **FILMPRODUKTION** Kleinman Productions, London, Local Prod: Twentyfour-Seven, Madrid
AGENTUR PRODUCER Exec. Prod.: Peter Cline, Sr. Prod.: Tony Stearns **MUSIKKOMPOSITION** Junkie XL **POST PRODUCTION** Framestore CFC, London
PRODUCER Johnnie Frankel **PRODUKTION** James Hatcher **REGIE** Daniel Kleinman **SCHNITT** Steve Gandolfi @ Cut & Run, London
SOUND DESIGN Dane Davis, Eddie Kim @ 740 Sound Design, Santa Monica, CA **TEXT** Ben Abramowitz

DHL ist weltweit der schnellste Kurierservice. Das kommunizieren wir im Stil einer Tierdoku. Ein Kolibri nähert sich in extremer Zeitlupe einer Blüte. Während man die Zeitlupenbewegung des Vogels beobachtet, fährt unvermittelt im Hintergrund ein DHL-Transporter in die Szenerie – in Realgeschwindigkeit – und ein Kurier stellt im Eilschritt ein Paket zu. Getreu dem Motto: Nichts ist schneller. DHL.

Zusätzlich erhielt dieser Spot Bronze in der Kategorie Kinowerbefilme auf Seite 297.

DHL »KOLIBRI«
AUFTRAGGEBER Deutsche Post World Net **WERBELEITUNG** Dirk Ude **AGENTUR** Jung von Matt AG **CREATIVE DIRECTION** Oliver Handlos, Michael Pfeiffer-Belli
KUNDENBERATUNG Jan Isterling, Marco Golbach **FILMPRODUKTION** Entspannt Film **FUNKPRODUKTION** Studio Funk Berlin **AGENTUR PRODUCER** Nadja Catana
POST PRODUCTION Alexander Haber **REGIE** Nicolai Niemann **SCHNITT** Alexander Haber

Klar, Projekte in die Tat umsetzen, das macht stolz. Und so wachsen die in dieser Kampagne gezeigten Hornbach-Kunden immer ein wenig über sich hinaus, was Folgen hat. Denn nach dem eigenhändig angelegten Gartenteich passen plötzlich die Schuhe nicht mehr. Aber alles kein Problem. Denn dank der Piepen, die man mit den Hornbach Dauertiefpreisen gespart hat, kann man sich ja gleich was Neues kaufen.

Zusätzlich erhielt diese Kampagne Bronze in der Kategorie Kinowerbefilme auf der Seite 286/287. Dort werden weitere Spots gezeigt. Die dazugehörige Printkampagne erhielt eine Auszeichnung in der Kategorie Publikumsanzeigen auf Seite 71.

HORNBACH BAU- UND GARTENMÄRKTE KAMPAGNE »SIE WERDEN WACHSEN«
AUFTRAGGEBER HORNBACH Baumarkt AG **MARKETINGLEITUNG** Jürgen Schröcker **WERBELEITUNG** Diana Weber **AGENTUR** HEIMAT, Berlin
CREATIVE DIRECTION Guido Heffels, Jürgen Vossen **ART DIRECTION** Tim Schneider, Marc Wientzek **KUNDENBERATUNG** Yves Krämer, Barbara Widder
STRATEGISCHE PLANUNG HEIMAT, Berlin **FILMPRODUKTION** Five-three double ninety, Hamburg **AGENTUR PRODUCER** Kerstin Breuer
BILDBEARBEITUNG SONNE, Copenhagen **EDITOR** Morton Giese **KAMERA** Sebastian Blenkov **MUSIKKOMPOSITION** Supersonic, Copenhagen
POST PRODUCTION SONNE, Copenhagen **PRODUCER** Steffie Brand, Nele Schilling **PRODUKTION** Metropolis, Montevideo (Serviceproduktion)
REGIE Kasper Wedendahl **SOUND DESIGN** Audioforce, Berlin **TEXT** Till Eckel, Guido Heffels, Sebastian Kainz

Eine Großstadt in Aufruhr. Sie kommen über die Dächer, springen durch die Fenster, brechen aus Lastwagen und Käfigen aus. Wie durch Zauberei lebendig gewordene Rudel von Asics Gel-Nimbus Laufschuhen attackieren die sportfaule Bevölkerung und bringen eine ganze Stadt zum Laufen.

ASICS »ATTACKS«
AUFTRAGGEBER ASICS Europe B.V. **MARKETINGLEITUNG** Carsten Unbehaun **WERBELEITUNG** Sandra Koopmans, Melanie Dinger-Hampel
AGENTUR Aimaq·Rapp·Stolle Werbeagentur GmbH **CREATIVE DIRECTION** Oliver Frank, Olaf Reys **ART DIRECTION** Danny Baarz
KUNDENBERATUNG Andreas Rapp, Karoline Huber **FILMPRODUKTION** Neue Sentimental Film, Berlin **EDITOR** Tom Seil **PRODUCER** Barbara Schmitt
REGIE René Eller **SOUND DESIGN** Loft Studios Berlin, David Arnold **TEXT** Matthias Storath

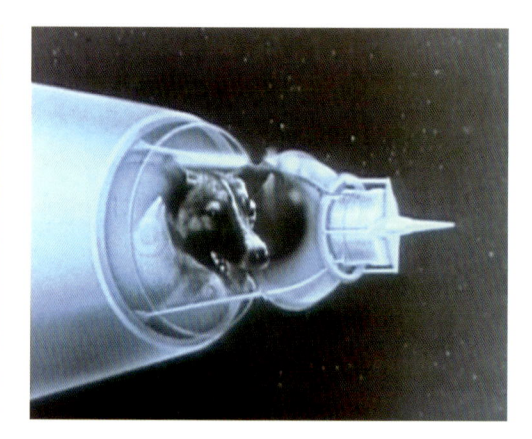

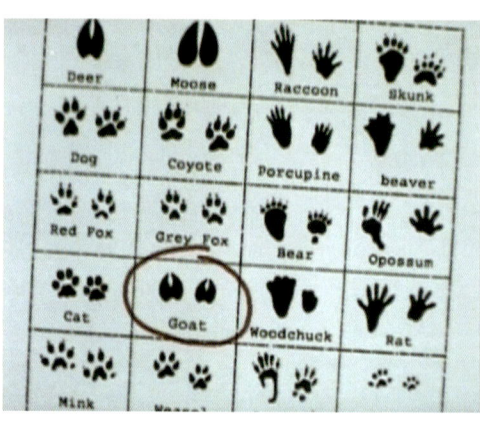

COLT CZ3 KAMPAGNE »COLT PREIS GEHEIMNIS«
AUFTRAGGEBER MITSUBISHI MOTORS Deutschland GmbH   **MARKETINGLEITUNG** Toni Müller   **WERBELEITUNG** Marcus Freilinger
AGENTUR Scholz & Friends   **CREATIVE DIRECTION** Robert Krause   **ART DIRECTION** Gregory French
KUNDENBERATUNG Stefanie Wurst, Thomas Caprano, Eva Scholze, Michael Thorsten Schulze, Jeanine Wyrwoll   **FILMPRODUKTION** EFTI AB
AGENTUR PRODUCER Anke Landmark   **KAMERA** Eric Broms, Erik Sohlström   **PRODUCER** Cornelia Opitz, Lena von der Burg, Frida Jonason   **REGIE** Jesper Kouthoofd
SCHNITT Dino (Daniel) Jonsäter, Jesper Kouthoofd, Soheyla Mohajer   **SOUND DESIGN** Jesper Kouthoofd/Riviera Stockholm, Magnus Andersson   **TEXT** Peter Quester

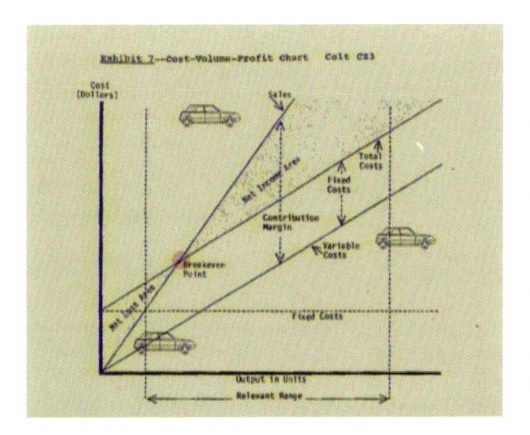

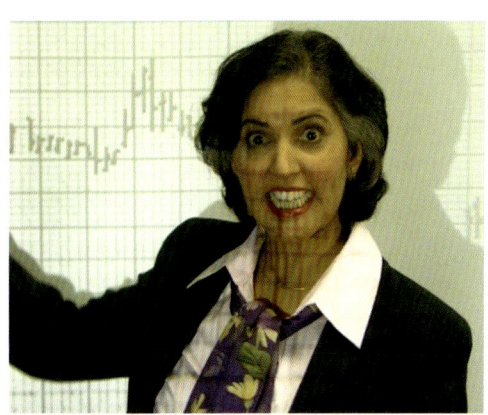

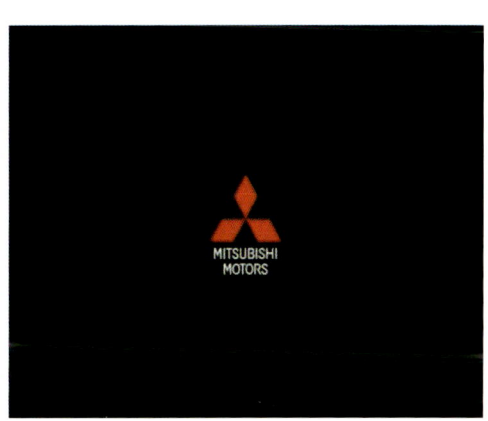

Der neue Colt kommt für nur 9.990 Euro. Die Kampagne fragt: Wie kann das sein?
Experten antworten. Ein US-Admiral a. D. beweist: Der Colt wird von Tieren gebaut.
Ein Journalist hat recherchiert: Die Autos sind unter mysteriösen Umständen in einem Kornfeld aufgetaucht.
Und eine Professorin warnt: Der Preis ist Strategie – eine Monomarke soll die Autowelt gleichschalten.

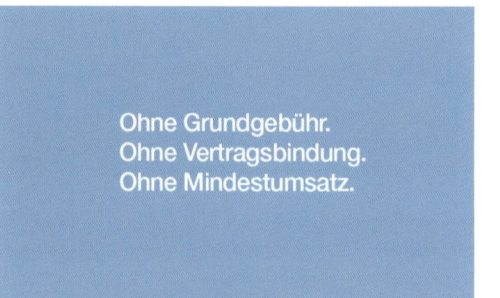

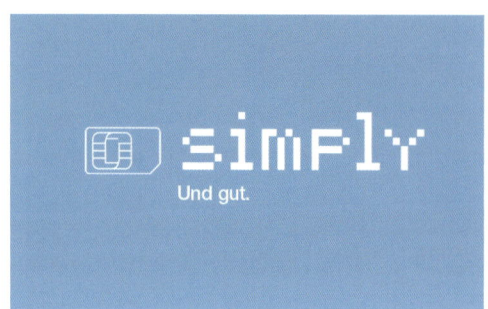

Kurze Spots zeigen Leute, die beim Telefonieren ihre Umwelt vergessen und deshalb in Fettnäpfchen treten.
Es wird aufgelöst: »Telefonieren ohne nachzudenken.« Kein Wunder bei dem Preis.

Ein Mann spricht am Handy locker über die »strunzdummen« Kollegen und den Chef, der »gar nichts mehr sieht«.
Blöd nur, dass Kollegen und Chef gerade mit ihm im Meeting sitzen und ihn entsetzt anstarren.

SIMPLY KAMPAGNE »TELEFONIEREN OHNE NACHZUDENKEN«
AUFTRAGGEBER Victorvox AG **MARKETINGLEITUNG** Michael Radomski, Betriebswirt (VWA) Business Dev. **WERBELEITUNG** Verena Imbusch, Zentraleinkauf Marketing
AGENTUR BBDO Campaign GmbH Berlin **CREATIVE DIRECTION** Stefan Litwin, Andreas Manthey **ART DIRECTION** Ines Bärwald, Achim Vedam
KUNDENBERATUNG Simone Heitzler, Sophie Hansen **STRATEGISCHE PLANUNG** Kai-Uwe Bünting, Jens Augustowsky **FILMPRODUKTION** Play Media GmbH
AGENTUR PRODUCER Rolf Tomaschko **KAMERA** Bernd Wondollek **POST PRODUCTION** Play Media GmbH **PRODUCER** Christof Schröter
REGIE Christof Schröter **SCHNITT** Ron Geipel **SPRECHER** Thomas Vogt **STYLING** Lilli Runje **TEXT** Benjamin Schwarz **TONMEISTER** Mark Friedemann

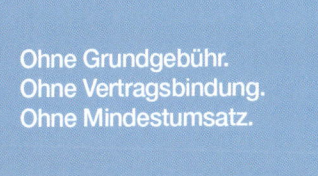

Ein Mann in der U-Bahn lästert am Handy laut über die »Prolls« und »schlimmen Typen«, die allerdings schon sehr dicht neben ihm sitzen und ihn bedrohlich anstarren.

Eine Frau berichtet am Handy, sie habe »DAS Kleid für heute Abend« gefunden, würde es aber aufgrund des hohen Preises am nächsten Tag »einfach wieder zurückbringen«. Das wird wohl nichts, denn sie steht in einer Boutique direkt neben der aufmerksamen Verkäuferin.

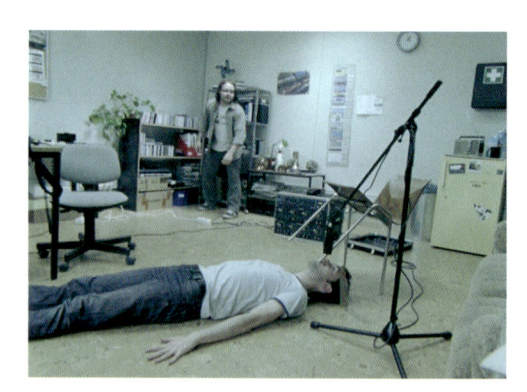

Zwei merkwürdige Jungs, ihres Zeichens Tontechniker der A.R.T.-Studios, tüfteln in einem merkwürdigen Raum an dem besten Sound für den Knäckebrot-Crunch.
Die Folge: Der eine stellt sich ein Stuhlbein auf die Zähne, der andere hüpft auf den Stuhl drauf: »Cruuuuuuuuuuunch«.
Tja, für den besten Ton geben die Jungs einfach alles…

A.R.T. STUDIOS »THE JUMP«
AUFTRAGGEBER A.R.T. STUDIOS   **MARKETINGLEITUNG** Matthias Heisig   **AGENTUR** Saatchi & Saatchi GmbH
CREATIVE DIRECTION Thomas Kanofsky, Eberhard Kirchhoff   **ART DIRECTION** Nicole Groezinger   **KUNDENBERATUNG** Gabriela Rott
FILMPRODUKTION A.R.T. STUDIOS   **FUNKPRODUKTION** A.R.T. STUDIOS   **EDITOR** Alexander Hattendycken
IDEE Alexander Priebs-Macpherson, Nicole Groezinger, Alex Feil   **PRODUKTION** Schulten Film   **REGIE** Alex Feil   **SCHNITT** Alexander Hattendycken
SOUND DESIGN A.R.T. STUDIOS   **TEXT** Alexander Priebs-Macpherson   **TONMEISTER** Matthias Heisig

Warum ist Griechenland Europameister geworden? Und nicht Holland mit seinen ganzen Stars?
Weil Fußball Mannschaftssport ist. Keine Flanke, kein Tor. Ganz einfach.

Zusätzlich erhielt dieser Spot eine Auszeichnung in der Kategorie Musikkompositionen/Sound Design auf Seite 309.

DFB JERSEY LAUNCH »+10«
AUFTRAGGEBER adidas-Salomon AG **WERBELEITUNG** Markus Rachals **AGENTUR** TBWA\ Deutschland (180/TBWA)
CREATIVE DIRECTION Stefan Schmidt, Kurt Georg Dieckert **ART DIRECTION** Boris Schwiedrzik **KUNDENBERATUNG** Béla Ziemann
FILMPRODUKTION Hager Moss Commercial GmbH **AGENTUR PRODUCER** Fabian Barz **EDITOR** Nils Landmark
MUSIKKOMPOSITION Jesper Gadeberg (Stockholm), Michael Viner's Incredible Bongo Band, Massive Music
POST PRODUCTION Arri Film & TV Services GmbH **PRODUCER** Eric Moss (Hager Moss), Philipp Bartel (Arri Film)
REGIE Bruce St. Clair **TEXT** Helge Blöck

Wir sehen drei Legenden der Audi-Rennsportgeschichte in ihrem Terrain. Genauer: Die Wagen fahren auf Schotter, Wasser und Eis über den Betrachter hinweg – immer wieder taucht die Kamera in den Untergrund. Dann wechseln wir den Blick aus der quattro-Perspektive. Es erscheint der Audi Q7. Dazu der Text: »Seit 25 Jahren bauen wir quattro für unsere Autos. Jetzt haben wir ein Auto für quattro gebaut.«

Zusätzlich erhielt diese Arbeit eine Auszeichnung in der Kategorie Publikumsanzeigen auf Seite 61 und in der Kategorie Fotografie auf Seite 182.

AUDI Q7 »ULTIMATIV QUATTRO«
AUFTRAGGEBER AUDI AG **MARKETINGLEITUNG** Hans-Christian Schwingen **WERBELEITUNG** Jagoda Low-Becic **AGENTUR** kempertrautmann gmbh
ART DIRECTION Florian Kitzing **KUNDENBERATUNG** Michael Trautmann, Ann-Katrin Schelkmann, Stefanie Pricken (Team Assistenz)
FILMPRODUKTION Tempomedia Filmproduktion GmbH, Hamburg in Co-Produktion mit QUAD, Paris **KAMERA** Patrick Duroux **MUSIKKOMPOSITION** Raphael Ibanez
POST PRODUCTION WIZZ Postproduction Company (Paris) **PRODUCER** Vera Portz (Tempomedia), Isabelle de Nadon (QUAD)
PRODUKTION Gerhard Kiefer **PROJEKTMANAGER** Christina Westenberger **REGIE** Bruno Aveillan **SCHNITT** Frederique Olszak **TEXT** Lennart Witting

Jeder kennt die K-fee Schocker-Spots mit den Monsterfratzen. Und jeder war zu 100 % erschrocken.
In der Neuauflage kommt statt Monstern eine harmlose crazy Tunte ins Bild. Man ist nur noch zu 50 % erschrocken.
Und das passt genau zu den neuen K-fee-Drinks mit 50 % weniger Koffein.

K-FEE KAMPAGNE »WENIGER KOFFEIN«
AUFTRAGGEBER K-fee AG **MARKETINGLEITUNG** Richard Radtke, Hubertus Sprungala **WERBELEITUNG** Wolf H. Lange **AGENTUR** Jung von Matt AG
CREATIVE DIRECTION Arno Lindemann, Bernhard Lukas **KUNDENBERATUNG** Agnes Uhlig, Bent Rosinski **FILMPRODUKTION** Cobblestone Hamburg
FUNKPRODUKTION Tonstudio: Studio Funk **KAMERA** Kjell Lagerroos **POST PRODUCTION** Deli Pictures Postproduction GmbH **PRODUCER** Tanja Uselmann
REGIE Axel Laubscher **SCHNITT** Alex Kuttka **TONMEISTER** Torsten Hennings

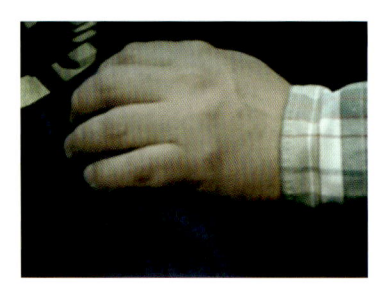

Mit einem Hornbach-Kunden auf dem Weg zu den Dauertiefpreisen. Letzteres lohnt wohl schon genug. Doch rein theoretisch erhöht sich auch die Chance auf Folgendes: grenzdebile homosexuelle Tramper, zwergwüchsige Kellnerinnen an Bahnschranken, Badenixen-Wildwechsel, zuschauen bei Pornodrehs im Auto nebenan, Geister im Autotunnel. Probieren Sie es aus! Garantieren lassen sich aber lediglich die Hornbach Dauertiefpreise.

HORNBACH BAU- UND GARTENMÄRKTE KAMPAGNE »DER WEITE WEG ZU HORNBACH«
AUFTRAGGEBER HORNBACH Baumarkt AG **MARKETINGLEITUNG** Jürgen Schröcker **WERBELEITUNG** Diana Weber **AGENTUR** HEIMAT, Berlin
CREATIVE DIRECTION Guido Heffels, Jürgen Vossen **ART DIRECTION** Marc Wientzek **KUNDENBERATUNG** Yves Krämer, Barbara Widder
STRATEGISCHE PLANUNG HEIMAT, Berlin **FILMPRODUKTION** Trigger Happy Productions **AGENTUR PRODUCER** Kerstin Breuer **EDITOR** Thomas Seil
KAMERA Jörg Schmidt-Reitwein **KONZEPT** Guido Heffels **PRODUCER** Stephan Vens **REGIE** Kai Sehr **SOUND DESIGN** Audioforce, Berlin
TEXT Guido Heffels, Sebastian Kainz, Kai Sehr

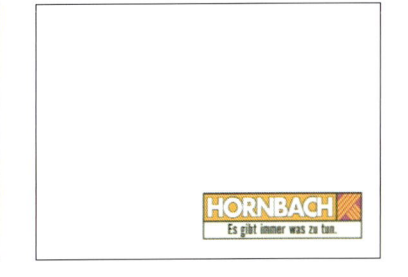

TV-SPOTS **AUSZEICHNUNG** 267

Ein Junge sitzt in einem Café. Sein Blick fällt auf eine Fliege an der Fensterscheibe. Er drückt sie mit seinem Finger platt und stellt etwas Seltsames fest: Jede Bewegung seines Fingers auf der Scheibe lässt die Welt draußen hin und her schießen. Menschen werden von ihren Füßen gerissen, Autos umgeworfen und am Schluss fliegt ein ganzer Zeitungskiosk durch die Luft. Der Zeigefinger des Jungen ist eben allmächtig – auf dem Touchscreen des kommenden Nintendo DS: Play almighty.

Zusätzlich erhielt dieser und ein weiterer Spot eine Auszeichnung in der Kategorie Kinowerbefilme auf Seite 292.

NINTENDO DS KAMPAGNE »PLAY ALMIGHTY«
AUFTRAGGEBER Nintendo of Europe GmbH **MARKETINGLEITUNG** Tim Freystadt **WERBELEITUNG** Tim Freystadt **AGENTUR** Jung von Matt AG
CREATIVE DIRECTION Götz Ulmer, Oliver Voss, Deneke von Weltzien **ART DIRECTION** Martin Terhart **KUNDENBERATUNG** Christian Hupertz, Ingo Webecke, Anke Göbber
FILMPRODUKTION Radical.Media GmbH, Berlin **AGENTUR PRODUCER** Mark Róta **GRAFIK** Sebastian Gröbner, Philipp Cerny
TEXT Jo Marie Farwick, Dennis May, Willy Kaussen

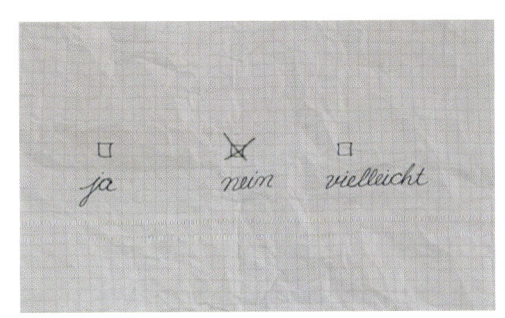

TV-SPOTS **AUSZEICHNUNG** 269

Eine Ode an die Zahl 3 und den BMW 3er. Anlässlich des 30. Geburtstags des BMW 3er zeigt dieser Film zur Musik »Three is a magic number«, wie die 3 uns scheinbar magisch durch unser ganzes Leben begleitet. Offensichtlich kein Zufall, dass ein so erfolgreicher Wagen wie der BMW 3er ebenfalls nach ihr benannt wurde.

Zusätzlich erhielt dieser Spot eine Auszeichnung in der Kategorie Kinowerbefilme auf Seite 297 und in der Kategorie Filme für Verkaufsförderung auf Seite 299.

BMW »30 JAHRE 3ER/MAGIC NUMBER«
AUFTRAGGEBER BMW AG **MARKETINGLEITUNG** Dr. Wolfgang Armbrecht, Bernhard Schneider **WERBELEITUNG** Dr. Hans-Peter Ketterl, Melanie Lipp
AGENTUR Jung von Matt AG **CREATIVE DIRECTION** Thimoteus Wagner, Thorsten Meier **KUNDENBERATUNG** Peter Ströh, Darek Stöhr, Marco Köditz
FILMPRODUKTION Mike Beims, The Shack GmbH **AGENTUR PRODUCER** Mark Róta, Nora Weber **EDITOR** Torben Rönnspies **FILMANIMATION** Torben Rönnspies
GRAFIK Till Monshausen, Lai-Sha Chan **KAMERA** Uwe Ahlborn **MUSIKKOMPOSITION** Bob Dorough **REGIE** Thorsten Meier **SCHNITT** Torben Rönnspies **TEXT** Thorsten Meier

Wir sehen eine Flamingokolonie in einem flachen See. Die Vögel stehen in ihrer typischen Haltung auf einem Bein. Als sich ein BMW 5er nähert, fahren die Flamingos vorsichtshalber ihr zweites Bein aus. Denn dank seines kraftvollen neuen 6-Zylinder-Motors erzeugt der vorbeiziehende BMW eine gewaltige Druckwelle, die sich auf dem Wasser fortsetzt.

BMW »FLAMINGO«

AUFTRAGGEBER BMW AG **MARKETINGLEITUNG** Dr. Wolfgang Armbrecht, Bernhard Schneider **WERBELEITUNG** Dr. Hans-Peter Ketterl, Claudia Meyer, Anne Ziegle
AGENTUR Jung von Matt AG **CREATIVE DIRECTION** Thimoteus Wagner, Bernhard Lukas, Deneke von Weltzien **KUNDENBERATUNG** Christian Hupertz, Peter Ströh, Franca Indemans
STRATEGISCHE PLANUNG Ralph Poser **FILMPRODUKTION** Radical.Media GmbH, Berlin **AGENTUR PRODUCER** Mark Róta, Nora Weber
FILMANIMATION Mikros Image **GRAFIK** Till Monshausen **KAMERA** Pascal Marti **MUSIKKOMPOSITION** Ala Kondre **POST PRODUCTION** Optix DigitalPictures
REGIE Derin Seale **SCHNITT** Sehsucht GmbH/Mikros Image **SOUND DESIGN** Hastings Audio Network **TEXT** Ulrich Lützenkirchen

Wir begleiten einen Polo-Fahrer auf einer wahren Höllenfahrt durch eine verrückt gewordene Stadt. Unter anderem versagt eine Ampelanlage, ein herrenloser Wohnwagen rollt die Straße hinunter und eine Abrissbirne verfehlt den Polo nur um Zentimeter. Von all diesem Chaos bleibt der Fahrer gänzlich unbeeindruckt und summt zu einem fröhlichen Liedchen – schließlich ist sein Wagen »beruhigend sicher«.

VW POLO »EIN GANZ NORMALER MORGEN«
AUFTRAGGEBER Volkswagen AG **MARKETINGLEITUNG** Lutz Kothe **WERBELEITUNG** Martina Berg **AGENTUR** DDB Berlin GmbH
CREATIVE DIRECTION Amir Kassaei, Mathias Stiller, Wolfgang Schneider **ART DIRECTION** Kristoffer Heilemann **KUNDENBERATUNG** Michael Lamm, Cathleen Losch
STRATEGISCHE PLANUNG Jason Lusty **FILMPRODUKTION** @radical.media GmbH, Berlin **AGENTUR PRODUCER** Marion Lange
KAMERA Julian Hohndorf **MUSIKKOMPOSITION** »Lovestruck« von Hush **PRODUCER** Christiane Lochte **SCHNITT** Nils Landmark **TEXT** Ludwig Berndl

Irgendwo in der Wüste. Ein BMW 1er fährt kreuz und quer über einen ausgetrockneten See. Nach einiger Zeit stoppt der Wagen und hupt. Das Fahrerfenster öffnet sich. Am Steuer: Kermit, der Frosch. Empört ruft er: »Hey, Kumpel. Runter von der Straße!« Und wir sehen, wen er meint. Vor dem Wagen sitzt ein kleiner Frosch, der sofort davonspringt. Kermit schüttelt den Kopf und bemerkt abfällig: »Tzzz, Frösche.«

BMW »SPECIAL GUEST«

AUFTRAGGEBER BMW AG   MARKETINGLEITUNG Dr. Wolfgang Armbrecht, Wolfgang Schneider   WERBELEITUNG Dr. Hans-Peter Ketterl, Melanie Lipp
AGENTUR Jung von Matt AG   CREATIVE DIRECTION Deneke von Weltzien, Bernhard Lukas, Thimoteus Wagner   ART DIRECTION Rolf Leger
KUNDENBERATUNG Christian Hupertz, Julia Deutschmann, Peter Ströh, John Roggendorf   FILMPRODUKTION Big Fish Filmproduktion GmbH   AGENTUR PRODUCER Nele Jürgens
GRAFIK Sina Gieselmann   KAMERA John Andreas Andersen   PRODUCER Robert Gold   REGIE Stefan Treshow   SCHNITT Marty Schenk   TEXT Bernhard Lukas, Chris Curtin

Der Film setzt den BMW 7er Kampagnenclaim »Wissen, worauf es ankommt« in Szene. Zu surrealistischen Szenen aus der Geschäftswelt hören wir die Stimme eines Jungen: »Warte nicht auf die Zustimmung von Gremien. Vergiss Plan B. Vermeide Herdendenken. Und Klischees. Denk auch mal an Termine, die nicht in deinem Kalender stehen. Hör auf deine innere Stimme. Und umgib dich nicht mit Ja-Sagern.«

BMW 7ER »KEEP THE DRIVE«
AUFTRAGGEBER BMW AG **MARKETINGLEITUNG** Jim McDowell, Patrick McKenna, Manfred Pernitsch, Thomas Jefferson **WERBELEITUNG** Bernd Konrad
AGENTUR Jung von Matt AG **CREATIVE DIRECTION** Deneke von Weltzien, Thimoteus Wagner, Bruce Bildsten (Fallon), Jon Wyville (Fallon)
ART DIRECTION Rolf Leger, Bjorn Gunnerud (Fallon), Chris Toland (Fallon) **KUNDENBERATUNG** Christian Hupertz, Holger Hennschen, Julia Deutschmann,
David Chaffin (Fallon), Kate Talbott (Fallon) **STRATEGISCHE PLANUNG** Ralph Poser **FILMPRODUKTION** Jan Roelfs (RSA), USA Inc.
KAMERA Tobias Schliessler **MATERIALAUSWAHL UND HERSTELLUNGSKONTROLLE** Locationscout: Scott Logan, Rad Daly **POST PRODUCTION** Chrome
PRODUKTION Jonas Dolkart **STYLING** Christina Ehrlich, Katy O'Brien **TECHNISCHE INSTALLATION** Kathleen Lorden **TEXT** Philipp Barth, Greg Hahn (Fallon)

Ein junges Paar aus einem Wohnblock wandert durch einen nahegelegenen Wald und beginnt, sich einen Kampf um einen Fußball vorzustellen. Es erscheinen Profispieler, Street Baller, Notärzte und Linienrichter in einer fast »Tolkien-artigen« Welt, die von fliegenden Hühnern, lebenden Baumwurzeln und diabolischen Kreaturen bevölkert ist. Am Ende bilden alle Charaktere ein perfektes Delacroix-Gemälde, dann schneiden wir wieder in der Realität.

ADIDAS F50+ FOOTBALL BOOT »GIMME THE BALL«
AUFTRAGGEBER adidas International **MARKETINGLEITUNG** Uli Becker, Arthur Höld **WERBELEITUNG** Martina Jahrbacher **AGENTUR** 180 Amsterdam (180\TBWA)
CREATIVE DIRECTION Exec. CD: Andy Fackrell **ART DIRECTION** Dario Nucci **KUNDENBERATUNG** Dan Gibson, Stephanie Kafoury **STRATEGISCHE PLANUNG** Josh Mandel
FILMPRODUKTION MJZ, London **AGENTUR PRODUCER** Exec. Prod.: Peter Cline, Sr. Prod.: Cedric Gairard **BILDREDAKTION** Final Cut, London
MUSIKKOMPOSITION Aram Ilyich Khachaturian **POST PRODUCTION** Moving Picture Company, London **PRODUCER** Alex Webster **REGIE** Fredrik Bond
SCHNITT Rick Russell @ Final Cut, London **SOUND DESIGN** Alex Joseph @ Soundelux, London **TEXT** Andy Fackrell

Im Umkleideraum eines eleganten Fitnessclubs. Ein Mann kleidet sich gerade an und telefoniert dabei. Am anderen Ende der Leitung: eine weibliche Stimme, der er im Laufe des Gesprächs ohne mit der Wimper zu zucken jeden Wunsch erfüllt. Ob teurer Ledermantel, exklusives Auto oder gar eine Villa – alles kein Problem für ihn. Probleme hat jetzt nur der wahre Besitzer des Handys.

POSTBANK VERMÖGENSBERATUNG »FUNNY MONEY«
AUFTRAGGEBER Deutsche Postbank AG   **MARKETINGLEITUNG** Margret Dreyer   **WERBELEITUNG** Axel Küster   **AGENTUR** BBDO Campaign GmbH Düsseldorf
CREATIVE DIRECTION Carsten Bolk   **KUNDENBERATUNG** Frieder Kornbichler, Dirk Bittermann, Liselotte Schwenkert   **FILMPRODUKTION** Die Brüder, Berlin
AGENTUR PRODUCER Alexander Rosocha   **PRODUCER** Alexander Rosocha   **REGIE** Britta Krause   **TEXT** Andreas Walter   **TONMEISTER** Timo Kockmeyer

Ein junger Mann bemerkt bei der Fahrt mit seinem Mini ein klopfendes Geräusch. Irritiert steuert er die nächste Werkstatt an und bittet den Mechaniker um Rat. Dieser entdeckt die Ursache am Hinterrad des Mini: eine Polizeikralle als Wegfahrsperre. Ein Mini macht eben von alleine keine komischen Geräusche. Schließlich ist er Sieger seiner Klasse in der ADAC-Pannenstatistik.

MINI »PARKKRALLE«
AUFTRAGGEBER BMW AG **MARKETINGLEITUNG** Hildegard Wortmann, Ernst von Heyking **WERBELEITUNG** Robert Gocke, Bernhard Ederer, Dr. Hans Peter Kleebinder
AGENTUR Jung von Matt AG **CREATIVE DIRECTION** Oliver Voss, Götz Ulmer, Oliver Handlos **ART DIRECTION** Tim Schierwater
KUNDENBERATUNG Anke Peters, Dennis Schneider, Sveja Brechschmidt **STRATEGISCHE PLANUNG** Marc Strass **FILMPRODUKTION** Radical.Media GmbH, Berlin
AGENTUR PRODUCER Mark Róta, Nora Weber **EDITOR** Deli Pictures Postproduction GmbH **KAMERA** Martin Ruhe
PRODUCER Christiane Lochte, Ben Schneider **REGIE** Rick LeMoine **SCHNITT** Elena Bromund **TEXT** Sebastian Behrendt

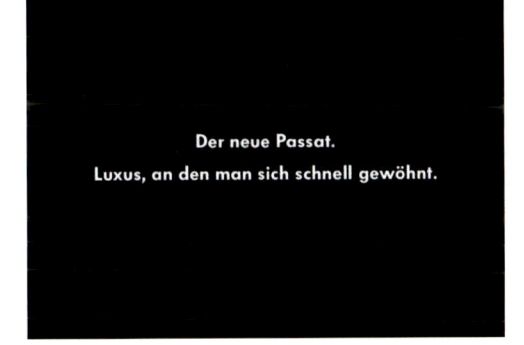

Ein Vater holt seinen Sohn mit seinem neuen Passat vom Kindergarten ab. Der Junge staunt über das neue Auto – und was es alles kann. Beinahe alles in dem Auto funktioniert automatisch, von den Sitzen bis zum Sonnenschutzrollo. Selbst der Kofferraum geht wie von Zauberhand auf. Zu Hause angekommen, sehen wir den kleinen Jungen vor einer Toilette. Er steht davor und sagt: »Okay, geh auf!«

VW PASSAT »ZAUBEREI«
AUFTRAGGEBER Volkswagen AG **MARKETINGLEITUNG** Jörn Hinrichs, Lutz Kothe **WERBELEITUNG** Martina Berg, Peter-Michael Jann
AGENTUR Grabarz & Partner **CREATIVE DIRECTION** Ralf Heuel, Ralf Nolting, Patricia Pätzold **ART DIRECTION** Dirk Siebenhaar, Christoph Stricker
KUNDENBERATUNG Reinhard Patzschke, Britt Neumann **FILMPRODUKTION** Stink Filmproduktion, London **AGENTUR PRODUCER** Natascha Teidler
KAMERA Manuel Ruiz **MUSIKKOMPOSITION** BMG Zomba Production Music Interworld **PRODUCER** Juliet Naylor **REGIE** Nacho Gayan
TEXT Ralf Heuel, Christoph Breitbach, Thies Schuster

Nach dem Länderspiel »Deutschland – Südafrika« interviewt ARD-Reporter Wolfgang Nadvornik den Nationalspieler Marcel Jansen. Allerdings spricht er gar nicht mit Marcel Jansen, sondern mit Per Mertesacker. Dumme Verwechslung. Daher unser Rat: Nächstes Mal einfach vorher BILD lesen.

BILD ZEITUNG »VORHER BILD LESEN/MERTESACKER«
AUFTRAGGEBER Axel Springer AG **MARKETINGLEITUNG** Karin Hilbert **WERBELEITUNG** Tanja Hackner, Alice Gögge **AGENTUR** Jung von Matt AG
CREATIVE DIRECTION Hans Weishäupl, Willy Kaussen **KUNDENBERATUNG** Julia Krömker, Andrea Iser **AGENTUR PRODUCER** Florian Panier **TEXT** Stefan Fockenberg

»xDrive« ist ein intelligentes Allradsystem. Aber wie kann man eine so hochkomplexe Erfindung einfach und verständlich erklären? Mit einem Hampelmann. Wir vergleichen seine Arme und Beine mit den vier Rädern eines BMW. Beispielhaft veranschaulichen wir, wie durch Kräfteverteilung auf die Vorder- bzw. Hinterachse die Räder mit der höchsten Traktion die optimale Antriebskraft erhalten.

Zusätzlich erhielt dieser Spot eine Auszeichnung in der Kategorie Kinowerbefilme auf Seite 294.

BMW XDRIVE »HAMPELMANN«
AUFTRAGGEBER BMW AG   **MARKETINGLEITUNG** Dr. Wolfgang Armbrecht   **WERBELEITUNG** Dr. Hans-Peter Ketterl   **AGENTUR** Jung von Matt AG
CREATIVE DIRECTION Deneke von Weltzien, Dörte Spengler-Ahrens, Jan Rexhausen   **KUNDENBERATUNG** Christian Hupertz, Peter Ströh, Darek Stöhr
FILMPRODUKTION Markenfilm GmbH & Co. KG   **GRAFIK** Stefanie Huber   **KAMERA** Sönke Hansen   **PRODUCER** Lars Wiebking, Katie Stiebel
REGIE Andreas Link   **SCHNITT** Andreas Link   **TEXT** Henning Patzner

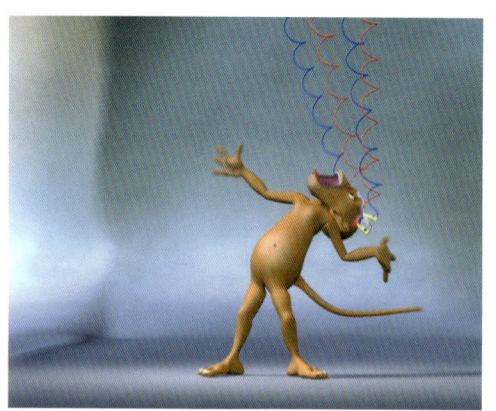

Ein Affe steht in der Mitte eines Raums und beginnt, ruckartig zu tanzen. Ein Sprecher sagt aufgekratzt: »Hol Dir jetzt den Screaming Monkey auch für Dein Handy!« Dann folgt ein Chart, auf dem weitere gequälte Tiere zu sehen sind. Im Anschluss sinkt der Affe tot zu Boden. »Jede SMS hilft beim Kampf gegen grausame Tierversuche. Denn mit jeder SMS spendest Du 1,99 Euro.« NOAH. Menschen für Tiere.

Zusätzlich erhielt dieser Spot eine Auszeichnung in der Kategorie Dialogmarketing auf Seite 348.

NOAH »KLINGELTON«
AUFTRAGGEBER NOAH Menschen für Tiere e.V.   **WERBELEITUNG** Christine Kunz, Martin van der Loo   **CREATIVE DIRECTION** Oliver Voss, Götz Ulmer, Daniel Frericks
ART DIRECTION Martin Terhart   **KUNDENBERATUNG** Turan Tehrani, Dennis Schneider   **FILMPRODUKTION** nhb studios, Hamburg   **AGENTUR PRODUCER** Mark Róta
FILMANIMATION Daniel Yuhlmann, Christian Bleier   **MUSIKKOMPOSITION** Kai Beisner   **PRODUCER** Claudia Pukall   **REGIE** Tatjana Kopp   **TEXT** Dennis May

Fast jeder Junge hatte sie in den 80ern – »Darda«-Aufziehautos. Diese Jungs sind heute alt genug, sich einen Z4 zu leisten. Und damit kindliche Racing-Freude in einem ausgewachsenen Sport-Cabrio zu erleben.

BMW Z4 OPEN AIR »AUFZIEHAUTO«
AUFTRAGGEBER BMW AG   **MARKETINGLEITUNG** Dr. Wolfgang Armbrecht, Bernhard Schneider   **WERBELEITUNG** Bernhard Schneider, Dr. Hans-Peter Ketterl
AGENTUR Jung von Matt AG   **CREATIVE DIRECTION** Thimoteus Wagner, Bernhard Lukas, Deneke von Weltzien   **ART DIRECTION** Rolf Leger
KUNDENBERATUNG Julia Deutschmann, Peter Ströh   **STRATEGISCHE PLANUNG** Ralph Poser   **FILMPRODUKTION** nhb studios, Hamburg/Steiner Film
GRAFIK Sina Gieselmann   **TEXT** Christian Fritsche

SMART FORFOUR »SCHLUCKAUF«

AUFTRAGGEBER smart   **AGENTUR** Springer & Jacoby   **CREATIVE DIRECTION** Matthias Harbeck, Dirk Häusermann   **KUNDENBERATUNG** Jens Portmann
FILMPRODUKTION silbersee film   **AGENTUR PRODUCER** Corinna Nugent   **KAMERA** Thommy Wildner   **MUSIKKOMPOSITION** Lars Löhn   **PRODUCER** Michael Tettenborn
PRODUKTION silbersee film   **REGIE** D. W. Buck   **SCHNITT** Gerd Berner   **SOUND DESIGN** Hahn Nitzsche Studios

Ein Frosch sitzt im Teich und wartet auf seine Beute. Er schnappt sich eine Fliege. Doch diese dreht den Spieß um und zieht den Frosch an seiner Zunge direkt aus dem Wasser: »Maximale Kraft komprimiert« – genau wie die TSI®-Technologie des Golf GT.

Zusätzlich erhielt dieser Spot Silber in der Kategorie Kinowerbefilme auf Seite 284/285.

VW GOLF GT »FLY«
AUFTRAGGEBER Volkswagen AG **MARKETINGLEITUNG** Lutz Kothe **WERBELEITUNG** Michael Lendle
AGENTUR DDB Berlin GmbH **CREATIVE DIRECTION** Amir Kassaei, Mathias Stiller, Wolfgang Schneider
ART DIRECTION Kristoffer Heilemann **KUNDENBERATUNG** Michael Lamm, Esther Wiedemann
STRATEGISCHE PLANUNG Jason Lusty **FILMPRODUKTION** Markenfilm GmbH & Co. KG, Hamburg
AGENTUR PRODUCER Marion Lange **KAMERA** David Luther **PRODUCER** Simona Daniel, Nele Schilling
REGIE Henry Littlechild **SCHNITT** Arthur Jagodda **TEXT** Ludwig Berndl

VW GOLF GT »FLY«
AUFTRAGGEBER Volkswagen AG   **MARKETINGLEITUNG** Lutz Kothe   **WERBELEITUNG** Michael Lendle   **AGENTUR** DDB Berlin GmbH
CREATIVE DIRECTION Amir Kassaei, Mathias Stiller, Wolfgang Schneider   **ART DIRECTION** Kristoffer Heilemann   **KUNDENBERATUNG** Michael Lamm, Esther Wiedemann
STRATEGISCHE PLANUNG Jason Lusty   **FILMPRODUKTION** Markenfilm GmbH & Co. KG, Hamburg   **AGENTUR PRODUCER** Marion Lange   **KAMERA** David Luther
PRODUCER Simona Daniel, Nele Schilling   **REGIE** Henry Littlechild   **SCHNITT** Arthur Jagodda   **TEXT** Ludwig Berndl

Maximale Kraft komprimiert.

Der neue Golf GT mit TSI.

Aus Liebe zum Automobil

Ein Frosch sitzt im Teich und wartet auf seine Beute. Er schnappt sich eine Fliege.
Doch diese dreht den Spieß um und zieht den Frosch an seiner Zunge direkt aus dem Wasser:
»Maximale Kraft komprimiert.« – genau wie die TSI®-Technologie des Golf GT.

Zusätzlich erhielt dieser Spot Bronze in der Kategorie TV-Spots auf Seite 283.

HORNBACH BAU- UND GARTENMÄRKTE KAMPAGNE »SIE WERDEN WACHSEN«
AUFTRAGGEBER HORNBACH Baumarkt AG **MARKETINGLEITUNG** Jürgen Schröcker **WERBELEITUNG** Diana Weber **AGENTUR** HEIMAT, Berlin
CREATIVE DIRECTION Guido Heffels, Jürgen Vossen **ART DIRECTION** Tim Schneider, Marc Wientzek **KUNDENBERATUNG** Yves Krämer, Barbara Widder
STRATEGISCHE PLANUNG HEIMAT, Berlin **FILMPRODUKTION** Five-three double ninety, Hamburg **AGENTUR PRODUCER** Kerstin Breuer
BILDBEARBEITUNG SONNE, Copenhagen **EDITOR** Morton Giese **KAMERA** Sebastian Blenkov **MUSIKKOMPOSITION** Supersonic, Copenhagen
POST PRODUCTION SONNE, Copenhagen **PRODUCER** Steffie Brand, Nele Schilling **PRODUKTION** Metropolis, Montevideo (Serviceproduktion)
REGIE Kasper Wedendahl **SOUND DESIGN** Audioforce, Berlin **TEXT** Till Eckel, Guido Heffels, Sebastian Kainz

Klar, Projekte in die Tat umsetzen, das macht stolz. Und so wachsen Hornbach-Kunden immer ein wenig über sich hinaus.
Beim selbst angelegten Gartenteich, Gartenweg oder der Elektroinstallation. Das hat Folgen, denn plötzlich passen Schuhe
oder Türrahmen nicht mehr. Dank der Piepen, die man mit den Hornbach Dauertiefpreisen gespart hat, ist das kein Problem.
Man kann sich gleich was Neues kaufen.

Zusätzlich erhielt diese Kampagne Bronze in der Kategorie TV-Spots auf der Seite 256. Dort wird ein weiterer Spot gezeigt.
Die dazugehörige Printkampagne erhielt eine Auszeichnung in der Kategorie Publikumsanzeigen auf Seite 71.

288 KINOWERBEFILME BRONZE

Zeit für einen kleinen Englisch-Kurs?

Drei Hexen schauen sich drei Uhren an.

Welche Hexe schaut sich welche Uhr an?

Three witches watch three watches.

Which witch watches which watch?

INLINGUA SPRACHSCHULEN »WITCHES«
AUFTRAGGEBER Inlingua Sprachschulen   **MARKETINGLEITUNG** Daniel Wilmsen   **AGENTUR** Kolle Rebbe Werbeagentur GmbH
CREATIVE DIRECTION Andreas Geyer, Ulrich Zünkeler   **ART DIRECTION** Petra Cremer, Jörg Dittmann   **KUNDENBERATUNG** Eliane Muller   **FILMPRODUKTION** giraffentoast
AGENTUR PRODUCER Ana Lopez   **PRODUCER** Philip Braun   **SOUND DESIGN** Kay Nickold   **TEXT** Ingo Müller   **TONMEISTER** Henrik Tychsen

Drei Schweizer Hexen-Schlampen, die sich wünschen geschlechtsumgewandelt zu sein, schauen sich Schweizer Uhrenknöpfe an.

Three swiss witch-bitches, which wished to be switched swiss witch bitches, wish to watch three swiss watch switches.

inlingua SPRACHSCHULEN
www.inlingua.de

Bei Inlingua macht Sprachenlernen Spaß. Das beweist ein Kinofilm mit einem besonderen Englisch-Kurs.
Die 90-sekündige Lektion befasst sich mit der Übersetzung von Wörtern wie »welche« (which),
»Hexe« (witch), »Uhr« (watch) und – für Fortgeschrittene – »geschlechtsumgewandelt« (switched).

**Es wäre schön, wenn Mitleid allein helfen könnte.
Aber wir brauchen Sie als Paten.**

World Vision
Hilfe, die weiter geht.

www.patenschaft.de

Eine Gruppe von Menschen formiert sich zu einer Lichterkette und denkt gemeinsam an das Leid in der Dritten Welt. Die Gedankenblasen, die sie dabei produzieren, werden zu Wolken, die nach Afrika ziehen. Und dem ausgedörrten Land den ersehnten Regen bringen. Am Ende platzt der naive Traum, der Claim fordert zum Handeln auf: »Es wäre schön, wenn Mitleid allein helfen könnte. Aber wir brauchen Sie als Paten.«

Zusätzlich erhielt diese Arbeit Bronze in der Kategorie Publikumsanzeigen auf Seite 58/59 und eine Auszeichnung in der Kategorie Illustration auf Seite 201.

WORLD VISION DEUTSCHLAND KAMPAGNE »WORLD VISION«
AUFTRAGGEBER WORLD VISION Deutschland e.V. **MARKETINGLEITUNG** Wolfgang Eisert **AGENTUR** DDB Berlin GmbH
CREATIVE DIRECTION Amir Kassaei, Mathias Stiller, Wolfgang Schneider **ART DIRECTION** Kristoffer Heilemann **KUNDENBERATUNG** Louisa Ibing, Michael Lamm
STRATEGISCHE PLANUNG Jason Lusty, Wiebke Dreyer **FILMPRODUKTION** Artbox, Amsterdam **FUNKPRODUKTION** Hastings Audio Network
ILLUSTRATION Dorus Brekelmans **AGENTUR PRODUCER** Marion Lange, Stefanie Schuster **TEXT** Ludwig Berndl

Die Spots laufen im »ASCII-Code«, das heißt, das gesamte Bild besteht nur aus Buchstaben und Zeichen. Wir sehen ein hetero- und ein homosexuelles Pärchen beim One-Night-Stand. Plötzlich zoomt die Kamera näher und man erkennt, dass einer der beiden Akteure die Buchstaben HIV in sich trägt. Dann folgt die Botschaft: »HIV. Once you recognize it, it's too late.«

AIDS-HILFE DÜSSELDORF AIDS-PRÄVENTIONSKAMPAGNE »ASCII«
AUFTRAGGEBER AIDS-Hilfe Düsseldorf e.V. **AGENTUR** BBDO Campaign GmbH Düsseldorf **CREATIVE DIRECTION** Michael Ohanian, Raphael Milczarek
ART DIRECTION Concetta Milione, Jean-Pierre Gregor **KUNDENBERATUNG** Michael Schönberger **FILMPRODUKTION** Markenfilm GmbH & Co. KG
AGENTUR PRODUCER Steffen Gentis **COMPUTERANIMATION** Christian Reinmann, Darius Dedlaf **MUSIKKOMPOSITION** Michael Besler, Andreas Bruhn
PRODUCER Jörg Fudickar **REGIE** Dino Fetzer **TEXT** Marco Obermann

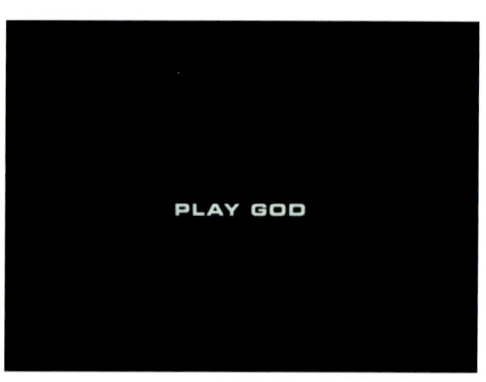

Ein Junge wird vom Wecker unsanft aus dem Schlaf gerissen. Doch statt aufzustehen, drückt er die aufgehende Sonne mit seinem Zeigefinger einfach wieder runter. Mit diesem Finger holt er auch die verpasste U-Bahn zurück, spult seine Freundin vor und schießt Hundekacke dahin zurück, wo sie herkommt: in den Hund. Der Zeigefinger ist eben allmächtig – auf dem Touchscreen des neuen Nintendo DS.

Zusätzlich erhielt dieser und ein weiterer Spot eine Auszeichnung in der Kategorie TV-Spots auf Seite 268.

NINTENDO DS KAMPAGNE »PLAY ALMIGHTY«
AUFTRAGGEBER Nintendo of Europe GmbH **MARKETINGLEITUNG** Tim Freystadt **WERBELEITUNG** Tim Freystadt **AGENTUR** Jung von Matt AG
CREATIVE DIRECTION Götz Ulmer, Oliver Voss, Deneke von Weltzien **ART DIRECTION** Martin Terhart **KUNDENBERATUNG** Christian Hupertz, Ingo Webecke, Anke Göbber
FILMPRODUKTION Radical.Media GmbH, Berlin **AGENTUR PRODUCER** Mark Róta **GRAFIK** Sebastian Gröbner, Philipp Cerny
TEXT Jo Marie Farwick, Dennis May, Willy Kaussen

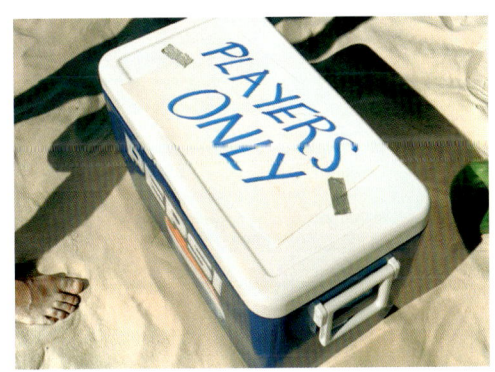

Eisgekühlte Pepsi an einem heißen Sommertag will jeder haben. Doch wer sich dabei mit den besten Fußballern der Welt anlegt, der muss damit rechnen, dass sie das Problem auf ihre Art und Weise lösen.

PEPSI »SURF«
AUFTRAGGEBER PepsiCo Deutschland   **MARKETINGLEITUNG** Mike Podobrin   **AGENTUR** BBDO Campaign GmbH/Almap BBDO
CREATIVE DIRECTION BBDO Campaign: Stefan Fredebeul, Almap BBDO: Marcello Serpa   **ART DIRECTION** BBDO Campaign: Andreas Breunig
KUNDENBERATUNG BBDO Campaign: Achim Kretschmer, Corinna Schneider, Almap BBDO: Camilla Massari, Ricardo Taunay
FILMPRODUKTION Radical.Media GmbH, Voss TV Atelier Düsseldorf   **AGENTUR PRODUCER** BBDO Campaign: Alexander Rosocha, Mirjam Thole, Almap BBDO: Pierre Marcus
REGIE Tarsem   **TONMEISTER** Bruno Lambert, Arne Schultze

»xDrive« ist ein intelligentes Allradsystem. Aber wie kann man eine so hochkomplexe Erfindung einfach und verständlich erklären? Mit einem Hampelmann. Wir vergleichen seine Arme und Beine mit den vier Rädern eines BMW. Beispielhaft veranschaulichen wir, wie durch Kräfteverteilung auf die Vorder- bzw. Hinterachse die Räder mit der höchsten Traktion die optimale Antriebskraft erhalten.

Zusätzlich erhielt dieser Spot eine Auszeichnung in der Kategorie TV-Spots auf Seite 279.

BMW XDRIVE »HAMPELMANN«
AUFTRAGGEBER BMW AG **MARKETINGLEITUNG** Dr. Wolfgang Armbrecht **WERBELEITUNG** Dr. Hans-Peter Ketterl **AGENTUR** Jung von Matt AG
CREATIVE DIRECTION Deneke von Weltzien, Dörte Spengler-Ahrens, Jan Rexhausen **KUNDENBERATUNG** Christian Hupertz, Peter Ströh, Darek Stöhr
FILMPRODUKTION Markenfilm GmbH & Co. KG **GRAFIK** Stefanie Huber **KAMERA** Sönke Hansen **PRODUCER** Lars Wiebking, Katie Stiebel
REGIE Andreas Link **SCHNITT** Andreas Link **TEXT** Henning Patzner

Egal ob Papa das Auto des Nachbarn zerkratzt, Mama eine Affäre mit Onkel Klaus oder sich im Urlaub die Syphilis eingefangen hat: Die Kleinen plaudern es aus. Denn »Kindermund tut Wahrheit kund«. Auf peinlich-humorvolle Weise wird hier gezeigt, was BILD täglich aufs Neue beweist: »Nichts ist härter als die Wahrheit.«

BILD ZEITUNG »KINDERMUND«
AUFTRAGGEBER Axel Springer AG **MARKETINGLEITUNG** Karin Hilbert **WERBELEITUNG** Tanja Hackner **AGENTUR** Jung von Matt AG
CREATIVE DIRECTION Hans Weishäupl, Willy Kaussen, Oliver Voss **KUNDENBERATUNG** Ingo Webecke, Andrea Iser **FILMPRODUKTION** Big Fish Filmproduktion GmbH
EDITOR Alexander Jurkat **GRAFIK** Roland Heß **MUSIKKOMPOSITION** nhb ton GmbH **REGIE** Franziska Buch **SCHNITT** Alexander Jurkat
TEXT Peter Kirchhoff, Stefan Fockenberg **TONMEISTER** Bob Gratzias

296 KINOWERBEFILME

Nicht jeder weiß, dass die sichersten Autos aus Frankreich kommen. Darum wird im detailgetreuen Crashtest-Ambiente alles gegen die Wand gefahren, was Rang und Namen hat: Die bayerische Weißwurst wird zerfetzt, die japanische Sushi-Rolle zerstört und das schwedische Knäckebrot zersplittert. Nur das Baguette besteht den Test – der Hersteller mit den meisten Bestnoten im Euro-NCAP heißt Renault.

Zusätzlich erhielt dieser Spot Gold in der Kategorie TV-Spots auf Seite 253.

RENAULT SICHERHEIT »CRASHTEST«
AUFTRAGGEBER Renault Deutschland **MARKETINGLEITUNG** Jörg-Alexander Ellhof (Marketing Kommunikation)
WERBELEITUNG Astrid Kauffmann **AGENTUR** Nordpol+ Hamburg **CREATIVE DIRECTION** Lars Rühmann
ART DIRECTION Gunther Schreiber **KUNDENBERATUNG** Mathias Müller-Using, Niklas Franke
STRATEGISCHE PLANUNG Mathias Müller-Using **FILMPRODUKTION** element e
GRAFIK Christoph Bielefeldt, Philipp Dörner, Bertrand Kirschenhofer **MEDIA** Carat Hamburg
PRODUCER Jürgen Joppen **PRODUKTION** element e **REGIE** Silvio Helbig **TEXT** Ingmar Bartels

Wer beim Anblick seines DIY-Projekts nur an günstige Preise denkt, hat die Heimwerkerzunft nicht verstanden. In einem gefliesten Pool, einem eigenhändig geschaffenen Garten steckt in erster Linie das Herzblut des Heimwerkers oder Gartenfreunds. Tja, und das fließt in diesem Spot quer durch alle Bereiche. Wie schön, wenn man die bei Hornbach obligatorischen Dauertiefpreise noch obendrauf bekommt.

Zusätzlich erhielt dieser Spot Gold in der Kategorie TV-Spots auf Seite 252
sowie Bronze in der Kategorie Musikkompositionen/Sound Design auf Seite 311.

HORNBACH BAU- UND GARTENMÄRKTE »HEARTBEATS«
AUFTRAGGEBER HORNBACH Baumarkt AG **MARKETINGLEITUNG** Jürgen Schröcker
WERBELEITUNG Diana Weber **AGENTUR** HEIMAT, Berlin **CREATIVE DIRECTION** Guido Heffels, Jürgen Vossen
ART DIRECTION Tim Schneider, Carl Erik Rinsch **KUNDENBERATUNG** Yves Krämer, Barbara Widder
STRATEGISCHE PLANUNG HEIMAT, Berlin **FILMPRODUKTION** Markenfilm, Berlin
AGENTUR PRODUCER Kerstin Breuer **BILDBEARBEITUNG** nhb studios, Berlin
COMPUTERANIMATION nhb studios, Berlin **EDITOR** Piet Schmelz **GRAFIK** Eva Bajer **KAMERA** Robby Müller
KONZEPT HEIMAT, Berlin **MEDIA** Crossmedia **MUSIKKOMPOSITION** Steve Patuta (Audioforce, Berlin)
POST PRODUCTION nhb studios, Berlin **PRODUCER** Lutz Müller **REGIE** Carl Erik Rinsch (RSA)
SOUND DESIGN Audioforce, Berlin **SPRECHER** Caruso Sinclair **TECHNISCHE INSTALLATION** Lydia Montmar
TEXT Till Eckel, Guido Heffels, Carl Erik Rinsch **TONMEISTER** Thomas Süss

DHL ist weltweit der schnellste Kurierservice. Das kommunizieren wir im Stil einer Tierdoku. Ein Kolibri nähert sich in extremer Zeitlupe einer Blüte. Während man die Zeitlupenbewegung des Vogels beobachtet, fährt unvermittelt im Hintergrund ein DHL-Transporter in die Szenerie – in Realgeschwindigkeit – und ein Kurier stellt im Eilschritt ein Paket zu. Getreu dem Motto: »Nichts ist schneller. DHL.«

Zusätzlich erhielt dieser Spot Silber in der Kategorie TV-Spots auf Seite 255.

DHL »KOLIBRI«
AUFTRAGGEBER Deutsche Post World Net **WERBELEITUNG** Dirk Ude **AGENTUR** Jung von Matt AG
CREATIVE DIRECTION Oliver Handlos, Michael Pfeiffer-Belli **KUNDENBERATUNG** Jan Isterling, Marco Golbach
FILMPRODUKTION Entspannt Film **FUNKPRODUKTION** Studio Funk Berlin **AGENTUR PRODUCER** Nadja Catana
MUSIKKOMPOSITION Alexander Haber **REGIE** Nicolai Niemann **TONMEISTER** Alexander Haber

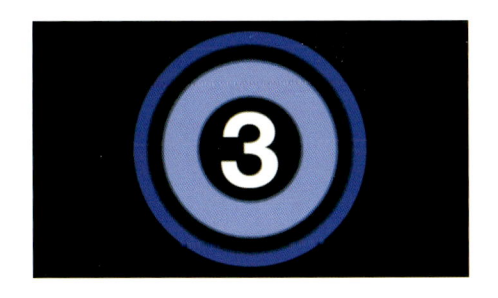

Eine Ode an die Zahl 3 und den BMW 3er. Anlässlich des 30. Geburtstags des BMW 3er zeigt dieser Film zur Musik »Three is a magic number«, wie die 3 uns scheinbar magisch durch unser ganzes Leben begleitet. Offensichtlich kein Zufall, dass ein so erfolgreicher Wagen wie der BMW 3er ebenfalls nach ihr benannt wurde.

Zusätzlich erhielt dieser Spot eine Auszeichnung in der Kategorie TV-Spots auf Seite 269 sowie in der Kategorie Filme für Verkaufsförderung auf Seite 299.

BMW »30 JAHRE 3ER/MAGIC NUMBER«
AUFTRAGGEBER BMW AG **MARKETINGLEITUNG** Dr. Wolfgang Armbrecht, Bernhard Schneider
WERBELEITUNG Dr. Hans-Peter Ketterl, Melanie Lipp **AGENTUR** Jung von Matt AG
CREATIVE DIRECTION Thimoteus Wagner, Thorsten Meier **KUNDENBERATUNG** Peter Ströh, Darek Stöhr, Marco Köditz
FILMPRODUKTION Mike Beims, The Shack GmbH **AGENTUR PRODUCER** Mark Róta, Nora Weber
EDITOR Torben Rönnspies **FILMANIMATION** Torben Rönnspies **GRAFIK** Till Monshausen, Lai-Sha Chan
KAMERA Uwe Ahlborn **MUSIKKOMPOSITION** Bob Dorough **REGIE** Thorsten Meier
SCHNITT Torben Rönnspies **TEXT** Thorsten Meier

Es soll Menschen geben, auf die Schweiß-Geruch durchaus erotisierend wirkt. Von dieser Wirkung sind die hier gezeigten Mitmenschen meilenweit entfernt. Doch der vermeintliche Giftgasangriff entpuppt sich als Ausdünstung eines Hornbach-Kunden beim Bau seines Terrassenprojekts. Ein wahrer Erotikthriller des Erfinders der Dauertiefpreise.

HORNBACH BAU- UND GARTENMÄRKTE POS-FILM »SOMMERPROJEKTE MIT HORNBACH. JETZT!«
AUFTRAGGEBER HORNBACH Baumarkt AG **MARKETINGLEITUNG** Jürgen Schröcker **WERBELEITUNG** Diana Weber **AGENTUR** HEIMAT, Berlin
CREATIVE DIRECTION Guido Heffels, Jürgen Vossen **ART DIRECTION** Tim Schneider **KUNDENBERATUNG** Yves Krämer, Barbara Widder
STRATEGISCHE PLANUNG HEIMAT, Berlin **FILMPRODUKTION** Trigger Happy Productions **KAMERA** Julian Hohndorf **POST PRODUCTION** Pictorion – Das Werk, Berlin
PRODUCER Stephan Vens **REGIE** Niklas Weise **SCHNITT** Sebastian Stoffels **SOUND DESIGN** Audioforce, Berlin **TEXT** Till Eckel **TYPOGRAFIE** Eva Bajer

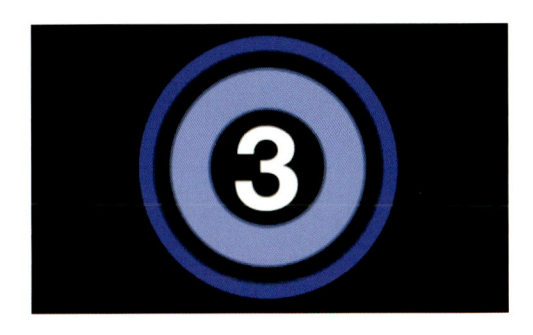

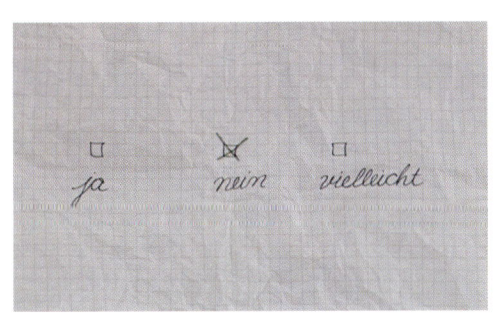

Eine Ode an die Zahl 3 und den BMW 3er. Anlässlich des 30. Geburtstags des BMW 3er zeigt dieser Film zur Musik »Three is a magic number«, wie die 3 uns scheinbar magisch durch unser ganzes Leben begleitet. Offensichtlich kein Zufall, dass ein so erfolgreicher Wagen wie der BMW 3er ebenfalls nach ihr benannt wurde.

Zusätzlich erhielt dieser Spot eine Auszeichnung in der Kategorie TV-Spots auf Seite 269 sowie in der Kategorie Kinowerbefilme auf Seite 297.

BMW 3ER MESSEFILM »30 JAHRE 3ER/MAGIC NUMBER«
AUFTRAGGEBER BMW AG **MARKETINGLEITUNG** Dr. Wolfgang Armbrecht, Bernhard Schneider **WERBELEITUNG** Dr. Hans-Peter Ketterl, Melanie Lipp
AGENTUR Jung von Matt AG **CREATIVE DIRECTION** Thimoteus Wagner, Thorsten Meier, Deneke von Weltzien **KUNDENBERATUNG** Peter Ströh, Darek Stöhr, Marco Köditz
FILMPRODUKTION Mike Beims, The Shack GmbH **AGENTUR PRODUCER** Mark Róta, Nora Weber **EDITOR** Torben Rönnspies
FILMANIMATION Torben Rönnspies **GRAFIK** Till Monshausen, Lai-Sha Chan **KAMERA** Uwe Ahlborn **MUSIKKOMPOSITION** Bob Dorough **REGIE** Thorsten Meier
SCHNITT Torben Rönnspies **TEXT** Thorsten Meier

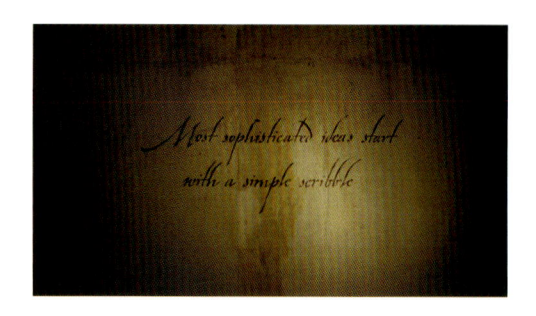

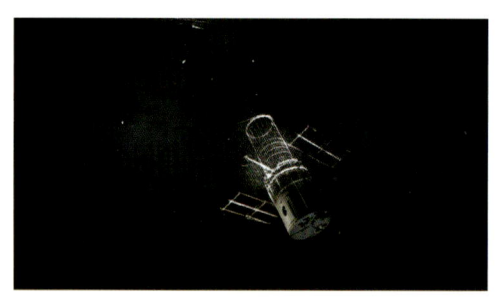

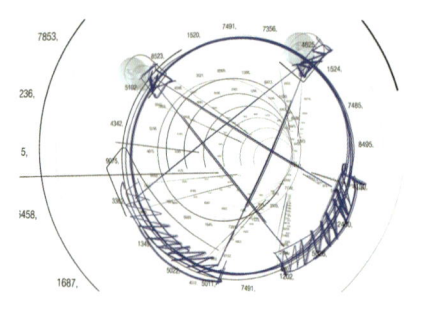

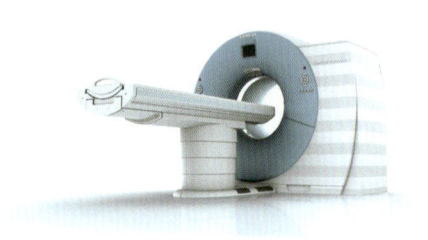

300 FILME FÜR VERKAUFSFÖRDERUNG **AUSZEICHNUNG**

In einer langen Kamerafahrt führt der Film durch die größten Innovationen der Medizin und Wissenschaft. Ideen entstehen stets als einfache Zeichnung und entwickeln sich zu komplexen Aufbauten und Welten. Und mit eben so einer einfachen Zeichnung wurden die neue Technologie und der neue Computertomograph von Siemens in den Markt eingeführt.

SIEMENS CT SOMATOM »SOMATOM DEFINITION LAUNCH FILM«
AUFTRAGGEBER Siemens AG, Medical Solutions, Computed Tomography Division   **MARKETINGLEITUNG** Dr. Bernd Ohnesorge   **CREATIVE DIRECTION** Andy Bate, Ulrich Kudielka
ART DIRECTION Ulrich Kudielka   **KUNDENBERATUNG** John Kriwet, Stephan Krämer   **FILMPRODUKTION** fiftyseven GmbH Filmproduction   **GRAFIK** Nicolas Hoefer
MUSIKKOMPOSITION Rich Blaha   **PRODUCER** Steffen Guthmann   **REGIE** Didier Malchaire & Steffen Guthmann   **TEXT** Andy Bate, Gabi Terkowski

HLX kauft die Wahlwerbe-Sendezeit der Partei »Die Partei« vom Satiremagazin Titanic. Anlässlich der Debatte über Schleichwerbung in ARD und ZDF gießt HLX Öl ins Feuer und lässt den »Partei«-Vorsitzenden Martin Sonneborn vor überquellendem HLX-Hintergrund nur eines machen: Schleichwerbung! So platziert sich HLX zum Spottpreis in der besten Sendezeit – und kommt wie immer billig davon.

Zusätzlich erhielten diese Spots Gold in der Kategorie Media auf Seite 234/235.

HLX TV-SPOT-KAMPAGNE
»DIE PARTEIEN ZUR WAHL«

AUFTRAGGEBER
Hapag-Lloyd Express GmbH
MARKETINGLEITUNG
Theresa Rasche
AGENTUR
Scholz & Friends/Titanic Verlag GmbH & Co. KG
CREATIVE DIRECTION
Jan Leube, Martin Pross,
Matthias Spaetgens, Sebastian Turner
ART DIRECTION
Johannes Hicks
KUNDENBERATUNG
Katrin Seegers, Wolfgang Schlutter, Vera Hofmann
FILMPRODUKTION
cine plus Media Service GmbH & Co. KG
KAMERA
Sascha Löw
REGIE
Matthias Spaetgens
SCHNITT
Cornelis Harder, Valeska Peters
TEXT
Martin Sonneborn, Riza A. Coertlen,
Stuart Kummer, Lars Baldermann

Sponsoring-Trailer für das Kulturmagazin Aspekte. Im Intro schreit ein gut situierter Herr in die Kamera. Während er sich zurücklehnt, deutet die Dame neben ihm sein Verhalten. Ihre Erklärung: »Munch!« Off: »Aspekte wird Ihnen präsentiert von Geldermann.«

Im Outro läutet die Dame eine Glocke. Ein Signal für die Dienstboten? Nein: »Schiller«. Off: »Aspekte wurde Ihnen präsentiert von Geldermann.«

GELDERMANN SEKT PRESENTERKAMPAGNE »VIVE LA DIFFÉRENCE«
AUFTRAGGEBER Geldermann Privatsektkellerei GmbH **MARKETINGLEITUNG** Peter O. Claußen **WERBELEITUNG** Christof Joos **AGENTUR** Kolle Rebbe Werbeagentur GmbH
CREATIVE DIRECTION Alexander Wilhelm **ART DIRECTION** Astrid Meier, Benjamin Pabst **KUNDENBERATUNG** Janine Öhrke, Sabine Geratz
FILMPRODUKTION Markenfilm GmbH & Co. KG **AGENTUR PRODUCER** Ana Lopez, Henning Stamm **BILDBEARBEITUNG** Markenfilm GmbH & Co. KG **PRODUCER** Katie Stiebel
REGIE Esther Haase **SPRECHER** Marc Gauchey **TEXT** Henning Flohr

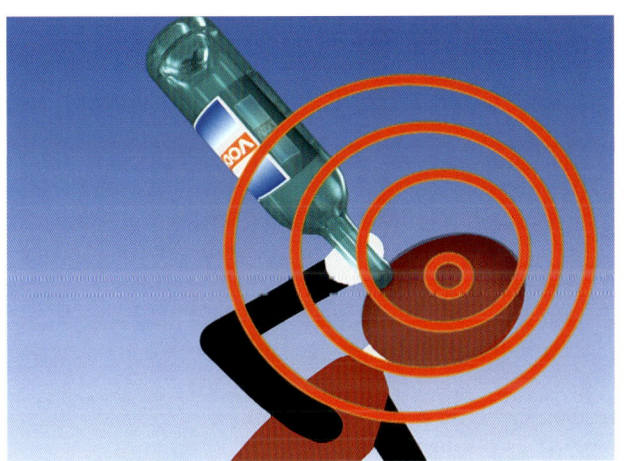

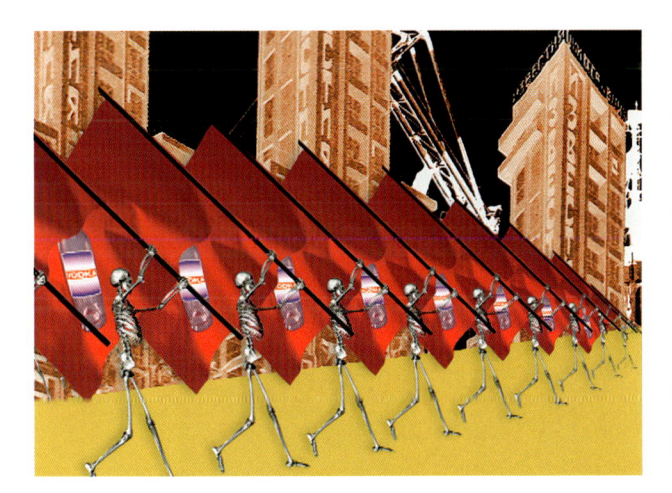

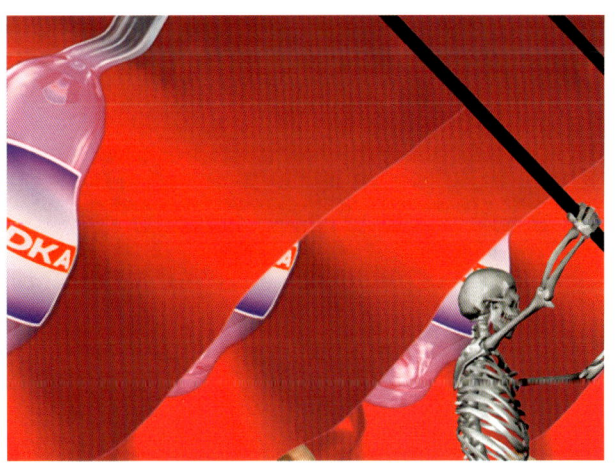

ARTE SPOT »VODKA«
AUFTRAGGEBER ARTE, Henri L'Hostis   **CREATIVE DIRECTION** Fabio Purino   **GRAFIK** P. de Rouget de Conigliano   **PRODUCER** Cornelia Laufer
PRODUKTION ARTE GEIE   **REGIE** P. de Rouget de Conigliano

ALZHEIMER FORSCHUNG INITIATIVE SOUND DESIGN »NORBERT FRANCK«

AUFTRAGGEBER Alzheimer Forschung Initiative e.V. **MARKETINGLEITUNG** Oda Sanel **WERBELEITUNG** Ellen Wiese **AGENTUR** Jung von Matt AG
CREATIVE DIRECTION Wolf Heumann, Ove Gley, Conny Unger (gate.11 GmbH) **KUNDENBERATUNG** Peggy Bienert
FILMPRODUKTION gate.11 GmbH **EDITOR** Arnd Buss von Kuk, Su Ludwig **FILMANIMATION** Conny Unger, Su Ludwig, George Maihoefer
KONZEPT Jung von Matt AG, gate.11 GmbH **POST PRODUCTION** gate.11 GmbH **PRODUCER** Julian Fischer, Christian Kuenstler
SOUND DESIGN Andreas List, Su Ludwig **TEXT** Henning Patzner

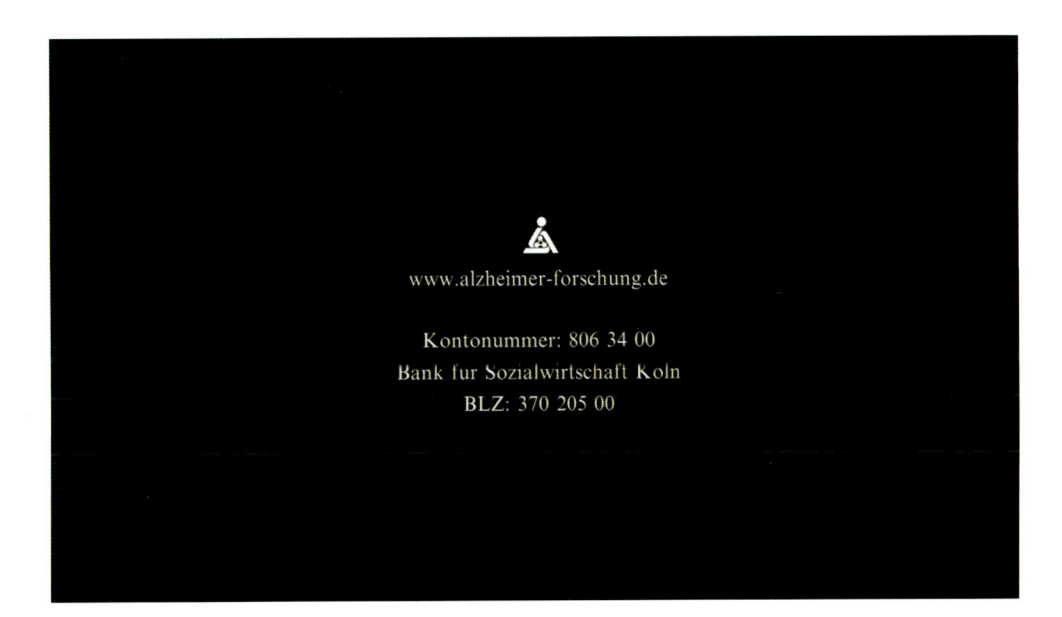

Während wir durch die Gedankenwelt des Alzheimer-Patienten Norbert Franck reisen, erleben wir typische Alzheimer-Symptome nicht nur visuell, sondern auch akustisch: Vertraute Geräusche und Melodien zerfallen und wirken immer fremder, immer bedrohlicher. Der Betrachter kann so die ausweglose Situation eines Alzheimer-Patienten noch besser nachvollziehen.

Zusätzlich erhielt diese Arbeit eine Auszeichnung in der Kategorie Typografie auf Seite 449.

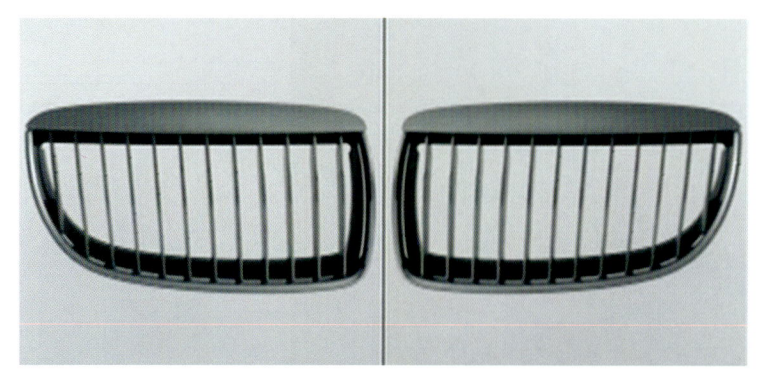

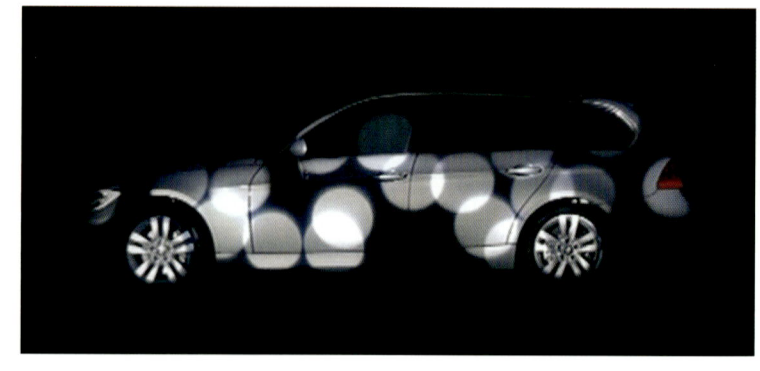

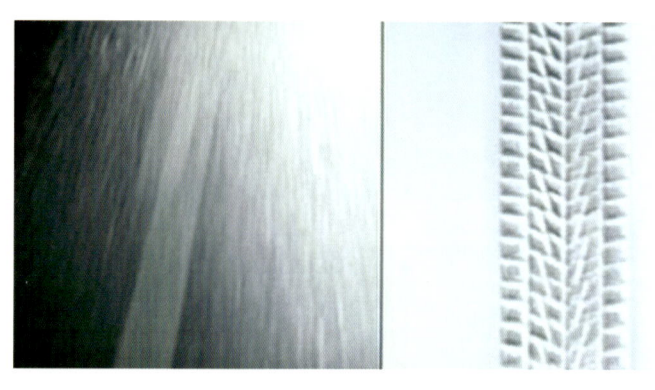

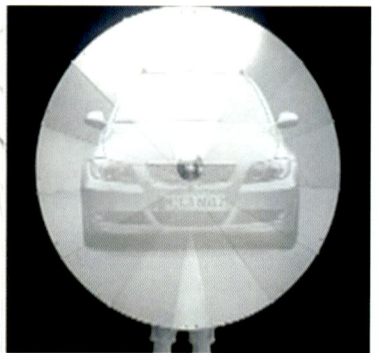

MUSIKKOMPOSITIONEN/SOUND DESIGN **AUSZEICHNUNG**

Keine Motorengeräusche, keine E-Gitarren. Stattdessen mystische, klare Glockentöne und ein breiter, zarter Tonteppich, die dem BMW 3er Touring eine akustische Allee anlegen – und seine Positionierung als ästhetische automobile Meisterleistung perfekt stützen.

BMW 3ER TOURING MUSIKKOMPOSITION »STATE OF THE ART«
AUFTRAGGEBER BMW AG **MARKETINGLEITUNG** Dr. Wolfgang Armbrecht, Bernhard Schneider **WERBELEITUNG** Dr. Hans-Peter Ketterl, Dr. Marc Eisenbarth
AGENTUR Jung von Matt AG **CREATIVE DIRECTION** Deneke von Weltzien, Thimoteus Wagner **ART DIRECTION** Mirjam Heinemann
KUNDENBERATUNG Peter Ströh, Franca Indemans **STRATEGISCHE PLANUNG** Ralph Poser **AGENTUR PRODUCER** Mark Róta **EDITOR** Speade London
KAMERA Karl Oskarsson **KÜNSTLER** Luka Gadjus **MUSIKKOMPOSITION** Joe Henson, Kunja Bihari **POST PRODUCTION** Rushes London
PRODUCER Ben Schneider, Christiane Lochte, Jacqui Pringle, Mel Teulet, Justin Traves **PRODUKTION** Radical.Media GmbH, Berlin **REGIE** Marcus Tomlinson
SCHNITT Julia Knight **STYLING** Paul Topen, Tamara Cincik, Raphael Salley, Alexsandra Byrne **TEXT** Christian Fritsche

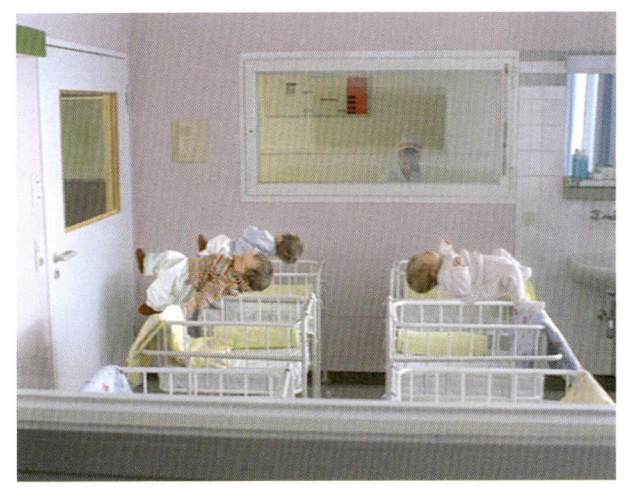

MUSIKKOMPOSITIONEN/SOUND DESIGN **AUSZEICHNUNG** 307

GMX FreeMail ermöglicht es den Menschen, ihren Gedanken freien Lauf zu lassen. Diese grundlegende Freiheit im Internet wird ebenso grundlegend akustisch interpretiert: durch die alte deutsche Weise »Die Gedanken sind frei« – sehr natürlich, aber nicht fehlerfrei gesungen von einem kleinen Mädchen. Und begleitet von Bildern schwebender Menschen als Metapher für den freien Geist.

GMX FREEMAIL MUSIKKOMPOSITION »DIE GEDANKEN SIND FREI«
AUFTRAGGEBER GMX **MARKETINGLEITUNG** Eva Heil **AGENTUR** Heye&Partner GmbH **CREATIVE DIRECTION** Jan Okusluk **ART DIRECTION** Oliver Diehr
KUNDENBERATUNG Matthias Gabbert **FILMPRODUKTION** Cobblestone Hamburg **AGENTUR PRODUCER** Janet Fox
KAMERA Julian Hohndorf **PRODUCER** Pieter Lony **REGIE** Sebastian Strasser **SCHNITT** Elena Bromund **SOUND DESIGN** Fritz Rating **TEXT** Jan Okusluk

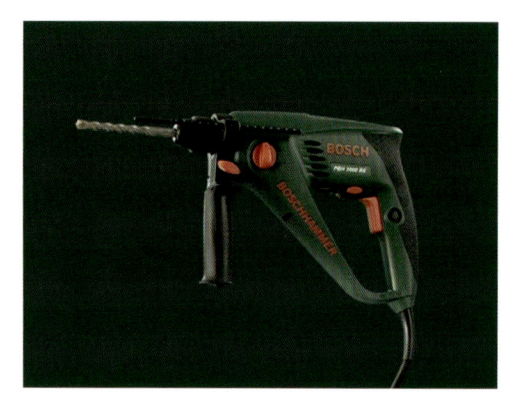

Kreissägen werden zu Cellos, Bohrmaschinen zu Streichern und Akkuschrauber zu Bläsern: Die »Symphonie der Werkzeuge« inszeniert die Kraft, Präzision und Designqualität der Bosch-Werkzeuge mittels einer faszinierenden audiovisuellen Sprache.

BOSCH ELEKTROWERKZEUGE SOUND DESIGN »OPUS GREEN«
AUFTRAGGEBER Robert Bosch GmbH   **MARKETINGLEITUNG** Bernd Müller   **WERBELEITUNG** Claus von Berg   **AGENTUR** Jung von Matt AG
CREATIVE DIRECTION Wolf Heumann, Andreas Ottensmeier   **ART DIRECTION** Olaf Scheer   **KUNDENBERATUNG** Natalie Martens, Romy Petrausch
FILMPRODUKTION bauhouse/Titanfilm GmbH   **AGENTUR PRODUCER** Matthias van de Sand   **MUSIKKOMPOSITION** bauhouse
REGIE Clemens Wittkowski, Fabian Grobe   **SCHNITT** bauhouse   **TEXT** Sascha Hanke

MUSIKKOMPOSITIONEN/SOUND DESIGN **AUSZEICHNUNG** 309

Warum ist Griechenland Europameister geworden? Und nicht Holland mit seinen ganzen Stars? Weil Fußball Mannschaftssport ist. Keine Flanke, kein Tor. Ganz einfach.

Zusätzlich erhielt diese Arbeit Bronze in der Kategorie TV-Spots auf Seite 263.

DFB JERSEY LAUNCH MUSIKKOMPOSITION »+10«
AUFTRAGGEBER adidas-Salomon AG **WERBELEITUNG** Markus Rachals **AGENTUR** TBWA\ Deutschland (180/TBWA) **CREATIVE DIRECTION** Stefan Schmidt, Kurt Georg Dieckert
ART DIRECTION Boris Schwiedrzik **KUNDENBERATUNG** Béla Ziemann **FILMPRODUKTION** Hager Moss Commercial GmbH **AGENTUR PRODUCER** Fabian Barz
EDITOR Nils Landmark **MUSIKKOMPOSITION** Jesper Gadeberg (Stockholm), Michael Viner's Incredible Bongo Band, Massive Music
POST PRODUCTION Arri Film & TV Services GmbH **PRODUCER** Eric Moss (Hager Moss), Philipp Bartel (Arri Film) **REGIE** Bruce St. Clair **TEXT** Helge Blöck

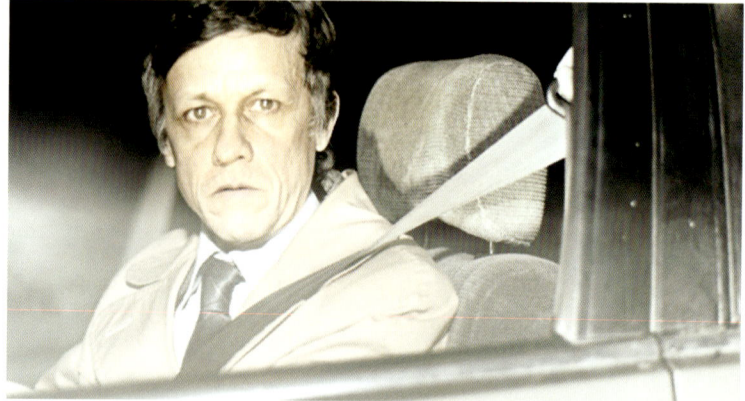

Ein sportliches Auto hat eigentlich nur einen einzigen Auftrag.
Spannend und aufregend zu sein. Der Seat Leon hat alles, was ein Bolide braucht.
Viel PS, einen fetten Sound und ein aggressives Design.
Das hinterlässt Spuren bei allen, die ihn gesehen haben.

SEAT SOUND DESIGN »GEIST«
AUFTRAGGEBER SEAT Deutschland GmbH **MARKETINGLEITUNG** Jörg Hitpass **AGENTUR** Atletico International **CREATIVE DIRECTION** Arndt Dallmann, Roland Vanoni
ART DIRECTION Arndt Dallmann **KUNDENBERATUNG** Patricia Nassauer **STRATEGISCHE PLANUNG** Thilo Ritz **FILMPRODUKTION** Markenfilm GmbH & Co. KG
AGENTUR PRODUCER Boris Schepker **KAMERA** Sebastian Pfaffenbichler **PRODUCER** Cornelius Rönz **REGIE** Jan Wentz **TEXT** Roland Vanoni
TONMEISTER Wenke Kleenebene

MUSIKKOMPOSITIONEN/SOUND DESIGN 311

HORNBACH BAU- UND GARTENMÄRKTE
MUSIKKOMPOSITION »HEARTBEATS«

AUFTRAGGEBER HORNBACH Baumarkt AG
MARKETINGLEITUNG Jürgen Schröcker
WERBELEITUNG Diana Weber
AGENTUR HEIMAT, Berlin
CREATIVE DIRECTION Guido Heffels, Jürgen Vossen
ART DIRECTION Tim Schneider, Carl Erik Rinsch
KUNDENBERATUNG Yves Krämer, Barbara Widder
STRATEGISCHE PLANUNG HEIMAT, Berlin
FILMPRODUKTION Markenfilm, Berlin
AGENTUR PRODUCER Kerstin Breuer
BILDBEARBEITUNG nhb studios, Berlin
COMPUTERANIMATION nhb studios, Berlin
EDITOR Piet Schmelz
GRAFIK Eva Bajer
KAMERA Robby Müller
KONZEPT HEIMAT, Berlin
MEDIA Crossmedia
MUSIKKOMPOSITION Steve Patuta (Audioforce, Berlin)
POST PRODUCTION nhb studios, Berlin
PRODUCER Lutz Müller
REGIE Carl Erik Rinsch (RSA)
SOUND DESIGN Audioforce, Berlin
SPRECHER Caruso Sinclair
TECHNISCHE INSTALLATION Lydia Montmar
TEXT Till Eckel, Guido Heffels, Carl Erik Rinsch
TONMEISTER Thomas Süss

Wer beim Anblick seines DIY-Projekts nur an günstige Preise denkt, hat die Heimwerkerzunft nicht verstanden. In einem gefliesten Pool, einem eigenhändig geschaffenen Garten steckt in erster Linie das Herzblut des Heimwerkers oder Gartenfreunds. Tja, und das fließt in diesem Spot quer durch alle Bereiche. Wie schön, wenn man die bei Hornbach obligatorischen Dauertiefpreise noch obendrauf bekommt.

Zusätzlich erhielt diese Arbeit Gold in der Kategorie TV-Spots auf Seite 252 sowie Silber in der Kategorie Kinowerbefilme auf Seite 296.

MTV REDESIGN 2005 »MTV ON AIR DESIGN«
AUFTRAGGEBER MTV Networks GmbH & Co. OHG   **CREATIVE DIRECTION** Thomas Sabel
ART DIRECTION Dinko Lacic, Benjamin Brettschneider, Peter Godzoll, Tim Goode, Hagen Biewer, Bettina Vogel, Nicole Horwedel
FILMPRODUKTION Die drei Ausrufezeichen   **DESIGN** Dinko Lacic, Benjamin Brettschneider, Peter Godzoll, Tim Goode, Hagen Biewer, Bettina Vogel, Nicole Horwedel
GRAFIK Dinko Lacic, Benjamin Brettschneider, Peter Godzoll, Tim Goode, Hagen Biewer, Bettina Vogel, Nicole Horwedel   **PRODUCER** Patrick Skerlec

MTV zeigt dem Zuschauer die Parallelwelt der urbanen Stickerkultur.
Realität und künstlerische Interpretation der Figuren stehen im alltäglichen Gegensatz.

MTV SHOW-PACKAGING »NOISE«

AUFTRAGGEBER
MTV Networks GmbH & Co. OHG
CREATIVE DIRECTION
Thomas Sabel
ART DIRECTION
Dinko Lacic
FILMPRODUKTION
MTV Networks GmbH & Co. OHG
DESIGN
Dinko Lacic
GRAFIK
Dinko Lacic
IDEE
Dinko Lacic
SOUND DESIGN
Sebastian Müller

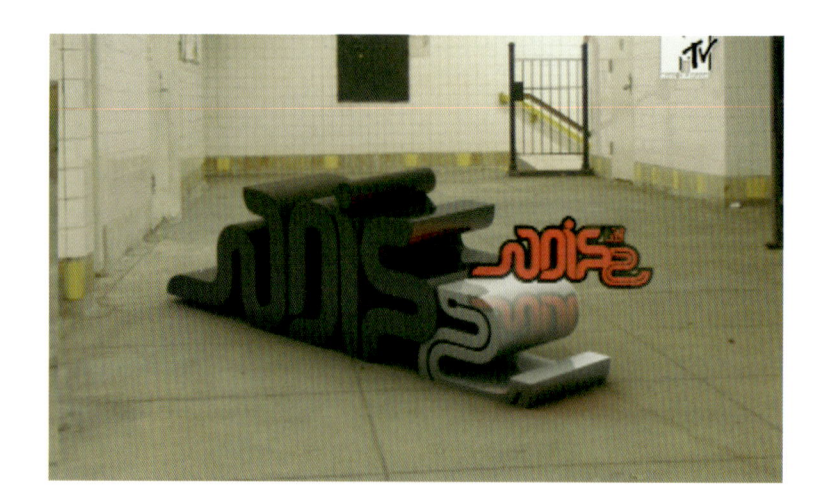

Das für die Show entwickelte Logo wurde als Hauptdarsteller in Szene gesetzt. Der Sound spiegelt die Bandbreite der verschiedenen Musikrichtungen wider. Das Logo ist Sound, ist gleich NOISE.

MBC IDENTS »MBC 4«

AUFTRAGGEBER
MBC Creative Services
CREATIVE DIRECTION
Alexander Grinke
ART DIRECTION
Alexander Grinke
COMPUTERANIMATION
LIGA_01 COMPUTERFILM
DESIGN
Alexander Grinke
IDEE
Alexander Grinke
POST PRODUCTION
LIGA_01 COMPUTERFILM
REGIE
Sebastian Faber

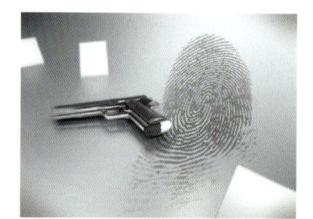

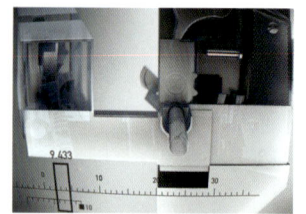

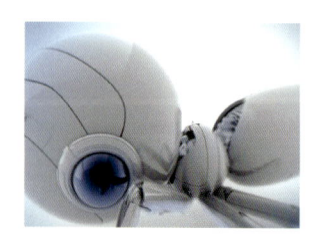

Jedes TV-Format des Senders MBC 4 sollte mit einem passenden Element beworben werden. Zielsetzung war es, durch eine außerordentliche, fotorealistische 3-D-Animation das Logo des Senders zu etablieren.
Hier sehen Sie die Beispiele für die Sendeformate Crime, Morningshow, Scifi sowie Celebrity.

TV-DESIGN/KINO-DESIGN **AUSZEICHNUNG** 317

Alle Mittel sind recht, um die neusten Clips in die MTV-Sendezentrale zu bringen!

MTV SHOW-PACKAGING »BRAND NEU«
AUFTRAGGEBER MTV Networks GmbH & Co. OHG **CREATIVE DIRECTION** Thomas Sabel **ART DIRECTION** Dinko Lacic **FILMPRODUKTION** Die Filmemacher
DESIGN Benjamin Brettschneider, Dinko Lacic **GRAFIK** Benjamin Brettschneider **IDEE** Dinko Lacic **KAMERA** Frank Lamm **REGIE** Benjamin Brettschneider

ROCK

Wir hören eine Rockband. Der Sänger grunzt über harte Gitarren:

»Die Route wird berechnet. Dem Straßenverlauf weiter folgen. Nach hundert Metern links abbiegen. Sie haben das Ziel erreicht.«

Off:
Navi und mp3 in einem. Die neue Navi-Generation von Blaupunkt.

BLAUPUNKT NAVIGATIONSSYSTEME KAMPAGNE »NAVI«
AUFTRAGGEBER Blaupunkt GmbH **MARKETINGLEITUNG** Clemens Krebs **WERBELEITUNG** Vincent Brucker **AGENTUR** Jung von Matt AG
CREATIVE DIRECTION Wolf Heumann, Harald Gasper, Andreas Ottensmeier **KUNDENBERATUNG** Jochen Schwarz, Thilo Hecht, Rolf Kutzera
FUNKPRODUKTION Hahn Nitzsche Studios GmbH **MUSIKKOMPOSITION** Sonic Brothers **SPRECHER** Georg Hahn
TEXT Sascha Hanke, Michael Okun **TONMEISTER** Georg Hahn, Thomas Nitzsche

VOLKSMUSIK

Wir hören eine lustige Volksmusik-Kapelle. Der Sänger intoniert fröhlich:

»Die Route wird berechnet. Dem Straßenverlauf weiter folgen. Nach hundert Metern links abbiegen. Jetzt links abbiegen. Jetzt rechts abbiegen. Sie haben das Ziel erreicht.«

Off:
Navi und mp3 in einem. Die neue Navi-Generation von Blaupunkt.

OPER

Wir hören ein Stück aus einer Oper. Ein Sänger und eine Sängerin geben ein Duett zum Besten:

»Die Route wird berechnet. Dem Straßenverlauf weiter folgen. Nach hundert Metern links abbiegen. Jetzt links – jetzt rechts abbiegen. Sie haben Ihr Ziel erreicht.«

Off:
Navi und mp3 in einem. Die neue Navi-Generation von Blaupunkt.

HAMMER

SFX:	Blasmusik
Off:	Dienstag, 7 Uhr 21. Nürtingen, Baden-Württemberg. Qualitätskontrolle bei Metabo:
Ingenieur 1:	(mit stark schwäbischem Akzent) So, was hammer denn da für'n Hammer?
Ingenieur 2:	(mit ebenfalls stark schwäbischem Akzent) Den BHE 20 Compact-Hammer hammer.
Ingenieur 1:	Hammer da auch nix vergessen?
Ingenieur 2:	Hammer net!
Ingenieur 1:	Hammer genug Kraft?
Ingenieur 2:	Hammer!
Ingenieur 1:	Hammer Staubabsaugung?
Ingenieur 2:	Hammer!
Ingenieur 1:	Hammer XXL-Garantie?
Ingenieur 2:	Klar, hammer!
Ingenieur 1:	Schlagstopp, hammer?
Ingenieur 2:	Hammer!
Ingenieur 1:	Was hammer noch?
Ingenieur 2:	Ääh – den Hammer hammer extrem leicht gemacht!
Ingenieur 1:	Hammer?
Ingenieur 2:	Ja, hammer!
Ingenieur 1:	Hammer dann alles?
Ingenieur 2:	Hammer!
Off:	Viel Hammer, wenig Gewicht! BHE 20 Compact, der neue Bohrhammer von Metabo. Metabo. Work. Don't play.
Ingenieur 1:	Hammer jetzt Pause?
Ingenieur 2:	Jaja, hammer!

METABO BHE 20 COMPACT »HAMMER«

AUFTRAGGEBER Metabowerke GmbH **WERBELEITUNG** Peter Hartung **AGENTUR** RTS Rieger Team Business-to-Business Communication **CREATIVE DIRECTION** Wolfgang Kröper **KUNDENBERATUNG** Jörg Abele, Thorsten Hauf **FUNKPRODUKTION** Peter Hardt, Jankowski Tonstudio **SPRECHER** Frank Stöckle, Peter Hardt, Wolfgang Kröper **TEXT** Christine Graf

LANDARZT

SFX:
Kuhstall-Atmo, Kuhmuhen

Älterer Mann in norddeutschem Dialekt:
»Wissen Sie, eine Kuh künstlich zu befruchten ist heute keine große Sache mehr.«

SFX:
Kuhmuhen

Mann:
»Dazu nimmt man so'ne Ampulle mit Samen und führt sie dann tief in die Kuh ein.«

SFX:
Schleimiges Geräusch

Mann, angestrengt:
»So … noch'n bisschen …

SFX:
Platschendes Geräusch von fallenden Kuhfladen

Mann, jetzt sehr undeutlich:
… bis mein Arm bis zur Schulter drin ist.«

Off:
Manchmal ist man froh, wenn man nichts sehen kann.
Aber nicht immer.
Spenden Sie dem Blinden- und Sehbehindertenverein Hamburg:
Hamburger Sparkasse, Konto 1280191998.

BLINDEN- UND SEHBEHINDERTENVEREIN HAMBURG KAMPAGNE »LANDARZT, OPERATION, KLÄRANLAGE«

AUFTRAGGEBER Blinden- und Sehbehindertenverein Hamburg e.V. **MARKETINGLEITUNG** Jochen Fischer **AGENTUR** Grabarz & Partner
CREATIVE DIRECTION Ralf Heuel, Dirk Siebenhaar **KUNDENBERATUNG** Thomas Eickhoff, Daniel Dolezyk **FUNKPRODUKTION** Studio Funk
AGENTUR PRODUCER Patrick Cahill **REGIE** Ralf Heuel, Torsten Hennings **TEXT** Ralf Heuel, Heike Frank **TONMEISTER** Torsten Hennings

TDI®-PRINZIP – RING

SFX:
Schluchzende, heulende Frau

Frau, verzweifelt:
»Du bist so ein Mistkerl. Mit meiner eigenen Mutter!«

Mann, trocken:
»Schuldigung. Hier Ring. Heirat in vier Wochen.«

Frau, gefasst:
»Wirklich? Wie süß!«

Off:
Mit wenig Energie viel erreichen.
Das TDI®-Prinzip.
Volkswagen. Aus Liebe zum Automobil.

VW TDI®-TECHNOLOGIE KAMPAGNE »TDI®-PRINZIP«
AUFTRAGGEBER Volkswagen AG **MARKETINGLEITUNG** Jörn Hinrichs, Lutz Kothe **WERBELEITUNG** Michael Lendle **AGENTUR** Grabarz & Partner
CREATIVE DIRECTION Ralf Heuel, Patricia Pätzold, Ralf Nolting **ART DIRECTION** Christoph Stricker **KUNDENBERATUNG** Katja Fredriksen
FUNKPRODUKTION Studio Funk **REGIE** Ralf Heuel, Torsten Hennings **TEXT** Paul von Mühlendahl **TONMEISTER** Torsten Hennings

TDI®-PRINZIP – POMMES

SFX:
Kindergeburtstag. Ein Haufen Blagen schreit total laut rum.

SFX:
Eine Tür öffnet sich.

Mutter, kurz:
»Jetzt ruhig, später Pommes.«

SFX:
Stille

SFX:
Tür schließt sich.

Off:
Mit wenig Energie viel erreichen.
Das TDI®-Prinzip.
Volkswagen. Aus Liebe zum Automobil.

TDI®-PRINZIP – MWST.

SFX:
Politikkundgebung

SFX:
Buhrufe, Pfiffe

Politiker über Mikro, mühelos:
»Liebe Wähler. Mehrwertsteuer halbieren, Rente verdoppeln. Ihre Stimme zählt. Danke.«

SFX:
Tosender Applaus

Off:
Mit wenig Energie viel erreichen.
Das TDI®-Prinzip.
Volkswagen. Aus Liebe zum Automobil.

TDI®-PRINZIP – HERZFEHLER

SFX:
Hotelbar, seichte Hintergrundmusik

Mann, trocken:
»Tag, Herbert Schneider, zwölf Millionen auf der Bank, Herzfehler, ledig.«

Frau, kichernd:
»Zu mir oder zu dir?«

Off:
Mit wenig Energie viel erreichen.
Das TDI®-Prinzip.
Volkswagen. Aus Liebe zum Automobil.

GRÜNKOHL

Kundin:	Moin, Moin.
Verkäufer:	Tach junge Frau. Was darf's denn sein heute?
Kundin:	Gibt's eigentlich schon frischen Kühngrohl?
Verkäufer:	Kühngrohl. Guck mal, hier. Ich zeig' Ihnen den.
Kundin:	Oh, Mensch ist der groß. Pack ein.
Verkäufer:	Was halten Sie hier denn von den wunderschönen Reckstüben?
Kundin:	Reckstüben. Das klingt gut. Und dann möchte ich aber noch'n bisschen was Grünes.
Verkäufer:	Wir haben ganz frische Pechbrohnen, bisschen Littschnauch und denn wunderschöne Zegüsemiebeln.
Kundin:	Gut, nehme ich auch. Ach, und dann brauch ich noch ein paar Hüsse für'n bunten Teller.
Verkäufer:	Naselhüsse. Wunderbar.
Off:	Gentechnik verändert Ihre Lebensmittel. Informationen und Tipps auf einkaufsnetz.org, der Verbraucherorganisation von Greenpeace.

EINKAUFSNETZ.ORG »GENTECHNIK: GRÜNKOHL«

AUFTRAGGEBER Greenpeace **MARKETINGLEITUNG** Corinna Hölzel **AGENTUR** Saatchi & Saatchi GmbH **CREATIVE DIRECTION** Florian Pagel, Anne Petri, Jörn Welle **KUNDENBERATUNG** Falk Lungwitz, Gerhard Nonnenmacher **FUNKPRODUKTION** Studio Funk **AGENTUR PRODUCER** Lorraine Hastry **EDITOR** Christof Weische **IDEE** Vera Mittler **REGIE** Klaus Funk **SCHNITT** Christof Weische **SOUND DESIGN** Studio Funk **SPRECHER** Heinz Inselmann, Brunhilde Tappert, Holger Löwenberg (Off) **TEXT** Vera Mittler, Florian Kaehler

Männliche Stimme in normalem Tonfall:
»Wo sind meine Socken?«

Etwas lauter, leicht genervt:
»Wo sind meine Socken?!«

Schreiend, fast hysterisch:
»Wo sind meine Socken!!«

Off:
Von 0 auf 100 in 6,5 Sekunden. Der neue Golf R32.
Jetzt Probe fahren bei Ihrem Volkswagen-Händler.
Volkswagen. Aus Liebe zum Automobil.

Männliche Stimme in normalem Tonfall:
»Gib mir mal die Fernbedienung.«

Etwas lauter, leicht genervt:
»Gib mir mal die Fernbedienung!«

Schreiend, fast hysterisch:
»Gib mir mal die Fernbedienung!!«

Off:
Von 0 auf 100 in 6,5 Sekunden. Der neue Golf R32.
Jetzt Probe fahren bei Ihrem Volkswagen-Händler.
Volkswagen. Aus Liebe zum Automobil.

Männliche Stimme in normalem Tonfall:
»Das ist mein Eis.«

Etwas lauter, leicht genervt:
»Das ist mein Eis!«

Schreiend, fast hysterisch:
»Das ist mein Eis!!«

Off:
Von 0 auf 100 in 6,5 Sekunden. Der neue Golf R32.
Jetzt Probe fahren bei Ihrem Volkswagen-Händler.
Volkswagen. Aus Liebe zum Automobil.

VW GOLF R32 KAMPAGNE »VON 0 AUF 100«
AUFTRAGGEBER Volkswagen AG **MARKETINGLEITUNG** Lutz Kothe **WERBELEITUNG** Michael Lendle **AGENTUR** DDB Berlin GmbH
CREATIVE DIRECTION Amir Kassaei, Bastian Kuhn, Alexander Weber-Grün **KUNDENBERATUNG** Benjamin Reininger, Louisa Ibing **STRATEGISCHE PLANUNG** Jason Lusty
FUNKPRODUKTION Hastings Audio Network **AGENTUR PRODUCER** Marion Lange **EDITOR** Andreas »Beavis« Ersson **TEXT** Daniel Ernsting

POLITIK

SFX:
Nachrichten-Erkennungs-Melodie

Seriöser Nachrichtensprecher:
»Die Nachrichten.
Politik: Die heutige Stammtisch-Sitzung lief unter der Agenda: Kegelbruder Klaus wird 60 – was schenken wir?
Einer Blitz-Umfrage zufolge zeichneten sich als Favoriten ein Hirschgeweih und eine Kiste Eierlikör ab.
Überraschend einigte man sich schließlich, mit der nötigen Zwei-Drittel-Mehrheit, auf eine karierte Rheumadecke, die farblich ganz gut mit seiner – so wörtlich – ›ollen‹ Couchgarnitur harmoniert. Dies geht aus dem Protokoll des Kassenwarts Günny hervor.
Und nun zum Wetter … (blendet aus)«

Off:
Tja, worüber soll man auch berichten,
wenn schon alles in BILD-Hamburg steht?

Soundlogo und Claim:
BILD Dir Deine Meinung!

SPORT

SFX:
Nachrichten-Erkennungs-Melodie

Seriöser Nachrichtensprecher:
»Die Nachrichten.
Sport: Mit einem dramatischen 3:2 endete heute das Spitzenspiel in Onkel Rainers Schrebergarten zwischen den Enkelkindern und Rainers Doppelkopf-Brüdern.
Die Gastgeber mussten auf ihren Torwart Opa Friedhelm, auch genannt ›die Glatze‹, verzichten, der sich gleich bei der ersten Ballberührung einen Oberschenkelhalsbruch zuzog.
Das Siegtor erzielte der achtjährige Pascal, nachdem er zuvor mit zwei hochkarätigen Chancen erst am Grill und dann an Tante Ernas Nudelsalat kläglich gescheitert war.
Hamburg … (blendet aus)«

Off:
Tja, worüber soll man auch berichten,
wenn schon alles in BILD-Hamburg steht?

Soundlogo und Claim:
BILD Dir Deine Meinung!

PARTY

SFX:
Nachrichten-Erkennungs-Melodie

Seriöser Nachrichtensprecher:
»Die Nachrichten.
Hamburg: Mit einer großen Gala wurde gestern in Papas Partykeller Susis 15. Geburtstag gefeiert. Der Veranstalter, Susis Mutter, bezeichnete die Party als vollen Erfolg.
Nur am Rande der Feier kam es zu Zwischenfällen.
Während des Flaschendrehens mit anschließendem Pflichtknutschen verschluckte Michi das Zungenpiercing von Gabi und musste zum Magenauspumpen in die Notaufnahme. Dort traf er auf seinen Mitschüler Dennis, der mit einer Alkoholvergiftung eingeliefert wurde, nachdem er den Weinkeller von Susis Papa für sich entdeckt hatte.
Ihm drohen nun zwei Wochen Hausarrest mit Fernsehverbot.
Zum Sport … (blendet aus)«

Off:
Tja, worüber soll man auch berichten,
wenn schon alles in BILD-Hamburg steht?

Soundlogo und Claim:
BILD Dir Deine Meinung!

BILD ZEITUNG KAMPAGNE »WORÜBER SOLL MAN AUCH BERICHTEN?«
AUFTRAGGEBER Axel Springer AG **MARKETINGLEITUNG** Karin Hilbert **WERBELEITUNG** Tanja Hackner **AGENTUR** Jung von Matt AG
CREATIVE DIRECTION Hans Weishäupl, Willy Kaussen, Oliver Voss **KUNDENBERATUNG** Julia Krömker, Andrea Iser, Birthe Kraeße **FUNKPRODUKTION** Hastings Audio Network
PROJEKTMANAGER Nicola Mielke, Matthias Lührsen **REGIE** Willy Kaussen **TEXT** Stefan Fockenberg **TONMEISTER** Dennis Gunske

20 3 59

Ein Mann mit Schifferklavier, der ausgelassen singt:

»Auf der 20 3 59 nachts um halb eins.
Ob Du ein Mädel hast oder auch keins,
amüsierst Du Dich, denn das findet sich
auf der 20 3 59 nachts um halb eins.
Wer noch niemals in lauschiger Nacht
einen 20 3 59-Bummel gemacht,
ist ein armer Wicht, …«

Off:
Das neue Postleitzahlenbuch ist da.
Jetzt für 6,95 Euro in Ihrer Filiale.
Deutsche Post.

Zusätzlich erhielt diese Kampagne Silber in der Kategorie Verkaufsförderung auf Seite 208/209 und Bronze in der Kategorie Media auf Seite 248 sowie eine Auszeichnung in der Kategorie Integrierte Kampagne auf Seite 335.

DEUTSCHE POST POSTLEITZAHLENBUCH KAMPAGNE »POSTLEITZAHLEN«
AUFTRAGGEBER Deutsche Post AG **MARKETINGLEITUNG** Stephan Dahm **WERBELEITUNG** Dirk Behrend **AGENTUR** BBDO Campaign GmbH Düsseldorf
CREATIVE DIRECTION Carsten Bolk **ART DIRECTION** Bernd Faust, Fabian Kirner, Jörg Sachtleben **KUNDENBERATUNG** Frieder Kornbichler, Dirk Bittermann, Ulrike Heinecke
FOTOGRAFIE Svenson Linnert **FUNKPRODUKTION** Studio Funk, Düsseldorf **AGENTUR PRODUCER** Jens Mecking **REGIE** Tobias Bürger
SPRECHER Jasper Vogt, Stephan Schwartz, Sylvester Berger, Bernd Hecker **TEXT** Elmar Gerlach, Felix Lemcke **TONMEISTER** Tobias Grumbach

SCHLECHT GESCHLAFEN

SFX:
Tür wird geöffnet.

Kleiner Junge, begeistert:
»Papi, Papi, los steh auf! Heute ist doch mein erster Schultag.«

SFX:
Quietschen einer Matratze

Mann, müde:
»Oh. Hau ab. Sonst ist es auch dein letzter!«

Off:
Schlecht geschlafen? Kuschelige Daunen in Decken und Kissen, gibt's jetzt bei IKEA. Also raus aus den Federn und ab zu IKEA!

Soundlogo und Claim:
IKEA. Wohnst du noch oder lebst du schon?

IKEA KAMPAGNE »SCHLECHT GESCHLAFEN«
AUFTRAGGEBER IKEA Deutschland GmbH & Co. KG **MARKETINGLEITUNG** Benny Hermansson **WERBELEITUNG** Niclas Silversved
AGENTUR weigertpirouzwolf Werbeagentur GmbH **CREATIVE DIRECTION** Kay Eichner **ART DIRECTION** Niclas Silversved **KUNDENBERATUNG** Sandra Poloschek
FUNKPRODUKTION Studio Funk Hamburg GmbH & Co. KG **REGIE** Torsten Hennings, Jonas Bergström **TEXT** Jonas Bernschneider **TONMEISTER** Torsten Hennings

BRUDER JAKOB

SFX:
Abspieltaste eines Kassettenrekorders wird gedrückt, alte Tonbandaufnahme mit Störgeräuschen beginnt.

Ein kleiner Junge singt:
»Bruder Jakob, Bruder Jakob,
schläfst du noch, schläfst du noch?
Siehst du nicht die Glocken, siehst du nicht die Glocken?
ding – dang – dong, ding – dang – dong.«

Off:
Für Jungs, die damals schon Männer waren. Der Golf GTI®.
Volkswagen. Aus Liebe zum Automobil.

VW GOLF GTI® »BRUDER JAKOB«

AUFTRAGGEBER Volkswagen AG
MARKETINGLEITUNG Lutz Kothe
WERBELEITUNG Martina Berg
AGENTUR DDB Berlin GmbH
CREATIVE DIRECTION Mathias Stiller, Wolfgang Schneider
ART DIRECTION Kristoffer Heilemann
KUNDENBERATUNG Michael Lamm, Louisa Ibing
STRATEGISCHE PLANUNG Jason Lusty
FUNKPRODUKTION Hastings Audio Network
AGENTUR PRODUCER Marion Lange
TEXT Ludwig Berndl
TONMEISTER Andreas »Beavis« Ersson

BERLINER MORGENPOST »WAS FÜR DICH«

AUFTRAGGEBER Ullstein GmbH
MARKETINGLEITUNG Barbara Daliri-Freyduni
WERBELEITUNG Silke Tebartz
AGENTUR Jung von Matt AG
CREATIVE DIRECTION Burkhart von Scheven, Michael Pfeiffer-Belli, Ingo Höntschke
ART DIRECTION David Mously
KUNDENBERATUNG Frank Lotze, Henning Gerstner
FUNKPRODUKTION Studio Funk Berlin
REGIE Leene Rafelt
SPRECHER Helga Sasse, Helmut Gauß, Torsten Sense
TEXT Jan Harbeck
TONMEISTER Leene Rafelt

WAS FÜR DICH

SFX:
Frühstücksgeräusche, Zeitungsgeraschel

Mann:
»Du Else, hier steht, die Polizei sucht jemanden, der nachts im Park alte Frauen belästigt.«

Frau:
»Na, das ist doch mal was für dich.«

Off:
Auf Jobsuche? In Berlins größtem Stellenmarkt finden Sie den richtigen.
Heute in der Berliner Morgenpost.
Hier ist die Hauptstadt. Wir sind die Zeitung.

GLÖCKCHEN

SFX:
Kleine Glöckchen klingeln zart.
Dann verändern sich die Glöckchen.
Aus dem Klingeln wird das Läuten großer Turm-Glocken.

Arzt:
»Sie träumen von einem größeren Busen?
Informieren Sie sich unter www.perfekterbusen.de
und vereinbaren Sie ein persönliches Gespräch mit uns.«

WWW.PERFEKTERBUSEN.DE »GLÖCKCHEN«

AUFTRAGGEBER Estetica-Klinik
MARKETINGLEITUNG Naciye Schmidt
AGENTUR Scholz & Friends
CREATIVE DIRECTION Matthias Spaetgens, Jan Leube
KUNDENBERATUNG Katrin Seegers, Jeanine Wyrwoll
FUNKPRODUKTION Studio Funk Berlin
REGIE Stephan Moritz
SOUND DESIGN Sebastian Voigt
TEXT Jens Daum

Vorleser:
»Ach, was muss man oft von bösen
Buben hören oder lesen!
Wie zum Beispiel hier von diesen,
Welche Lars und Boris hießen;
Die, ums auf den Punkt zu bringen,
Allen auf die Nüsse gingen:

Zocken, fluchen, derbe spaßen,
Rotzen, rülpsen, Winde lassen –
Auf der Couch in Unterhosen
Pflegten sie herumzuposen.
Dann und wann sah man die Fratzen,
Genüsslich sich die Klöten kratzen.

Noch ihr lässlichstes Vergehen
War's, beim Pinkeln stets zu stehen,
Haben auch im ganzen Leben
Beim Zielen sich nie Müh' gegeben.

Aber wehe, wehe, wehe –
Wenn ich auf das Ende sehe.
Denn es sind – ach! – unsre Lieben
Sich bis heute treu geblieben.

Oh, wie schamlos frönen sie
Jetzt dem neuen GTI®.
Ziehen bretternd ihre Bahn –
Jungs, die schon damals Männer war'n.«

Off:
Volkswagen. Aus Liebe zum Automobil.

VW GOLF GTI® »LARS & BORIS«

AUFTRAGGEBER Volkswagen AG
MARKETINGLEITUNG Lutz Kothe
WERBELEITUNG Martina Berg
AGENTUR DDB Berlin GmbH
CREATIVE DIRECTION Mathias Stiller, Wolfgang Schneider
ART DIRECTION Kristoffer Heilemann
KUNDENBERATUNG Michael Lamm, Louisa Ibing
STRATEGISCHE PLANUNG Jason Lusty
FUNKPRODUKTION Hastings Audio Network
AGENTUR PRODUCER Marion Lange
TEXT Ludwig Berndl
TONMEISTER Andreas »Beavis« Ersson

Zusätzlich erhielt diese Arbeit Bronze in der Kategorie
Verkaufsförderung auf Seite 216/217 sowie eine Auszeichnung
in der Kategorie Grafische Einzelarbeiten auf Seite 441.

Erklärung:
Für Bisley wurde kein Funkspot im normalen Sinne produziert,
sondern es wurde mit einigen Radiostationen eine Kooperation
eingegangen. Direkt im Anschluss an den konventionell
verlesenen Wetterbericht haben die Nachrichtensprecher den
speziellen Bisley-Wetterbericht verlesen. Es folgt ein Beispiel.

Wir hören den Radio-Jingle:

Sprecher:
»Heute Abend und in der Nacht gibt's Regen. Und Sie sollten
sich warm anziehen, wenn Sie raus müssen. Die Temperaturen
gehen heute Nacht nämlich runter auf bis zu 13 Grad.
Morgen geht's gerade mal so weiter mit dem Regen.
Immerhin sind dann aber wieder um die 20 Grad drin.
Im Moment haben wir in Esslingen am Dicken Turm 16 Grad.
15 in Plochingen am Hundertwasserhaus und 15 auch am
Rasthof in Gruibingen.

… und jetzt das aktuelle Wetter, präsentiert von Bisley-
Ordnungssystemen:

13 Grad, 15 Grad, 15 Grad, 16 Grad, 20 Grad, Esslingen,
Gruibingen, Plochingen, Am Dicken Turm, Hundertwasserhaus,
Rasthof, Abend, drin, heute, heute, morgen, Regen, Regen,
Temperaturen, warm, weiter.«

Off:
Bisley. Perfectly organised.

BISLEY BÜROMÖBEL »BISLEY-WETTERBERICHT«

AUFTRAGGEBER Bisley GmbH
MARKETINGLEITUNG Garry Carr
AGENTUR Kolle Rebbe Werbeagentur GmbH
CREATIVE DIRECTION Katrin Oeding
ART DIRECTION Erik Hart
KUNDENBERATUNG Sabine Geratz, Alexander Duve, Gregor W. Busch
FUNKPRODUKTION URY University Radio/DIE NEUE 107,7
TEXT Alexander Baron

Integrierte

Kampagnen

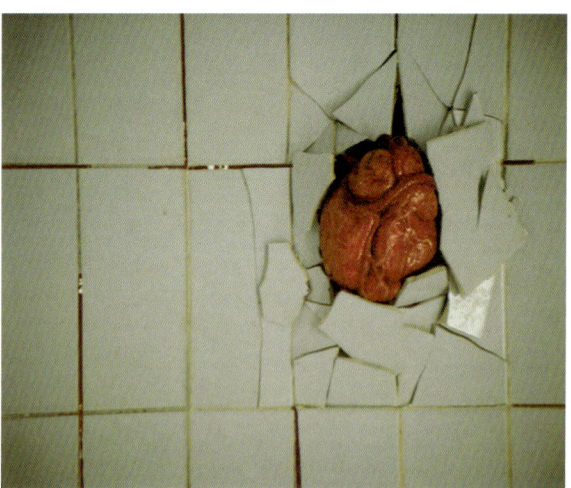

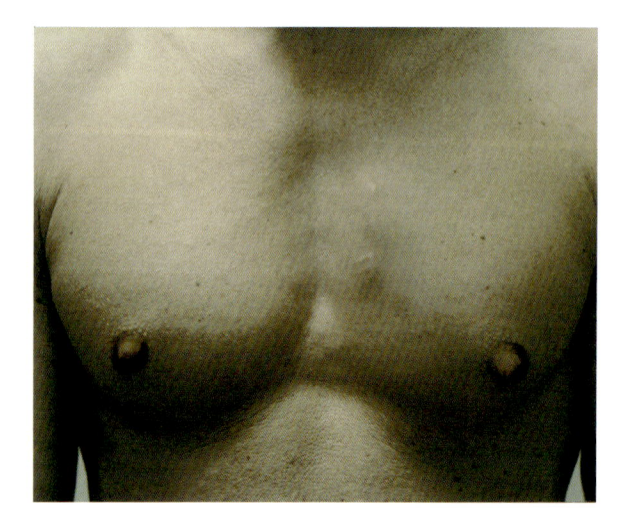

Die Basis lieferte der TV- und Kinospot »Heartbeats«, der zeigte, dass in jedem Heimwerker-Projekt immer auch Herzblut steckt. Im Web wurde dieser hehre Anspruch neben Gängigem (Film, Making-Of, E-Cards) mit Projekt-Anleitungen untermauert. POS und Werbeheft: Auch hier zieht sich das Thema durch. Kleine Krönung: Während der Teaserphase wurde das Herz in die Senderkennung von VOX eingebaut.

HORNBACH BAU- UND GARTENMÄRKTE »IN JEDEM PROJEKT STECKT EIN TEIL VON DIR«
AUFTRAGGEBER HORNBACH Baumarkt AG   **MARKETINGLEITUNG** Jürgen Schröcker   **WERBELEITUNG** Diana Weber   **AGENTUR** HEIMAT, Berlin
CREATIVE DIRECTION Guido Heffels, Jürgen Vossen   **ART DIRECTION** Tim Schneider   **KUNDENBERATUNG** Yves Krämer, Barbara Widder, Mete Atam
STRATEGISCHE PLANUNG HEIMAT, Berlin   **FILMPRODUKTION** Markenfilm, Berlin   **AGENTUR PRODUCER** Kerstin Breuer   **BILDBEARBEITUNG** PX1
COMPUTERANIMATION nhb studios, Berlin   **DESIGN** Eva Bajer   **EDITOR** Piet Schmelz   **IT-LEITUNG** Thomas Auer   **KAMERA** Robby Müller   **MEDIA** Crossmedia
MUSIKKOMPOSITION Steve Patuta (Audioforce, Berlin)   **POST PRODUCTION** nhb studios, Berlin   **PRODUCER** Lutz Müller   **PROGRAMMIERUNG** Proximity
REGIE Carl Erik Rinsch   **SCREEN DESIGN** Proximity   **TECHNISCHE INSTALLATION** Proximity   **TECHNISCHE KONZEPTION** Proximity
TECHNISCHE UMSETZUNG Proximity   **TEXT** Till Eckel, Guido Heffels, Carl Erik Rinsch   **TONMEISTER** Thomas Süss   **WEB-PRODUCER** Proximity

IN JEDEM
PROJEKT
STECKT EIN TEIL VON DIR.
Das ist die zentrale Botschaft unserer neuen TV-Kampagne „Heartbeats". Denn ein echter Heimwerker steckt immer einen Teil von sich in sein Projekt: Herzblut, Wille, Stolz. Das ist es, was unsere Kunden ausmacht. Was Hornbach ausmacht, ist, dass wir unseren Kunden alles bieten, was sie für ihr Projekt brauchen: Das beste Sortiment, die beste Beratung – das macht uns zur Nummer 1 für Projekte.
CD-ROM (nur für Computer)
HERZBLUT. WILLE. STOLZ.
Leidenschaft kann man zeigen – und ab sofort auch umhängen. Die Hornbach Herzblut-Marke für alle Mitarbeiter.
ND VON DIR.
Nummer 1 für Projekte wird man nicht nur mit tollen Angeboten. Sondern vor allem mit
Wille, Stolz. Ob im Verkauf, Lager oder in der Buchhaltung – nur wenn jeder bei
mit voller Energie dabei ist, können wir unser Ziel erreichen: auch in Zukunft die
Nummer 1 für Projekte und unsere Kunden zu sein. *Es steckt in dir. Lass es raus!*
WELCHES IST IHR HERZBLUT-PROJEKT?
GEWINNEN SIE EINE REISE ZU EINEM HORNBACH SHOOTING.
Gibt es unter allen Projekten, die Sie realisiert haben, das EINE? Das eine, wo Liebe und Herzblut in Unmengen drinstecken? Dann schicken Sie uns ein Foto mit einer kurzen Projektbeschreibung, nicht zu vergessen Ihren Namen, Ihren Markt und Ihre Abteilung. Die besten Bilder werden im Internet ausgestellt und das Top-Projekt wird mit einem Blick hinter die Kulissen bei einem Hornbach Werbeshooting belohnt.
Einsendungen bis 15.10. an:
HORNBACH BAUMARKT AG
Stichwort: Mein „Herzblut"-Projekt
Hornbachstraße
76878 Bornheim

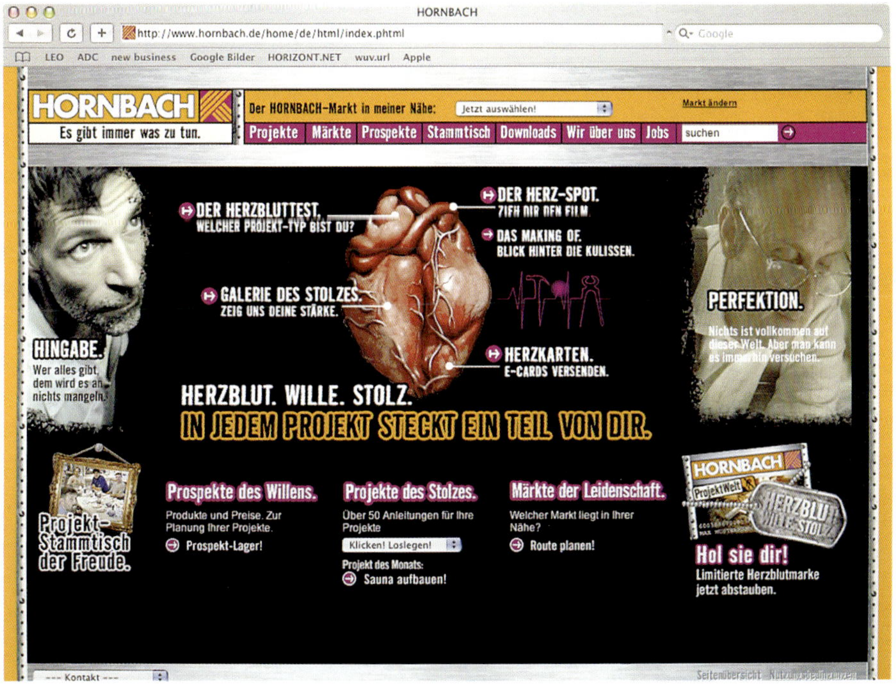
HORNBACH
http://www.hornbach.de/home/de/html/index.phtml
HORNBACH
Es gibt immer was zu tun.
Der HORNBACH-Markt in meiner Nähe:
Jetzt auswählen!
Markt ändern
Projekte Märkte Prospekte Stammtisch Downloads Wir über uns Jobs
suchen
DER HERZBLUTTEST. WELCHER PROJEKT-TYP BIST DU?
DER HERZ-SPOT.
DAS MAKING OF. BLICK HINTER DIE KULISSEN.
GALERIE DES STOLZES. ZEIG UNS DEINE STÄRKE.
HERZKARTEN. E-CARDS VERSENDEN.
PERFEKTION.
HINGABE.
HERZBLUT. WILLE. STOLZ.
IN JEDEM PROJEKT STECKT EIN TEIL VON DIR.
Projekt-Stammtisch der Freude.
Prospekte des Willens.
Produkte und Preise. Zur Planung Ihrer Projekte.
Prospekt-Lager!
Projekte des Stolzes.
Über 50 Anleitungen für Ihre Projekte
Klicken! Loslegen!
Projekt des Monats:
Sauna aufbauen!
Märkte der Leidenschaft.
Welcher Markt liegt in Ihrer Nähe?
Route planen!
Hol sie dir!
Limitierte Herzblutmarke jetzt abstauben.

HERZBLUT.
WILLE. STOLZ.
In jedem Projekt steckt ein Teil von Dir.

334   INTEGRIERTE KAMPAGNEN   AUSZEICHNUNG

Die erfolgreiche Launchkampagne für den Golf GTI® wurde für viele Kommunikationskanäle ausgearbeitet. So begegnet man den Jungs, die damals schon Männer waren, über TV und Print hinaus auch in weiteren Medien. Zum Beispiel in einem Malbuch für den erwachsenen Lausbub oder im reichlich ungezogenen Funkspot Bruder Jakob, in Internet-Spielen sowie im Sport-Sponsoring für den VfL Wolfsburg.

VW GOLF GTI® »FÜR JUNGS, DIE DAMALS SCHON MÄNNER WAREN«
AUFTRAGGEBER Volkswagen AG   **MARKETINGLEITUNG** Lutz Kothe   **WERBELEITUNG** Martina Berg   **AGENTUR** DDB Berlin GmbH
CREATIVE DIRECTION Amir Kassaei, Wolfgang Schneider, Mathias Stiller   **ART DIRECTION** Sandra Schilling, Kristoffer Heilemann
KUNDENBERATUNG Malte Sudendorf, Michael Lamm, Cathleen Losch   **STRATEGISCHE PLANUNG** Jason Lusty   **FILMPRODUKTION** @radical.media GmbH
FOTOGRAFIE F.A. Cesar   **FUNKPRODUKTION** Hastings Audio Network   **ILLUSTRATION** Djamila Rabenstein   **AGENTUR PRODUCER** Marion Lange
ART BUYING Elke Dilchert   **DESIGN** Andreas Böhm, Michael Janke   **EDITOR** Sven Budelmann   **KAMERA** Martin Ruhe   **MUSIKKOMPOSITION** Hastings Audio Network
PRODUCER Christiane Lochte, Ben Schneider   **PROGRAMMIERUNG** Christian Rudolph, Steven Schmidt   **REGIE** Steve Miller
SCREEN DESIGN GTI Malbuch: Daniel Rothaug, Matthias Persch, Clemens Mahler   **TEXT** Ulrich Lützenkirchen, Ilja Schmuschkowitsch, Ludwig Berndl
TONMEISTER Andreas »Beavis« Ersson   **WEB-PRODUCER** Robert Wauer

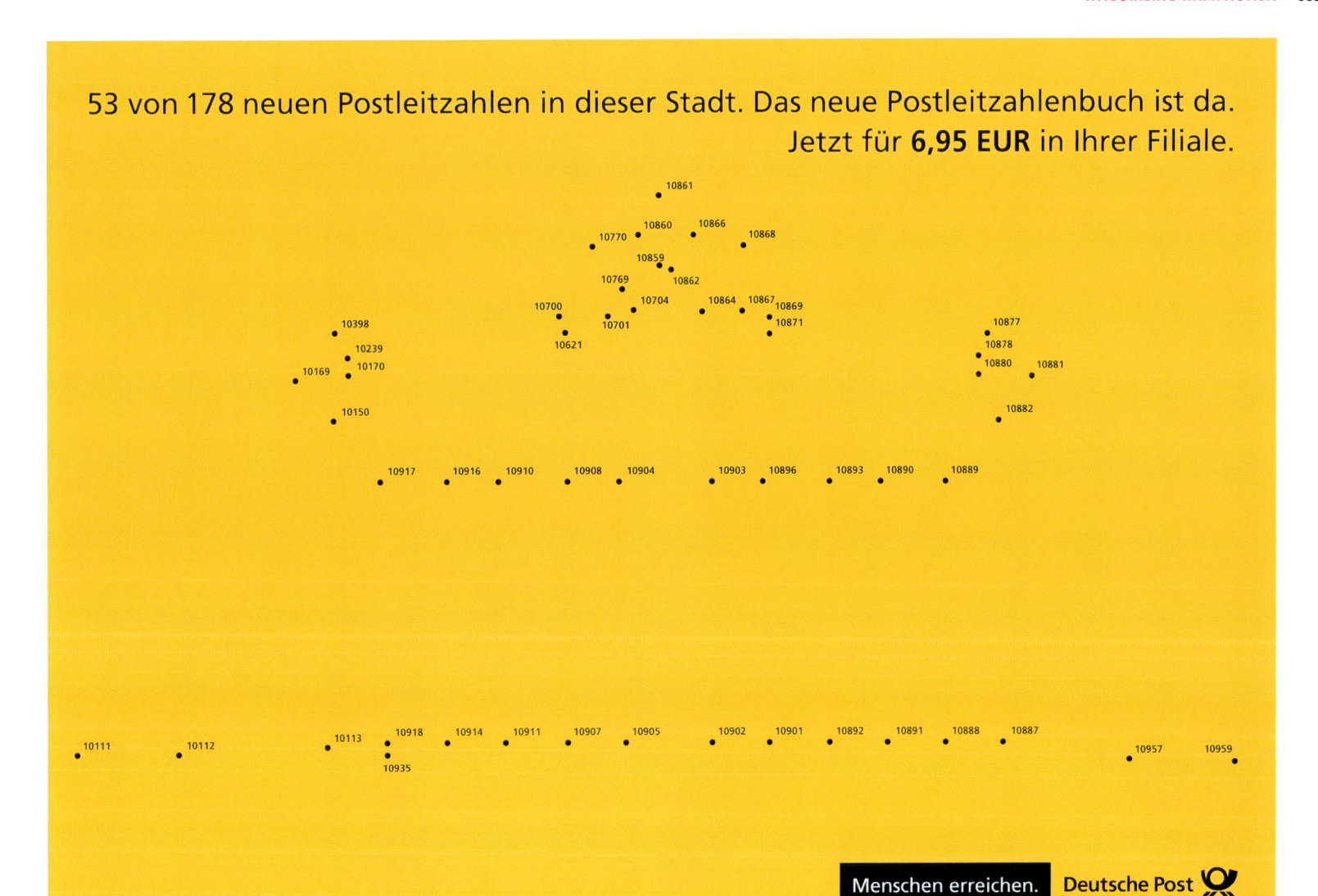

INTEGRIERTE KAMPAGNEN   335

53 von 178 neuen Postleitzahlen in dieser Stadt. Das neue Postleitzahlenbuch ist da. Jetzt für 6,95 EUR in Ihrer Filiale.

Menschen erreichen.   Deutsche Post

Kommunikationsaufgabe:
Bekanntmachung der Veröffentlichung des neuen Postleitzahlenbuchs. Und Steigerung des Abverkaufs.

Lösung:
Ein Ort ist eine Zahl. Eine Zahl ist ein Ort. Und dieses Zahl heißt Postleitzahl. Alle Postleitzahlen findet man jetzt im neuen Postleitzahlenbuch. Das machen wir Deutschland mit einer aufmerksamkeitsstarken Kampagne bewusst.

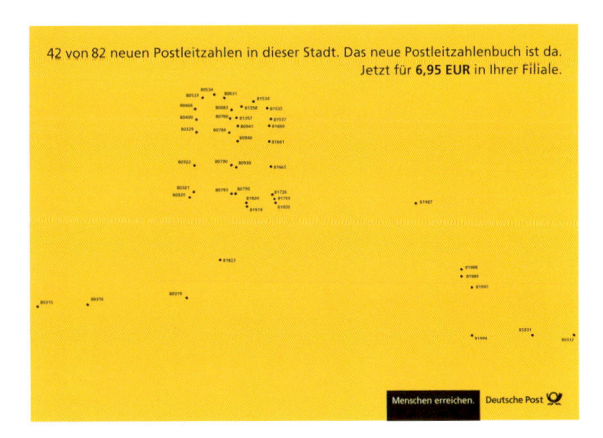

02839
neue Postleitzahlen

DEUTSCHE POST POSTLEITZAHLENBUCH »POSTLEITZAHLEN«
AUFTRAGGEBER Deutsche Post AG   **MARKETINGLEITUNG** Stephan Dahm   **WERBELEITUNG** Dirk Behrend   **AGENTUR** BBDO Campaign GmbH Düsseldorf
CREATIVE DIRECTION Carsten Bolk, Ralf Zilligen   **ART DIRECTION** Fabian Kirner, Bernd Faust, Jörg Sachtleben, Jacques Pense, Maik Langner
KUNDENBERATUNG Frieder Kornbichler, Dirk Bittermann, Ulrike Heinecke   **FILMPRODUKTION** Pictorion – Das Werk, Düsseldorf   **FOTOGRAFIE** Svenson Linnert
AGENTUR PRODUCER Alexander Rosocha, Jens Mecking   **MUSIKKOMPOSITION** Studio Funk/FunDeMenal, Düsseldorf   **REGIE** Tobias Bürger
SPRECHER Stephan Schwartz, Bernd Hecker, Jasper Vogt, Sylvester Berger   **TEXT** Elmar Gerlach, Felix Lemcke, Andreas Walter   **TONMEISTER** Tobias Bürger, Tobias Grumbach

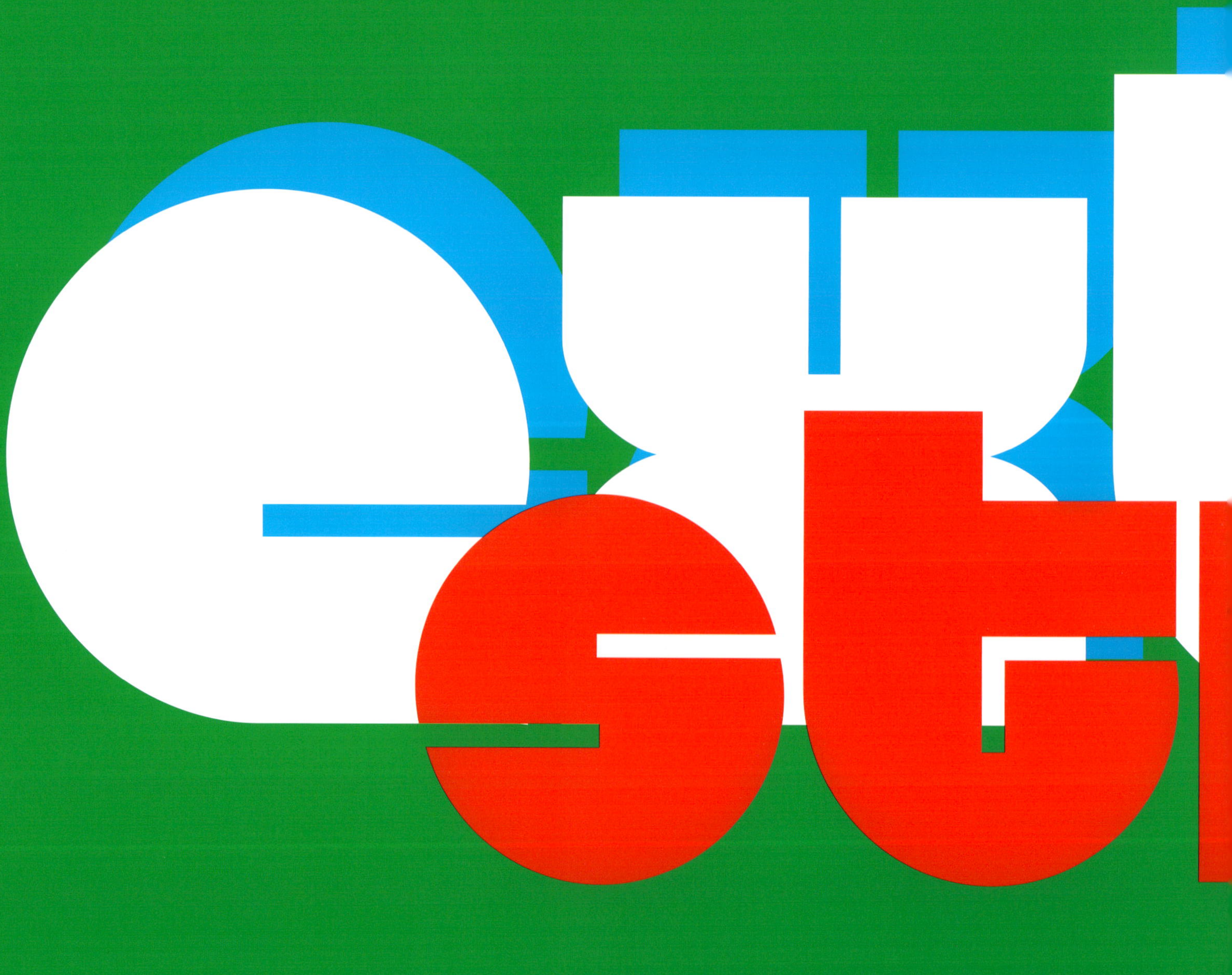

Dialogmarketing

Ping
pong

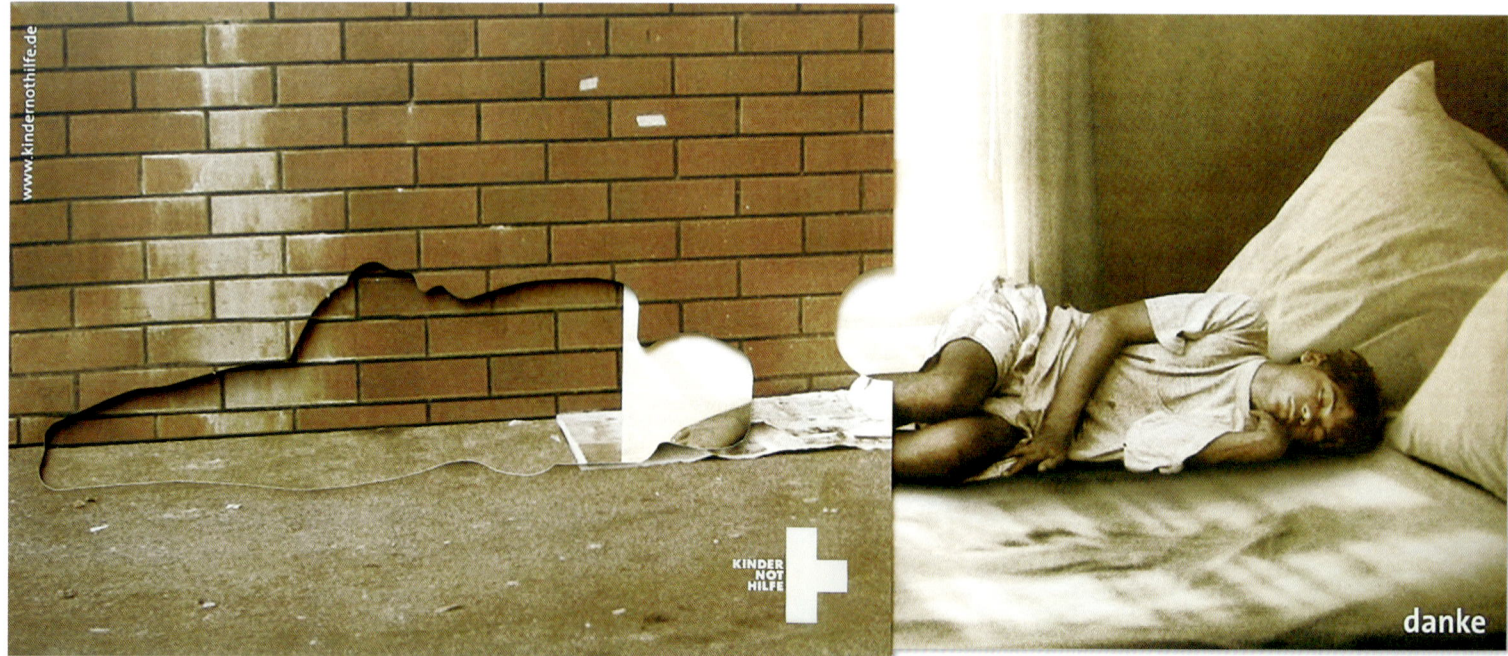

KINDERNOTHILFE »SPENDEN SCHIEBEKARTE«
AUFTRAGGEBER Kindernothilfe e.V. **MARKETINGLEITUNG** Oliver Krems **AGENTUR** Scholz & Friends **CREATIVE DIRECTION** Richard Jung, Matthias Schmidt
ART DIRECTION Martin Dlugosch **KUNDENBERATUNG** Raphael Brinkert, Helke Wieners **FOTOGRAFIE** Getty Images, Corbis **ART BUYING** Chantal Mene
BILDBEARBEITUNG Metagate GmbH, Hamburg **GRAFIK** Edwin Immel **PRODUKTION** Julia Treisch **TEXT** Dennis Lück

Der Überweisungsträger auf der Spendenkarte muss aus einem Schuber gezogen werden. Dadurch wird die Wirkung der Spende gezeigt: Man bringt ein Kind von der Straße in ein sicheres Zuhause.

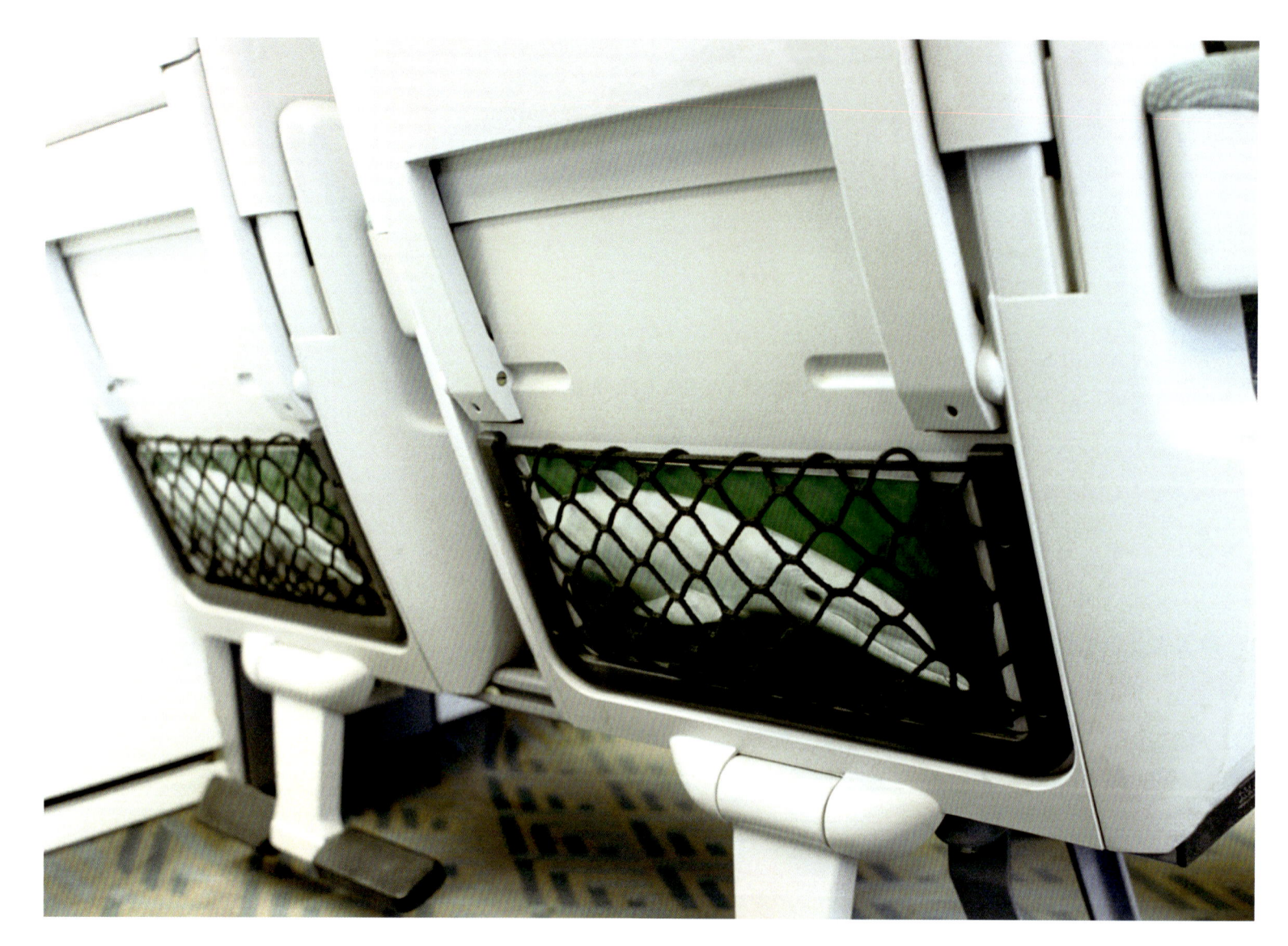

WHALE AND DOLPHIN CONSERVATION SOCIETY WDCS PROMOTION »DELFINE IM NETZ«

AUFTRAGGEBER WDCS Deutschland **MARKETINGLEITUNG** Nicolas Entrup **AGENTUR** Scholz & Friends **CREATIVE DIRECTION** Matthias Spaetgens, Jan Leube
ART DIRECTION Cathrin Ciuraj **KUNDENBERATUNG** Katrin Seegers, Vanessa Schmoranzer, Elena Frahm **FOTOGRAFIE** Amélie Losier
AGENTUR PRODUCER Sabine Bäsler, Anikó Krüger, Anne Gabriel **TEXT** Edgar Linscheid, Christian Ole Puls, Katharina Psczolla

Auch Sie können Delfine retten.

Um auf das Problem des Delfin-Beifangs aufmerksam zu machen und neue Delfin-Paten zu werben, wurde für die WDCS eine Karte mit Response-Element entwickelt. Die Karte zeigt das Bild eines Delfins und steckt in den Sitznetzen von Bussen und Bahnen. Indem die Fahrgäste die Delfin-Karte aus dem Netz herausziehen, befreien sie symbolisch die Tiere aus dem Fangnetz.

Dieses Mailing wurde von Mey an Händler verschickt. Wenn man den Umschlag öffnet und das Anschreiben herauszieht, blickt man in ein sexy Dekolleté. Im Brief wird auf die neue Push-up-Kollektion verwiesen.

MEY MAILING »DEKOLLETÉ«
AUFTRAGGEBER Gebrüder Mey GmbH & Co. KG   **MARKETINGLEITUNG** Roland Geiger   **WERBELEITUNG** Susanne Paul   **AGENTUR** Jung von Matt AG
CREATIVE DIRECTION Thimoteus Wagner, Walter Schütz   **ART DIRECTION** Mirjam Heinemann   **KUNDENBERATUNG** Julia Krömker, Birthe Kraeße
GRAFIK Claudia Trippel   **TEXT** Philipp Barth

DIALOGMARKETING **AUSZEICHNUNG**

Erste Hilfe bei Alltags-Brechreiz: Wenige Tage nach dem Urlaub findet jeder L'TUR-Kunde ein Mailing im Briefkasten. Falls es ihm zu Hause schon wieder schlecht wird, hilft L'TUR mit der Kotztüte, mit 3 % Rabatt für den nächsten Urlaub und mit einem E-Mail-Newsletter – damit man ganz schnell wieder in die Sonne kommt.

L'TUR MAILING »KOTZTÜTE«
AUFTRAGGEBER L'tur Tourismus AG **MARKETINGLEITUNG** Markus Faller **WERBELEITUNG** Christine Ulrich
AGENTUR Ogilvy **CREATIVE DIRECTION** Michael Koch, Christine Blum-Heuser **ART DIRECTION** Bettina Josting **KUNDENBERATUNG** Andreas Süß
TEXT Udo Eberhardt, Gregor Burk

344 DIALOGMARKETING AUSZEICHNUNG

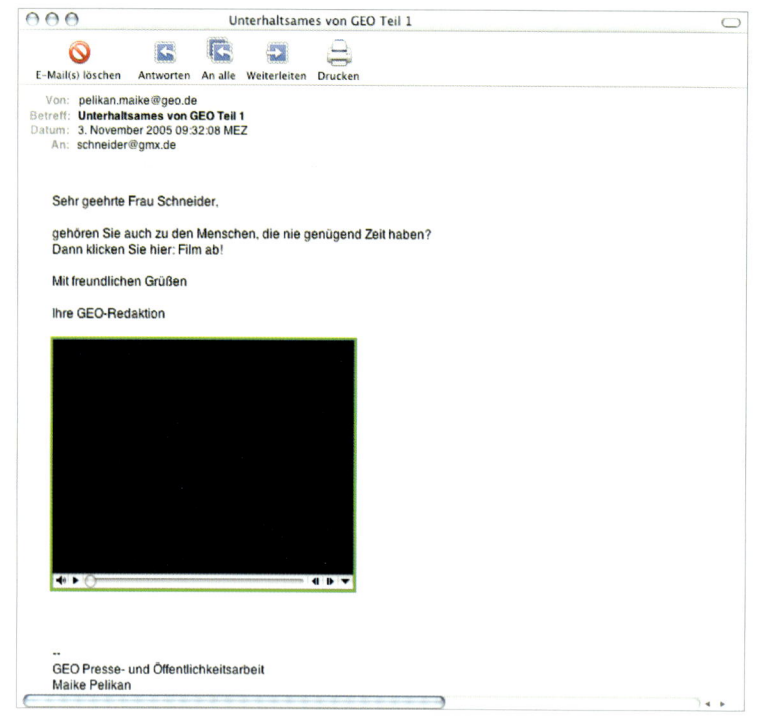

Um auch die Remittenden von GEO-Ausgaben zu verkaufen, setzt GEO auf ein besonderes Dialogmarketing-Tool: Per E-Mail werden dem riesigen Gruner + Jahr-Adress-Pool Spots zu GEO-Heften zugeschickt, von denen noch Restexemplare vorhanden sind. Das letzte Bild des Spots ist direkt mit dem GEO-Webshop verlinkt. Ein Klick, und das Heft kann nachbestellt werden.

GEO E-MAIL-KAMPAGNE »BUTTERBROTE, BUDDHISMUS, SOS«
AUFTRAGGEBER Gruner+Jahr AG & Co. KG **MARKETINGLEITUNG** Jan Piet Stempels **AGENTUR** Kolle Rebbe Werbeagentur GmbH
CREATIVE DIRECTION Andreas Geyer, Ulrich Zünkeler, Sven Klohk, Christoph Hildebrand **ART DIRECTION** Till Hamm, Kay-Owe Tiedemann, Pia Kortemeier
KUNDENBERATUNG Inga Bestehorn, Alexander Duve **FILMPRODUKTION** Markenfilm GmbH & Co. **FOTOGRAFIE** Kay-Owe Tiedemann
AGENTUR PRODUCER Henning Stamm, Ana Lopez **GRAFIK** Katharina Bierschenk **PRODUCER** Cornelius Rönz, Hanna Duin **SCHNITT** Hendrik Smith, Darius Dettlaff
SPRECHER Wolf Frass, Jan Turkenberg **TEXT** Markus Gölzer, Simon Jung **TONMEISTER** Henning Hönnemann

Wir hören durch den ganzen Spot volkstümlich anmutende Musik.

Passend zum Rhythmus der Musik sehen wir eine Abfolge von Fotos unterschiedlich belegter Brote.

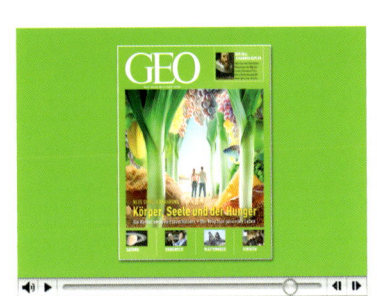

Was essen die anderen?

Wie sich Menschen in anderen Ländern ernähren.

Mönch (in breitestem Bayrisch): Griaß eich, Burschen, i bins. Oans sog i eich … wenn ma bei der Wiedergeburt net obacht gibt, da passieren Sach'n, des glaubt ma net.

Off: Das neue GEO über Buddhismus, seine Anhänger und seine Meister. Jetzt im Handel.

Wir sehen noch einmal den Mönch. Er gibt ein Wiehern von sich wie ein Pferd.

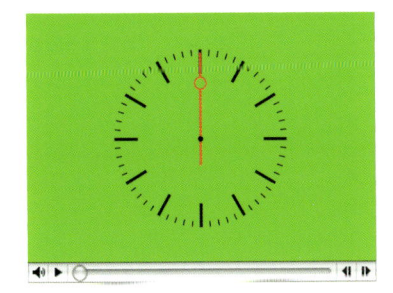

Der Zeiger bewegt sich dreimal schnell, dreimal langsam, dreimal schnell.

Untermalt wird die Bewegung des Zeigers durch das SOS-Signal (dreimal kurz, dreimal lang, dreimal kurz).

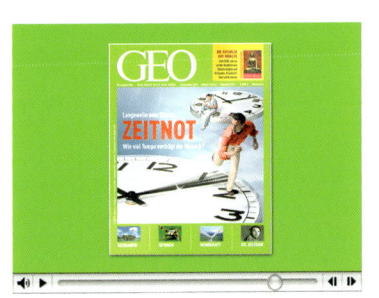

Wie viel Tempo verträgt der Mensch?

Wer einen erfolgreichen Spendenaufruf starten möchte, muss die Notwendigkeit einer
Unterstützung erlebbar machen. Das gilt auch für die Arbeit der Tropenwaldstiftung OroVerde.
Ein Ausmalbild wie für Kinder dramatisiert unser Anliegen. Wir fordern dazu auf,
den tropischen Regenwald zu malen. Allerdings steht dafür nur eine Farbe zur Verfügung:
Schwarz – denn so sieht momentan die Zukunft des Regenwaldes aus.

OROVERDE TROPENWALDSTIFTUNG MAILING »FARBE BEKENNEN«

AUFTRAGGEBER OroVerde Tropenwaldstiftung, Bonn   **MARKETINGLEITUNG** Dr. Volkhard Wille   **AGENTUR** Ogilvy
CREATIVE DIRECTION Michael Koch, Christine Blum-Heuser   **ART DIRECTION** Regina Placzek   **KUNDENBERATUNG** Friederike Vogel   **TEXT** Ursula Franke

Jahrzehntelang war das traditionsreiche Schweizer Mineralwasser Passugger Teil der dänischen Carlsberg Breweries, bis ein Unternehmer aus Graubünden die Marke in die Unabhängigkeit zurückkaufte. Um dieses Ereignis zu feiern und die Rückkehr von Passugger in Bündner Hände zu kommunizieren, wurde diese »Spezialausgabe« der Passugger-Flasche an 4.500 Gastronomen in der Schweiz und im süddeutschen Raum versandt.

PASSUGGER »CHAMPAGNERMAILING«
AUFTRAGGEBER Allegra Passugger Mineralquellen AG **MARKETINGLEITUNG** Urs Schmid **AGENTUR** walker Werbeagentur **CREATIVE DIRECTION** Pius Walker
ART DIRECTION Patricia Walker **KUNDENBERATUNG** Hans Beer **DESIGN** Karin Leber

348 DIALOGMARKETING AUSZEICHNUNG

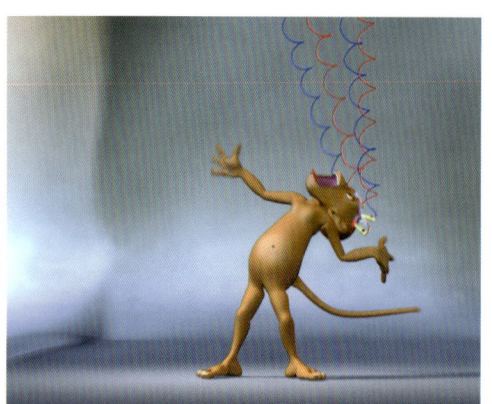

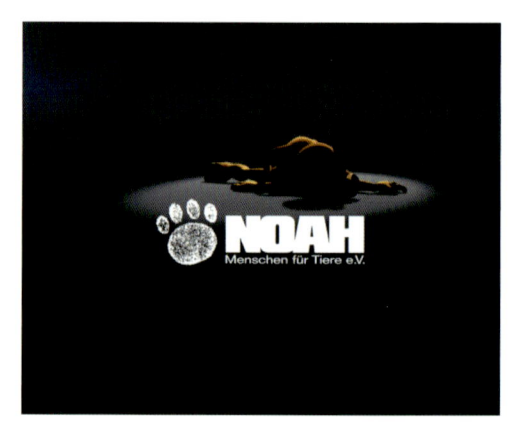

Ein Affe steht in der Mitte eines Raums und beginnt, ruckartig zu tanzen. Ein Sprecher sagt aufgekratzt: »Hol Dir jetzt den Screaming Monkey auch für Dein Handy!« Dann folgt ein Chart, auf dem weitere gequälte Tiere zu sehen sind. Im Anschluss sinkt der Affe tot zu Boden. »Jede SMS hilft beim Kampf gegen grausame Tierversuche. Denn mit jeder SMS spendest Du 1,99 Euro.« NOAH. Menschen für Tiere.

Zusätzlich erhielt dieser Spot eine Auszeichnung in der Kategorie TV-Spots auf Seite 280.

NOAH SPOT »KLINGELTON«
AUFTRAGGEBER NOAH Menschen für Tiere e.V.   **WERBELEITUNG** Christine Kunz, Martin van der Loo   **CREATIVE DIRECTION** Oliver Voss, Götz Ulmer, Daniel Frericks
ART DIRECTION Martin Terhart   **KUNDENBERATUNG** Turan Tehrani, Dennis Schneider   **AGENTUR PRODUCER** Mark Róta   **FILMANIMATION** Daniel Yuhlmann, Christian Bleier
MUSIKKOMPOSITION Kai Beisner   **PRODUCER** Claudia Pukall   **REGIE** Tatjana Kopp   **TEXT** Dennis May

DIALOGMARKETING **AUSZEICHNUNG** 349

Ein digitales Weihnachtsgeschenk für Kunden, Freunde und Mitarbeiter. 4.000 Ansprechpartner der Agentur erhalten eine E-Mail-Einladung mit Codewort. Einmal eingeloggt, erhält man ein Guthaben und kann die interaktiven Attraktionen auf dem Weihnachtsmarkt benutzen. Jede Attraktion entpuppt sich als Dialogtool, das weitere Werbemittel in Gang setzt. Ein Stand versendet Karikaturen als Fax. Ein anderer versendet Preise als E-Cards. Man kann Dritte einladen, Gedichte ins Gästebuch schreiben, versteckte Filme laden und via Mail um Guthaben betteln.

Zusätzlich erhielt diese Kampagne Bronze in der Kategorie Guerilla Marketing und alternative Medien auf Seite 376/377.

Ich möchte bitte, bitte noch mal 30 TWT. Ich verspreche auch, dass ich heute noch einer alten Frau über die Straße helfe.

JUNG VON MATT ONLINEKAMPAGNE »DER 1. VIRTUELLE JUNG VON MATT WEIHNACHTSMARKT«
AUFTRAGGEBER Jung von Matt Gruppe **MARKETINGLEITUNG** Holger Jung **AGENTUR** Jung von Matt AG
CREATIVE DIRECTION Stefan Walz, Till Hohmann, Tobias Eichinger, Peter Waibel **ART DIRECTION** Michael Zoelch, Marcus Widmann
FOTOGRAFIE Niels Schubert Fotografie, Stuttgart **ILLUSTRATION** Michael Zoelch, Samir Georg
COMPUTERANIMATION Fabian Bürgy **GRAFIK** Dominik Kentner **KONZEPT** Stefan Walz, Till Hohmann **PROGRAMMIERUNG** Stefanie Hezinger
PROJEKTMANAGER Brigitte Dingler **SOUND DESIGN** Ralf Heller; Klanglobby Stuttgart (Dirk Nagel, Martin Sponticcia, Mark Ziebarth)
SPRECHER Harald Isenmann, Martin Wenk, Philipp Mayer, Holger Oehrlich, Claudia Lutz, Brian Piper **TECHNISCHE LEITUNG** Martin Wenk
TECHNISCHE UMSETZUNG Jung von Matt/Neckar; emarsys München; CTNM **TEXT** Philipp Mayer
URL http://www.jvm.de/weihnachtsmarkt2005

DIALOGMARKETING AUSZEICHNUNG

Ein New-Business-Mailing in Form einer Geldbombe, die per Bote überreicht wird. Inhalt: Drei Bündel Geldscheine, die zeigen, wofür Menschen gerne Zeit ausgeben: für Ausspannen, Miteinander und pure Eigenliebe. Werbung gehört nicht dazu – die muss sich das Interesse der Menschen erst durch gute Ideen verdienen.
Zeit als die neue Währung; das ist auch das Thema des Anschreibens auf dem Einzahlungsbeleg, mit dem die Marketing-Entscheider angesprochen werden.

Zusätzlich erhielt diese Arbeit eine Auszeichnung in der Kategorie Grafische Einzelarbeiten auf Seite 442.

J. WALTER THOMPSON MAILING »ZEIT IST DIE NEUE WÄHRUNG«
AUFTRAGGEBER JWT **MARKETINGLEITUNG** Till Wagner **WERBELEITUNG** Mike Ries **AGENTUR** JWT Frankfurt am Main
CREATIVE DIRECTION Eike Wiemann, Sepp Baumeister **ART DIRECTION** Sabine Frieben **KUNDENBERATUNG** Michael Moser **ILLUSTRATION** Markus Gröpl
AGENTUR PRODUCER Andreas Rist **ART BUYING** Annette Endrass, Katja Bonnert **BILDBEARBEITUNG** H. Reuffurth GmbH **DRUCK** H. Reuffurth GmbH
TEXT Sepp Baumeister

Figuren aus Meissener Porzellan gibt es seit fast 300 Jahren. Aber noch nie wurden sie so verführerisch als Pin-up-Girls präsentiert. Viele Kunden konnten da nicht widerstehen: Sie nutzten die beiliegende Response-Karte, um die Damen näher kennen zu lernen.

Zusätzlich erhielt diese Arbeit eine Auszeichnung in der Kategorie Kalender auf Seite 155 sowie Gold in der Kategorie Fotografie auf Seite 170/171.

MEISSENER PORZELLAN BROSCHÜRE »MEISSEN AB 18«
AUFTRAGGEBER Staatliche Porzellan-Manufaktur Meissen GmbH   **MARKETINGLEITUNG** Wolfgang Kolitsch   **AGENTUR** Scholz & Friends
CREATIVE DIRECTION Martin Pross, Raphael Püttmann, Mario Gamper   **ART DIRECTION** Anje Jager   **KUNDENBERATUNG** Jörg Mayer, Michael Schulze
FOTOGRAFIE Attila Hartwig   **AGENTUR PRODUCER** Anikó Krüger   **ART BUYING** Adriana Meneses von Arnim
BILDBEARBEITUNG Andreas Freitag/BerlinPostproduction, Appel Grafik Berlin   **GRAFIK** Melanie Fischbach   **TEXT** Stephan Deisenhofer

Mit der Anlageberatung der Sparkasse kommt man seinen Träumen Tag für Tag ein Stück näher.
Verbindet man die einzelnen Tage eines Monats, ergibt sich zum Beispiel ein Segelschiff, ein Cabrio, ein Klavier oder ein Pferd.

Zusätzlich erhielt diese Arbeit Bronze in der Kategorie Kalender auf Seite 150/151.

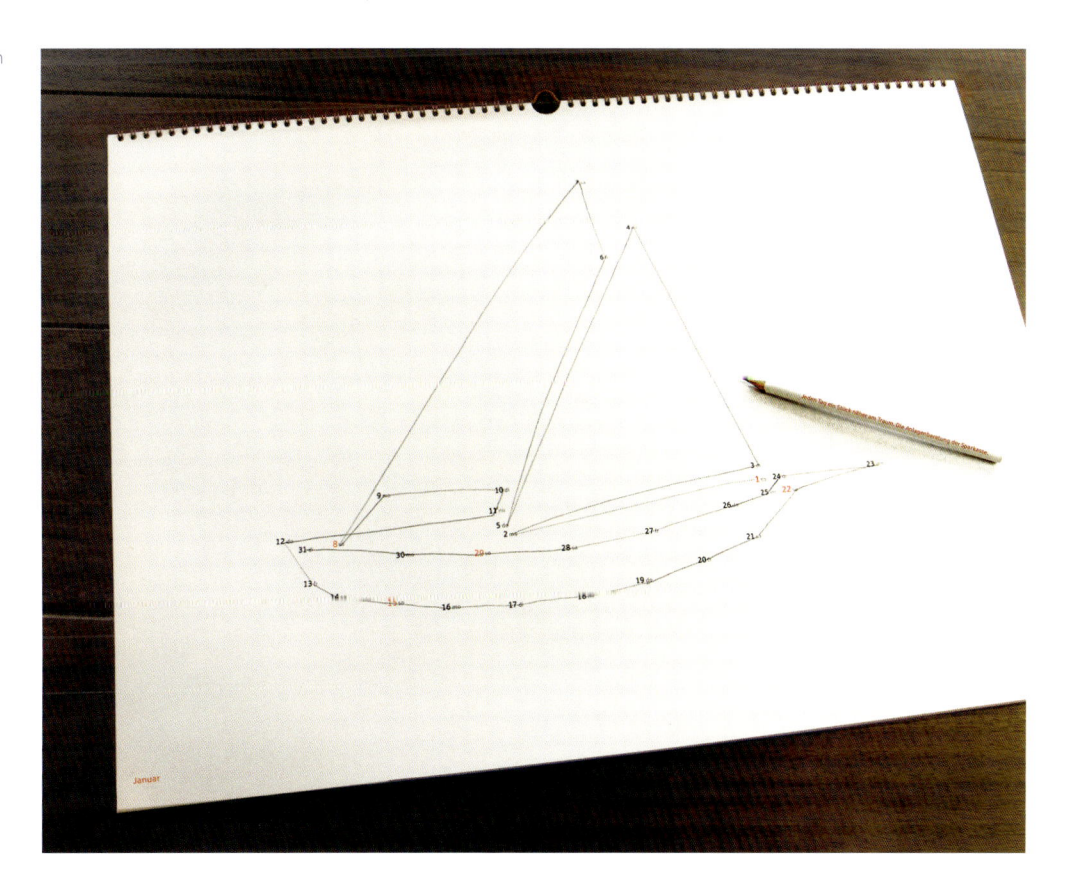

SPARKASSEN-ANLAGEBERATUNG KALENDER »MALEN NACH TAGEN«
AUFTRAGGEBER Deutscher Sparkassen Verlag GmbH   **MARKETINGLEITUNG** Dr. Lothar Weissenberger, Ulrike von Oertzen   **WERBELEITUNG** Arne Münster, Lutz Plümecke
AGENTUR Jung von Matt AG   **CREATIVE DIRECTION** Deneke von Weltzien, Thimoteus Wagner, Thorsten Meier   **ART DIRECTION** Mirjam Heinemann
KUNDENBERATUNG Jasmin Bedir, Leonie Plate, Philipp Schnitzler   **GRAFIK** Christian Behrendt, Claudia Trippel, Markus Rittenbruch   **PRODUKTION** Ulrich Grimm
TEXT Philipp Barth

352 PRODUCT WEBSITES
CORPORATE WEBSITES
ONLINE ADVERTISING
GUERILLA MARKETING UND ALTERNATIVE MEDIEN
INTERAKTIVE MEDIEN IM RAUM
SPEZIALDISZIPLINEN

digitale me

en

Die Herbst/Winter-Kollektion 2005/06 des Luxuslabels Y-3 präsentiert sich in drehbaren Kuben. Die Mode wird aus verschiedenen Perspektiven in einer neuartigen multimedialen Raumdimension gezeigt. Models in akrobatischen Posen springen von Wand zu Wand, dabei wird das Gesetz der Schwerkraft in den Würfeln scheinbar aufgehoben.

ADIDAS SPORT STYLE »Y-3 CUBES«
AUFTRAGGEBER adidas   **MARKETINGLEITUNG** Adelina Trenton   **AGENTUR** NEUE DIGITALE GmbH   **CREATIVE DIRECTION** Olaf Czeschner
ART DIRECTION Jörg Waldschütz   **KUNDENBERATUNG** Kater Haak, Kai Greib   **KONZEPT** Katharina Schlungs   **PROGRAMMIERUNG** Jens Steffen
SCREEN DESIGN Jörg Waldschütz, André Bourguignon, Peter Kirsch, Stefan Schuster, Antje Thomsen   **SOUND DESIGN** Christoph Riebling
URL http://www.neue-digitale.de/projects/y-3_fw2005

PRODUCT WEBSITES GOLD 355

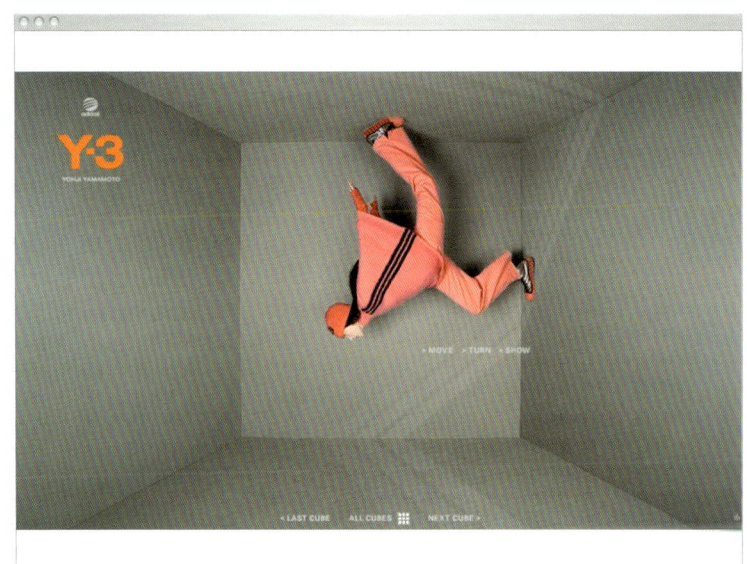

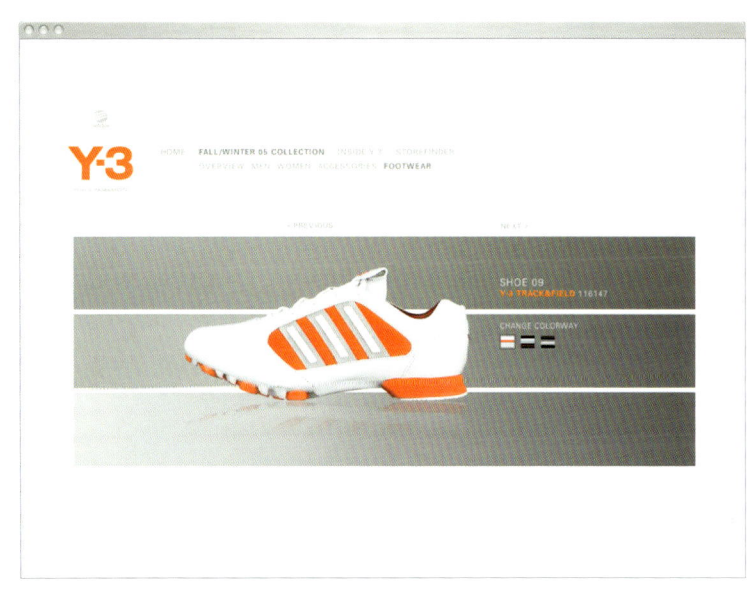

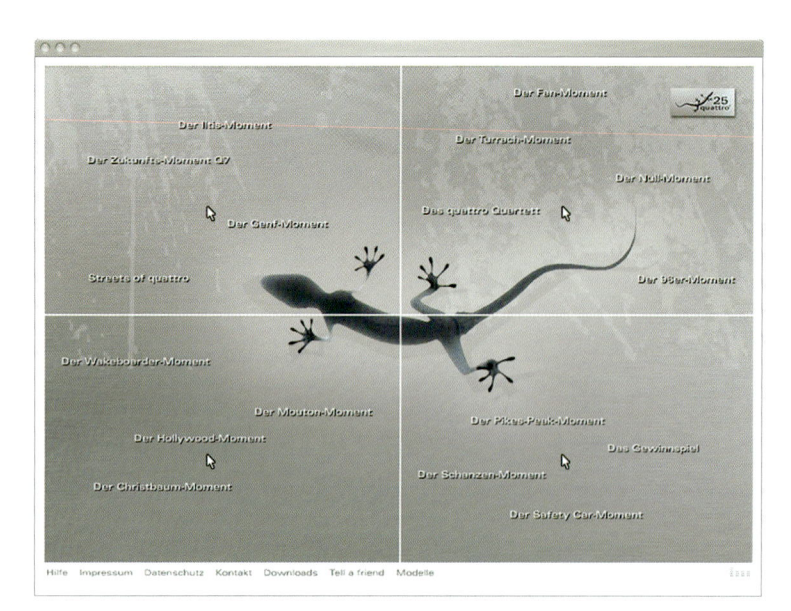

Die internationale Minisite präsentiert Audis quattro-Antrieb als Teil einer medienübergreifenden Kampagne. Anstelle einer einzigen Maus navigieren wir mit einer Vierfach-Maus. So wird schnell klar, wie viel Spaß hinter quattro steckt. Die Site nutzt alle Möglichkeiten des Mediums Internet – und inszeniert mit den quattro-Momenten eindrucksvoll Vorteile und Entwicklung der quattro-Technik.

AUDI QUATTRO »25 JAHRE QUATTRO«
AUFTRAGGEBER AUDI AG **MARKETINGLEITUNG** Michael Finke **WERBELEITUNG** Sabina Meilinger **AGENTUR** Elephant Seven AG
CREATIVE DIRECTION Oliver Viets, Paul Apostolou **ART DIRECTION** Jan Hellberg, Elke Maasdorff **KUNDENBERATUNG** Markus Weiß, Matthias Wagener
PROGRAMMIERUNG Kim Christiansen (Flash), Christian Koop, Alexander Funke **SCREEN DESIGN** Tina Kläring **SOUND DESIGN** Matthias Harder
TECHNISCHE LEITUNG Rainer Sax **TEXT** Alexandra Platz **URL** http://www.25quattro.com/php/flash.php?lang=de&qu=hi

PRODUCT WEBSITES BRONZE 357

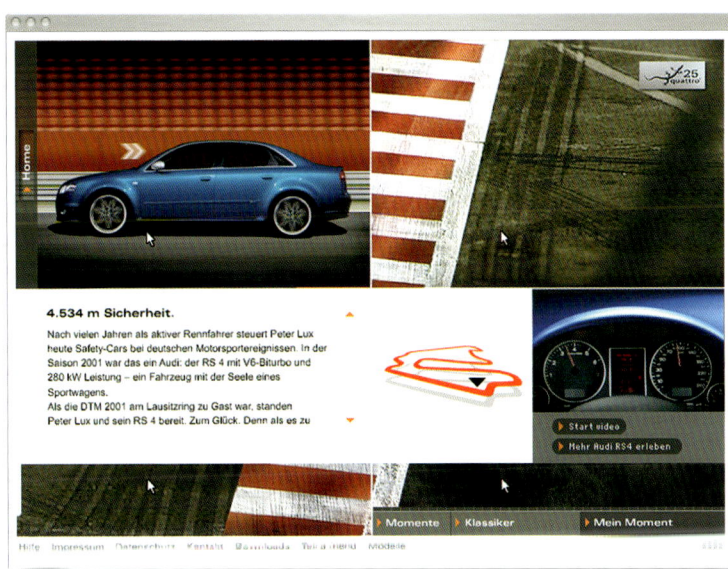

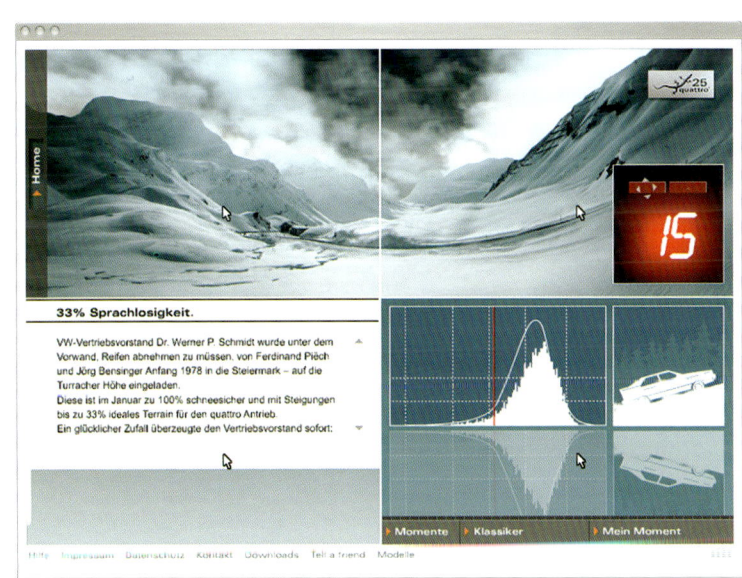

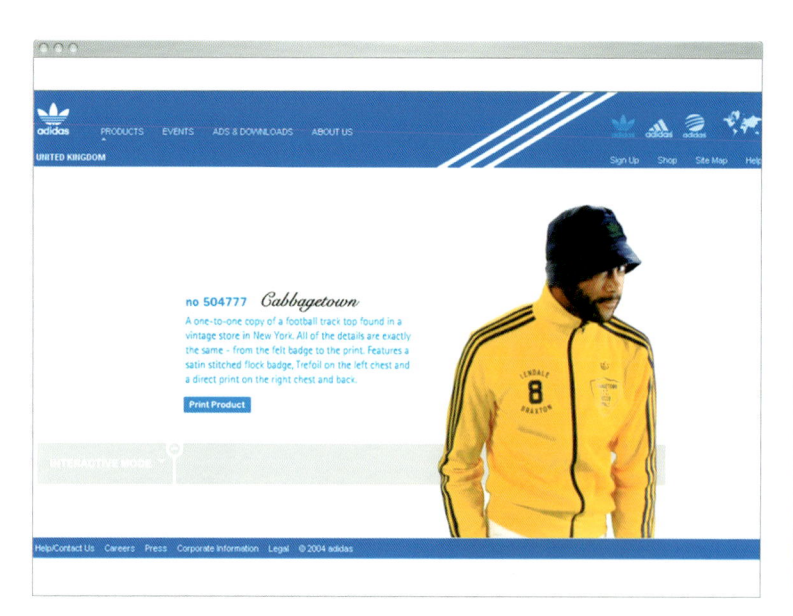

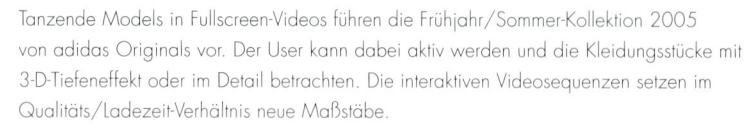

Tanzende Models in Fullscreen-Videos führen die Frühjahr/Sommer-Kollektion 2005 von adidas Originals vor. Der User kann dabei aktiv werden und die Kleidungsstücke mit 3-D-Tiefeneffekt oder im Detail betrachten. Die interaktiven Videosequenzen setzen im Qualitäts/Ladezeit-Verhältnis neue Maßstäbe.

ADIDAS WEBSITE »ADIDAS ORIGINALS«

AUFTRAGGEBER adidas **MARKETINGLEITUNG** Adelina Trenton **AGENTUR** NEUE DIGITALE GmbH **CREATIVE DIRECTION** Olaf Czeschner **ART DIRECTION** Bejadin Selimi
KUNDENBERATUNG Kater Haak **FILMPRODUKTION** Neue Sentimental Film **KONZEPT** Katharina Schlungs **PROGRAMMIERUNG** Jens Steffen **SCREEN DESIGN** Bejadin Selimi
SOUND DESIGN Christoph Riebling **URL** http://www.neue-digitale.de/projects/originals_ss2005

PRODUCT WEBSITES BRONZE 359

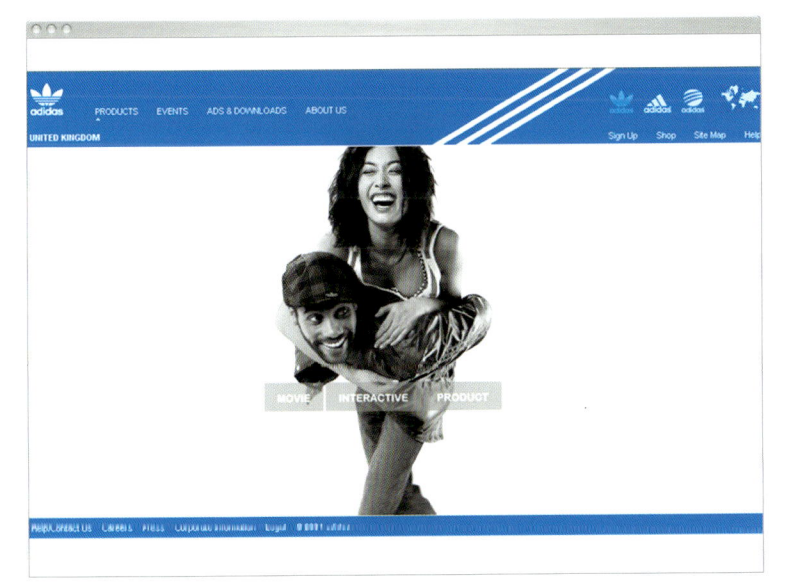

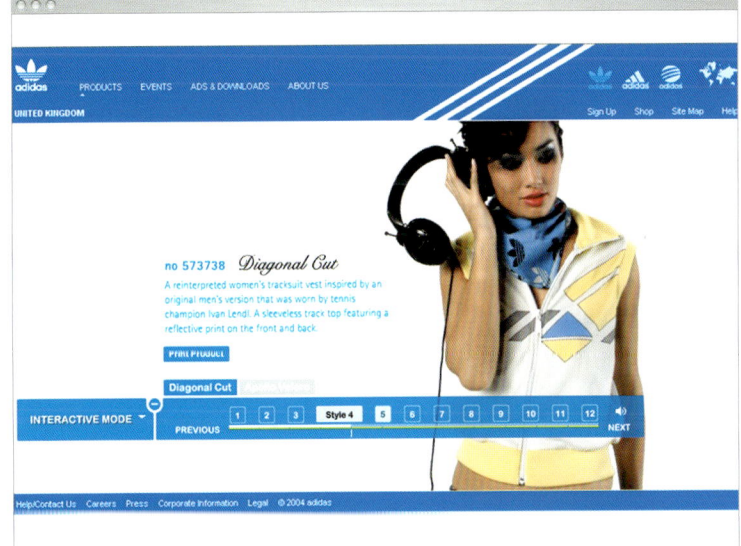

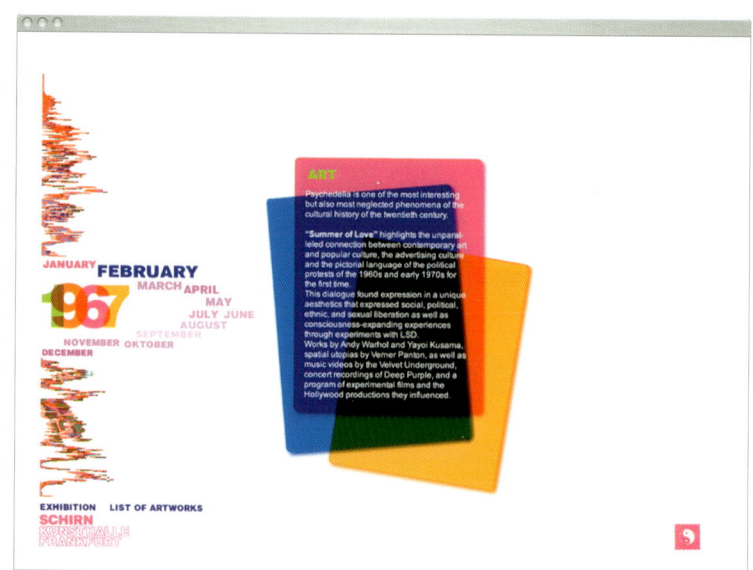

User im LSD-Rausch: Über einen »Blotter« wird die visuelle Interpretation eines LSD-Trips aktiviert – in diesem Modus verändert sich durch Lichteffekte, Farbspiele und Verzerrungen die komplette Website. Der User kann so live erleben, inwiefern Psychedelica die Entstehung von Kunst einer ganzen Ära beeinflusst haben.

SCHIRN KUNSTHALLE AUSSTELLUNG »SUMMER OF LOVE«
AUFTRAGGEBER Schirn Kunsthalle Frankfurt   **MARKETINGLEITUNG** Lena Ludwig   **AGENTUR** NEUE DIGITALE GmbH
CREATIVE DIRECTION Olaf Czeschner   **ART DIRECTION** Bejadin Selimi   **KUNDENBERATUNG** Kai Greib
PROGRAMMIERUNG Jens Steffen   **SCREEN DESIGN** Bejadin Selimi   **URL** http://www.neue-digitale.de/projects/summer-of-love

PRODUCT WEBSITES BRONZE 361

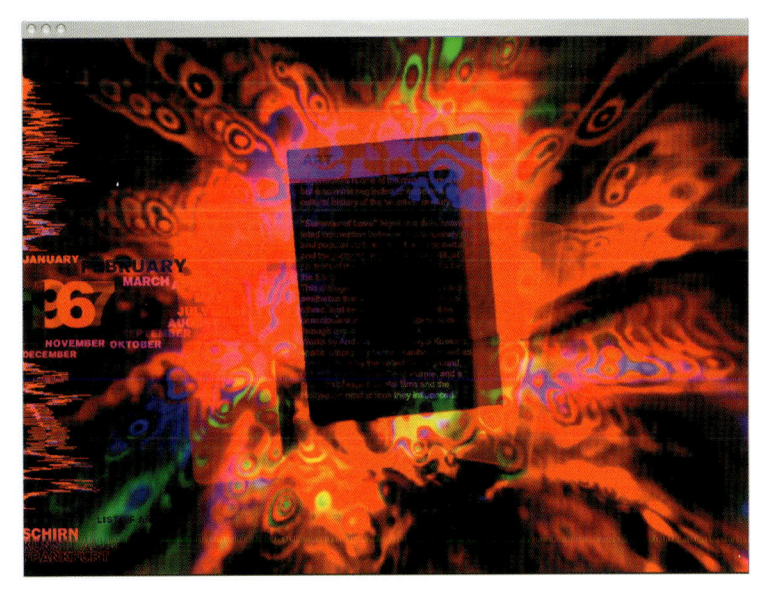

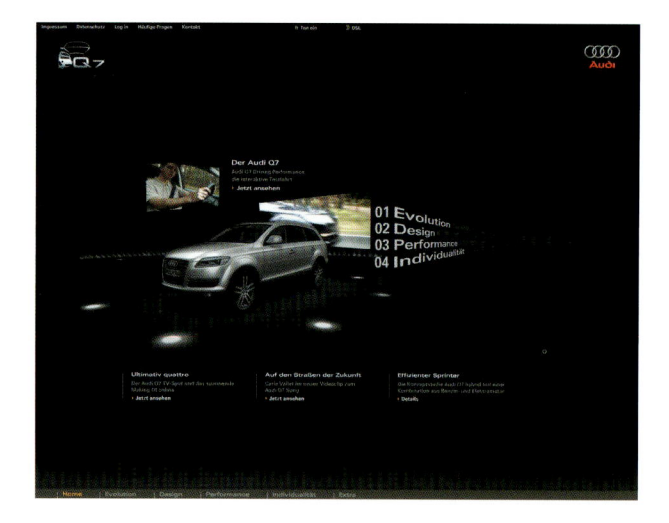

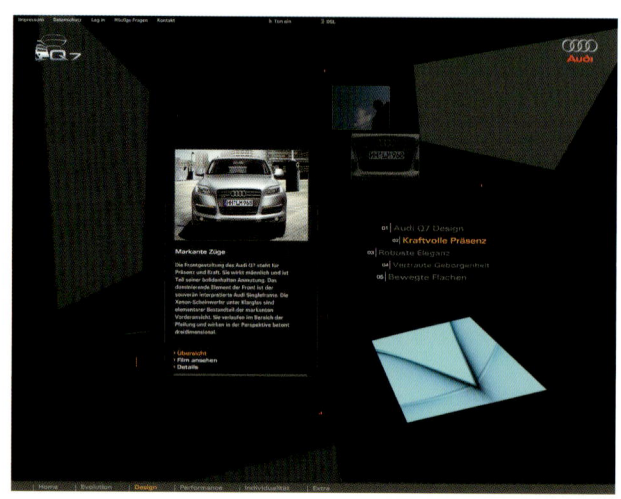

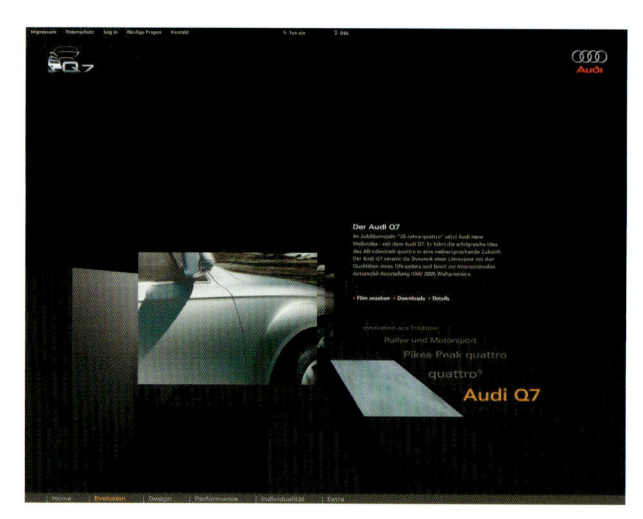

Im Rahmen der langfristig angelegten Einführungskampagne für den Audi Q7 dient die Website »Q7 Globe«
als zentrale, alle Kommunikationsmaßnahmen vernetzende Instanz. »Q7 Globe« ist nicht nur eine emotionale
Website, die immer wieder neue, ungewöhnliche Perspektiven bietet, sondern zentraler Bestandteil eines
integrierten internationalen Interessentenbetreuungs-Programms.

AUDI Q7 MICROSITE »AUDI Q7 GLOBE«
AUFTRAGGEBER AUDI AG   **WERBELEITUNG** Thomas Nolle   **AGENTUR** argonauten360 GmbH   **CREATIVE DIRECTION** Sven Küster
KUNDENBERATUNG Christina Fiedler, Oliver Rosenthal   **PROGRAMMIERUNG** Dorian Roy, Stephan Lempert   **REDAKTION** Andreas Freitag
URL http://www.audi.com/q7globe

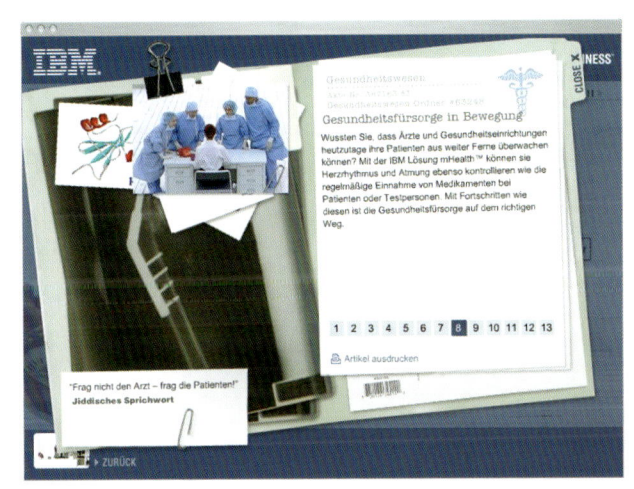

In einem zunehmend unübersichtlichen, von Billigangeboten überschwemmten Markt sollten die Charakterstärken der IBM eServer iSeries prägnant zum Ausdruck kommen. Dafür setzen die Banner auf eine reduzierte, symbolhafte Optik. Mit Sound und stilisierten Animationen vermitteln sie jeweils eine herausragende Charakter-Eigenschaft der iSeries.

IBM MICROSITE »IBM HELPDESK«
AUFTRAGGEBER IBM Worldwide/IBM Deutschland, Stuttgart   **WERBELEITUNG** Nicole Gross   **AGENTUR** Ogilvy
CREATIVE DIRECTION Michael Kutschinski, Stephan Junghanns, Jerome Muguet
ART DIRECTION Uwe Jakob, Alastair Green, Jerome Muguet   **KUNDENBERATUNG** John F. Goetze, Matthias Lindenberger
FILMPRODUKTION Pytka Films, Venice CA   **AGENTUR PRODUCER** Matthias Lindenberger, Elmar Schwarzl
KAMERA Joe Pytka   **MUSIKKOMPOSITION** Brian Banks, Ear to Ear Audio Banks   **REGIE** Joe Pytka   **SCHNITT** Adam Liebowitz, Go Robot
TEXT Ulf Schmidt, Peter Strauß, Simon Foster, Richard Woodruff, Thomas Baker   **URL** http://www.ourwork.de/adc/ibm/helpdesk

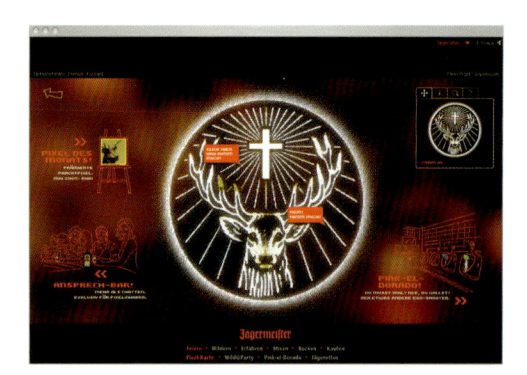

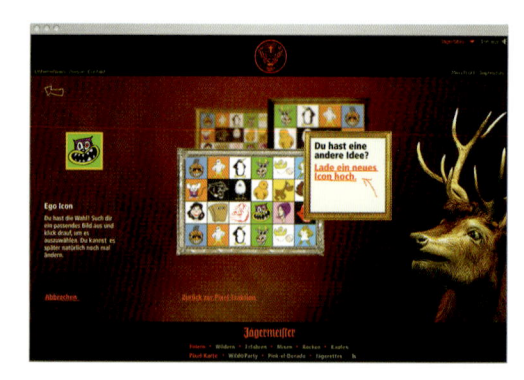

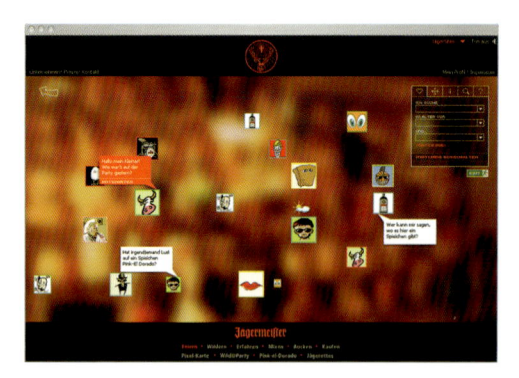

Wie in der realen Welt steht auch in der Online-Bar das gemeinsame Erleben im Vordergrund: Leute kennen lernen, chatten, flirten und zusammen Spaß haben. Verfügbare Multiuser-Spiele wie »Flaschen drehen« in den Chat-Räumen werden im Gesamtkontext der »wilden Bar« innovativ integriert erlebbar.

JÄGERMEISTER WEBSITE »JÄGERMEISTER VERSCHENKT PIXEL«
AUFTRAGGEBER Mast-Jägermeister Aktiengesellschaft **MARKETINGLEITUNG** Dr. Hasso Kaempfe **WERBELEITUNG** Justus Hug
AGENTUR Berger Baader Hermes **CREATIVE DIRECTION** Jörg Janda **ART DIRECTION** Markus Beige **KUNDENBERATUNG** Katrin Bergfeld, Matthias Berger
FOTOGRAFIE Ongart Köcher-Onnom **DESIGN** Markus Beige **IT-LEITUNG** Jörg Müller **KONZEPT** Shailia Stephens, Sabrina Reuter
PROGRAMMIERUNG Jörg Müller, Regina Dowling, Thomas Reppa, Mischa Landwehr **PROJEKTMANAGER** Katrin Bergfeld **SCREEN DESIGN** Markus Gimenez
URL http://www.jaegermeister.de/feiern

PRODUCT WEBSITES **AUSZEICHNUNG** 365

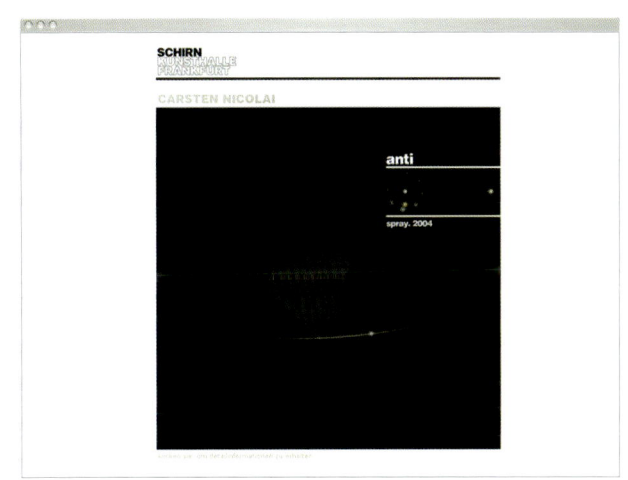

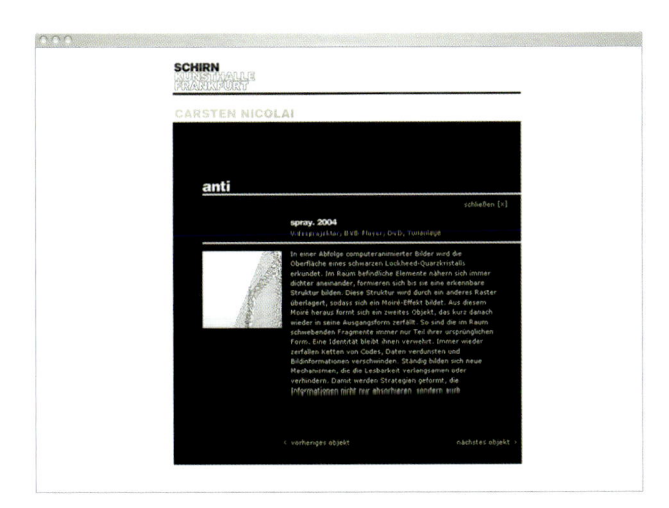

Die Ausstellung »ANTIREFLEX« des Künstlers Carsten Nicolai wird erlebbar: Bewegt sich der User nach links in den »Anti«-Bereich, wird der Screen kontinuierlich dunkler. Dagegen wird der Screen heller, je weiter man sich nach rechts in den »Reflex«-Teil begibt. Schließt der User die Seite, so gelangt er auf eine Galerieseite, welche die Interaktionen der einzelnen Nutzer abbildet und zusammenfügt.

SCHIRN KUNSTHALLE CARSTEN NICOLAI AUSSTELLUNG »ANTIREFLEX«
AUFTRAGGEBER Schirn Kunsthalle Frankfurt   **MARKETINGLEITUNG** Lena Ludwig   **AGENTUR** NEUE DIGITALE GmbH
CREATIVE DIRECTION Marco Spies   **ART DIRECTION** Rolf Borcherding   **PROGRAMMIERUNG** Heiko Schweickhardt
SCREEN DESIGN Rolf Borcherding   **URL** http://www.antireflex.de/exhibition.htm

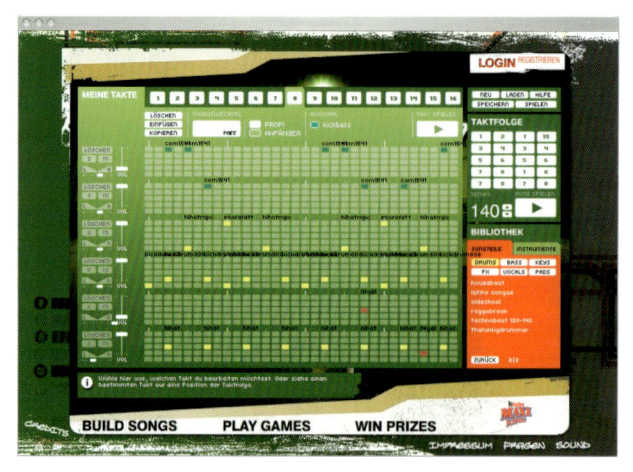

Bei »Beat my Song« handelt es sich um eine Online-Promotion für Kinder Maxi King von Ferrero. Hier können die User aus einem großen Set an Samples komplexe Songs komponieren, welche von der Community wieder geremixt werden können. Zugleich stellt jeder Song ein rhythmisches Geschicklichkeits-Game dar. Über Punktezahl und Uservoting werden Charts/Highscores generiert und Sieger ausgelobt.

FERRERO – KINDER MAXI KING »BEAT MY SONG«
AUFTRAGGEBER Ferrero OHG m.b.H. **MARKETINGLEITUNG** Oliver Sladek **AGENTUR** gosub communications GmbH
CREATIVE DIRECTION Simon Cubasch **ART DIRECTION** Christian Thormann **KUNDENBERATUNG** Carsten la Tendresse
STRATEGISCHE PLANUNG Simon Cubasch, Carsten la Tendresse **COMPUTERANIMATION** Gardeners GbR, visual communication design
PROGRAMMIERUNG Florian Sprenger **SOUND DESIGN** Robert Mummendey **URL** http://www.kindermaxiking.de/bms

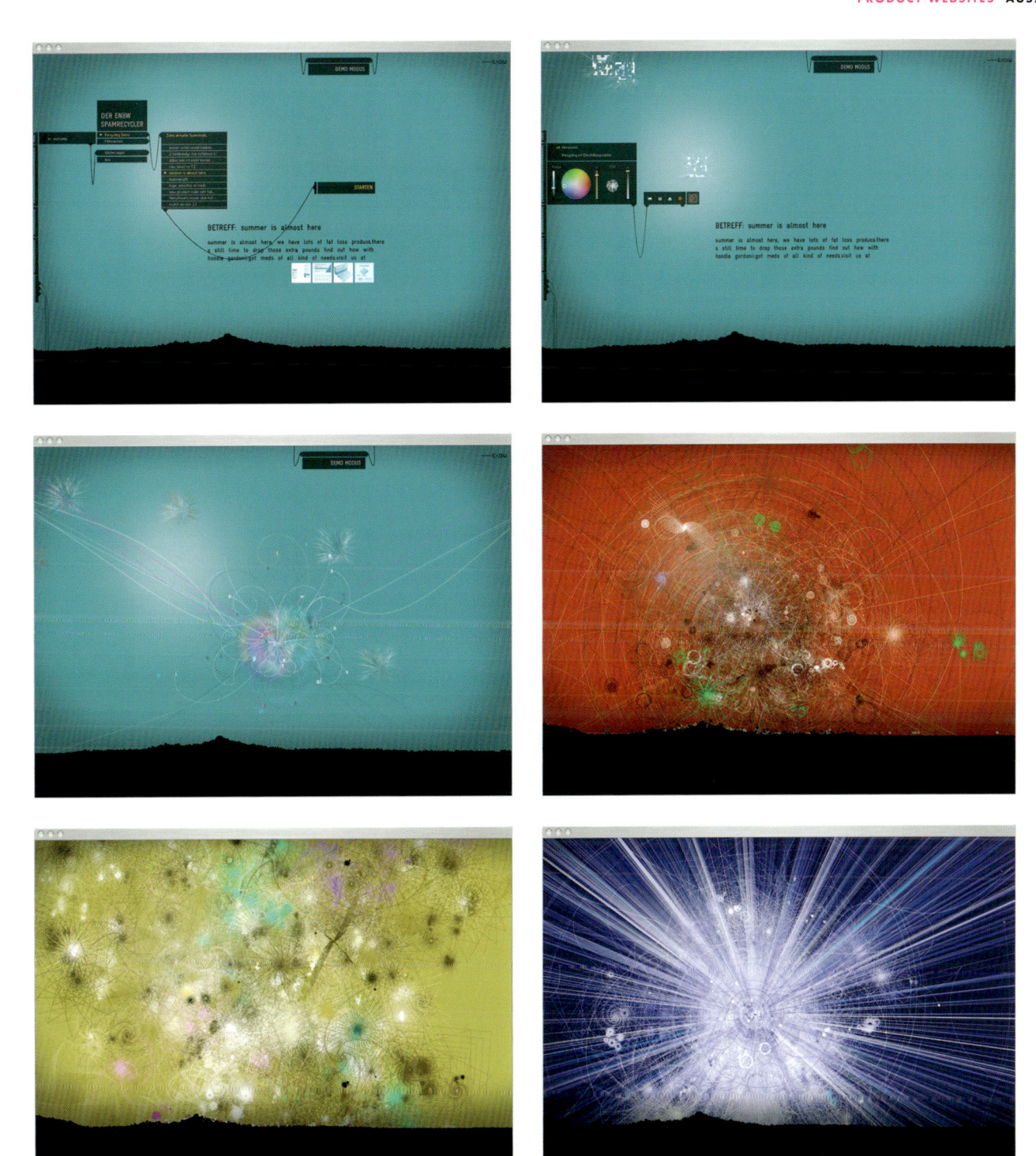

Spammails sind Müll. Müll kann man recyceln, denn der weltweit erste Spamrecycler der Energie Baden-Württemberg AG macht aus nutzlosem Datenmüll individuelle Kunstwerke. Wer Spammails an spam@spamrecycling.com schickt, kann live miterleben, wie es funktioniert, und am Ende die Kunstwerke als Wallpaper nutzen oder als Bild an die Wand hängen.

ENBW ENERGIE BADEN-WÜRTTEMBERG AG »SPAMRECYCLING – DAS VIRTUELLE MÜLLRECYCLING«
AUFTRAGGEBER EnBW Energie Baden-Württemberg AG **MARKETINGLEITUNG** Dr. Peter Vest **WERBELEITUNG** Holger Busch, Matthias Schultze
AGENTUR Jung von Matt AG **CREATIVE DIRECTION** Stefan Walz **KUNDENBERATUNG** Christine Seelig **COMPUTERANIMATION** Fabian Roser
DESIGN Fabian Bürgy **PROGRAMMIERUNG** Marko Ritter **TEXT** Paul Fleig **URL** www.spamrecycling.com

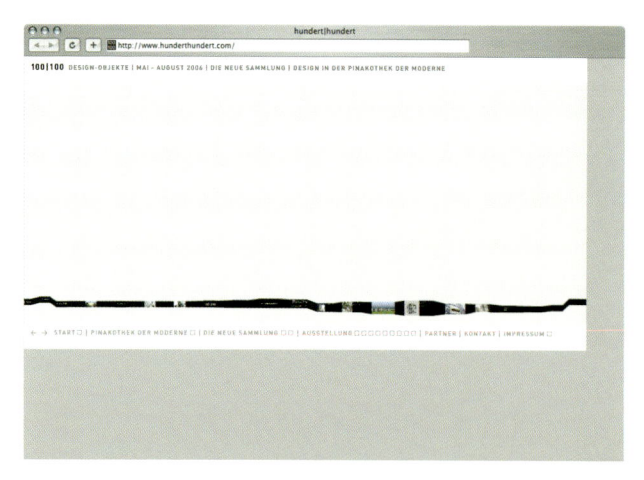

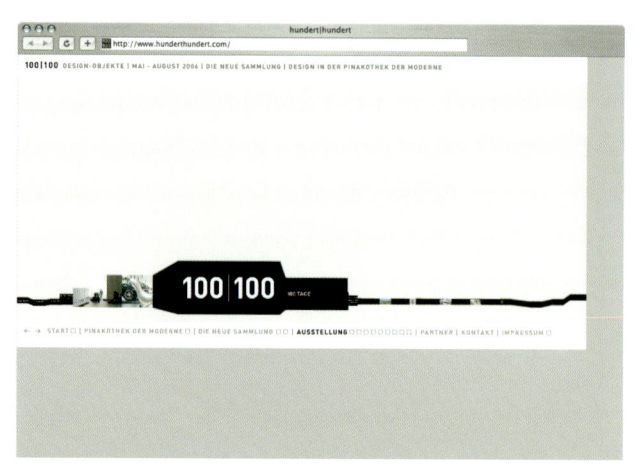

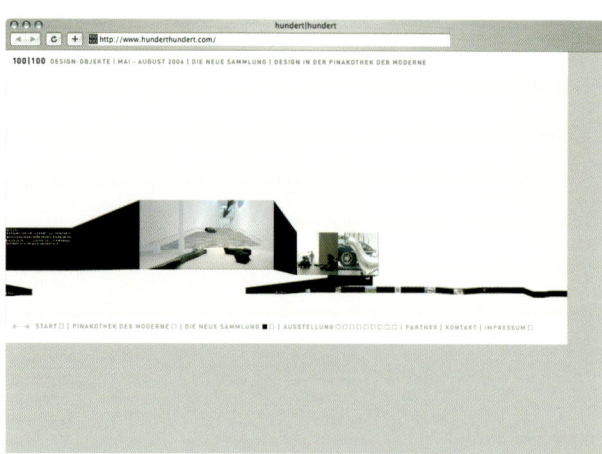

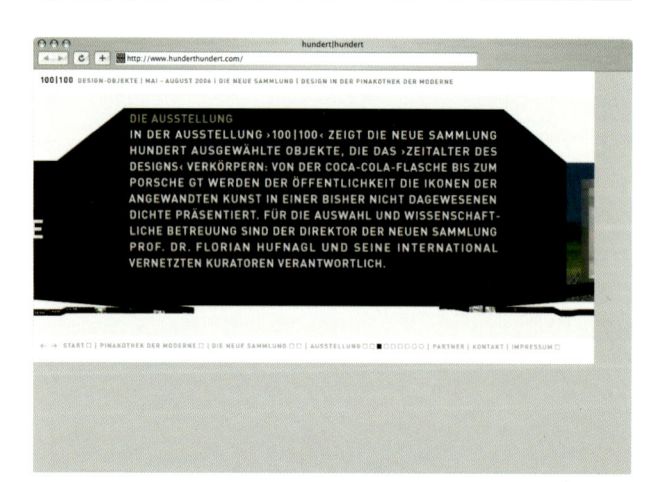

Der Internetauftritt der Ausstellung 100|100 soll die ihr zugrunde liegende Idee – eine Containerreihe quer durch die Pinakothek –
auf den ersten Blick transportieren. Ein horizontal fortlaufendes Band fungiert als Navigationsmenü, die einzelnen Inhalte sind darauf abgebildet.
Der Cursor beeinflusst die Bewegung des Bandes: Wird ein Inhalt ausgewählt, zoomt sich der entsprechende Ausschnitt heran.

»100 | 100«

AUFTRAGGEBER 100|100 GmbH **MARKETINGLEITUNG** Geschäftsführung: Sarah-Joan Fuld **CREATIVE DIRECTION** Michael Keller, Knut Maierhofer
ART DIRECTION Bruno Marek, Sabine Thernes **DESIGNBÜRO** KMS Team GmbH **IDEE** KMS Team GmbH
PROJEKTMANAGER Silke Streppelhoff, Norman Müller **TEXT** Dr. Axel Sanjosé **TYPOGRAFIE** Patrick Märki **URL** http://www.hunderthundert.com
WEB-PRODUCER Bruno Marek

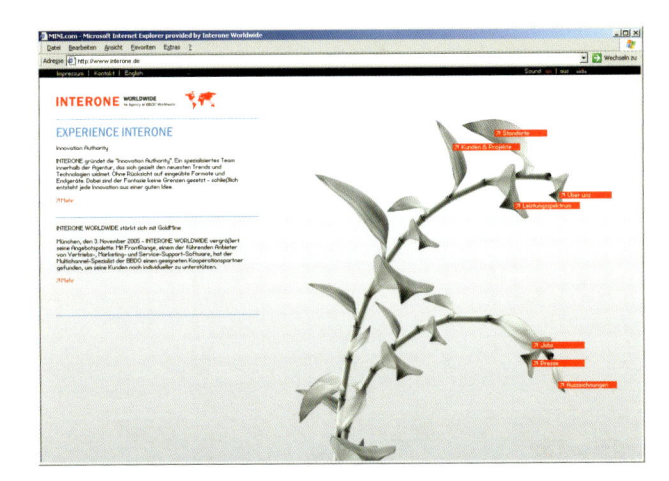

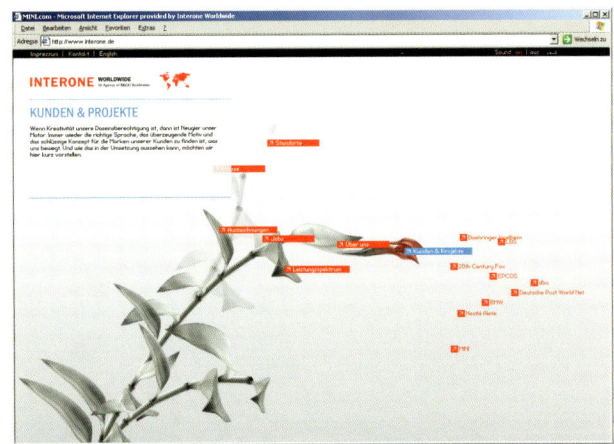

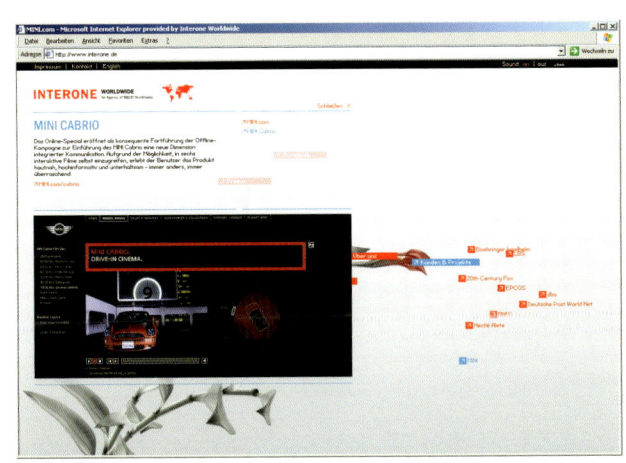

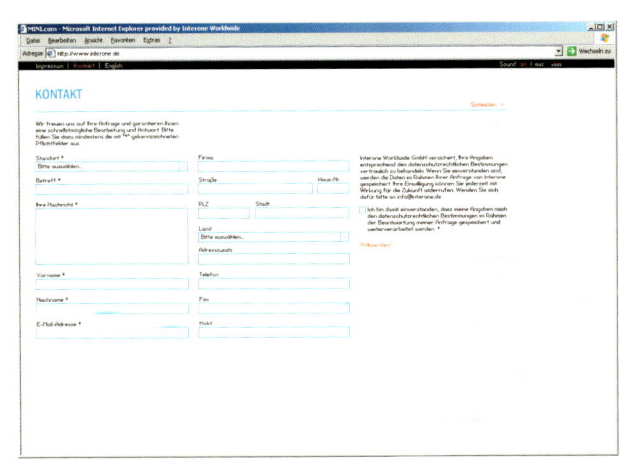

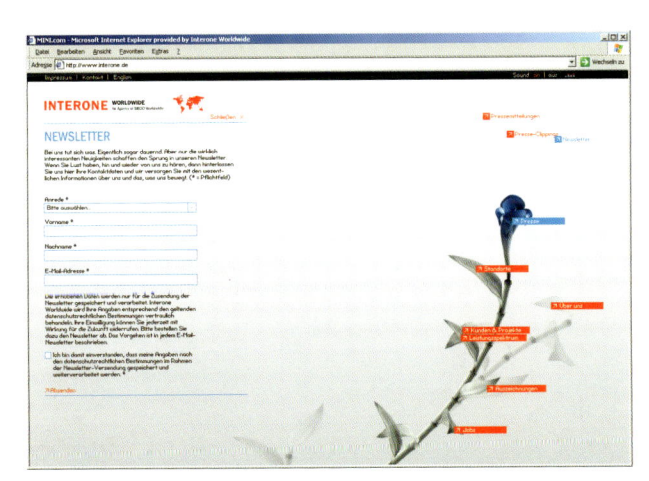

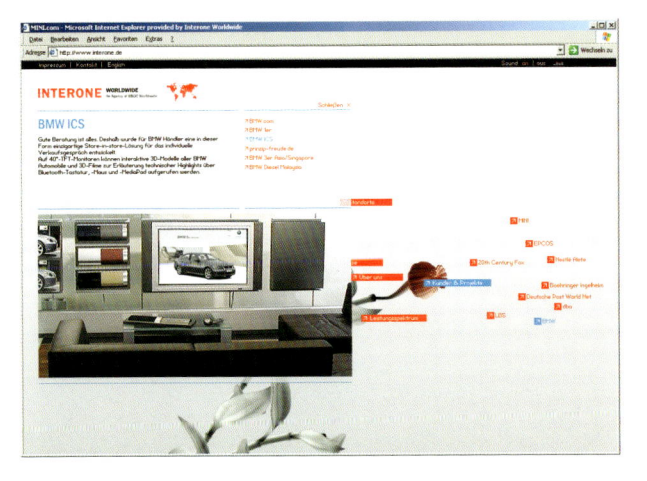

Die Website präsentiert die Kompetenzen, Fakten und News der Agentur. Sie fasst die wesentlichen Informationen zusammen und bietet die Möglichkeit des direkten Kontakts zu den relevanten Ansprechpartnern. So wird die Site zur zentralen Plattform der Agentur im Internet. Die immer weiter wachsende Pflanze ist nicht nur das Keyvisual, sondern gleichzeitig die Hauptnavigation der Seite.

WEBSITE »INTERONE WORLDWIDE«
AUFTRAGGEBER Interone Worldwide GmbH **AGENTUR** Interone Worldwide GmbH, Hamburg **CREATIVE DIRECTION** Chris Bauer, Mike John Otto **ART DIRECTION** Mike John Otto **COMPUTERANIMATION** Lars Gerckens, Andrew Sinn **IT-LEITUNG** Thomas Feldhaus **KONZEPT** Jan Köpke, Chris Bauer, Mike John Otto **PROGRAMMIERUNG** Eva Sürek **PROJEKTMANAGER** Jan-Peter Lübcke, Jens Wieland **SCREEN DESIGN** Felix Genzmer, Achim Janes, David Löhr **TEXT** Chris Bauer **URL** http://www.interone.de

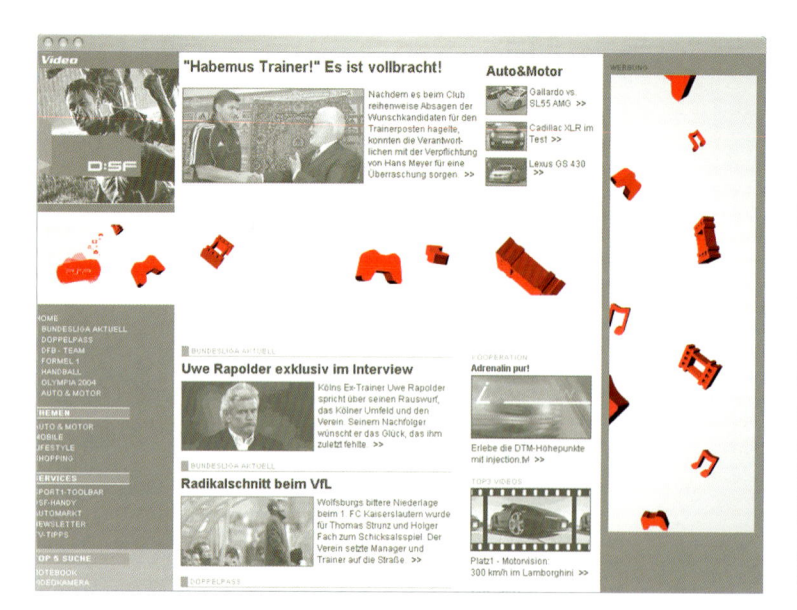

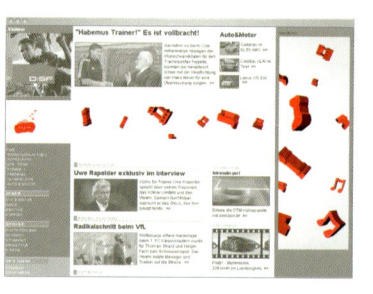

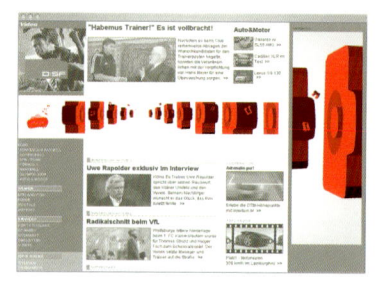

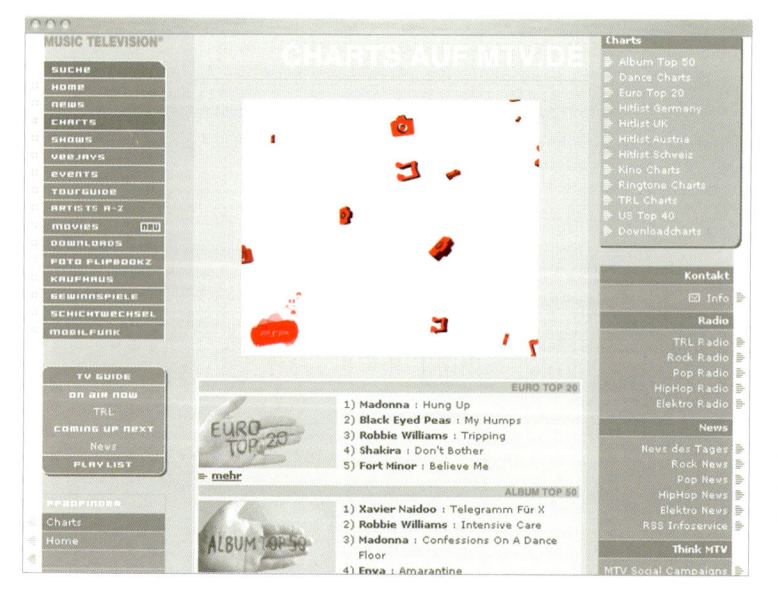

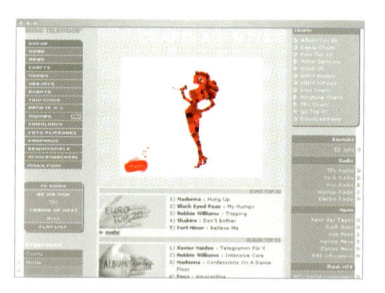

SONY PLAYSTATION PORTABLE BANNER & LANDINGPAGE »TRANSFORMER«

AUFTRAGGEBER Sony Computer Entertainment Europe/PlayStation **WERBELEITUNG** Ethel Gürten, Frank Dietz **AGENTUR** Ogilvy
CREATIVE DIRECTION Michael Kutschinski **ART DIRECTION** Melanie Bott, Thorsten Voigt **KUNDENBERATUNG** Wolf Bockelmann **IDEE** Thorsten Voigt **MEDIA** Mindshare
MEDIALEITUNG Marc Lehmann **PROGRAMMIERUNG** Uwe Holland, Thorsten Voigt **URL** http://www.ourwork.de/adc/psp/transformer/

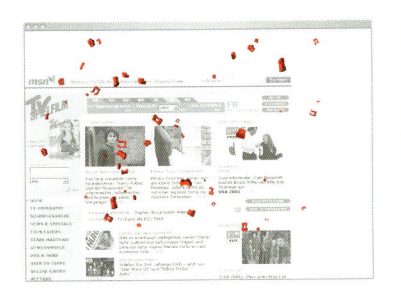

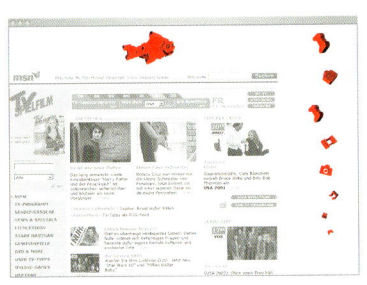

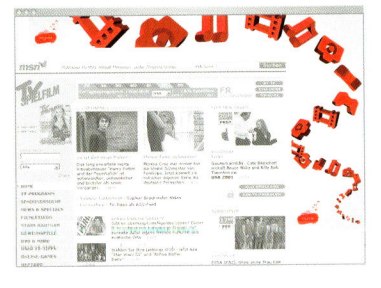

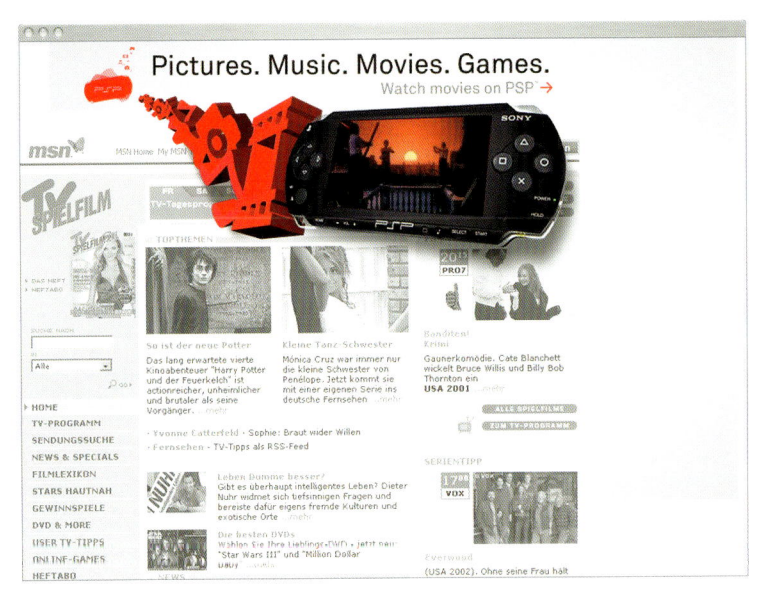

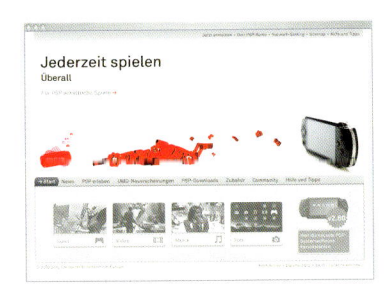

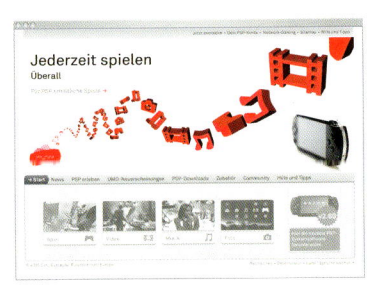

In der innovativen Online-Kampagne »Transformer« bilden die Icons der PlayStation Portable Figuren aus Film und Musik. Denn mit der PSP kann man mehr als nur spielen.

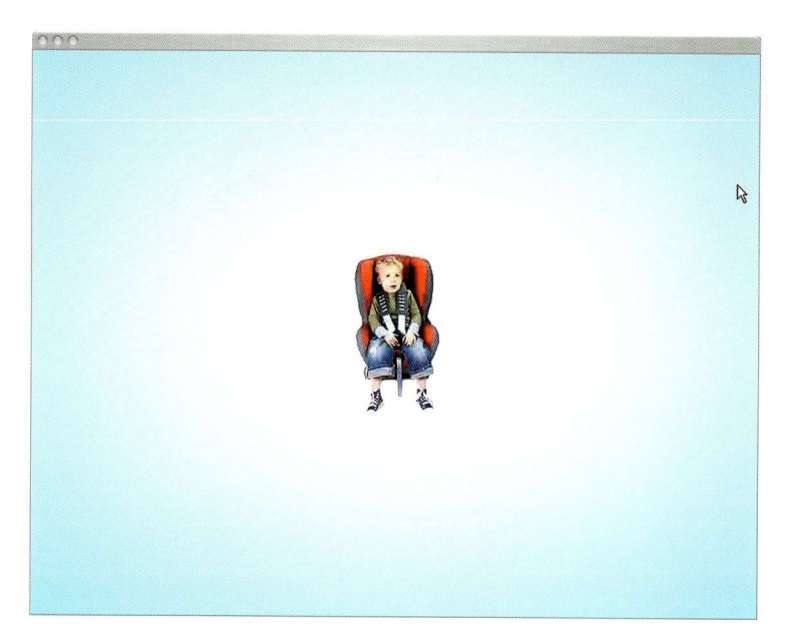

Kindersitze von Renault mit Isofix-System schützen kleine Beifahrer optimal:
Ein Haltebügel verbindet den Sitz fest mit der energieabsorbierenden Karosserie.
So fixiert, bleibt auch der Mauszeiger unerreichbar.

RENAULT KINDERSICHERHEITS-SYSTEME POP-UP »KIND«
AUFTRAGGEBER Renault Deutschland   **MARKETINGLEITUNG** Jörg-Alexander Ellhof (Marketing Kommunikation)
WERBELEITUNG Astrid Kauffmann, Michaela Wauschkuhn   **AGENTUR** Nordpol+ Hamburg   **CREATIVE DIRECTION** Ingo Fritz
ART DIRECTION Dominik Anweiler, Gunther Schreiber   **KUNDENBERATUNG** Mathias Müller-Using
STRATEGISCHE PLANUNG Mathias Müller-Using   **FILMPRODUKTION** element e   **PRODUCER** Jürgen Joppen   **REGIE** Silvio Helbig
SCREEN DESIGN Mark Höfler   **TEXT** Ingmar Bartels   **URL** http://www.nordpol.com/2005/renault/kind/
WEB-PRODUCER Mark Höfler

ONLINE ADVERTISING BRONZE 373

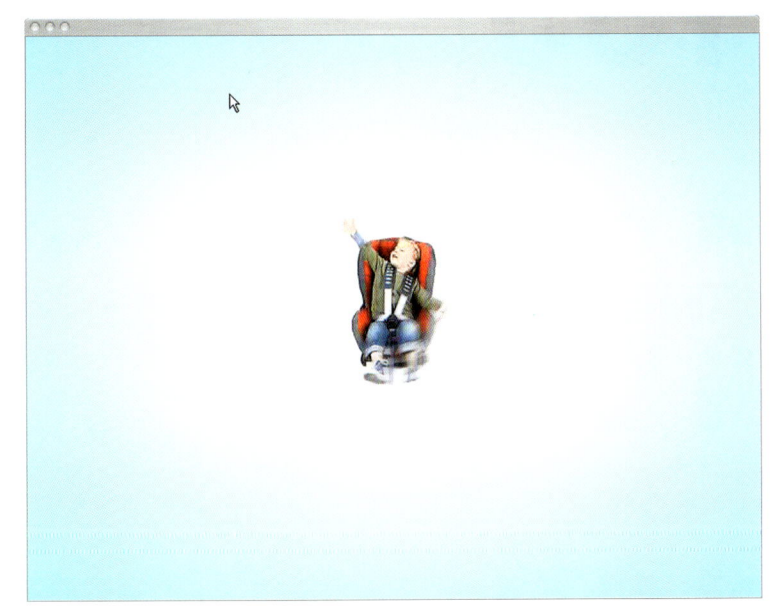

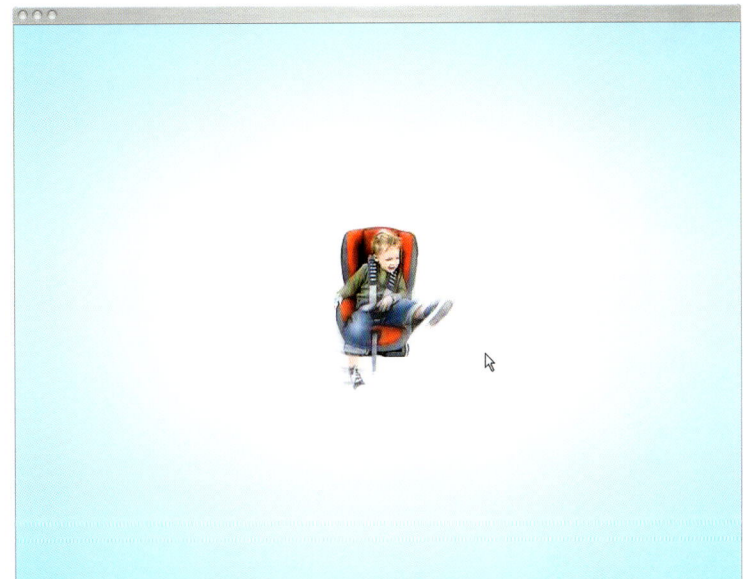

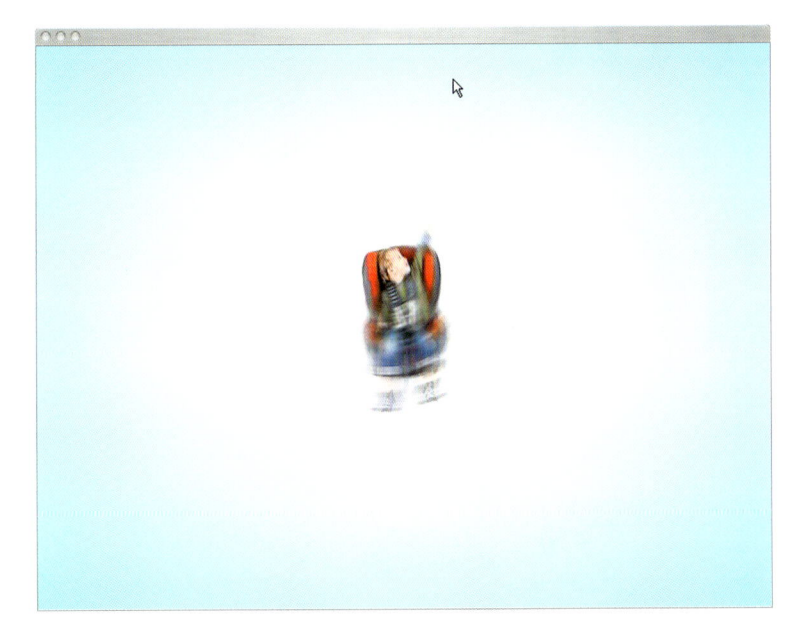

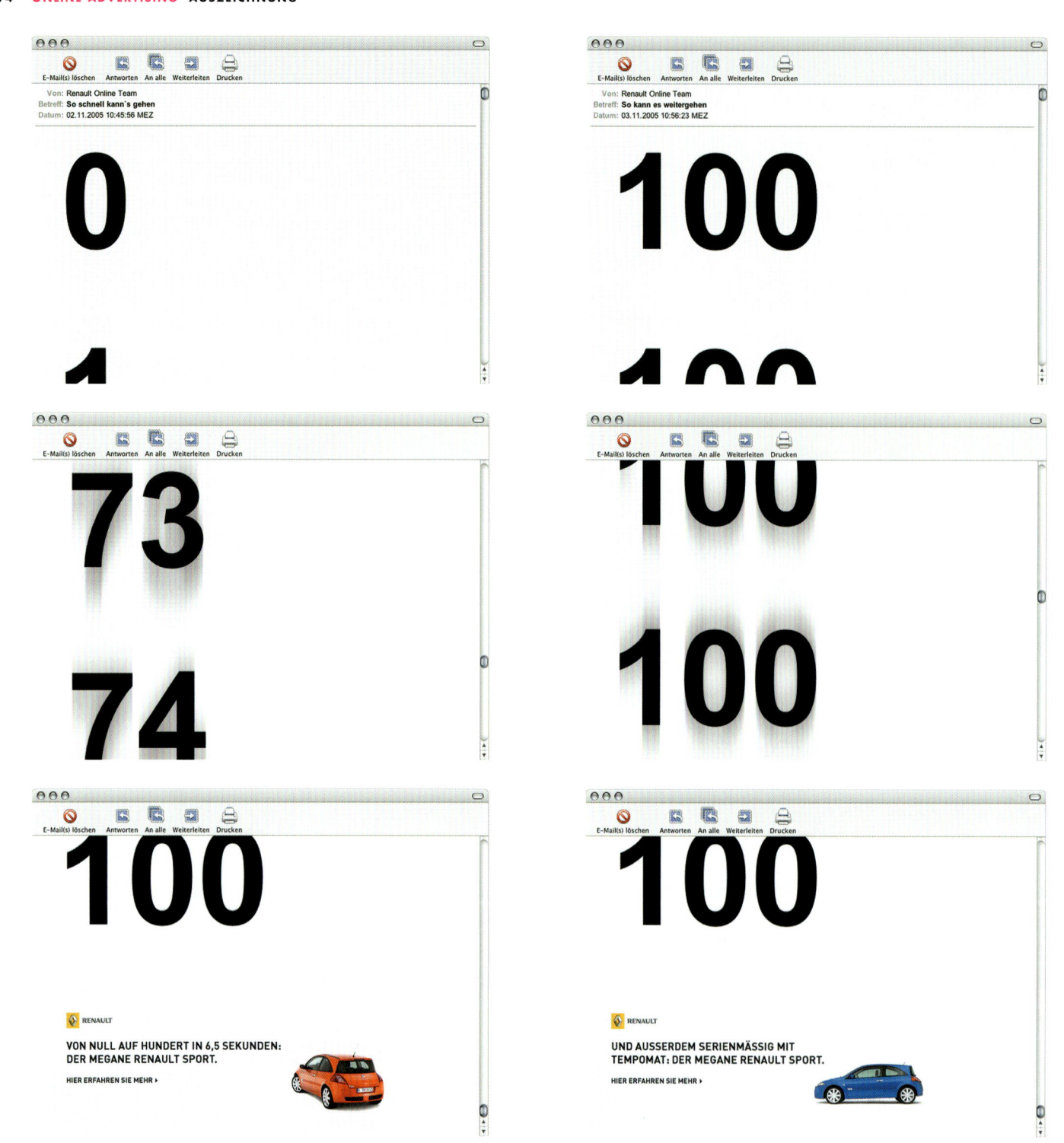

Der Renault Megane Sport braucht nur 6,5 Sekunden, um von 0 auf 100 Stundenkilometer zu beschleunigen, und ist damit das sportlichste Modell von Renault. Außerdem ist der Wagen serienmäßig mit einem Tempomat ausgestattet. Beide Features werden durch das an aufeinander folgenden Tagen verschickte Doppel-Mailing inszeniert.

RENAULT E-MAILING KAMPAGNE »MEGANE SPORT«

AUFTRAGGEBER Renault Deutschland **MARKETINGLEITUNG** Jörg-Alexander Ellhof (Marketing Kommunikation) **WERBELEITUNG** Astrid Kauffmann, Michaela Wauschkuhn **AGENTUR** Nordpol+ Hamburg **CREATIVE DIRECTION** Ingo Fritz **ART DIRECTION** Dominik Anweiler, Gunther Schreiber **KUNDENBERATUNG** Mathias Müller-Using **STRATEGISCHE PLANUNG** Mathias Müller-Using **SCREEN DESIGN** Mark Höfler **TEXT** Ingmar Bartels **URL** http://www.nordpol.com/2005/renault/meganesport/ **WEB-PRODUCER** Mark Höfler

(Back in the office on April 29, 2005)

Thank you for sending me an e-mail. I am out of the office until April 29, 2005.

In urgent cases ring me on my Siemens SX65 +49 172 80 98 116.

If I am not picking up immediately I am in a Disruption Workshop at the University of Pforzheim or I am playing soccer in my new adidas soccer gear with some students. Later today I will be checking my mails on my Apple PowerBook and I will get back to you.

Best regards

Der Zeitplan "Alles senden und empfangen" wird in 2 Minute(n) ausgef...

Out-of-Office-Replys sind normalerweise langweilige, maschinengenerierte Messages. Nein. Out-of-Office-Reply-Mails sind ein bisher ungenutztes Medium. Verschickt man kleine Geschichten, ergibt sich eine neue Plattform, um Aufmerksamkeit für die eigene Firma oder die betreuten Marken zu schaffen. Ganz nebenbei lässt man die Empfänger am eigenen Leben teilhaben und verbessert so die Beziehung.

Zusätzlich erhielt diese Arbeit eine Auszeichnung in der Kategorie Media auf Seite 246.

TBWA\ DEUTSCHLAND
E-MAILS
»OUT-OF-OFFICE-REPLY«

AUFTRAGGEBER
TBWA\ Deutschland

MARKETINGLEITUNG
Ulrich Pröschel

AGENTUR
TBWA\ Deutschland

CREATIVE DIRECTION
Stefan Schmidt, Kurt Georg Dieckert

IDEE
Stefan Schmidt

TEXT
jeder Mitarbeiter
der TBWA\ Deutschland

JUNG VON MATT VIRALE DIALOGPLATTFORM »DER 1. VIRTUELLE JUNG VON MATT WEIHNACHTSMARKT«
AUFTRAGGEBER Jung von Matt Gruppe   **MARKETINGLEITUNG** Holger Jung   **AGENTUR** Jung von Matt AG
CREATIVE DIRECTION Stefan Walz, Till Hohmann, Tobias Eichinger, Peter Waibel   **ART DIRECTION** Michael Zoelch, Marcus Widmann
FOTOGRAFIE Niels Schubert Fotografie, Stuttgart   **ILLUSTRATION** Michael Zoelch, Samir Georgy
COMPUTERANIMATION Fabian Bürgy   **GRAFIK** Dominik Kentner   **KONZEPT** Stefan Walz, Till Hohmann   **PROGRAMMIERUNG** Stefanie Hezinger
PROJEKTMANAGER Brigitte Dingler   **SOUND DESIGN** Ralf Heller; Klanglobby Stuttgart (Dirk Nagel, Martin Sponticcia, Mark Ziebarth)
SPRECHER Harald Isenmann, Martin Wenk, Philipp Mayer, Holger Oehrlich, Claudia Lutz, Brian Piper   **TECHNISCHE LEITUNG** Martin Wenk
TECHNISCHE UMSETZUNG Jung von Matt/Neckar; emarsys München; CTNM   **TEXT** Philipp Mayer   **URL** http://www.jvm.de/weihnachtsmarkt2005

Ein digitales Weihnachtsgeschenk für Kunden und Freunde. An Ständen bedienen prominente Mitarbeiter der Agentur. Einmal eingeloggt, kann man mit ihnen spielen, sie mit Dosen bewerfen, als Karikatur zeichnen lassen, mit Glühwein abfüllen, ihnen Filme klauen oder Gedichte ins Gästebuch schreiben. Jede Attraktion löst ein neues Werbemittel aus, das als Fax, E-Card oder viraler Spot versendet wird.

Zusätzlich erhielt diese Kampagne eine Auszeichnung in der Kategorie Dialogmarketing auf Seite 349.

Laut, skurril, voller Effekte: Auf japanischen Homeshopping-Kanälen ist nichts heilig, wenn nur das Produkt eindrucksvoll inszeniert wird. Das für ASICS gelaunchte Shopping-Portal »Gel.TV« spielt mit diesem Stil. Im Zentrum steht der Spot für den ASICS Gel Komodo Laufschuh, in dem auf wenig zimperliche Weise die Gel-Technologie demonstriert wird. Ziemlich beeindruckend, nicht nur für Europäer.

ASICS SPOT »GEL.TV«
AUFTRAGGEBER ASICS Europe B.V. **MARKETINGLEITUNG** Carsten Unbehaun **WERBELEITUNG** Melanie Dinger-Hampel, Sandra Koopmans
AGENTUR Aimaq·Rapp·Stolle Werbeagentur GmbH **CREATIVE DIRECTION** Oliver Frank, Olaf Reys **ART DIRECTION** Danny Baarz
KUNDENBERATUNG Andreas Rapp, Karoline Huber **FILMPRODUKTION** Czar, Berlin **EDITOR** Felix Drawe **PRODUCER** Susanne Ehlers
REGIE Toon Aertz **SOUND DESIGN** Masdaq **TEXT** Matthias Storath **URL** http://www.gel.tv

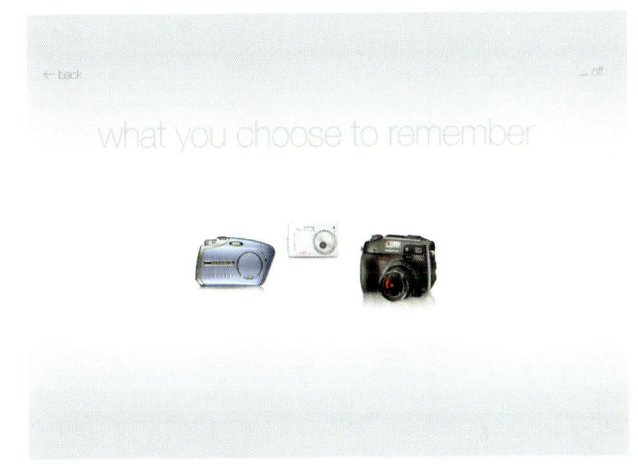

Die Olympus-Kampagne »What you choose to remember« zeigt in drei filmischen Spots digitale Foto-Artefakte, die als seltsam liebenswerte Charaktere agieren. Auf der als Rahmen für die Filme geschaffenen Microsite erzählen fotografierte Erinnerungen kleine Geschichten zur Entstehung der Figuren. Die verstörend lustige Wirkung animiert den User, die Filme per E-Card viral zu verbreiten.

OLYMPUS MICROSITE »WHAT YOU CHOOSE TO REMEMBER«
AUFTRAGGEBER Olympus Europa GmbH **MARKETINGLEITUNG** Uwe Lüssem **AGENTUR** NEUE DIGITALE GmbH **CREATIVE DIRECTION** Olaf Czeschner
ART DIRECTION Rolf Borcherding **KUNDENBERATUNG** Bettina Lanz **KONZEPT** Katharina Schlungs **PROGRAMMIERUNG** Heiko Schweickhardt
SCREEN DESIGN Rolf Borcherding, André Bourguignon **URL** http://www.neue-digitale.de/projects/olympus_brandcampaign_2005

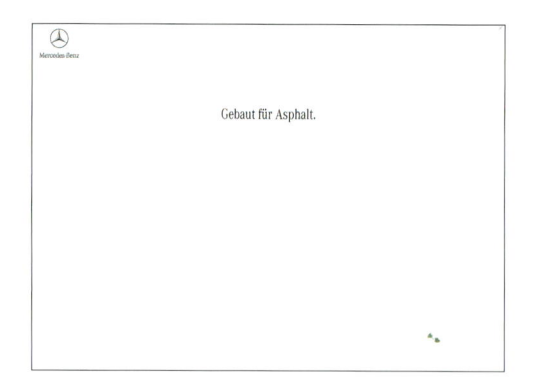

Die Kampagne zur Markteinführung der neuen M-Klasse steht unter dem Motto: »Gebaut für Asphalt. Und für den Weg dorthin.« Fernab typischer Fahrzeugpräsentation vermittelt der Screensaver die Kernaussagen dieser Devise auf ganz eigene Weise. So etabliert er die M-Klasse auf den heimischen Computern – und steigert die Vorfreude auf den Markteinführungstermin.

MERCEDES-BENZ M-KLASSE SCREENSAVER »SPLATTER«
AUFTRAGGEBER DaimlerChrysler Vertriebsorganisation Deutschland   **MARKETINGLEITUNG** Klaus Burghauser   **WERBELEITUNG** Söhnke Wulff
AGENTUR Elephant Seven AG   **CREATIVE DIRECTION** Dirk Ollmann, Daniel Richau   **ART DIRECTION** Kai Becker   **KUNDENBERATUNG** Matthias Mühlenhoff, Claus Jacobsen
PROGRAMMIERUNG Rouven Laurien (Flash)   **SCREEN DESIGN** Till Hinrichs   **TECHNISCHE LEITUNG** Rainer Sax   **TEXT** Benjamin Bruno
URL http://bannertool.e-7.com/awards/2006/adc/mb_screensaver_splatter/

Die iPod Werbefiguren von Apple mal interaktiv: Sie beginnen zu tanzen, sobald jemand vorbeiläuft.
Beisheim Center am Potsdamer Platz, Berlin. Februar bis April 2005. »Catwalk – das interaktive Schaufenster«
reagiert auf Passanten. Plakative Interaktion setzt bereits vorhandene Werbegestaltung, z. B. Bilder,
Filme und Animationen, in einen überraschend neuen Kontext. www.trytes.com

APPLE IPOD MEDIENFASSADE »CATWALK – DAS INTERAKTIVE SCHAUFENSTER«
AUFTRAGGEBER com berlin.Agentur für Communication/Apple Center M&M:Trading!   **DESIGN** Jennifer Harden
DESIGNBÜRO trytes : new values in interaction design   **TECHNISCHE UMSETZUNG** Jennifer Harden   **URL** http://80.86.167.177/prevote/34247/

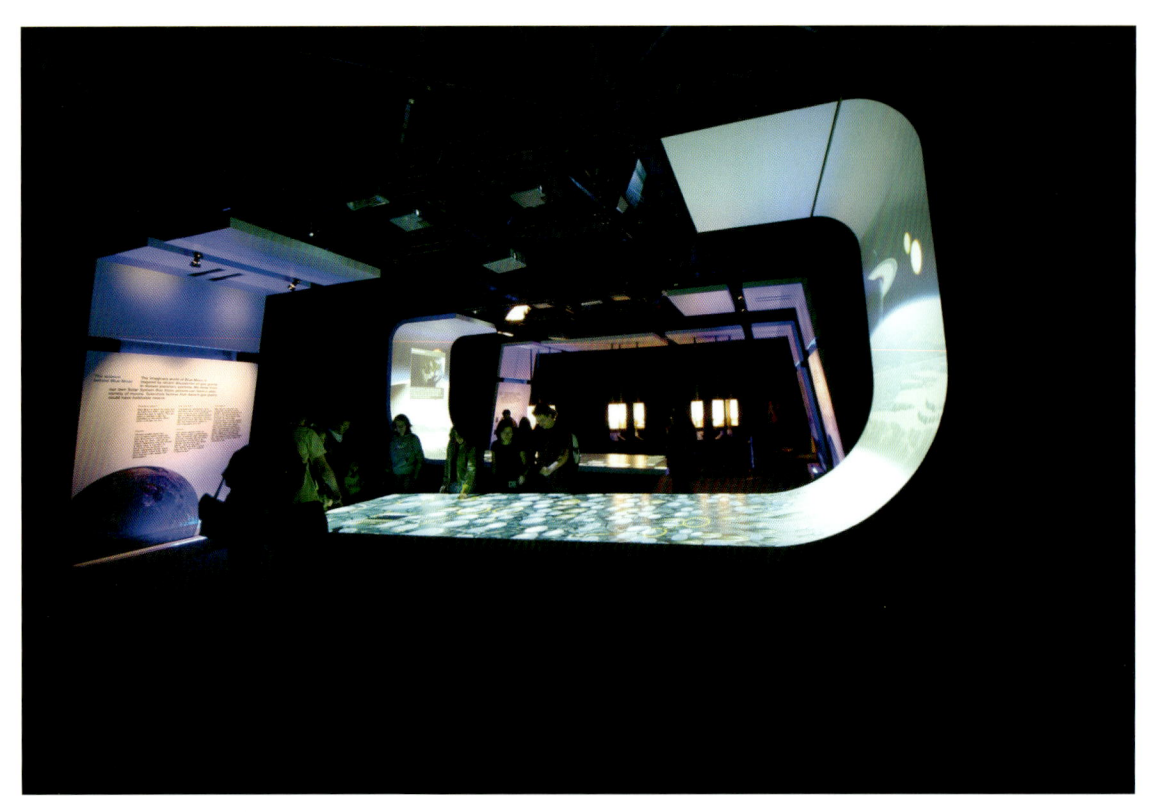

Die »Alien Worlds« im Londoner Science Museum.

Die interaktive Installation zum Planeten »Aurelia«.

Im Zentrum der Ausstellung »The Science of Aliens« erlauben zwei interaktive Installationen den direkten Kontakt zu Außerirdischen in einem wissenschaftlich wahrscheinlichen Ökosystem. Über eine von ART+COM entwickelte berührungssensitive Oberfläche von zwei Metern Breite und 7,5 Metern Länge interagieren die Besucher mit den beiden Welten »Aurelia« und »Blue Moon«.

THE SCIENCE OF ALIENS INTERAKTIVE INSTALLATION »ALIEN WORLDS«
AUFTRAGGEBER Science + Media LLP, The Science Museum, London **AGENTUR** ART+COM AG **CREATIVE DIRECTION** Prof. Joachim Sauter
KUNDENBERATUNG Heinz Cordes **DESIGN** Jussi Ängeslevä, Dennis Paul, Patrick Kochlik, André Stubbe, James King, Claudia Krummenacher
FILMANIMATION Big Wave production/Channel 4 **MEDIA** Ansgar Meemken, Dieter Sachse **PROJEKTMANAGER** Peter Böhm
TECHNISCHE INSTALLATION Matthias Görlitz

Interaktion mit dem Planeten »Aurelia«.

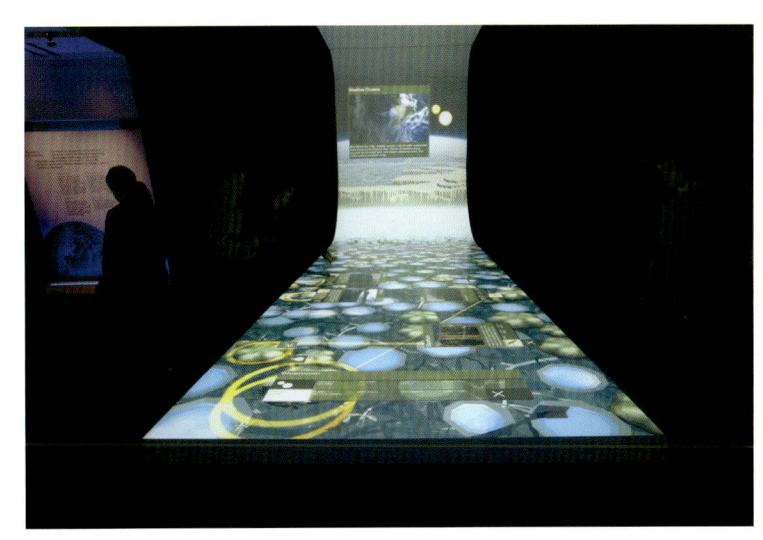

Der Planet »Blue Moon«.

Informationen über die Planeten, hier »Blue Moon«, erschließen sich über Texte und Filme.

Ein Mudpod, wie er auf »Aurelia« lebt.

Der »documenta mobil«-Truck macht Station vor dem Berliner Kulturforum.

Das Innenleben des Trucks.

Entlang der Original-Plakate erstreckt sich der sensitive Tisch mit elf Metern Länge.

Impressionen zum Tourstart des documenta mobils in Berlin.

DOCUMENTA INTERAKTIVE INSTALLATION IN EINEM TRUCK »DOCUMENTA MOBIL«
AUFTRAGGEBER kassel tourist GmbH, Knut Seidel   **MARKETINGLEITUNG** Knut Seidel   **AGENTUR** ART+COM AG   **CREATIVE DIRECTION** Prof. Joachim Sauter
KUNDENBERATUNG Peter Böhm   **ARCHITEKTURBÜRO** Büro Staubach   **BILDREDAKTION** documenta Archiv Kassel   **DESIGN** Patrick Kochlik, Jakob Lehr, Dennis Paul
IDEE Prof. Dr. Klaus Siebenhaar   **MEDIENTECHNIK** Matthias Görlitz, Dieter Sachse   **MESSEBAU** Art Department Studio Babelsberg
PROGRAMMIERUNG Patrick Kochlik, Jakob Lehr, Dennis Paul   **PROJEKTMANAGER** Peter Böhm, Anke Hoffmann
REDAKTION Dirk Schwarzer, Prof. Dr. Klaus Siebenhaar, Dr. Steffen Damm   **TECHNISCHE LEITUNG** Matthias Görlitz, Dieter Sachse

INTERAKTIVE MEDIEN IM RAUM BRONZE 385

Blick auf die sensitive Oberfläche.

Abrufen von Informationen zum Künstler Jeff Wall durch Berührung der Oberfläche.

Vom 15. März bis 14. April steuerte das documenta mobil elf deutsche Städte an und machte so die bisherigen elf documenta-Ausstellungen medial und mobil erlebbar. Mittels eines elf Meter langen interaktiven Tischs war der Zugang zu den künstlerischen Meilensteinen der zweiten Hälfte des 20. Jahrhunderts direkt, informativ und spielerisch.

**NANGA PARBAT WEBSITE
»NANGA PARBAT –
GRAB DER TRÄUME«**

AUFTRAGGEBER
Künstlergruppe Mangan
AGENTUR
Jung von Matt AG
CREATIVE DIRECTION
Stefan Walz
ART DIRECTION
Stefan Walz
FILMPRODUKTION
Gerhard Baur
FOTOGRAFIE
Thorsten Eichhorst
COMPUTERANIMATION
Fabian Bürgy
DESIGN
Fabian Roser, Fabian Bürgy
PROGRAMMIERUNG
Marco Ritter, Fabian Roser
PROJEKTMANAGER
Brigitte Dingler
SOUND DESIGN
Kai-Uwe Kohlschmidt
TEXT
Matthias Kubitz
URL
http://www.nanga-parbat.org

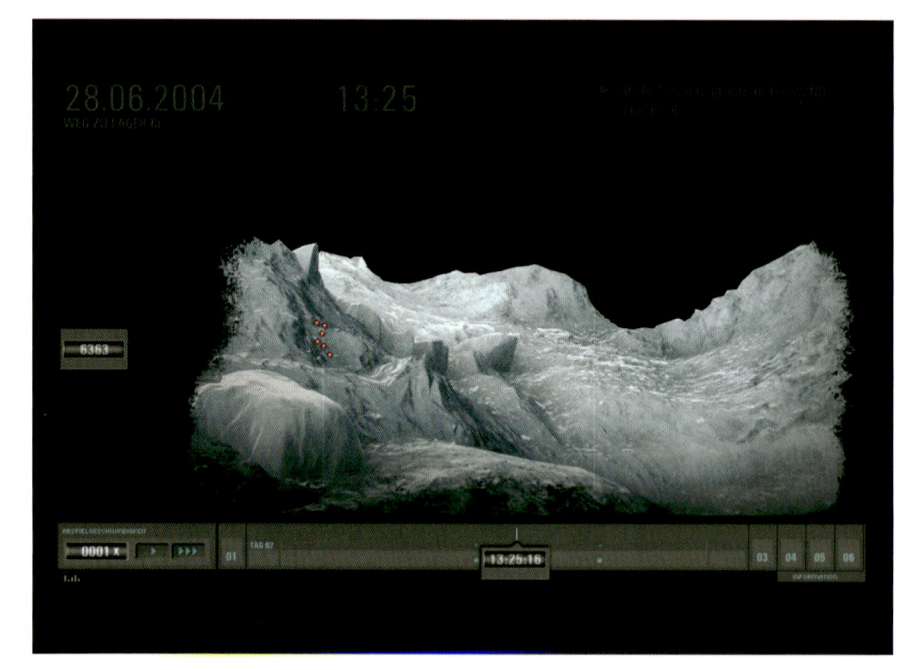

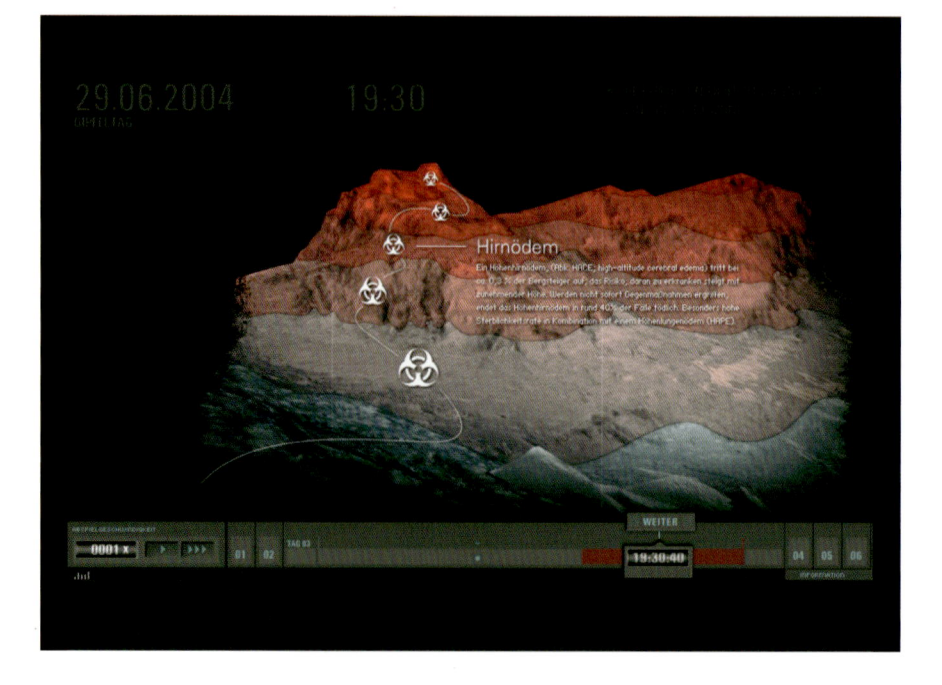

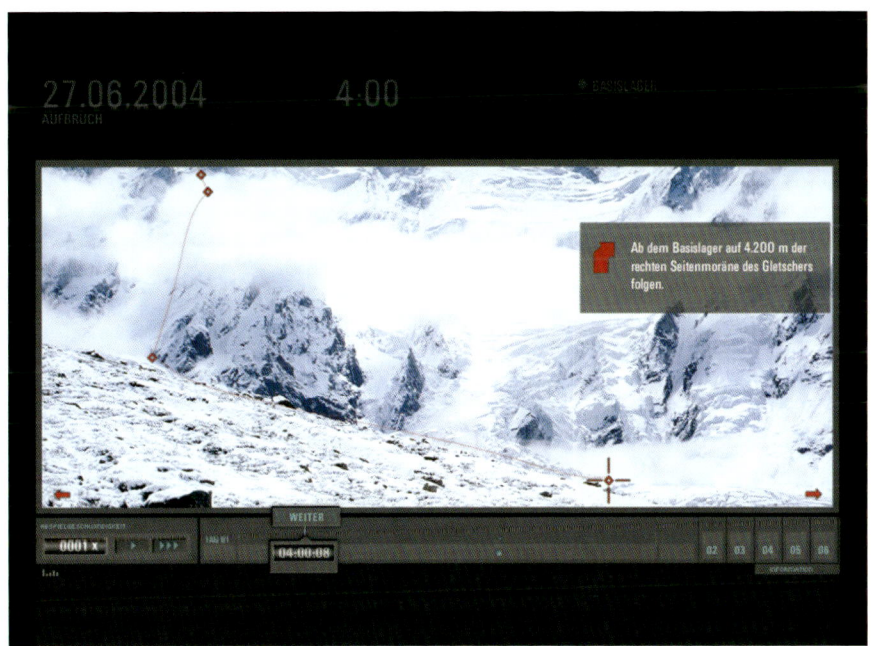

Sechs Bergsteiger verlassen das Basislager des Nanga Parbat. Vom Gipfel trennen sie 3.225 Höhenmeter. Vier erreichen das Ziel, nur drei kehren zurück. Warum? Das fragen sich auch sechs Künstler, die die Expedition begleiten und auf ihre Weise nach Antworten suchen. Das Ergebnis: eine Vortragsreihe und die Erstbesteigung des Nanga Parbat am Computer. Sechs Tage in Echtzeit.

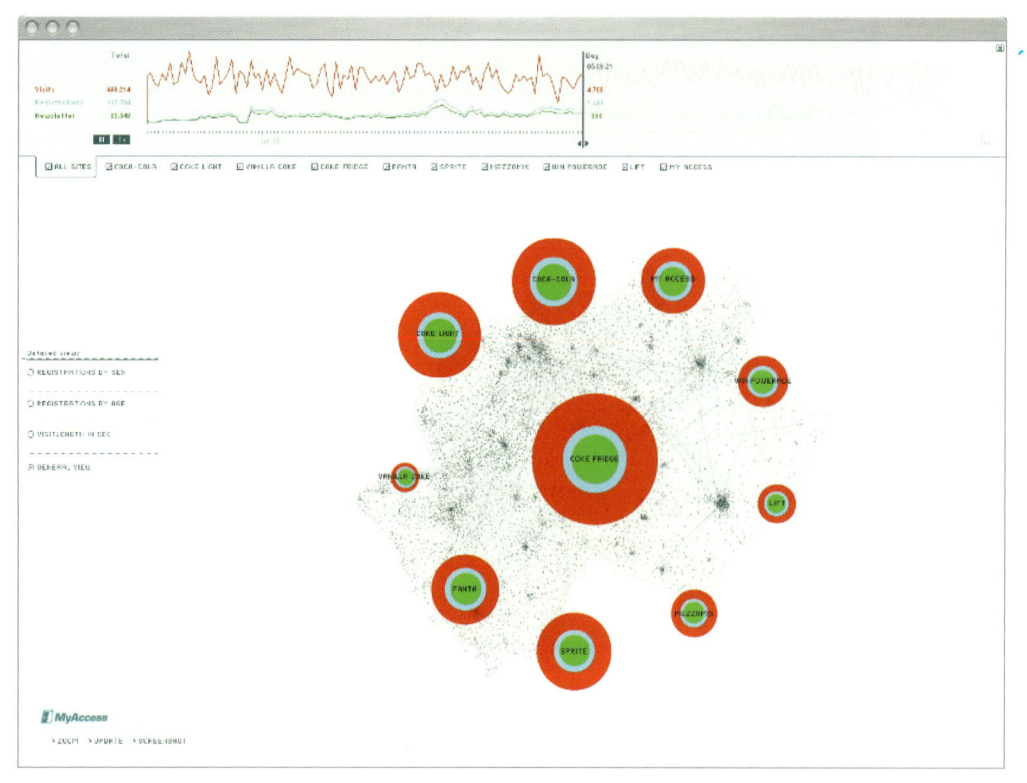

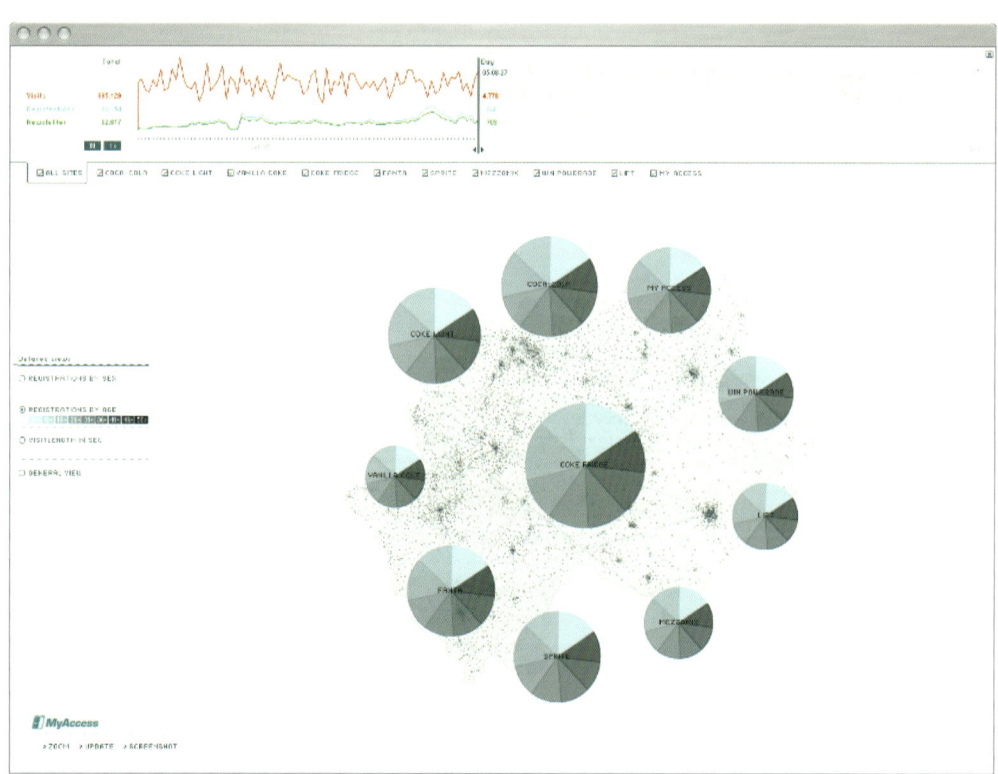

COCA-COLA ONLINE-TOOL »DATENVISUALISIERUNG COCA-COLA«
AUFTRAGGEBER Coca-Cola GmbH, Renata Slisuric (verantw. Kunde)   **AGENTUR** SCHOLZ & VOLKMER   **CREATIVE DIRECTION** Heike Brockmann
KUNDENBERATUNG Björn Sternsdorf   **PROGRAMMIERUNG** Manfred Kraft   **PROJEKTMANAGER** Clemens Dopjans   **TECHNISCHE LEITUNG** Peter Reichard
URL http://www.s-v.de/projects/coke-visualisierung/de

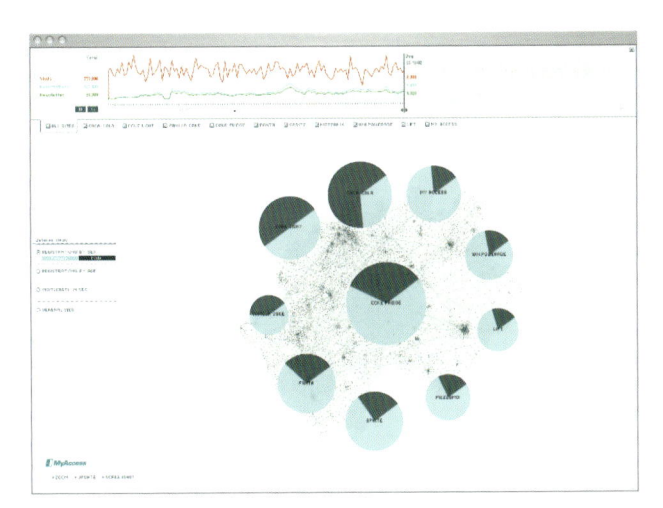

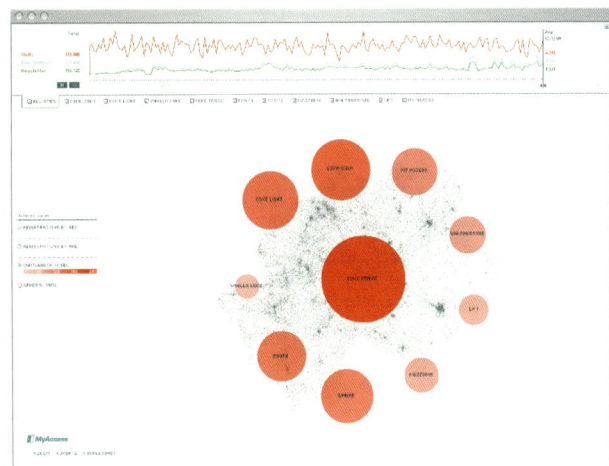

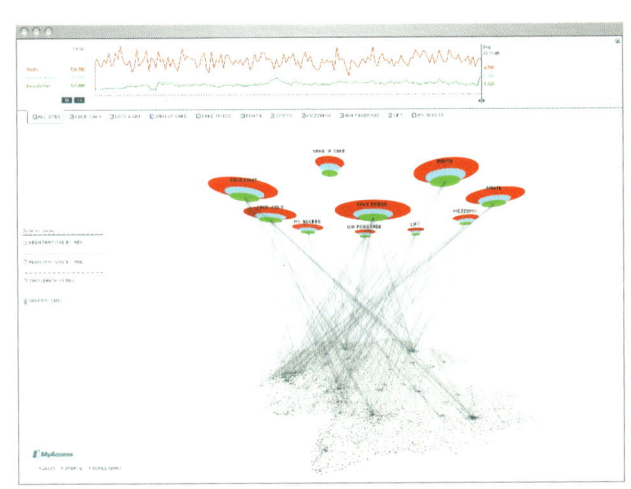

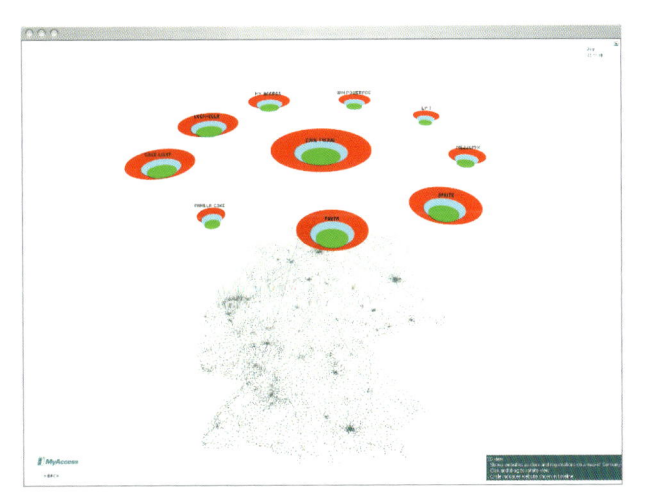

Online-Tool zur Visualisierung des Nutzerverhaltens auf den Coca-Cola-Markenwebsites. Ziel ist es, Informationen aus Logfiletabellen und deren komplexe Zusammenhänge nachvollziehbar darzustellen. Die Vergleichbarkeit und Analyse der Websites zueinander wird verdeutlicht. Die Applikation zeigt auf einem Screen Anzahl und Aktivität der User in Deutschland im zeitlichen Ablauf.

SPEZIALDISZIPLINEN BRONZE

BILD SEITE*1GIRL
DIGITALE INSTALLATION & WEBSITE

AUFTRAGGEBER
Axel Springer AG/Zeitungsgruppe BILD
WERBELEITUNG
Dr. Markus Dömer
AGENTUR
Jung von Matt AG
CREATIVE DIRECTION
Bernd Krämer
ART DIRECTION
Sven Loskill
KUNDENBERATUNG
Michael Behrens
FILMPRODUKTION
Fata Morgana
FOTOGRAFIE
Jan-M. Studt
AGENTUR PRODUCER
Stefan Seifert
ART BUYING
Hülya Corty
BERATUNG
Michael Behrens
DESIGN
Sven Loskill
KAMERA
Alan Vydra
KONZEPT
Bernd Krämer, Sven Loskill,
Robert Ehlers, Michael Behrens
POST PRODUCTION
Fata Morgana
PROJEKTMANAGER
Stefan Seifert
REGIE
Alan Vydra
SCHNITT
Alan Vydra, Ole Bergmann,
Hannes Wöhrle
TECHNISCHE INSTALLATION
Installation der Live-Projektion:
Barry Skinner (MediaZest),
Mark Eisenblätter (GFF)
TECHNISCHE KONZEPTION
Benjamin Herholz, Jan-M. Studt
TECHNISCHE UMSETZUNG
Benjamin Herholz, Jan-M. Studt
TEXT
Robert Ehlers

Verführung live. Im Schaufenster des Berliner C&A zeigt eine lebensechte, holografische Projektion ein Model in Seite*1Girl Dessous. Die Website www.seite1girl.de ist die Schaltzentrale hinter der Projektion. Hier können die Nutzer per Webcam die Passanten vor dem Schaufenster beobachten und mit ihnen in Dialog treten, denn das projizierte Model lässt sich fernsteuern.

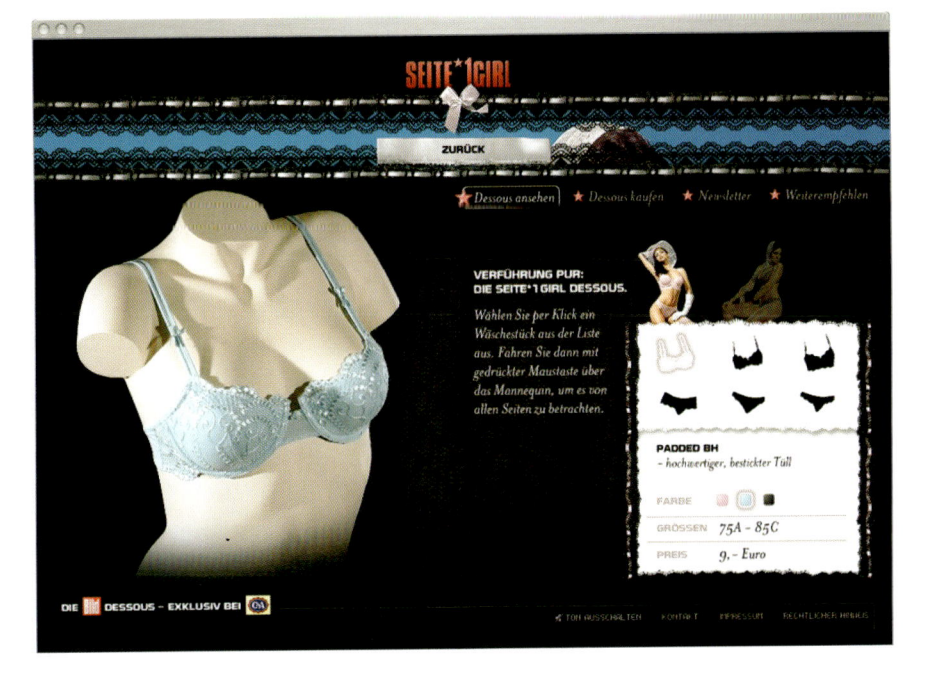

392 INFORMATIONSMEDIEN
GESCHÄFTSBERICHTE
BÜCHER UND VERLAGSOBJEKTE
KUNST-, KULTUR- UND VERANSTALTUNGSPLAKATE

ng ting!

PRINT-KOMMUNIKATION

394 INFORMATIONSMEDIEN **AUSZEICHNUNG**

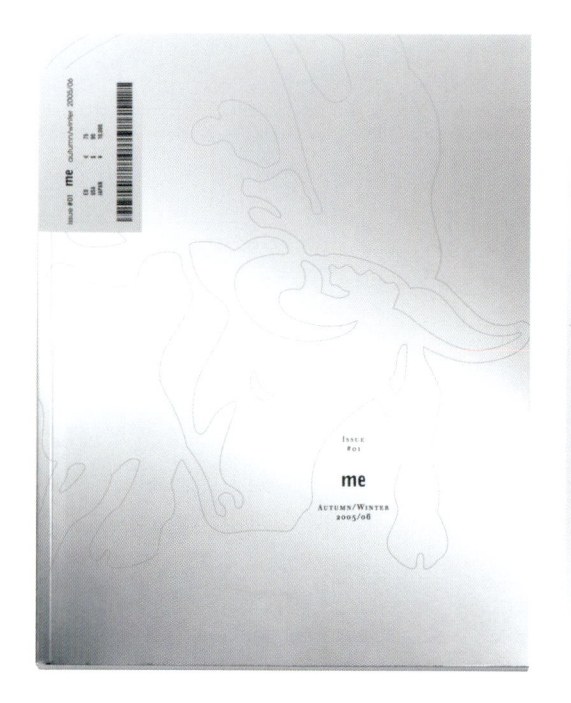

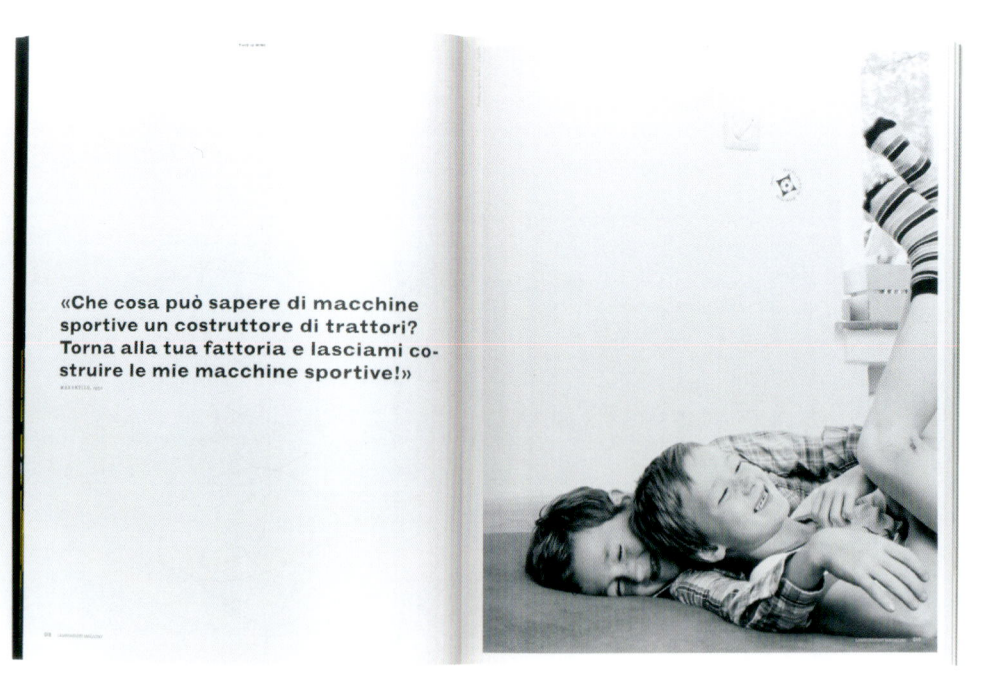

LAMBORGHINI MAGAZIN
AUFTRAGGEBER Automobili Lamborghini S.p.A. **MARKETINGLEITUNG** Manfred Fitzgerald **AGENTUR** köckritzdörrich Agentur für Kommunikation GmbH
ART DIRECTION Lutz Suendermann, Oliver Semik **KUNDENBERATUNG** Berthold Dörrich, Sandra Doebele **STRATEGISCHE PLANUNG** Berthold Dörrich
AGENTUR PRODUCER Martin Rebstock **CHEFREDAKTION** Michael Köckritz

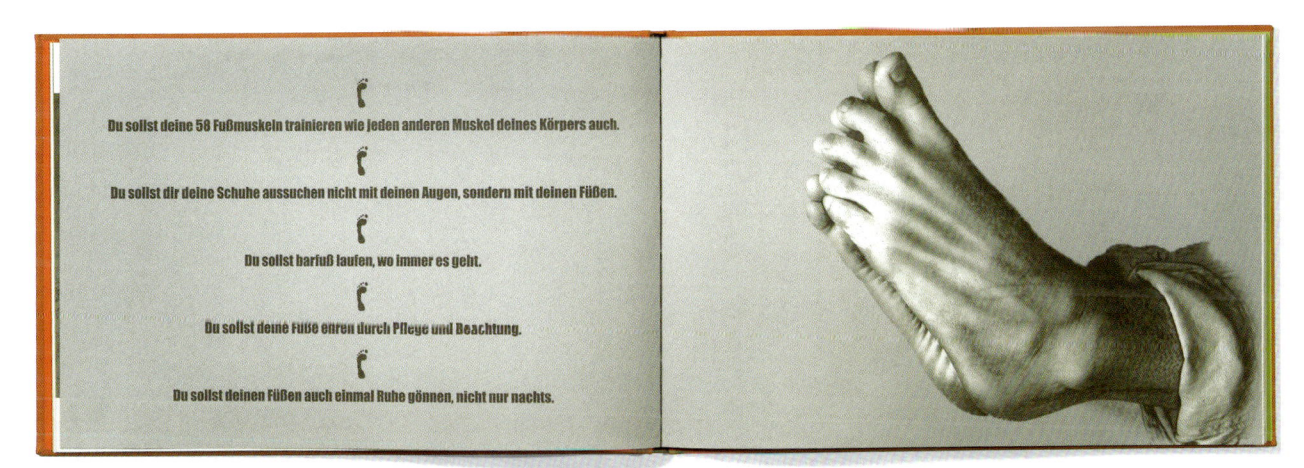

Zusätzlich erhielt diese Arbeit eine Auszeichnung in der Kategorie Verkaufsförderung auf Seite 231.

NIKE FREE BROSCHÜRE »FOOTBOOK«
AUFTRAGGEBER NIKE Deutschland GmbH   **MARKETINGLEITUNG** Oliver Eckart   **AGENTUR** HEIMAT, Berlin   **CREATIVE DIRECTION** Guido Heffels, Jürgen Vossen
ART DIRECTION Marc Wientzek, Oliver Schneider, Tim Schneider, Jürgen Vossen   **KUNDENBERATUNG** Caroline Theissen, Frank Ricken
STRATEGISCHE PLANUNG HEIMAT, Berlin   **FOTOGRAFIE** Matthias von Bechtolsheim (Titel), Stockmaterial, Nike Archive
ILLUSTRATION Ole Bahrmann, Oliver Schneider, Armand Lidtke   **AGENTUR PRODUCER** Carola Storto   **BILDBEARBEITUNG** PX1
BILDREDAKTION Carola Storto   **CHEFREDAKTION** Oliver Eckart   **DESIGN** Oliver Schneider, Armand Lidtke, Marc Wientzek, Joachim Zeh, Wieden+Kennedy Amsterdam
DESIGNBÜRO La Manana   **GRAFIK** Oliver Schneider, Armand Lidtke, Joachim Zeh   **PROJEKTMANAGER** Carola Storto   **REDAKTION** Matthias von Bechtolsheim, Guido Heffels
TEXT Guido Heffels   **TYPOGRAFIE** Oliver Schneider, Armand Lidtke

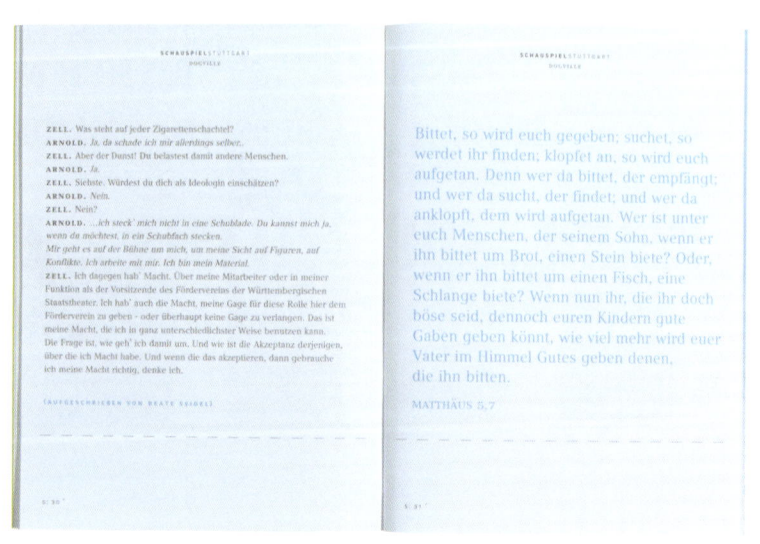

STAATSTHEATER STUTTGART SCHAUSPIEL STUTTGART PROGRAMMHEFTE »FAUST I, DOGVILLE«

AUFTRAGGEBER Staatstheater Stuttgart Schauspiel Stuttgart   **MARKETINGLEITUNG** Ingrid Trobitz   **AGENTUR** strichpunkt   **CREATIVE DIRECTION** Kirsten Dietz, Jochen Rädeker
ART DIRECTION Kirsten Dietz   **KUNDENBERATUNG** Jochen Rädeker   **ILLUSTRATION** Anders Bergesen u.a.   **DESIGNBÜRO** strichpunkt
DRUCK Engelhardt & Bauer, Karlsruhe   **GRAFIK** Anders Bergesen, Kirsten Dietz, Anika Marquardsen   **PROJEKTMANAGER** Jeannette Kohnle   **TYPOGRAFIE** Kirsten Dietz

STERK UND KURZWEG FOTOGRAFIE BROSCHÜRE »VISUAL DIAMONDS«
AUFTRAGGEBER Sterk und Kurzweg Fotografie
AGENTUR BBDO Campaign GmbH Stuttgart **CREATIVE DIRECTION** Armin Jochum
ART DIRECTION Armin Jochum, Stefan Nagel, Carolin Frick, Steffen Stäuber
FOTOGRAFIE Sterk und Kurzweg **ILLUSTRATION** Carolin Frick
PRODUCER Max Tewes **PRODUKTION** Factory 7 **TEXT** Armin Jochum

Zusätzlich erhielt diese Arbeit eine Auszeichnung in der
Kategorie Grafische Einzelarbeiten auf Seite 435.

COCA-COLA BUCH »HEIMSPIEL«
AUFTRAGGEBER Coca-Cola GmbH **MARKETINGLEITUNG** Gregor Gründgens
WERBELEITUNG Matthias Meusel **AGENTUR** INTERNATIONAL Berlin
CREATIVE DIRECTION Todd Schulz **ART DIRECTION** Nathanaël Hamon
KUNDENBERATUNG Axel Pfennigschmidt, Gisela Widmer **FOTOGRAFIE** Steffen Jagenburg
VERLAG Verlag für bildschöne Bücher, Bodo v. Hodenberg **BILDBEARBEITUNG** Appel Grafik Berlin
DRUCK Druckerei H. Heenemann/Buchbinderei Helm **TEXT** Bertram Job

Zusätzlich erhielt dieses Buch Silber in der Kategorie Corporate Publishing auf Seite 542/543.

CICERO TYPOGRAFISCHES MANIFEST »MEILENSTEINE«
AUFTRAGGEBER Cicero Werkstudio **WERBELEITUNG** Wolfgang Schif
AGENTUR BBDO Campaign GmbH Stuttgart
CREATIVE DIRECTION Armin Jochum, Andreas Rell, Jörg Bauer
ART DIRECTION Armin Jochum, Jörg Bauer **KUNDENBERATUNG** Andreas Rauscher
PRODUCER Wolfgang Schif **PRODUKTION** Cicero Werkstudio **TEXT** Andreas Rell

Zusätzlich erhielt diese Arbeit Bronze in der Kategorie
Produkt- und Werbebroschüren auf Seite 146 sowie in der
Kategorie Grafische Einzelarbeiten auf Seite 432/433.

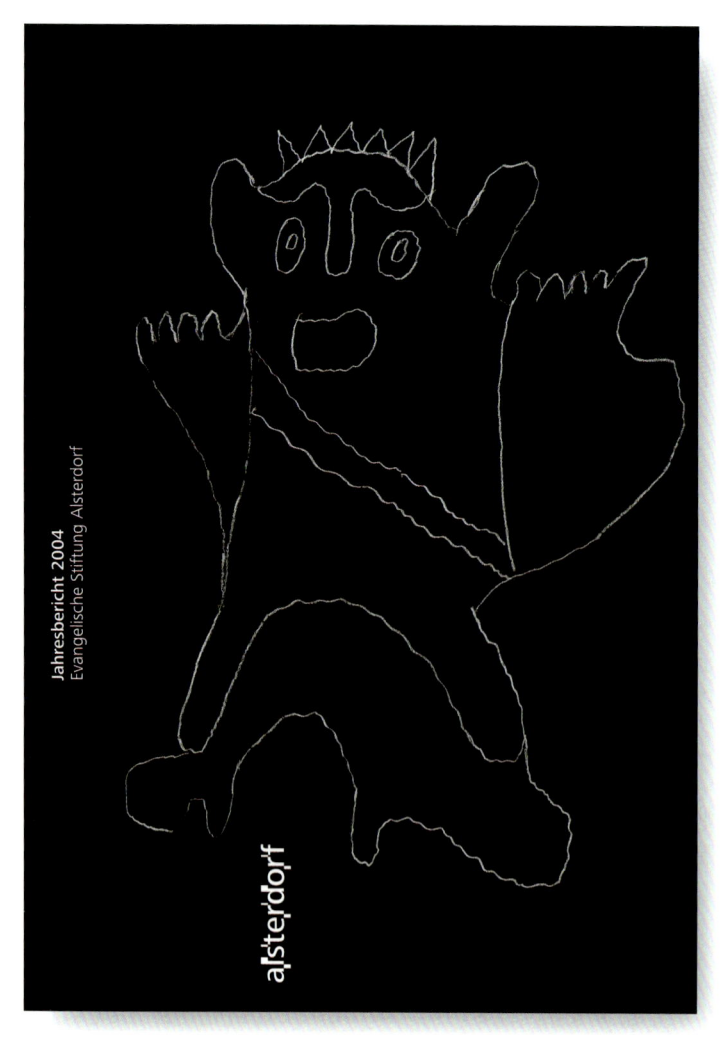

Das Unternehmen arbeitet mit behinderten Menschen. Die Vorstellung, dass die Kunden ihren eigenen Geschäftsbericht illustrieren, ist reizvoll. Die Künstlergruppe »die Schlumper«, eine Einrichtung der Evangelischen Stiftung Alsterdorf, half uns bei der Umsetzung. Gelungen ist das Experiment bei den Porträts, die für den Bericht gefertigt wurden. Die Künstler reagieren auf den Inhalt. Bei anderen Seiten wird offenbar, dass sich Kunst dem Gebrauch entzieht. Die Abbildung von Kunst kann nur ihrem eigenen Zweck dienen.

EVANGELISCHE STIFTUNG ALSTERDORF »JAHRESBERICHT 2004«
AUFTRAGGEBER Evangelische Stiftung Alsterdorf **MARKETINGLEITUNG** Wolfram Scharenberg **DESIGN** Prof. Andreas Uebele
DESIGNBÜRO Büro Uebele Visuelle Kommunikation **GRAFIK** Alexandra Busse, Projektleitung **TEXT** Pastor Rolf Baumbach

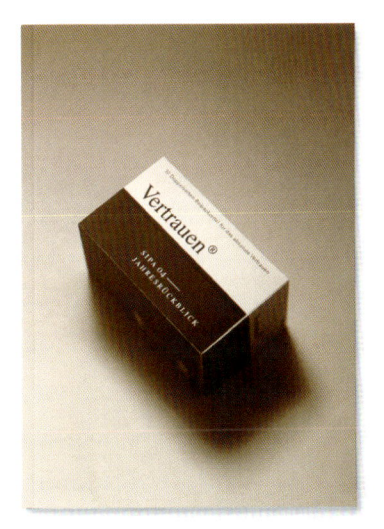

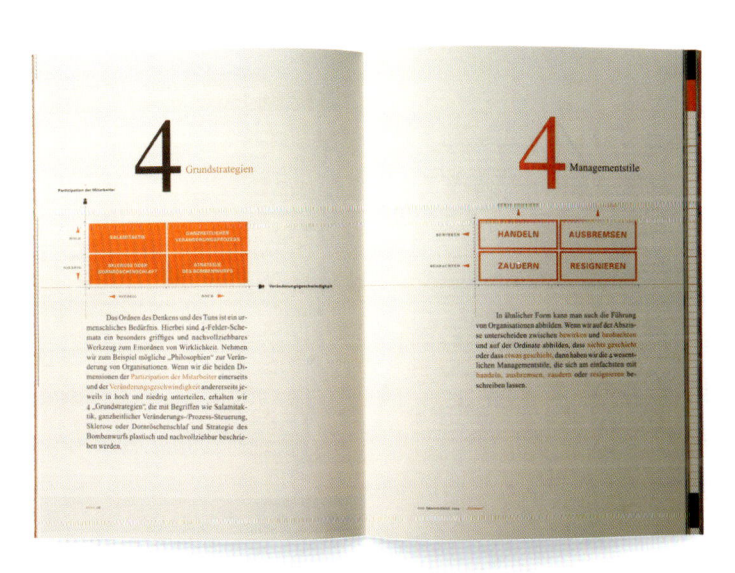

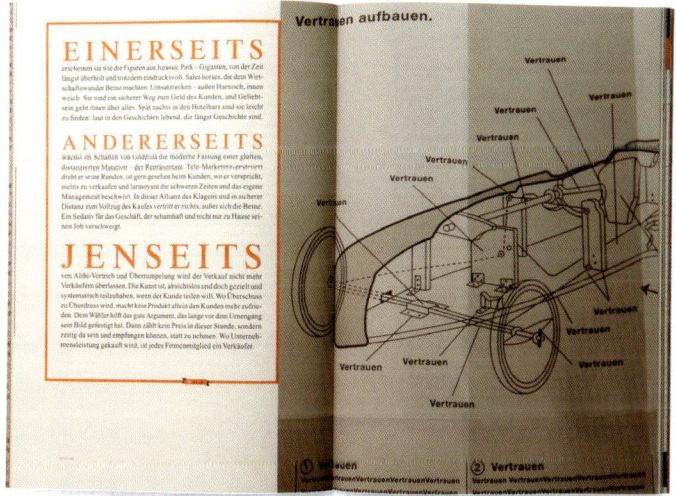

SIPA UNTERNEHMER BERATUNG GESCHÄFTSBERICHT 04 »VERTRAUEN«
AUFTRAGGEBER SIPA Unternehmer Beratung GmbH **AGENTUR** Maksimovic & Partners **CREATIVE DIRECTION** Ivica Maksimovic
ART DIRECTION Patrick Bittner **FOTOGRAFIE** Michael Ehrhart

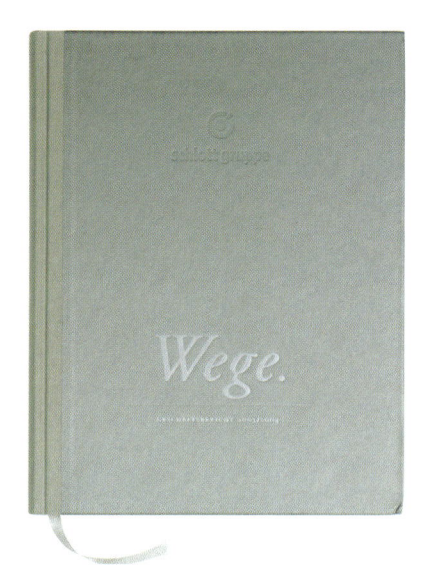

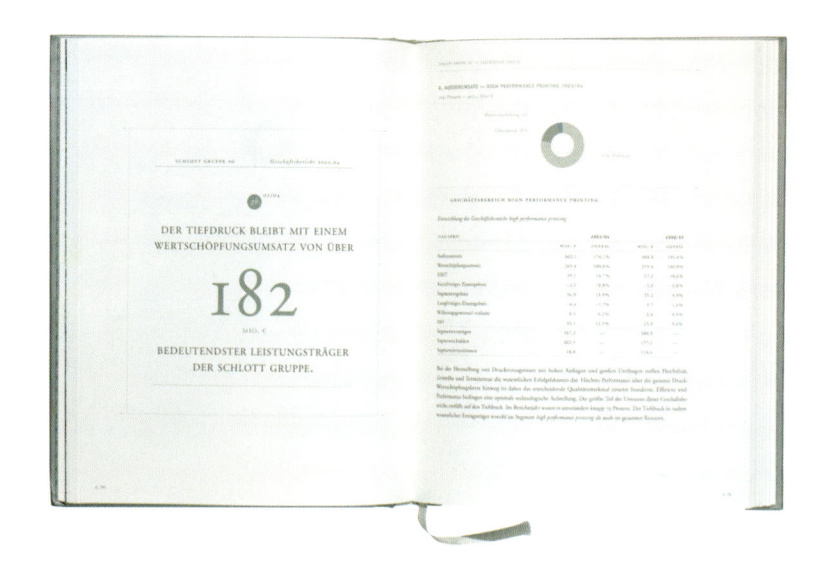

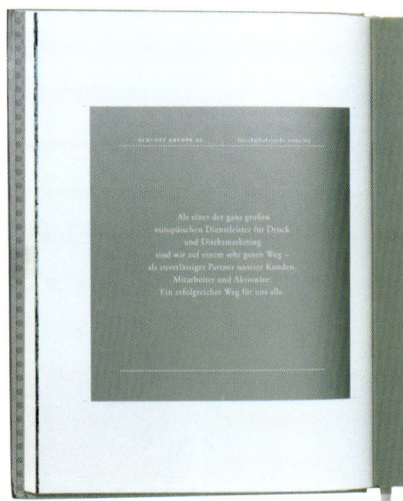

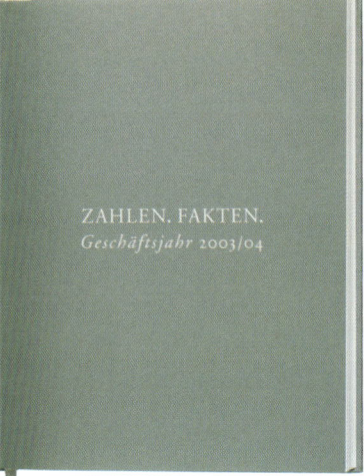

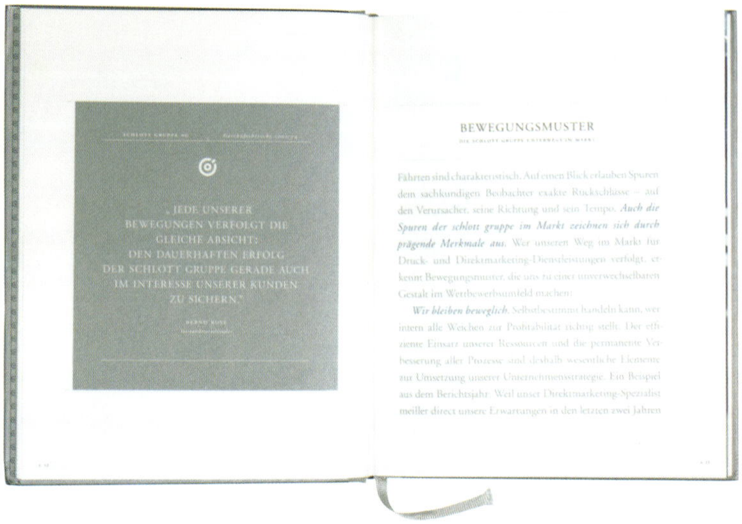

SCHLOTT GRUPPE GESCHÄFTSBERICHT 2003/2004 »WEGE«

AUFTRAGGEBER schlott gruppe AG **MARKETINGLEITUNG** Marco Walz **AGENTUR** strichpunkt **CREATIVE DIRECTION** Jochen Rädeker
ART DIRECTION Kirsten Dietz **KUNDENBERATUNG** Jochen Rädeker, Jeannette Kohnle **FOTOGRAFIE** Niels Schubert, Stuttgart **DESIGN** Stephanie Zehender
DESIGNBÜRO strichpunkt **DRUCK** sachsendruck GmbH, Plauen **PROJEKTMANAGER** Jeannette Kohnle **TEXT** Norbert Hiller, pr+co, Stuttgart

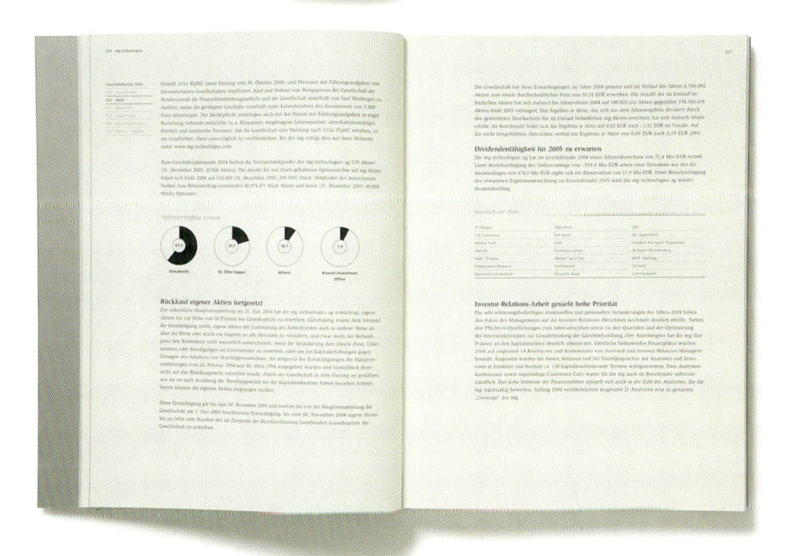

GESCHÄFTSBERICHTE AUSZEICHNUNG 401

MG TECHNOLOGIES »ANNUAL REPORT 2004«
AUFTRAGGEBER mg technologies ag **AGENTUR** ade hauser lacour **CREATIVE DIRECTION** gregor ade **ART DIRECTION** iris dresler, stefanie schmidt
KUNDENBERATUNG gerolf werning **FOTOGRAFIE** beckerlacour.com, stephan-feder.net **DRUCK** www.kuthal.com **PRODUKTION** www.kuthal.com

JÜDISCHES MUSEUM FRANKFURT AM MAIN »UND KEINER HAT FÜR UNS KADDISCH GESAGT«
AUFTRAGGEBER jüdisches museum frankfurt am main **AGENTUR** ade hauser lacour **CREATIVE DIRECTION** laurent lacour
ART DIRECTION sven michel, nicole klein, matthias görlich **VERLAG** stroemfeld verlag, frankfurt am main, basel
DRUCK vier-türme gmbh, münsterschwarzach

190
191

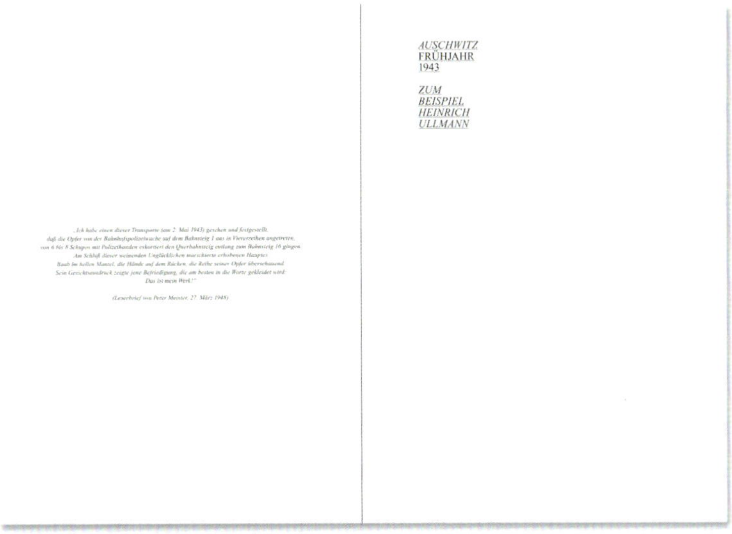
„Ich habe einen dieser Transporte (am 2. Mai 1943) gesehen und festgestellt, daß die Opfer von der Bahnhofspolizeiwache auf dem Bahnsteig 1 aus in Viererreihen angetreten, von 6 bis 8 Schupos mit Polizeihunden eskortiert den Querbahnsteig entlang zum Bahnsteig 16 gingen. Am Schluß dieser weinenden Unglücklichen marschierte erhobenen Hauptes Baab im hellen Mantel, die Hände auf dem Rücken, die Reihe seiner Opfer überschauend. Sein Gesichtsausdruck zeigte jene Befriedigung, die am besten in die Worte gekleidet wird: Das ist mein Werk!"
(Leserbrief von Peter Meister, 27. März 1948)
AUSCHWITZ
FRÜHJAHR
1943
ZUM
BEISPIEL
HEINRICH
ULLMANN

338
339

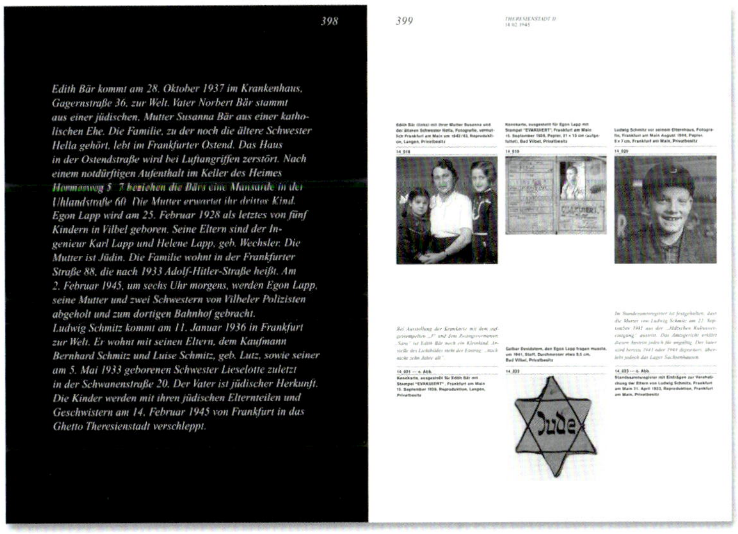
398
Edith Bär kommt am 28. Oktober 1937 im Krankenhaus, Gagernstraße 36, zur Welt. Vater Norbert Bär stammt aus einer jüdischen, Mutter Susanna Bär aus einer katholischen Ehe. Die Familie, zu der noch die ältere Schwester Hella gehört, lebt im Frankfurter Ostend. Das Haus in der Ostendstraße wird bei Luftangriffen zerstört. Nach einem notdürftigen Aufenthalt im Keller des Heimes Hermannweg 5 7 beziehen die Bärs eine Mansarde in der Uhlandstraße 60. Die Mutter erwartet ihr drittes Kind.
Egon Lapp wird am 25. Februar 1928 als letztes von fünf Kindern in Vilbel geboren. Seine Eltern sind der Ingenieur Karl Lapp und Helene Lapp, geb. Wechsler. Die Mutter ist Jüdin. Die Familie wohnt in der Frankfurter Straße 88, die nach 1933 Adolf-Hitler-Straße heißt. Am 2. Februar 1945, um sechs Uhr morgens, werden Egon Lapp, seine Mutter und zwei Schwestern von Vilbeler Polizisten abgeholt und zum dortigen Bahnhof gebracht.
Ludwig Schmitz kommt am 11. Januar 1936 in Frankfurt zur Welt. Er wohnt mit seinen Eltern, dem Kaufmann Bernhard Schmitz und Luise Schmitz, geb. Lutz, sowie seiner am 5. Mai 1933 geborenen Schwester Lieselotte zuletzt in der Schwanenstraße 20. Der Vater ist jüdischer Herkunft. Die Kinder werden mit ihren jüdischen Elternteilen und Geschwistern am 14. Februar 1945 von Frankfurt in das Ghetto Theresienstadt verschleppt.
399
Jude

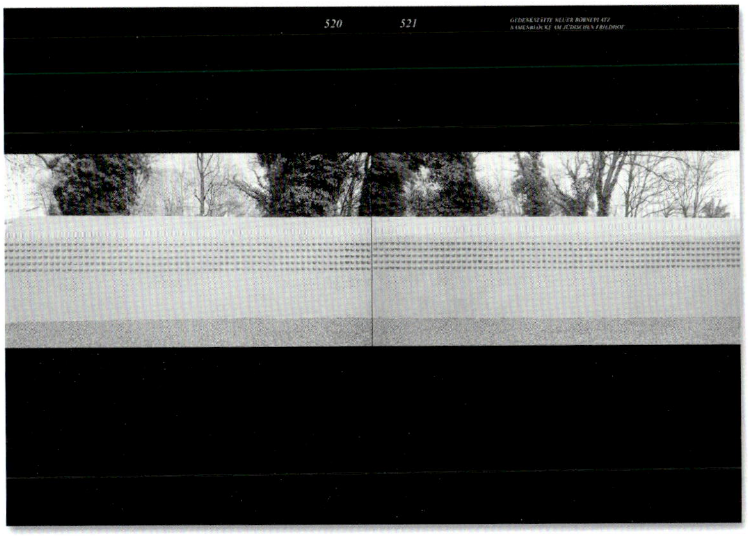
520
521

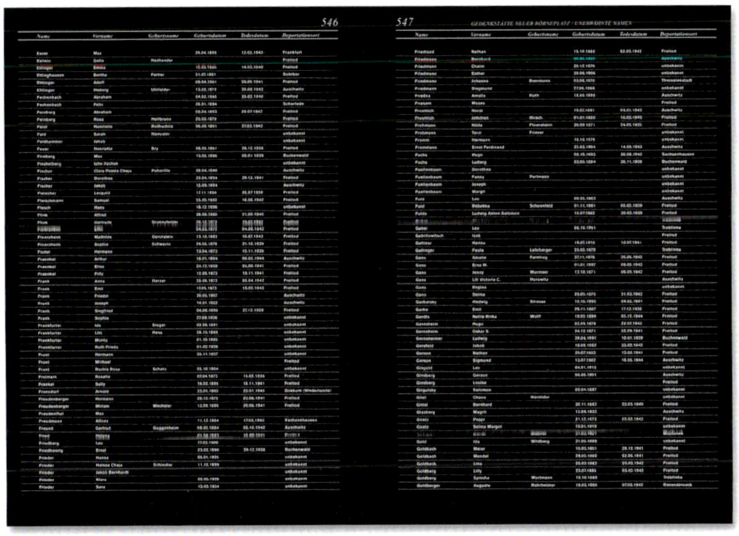
546
547

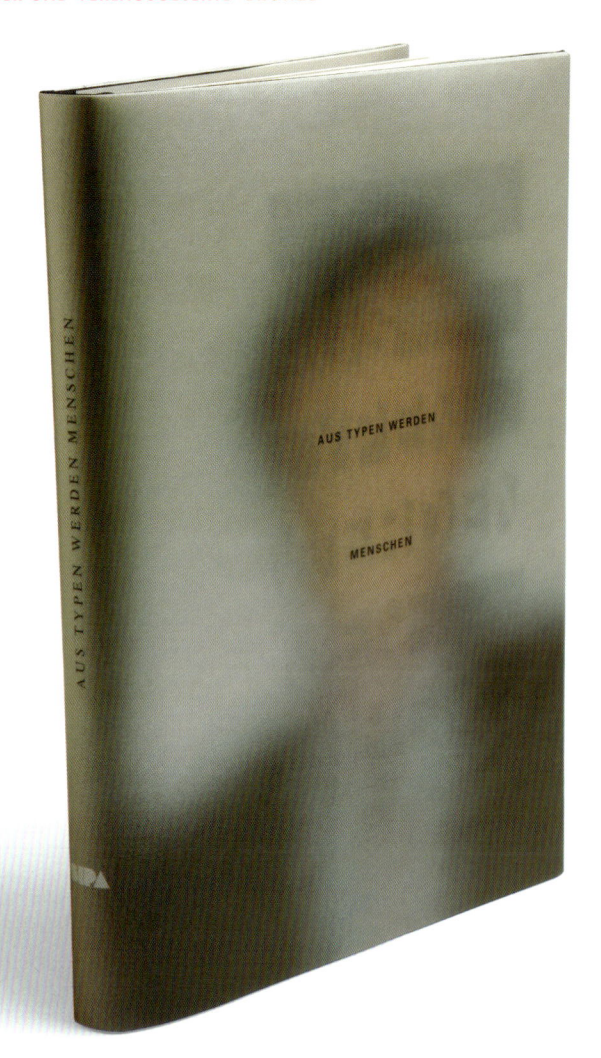

SIPA UNTERNEHMER BERATUNG »AUS TYPEN WERDEN MENSCHEN«
AUFTRAGGEBER SIPA Unternehmer Beratung GmbH   **AGENTUR** Maksimovic & Partners   **CREATIVE DIRECTION** Ivica Maksimovic   **ART DIRECTION** Patrick Bittner
FOTOGRAFIE Michael Ehrhart   **ILLUSTRATION** Patrick Bittner

BÜCHER UND VERLAGSOBJEKTE BRONZE 405

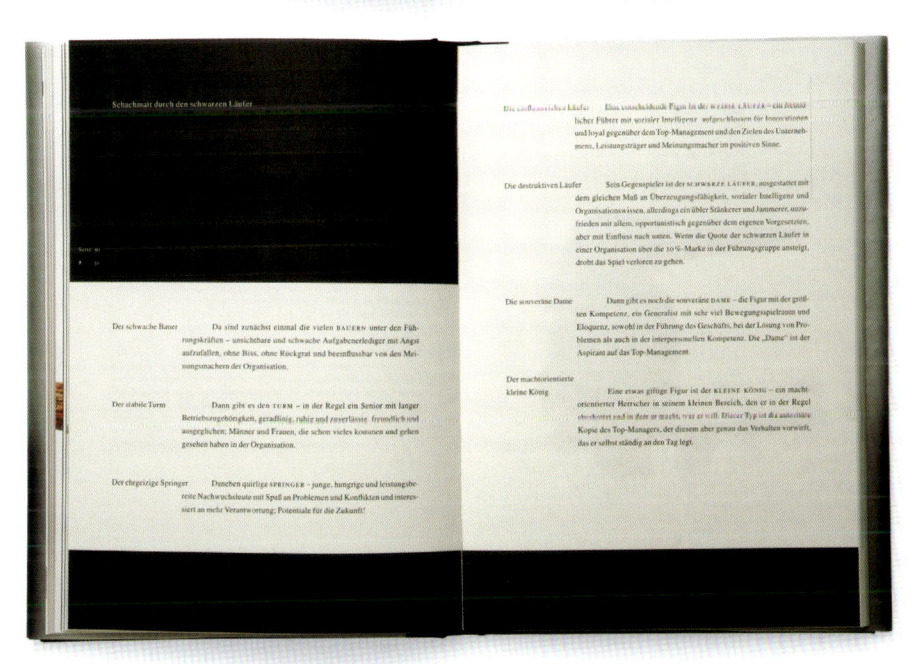

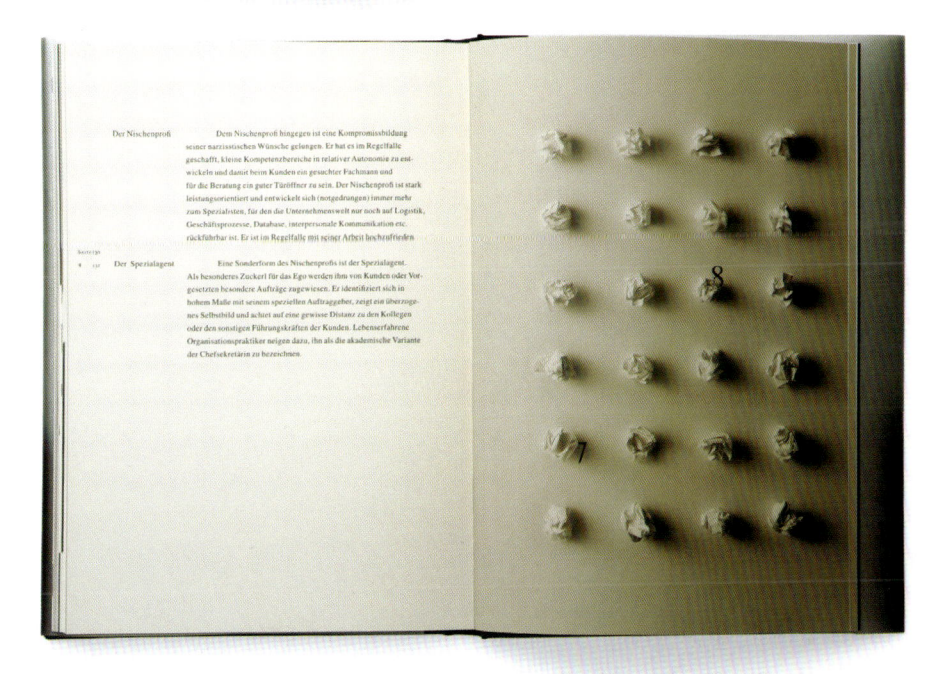

SÜDDEUTSCHE ZEITUNG BUCH »LEXIKON DES FRÜHEN 21. JAHRHUNDERTS«

AUFTRAGGEBER Süddeutsche Zeitung GmbH **MARKETINGLEITUNG** Dirk Rumberg, Klaus Füreder **WERBELEITUNG** Sonja Assfalg **ART DIRECTION** Eberhard Wolf
STRATEGISCHE PLANUNG Dirk Rumberg **ILLUSTRATION** Bernd Schifferdecker **DESIGN** Eberhard Wolf **KONZEPT** Andreas Bernard, Jan Heidtmann, Dominik Wichmann
MATERIALAUSWAHL UND HERSTELLUNGSKONTROLLE VMI, Landsberg

BÜCHER UND VERLAGSOBJEKTE BRONZE 407

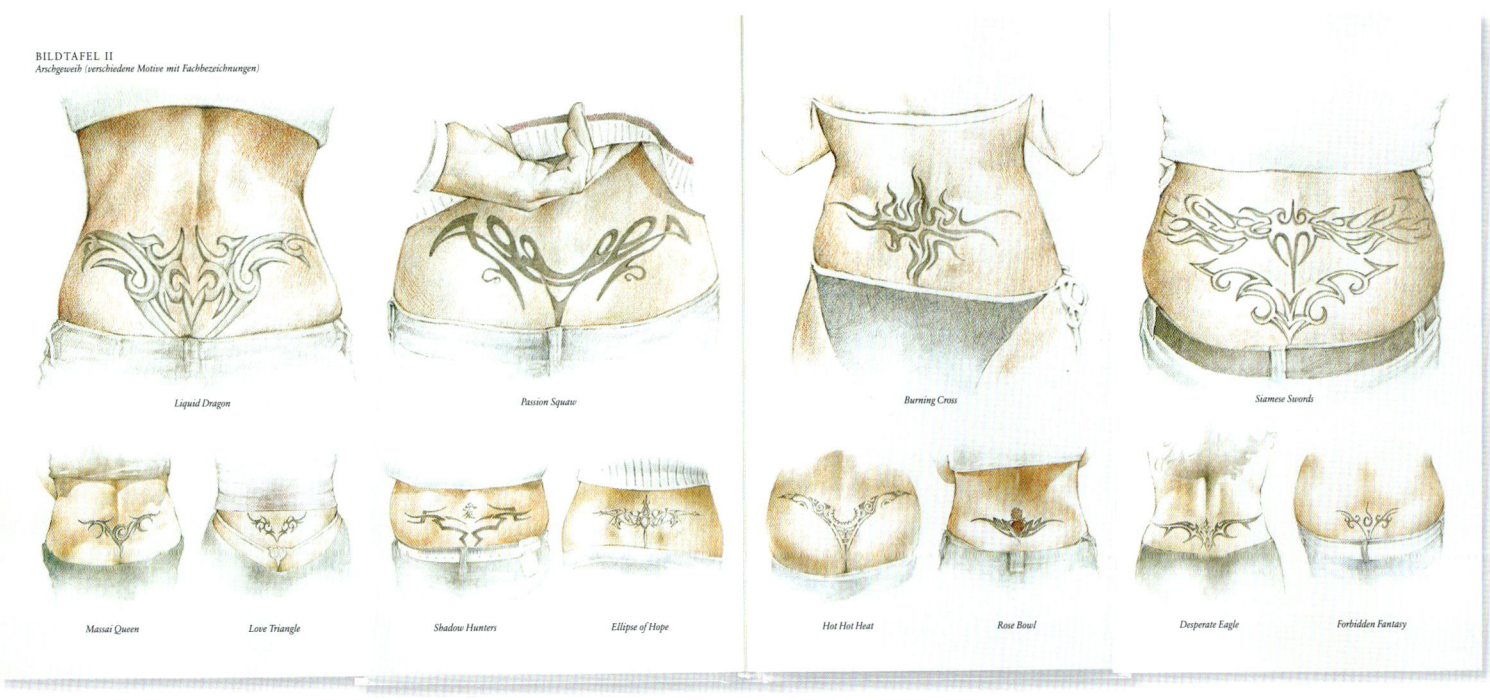

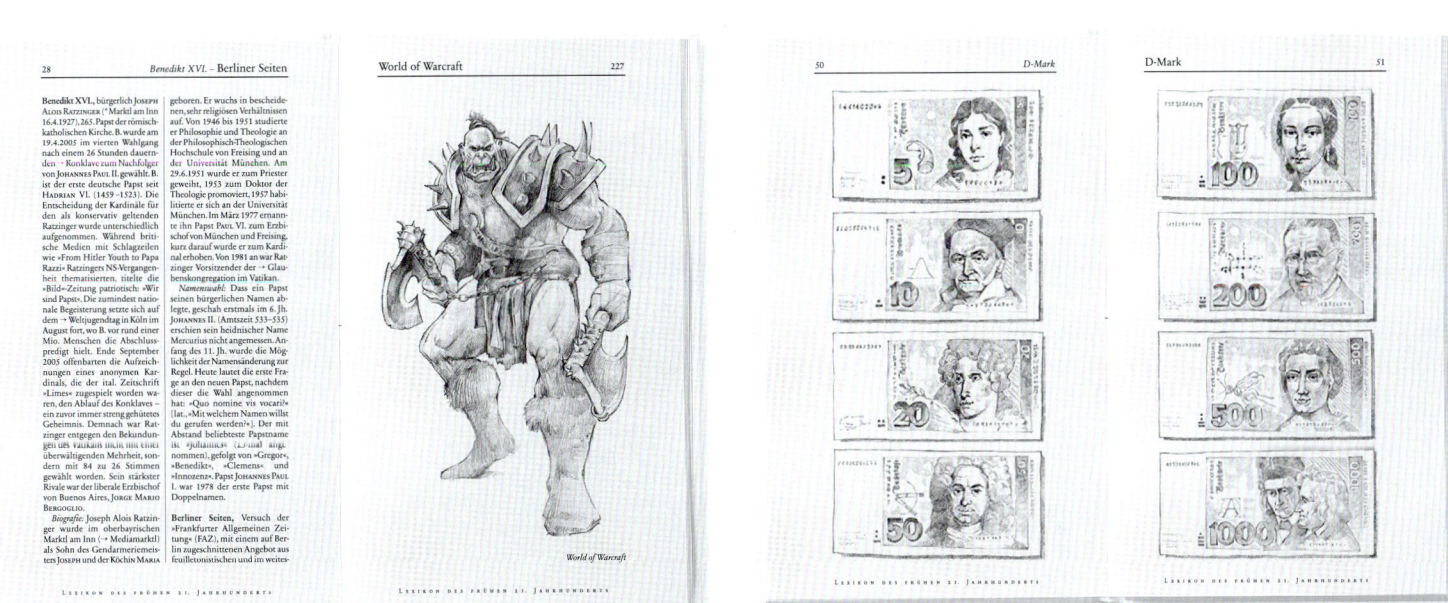

Zusätzlich erhielt dieses Buch eine Auszeichnung in der Kategorie Grafische Einzelarbeiten auf Seite 443.

SÜDDEUTSCHE ZEITUNG EDITION: BUCH »FUSSBALL UNSER«
AUFTRAGGEBER Süddeutsche Zeitung GmbH   **MARKETINGLEITUNG** Dirk Rumberg, Klaus Füreder   **WERBELEITUNG** Sonja Assfalg   **AGENTUR** GBK Heye Werbeagentur GmbH
CREATIVE DIRECTION Phillip von Keisenberg, Eduard Augustin, Christian Zaschke   **ART DIRECTION** Phillip von Keisenberg   **ILLUSTRATION** Justin von Keisenberg
VERLAG Süddeutsche Zeitung GmbH   **CHEFREDAKTION** Phillip von Keisenberg, Eduard Augustin, Christian Zaschke   **DESIGN** Phillip von Keisenberg
DRUCK Ebner & Spiegel, Ulm   **IDEE** Phillip von Keisenberg, Eduard Augustin, Christian Zaschke   **KONZEPT** Phillip von Keisenberg, Eduard Augustin, Christian Zaschke
MATERIALAUSWAHL UND HERSTELLUNGSKONTROLLE VMI, Landsberg   **MEDIALEITUNG** Dirk Rumberg, Klaus Füreder

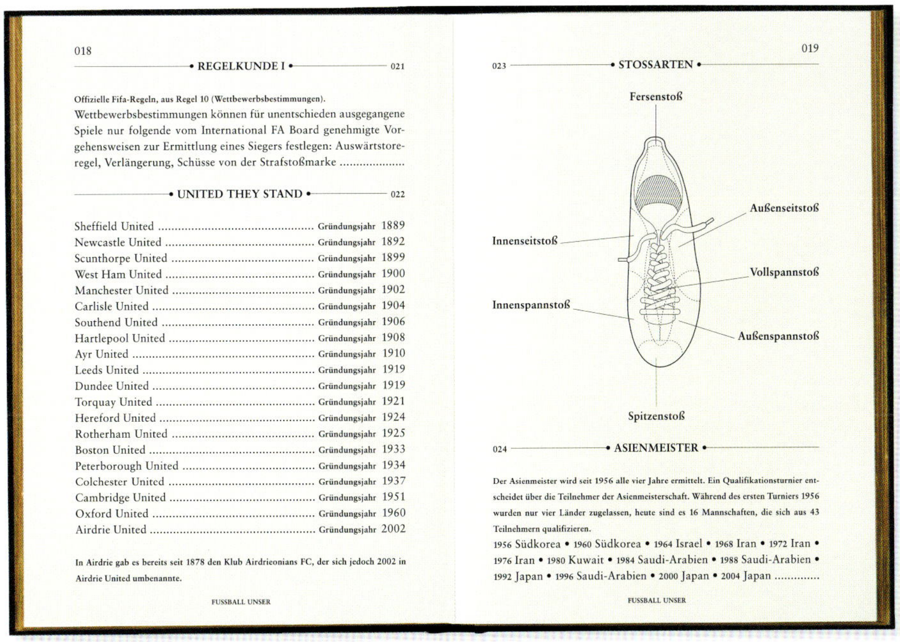

Zusätzlich erhielt dieses Buch eine Auszeichnung in der Kategorie Grafische Einzelarbeiten auf Seite 441.

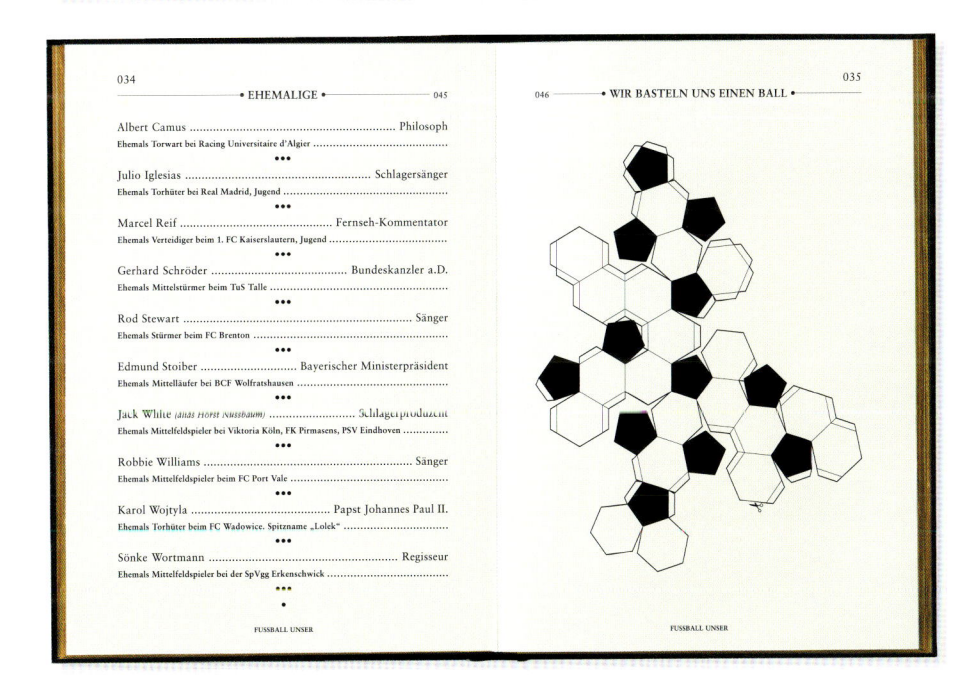

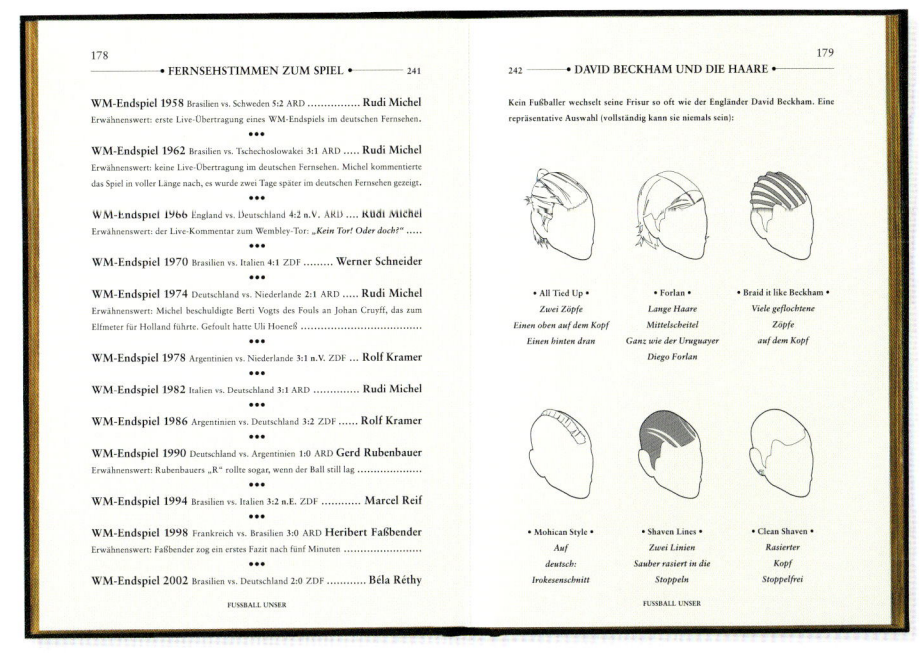

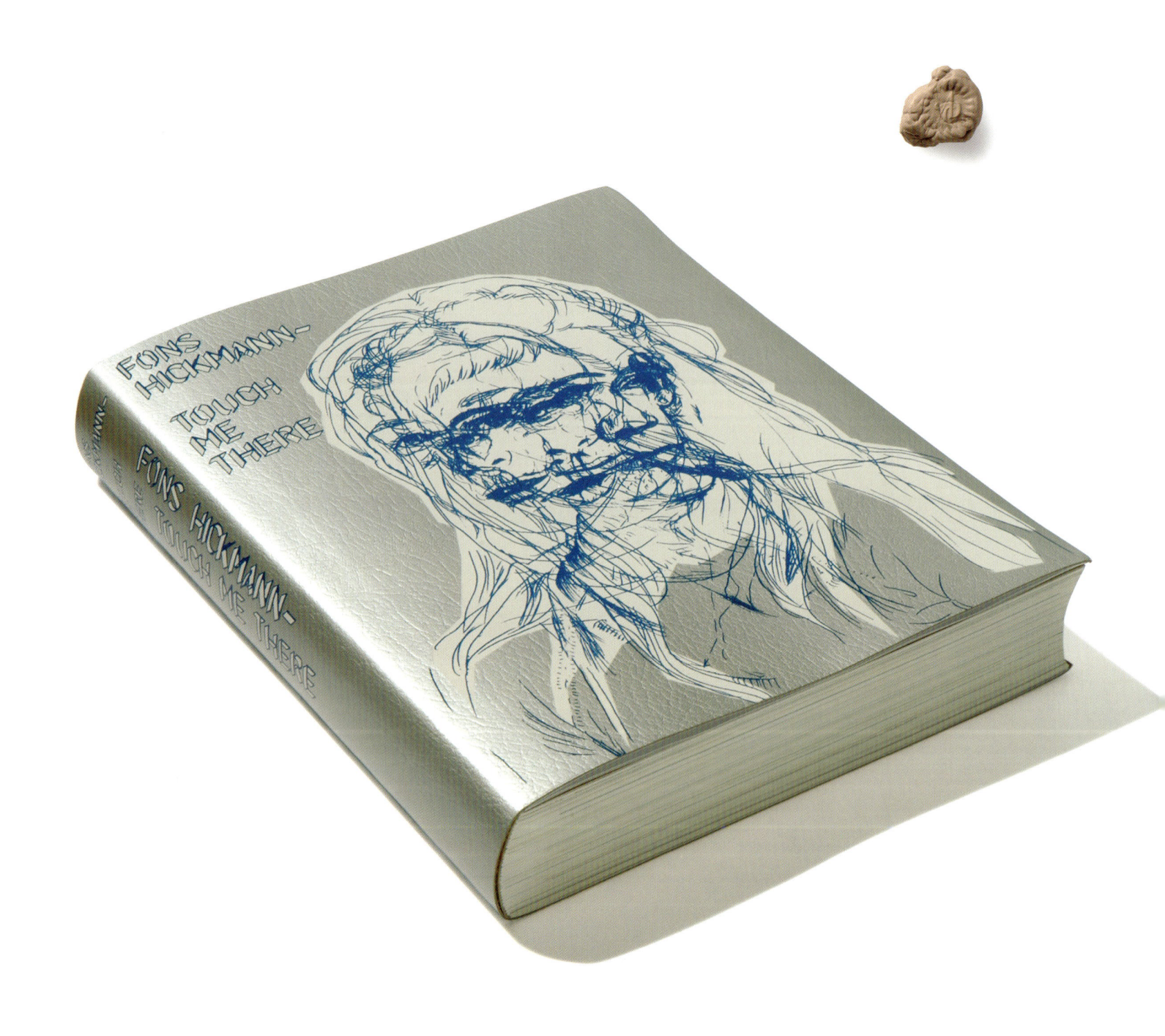

FONS HICKMANN »TOUCH ME THERE«
AUFTRAGGEBER Fons Hickmann m23 GmbH   **AGENTUR** Fons Hickmann m23   **CREATIVE DIRECTION** Fons Hickmann   **ART DIRECTION** Fons Hickmann
STRATEGISCHE PLANUNG Franziska Morlock   **FOTOGRAFIE** Simon Gallus, Jens Nieth, Markus Steur, Frank Göldner, Fons Hickmann, Nicola Schudy
ILLUSTRATION Gesine Grotian-Steinweg   **VERLAG** Die Gestalten Verlag (dgv)   **AGENTUR PRODUCER** Fons Hickmann m23
DESIGN Carolin Hansen, Sabine Kornbrust, Verene Petrasch, Annik Troxler, Fons Hickmann   **DESIGNBÜRO** Fons Hickmann m23   **DRUCK** Engelhard & Bauer, Karlsruhe
EDITOR Fons Hickmann   **KONZEPT** Fons Hickmann   **REDAKTION** Etta Grotrian

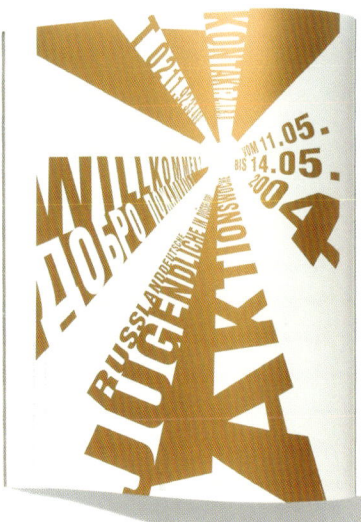

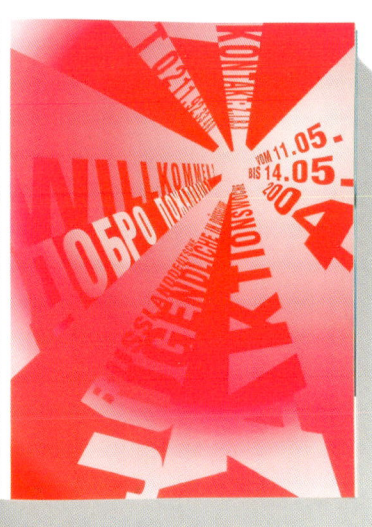

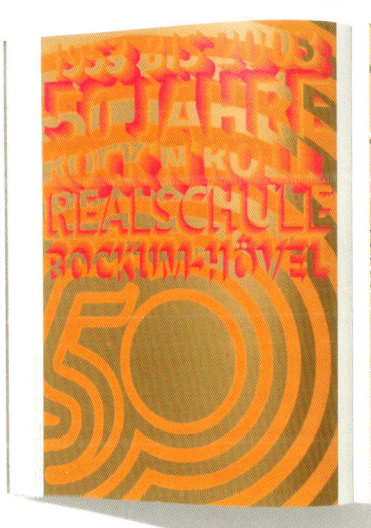

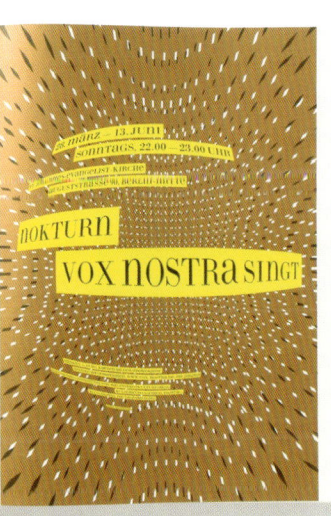

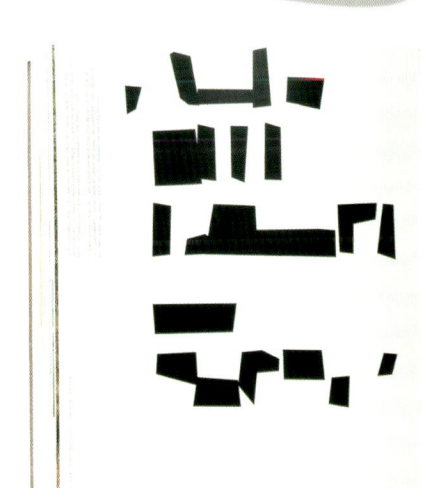

This book is the missing link between art, design and theory. Within 472 pages in 8 colors printed Fons Hickmann introduces a world of Graphic Design, Photography, Illustration and Rock 'n' Roll. The result is intelligent design that is conceptual and political, always transcending the limits of its content. That's why the studio Fons Hickmann m23 is one of the most award-winning teams in the world.

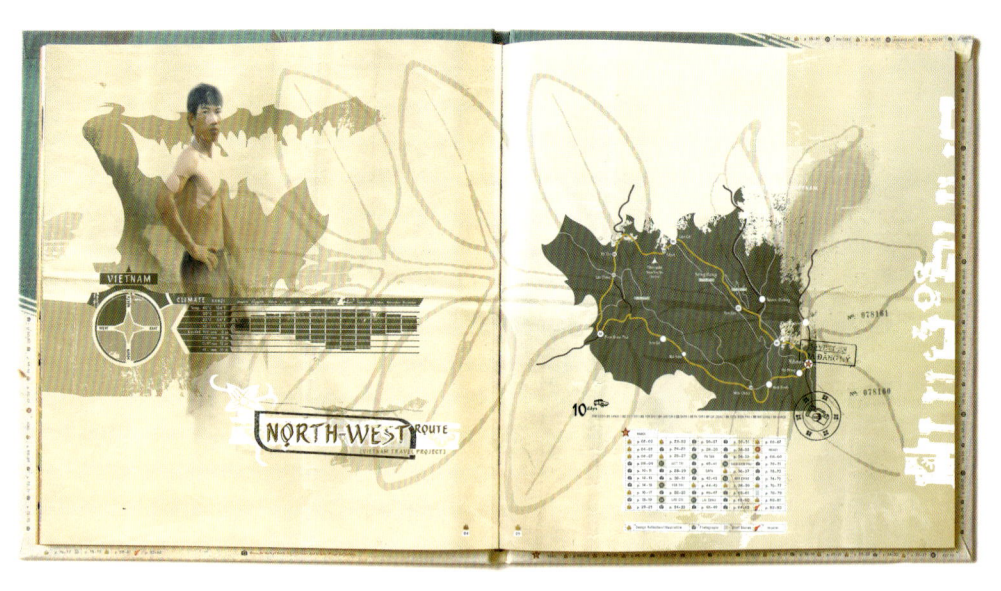

BRANDIT »SPIRIT OF FU – DRIVE-BY SHOTS OF NORTH-WEST VIETNAM AND GRAPHIC DESIGN REFLECTIONS«
AUFTRAGGEBER BRANDIT, Marketing und Kommunikation **MARKETINGLEITUNG** Peter Specht **AGENTUR** BRANDIT, Marketing und Kommunikation
CREATIVE DIRECTION Peter Specht, Angela Strecker **ART DIRECTION** Peter Specht, Angela Strecker **FOTOGRAFIE** Peter Specht
ILLUSTRATION Peter Specht, Angela Strecker **VERLAG** BRANDIT, Marketing und Kommunikation **AGENTUR PRODUCER** Frank Kruszka **BERATUNG** Peter Schmitz
BILDBEARBEITUNG Peter Specht, Angela Strecker **BILDREDAKTION** Peter Specht, Angela Strecker **DESIGN** Peter Specht, Angela Strecker
DRUCK Stünings Medien GmbH, Krefeld **EDITOR** BRANDIT, Marketing und Kommunikation **GRAFIK** Peter Specht, Angela Strecker **IDEE** Peter Specht, Angela Strecker
KONZEPT Peter Specht, Angela Strecker **MATERIALAUSWAHL UND HERSTELLUNGSKONTROLLE** Peter Specht, Frank Kruszka **PRODUKTION** Peter Specht, Frank Kruszka
PROJEKTMANAGER Peter Specht, Angela Strecker **TEXT** Peter Specht, Kirstin Matthews, Jon Matthews **TYPOGRAFIE** Angela Strecker

DBMB »DADDY BROKE MY BIKE«
AUFTRAGGEBER DBMB   **AGENTUR** cosmic Werbeagentur Bern   **CREATIVE DIRECTION** DBMB   **ILLUSTRATION** Thom Pfister, Roland Zenger, Julien Junghäni, Philipp Lüthi
VERLAG Offizin Verlag (Orell Füssli)   **GRAFIK** Thom Pfister, Roland Zenger, Julien Junghäni, Philipp Lüthi   **KONZEPT** DBMB

INSTITUT FÜR KULTURAUSTAUSCH, TÜBINGEN »MAX BILL, MALER, BILDHAUER, ARCHITEKT, DESIGNER«
AUFTRAGGEBER Institut für Kulturaustausch, Tübingen **AGENTUR** L2M3 Kommunikationsdesign GmbH **CREATIVE DIRECTION** Sascha Lobe
ART DIRECTION Sascha Lobe, Ina Bauer **VERLAG** Hatje Cantz Verlag

BÜCHER UND VERLAGSOBJEKTE AUSZEICHNUNG 415

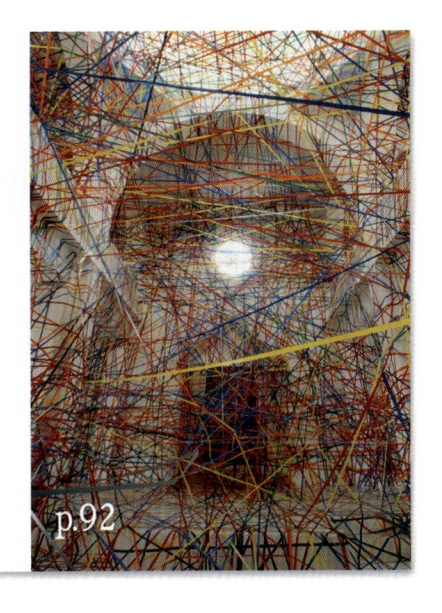

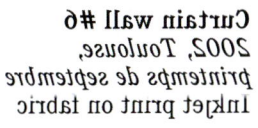

SIMONE DECKER »POINT OF VIEW«
AUFTRAGGEBER casino luxembourg **AGENTUR** ade hauser lacour **CREATIVE DIRECTION** stefan hauser
ART DIRECTION sven michel, julia neuroth

DEUTSCHE OPER AM RHEIN »DIE FLEDERMAUS«
AUFTRAGGEBER Deutsche Oper am Rhein **MARKETINGLEITUNG** Oliver Königsfeld **AGENTUR** Grey Worldwide GmbH Hamburg **CREATIVE DIRECTION** Thomas Walmrath
ART DIRECTION Birgit Hogrefe, Stefanie Speicher **KUNDENBERATUNG** Michael Schneider **PRODUKTION** Ole Wiek **TEXT** Martin Fuchs

Die Fledermaus
Am 23.02.06 in der Rheinoper

DEUTSCHE OPER AM RHEIN

DÜSSELDORFER SCHAUSPIELHAUS IMAGEKAMPAGNE »SO EIN THEATER!«
AUFTRAGGEBER Düsseldorfer Schauspielhaus **MARKETINGLEITUNG** Wolfgang Hanfstein **AGENTUR** Euro RSCG Düsseldorf
CREATIVE DIRECTION Felix Glauner, Martin Breuer **ILLUSTRATION** Matthias Gephart, Disturbanity.com **GRAFIK** Ben Santo

Die Junge Deutsche Philharmonie spielt zur Eröffnung des „Denkmals für die ermordeten Juden Europas".
9. Mai 2005, Philharmonie Berlin. www.jdph.de

JUNGE DEUTSCHE PHILHARMONIE »NOTENBLATT«
AUFTRAGGEBER Junge Deutsche Philharmonie e.V. **MARKETINGLEITUNG** Birgit Achatz **WERBELEITUNG** Birgit Achatz
AGENTUR JWT Frankfurt am Main **CREATIVE DIRECTION** Christoph Herold, Dietmar Reinhard **ART DIRECTION** Mario Altendorf
KUNDENBERATUNG Marco Ihle **AGENTUR PRODUCER** Guido Zimmermann **BILDBEARBEITUNG** Klöppinger + Riedl GmbH
DRUCK Zarbock GmbH & Co. KG **TEXT** Robert Kiefner

LITERATURHAUS FRANKFURT »UMZUGSKARTON«

AUFTRAGGEBER Literaturhaus Frankfurt   **MARKETINGLEITUNG** Dr. Maria Gazzetti, Susanne Gumbmann   **WERBELEITUNG** Silke Hartmann
AGENTUR Standard Rad./Gregor Aigner   **CREATIVE DIRECTION** Gregor Aigner   **ART DIRECTION** Kerstin Amend, Gregor Aigner   **KUNDENBERATUNG** Kerstin Amend
GRAFIK Standard Rad.   **IDEE** Gregor Aigner   **KONZEPT** Gregor Aigner   **TEXT** Gregor Aigner

COSMO SPORTS BOWLINGKURSE »BOWLING FÜR ANFÄNGER«

AUFTRAGGEBER Cosmo Sports   **MARKETINGLEITUNG** Elmar Schladitz   **AGENTUR** Grey Worldwide GmbH   **CREATIVE DIRECTION** Michael Funk
ART DIRECTION Sebastian Kaiser, Andreas Gutzeit, Florian Meimberg   **BERATUNG** Sönke Bruns   **BILDBEARBEITUNG** Peter Engel, Nicole Heese   **IDEE** Michael Funk
KONZEPT Michael Funk   **TEXT** Michael Funk, Torsten Pollmann

422 CORPORATE DESIGN
GRAFISCHE EINZELARBEITEN
TYPOGRAFIE
PACKAGING
PUBLIC AREAS

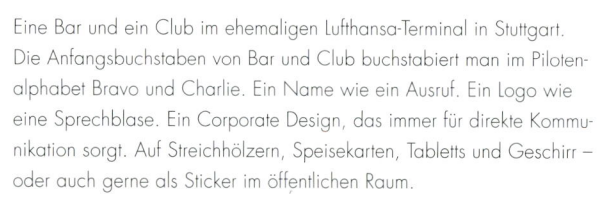

Eine Bar und ein Club im ehemaligen Lufthansa-Terminal in Stuttgart. Die Anfangsbuchstaben von Bar und Club buchstabiert man im Pilotenalphabet Bravo und Charlie. Ein Name wie ein Ausruf. Ein Logo wie eine Sprechblase. Ein Corporate Design, das immer für direkte Kommunikation sorgt. Auf Streichhölzern, Speisekarten, Tabletts und Geschirr – oder auch gerne als Sticker im öffentlichen Raum.

BRAVO CHARLIE »BAR/CLUB«
AUFTRAGGEBER bravo charlie gmbh **MARKETINGLEITUNG** bastian sommer, alex deissler **AGENTUR** i_d buero gmbh **CREATIVE DIRECTION** oliver-a. krimmel
ART DIRECTION pia bardesono, christine dorst **KUNDENBERATUNG** anja osterwalder

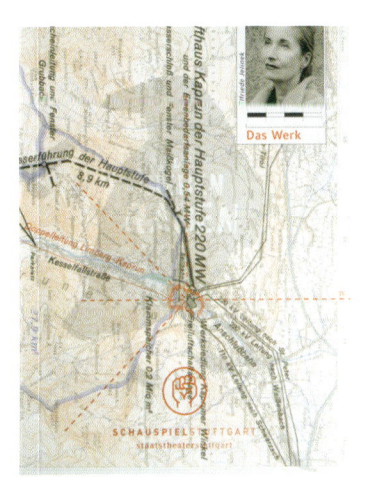

STAATSTHEATER STUTTGART SCHAUSPIEL STUTTGART »SCHAUSPIEL STUTTGART«
AUFTRAGGEBER Staatstheater Stuttgart Schauspiel Stuttgart **MARKETINGLEITUNG** Ingrid Trobitz **AGENTUR** strichpunkt
CREATIVE DIRECTION Kirsten Dietz, Jochen Rädeker **ART DIRECTION** Kirsten Dietz **KUNDENBERATUNG** Jochen Rädeker **DESIGN** Kirsten Dietz, Jochen Rädeker
DESIGNBÜRO strichpunkt **DRUCK** Engelhardt & Bauer, Karlsruhe **GRAFIK** Kirsten Dietz **PROJEKTMANAGER** Jeannette Kohnle

PAPIERFABRIK SCHEUFELEN »NONPLUSULTRA – WANDKALENDER 2006«
AUFTRAGGEBER Papierfabrik Scheufelen GmbH + Co. KG   **MARKETINGLEITUNG** Ulrich Mengel   **AGENTUR** strichpunkt
CREATIVE DIRECTION Kirsten Dietz, Jochen Rädeker   **ART DIRECTION** Kirsten Dietz   **KUNDENBERATUNG** Jochen Rädeker   **ILLUSTRATION** Susanne Hörner
DESIGNBÜRO strichpunkt   **DRUCK** Grafisches Zentrum Drucktechnik, Ditzingen-Heimerdingen   **GRAFIK** Susanne Hörner, Felix Widmaier
PROJEKTMANAGER Jeannette Kohnle

Erste deutsche Kunstdruck-Papierfabrik
CARL SCHEUFELEN

Scheufelen
PREMIUM WHITE SINCE 1855

428 GRAFISCHE EINZELARBEITEN **BRONZE**

»DEUTSCHBAND®«
AUFTRAGGEBER feldmann+schultchen   **DESIGN** Florian Schoffro, Julia Otten, André Feldmann, Arne Schultchen
DESIGNBÜRO feldmann+schultchen design studios

GRAFISCHE EINZELARBEITEN BRONZE 429

430 GRAFISCHE EINZELARBEITEN BRONZE

HEINE/LENZ/ZIZKA WEIHNACHTSKARTE »IPRAY«
AUFTRAGGEBER Heine/Lenz/Zizka **AGENTUR** Heine/Lenz/Zizka **CREATIVE DIRECTION** Heine/Lenz/Zizka **PRODUKTION** Koziol

GRAFISCHE EINZELARBEITEN BRONZE 431

432 GRAFISCHE EINZELARBEITEN BRONZE

CICERO TYPOGRAFISCHES MANIFEST »MEILENSTEINE«
AUFTRAGGEBER Cicero Werkstudio **WERBELEITUNG** Wolfgang Schif **AGENTUR** BBDO Campaign GmbH Stuttgart
CREATIVE DIRECTION Armin Jochum, Andreas Rell, Jörg Bauer **ART DIRECTION** Armin Jochum, Jörg Bauer **KUNDENBERATUNG** Andreas Rauscher
PRODUCER Wolfgang Schif **PRODUKTION** Cicero Werkstudio **TEXT** Andreas Rell

GRAFISCHE EINZELARBEITEN BRONZE 433

Zusätzlich erhielt diese Arbeit Bronze in der Kategorie Produkt- und Werbebroschüren auf Seite 146 sowie eine Auszeichnung in der Kategorie Informationsmedien auf Seite 397.

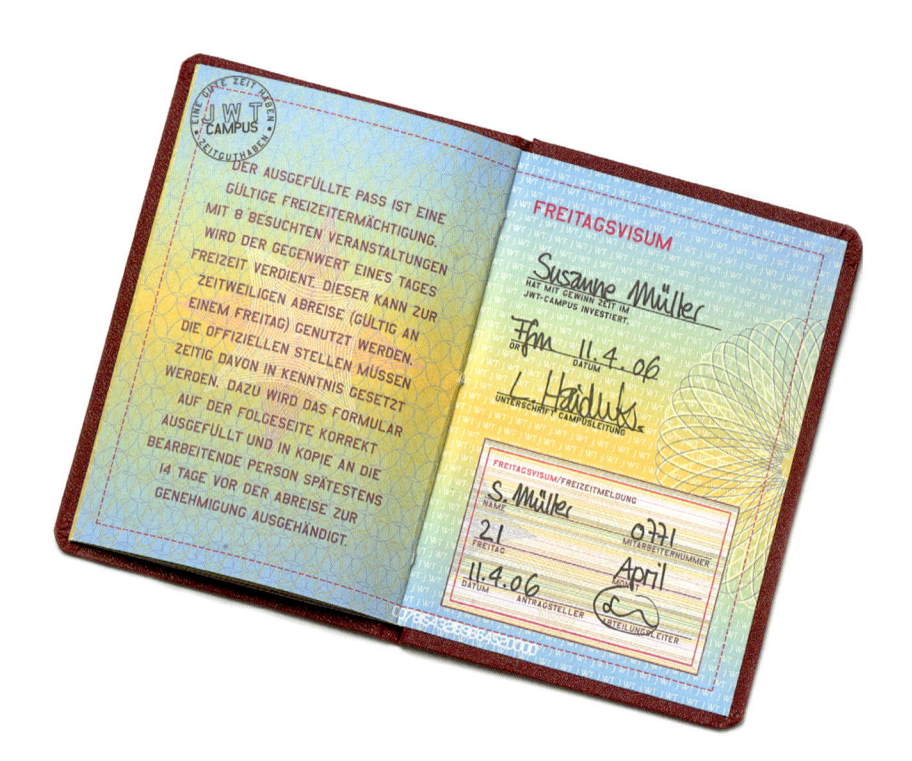

J. WALTER THOMPSON CAMPUS PROGRAMM STUDIENPASS »JWT CAMPUS«

AUFTRAGGEBER JWT **MARKETINGLEITUNG** Till Wagner **WERBELEITUNG** Renate Plewe, Claudia Menges **AGENTUR** JWT Frankfurt am Main
CREATIVE DIRECTION Eike Wiemann, Sepp Baumeister **ART DIRECTION** Susanne Müller **KUNDENBERATUNG** Beate Weyland
AGENTUR PRODUCER Andreas Rist **BILDBEARBEITUNG** H. Reuffurth GmbH **DRUCK** H. Reuffurth GmbH **TEXT** Sepp Baumeister

GRAFISCHE EINZELARBEITEN **AUSZEICHNUNG** 435

Zusätzlich erhielt diese Arbeit eine Auszeichnung in der Kategorie Informationsmedien auf Seite 397.

STERK UND KURZWEG FOTOGRAFIE BROSCHÜRE »VISUAL DIAMONDS«
AUFTRAGGEBER Sterk und Kurzweg Fotografie **AGENTUR** BBDO Campaign GmbH Stuttgart **CREATIVE DIRECTION** Armin Jochum
ART DIRECTION Armin Jochum, Stefan Nagel, Carolin Frick, Steffen Stäuber **FOTOGRAFIE** Sterk und Kurzweg **ILLUSTRATION** Carolin Frick
PRODUCER Max Tewes **PRODUKTION** Factory 7 **TEXT** Armin Jochum

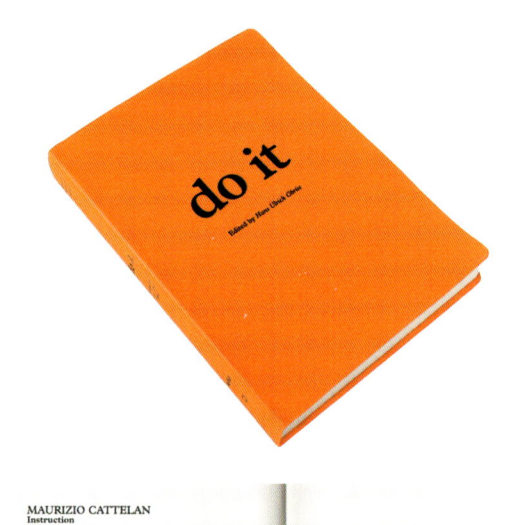

436 GRAFISCHE EINZELARBEITEN AUSZEICHNUNG

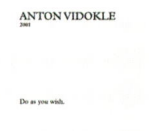

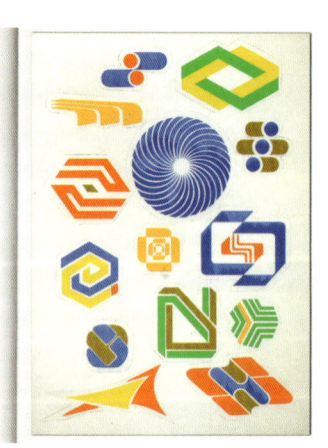

KUNSTANLEITUNGSBUCH »DO IT«

AUFTRAGGEBER Revolver – Archiv für aktuelle Kunst, e-flux   **MARKETINGLEITUNG** Anton Vidokle, Ann Theobald, Christoph Keller   **AGENTUR** Interkool
CREATIVE DIRECTION Christoph Steinegger   **ART DIRECTION** Christoph Steinegger   **ILLUSTRATION** diverse   **VERLAG** Revolver – Archiv für aktuelle Kunst, e-flux
CHEFREDAKTION Hans Ulrich Obrist, Anton Vidokle   **DESIGN** Interkool   **DESIGNBÜRO** Interkool   **DRUCK** Snoeck-Ducaju & Zoon   **EDITOR** Hans Ulrich Obrist
GRAFIK Interkool   **IDEE** Hans Ulrich Obrist, Anton Vidokle   **KONZEPT** Hans Ulrich Obrist, Anton Vidokle, Christoph Steinegger   **KURATOR** Hans Ulrich Obrist, Anton Vidokle
KÜNSTLER diverse   **REDAKTION** Thomas Boutoux   **TEXT** diverse   **TYPOGRAFIE** Interkool

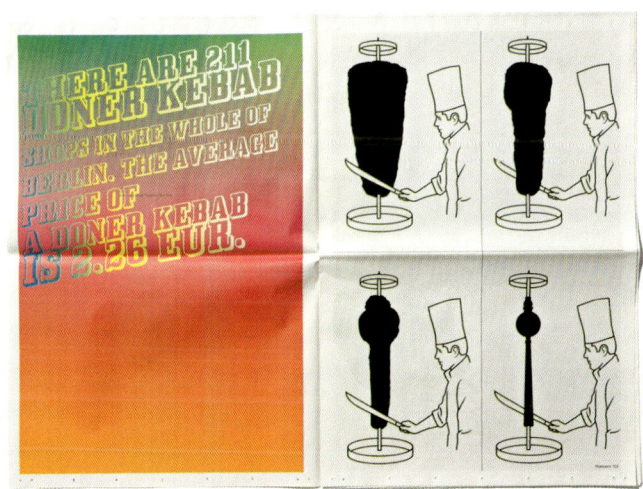

AGI KONGRESS 2005 BERLIN PLAKATAUSSTELLUNG AUSSTELLUNGSKATALOG »BERLIN – SEEN BY AGI, BLACK AND WHITE«
AUFTRAGGEBER AGI Congress Berlin e.V. **AGENTUR** Fons Hickmann m23 **CREATIVE DIRECTION** Markus Büsges, Fons Hickmann, Barbara Bättig
ART DIRECTION Fons Hickmann, Markus Büsges, Barbara Bättig **KUNDENBERATUNG** Markus Büsges **VERLAG** Alliance Graphique Internationale
DESIGN Barbara Bättig, Fons Hickmann, Markus Büsges **DESIGNBÜRO** Fons Hickmann m23 **DRUCK** G + J Berliner Zeitungsdruck GmbH
KÜNSTLER 101 AGI-Mitglieder **TEXT** Fons Hickmann

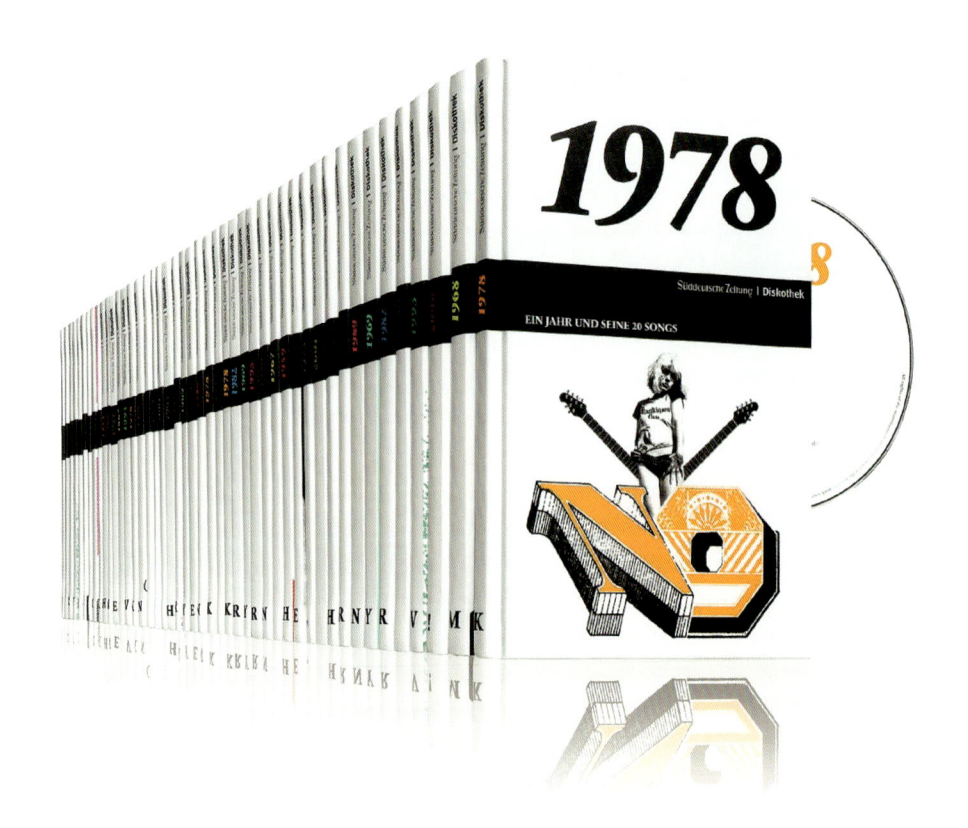

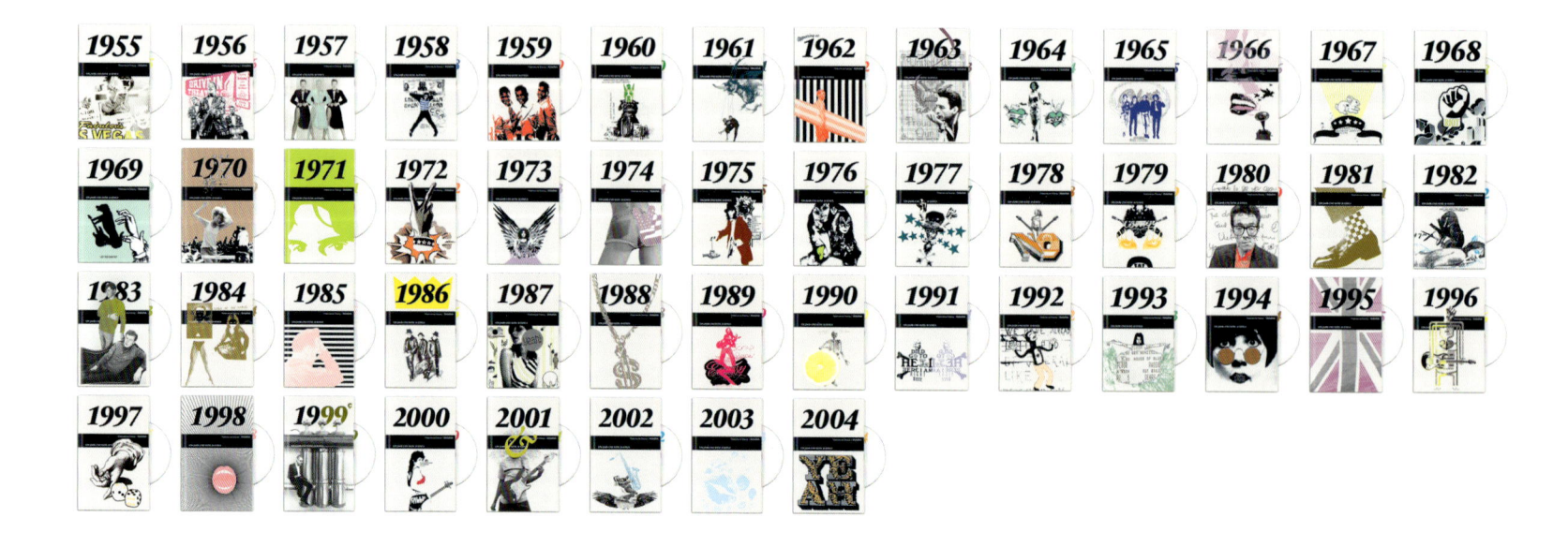

SÜDDEUTSCHE ZEITUNG DISKOTHEK
AUFTRAGGEBER Süddeutsche Zeitung GmbH   **MARKETINGLEITUNG** Klaus Füreder   **WERBELEITUNG** Sonja Assfalg   **AGENTUR** GBK Heye Werbeagentur GmbH
CREATIVE DIRECTION Mirko Borsche   **ART DIRECTION** Mirko Borsche, Daniel Bognar   **KUNDENBERATUNG** Markus Goetze, Clemens Dreyer
STRATEGISCHE PLANUNG Klaus Füreder (Neue Produkte), Rudolf Spindler (SZ Magazin)   **VERLAG** Süddeutsche Zeitung GmbH   **BERATUNG** Konrad von Löhneysen
BILDBEARBEITUNG Compumedia   **BILDREDAKTION** Irmi Fezer   **DESIGN** Mirko Borsche, Daniel Bognar   **DRUCK** Ebner & Spiegel, Ulm
GRAFIK Oliver Landgraf, Marion Blomeyer   **IDEE** Jan Weiler   **KONZEPT** Phillip Oehmke, Johannes Waechter
MATERIALAUSWAHL UND HERSTELLUNGSKONTROLLE Barbara Streidl   **PRODUKTION** Herbert Schiffers, Hermann Weixler, VMI Landsberg   **PROJEKTMANAGER** Thi Nga Tang
REDAKTION Phillip Oehmke, Johannes Waechter   **TECHNISCHE LEITUNG** Barbara Streidl   **TEXT** Philipp Oehmke, Johannes Waechter   **TYPOGRAFIE** Mirko Borsche

GRAFISCHE EINZELARBEITEN AUSZEICHNUNG 439

Zusätzlich erhielt diese Arbeit eine Auszeichnung in der Kategorie Verkaufsförderung auf Seite 230.

TUI »VISITENKARTEN«
AUFTRAGGEBER TUI Deutschland   **MARKETINGLEITUNG** Andreas Faahs   **WERBELEITUNG** Nils Behrens   **AGENTUR** Jung von Matt AG
CREATIVE DIRECTION Deneke von Weltzien, Thimoteus Wagner   **ART DIRECTION** Mirjam Heinemann   **KUNDENBERATUNG** Julia Klug, Larissa Hinz
GRAFIK Claudia Trippel, Katja Koggelmann   **TEXT** Philipp Barth

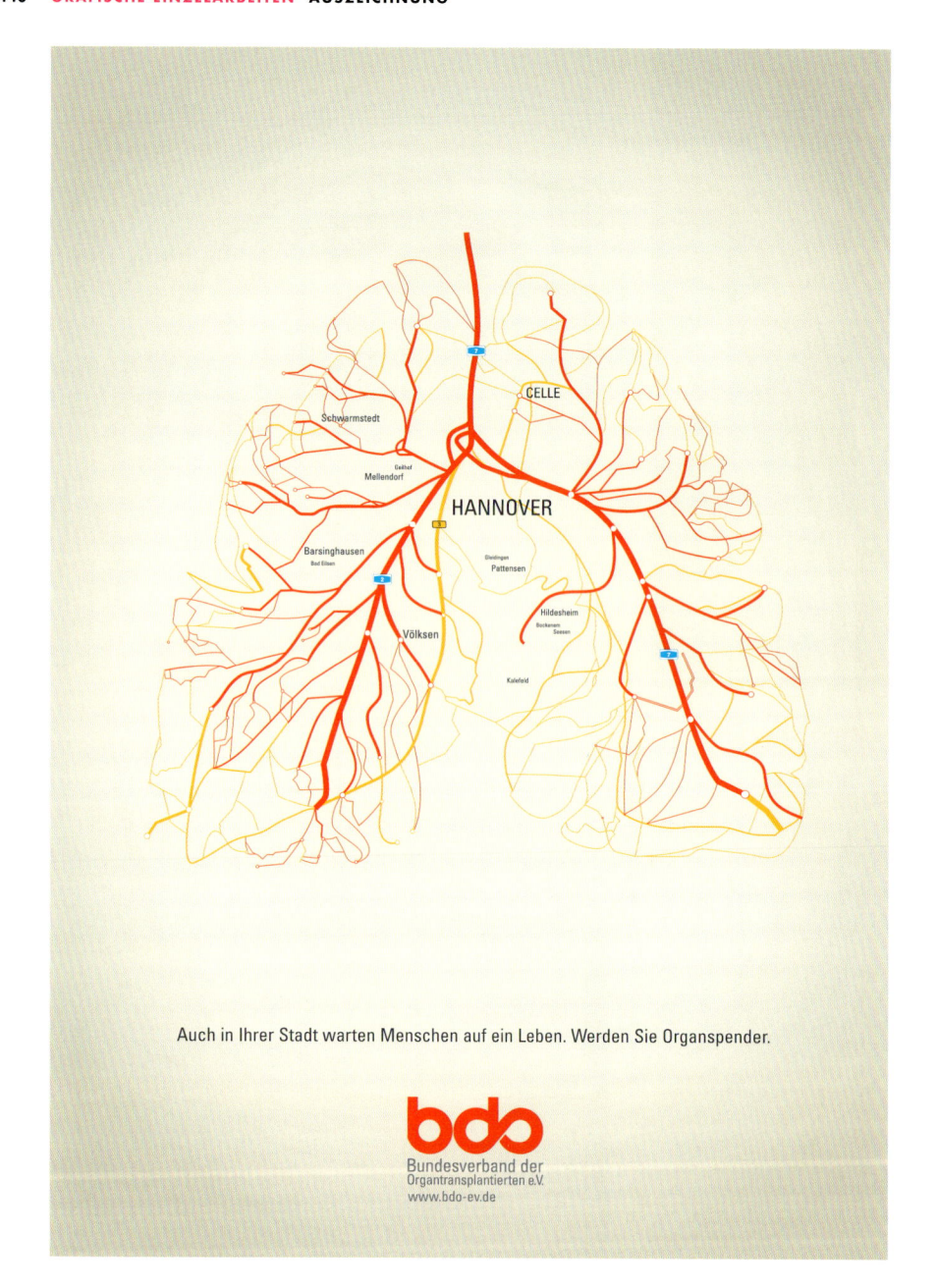

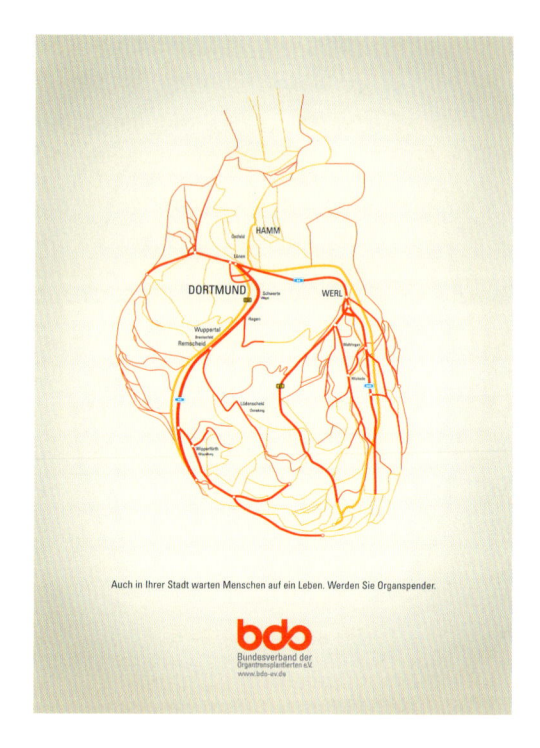

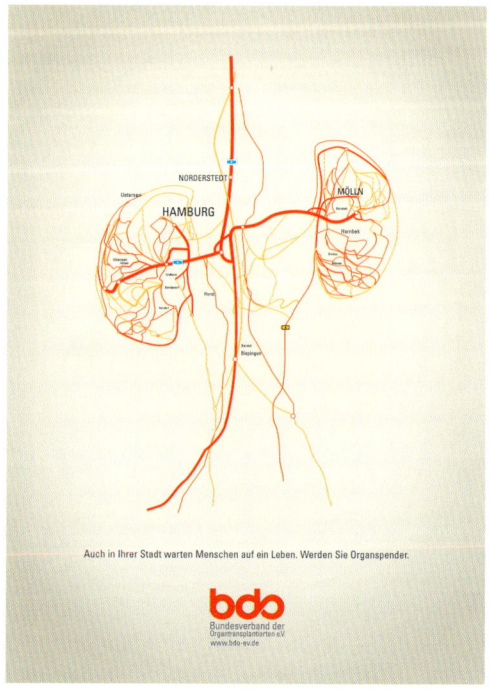

ORGANTRANSPLANTATION+HILFE FÜR BETROFFENE UND ANGEHÖRIGE ANZEIGENKAMPAGNE »STRASSENKARTE«
AUFTRAGGEBER Bundesverband der Organtransplantierten e.V. **MARKETINGLEITUNG** Burkhard Tapp **WERBELEITUNG** Burkhard Tapp
AGENTUR Kolle Rebbe Werbeagentur GmbH **CREATIVE DIRECTION** Andreas Geyer, Ulrich Zünkeler **ART DIRECTION** Jörg Dittmann
KUNDENBERATUNG Eliane Muller **ILLUSTRATION** Jörg Dittmann **BILDBEARBEITUNG** DDE Reprotechnik **PRODUKTION** Detlef Warnecke
TEXT Verena Schneider

GRAFISCHE EINZELARBEITEN 441

Zusätzlich erhielt diese Arbeit eine Auszeichnung in der Kategorie Verkaufsförderung auf Seite 222.
Dort werden weitere Motive gezeigt.

KAREN AM ENDE LEKTORAT BRIEFPAPIER »FINDE DEN FEHLER«
AUFTRAGGEBER Karen am Ende **AGENTUR** Jung von Matt AG **CREATIVE DIRECTION** Deneke von Weltzien **ART DIRECTION** Christian Kroll
KUNDENBERATUNG Julia Klug, Larissa Hinz **GRAFIK** Christoph Lehmann **TEXT** Peter Gocht

Zusätzlich erhielt diese Arbeit Bronze in der Kategorie Verkaufsförderung auf Seite 216/217.
sowie eine Auszeichnung in der Kategorie Funk Spots auf Seite 329.

VW GOLF GTI® »LARS & BORIS BUCH«
AUFTRAGGEBER Volkswagen AG **MARKETINGLEITUNG** Lutz Kothe **WERBELEITUNG** Michael Lendle **AGENTUR** DDB Berlin GmbH
CREATIVE DIRECTION Amir Kassaei, Natalie Sofinskyj, Mathias Stiller, Wolfgang Schneider **ART DIRECTION** Katharina Hauptkorn, Stefanie Witt, Kristoffer Heilemann
KUNDENBERATUNG Louisa Ibing **STRATEGISCHE PLANUNG** Jason Lusty **ILLUSTRATION** Katharina Hauptkorn **TEXT** Ludwig Berndl

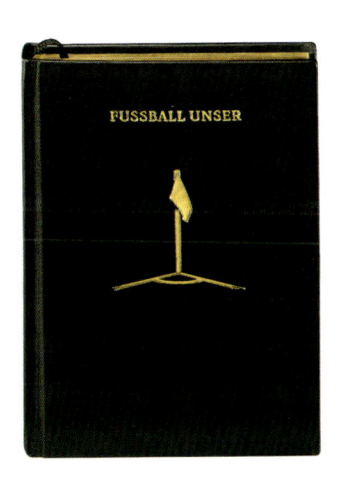

Zusätzlich erhielt dieses Buch Bronze in der Kategorie Bücher und Verlagsobjekte auf Seite 408/409.

SÜDDEUTSCHE ZEITUNG EDITION: BUCH »FUSSBALL UNSER«
AUFTRAGGEBER Süddeutsche Zeitung GmbH **MARKETINGLEITUNG** Dirk Rumberg, Klaus Füreder **WERBELEITUNG** Sonja Assfalg **AGENTUR** GBK Heye Werbeagentur GmbH
CREATIVE DIRECTION Phillip von Keisenberg, Eduard Augustin, Christian Zaschke **ART DIRECTION** Phillip von Keisenberg **ILLUSTRATION** Justin von Keisenberg
VERLAG Süddeutsche Zeitung GmbH **CHEFREDAKTION** Phillip von Keisenberg, Eduard Augustin, Christian Zaschke **DESIGN** Phillip von Keisenberg
DRUCK Ebner & Spiegel, Ulm **IDEE** Phillip von Keisenberg, Eduard Augustin, Christian Zaschke **KONZEPT** Phillip von Keisenberg, Eduard Augustin, Christian Zaschke
MATERIALAUSWAHL UND HERSTELLUNGSKONTROLLE VMI, Landsberg **MEDIALEITUNG** Dirk Rumberg, Klaus Füreder

442   GRAFISCHE EINZELARBEITEN

Zusätzlich erhielt diese Arbeit eine Auszeichnung
in der Kategorie Dialogmarketing auf Seite 350.

J. WALTER THOMPSON GELDSCHEINE »ZEIT IST DIE NEUE WÄHRUNG«
AUFTRAGGEBER JWT   **MARKETINGLEITUNG** Till Wagner   **WERBELEITUNG** Mike Ries   **AGENTUR** JWT Frankfurt am Main
CREATIVE DIRECTION Eike Wiemann, Sepp Baumeister   **ART DIRECTION** Sabine Frieben   **KUNDENBERATUNG** Michael Moser
ILLUSTRATION Markus Gröpl   **AGENTUR PRODUCER** Andreas Rist   **ART BUYING** Annette Endrass, Katja Bonnert
BILDBEARBEITUNG H. Reuffurth GmbH   **DRUCK** H. Reuffurth GmbH   **TEXT** Sepp Baumeister

Zusätzlich erhielt diese Arbeit Bronze
in der Kategorie Illustration auf Seite 196/197.

OROVERDE TROPENWALDSTIFTUNG PLAKATKAMPAGNE »MONSTER«
AUFTRAGGEBER OroVerde Tropenwaldstiftung, Bonn   **MARKETINGLEITUNG** Dr. Volkhard Wille   **WERBELEITUNG** Birthe Hesebeck   **AGENTUR** Ogilvy
CREATIVE DIRECTION Helmut Himmler, Lars Huvart   **ART DIRECTION** Till Schaffarczyk   **KUNDENBERATUNG** Roland Stauber, Friederike Vogel
FOTOGRAFIE Stockmaterial   **ILLUSTRATION** Till Schaffarczyk   **ART BUYING** Christina Hufgard   **GRAFIK** Till Schaffarczyk   **TEXT** Aleš Polcar

Bereits vor dem Drücken der Play-Taste kann man die Stimmung der Musik von 49 Special erleben: Das Cover des Albums »Dark Lonesome Road« wird zum Streichholzheftchen eines Roadhouses mit echter Reibefläche für Zündhölzer, die Liedtitel finden sich als Notizen auf der Innenseite und die CD sieht aus wie ein voller Aschenbecher.

Zusätzlich erhielt diese Arbeit eine Auszeichnung
in der Kategorie Packaging auf Seite 453.

DARK LONESOME ROAD »THE 49 SPECIAL MATCHBOOK«
AUFTRAGGEBER 49 Special   **MARKETINGLEITUNG** Jorge Fortunato   **AGENTUR** Scholz & Friends   **CREATIVE DIRECTION** Matthias Spaetgens, Jan Leube
ART DIRECTION Gito Lima   **KUNDENBERATUNG** Katrin Seegers   **FOTOGRAFIE** John Hyam, Ivo Cruz   **BILDBEARBEITUNG** Joao Trabuco

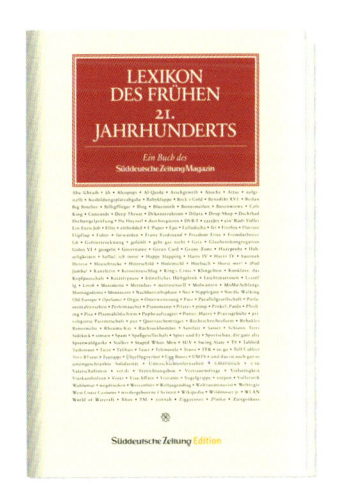

Zusätzlich erhielt dieses Buch Bronze
in der Kategorie Bücher und Verlagsobjekte auf Seite 406/407.

SÜDDEUTSCHE ZEITUNG BUCH »LEXIKON DES FRÜHEN 21. JAHRHUNDERTS«
AUFTRAGGEBER Süddeutsche Zeitung GmbH   **MARKETINGLEITUNG** Dirk Rumberg, Klaus Füreder   **WERBELEITUNG** Sonja Assfalg
ART DIRECTION Eberhard Wolf   **STRATEGISCHE PLANUNG** Dirk Rumberg   **ILLUSTRATION** Bernd Schifferdecker   **DESIGN** Eberhard Wolf
KONZEPT Andreas Bernard, Jan Heidtmann, Dominik Wichmann   **MATERIALAUSWAHL UND HERSTELLUNGSKONTROLLE** VMI, Landsberg

PAPIERFABRIK SCHEUFELEN JUBILÄUMSBUCH 2005 »150 YEARS OF INDEPENDENCE – 150 YEARS OF FUTURE«
AUFTRAGGEBER Papierfabrik Scheufelen GmbH + Co. KG **MARKETINGLEITUNG** Ulrich Mengel **AGENTUR** strichpunkt
CREATIVE DIRECTION Kirsten Dietz, Jochen Rädeker **ART DIRECTION** Kirsten Dietz, Jochen Rädeker **KUNDENBERATUNG** Jochen Rädeker
FOTOGRAFIE Armin Brosch, München **DESIGNBÜRO** strichpunkt **DRUCK** Wachter GmbH, Bönnigheim **GRAFIK** Stephanie Zehender
PROJEKTMANAGER Jeannette Kohnle **TEXT** Petra Garski-Hoffmann **TYPOGRAFIE** Kirsten Dietz, Stephanie Zehender

TYPOGRAFIE BRONZE 445

446 TYPOGRAFIE AUSZEICHNUNG

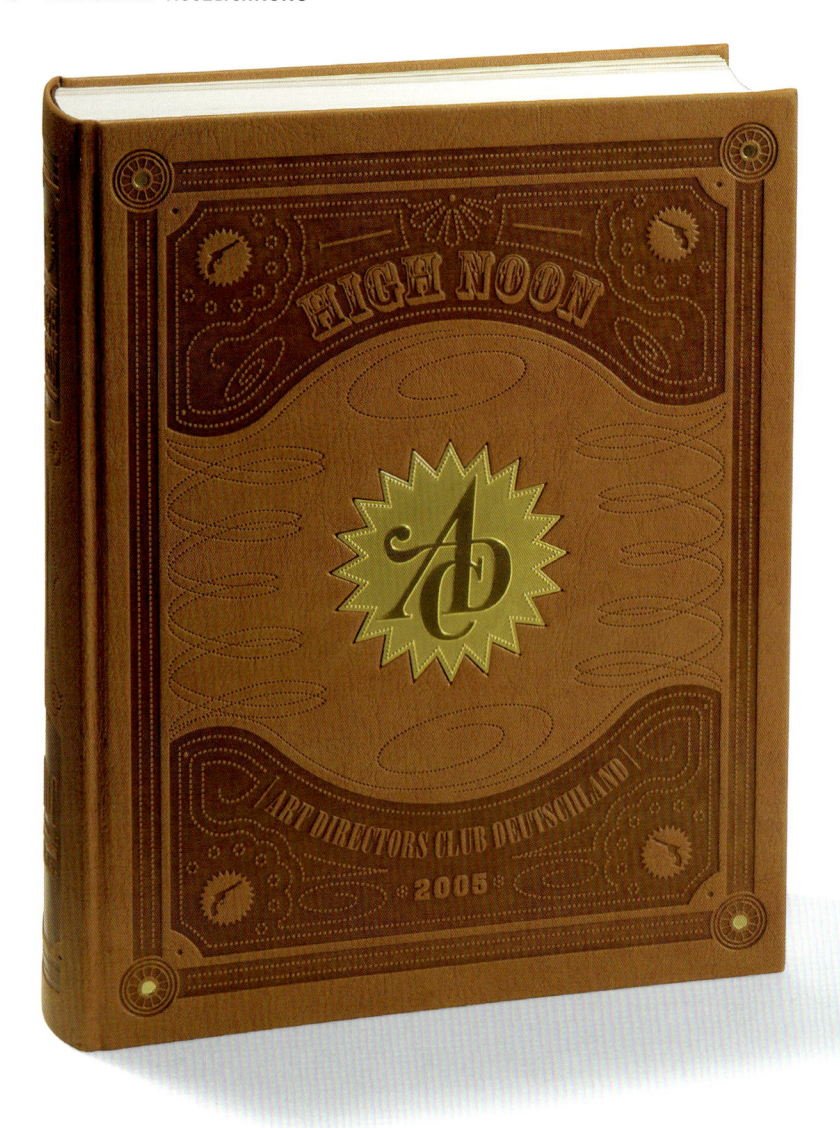

ADC WETTBEWERB 2005 POSTER & JAHRBUCH »ADC MEDIEN 2005«
AUFTRAGGEBER ADC Verlag GmbH **MARKETINGLEITUNG** Susann Schronen **AGENTUR** strichpunkt **CREATIVE DIRECTION** Kirsten Dietz, Jochen Rädeker, Felix Widmaier
ART DIRECTION Felix Widmaier **KUNDENBERATUNG** Jochen Rädeker **FOTOGRAFIE** Michael Schnabel **ILLUSTRATION** Felix Widmaier
VERLAG Verlag Hermann Schmidt Mainz **DESIGN** Susanne Hörner, Felix Widmaier **DESIGNBÜRO** strichpunkt **DRUCK** Universitätsdruckerei H. Schmidt, Mainz
GRAFIK Susanne Hörner, Felix Widmaier **TEXT** Jochen Rädeker **TYPOGRAFIE** Susanne Hörner

REWARD:
1 SILBERNER UND 1 BRONZENER ADC NAGEL
& 9 Auszeichnungen!
- VERKAUFS -
FÖRDERUNG
WANTED
WIRKSAM * ANREGEND
Mit schönen Worten kokettierend
BEZAUBERND BEBILDERT, INNOVATIV und BESTECHEND
DEN BETRACHTER BANNEND ###
KNALLHART KALKULIEREND!
auf angenehme Weise ÜBERHEBLICH
DREIST und
rhetorisch BEGABT
verführerisch, beredt und GEISTVOLL
vkf

MOST WANTED
A-Z
TEXT
TÄTERPROFIL:
! REWARD !

WANTED
VISIONÄRSTEN,
leckersten,
UNVORHERSEHBARSTEN,
BETÖRENDEN,
SCHÖPFERISCHSTEN
TV spots

REWARD
Klangvolle,
UNBEQUEME,
FASZINIERENDE,
EFFEKTVOLLE
BERAUSCHENDE
KINO
WERBEFILME

WANTED!
LEISESTEN & LAUTESTEN,
ungewöhnlichsten,
WIRKSAMSTEN,
ERGREIFENDSTEN
REVOLUTIONÄRSTEN
PLAKATE
UND POSTER
HÄNGT SIE!
BELOHNUNG:

W-A-N-T-E-D
MUTIGSTEN,
übermütigsten,
FACHANZEIGEN
REWARD!

REWARD
PUBLIKUMS
ANZEIGEN
DIE ERGREIFUNG
REICHLICH
BELOHNT!

TV
&
KINODESIGN

WANTED
ILLU
STRA
TION
RÜCKSICHTSLOS

WANTED
KLARHEIT,
GEFÄHRLICH
PRINT-
KOMMUNIKATION
LITERATUR

REWARD
KULTUR-
VERANSTALTUNGS-
Plakate
SCHAU NICHT WEG!

!!!WANTED!!!
COURAGIERTESTE,
PRÄGNANTESTE
CD
CORPORATE
DESIGN
ADC

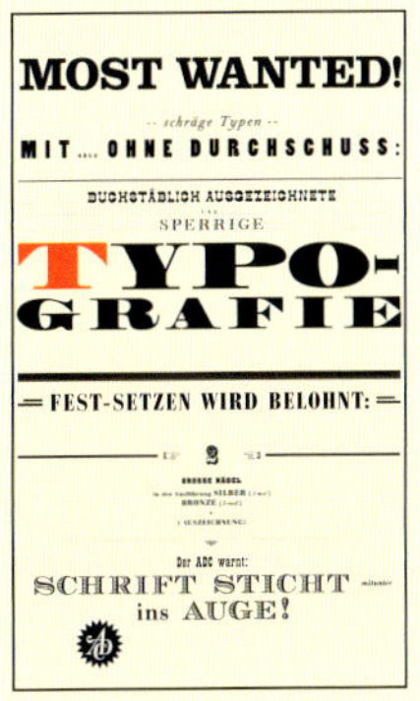
MOST WANTED!
MIT ... OHNE DURCHSCHUSS:
SPERRIGE
TYPO-
GRAFIE
FEST-SETZEN WIRD BELOHNT:
SCHRIFT STICHT
ins AUGE!

WANTED
AUFFALLEND
GEFÜLLTES,
PACKUNGS-
DESIGN

WANTED
DIE
ATEMBERAUBENDSTEN,
STIMMUNGSVOLLSTEN
EINGÄNGIGSTEN
EVENTS

KALEIDOTYPE COMPUTER-PROGRAMM UND SPIEL »KALEIDOTYPE«
AGENTUR PRODUCER Buttgereit und Heidenreich GmbH **DESIGN** Michael Buttgereit, Wolfram Heidenreich, Martin Winter **EDITOR** Verlag Hermann Schmidt Mainz
GRAFIK Jörg Fassmann **IDEE** Michael Buttgereit, Wolfram Heidenreich, Martin Winter **KONZEPT** Michael Buttgereit, Wolfram Heidenreich, Martin Winter
TYPOGRAFIE Michael Buttgereit, Wolfram Heidenreich, Martin Winter

ALZHEIMER FORSCHUNG INITIATIVE SPOT »NORBERT FRANCK«
AUFTRAGGEBER Alzheimer Forschung Initiative e.V. **MARKETINGLEITUNG** Oda Sanel **WERBELEITUNG** Ellen Wiese **AGENTUR** Jung von Matt AG
CREATIVE DIRECTION Wolf Heumann, Ove Gley, Conny Unger (gate.11 GmbH) **KUNDENBERATUNG** Peggy Bienert **FILMPRODUKTION** gate.11 GmbH
EDITOR Arnd Buss von Kuk, Su Ludwig **FILMANIMATION** Conny Unger, Su Ludwig, George Maihoefer **KONZEPT** Jung von Matt AG, gate.11 GmbH
POST PRODUCTION gate.11 GmbH **PRODUCER** Julian Fischer, Christian Kuenstler **SOUND DESIGN** Andreas List, Su Ludwig **TEXT** Henning Patzner

Zusätzlich erhielt diese Arbeit Bronze in der Kategorie Musikkompositionen/Sound Design auf Seite 305/306.

ELTERNHAUS PARFUM »MOSLBUDDJEWCHRISTHINDAO UNIFAITH«
AUFTRAGGEBER ELTERNHAUS **AGENTUR** soehne toechter tiere ltd. **CREATIVE DIRECTION** Daniel Josefsohn **ART DIRECTION** Susanne Raupach
DESIGN Daniel Josefsohn, Susanne Raupach **PRODUKTION** Henning Kaiser **TEXT** Tetjus Tügel, Daniel Josefsohn

MoslBuddJewChristHinDao, so heißt der erste Duft von Elternhaus. Ein Unifaith-Duft, damit wir uns endlich riechen können. soehne toechter tiere ltd. hat eine dem schweren Thema entsprechende Form gefunden und den Flakon in zwei weiße Betonkuben eingelassen, die durch Magnete zusammengehalten werden.

MOST – Chocolat seit 1859 wurde vom Markenmacher Roman Maria Koidl in den vergangenen Jahren einem umfassenden Relaunch unterzogen. Gestalterische Ansätze leiten sich aus der Blütezeit von MOST – der Ära des Bauhauses – ab. Ziel ist, die Manufakturkompetenz des Unternehmens und seine Heritage in den Vordergrund zu stellen. Die Textur des Konzeptes wird daher über die Haptik definiert. Verpackungen aus Lack, Samt, Seide oder wie im vorliegenden Fall Packpapier (für Kuvertüre) definieren das einzelne Produkt in seiner Preisstellung im Gesamtkontext des vollständig neu gestalteten Sortiments.

MOST CHOCOLAT SEIT 1859 »NOIR 57% KUVERTÜRE«
AUFTRAGGEBER MOST Chocolat seit 1859 – Deutsche Markenvertriebsgesellschaft mbH
DESIGN Roman Maria Koidl   **IDEE** Roman Maria Koidl

PACKAGING **AUSZEICHNUNG** 453

Bereits vor dem Drücken der Play-Taste kann man die Stimmung der Musik von 49 Special erleben: Das Cover des Albums »Dark Lonesome Road« wird zum Streichholzheftchen eines Roadhouses mit echter Reibefläche für Zündhölzer, die Liedtitel finden sich als Notizen auf der Innenseite und die CD sieht aus wie ein voller Aschenbecher.

Zusätzlich erhielt diese Arbeit eine Auszeichnung in der Kategorie Grafische Einzelarbeiten auf Seite 443.

DARK LONESOME ROAD »THE 49 SPECIAL MATCHBOOK«
AUFTRAGGEBER 49 Special   **MARKETINGLEITUNG** Jorge Fortunato   **AGENTUR** Scholz & Friends   **CREATIVE DIRECTION** Matthias Spaetgens, Jan Leube
ART DIRECTION Gito Lima   **KUNDENBERATUNG** Katrin Seegers   **FOTOGRAFIE** John Hyam, Ivo Cruz   **BILDBEARBEITUNG** Joao Trabuco

HYPOVEREINSBANK MÜNCHEN
»ORIENTIERUNGSSYSTEM VORSTANDSGEBÄUDE«

AUFTRAGGEBER
HypoVereinsbank München
MARKETINGLEITUNG
Sabine Winkler, Bert Kühnöhl
FOTOGRAFIE
Andreas Körner
DESIGN
Prof. Andreas Uebele
DESIGNBÜRO
Büro Uebele Visuelle Kommunikation
GRAFIK
Alexandra Busse, Projektleitung

Das Haus ist privat. Gäste kommen zu Besuch. Höflich werden sie vom Gastgeber begleitet: in das Speisezimmer, durch die Bibliothek, zur Tür. Niemand käme auf die Idee, die Besucher alleine durch das Haus irren zu lassen und diese Wege auf den Wänden zu beschreiben. Der Ort würde öffentlich im Sinne von unpersönlich.

Die notwendige Information begleitet den Besucher. Er muss sie nicht finden, und keine Tafel oder Konstruktion stört das architektonisch sensible Ensemble. Buchstaben und Zeichen sind in den Terrazzo und den Granit eingelegt. Die Begriffe verweisen auf die umliegenden Straßen und geben so eine zusätzliche räumliche Orientierung. Anstatt Eingang West heißt es nun vertraut: »Eingang am Salvator«, der Besprechungsraum ist die »Löwengrube«.

Maffei

Odeon
Theatiner

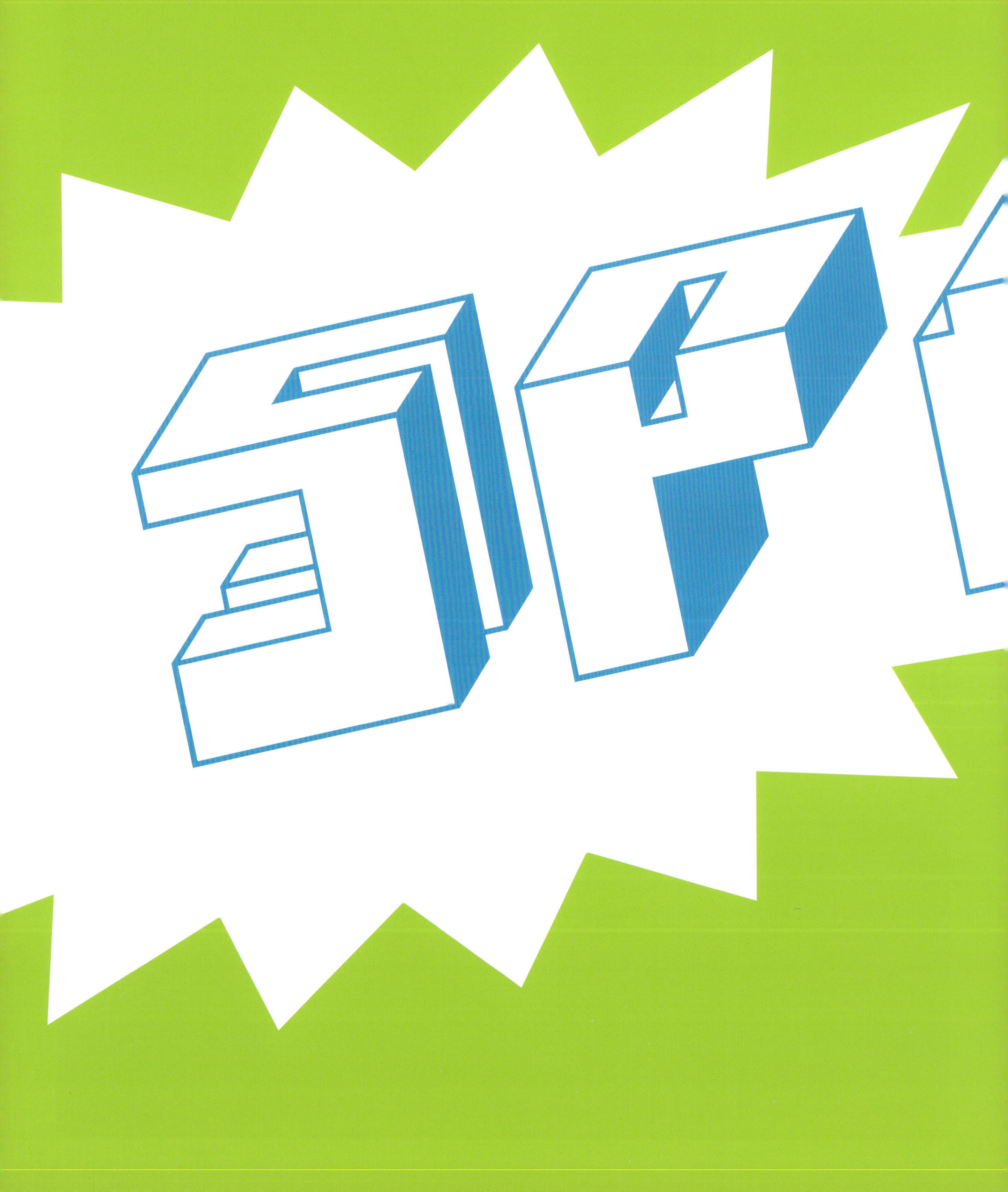

10E

Kommunikation im Raum

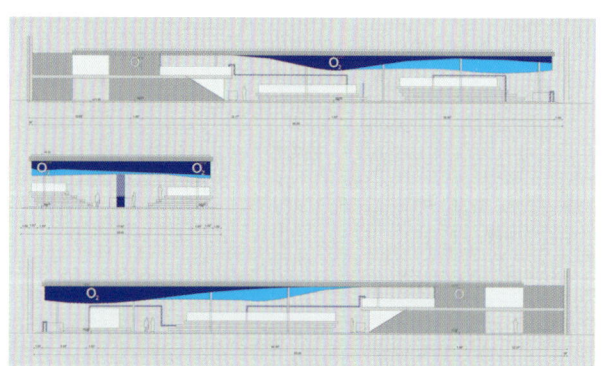

O₂ GERMANY MESSEAUFTRITT CEBIT 2005 »MEDIENWOLKE«
AUFTRAGGEBER O₂ Germany GmbH & Co. OHG   **MARKETINGLEITUNG** Mike Schwanke
CREATIVE DIRECTION Michael Keller (KMS), Susanne Schmidhuber (Schmidhuber+Partner)   **ART DIRECTION** Birgit Vogel (KMS), Kerstin Arleth (Schmidhuber+Partner)
STRATEGISCHE PLANUNG Christoph Rohrer (KMS)   **ARCHITEKTURBÜRO** Schmidhuber+Partner   **DESIGN** KMS Team GmbH   **DESIGNBÜRO** KMS Team GmbH
FILMANIMATION janglednerves, Velvet Mediadesign   **GRAFIK** Birgit Vogel (KMS), Julia Romeiß (KMS)   **KONZEPT** KMS Team GmbH/Schmidhuber+Partner
MESSEBAU Messebau Tünnissen   **PRODUKTION** Melanie Sauer (KMS)   **PROJEKTMANAGER** Andreas Koch (KMS)
TECHNISCHE LEITUNG Wahan Mechitarian (KMS)   **TYPOGRAFIE** Birgit Vogel (KMS)

KOMMUNIKATION IM RAUM GOLD

Zentrales Element war die »Medienwolke« – mit über 1.000 m² Fläche der größte Farbbildschirm der Welt. Die bewegten Bilder und Texte, die darauf zu sehen waren, wurden durch 28.000 Lichtpunkte erzeugt. Die »Medienwolke« überspannte den gesamten Messestand mit seinen Themen- und Erlebnisinseln und war interaktiv mit einer Radiostation verbunden, die eigens auf dem Stand von O₂ eingerichtet worden war.

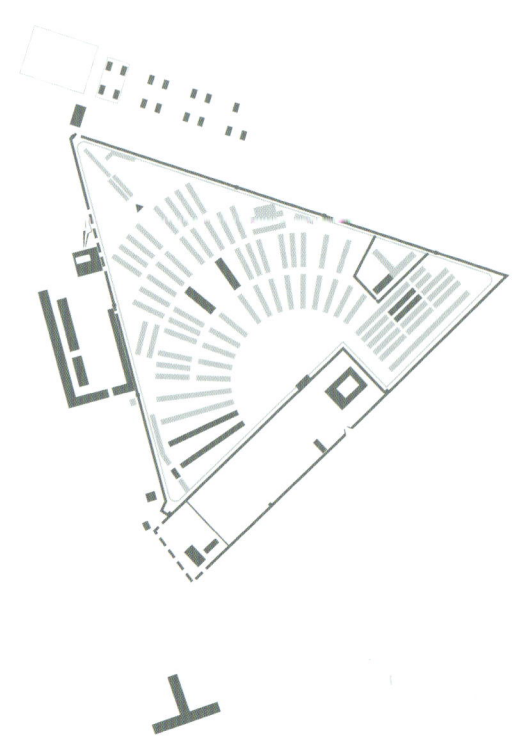

GEDENKSTÄTTE SACHSENHAUSEN »STATION Z«
AUFTRAGGEBER Stiftung Brandenburgische Gedenkstätten, Gedenkstätte und Museum Sachsenhausen   **ARCHITEKTURBÜRO** prof hg merz architekten + museumsgestalter
GRAFIK L2M3 Kommunikations Design   **KONZEPT** prof hg merz architekten + museumsgestalter   **LICHTDESIGN** Transsolar Energietechnik/Institut für Tageslichttechnik
PROJEKTMANAGER Sebastian Reinhardt, Michel Weber   **TECHNISCHE UMSETZUNG** Ingenieurgruppe Bauen/Werner Sobek Ingenieure
TYPOGRAFIE L2M3 Kommunikations Design

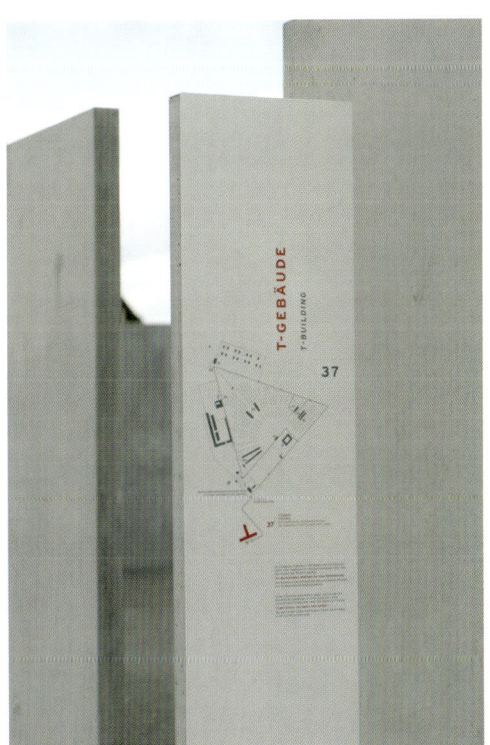

Das KZ Sachsenhausen in Oranienburg diente von 1936 bis 1945 als Ausbildungsstätte und Experimentierfeld der Nationalsozialisten zur »Perfektionierung des KZ-Systems«. Die Neukonzeption der Gedenkstätte Sachsenhausen beinhaltet die Gestaltung des Gesamtgeländes und die Planung des zentralen Gedenkortes »Station Z«. Sie hat zum Ziel, den durch vielfältige Eingriffe verstellten Blick auf den Ort und seine auratische Wirkung wiederzuerlangen, ohne dem Besucher die historische Distanz und die Möglichkeit zu eigenen Deutungen zu nehmen.

462 KOMMUNIKATION IM RAUM **BRONZE**

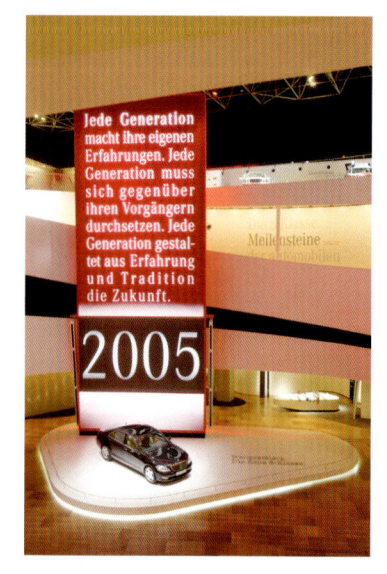

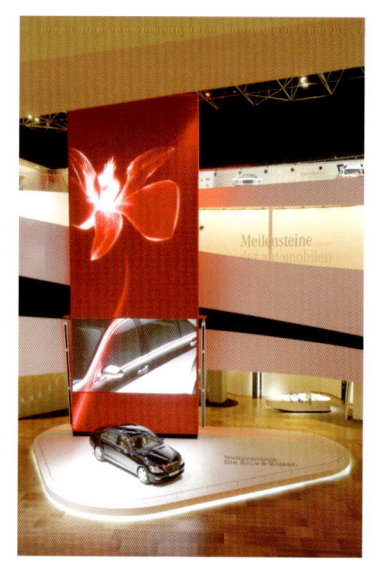

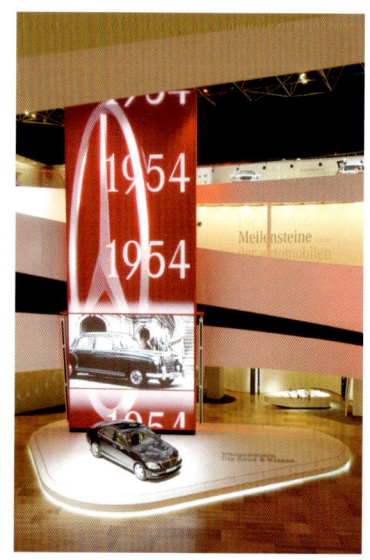

MERCEDES-BENZ MESSEAUFTRITT IAA FRANKFURT 2005 »VORAUS DENKEN.«
AUFTRAGGEBER DaimlerChrysler AG, Stuttgart   **AGENTUR** Atelier Markgraph, Frankfurt am Main
ARCHITEKTURBÜRO Kauffmann Theilig & Partner Freie Architekten BDA, Ostfildern   **GRAFIK** Design Hoch Drei, Stuttgart
LICHTDESIGN TLD Lichtplanung, Wendlingen   **MESSEBAU** Ernst F. Ambrosius & Sohn, Frankfurt am Main

7.000 m² Ausstellung, 900.000 Besucher, rund 45 Minuten Besuchsdauer, eine Weltpremiere: Der Auftritt von Mercedes-Benz auf der IAA 2005 verlangt eine außergewöhnliche Dramaturgie. Auf 15 Minuten Überblick über die Produktpalette folgen 30 Minuten Fokussierung auf die neue S-Klasse. In der inszenierten Begegnung mit dem Marken-Flaggschiff werden konzentriert die Markenwerte kommuniziert.

AUSSTELLUNG DAS NEUE ÖSTERREICH »FAHNENSPUR IN ROT-WEISS-ROT«
AUFTRAGGEBER Österreichische Galerie Belvedere **AGENTUR** ART+COM AG **CREATIVE DIRECTION** Prof. Joachim Sauter
KUNDENBERATUNG Sebastian Peichl **ARCHITEKTURBÜRO** Atelier Martin Kohlbauer **DESIGN** Simon Häcker, Dennis Paul, Jakob Lehr, Mina Hagedorn
KONZEPT Wolfgang Luser **MEDIENTECHNIK** Dieter Sachse, Ansgar Meemken, Matthias Görlitz
PROGRAMMIERUNG Simon Häcker, Dennis Paul, Jakob Lehr, Mina Hagedorn, Ulrich Hertlein, Thomas Schüppel, Valentin Schunack
PROJEKTMANAGER Gert Monath

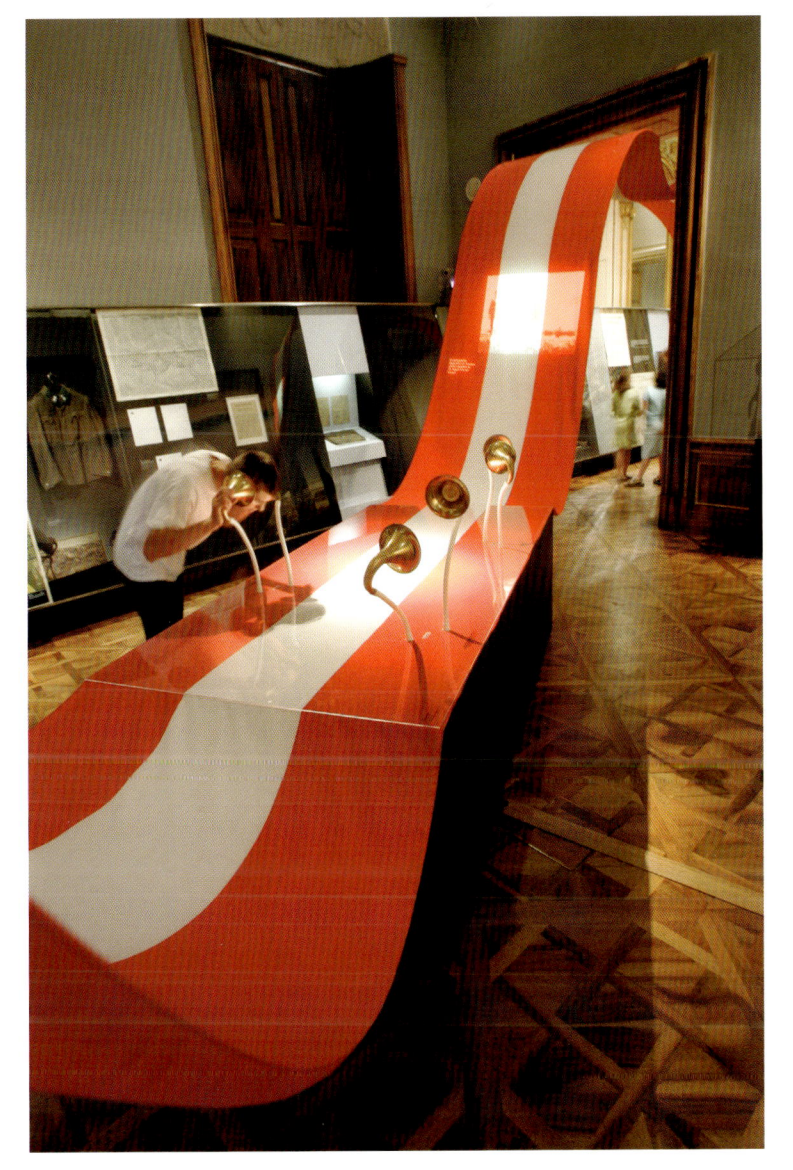

Von Mai bis Dezember 2005 sahen mehr als 310.000 Besucher die Ausstellung »Das neue Österreich« anlässlich des 50-jährigen Staatsvertragsjubiläums im Schloss Belvedere in Wien. Zentrales Element war neben historischen Exponaten und ausgewählten Kunstwerken das Medienband in Rot-Weiß-Rot. Mit zahlreichen interaktiven Installationen lud es die Besucher zur Teilnahme am Ausstellungsgeschehen ein.

KOMMUNIKATION IM RAUM BRONZE

**JUNG VON MATT INSTALLATION
»DAS HÄUFIGSTE WOHNZIMMER
DEUTSCHLANDS, ÖSTERREICHS
UND DER SCHWEIZ«**

AUFTRAGGEBER
Jung von Matt
AGENTUR
Jung von Matt AG
STRATEGISCHE PLANUNG
Karen Heumann, Mascha Sperling,
Gordon Nemitz, Regula Fecker,
Julia Peuckert
EDITOR
Florian Panier
IDEE
Karen Heumann
KONZEPT
Karen Heumann, Julia Peuckert
**MATERIALAUSWAHL UND
HERSTELLUNGSKONTROLLE**
Ole Grönwoldt, Barbara Wernle,
Paul Kozak
TECHNISCHE UMSETZUNG
Ole Grönwoldt, Caroline Floh,
Catharina Winding,
Henning Müller-Dannhausen
TONMEISTER
Tonstudio: Hastings Audio Network

Herzlich willkommen im häufigsten Wohnzimmer Deutschlands, Österreichs und der Schweiz. In diesen Räumen ist nichts dem Zufall überlassen. Alles entspricht dem empirischen Durchschnitt des jeweiligen Landes – und das bis ins kleinste Detail. Damit trockene statistische Daten anschaulich werden. Die Wohnzimmer leben durch ihre virtuellen Familien, die GEZ-Gebühren zahlen und u.a. Weihnachten feiern.

Zusätzlich erhielt diese Arbeit eine Auszeichnung in der Kategorie Media auf Seite 249.

Deutschland (D):
Die Müllers, das sind Thomas (44), Sabine (41) und
Sohn Alexander (13). Wie die meisten Menschen in
Deutschland wohnen auch die Müllers in Nordrhein-Westfalen.
Und dort im größten Ballungszentrum, in Köln.
Die mediterrane Anmutung des deutschen Wohnzimmers wird
durch das Sofa im Farbton »Terrakotta« vollendet – ganz modern,
so wie Sabine es sich gewünscht hat.
Müllers haben sich für einen blauen Verlourteppich entschieden.
Der ist schön pflegeleicht und kleine Malheure bleiben unbemerkt.
Damit die Schrankwand nicht kompakt oder klobig wirkt,
haben die Müllers eine helle und offene Konstruktion ausgewählt.
In ihrer Hausbar verwahren die Müllers die am häufigsten
getrunkenen Spirituosen Deutschlands.

Österreich (AUT):
Die Grubers, das sind Franz (40), Maria (41) und ihr
Sohn Michael (13). Anders als die Müllers wohnen sie aber
nicht im urbanen Umfeld, sondern in einer kleinen Gemeinde
mit bis zu 20.000 Einwohnern.
Bei der Wahl ihrer Wohnlandschaft war es den Grubers
besonders wichtig, dass man die Couch zum Gästebett
ausklappen kann. Diese Funktion wird allerdings so gut wie
nie genutzt.
In Österreich wird mehr Geld in den Bodenbelag investiert.
Das am häufigsten verwendete Material ist Laminat aus Buche.
Die Schrankwand heißt hier »Wandverbau«. Und da das
Wohnzimmer der Grubers so groß ist, haben sie damit gleich
zwei Wände bestückt.
Die Grubers verstecken die Alkoholika im kindersicheren oberen
Stockwerk der Schrankwand.

Schweiz (CH):
Die Müllers, das sind Thomas (41), Claudia (39) und
Sohn Pascal (10). Wie die meisten Schweizer wohnen
sie in einer mittelstädtischen Agglomeration.
Damit ihr weiß gestrichenes Wohnzimmer nicht so langweilig
wirkt, haben sich die Schweizer Müllers als Farbakzent ein
himmelblaues Sofa ausgesucht.
Die Schweizer Müllers gleiten über echtes Chlötzli-Parkett
aus Eiche, das meistens schon bei Einzug vorhanden ist.
Die »Wohnwand« der Schweizer bietet genug Platz für die
Familiengeschichte – inklusive Fotoaltar zur Kinderverehrung.
Die Schweizer lagern ihre Spirituosen auf Bodenhöhe.
Dass diese damit in Reichweite von Kinderhänden ist,
scheint aber niemanden zu stören.

**T-ONLINE INTERNATIONAL
ERLEBNISCENTER »FUTUREZONE«**

AUFTRAGGEBER
T-Online International AG, Darmstadt
MARKETINGLEITUNG
Verantwortlicher und Initiator:
Thomas Mörsdorf, Senior Vice President
Technology Marketing
WERBELEITUNG
Projektleitung: Peter Bruhn, Senior
Manager Technology Communication;
Intendant: Raphael Darius
AGENTUR
Atelier Markgraph (AM), Frankfurt am Main
mit janglednerves (jn), Stuttgart
CREATIVE DIRECTION
Lars Uwe Bleher (AM), Thomas Hundt (jn)
ART DIRECTION
Chris Schott (AM), Alexander Pfänder (jn)
ARCHITEKTURBÜRO
Atelier Markgraph, Frankfurt am Main:
Lars Uwe Bleher, Barbara Ackermann,
Ralf Schreck, Uwe Schmidt
BILDBEARBEITUNG
Johanno Hess, Uwe Müller (AM)
LICHTDESIGN
Lichtplanung: FOUR TO ONE:
scale design, Hürth
MESSEBAU
Ernst F. Ambrosius & Sohn,
Frankfurt am Main;
Exponatebau: ExpoTec OHG, Mainz
POST PRODUCTION
Unternehmensfilm: Stefan Ihringer,
Marcel Michalski, Jörg Stierle (jn)
PROGRAMMIERUNG
Robert Swoboda (jn)
PROJEKTMANAGER
Sonja Donnert (AM), Marcus Groß (jn)
REDAKTION
Steffen Maubach, Christina Cziepluch,
Andrej Krause (AM)
REGIE
Unternehmensfilm: Jürgen Haas (jn)
SOUND DESIGN
Thomas Mehlhorn, Floridan Studios
TECHNISCHE LEITUNG
Jörg Ackermann,
Hans-Jürgen Jawansky (AM)
TONMEISTER
Tontechnik: Neumann & Müller GmbH,
Wendlingen

Wie zeigt man Zukunft? Die Futurezone in der Zentrale von T-Online nimmt die Besucher mit auf eine Zeitreise in drei Akten durch die Evolution der Online-Kommunikation. Auf einer Drehscheibe fahren die Besucher in die Historie hinein. Ein begehbarer Browser bildet die Schleuse in die Zukunft. Dort können sich die Besucher durch drei Szenarios von morgen bewegen: unterwegs, bei der Arbeit und Zuhause.

Audi Tokyo Motorshow 2005. Die Gene von Bauhaus und Tadao Ando verschmelzen zu einer progressiven und zugleich puristischen Gesamtinszenierung nach einem Prinzip: Die Architektur ist Quadrat, die Kommunikation ist Kreis. Wie ein unsichtbar gehaltenes Dach schwebt das Gebäude mittels ausgeklügelter Statik über den Autos. Im Zentrum wird das Showcar durch bewegliche Lamellen dramatisch enthüllt.

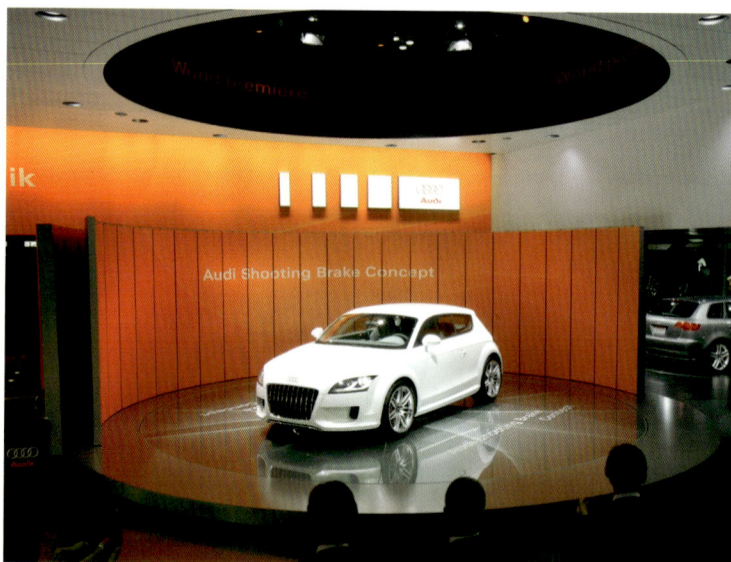

AUDI »MESSEAUFTRITT TOKYO 2005«
AUFTRAGGEBER AUDI AG   **MARKETINGLEITUNG** Bernhard Neumann   **AGENTUR** Mutabor Design GmbH   **CREATIVE DIRECTION** Johannes Plass, Heinrich Paravicini
ART DIRECTION Axel Domke   **FOTOGRAFIE** diverse   **ILLUSTRATION** Marc Antosch, Patrick Molinari   **ARCHITEKTURBÜRO** Schmidhuber+Partner
ART BUYING Trine Skraastad   **COMPUTERANIMATION** Electric Umbrella   **DESIGN** Marc Antosch   **DESIGNBÜRO** Mutabor Design GmbH   **FILMANIMATION** Electric Umbrella
LICHTDESIGN FOUR TO ONE: scale design, Institut für Licht- und Bühnensimulation GmbH   **MEDIENTECHNIK** plannet media // av projects and more
MESSEBAU Expo Company   **MUSIKKOMPOSITION** Red Rock Productions   **PROJEKTMANAGER** Kerstin Arleth, Axel Domke

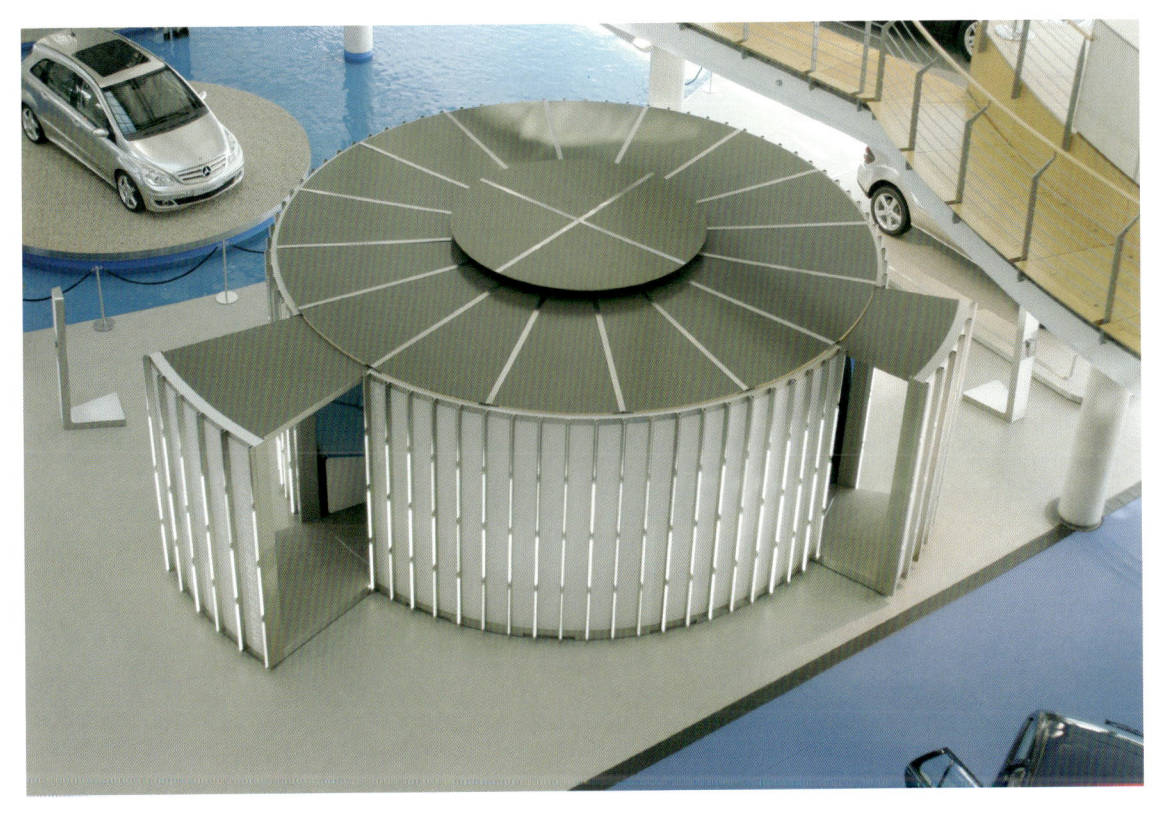

NACHHALTIGE ANTRIEBS-TECHNOLOGIEN VON MERCEDES-BENZ »FUTURE MOBILITY«

AUFTRAGGEBER
DaimlerChrysler AG

MARKETINGLEITUNG
J. Justus Schneider, Michael Bock

CREATIVE DIRECTION
Stefan Glaser, Frank Kallina

STRATEGISCHE PLANUNG
Victoria Heindorff, Frank Hilswicht

FOTOGRAFIE
Emanuel Raab

DESIGN
3deluxe interior

DESIGNBÜRO
3deluxe

GRAFIK
3deluxe graphics

PROGRAMMIERUNG
meso digital media systems design

SCHNITT
3deluxe motion

SCREEN DESIGN
3deluxe graphics

SOUND DESIGN
Frank Rückert

Multimedial inszenierter Ausstellungspavillon als »Raum im Raum«-Konzept für Mercedes-Benz-Center inklusive zweier 360°-Projektionen und interaktiv abrufbarer Inhalte zum Thema »Nachhaltige Mobilität«. Ergänzt durch passend gestaltete Präsentationspodeste für Fahrzeugexponate und zugehörige Infostelen mit Flyerdisplay. Architektur, Screen-, Sound- und Printdesign, Animation, Film- und Textcontent wurden ganzheitlich von 3deluxe entwickelt.

Am Firmensitz von Dr. Oetker in Bielefeld entstand in der ehemaligen Produktionshalle eine firmeneigene Ausstellung. Sie hat das Ziel, die Marke Dr. Oetker für den Besucher im Raum sinnlich erlebbar und begehbar zu machen. Dabei spielen die Werte Tradition, Qualität und Innovation eine wesentliche Rolle. Die historisch verankerte Marke, ihre Tradition und Modernität, kurz der Dr. Oetker Spirit, sollte so in eine ca. 1.300 m² große ehemalige Produktionshalle übersetzt werden, dass Markengeschichte, Markengegenwart und Markenzukunft erlebbar werden.

Lösung: Jede Zukunft braucht Herkunft. Dieser Gedanke leitet den Besucher durch die Inszenierung der Dr. Oetker Welt. Er begegnet in neun Themenräumen den Anfängen, den ersten Formen und Zeichen und macht eine Reise bis in Gegenwart und Zukunft. Erinnerungen und Emotionen, die mit der Marke Dr. Oetker in den verschiedenen Jahrzehnten verbunden sind, werden auf dieser Reise sichtbar und erlebbar. Der Kontrast zwischen der alten, weitflächigen Industrie- und der modernen Ausstellungsarchitektur in den CI-Farben des Unternehmens prägt die Dr. Oetker Welt und zeigt die Schnittstelle zwischen Tradition und Moderne.

Kommunikationsmittel: Ausstellungsarchitektur, Rauminszenierung, Exponate, Ausstellungsgrafik, Filmeinspielung, Sound und Licht.

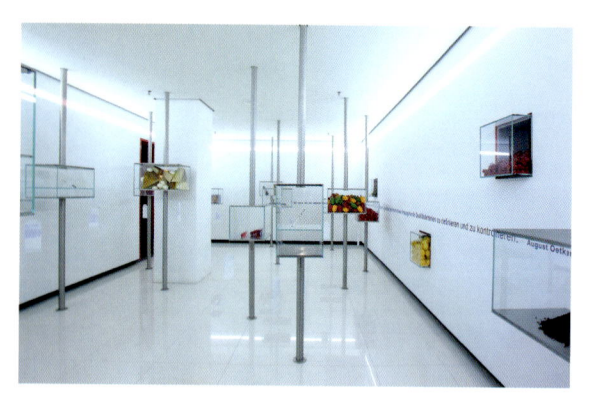

DR. OETKER MARKENAUSSTELLUNG »DR. OETKER WELT«
AUFTRAGGEBER Dr. August Oetker Nahrungsmittel KG **MARKETINGLEITUNG** Rainer Lührs **WERBELEITUNG** Dr. Rolf Mühlmann
AGENTUR Triad Berlin Projektgesellschaft mbH **CREATIVE DIRECTION** Lutz Engelke, Charlotte Tamschick
AGENTUR PRODUCER Gabriele Herschel, Tilo Fuchs, Michael Spang **ARCHITEKTURBÜRO** Frank Ophoff **DESIGN** Frank Ophoff, Caroline Wegener
GRAFIK Jan van Beusekom, Daniel Scheidgen **LICHTDESIGN** Hajo Gawins **MEDIENTECHNIK** Hajo Gawins **PROJEKTMANAGER** Katrin Rümenapp (Medienproduktion)
REDAKTION Charlotte Tamschick, Arne Krasting, Karen Angne, Antonia Humm **SCREEN DESIGN** Alexander Bartneck **SOUND DESIGN** Dirk Schröder

Herzstück der Porsche Design Stores ist der »Scantable«. Legt man darauf ein Produkt, erscheint auf drei bespielten Wänden im Raum eine virtuelle Matrix aller Artikel von Porsche Design. Das ausgewählte Objekt wird »herangeholt« und in Close-ups dargestellt, auf dem »Scantable« ist die entsprechende Produktinformation zu lesen. Nachts kann der »Scantable« per Touch-Control am Schaufenster von der Straße aus aktiviert werden.

PORSCHE DESIGN STORE »SCANTABLE«
AUFTRAGGEBER Porsche Lizenz- und Handelsgesellschaft mbH & Co. KG   **MARKETINGLEITUNG** Julia Hohendorf
CREATIVE DIRECTION Michael Keller, Knut Maierhofer   **ART DIRECTION** Dirk Koy, Patrick Märki
KUNDENBERATUNG Armin Schlamp   **DESIGN** KMS Team GmbH   **DESIGNBÜRO** KMS Team GmbH
IDEE KMS Team GmbH   **KONZEPT** KMS Team GmbH   **MEDIENTECHNIK** Sven Sonnendorfer
PROGRAMMIERUNG Andreas Niessner   **PROJEKTMANAGER** Norman Müller   **TYPOGRAFIE** Patrick Märki

474 KOMMUNIKATION IM RAUM **AUSZEICHNUNG**

Inszenierung der Marke, der Produkte und der 125-jährigen Firmengeschichte auf einer Fläche von 1.000 m² für Erwachsene, Kinder und Sammler. Das Raumerlebnis ist Bestandteil der Inszenierung: Mit einer schwebenden Plattform »fliegen« die Besucher von der engen Welt eines Dorfes in der schwäbischen Provinz hinauf in die Welt der Fantasie von Margarete und Richard Steiff. In den begehbaren Bühnenbildern der Traumwelten wird das Publikum zum Bestandteil der Geschichte. Mechanisches Theater, Schaufertigung, Kuschelecke, historische Ori-ginalexponate und 1.400 Steiff-Tiere verbinden sich zu einem intensiven Markenerlebnis.

STEIFF MARKENERLEBNISWELT »DIE WELT VON STEIFF«
AUFTRAGGEBER Margarete Steiff GmbH **MARKETINGLEITUNG** Friedhelm Brandau **WERBELEITUNG** Gabriele Schöning **AGENTUR** Milla und Partner Agentur & Ateliers
CREATIVE DIRECTION Johannes Milla **ART DIRECTION** Jean-Louis Vidière **KUNDENBERATUNG** Jean-Louis Vidière, Susanne Greve, Michael Neumann, Johannes Milla
ILLUSTRATION Gunter Grossholz, Elin Doka **AGENTUR PRODUCER** Erich Heimbach, Nina Sontheimer
ARCHITEKTURBÜRO Andreas Ramseier + Associates Ltd., Zürich, Patzner Architekten, Stuttgart **DESIGN** Jean-Louis Vidière, Anja Luithle, Gitti Scherer
GRAFIK designklinik, Stuttgart **KONZEPT** Johannes Milla, Jean-Louis Vidière, Gitti Scherer, Martin Wagner **KÜNSTLER** Anja Luithle, Elin Doka, Gitti Scherer
LICHTDESIGN Julia Bogner **MEDIENTECHNIK** AV Stumpfl GmbH, A-Wallern, Music & Light Design, Leonberg
MESSEBAU Reinstadler & Svatek, München, kulissenbau 276, Stuttgart, Schreinerei Wollasch, Schumann Möbelbau **MUSIKKOMPOSITION** Floridan Studios GmbH, Stuttgart
PROJEKTMANAGER Susanne Greve **REDAKTION** Martin Wagner, Leoni Kuhn **REGIE** Martin Wagner **SOUND DESIGN** Floridan Studios GmbH, Stuttgart
TECHNISCHE LEITUNG Michael Neumann

WESTFÄLISCHES MUSEUM FÜR ARCHÄOLOGIE DAUERAUSSTELLUNG »TATORT FORSCHERLABOR«

AUFTRAGGEBER
Landschaftsverband Westfalen/Lippe

MARKETINGLEITUNG
Dr. Barbara Rüschoff-Thale

AGENTUR
Atelier Brückner GmbH

CREATIVE DIRECTION
Prof. Uwe Brückner

ART DIRECTION
Natalie Kleemann

ARCHITEKTURBÜRO
Atelier Brückner GmbH

DESIGN
Atelier Brückner GmbH

DESIGNBÜRO
Atelier Brückner GmbH

GRAFIK
Christine Hebrank

KONZEPT
Atelier Brückner GmbH

LICHTDESIGN
Atelier Bruckner GmbH

MEDIENTECHNIK
janglednerves GmbH

PROJEKTMANAGER
Natalie Kleemann

Tatort Forscherlabor: ein Ort des Explorierens, des Entdeckens und des Erlebens. Das Forscherlabor im Westfälischen Museum für Archäologie in Herne bietet eine spannende, interaktive Entdeckungsreise in die Welt der modernen Archäologie. Inszeniert als Kriminalfall begibt sich der Besucher auf die Spurensuche in der Vergangenheit. Arbeiten im Labor und die dazugehörigen technischen Hilfsmittel bestimmen Atmosphäre, Gestaltung, Oberflächen und Materialien.

Ziel des Auftritts war es, die Unternehmensgruppe Munksjö Paper und ihr Bekenntnis zu Leistung, Innovation und Qualität in einer sinnlich erfahrbaren Erlebnisarchitektur darzustellen. Als Kommunikationsstand wurde bewusst auf eine Produktpräsentation verzichtet. Ziel war es, dem internationalen Kundenspektrum mit einer kraftvollen großen Geste einen inspirierenden Rahmen für die Zusammenkunft zu bieten.

MUNKSJÖ PAPER DECOR MESSESTAND INTERZUM 2005 »PREMIUM PERFORMANCE«
AUFTRAGGEBER Munksjö Paper   **AGENTUR** häfelinger+wagner design
CREATIVE DIRECTION Frank Wagner, Thomas Häussler, Thomas Tscherter

KOMMUNIKATION IM RAUM 477

**VW FOX HOTELUMGESTALTUNG
»PROJECT FOX«**

AUFTRAGGEBER
Volkswagen AG, Konzernkommunikation
MARKETINGLEITUNG
Dirk Große-Leege
(Leiter Konzernkommunikation)
WERBELEITUNG
Cornelia Schneider
(Leiterin Kommunikations-Services),
Hartwig von Saß
(Sprecher Vertrieb und Marketing),
Britt Heß (Eventmanagerin)
AGENTUR
eventlabs gmbh
CREATIVE DIRECTION
Fabian Tank
ART DIRECTION
Fabian Tank
KUNDENBERATUNG
Holger Pütting
STRATEGISCHE PLANUNG
Cedric Ebener
FILMPRODUKTION
Visavis Filmproduktion
FOTOGRAFIE
Die Photodesigner
ILLUSTRATION
21 internationale Designer- und Künstlergruppen

Project Fox war keine gewöhnliche Fahrveranstaltung für Journalisten, sondern ein Event von der Zielgruppe für die Zielgruppe: Junge Kreative konnten dabei ihre Visionen von urbanem Leben realisieren, und die Journalisten wurden eingeladen, das Projekt, die jungen Kreativen und natürlich den VW Fox hautnah zu erleben. Highlight des Projektes ist das Hotel Fox im Zentrum Kopenhagens, welches als Markenbotschafter noch immer Gäste aus aller Welt willkommen heißt.

Zusätzlich erhielt diese Arbeit Gold in der Kategorie Events auf Seite 480/481.

**LITERATURHAUS FRANKFURT
INSTALLATION »FREILUFTROMAN«**

AUFTRAGGEBER
Literaturhaus Frankfurt
MARKETINGLEITUNG
Dr. Maria Gazzetti, Susanne Gumbmann
WERBELEITUNG
Silke Hartmann
AGENTUR
Standard Rad./Gregor Aigner
CREATIVE DIRECTION
Gregor Aigner
KUNDENBERATUNG
Kerstin Amend
GRAFIK
Standard Rad.
IDEE
Gregor Aigner
KONZEPT
Gregor Aigner
TECHNISCHE INSTALLATION
Jörg Spamer, Standard Rad./
Gregor Aigner, Literaturhaus Frankfurt
TEXT
Gregor Aigner

Für den Umzug des Frankfurter Literaturhauses wurde der 3,5 km lange »Freiluftroman« installiert, der das alte mit dem neuen Literaturhaus verband. Die Installation wurde quer durch die Stadt zwischen Bäumen, Laternen und Ständern gespannt. Das wetterfeste Band wurde durch Umzugsschilder unterbrochen und so zur 3,5 km langen »Umzugsabsperrung«. Der »Freiluftroman« wurde auf Anschlag geschrieben und endete direkt vor der Tür des neuen Literaturhauses.

Zusätzlich erhielt diese Arbeit Bronze in der Kategorie Media auf Seite 236/237.

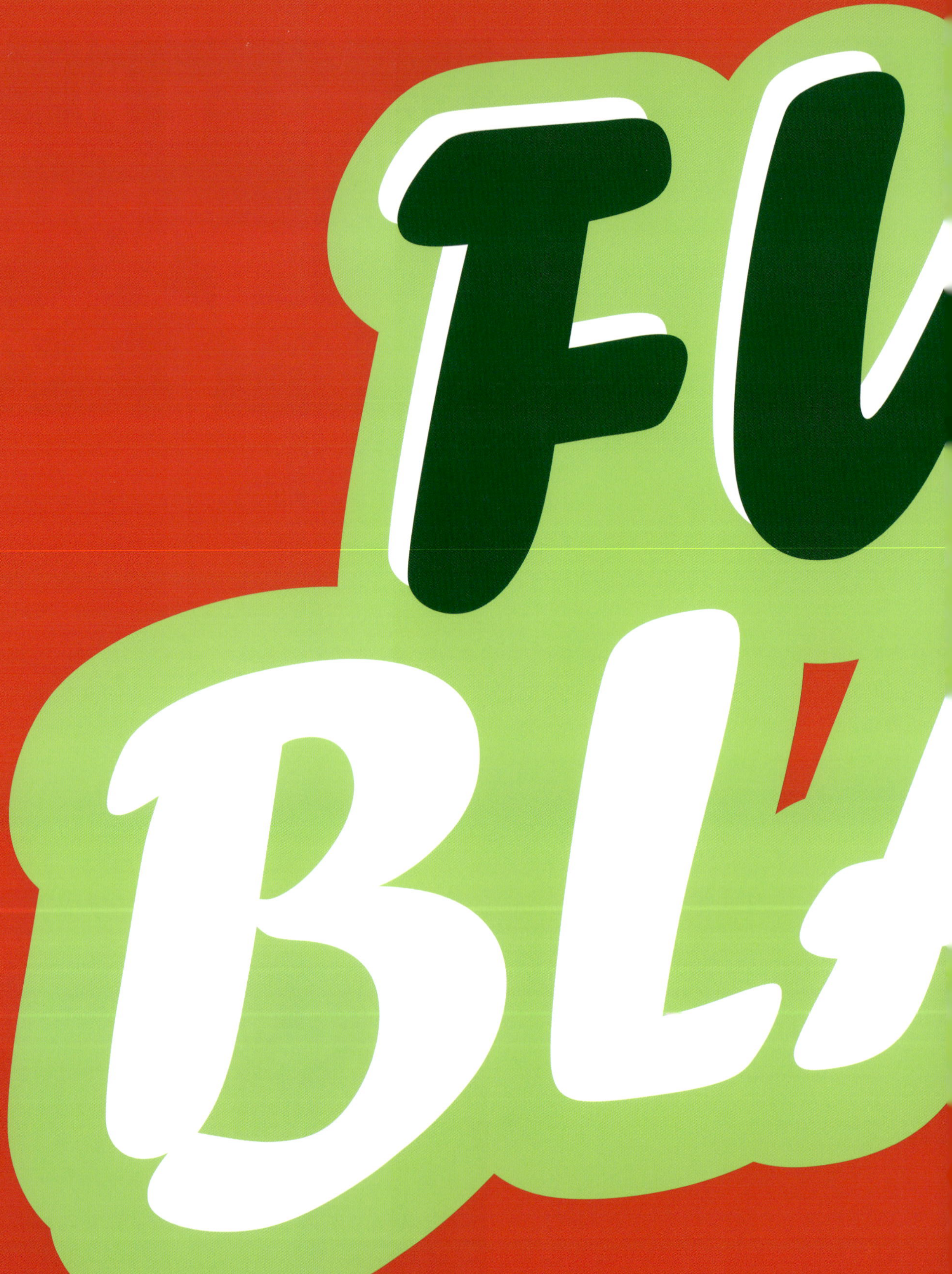

EVENTS

480 EVENTS GOLD

VW FOX LAUNCH »PROJECT FOX«

AUFTRAGGEBER
Volkswagen AG, Konzernkommunikation

MARKETINGLEITUNG
Dirk Große-Leege
(Leiter Konzernkommunikation)

WERBELEITUNG
Cornelia Schneider
(Leiterin Kommunikations-Services),
Hartwig von Saß
(Sprecher Vertrieb und Marketing),
Britt Heß (Eventmanagerin)

AGENTUR eventlabs gmbh

CREATIVE DIRECTION
Fabian Tank

ART DIRECTION
Fabian Tank

KUNDENBERATUNG
Holger Pütting

STRATEGISCHE PLANUNG
Cedric Ebener

FILMPRODUKTION
Visavis Filmproduktion

FOTOGRAFIE
Die Photodesigner

ILLUSTRATION
21 internationale Designer- und Künstlergruppen

Project Fox war keine gewöhnliche Fahrveranstaltung für Journalisten, sondern ein Event von der Zielgruppe für die Zielgruppe: Junge Kreative konnten dabei ihre Visionen von urbanem Leben realisieren, und die Journalisten wurden eingeladen, das Projekt, die jungen Kreativen und natürlich den VW Fox hautnah zu erleben. Highlight des Projektes ist das Hotel Fox im Zentrum Kopenhagens, welches als Markenbotschafter noch immer Gäste aus aller Welt willkommen heißt.

Zusätzlich erhielt diese Arbeit Silber in der Kategorie Kommunikation im Raum auf Seite 477.

Installation von 30 dreieinhalb Meter großen Brockhaus-Bänden, die im Zentrum des Frankfurter Messegeländes in weitem Kreis aufgestellt waren. Zu verstehen war dies als Hommage an die zeitlose Gültigkeit des Wissens in den Enzyklopädien von Brockhaus. Eigens für das Enthüllungsevent wandelte sich der Buchkreis zur Bühne für eine Sprechoper, wobei die Künstler solo und im Chor singend durch die Installation schritten, bevor ihre Stimmen im Finale von oben aus den Büchern heraus tönten.

BROCKHAUS PRESSE- UND PUBLICEVENT ZUR BUCHMESSE »DAS WISSEN DER WELT – SPRECHOPER FÜR 30 + 1 STIMME«
AUFTRAGGEBER Bibliographisches Institut & F. A. Brockhaus AG **WERBELEITUNG** Hans Gareis
AGENTUR Milla und Partner Agentur & Ateliers und BBDO Campaign, Stuttgart **CREATIVE DIRECTION** Johannes Milla **KUNDENBERATUNG** Marion Kerckhoff
DESIGN Johannes Milla, Stefan Morgenstern **IDEE** Johannes Milla (Milla und Partner), Rainer Hellmann, Andreas Rell (BBDO Campaign, Stuttgart)
KONZEPT Johannes Milla, Martin Wagner, Stefan Morgenstern, Marion Kerckhoff, Theo Bleckmann **KÜNSTLER** Theo Bleckmann, New York und der Chor Semiseria Tübingen
MEDIENTECHNIK music & light design, Leonberg **MESSEBAU** WeimerSteinbergVega GmbH **MUSIKKOMPOSITION** Theo Bleckmann **PRODUKTION** Marc Feigenspan
REGIE Martin Wagner **TECHNISCHE LEITUNG** Michael Neumann

Finale

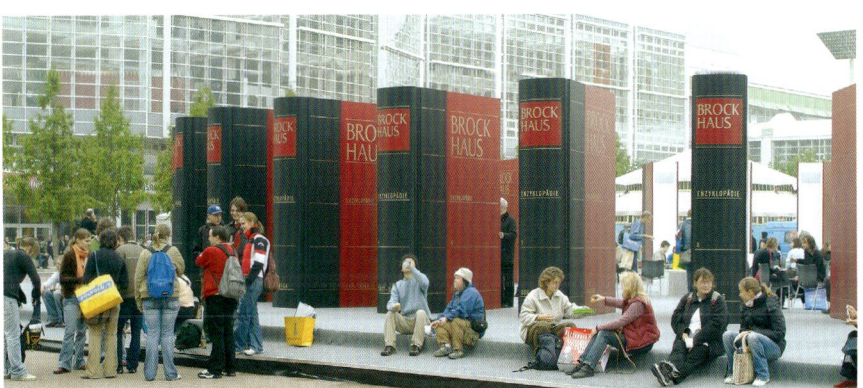

Theo Bleckmann

MEETNIGHT 2005 »IMAGINE THE WORLD WITHOUT BRANDS«
AUFTRAGGEBER Europa Fachpresse Verlag   **MARKETINGLEITUNG** Michaela Schenk   **WERBELEITUNG** Christine Gandowitz
AGENTUR THE COMPANIES / THE EVENT COMPANY   **CREATIVE DIRECTION** Matthias Kindler, Tobias Wannieck
ART DIRECTION Andreas Horbelt   **KUNDENBERATUNG** Stefanie Schauer   **STRATEGISCHE PLANUNG** Matthias Kindler, Tobias Wannieck
FILMPRODUKTION Armin Toerkell   **BERATUNG** Cyrill Gutsch CCID   **LICHTDESIGN** Georg Veit   **MESSEBAU** Atelier Weber & Meiler
REGIE Andreas Horbelt   **SCHNITT** Uwe Klimmeck

Kreative Zielsetzung
Transformation eines klassischen Branchen-Get-Togethers in ein Marketing-Event, das ein echtes Erlebnis bot.

Projektbeschreibung
Der Europa-Fachpresse-Verlag ist Marktführer bei Fachzeitschriften für die Kommunikationsbranche. Jährlich lädt er die Top-Entscheider zur »Meetnight« ein. Motto 2005: »Vertrauen in Marken«.

Lösung
Die Gäste fanden sich zunächst in einer markenfreien Welt wieder – keine erkennbaren Produkte, Logos, Brandings.

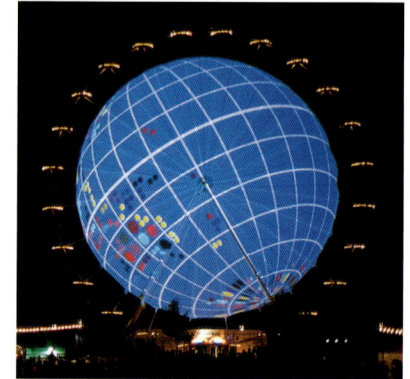

MUSEUMSUFERFEST FRANKFURT 2005 »KUNST|RAD«
AUFTRAGGEBER Tourismus+Congress GmbH Frankfurt am Main **MARKETINGLEITUNG** Geschäftsführung: Günter Hampel **AGENTUR** Atelier Markgraph, Frankfurt am Main
CREATIVE DIRECTION Stefan Weil, Roland Lambrette **ART DIRECTION** Kristin Trümper, Jan Schmelter **LICHTDESIGN** Dietrich Körner, Köln
MEDIENTECHNIK Licht: Procon Event Engineering GmbH, Frankfurt am Main **PROGRAMMIERUNG** Meso, digital media systems, Frankfurt am Main
PROJEKTMANAGER Andreas Behl **TECHNISCHE INSTALLATION** Inhaber Riesenrad: Sascha Hanstein, Otfried Hanstein **TEXT** André Urban
VIDEOTECHNIK XL Video, Oststeinbek/Velten GmbH, Mainz

Museumsuferfest Frankfurt 2005: Ein Riesenrad wird zur Bühne für die Museen. Das KUNST|RAD bringt 100 Meisterwerke aus 16 Häusern am Main auf die große Leinwand. Dabei steht jede Gondel für ein Museum. Der Takt der Bespielung wird über Sensoren am Rad vom Besucherstrom bestimmt. Romantischer Jahrmarkt und Stadtkulisse: Das KUNST|RAD setzt ein überraschendes Zeichen für Frankfurts Kulturreichtum.

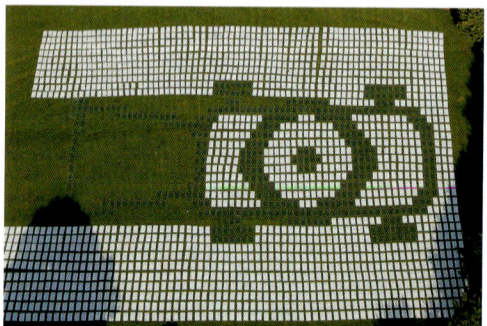

PILSNER URQUELL PROMOTION »TOWEL EXHIBITION 2005«

AUFTRAGGEBER Pilsner Urquell Distributing GmbH   **MARKETINGLEITUNG** Christiane Braun   **AGENTUR** oysterbay Werbeagentur GmbH   **CREATIVE DIRECTION** Bert Peulecke
ART DIRECTION Marc Isken   **KUNDENBERATUNG** Stefan Witt   **STRATEGISCHE PLANUNG** Wulf-Peter Kemper   **ILLUSTRATION** Nicolai Heymann
GRAFIK Patrik Schittl, Do-Sun Robert Rhee   **TEXT** Thomas Rendel

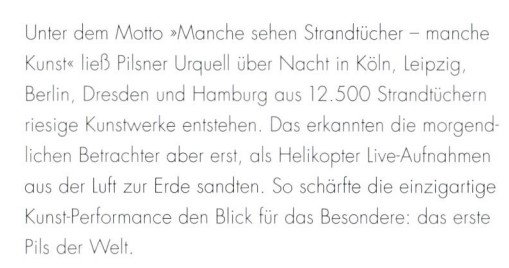

Unter dem Motto »Manche sehen Strandtücher – manche Kunst« ließ Pilsner Urquell über Nacht in Köln, Leipzig, Berlin, Dresden und Hamburg aus 12.500 Strandtüchern riesige Kunstwerke entstehen. Das erkannten die morgendlichen Betrachter aber erst, als Helikopter Live-Aufnahmen aus der Luft zur Erde sandten. So schärfte die einzigartige Kunst-Performance den Blick für das Besondere: das erste Pils der Welt.

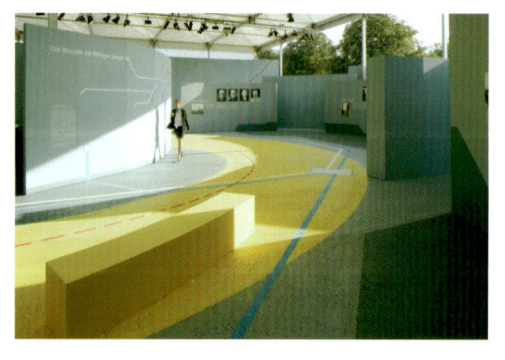

Das Unternehmen Bilfinger Berger feiert sein 125-jähriges Jubiläum. Ein global aufgestellter Konzern mit zukunftsweisenden Strategien demonstriert seine Leistungsfähigkeit unter dem Motto »Ahead of our time. Since 1880.« Auf dem Maimarktgelände in Mannheim entsteht die »Bilfinger Berger City« auf Grundlage eines »Masterplans« – als Symbol für vernetzte Kompetenzen und der Entwicklung des Bauunternehmens hin zur Multi Service Group.

BILFINGER BERGER JUBILÄUM 125 JAHRE »AHEAD OF OUR TIME. SINCE 1880.«
AUFTRAGGEBER Bilfinger Berger AG **MARKETINGLEITUNG** Jens Gebhardt, Dr. Werner Leifert **AGENTUR** VOSS+FISCHER marketing_event agentur gmbh
CREATIVE DIRECTION VOSS+FISCHER **ART DIRECTION** VOSS+FISCHER **KUNDENBERATUNG** VOSS+FISCHER **STRATEGISCHE PLANUNG** VOSS+FISCHER
FILMPRODUKTION S.P.O.T. Medien GmbH **ARCHITEKTURBÜRO** DASPROJEKT Atelier für Kommunikation Messe und (Innen) Architektur
GRAFIK Wuffdesign Kessler, Schrod & Muno GbR **KÜNSTLER** Dramatische Bühne Frankfurt, Jogi Nestel **LICHTDESIGN** Neumann & Müller Veranstaltungstechnik GmbH
MEDIENTECHNIK Neumann & Müller **MESSEBAU** Zeeh Design Messebau GmbH Karlsruhe **MUSIKKOMPOSITION** Jogi Nestel **SOUND DESIGN** S.P.O.T. Medien GmbH
VIDEOTECHNIK Neumann & Müller

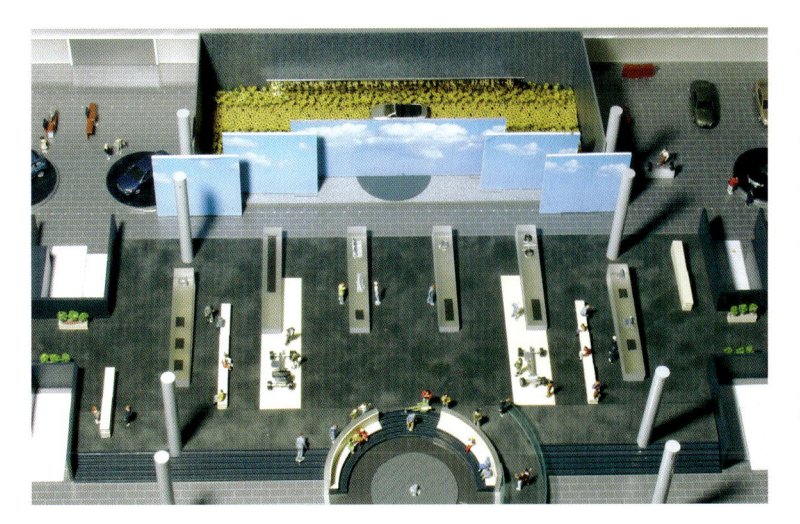

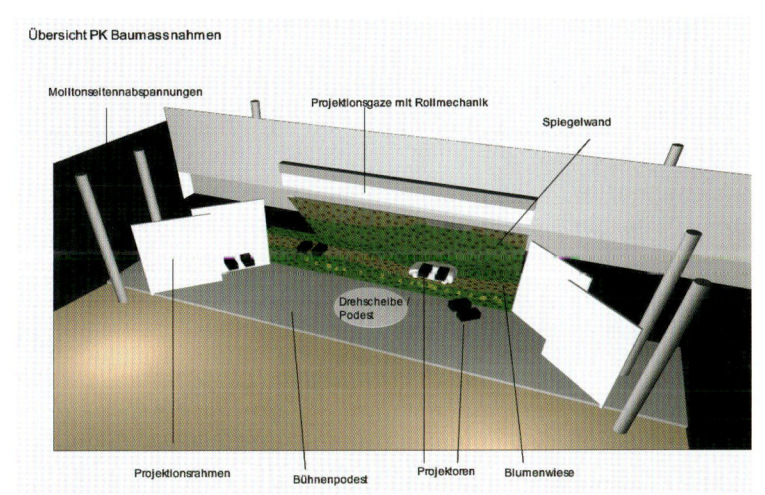

Pressekonferenz von VW auf der IAA 2005 – erster großer Auftritt des Markenvorstands Dr. Wolfgang Bernhard vor internationaler Presse und Weltpremiere des neuen Cabrios. Ein reales Sonnenblumenfeld bildet das Key Visual. Um es weithin sichtbar zu machen, wird es in einem darüber befindlichen, um 45° geneigten Spiegel reflektiert. Ein einfaches, klares Bild für die Nähe zur Natur, Sommer und Cabriofahren. Zu Beginn ist das Bühnenbild verdeckt und filmisch bespielt. Zur »Fahrzeugenthüllung« hebt sich die mittlere Projektionsfläche und gibt das Sonnenblumenfeld frei. Ein überraschendes Bild, das die VW Markenwerte verkörpert: sympathisch, freundlich, nahbar, anfassbar.

VW CABRIO EOS PRESSEKONFERENZ IAA 2005 »SUNFLOWERS«
AUFTRAGGEBER Volkswagen AG, Konzernkommunikation **MARKETINGLEITUNG** Cornelia Schneider (Leiterin Kommunikations-Services)
AGENTUR Hauser Gocht Meyer Kommunikation und Design GmbH **CREATIVE DIRECTION** Joachim Hauser **ART DIRECTION** Hajo Rehm
AGENTUR PRODUCER Hauser Gocht Meyer GmbH **ARCHITEKTURBÜRO** Cebra GmbH **BERATUNG** Susanne Gocht, Joachim Hauser
BILDBEARBEITUNG Hauser Gocht Meyer GmbH **COMPUTERANIMATION** Hauser Gocht Meyer GmbH **DESIGN** Hauser Gocht Meyer GmbH
FILMANIMATION Hauser Gocht Meyer GmbH **IDEE** Hauser Gocht Meyer GmbH **KONZEPT** Hauser Gocht Meyer GmbH **LICHTDESIGN** RGB GmbH
MEDIENTECHNIK Licht: Rockservice; Ton: Procon GmbH **MESSEBAU** Display International **MUSIKKOMPOSITION** Meirelli OST GmbH
POST PRODUCTION Hauser Gocht Meyer GmbH **PROJEKTMANAGER** Susanne Gocht **SCREEN DESIGN** Hauser Gocht Meyer GmbH
SOUND DESIGN Adhoc4acp GmbH **TECHNISCHE LEITUNG** Adhoc4acp GmbH **VIDEOTECHNIK** AVE Verhengsten GmbH

492 ZEITSCHRIFTENGESTALTUNG
ZEITSCHRIFTENTITEL
ZEITSCHRIFTENBEITRÄGE
ZEITUNGSGESTALTUNG
CORPORATE PUBLISHING

rial

DIE KATEGORIE
ZEITSCHRIFTENGESTALTUNG
WIRD UNTERSTÜTZT VON
DER SPIEGEL
SPIEGEL-Leser wissen mehr.

494 ZEITSCHRIFTENGESTALTUNG GOLD

SÜDDEUTSCHE ZEITUNG MAGAZIN »DAS ZWILLINGSHEFT«
AUFTRAGGEBER Süddeutsche Zeitung Magazin **ART DIRECTION** Mirko Borsche **FOTOGRAFIE** Anna Rosa Krau, Olaf Blecker, Gianni Occhipinti, Peter Günzel
VERLAG Magazin Verlagsgesellschaft, Süddeutsche Zeitung mbH **BILDREDAKTION** Claudia Bingemann, Eva Fischer **CHEFREDAKTION** Dominik Wichmann
GRAFIK Daniel Bognar, Marion Borsche, Annette Bauer **TEXT** Christian Gottwalt

DIE HALBE WAHRHEIT
Zwölf Geschichten von Menschen, die es gleich zweimal gibt.
Und wo sind ihre Geschwister? Natürlich im anderen Heft!

DIE HALBE WAHRHEIT
Zwölf Geschichten von Menschen, die es gleich zweimal gibt.
Und wo sind ihre Geschwister? Natürlich im anderen Heft!

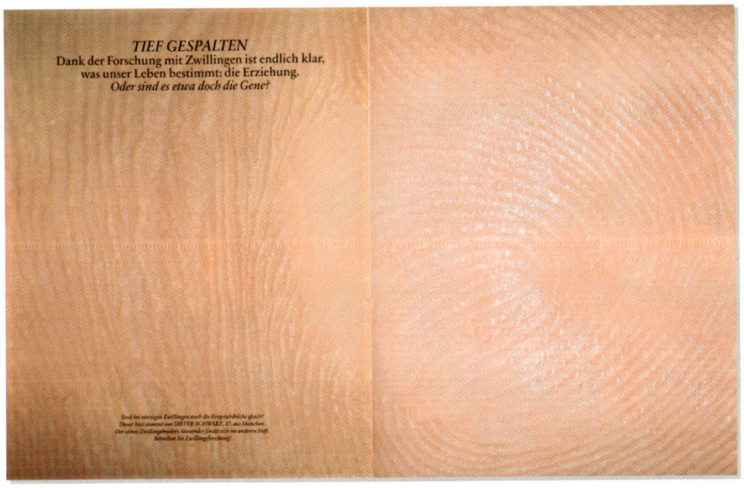
TIEF GESPALTEN
Dank der Forschung mit Zwillingen ist endlich klar,
was unser Leben bestimmt: die Erziehung.
Oder sind es etwa doch die Gene?

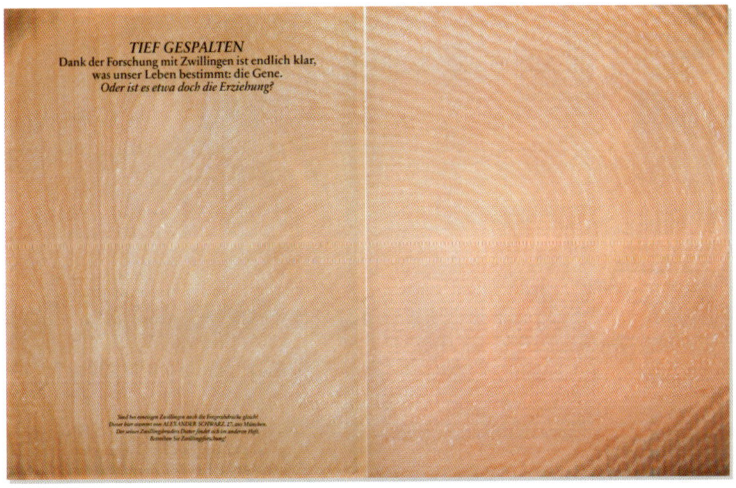
TIEF GESPALTEN
Dank der Forschung mit Zwillingen ist endlich klar,
was unser Leben bestimmt: die Gene.
Oder ist es etwa doch die Erziehung?

»KUGELN SIND JA IMMER AUCH SEXY«
Designexperte Florian Hufnagl über eine ausgesprochen runde Sache.

»DIE KUGEL IST EIN THEMA VON GESTERN«
Designexperte Christoph Böninger über eine ausgesprochen runde Sache.

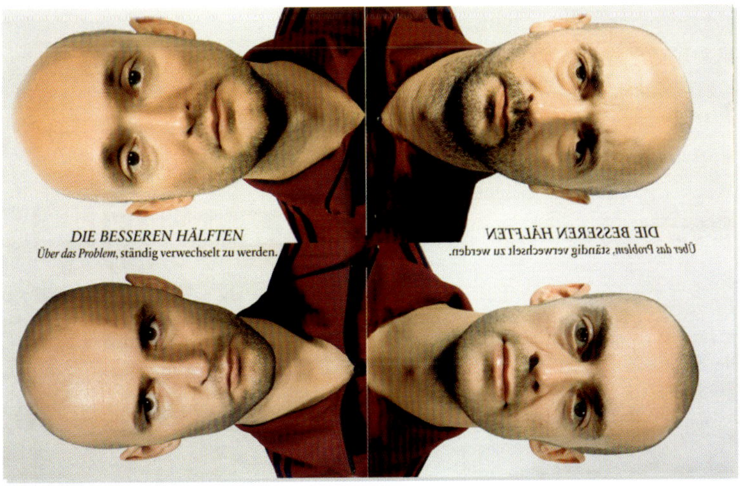
DIE BESSEREN HÄLFTEN
Über das Problem, ständig verwechselt zu werden.
DIE BESSEREN HÄLFTEN
Über das Problem, ständig verwechselt zu werden.

DIE BESSEREN HÄLFTEN
Über das Problem, ständig verwechselt zu werden.
DIE BESSEREN HÄLFTEN
Über das Problem, ständig verwechselt zu werden.

496 ZEITSCHRIFTENGESTALTUNG BRONZE

KID'S WEAR MAGAZIN »VOL. 20 FRÜHLING/SOMMER 2005«
AUFTRAGGEBER Achim Lippoth   **AGENTUR** Meiré & Meiré   **CREATIVE DIRECTION** Mike Meiré   **ART DIRECTION** Esther Gebauer, Florian Lambl
VERLAG kid's wear Verlag   **BILDBEARBEITUNG** digitalunit.de   **CHEFREDAKTION** Ann-Katrin Weiner

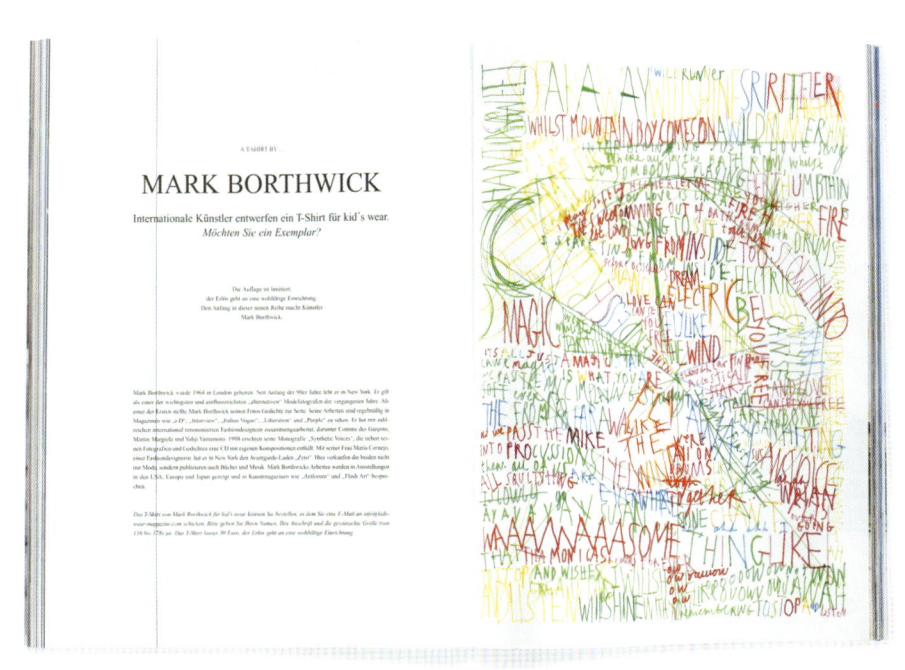

Zusätzlich erhielt dieses Magazin eine Auszeichnung in der Kategorie Zeitschriftentitel auf Seite 519.

498 ZEITSCHRIFTENGESTALTUNG BRONZE

Zusätzlich erhielt der Beitrag »Ich habe immer Sex« eine Auszeichnung in der Kategorie Zeitschriftentitel auf Seite 519 sowie Silber in der Kategorie Zeitschriftenbeiträge auf Seite 524/525.

»FELD HOMMES 01/06«
AUFTRAGGEBER Feld Verlag **AGENTUR** c-feld **CREATIVE DIRECTION** Mieke Haase **ART DIRECTION** Jan-Christoph Prilop **VERLAG** Feld Verlag **CHEFREDAKTION** Jan Weiler **DRUCK** Neef + Stumme **GRAFIK** Hans Renzler, Thomas König **PRODUKTION** Appel Grafik Hamburg **REDAKTION** Christian Gottwalt, Isabelle Thiry, Sabine Manecke

Mit 100 Sachen
durch den Winter

Durchdrehen
geht immer

MAGAZIN »DER FREUND«
AUFTRAGGEBER Axel Springer AG   **ART DIRECTION** Tom Ising, Judith Grubinger, Tina Obladen   **VERLAG** Axel Springer AG
CHEFREDAKTION Herausgeber: Christian Kracht, Chefredakteur: Dr. Eckhart Nickel   **PROJEKTMANAGER** Verlagsleitung: Tim Fabian Besser

DER FREUND

10 Euro
13 US $
1400 Yen
16 CHF

Nr 5

ZWEI GEDICHTE

VON ALEXA HENNIG VON LANGE

DER RAHMEN

Was trägst du?
Siehst an dir herunter, da sind nur Platten.
Gras dazwischen. Ein blasser Fuß vor den anderen.
Dunkelblauer Samt. Teer.
Vorbei an hellen Rahmen. Sind sie weiß? Du kneifst die Augen zusammen.
Laß es. Du bist nicht zu Hause.
Gehst weiter. Hinter dir Stimmen.
Hast du Lust? Natürlich.

Nach rechts. Hoch. Steinchen.
Drinnen quietscht es. Das ist der Teer.
Im Raum, wie viele Ecken! Weißt es.
Im Bett. Du liegst unten. Geht nicht.
Dann nebeneinander. Wann habt ihr gesessen? Du auf seinem Schoß.
Lachend kam der Ältere vorbei. Am Telefon, stützt dich auf deine Ellenbogen.
Da ist dieses Fenster.
Seine Stimme.
Von einem Raum - in das andere.

Als erste warst du oben. Über Wurzeln.
Immer schneller. Kasebrad. Rasend.
Trotz des Hungers.
Das raschelnde Laub.
Ist das ein Bunker?
Dein Lehrer nickt. Du lächelst.
Seine Füße.
Und was ist dahinter?
Komm! Komm!
Tiefer geht es hinab, herum, davor.
Hier ist es dunkel.
Du bekommst etwas geschenkt. Fühl mal!
Erst das Tuch.
Dann die Scheibe. Vier Männer.
Oh, hier gibt es eine Wiederholung. Wie nennt man den Architekten?
Vor dir liegt der dunkle Fleck. Ganz alleine. Nichts gibt es.

Später, morgen, wird sie aus dem Bus aussteigen.
In dieser Minute kennt ihr euch nicht.

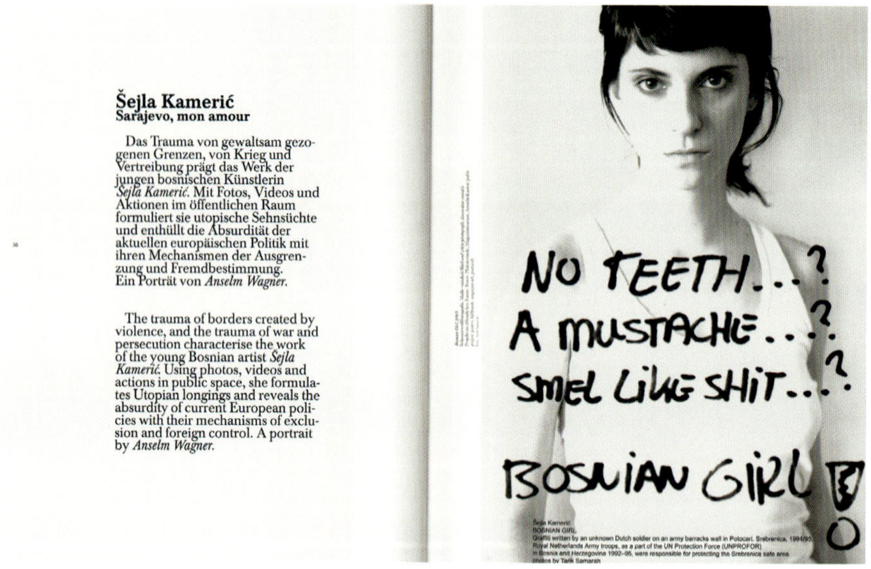

SPIKE ART QUARTERLY »SPIKE 03«

AUFTRAGGEBER Sportmagazin Verlag   **MARKETINGLEITUNG** Katharina Krischke   **AGENTUR** Interkool   **CREATIVE DIRECTION** Christoph Steinegger
ART DIRECTION Christoph Steinegger   **FOTOGRAFIE** diverse   **ILLUSTRATION** diverse   **VERLAG** Sportmagazin Verlag
BILDBEARBEITUNG Interkool   **BILDREDAKTION** Ines Gebetsroither   **CHEFREDAKTION** Rita Vitorelli   **DESIGN** Interkool   **DESIGNBÜRO** Interkool
DRUCK Sportmagazin Verlag   **EDITOR** Anselm Wagner   **GRAFIK** Nina Janßen   **IDEE** Amer Abbas, Herbert Pinzolits, Rita Vitorelli, Christoph Steinegger
KONZEPT Amer Abbas, Herbert Pinzolits, Rita Vitorelli, Christoph Steinegger   **KÜNSTLER** diverse   **PRODUKTION** Philipp Foltin, Christoph Loidl
REDAKTION Anselm Wagner, Rita Vitorelli, Raimar Stange u.a.   **TEXT** Anselm Wagner, Rita Vitorelli, Raimar Stange u.a.   **TYPOGRAFIE** Interkool

ZEITSCHRIFTENGESTALTUNG **AUSZEICHNUNG**

SLEEK – MAGAZINE FOR ART AND FASHION »08 LIGHT | NIGHT«
AUFTRAGGEBER sleek friends GmbH **ART DIRECTION** Christian Küpker **VERLAG** sleek friends GmbH **CHEFREDAKTION** Lothar Eckstein
DRUCK MEDIALIS Offsetdruck GmbH

Zusätzlich erhielt dieses Magazin Bronze in der Kategorie Zeitschriftentitel auf Seite 512.

SLEEK – MAGAZINE FOR ART AND FASHION »09 FLESH | SPIRIT«
AUFTRAGGEBER sleek friends GmbH **ART DIRECTION** Christian Küpker **VERLAG** sleek friends GmbH **CHEFREDAKTION** Lothar Eckstein
DRUCK MEDIALIS Offsetdruck GmbH

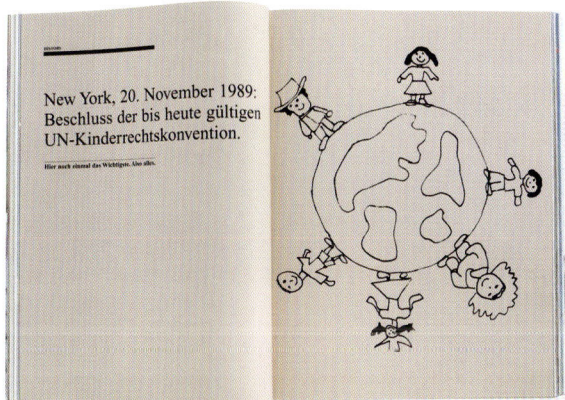

KID'S WEAR MAGAZIN »VOL. 21 HERBST/WINTER 2005/06«
AUFTRAGGEBER Achim Lippoth **AGENTUR** Meiré & Meiré **CREATIVE DIRECTION** Mike Meiré **ART DIRECTION** Esther Gebauer, Florian Lambl
VERLAG kid's wear Verlag **BILDBEARBEITUNG** digitalunit.de **CHEFREDAKTION** Ann-Katrin Weiner

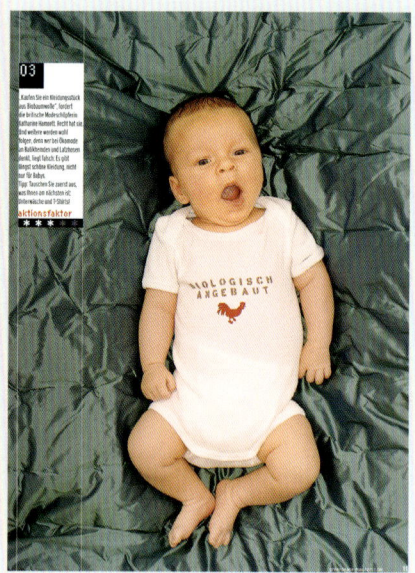

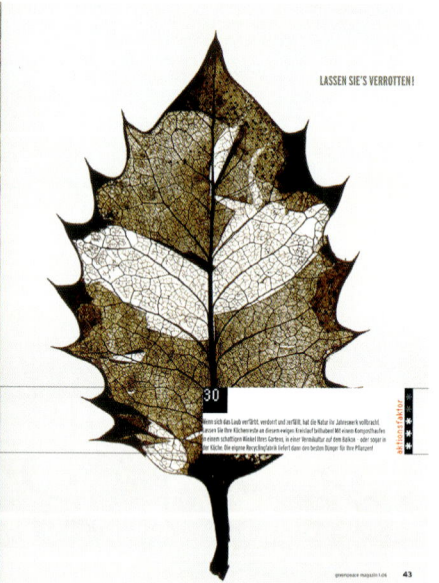

GREENPEACE MAGAZIN 01/06 »TU WAS!«
AUFTRAGGEBER Greenpeace Media GmbH **AGENTUR** Büro Hamburg JK. PW. Gesellschaft für Kommunikationsdesign mbH
ART DIRECTION Jürgen Kaffer, Bettina Rosenow (Gestaltung), Kerstin Leesch (Bild) **VERLAG** Greenpeace Media GmbH **BILDREDAKTION** Kerstin Leesch, Peer Kugler
CHEFREDAKTION Jochen Schild **DRUCK** Johler Druck, Neumünster **GRAFIK** Bettina Rosenow, Annette Gassner

ZEITSCHRIFTENGESTALTUNG **AUSZEICHNUNG** 507

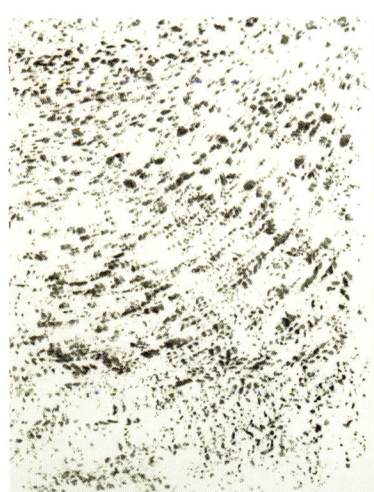

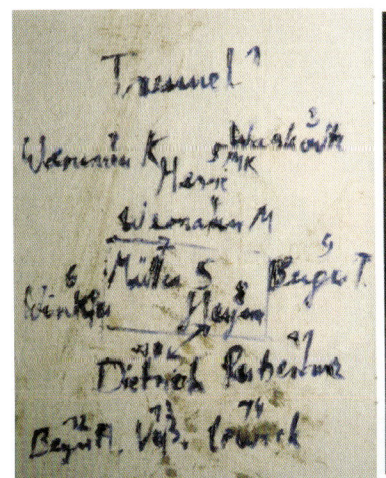

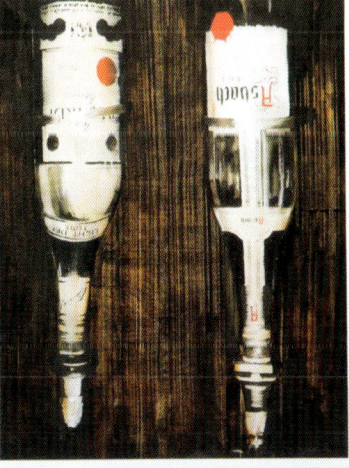

Zusätzlich erhielt dieses Magazin Bronze in der Kategorie Zeitschriftentitel auf Seite 513.

SÜDDEUTSCHE ZEITUNG MAGAZIN »DEUTSCHLANDREISE«
AUFTRAGGEBER Süddeutsche Zeitung Magazin   **AGENTUR** Süddeutsche Zeitung Magazin   **ART DIRECTION** Mirko Borsche
VERLAG Magazin Verlagsgesellschaft, Süddeutsche Zeitung mbH   **BILDREDAKTION** Claudia Bingemann, Eva Fischer
CHEFREDAKTION Dominik Wichmann   **GRAFIK** Daniel Bognar, Marion Blomeyer, Anne Blaschke, Pascal Kress   **TEXT** Péter Esterházy

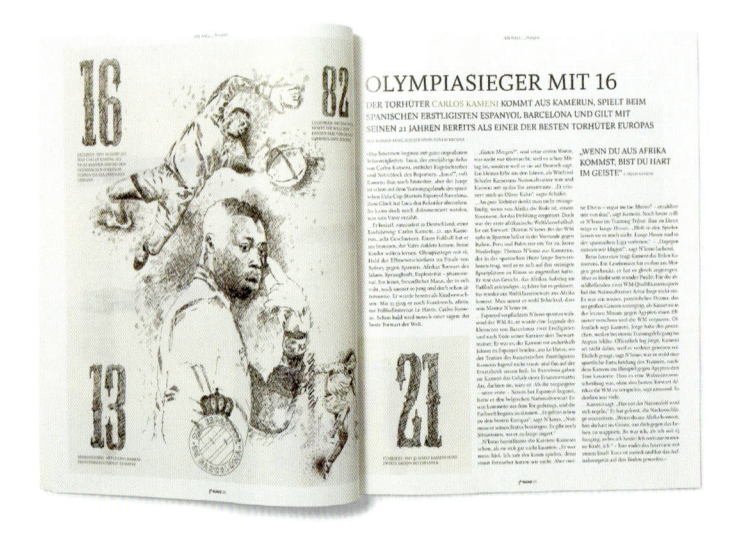

RUND> »RUND DAS FUSSBALLMAGAZIN 5«
AUFTRAGGEBER RUND Redaktionsbüro Hamburg GmbH & Co. KG   **MARKETINGLEITUNG** Wilfried Willner, Olympia Verlag GmbH
WERBELEITUNG Wilfried Willner, Olympia Verlag GmbH   **CREATIVE DIRECTION** Anna Clea Skoluda   **ART DIRECTION** Anna Clea Skoluda
FOTOGRAFIE Özgür Albayrak, Jean Balke, Daniel Cramer, Robert Fischer, Mareike Foecking, Gerald von Foris, Tillmann Franzen, Antonina Gern, Nicole Hardt, Axl Jansen, Petra Kohl, Matthias Koslik, Nina Lüth, Noshe, Benne Ochs, Stephan Pflug, Stefan Schmid, Olaf Tiedje, Sebastian Vollmert
ILLUSTRATION Toni Schröder, Anne-Katrin Ellerkamp   **VERLAG** Olympia Verlag GmbH   **BILDBEARBEITUNG** Fire dept GmbH
BILDREDAKTION Jochen Hagelskamp, Henning Angerer   **CHEFREDAKTION** Rainer Schäfer   **DRUCK** heckel GmbH
EDITOR Matthias Greulich, Oliver Lück, Eberhard Spohd, Christoph Ruf, Martin Krauß, Malte Oberschelp   **GRAFIK** Tanja Poralla, Anne-Katrin Ellerkamp, Sabine Keller
MEDIALEITUNG Werner A. Wiedemann, Olympia Verlag GmbH   **REDAKTION** Matthias Greulich, Oliver Lück, Eberhard Spohd, Christoph Ruf, Martin Krauß, Malte Oberschelp

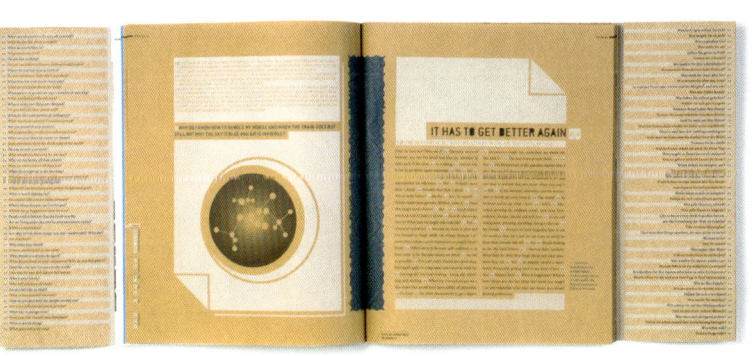

ECHTZEIT 04 »JA NEIN VIELLEICHT«
CREATIVE DIRECTION redaktion »echtzeit«   **ART DIRECTION** redaktion »echtzeit«
FOTOGRAFIE Stefan Günther, Sandra Hermannsen, Katja Klein, Pablo Lütkenhaus, Uta Oettel, René Staebler   **ILLUSTRATION** redaktion »echtzeit«
BILDREDAKTION redaktion »echtzeit«   **CHEFREDAKTION** redaktion »echtzeit«   **DESIGN** redaktion »echtzeit«   **DRUCK** Druckerei Rüss, Potsdam
EDITOR Fachhochschule Potsdam, FB Design   **GRAFIK** redaktion »echtzeit«   **IDEE** Svenja von Döhlen, Steffen Wierer   **KONZEPT** Svenja von Döhlen, Steffen Wierer
MEDIA DVD-Redaktion: Martin Eichhorn, Nicole Ernst, Pablo Lütkenhaus, Andreas Zecher
MUSIKKOMPOSITION Musikredaktion: Martin Eichhorn, Toni Harzer, Dennis Ratzlaff   **PRODUKTION** Reinzeichnung & Druckbegleitung: Jan Schütze, David Löwe
PROGRAMMIERUNG WEB: Andreas Zecher, DVD: Martin Eichhorn   **REDAKTION** Svenja von Döhlen, Martin Eichhorn, Tim Finke,
Carina Hinze, Thomas Kehr, David Löwe, Pablo Lütkenhaus, Sebastian Manger, Jan Schütze, Henning Skibbe, Alexander Thies, Steffen Wierer
TEXT Svenja von Döhlen, Viola Eistert, David Löwe, Judith Schalansky

DUMMY MAGAZIN »JUDEN«

AUFTRAGGEBER Dummy Magazin **ART DIRECTION** Mario Lombardo **FOTOGRAFIE** Ashkan Sahihi **VERLAG** Dummy Magazin Verlag
BILDREDAKTION Daniel Josefsohn **CHEFREDAKTION** Jochen Förster, Oliver Gehrs **DESIGN** Mario Lombardo **DESIGNBÜRO** Bureau Mario Lombardo

DER SPIEGEL »MAO ANATOMIE EINES MASSENMÖRDERS«
AUFTRAGGEBER Chefredaktion DER SPIEGEL **ART DIRECTION** Stefan Kiefer **FOTOGRAFIE** Reuters
VERLAG SPIEGEL-Verlag Rudolf Augstein GmbH & Co KG **BILDREDAKTION** Gershom Schwalfenberg, Monika Zucht **CHEFREDAKTION** Stefan Aust
GRAFIK Iris Kuhlmann, Arne Vogt **REDAKTION** Stefan Kiefer, Iris Kuhlmann, Gershom Schwalfenberg, Arne Vogt, Monika Zucht

512 ZEITSCHRIFTENTITEL BRONZE

sleek

MAGAZINE FOR ART AND FASHION   WINTER 2005/2006

Flesh | Spirit

AN ISSUE ABOUT
PORN, PRIESTS & PINE TREES

D/I: 9.50€ / A: 11.00€ / CH: 18.30 SFR / LUX: 11.20€ / F:12.00€ / UK: 8.00£ / USA/Others: $15.00

Zusätzlich erhielt dieses Magazin eine Auszeichnung in der Kategorie Zeitschriftengestaltung auf Seite 504.

SLEEK – MAGAZINE FOR ART AND FASHION »09 FLESH | SPIRIT«
AUFTRAGGEBER sleek friends GmbH   **ART DIRECTION** Christian Küpker   **FOTOGRAFIE** Detlef Schneider   **VERLAG** sleek friends GmbH
CHEFREDAKTION Lothar Eckstein   **DRUCK** ATOZ Medienproduktion GmbH

Süddeutsche Zeitung Magazin

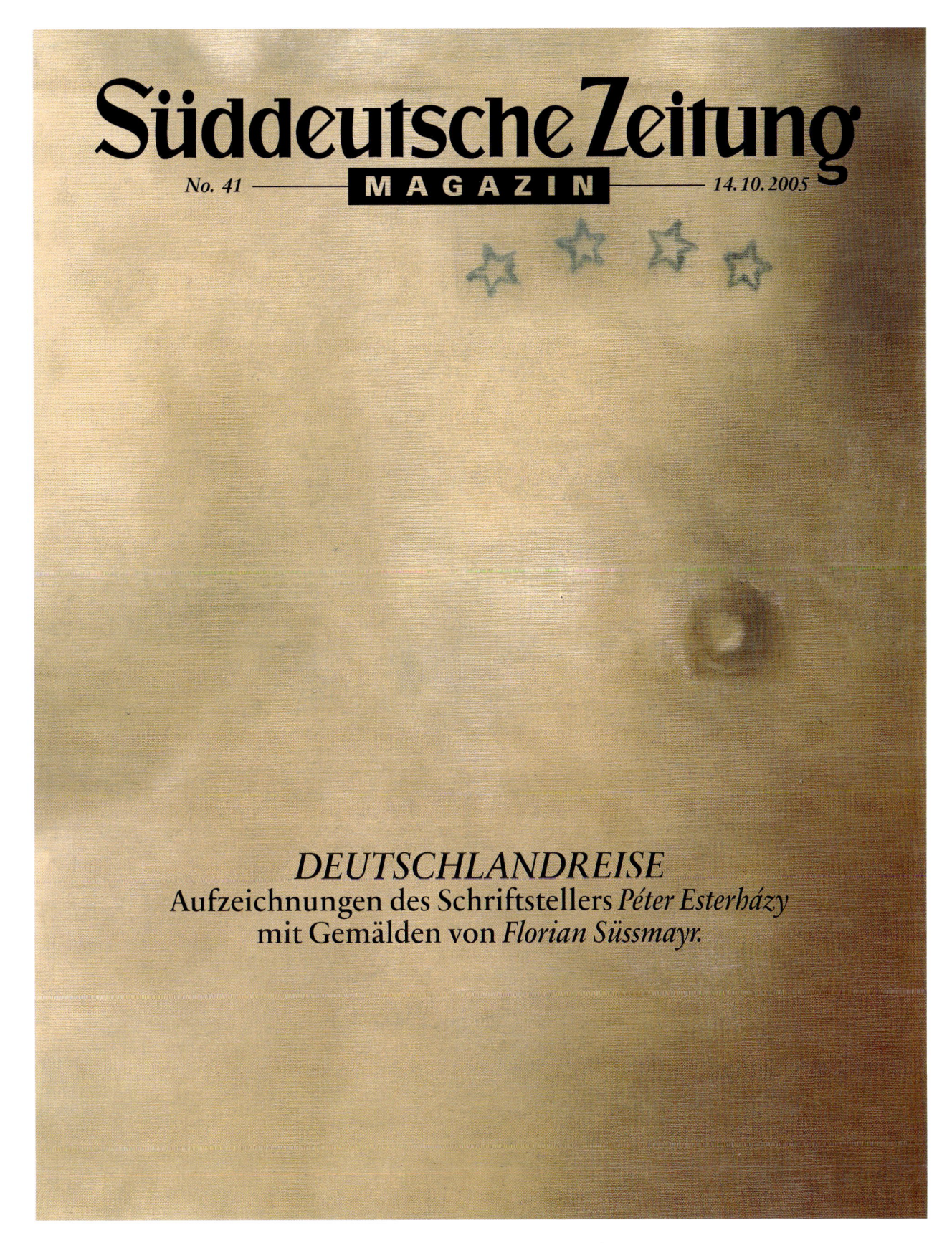

No. 41 — 14.10.2005

DEUTSCHLANDREISE
Aufzeichnungen des Schriftstellers *Péter Esterházy*
mit Gemälden von *Florian Süssmayr.*

Zusätzlich erhielt dieses Magazin eine Auszeichnung in der Kategorie Zeitschriftengestaltung auf Seite 507.

SÜDDEUTSCHE ZEITUNG MAGAZIN »DEUTSCHLANDREISE«

AUFTRAGGEBER Süddeutsche Zeitung Magazin **AGENTUR** Süddeutsche Zeitung Magazin **ART DIRECTION** Mirko Borsche **ILLUSTRATION** Florian Süssmayr
VERLAG Magazin Verlagsgesellschaft, Süddeutsche Zeitung mbH **BILDREDAKTION** Claudia Bingemann, Eva Fischer **CHEFREDAKTION** Dominik Wichmann
GRAFIK Daniel Bognar, Marion Blomeyer, Anne Blaschke, Pascal Kress **TEXT** Christian Gottwalt

PLAYBOY »DAS JUGENDFREIE PLAYBOY-COVER FÜR CONDOR«

AUFTRAGGEBER Playboy Deutschland Publishing GmbH   **MARKETINGLEITUNG** Carina Rey   **WERBELEITUNG** Stv. Verlagsleiter: Vernon von Klitzing   **AGENTUR** Ogilvy
CREATIVE DIRECTION Christian Seifert   **ART DIRECTION** Julia Schäfer   **KUNDENBERATUNG** Marco Bisello, Laura Blumenauer   **FOTOGRAFIE** Stockmaterial
TEXT Christian Seifert

ZEITSCHRIFTENTITEL **AUSZEICHNUNG** 515

Das Polo-Magazin
www.poloplus10.de

Frühjahr/Sommer 2005 9,50 EUR

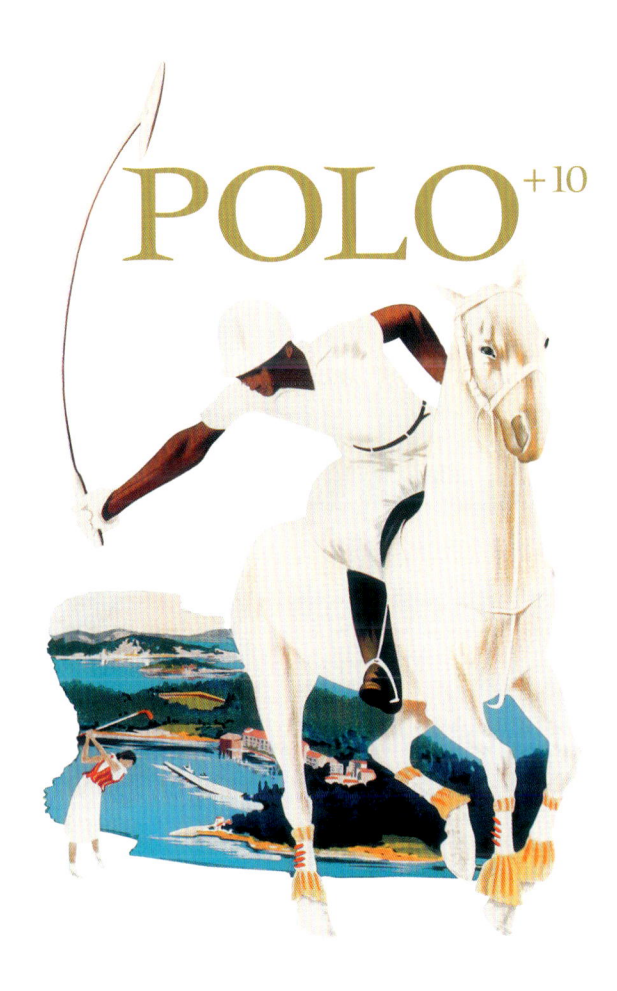

POLO+10

POLO+10 »POLOSPIELER«
AUFTRAGGEBER POLO+10 – Das Polomagazin **MARKETINGLEITUNG** Thomas Wirth **AGENTUR** Nordpol+ Hamburg
CREATIVE DIRECTION Lars Rühmann **ART DIRECTION** Bertrand Kirschenhofer **CHEFREDAKTION** Stefanie Stüting **GRAFIK** Iris Becker

| Wie E-Bay seinen Geburtstag feierte | Welche Chancen die Türkei uns bietet | Wie Sie den Benzinpreis schlagen |

Wirtschafts Woche

Nr. 27

Vorsicht, Fälschung!

Luxusuhren und -taschen, Kinderspielzeug und Designermode, Filme und CDs, Maschinen und Software, Lebensmittel und Medikamente, Autos und Motorräder, Flugzeugteile und Rasierklingen – so gut wie nichts ist mehr davor sicher, gefälscht zu werden. Mit einem Umsatz von rund 500 Milliarden Euro stellen Produktpiraten inzwischen schon etwa 10 Prozent des Welthandels und bilden den am schnellsten wachsenden Wirtschaftszweig überhaupt.

WIRTSCHAFTSWOCHE »VORSICHT, FÄLSCHUNG!«
AUFTRAGGEBER WirtschaftsWoche   **ART DIRECTION** Holger Windfuhr   **ILLUSTRATION** Dmitri Broido
VERLAG Verlagsgruppe Handelsblatt GmbH   **CHEFREDAKTION** Stefan Baron

Süddeutsche Zeitung Magazin

No. 30 — MAGAZIN — 29.7.2005

DER BUNDESTAGS-WAL

Politiker sollten sich nicht fotografieren lassen, wenn ihnen *das Wasser bis zum Hals steht*.

SÜDDEUTSCHE ZEITUNG MAGAZIN »DER BUNDESTAGS-WAL«
AUFTRAGGEBER Süddeutsche Zeitung Magazin **AGENTUR** Süddeutsche Zeitung Magazin **ART DIRECTION** Mirko Borsche **FOTOGRAFIE** dpa
VERLAG Magazin Verlagsgesellschaft, Süddeutsche Zeitung mbH **BILDREDAKTION** Claudia Bingemann, Eva Fischer **CHEFREDAKTION** Dominik Wichmann
GRAFIK Daniel Bognar, Marion Blomeyer, Anne Blaschke, Pascal Kress **TEXT** Christian Gottwalt

DER SPIEGEL »DER LANGE ABSCHIED VON ROT-GRÜN«
AUFTRAGGEBER Chefredaktion DER SPIEGEL **ART DIRECTION** Stefan Kiefer **VERLAG** SPIEGEL-Verlag Rudolf Augstein GmbH & Co KG
BILDREDAKTION Gershom Schwalfenberg, Monika Zucht **CHEFREDAKTION** Stefan Aust
GRAFIK Iris Kuhlmann, Arne Vogt **IDEE** Stefan Kiefer, Iris Kuhlmann, Gershom Schwalfenberg, Arne Vogt, Monika Zucht
REDAKTION Stefan Kiefer, Iris Kuhlmann, Gershom Schwalfenberg, Arne Vogt, Monika Zucht

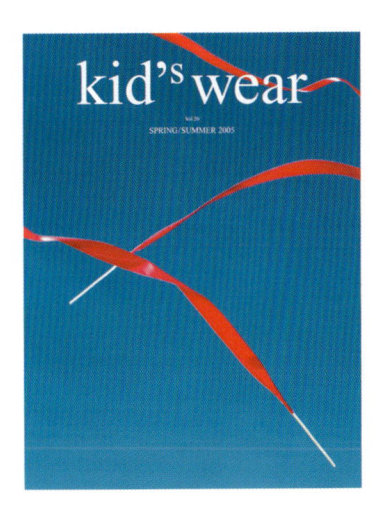

Zusätzlich erhielt dieses Magazin Bronze in der Kategorie Zeitschriftengestaltung auf Seite 496/497.

KID'S WEAR MAGAZIN »KID'S WEAR VOL. 20«
CREATIVE DIRECTION Mike Meiré   **ART DIRECTION** Esther Gebauer, Florian Lambl
FOTOGRAFIE Achim Lippoth   **VERLAG** kid's wear Verlag
BILDBEARBEITUNG digitalunit.de   **BILDREDAKTION** Ann-Katrin Weiner
FOTOASSISTENZ Roman Schönmann   **GRAFIK** Meiré+Meiré

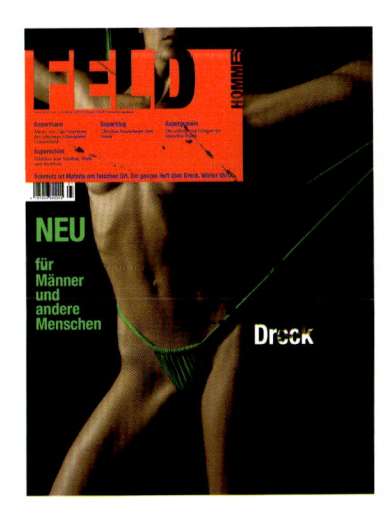

Zusätzlich erhielt der Beitrag »Ich habe immer Sex« Bronze in der Kategorie Zeitschriftengestaltung auf Seite 498/499 sowie Silber in der Kategorie Zeitschriftenbeiträge auf Seite 524/525.

FELD HOMMES »FELD HOMMES 01/06«
AUFTRAGGEBER Feld Verlag   **AGENTUR** c-feld   **CREATIVE DIRECTION** Mieke Haase
ART DIRECTION Jan-Christoph Prilop   **FOTOGRAFIE** René Shenouda   **VERLAG** Feld Verlag
BILDBEARBEITUNG Appel Grafik Hamburg   **CHEFREDAKTION** Jan Weiler   **DRUCK** Neef + Stumme
GRAFIK Hans Renzler, Thomas König   **PRODUKTION** Appel Grafik Hamburg
REDAKTION Christian Gottwalt, Isabelle Thiry, Sabine Manecke   **STYLING** Amelie Riech   **TEXT** Jan Weiler

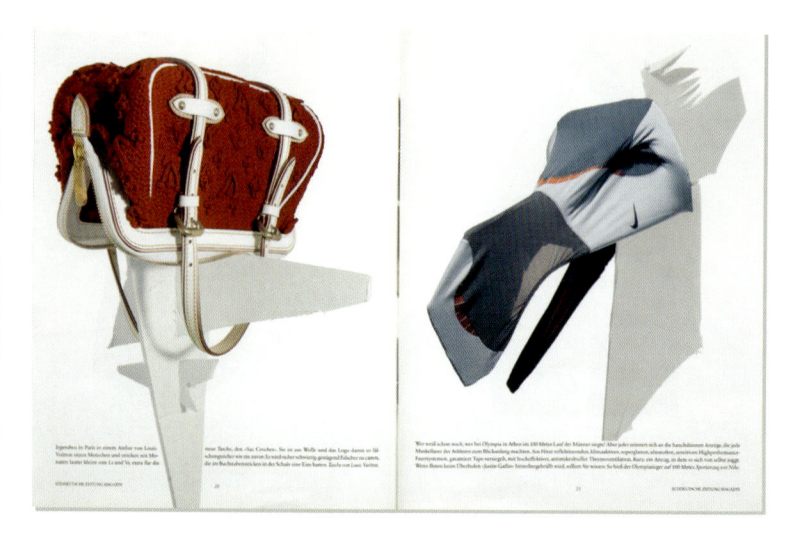

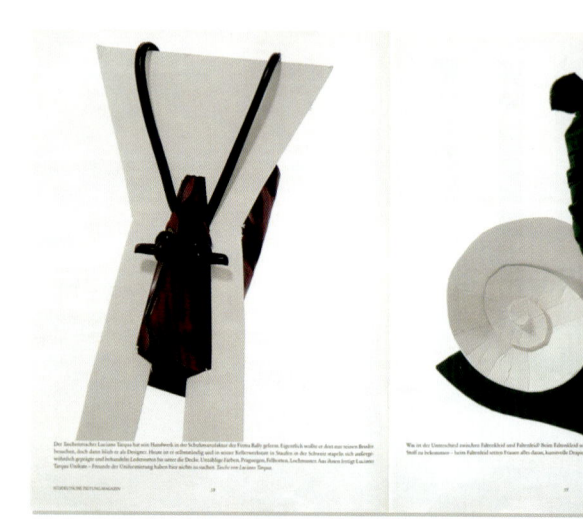

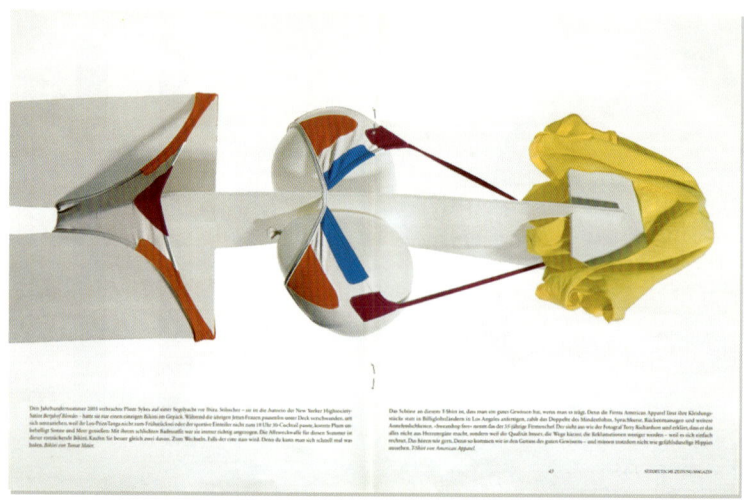

520 ZEITSCHRIFTENBEITRÄGE GOLD

SÜDDEUTSCHE ZEITUNG MAGAZIN »MODEZOO«

AUFTRAGGEBER Süddeutsche Zeitung Magazin **AGENTUR** Süddeutsche Zeitung Magazin **ART DIRECTION** Mirko Borsche **FOTOGRAFIE** Paul Graves, Bela Borsodi
VERLAG Magazin Verlagsgesellschaft, Süddeutsche Zeitung mbH **BILDREDAKTION** Claudia Bingemann, Eva Fischer **CHEFREDAKTION** Dominik Wichmann
GRAFIK Daniel Bognar, Marion Blomeyer, Anne Blaschke **TEXT** Ivonne Fehn, Julia Decker **TYPOGRAFIE** Mirko Borsche

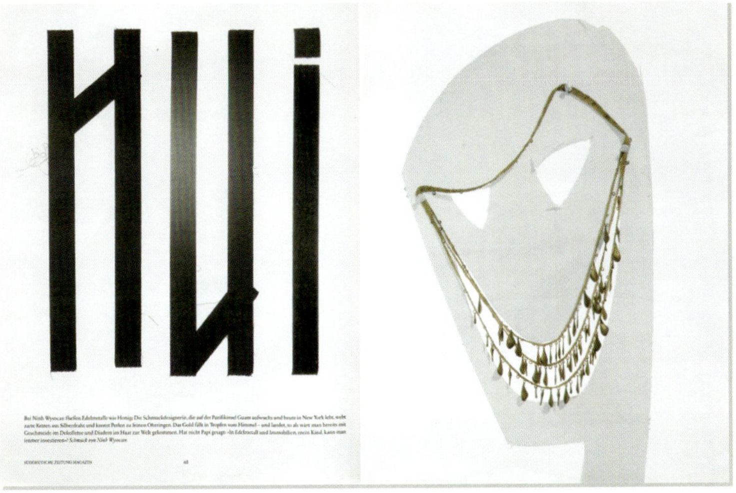
HUI

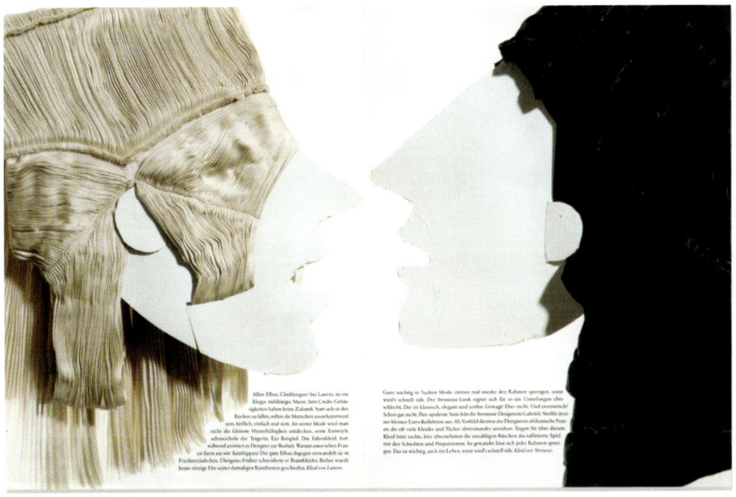

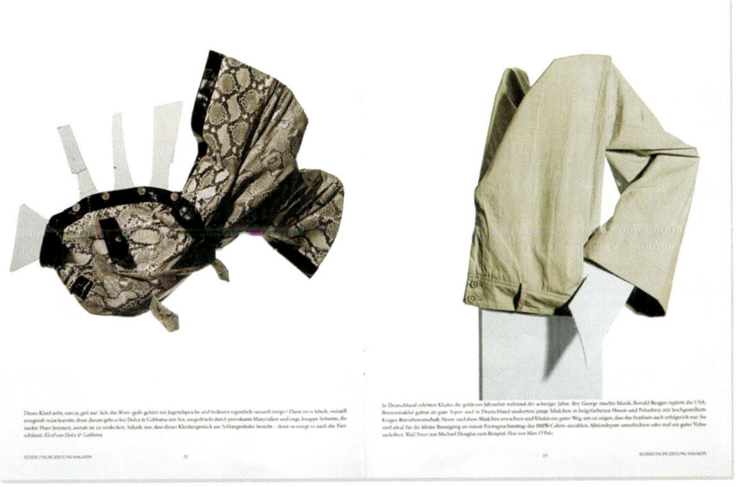

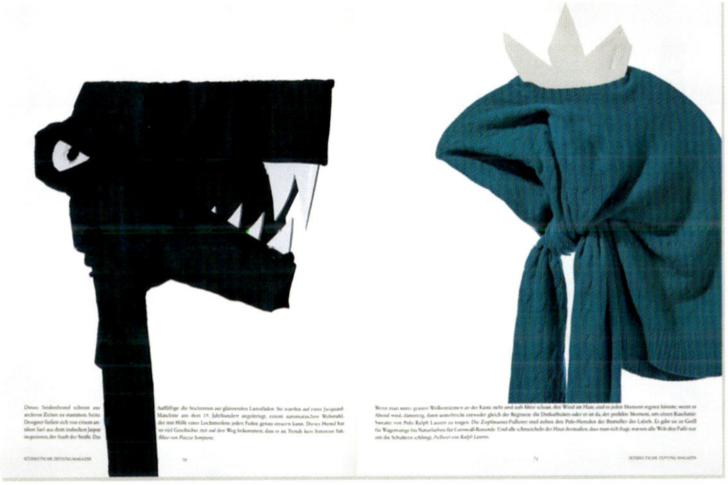

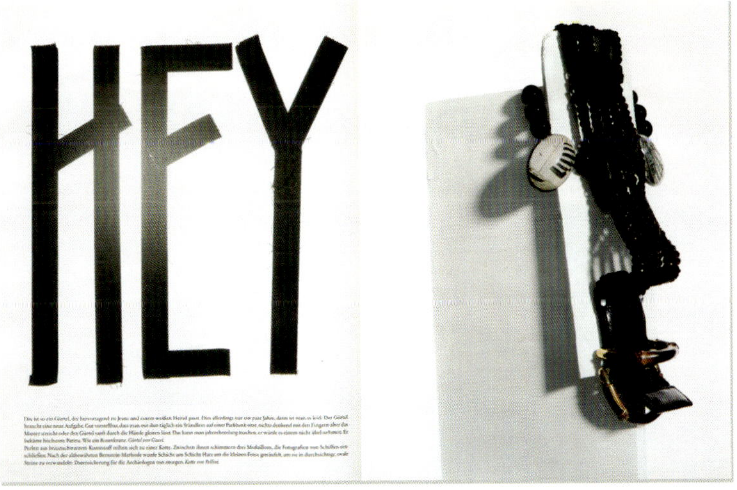
HEY

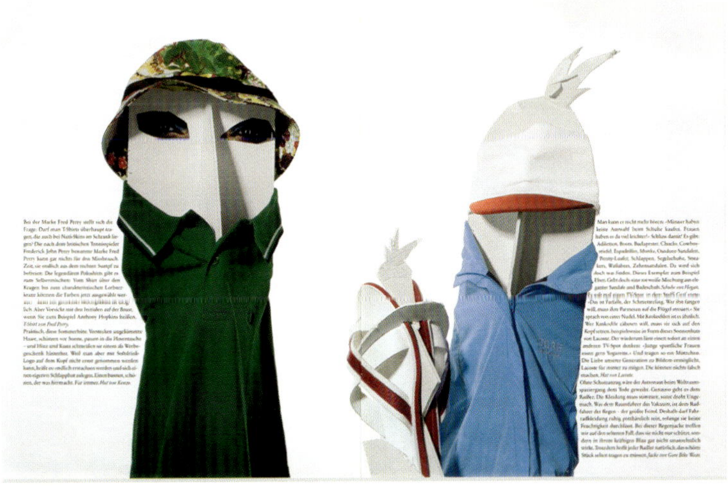

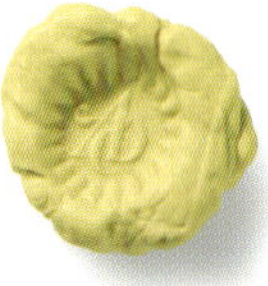

NEON MAGAZIN »WIE GEHT ES UNS DENN SO?«

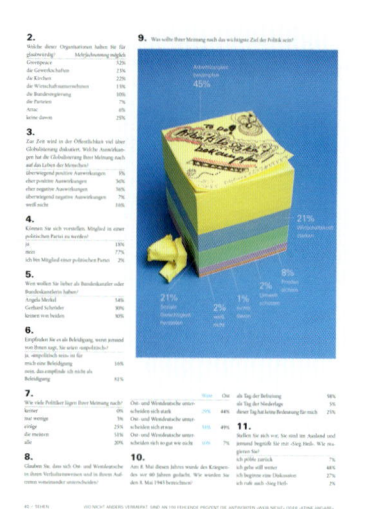

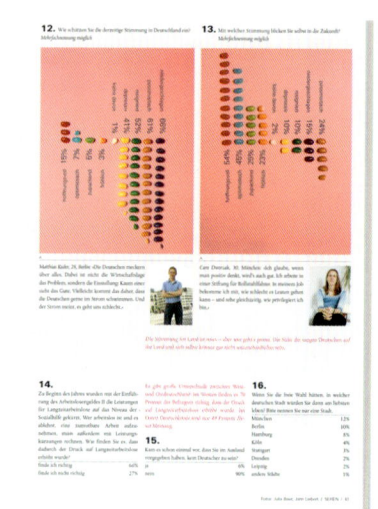

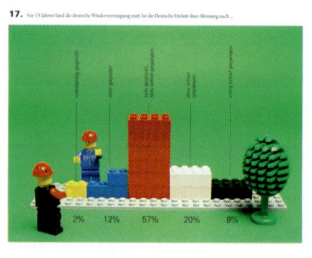

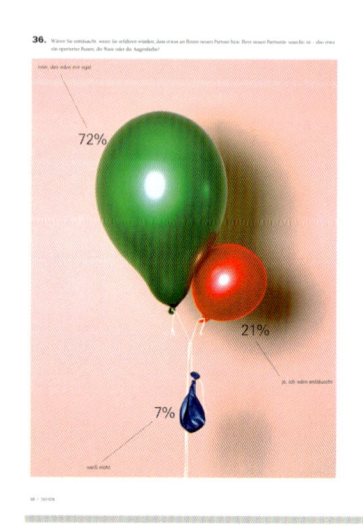

AUFTRAGGEBER NEON Magazin GmbH   **ART DIRECTION** Gunter Schwarzmaier   **FOTOGRAFIE** Sarah Illenberger   **VERLAG** NEON Magazin GmbH
BILDBEARBEITUNG Wahl Media GmbH, München   **BILDREDAKTION** Jakob Feigl, Anne Grobler   **CHEFREDAKTION** Timm Klotzek, Michael Ebert
DESIGN Gunter Schwarzmaier   **DRUCK** Mohn Media GmbH, Gütersloh   **GRAFIK** Gunter Schwarzmaier   **IDEE** Sarah Illenberger   **REDAKTION** NEON

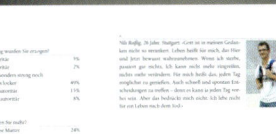

ZEITSCHRIFTENBEITRÄGE SILBER

524 ZEITSCHRIFTENBEITRÄGE SILBER

„Ich habe immer Sex"

Conny Dachs ist als deutscher Pornodarsteller höchst erfolgreich im Schmuddel-Geschäft. Sein Geheimnis? Er nimmt das Ganze nicht so ernst. Ein Interview von Christian Gottwalt

FELD HOMMES: Herr Dachs, sind Sie schüchtern?
Conny Dachs: Frauen anzusprechen kommt mir immer ein bisschen doof vor, weil es so plump ist. Am liebsten würde ich hingehen und sagen: „Hey, ich find dich geil, lass uns mal was starten." Was mich nervt, sind die Umwege, die man gehen muss. Und ich will da nicht spielen, das tue ich nur vor der Kamera.
Als Pornodarsteller sind Sie eine öffentliche Figur. Wie gehen die Leute mit Ihnen um?
Viele haben Respekt, weil ich lange dabei und ziemlich bekannt bin, vor allem durch die Großen, mit denen ich gedreht habe. Man denke nur an Gina Wild. Da sagen viele Jungs, dass sie die Traumfrau ihrer Jugend war. Bei mir ist es ja anders als bei den Darstellerinnen, als Mann ist man eher der Kumpeltyp. Die Jungs wollen sich dann verbrüdern und klopfen mir auf die Schulter: „Hey, Gina Wild hätte ich auch mal gerne, kannst du mich nicht mal mitnehmen?" Das ist so die Wunschvorstellung.
Werden Sie manchmal schamlos behandelt?
Ganz selten. Dass mich direkt einer anfeinden würde, kommt nicht vor. Die meisten Menschen haben ihre Schamgrenze noch und konfrontieren mich nicht mit ihren Ansichten zur Pornografie.
Werden Sie häufig erkannt?
Ja.
Und den Leuten ist es nicht peinlich, sich dabei als Pornokonsument zu outen?
Nein, komischerweise nicht. Ich glaube, ich habe mir mittlerweile durch die Fernsehauftritte und die Comedy einen Status aufgebaut, der es ihnen leichter macht. Ich signalisiere: Hey, ich mach doch nur Spaß!
Was ist das Geheimnis der Kunstfigur Conny Dachs?
Genau das, dass er alles mit Spaß und Freude macht, es mit einem Augenzwinkern verkauft und sich nicht zu ernst nimmt.
Sex und Humor vertragen sich normalerweise nicht so gut …
Beim Sex muss es richtig krachen. Es ist nicht so, dass ich ständig lustig bin, aber manchmal kommt eben ein Blick in die Kamera oder ein Augenzwinkern. Dann sehen die Zuschauer: Aha, er will dem Mädel nichts, die beiden haben Freude, und das ist gut so.
Viele finden Pornografie abscheulich, weil sie sehen, dass den Mädchen Leid angetan wird.
Ich habe neulich die Pornolegende Rocco Siffredi auf der Venus interviewt und ihn genau danach gefragt. Es heißt ja immer, dass der die Frauen so hart rannimmt.
Er war ganz pikiert und sagte: „Ich liebe Frauen, ich akzeptiere Frauen. Ich rede mit ihnen über ihre Neigungen, und es wird nichts gemacht, was sie nicht wollen, nichts, was nicht vorher abgesprochen ist." Außerdem bezahlt er ihnen viel Geld, mehr, als sie in Deutschland bekommen. Die Mädchen lachen als Letzte, nämlich wenn die Abrechnung gemacht wird. Aber vorher müssen sie natürlich manchmal die Arschbacken zusammenkneifen, bei Rocco geht's ja wirklich zur Sache. Aber alle, die Rocco kennen, und das ja in die meisten, wissen, worauf sie sich einlassen.
Setzen Sie sich mit den Vorwürfen der Feministinnen auseinander, für die Pornografie nichts als Ausbeutung ist?
Eindeutig nein. Ich sehe mich als Performance-Künstler. Und die Frauenrechtlerinnen sind ja auch ganz leise geworden in den letzten Jahren.
Woran liegt das?
Ich weiß es nicht. Wenn ich Feministin wäre, würde ich mein Augenmerk eher auf die Wirtschaft richten. Bei den 30 Dax-Unternehmen sitzen gerade mal zwei Frauen im Vorstand.

Zusätzlich erhielt das Magazin Bronze in der Kategorie Zeitschriftengestaltung auf Seite 198/199 sowie eine Auszeichnung in der Kategorie Zeitschriftentitel auf Seite 519.

FELD HOMMES MAGAZIN »ICH HABE IMMER SEX«
AUFTRAGGEBER Feld Verlag **AGENTUR** c-feld **CREATIVE DIRECTION** Mieke Haase **ART DIRECTION** Jan-Christoph Prilop
ILLUSTRATION Thomas König **VERLAG** Feld Verlag **CHEFREDAKTION** Jan Weiler **DRUCK** Neef + Stumme
GRAFIK Hans Renzler, Thomas König **PRODUKTION** Appel Grafik Hamburg **REDAKTION** Christian Gottwalt **TEXT** Christian Gottwalt, Jan Weiler

"Porno ist Teil der Popkultur geworden."

"Porno ist eine legale Droge, und es ist nicht schädlich."

DAS BÄUMLEIN VOM AMT

Die Handy-Kultur hat eine neue Pflanze hervorgebracht: *den getarnten Sendemast.*

SÜDDEUTSCHE ZEITUNG MAGAZIN »DAS BÄUMLEIN VOM AMT«
AUFTRAGGEBER Süddeutsche Zeitung Magazin   **AGENTUR** Süddeutsche Zeitung Magazin   **ART DIRECTION** Mirko Borsche   **FOTOGRAFIE** Robert Voit
VERLAG Magazin Verlagsgesellschaft, Süddeutsche Zeitung mbH   **BILDREDAKTION** Claudia Bingemann, Eva Fischer   **CHEFREDAKTION** Dominik Wichmann
GRAFIK Daniel Bognar, Marion Blomeyer, Anne Blaschke, Kerstin Deinert   **TEXT** Christian Gottwalt

In ein Landschaftsschutzgebiet kann man ja keinen Betonmast setzen: KUNSTPINIE in Kalifornien.

Ein britischer Sendemast, der sich als vom Blitz getroffene BAUMLEICHE tarnt.

Der SCHOTTISCHEN HNIE begegnet man in England recht oft. Dank Vodafone & Co. noch öfter.

»WIR GENIESSEN SONNE, MEER UND DAS HERRLICHE ESSEN!«
Als die Welle kam, rannten die Menschen um ihr Leben. Vorher schickten viele von ihnen Urlaubsgrüße nach Hause. Die Karten kommen jetzt an.

Eleonore Kubitza, 50, schickte am 17.12. diese Karte an ihren Stiefvater in Berlin. Sie war mit ihrem Freund in Phuket, in einem Gästehaus auf einem Hügel. Als die Welle kam, fuhren sie gerade mit dem Moped Richtung Strand. Aufgeregt winkende und schreiende Menschen hinderten sie am Weiterfahren. Erst Stunden später trauten sie sich ans Wasser. Die restlichen vier Urlaubstage fühlte sich das Paar schäbig. Sie wollten helfen, wussten aber nicht wie und warteten im Gästehaus auf den Rückflug. Erst als sie im Flieger die vielen Verletzten sahen, wurde ihnen klar, wie viel Glück sie gehabt hatten.

Kai Adolph, 29, und Anna Friedrich, 24, schrieben die Postkarte an ihre Nachbarn in Mülheim/Ruhr am 20.12. in Chiang Mai, dann reisten sie auf die Insel Ko Lipe. Sie tauchten gerade im Meer, als die Welle sie erfasste. Das Wasser verwandelte sich sekundenschnell in eine undurchsichtige Brühe, in der sie umhergeschleudert wurden. Neben ihnen brach vom Druck der Welle die Klippe ab, stürzte ins Wasser, verletzte sie aber nicht. Am 1. Januar kam das Paar unversehrt aus Thailand nach Deutschland zurück.

Am 19. Dezember schrieb Gudrun Kraft diese Karte an ihre Tochter in Dreieich in Hessen. Am Morgen des 26. Dezember war sie nicht wie an den Tagen zuvor am Meer. An diesem Sonntag lag sie kurz vor neun in ihrem Hotel, dem Ayurveda-Kurhotel »Paragon« auf Sri Lanka, auf einer Bank, um sich massieren zu lassen. Sie lag auf dem Bauch. Unter ihrem Gesicht hatte die Bank eine Öffnung, damit es sich bequemer liegt. Darunter schwammen in einer Schale Blütenkelche. Es roch nach Jasmin. Zwei junge Frauen tropften Öl auf ihren Kopf und auf ihren Rücken, um es anschließend durchzukneten. Gudrun Kraft wohnt in Darmstadt. Die Rentnerin hat lange von dieser Reise nach Sri Lanka geträumt. Der Freund hatte sie ihr zu Weihnachten geschenkt. Am 14. Dezember waren die beiden geflogen. Am zweiten Weihnachtstag war neun hörte Gudrun Kraft das Meer, das tosend näher kam – und Schreie. Die jungen Frauen riefen: »Go, go, go!« Die Rentnerin rannte, Öl tropfte von ihren Haaren. Vor dem Hotel standen ein großes Auto und ein dicker Mann: Helmut Kohl, der Altkanzler, mit vier Begleitern. Gudrun Kraft dachte: »An den musst du dich halten.« – Sie sprang in das Auto, zwei der Männer zwängten sich in den Kofferraum. Sie wurden auf einen Berg gefahren, zum Haus eines Hotelarztes. Kohl sagte: »Das wird in einem Seebeben gewesen sein.« Dann machte er einen Mittagsschlaf. »Die Ausmaße dieser Katastrophe waren da noch überhaupt nicht abzusehen«, erzählt Gudrun Kraft. Am Abend verließ sie das Haus des Arztes. Der Hoteldirektor hatte einen Transfer in die Hauptstadt organisiert, dort traf sie auch ihren unverletzten Freund wieder. Am Flughafen von Colombo fragte ein Radioreporter der ARD, wie es ihr gehe. Sie gab ein kurzes Interview, das Freunde ihrer Tochter in Dreieich hörten. Die riefen sofort bei der Tochter an: »Es war das erste Lebenszeichen meiner Mutter.« Zwei Tage später landete Gudrun Kraft in Frankfurt.

SÜDDEUTSCHE ZEITUNG MAGAZIN »GRÜSSE AUS EINER ANDEREN ZEIT«
AUFTRAGGEBER Süddeutsche Zeitung Magazin **AGENTUR** Süddeutsche Zeitung Magazin **ART DIRECTION** Mirko Borsche
VERLAG Magazin Verlagsgesellschaft, Süddeutsche Zeitung mbH **BILDREDAKTION** Claudia Bingemann, Eva Fischer **CHEFREDAKTION** Dominik Wichmann, Jan Weiler
GRAFIK Daniel Bognar, Marion Blomeyer, Anne Blaschke **TEXT** Kerstin Greiner, Sebastian Kisters, Sabine Magerl, Julia Meyer-Hermann, Franziska Storz, Silke Stuck

Diese Karte schrieb Birgit Kapp am 20.12. einer Freundin in Tuttlingen. Die Reise nach Sri Lanka hatte sie sich zum 40. Geburtstag geschenkt. Sie wartete bei einer Gartenliege auf die nächste Wellness-Anwendung, als die Flutwelle kam. Vom Schrei einer Hotelangestellten gewarnt, flüchtete sie sofort – während andere Hotelgäste erst noch die Koffer packen wollten. Ein Rikschafahrer setzte sie bei einem höher gelegenen Tempel ab. Birgit Kapp blieb unverletzt und wurde am 28.12. ausgeflogen.

Judith Erber, 34, schickte diese Karte am 20.12. aus Thailand an die Brüder ihres Mannes in München. Ein Ausflug zu einer Halbinsel, sechs Kilometer von der Anlage »Mai's Quiet Zone« in Khao Lak entfernt, rettete ihr Leben. Sie und ihr Mann konnten mit ihrem einjährigen Sohn rechtzeitig auf einen Baum klettern. Alle anderen Gäste des Hotels starben. Das Paar gründete den Spendenverein www.khaolakfriends.de (Dresdner Bank München, Konto: 0391 261 900, BLZ 700 800 00), um den Menschen in Khao Lak zu helfen.

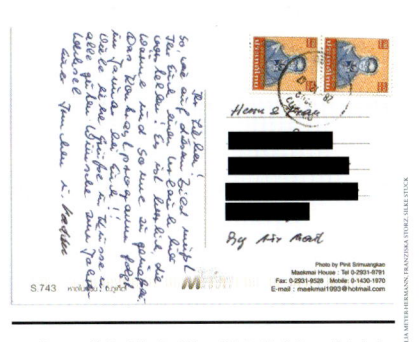

Irmgard Pense, 65, und ihr Mann Eckhard, 71, schickten an Heiligabend eine Postkarte aus Thailand an ihren Sohn und ihre Schwiegertochter in Gräfenberg. Das Rentnerehepaar aus Mühltal bei Darmstadt war zum Schnorcheln auf Phuket. Seitdem beide 1961 zum ersten Mal in ihren Flitterwochen auf Mallorca schnorchelten, verbrachten sie jeden Urlaub am und im Wasser. »Wir haben uns jedes Jahr einen Spaß daraus gemacht, wer tiefer tauchen und wer länger die Luft anhalten kann«, erzählt Irmgard Pense. Morgens um neun waren sie mit einem befreundeten Ehepaar aus Hessen an einer Strandpromenade spaziert. Der Mann, Volker Winkler, sah die Welle zuerst. Alle rannten, da blickte Irmgard Pense hinter sich und sah die Wand aus Wasser. »Es war nur eine Schreckskunde. Aber das war schon eine Sekunde zu viel«, sagt sie. So erwischte die Welle sie mit voller Kraft und schleuderte sie in ein Restaurant. Neben, unter, über ihr: Wasser, Tische, Stühle, die sie am Kopf und in den Rücken trafen. Irmgard Pense wurde plötzlich ganz ruhig und dachte nur noch: Luft anhalten, so lange es geht – wie beim Schnorcheln. Eine Welle, die kommt, geht auch wieder. Die Sekunden vergingen, das Wasser blieb. Irmgard Pense dachte weiter: Wenn die Luft in ihrer Lunge nicht reichte – sie würde zwei, drei Schluck Wasser einatmen, dann käme der Tod schnell und sie müsste keine Qualen leiden. Doch die Luft reichte, wie lange, kann sie heute nicht mehr schätzen. Die Rentnerin konnte sich aus den Bergen herumschwimmender Möbelstücke befreien, trotz tiefer Wunden an ihren Beinen. Sie fand ihren Mann und die Freunde zwischen Trümmern wieder, alle schwer verletzt mit Wunden und Quetschungen am ganzen Körper. Vier Tage lagen sie in Phuket im Krankenhaus. Am 30. Dezember organisierte der ADAC ihren Heimflug in eine Unfallklinik nach Frankfurt. Um fünf Uhr morgens holte sie ein Krankenwagen am Hospital in Phuket ab. Eine viertel Stunde bevor der Wagen kam, starb der Freund der Penses, Volker, an seinen schweren Verletzungen.

Wahrscheinlich steckten Hans-Peter Kolb, 60, und seine Frau Bärbel, 47, diese Postkarte am 23.12. in einen Briefkasten bei Khao Lak. Das Paar aus Worms verbrachte die Weihnachtsfeiertage nicht zum ersten Mal an einem Strand in Thailand. Bärbel Kolb hatte früher als Stewardess gearbeitet, sie liebte Fernreisen – genau wie ihr Mann. »Die beiden fuhren gern nach Asien«, sagt die Tochter von Hans-Peter Kolb, Kerstin Hedman, »sie liebten thailändisches Essen und die Kultur.« So wie bei seinen vorhergehenden Thailand-Reisen hatte sich das Ehepaar einen kleinen Bungalow am Strand gemietet, im »The Beach Resort« von Khao Lak. Die beiden mochten keine großen Hotels. »Sie wollten die Nähe zu Land und Leuten«, erzählt Kerstin Hedman. Sie spricht inzwischen in der Vergangenheit von ihrem Vater und seiner Frau. »Auch wenn ich immer noch hoffe, dass die beiden in irgendeinem Krankenhaus liegen und sich noch melden.« Seit dem 26. Dezember gelten Hans-Peter und Bärbel Kolb als vermisst. Am 5. Januar erreichte die Karte ihre Familie in Deutschland.

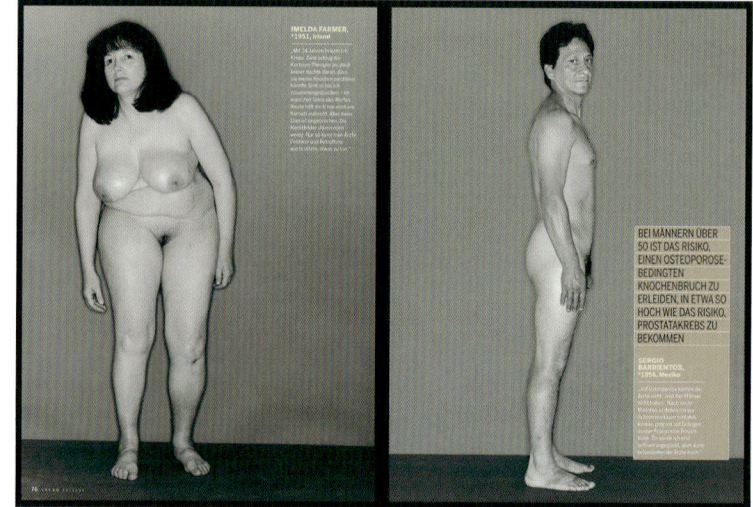

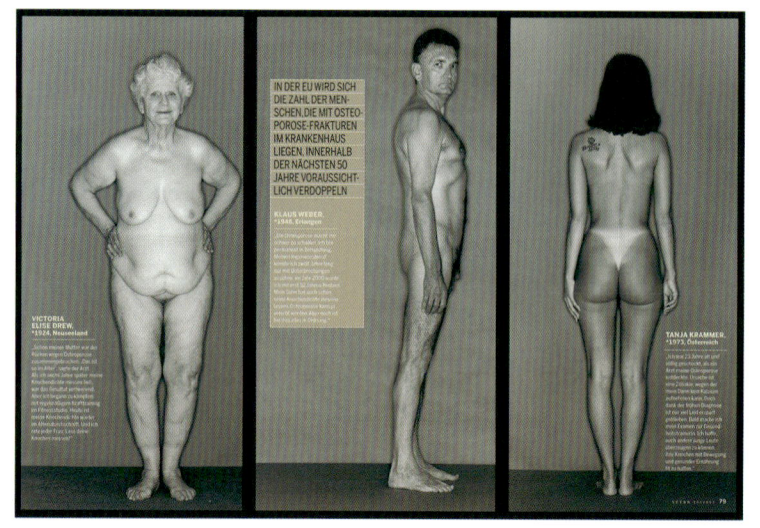

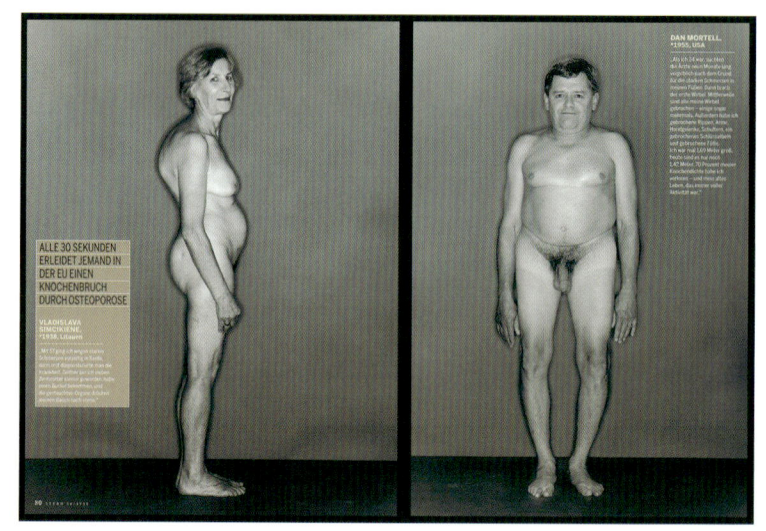

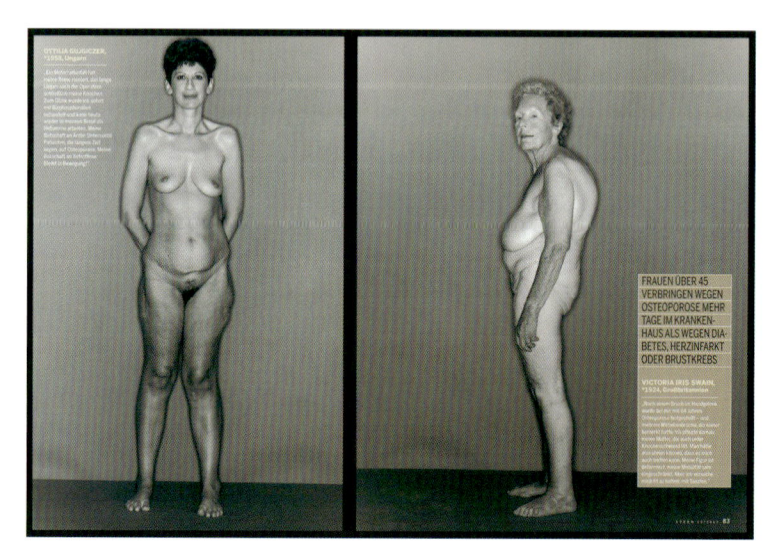

STERN MAGAZIN »OSTEOPOROSE«

AUFTRAGGEBER Stern Gruner+Jahr AG & Co.   **ART DIRECTION** Tom Jacobi   **VERLAG** Gruner+Jahr AG & Co.
CHEFREDAKTION Andreas Petzold, Thomas Osterkorn   **GRAFIK** Andreas Fischer

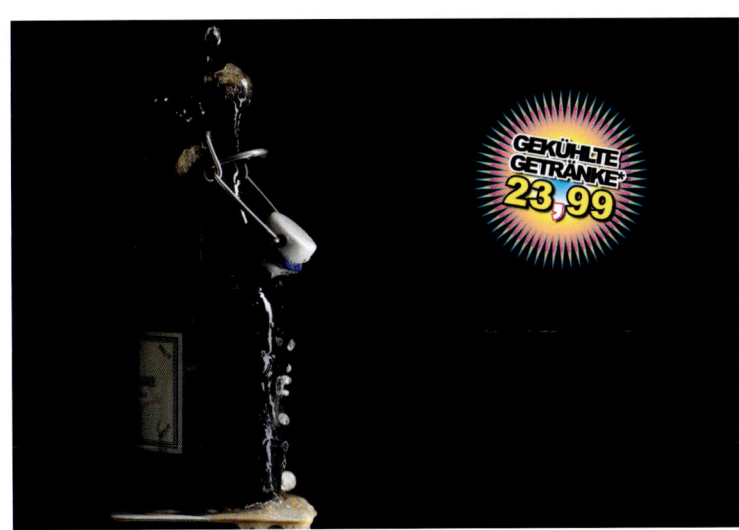

HEKMAG MAGAZIN »GOURMET TO GO«
AUFTRAGGEBER André Aimaq **AGENTUR** Aimaq·Rapp·Stolle Werbeagentur GmbH **CREATIVE DIRECTION** André Aimaq **ART DIRECTION** Christian Feldhusen, Mieke Haase
FOTOGRAFIE Bernd Ebsen **VERLAG** Hekmag Verlag **CHEFREDAKTION** André Aimaq, Christopher Knipping, Ulrike Miebach **GRAFIK** Rieke Karrasch, Hans Renzler
IDEE Olaf Reys, Ulrike Miebach **PROJEKTMANAGER** Robert Stolle, Karoline Huber

Das Monopol Auto-Quartett

32 Künstler, 8 Quartette. Für Spieler ab 18 Jahren

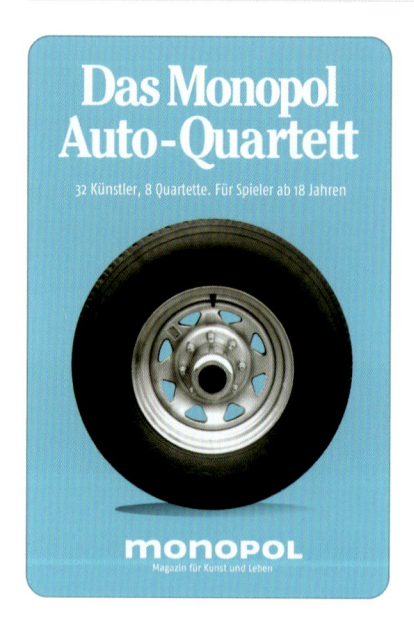

Klassiker

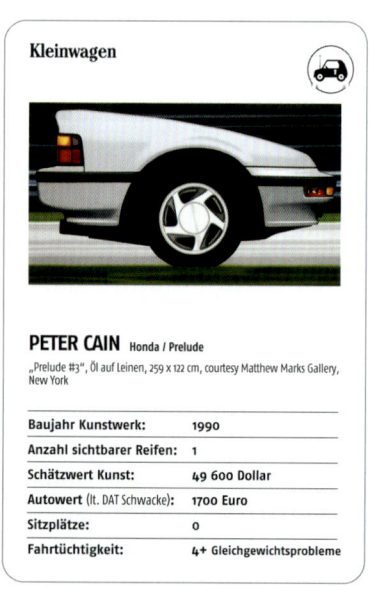

Tom Wesselmann Käfer 1200 Export

„Landscape No 2", 193 x 239 cm, Assemblage, Museum Ludwig, Köln / VG Bildkunst

Baujahr Kunstwerk:	1964
Anzahl sichtbarer Reifen:	3 1/2
Schätzwert Kunst:	1 300 000 Euro ★
Autowert (lt. DAT Schwacke):	8.100 Euro
Sitzplätze:	4
Fahrtüchtigkeit:	1a

Deutsche Wertarbeit

ROY LICHTENSTEIN BMW 320i Gruppe 5 Rennwagen

„Art Car", BMW 320i Gruppe 5, Rennversion, bemalter Rennwagen, BMW Group München

Baujahr Kunstwerk:	1977
Anzahl Reifen:	4
Schätzwert Kunst:	Mehr!
Autowert (lt. DAT Schwacke):	80.000 ★
Sitzplätze:	5
Fahrtüchtigkeit:	1-

Kleinwagen

PETER CAIN Honda / Prelude

„Prelude #3", Öl auf Leinen, 259 x 122 cm, courtesy Matthew Marks Gallery, New York

Baujahr Kunstwerk:	1990
Anzahl sichtbarer Reifen:	1
Schätzwert Kunst:	49 600 Dollar
Autowert (lt. DAT Schwacke):	1700 Euro
Sitzplätze:	0
Fahrtüchtigkeit:	4+ Gleichgewichtsprobleme

Rot/Grün

ERWIN WURM Porsche / 911 Cabriolet

„Big Convertible", 130 x 230 x 465 cm, courtesy Galerie Xavier Hufkens, Brüssel

Baujahr Kunstwerk:	2004/05
Anzahl sichtbarer Reifen:	0
Schätzwert Kunst:	140 000 Euro
Autowert (lt. DAT Schwacke):	36 300 Euro
Sitzplätze:	1,5 plus Luftpumpe
Fahrtüchtigkeit:	3-

Tarnkappe

WOLF VOSTELL Adam Opel AG / Kapitän

„Ruhender Verkehr", Aktionsplastik, Opel-Kapitän und Beton, Gewicht: 15 Tonnen, 6 x 2,5 x 2 m, courtesy Galerie Rafael Vostell Berlin

Baujahr Kunstwerk:	1969
Anzahl Reifen:	0
Schätzwert Kunst:	520 000 Euro
Autowert (lt. DAT Schwacke):	6400 Euro
Sitzplätze:	★ auf dem Dach knapp 20
Fahrtüchtigkeit:	6

MONOPOL – MAGAZIN FÜR KUNST UND LEBEN »AUTO-QUARTETT«
AUFTRAGGEBER Juno Verlag GmbH & Co. KG **MARKETINGLEITUNG** Anika Möllemann **CREATIVE DIRECTION** Amélie von Heydebreck
ART DIRECTION André Wyst, Vladimir Llovet Casademont **BILDBEARBEITUNG** André Wyst, Vladimir Llovet Casademont
CHEFREDAKTION Florian Illies, Amélie von Heydebreck **DESIGN** André Wyst, Vladimir Llovet Casademont **GRAFIK** André Wyst, Vladimir Llovet Casademont
TYPOGRAFIE André Wyst, Vladimir Llovet Casademont

STERN MAGAZIN »TARNUNG IST DAS HALBE LEBEN«
AUFTRAGGEBER Stern Gruner+Jahr AG & Co.   **ART DIRECTION** Tom Jacobi   **VERLAG** Gruner+Jahr AG & Co.
CHEFREDAKTION Andreas Petzold, Thomas Osterkorn   **GRAFIK** Sabine Harms

534 ZEITSCHRIFTENBEITRÄGE AUSZEICHNUNG

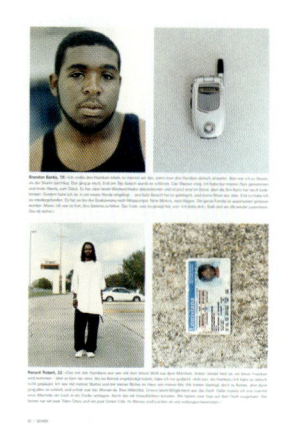

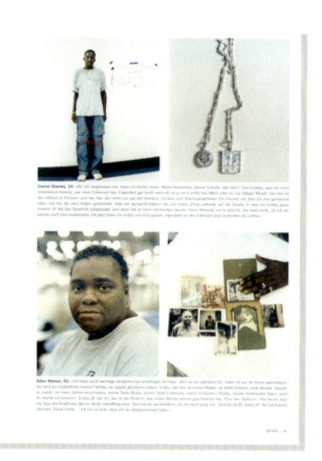

NEON MAGAZIN »DAS LETZTE HEMD«
AUFTRAGGEBER NEON Magazin GmbH **ART DIRECTION** Gunter Schwarzmaier **FOTOGRAFIE** Bert Heinzlmeier **VERLAG** NEON Magazin GmbH
BILDBEARBEITUNG Wahl Media GmbH, München **BILDREDAKTION** Jakob Feigl, Anne Grobler **CHEFREDAKTION** Timm Klotzek, Michael Ebert
DESIGN Gunter Schwarzmaier **DRUCK** Mohn Media GmbH, Gütersloh **IDEE** Redaktion **KONZEPT** Redaktion **REDAKTION** NEON **TEXT** Roland Schulz

SCHNEE VON GESTERN
Der Künstler Lois Hechenblaikner stellt alte und neue Fotos gegenüber und zeigt so, wie sich seine Heimat Tirol verändert. *Sechs Bilderpaare, die für sich sprechen.*

von THOMAS WESKI

Tirol. Ski fahren, snowboarden, rodeln, wandern, bergsteigen, drachenfliegen, mountainbiken, golfen, essen, trinken, schlafen, feiern. Volksmusik. Die Zillertaler, Zillertaler Haderlumpen, Zillertaler Schürzenjäger, Zillertaler Gipfelstürmer … Bergdisco, Openairkonzerte mit tausenden von Fans, für jeden etwas. Sommer und Winter, Saison nach Saison, Event auf Event. Eine gut geölte Freizeitmaschine. Ein touristisches Schlaraffenland.

Lois Hechenblaikner ist im Alpbachtal aufgewachsen, seine Familie hat wie viele andere in dieser Region auch die Zeichen der Zeit erkannt, den wachsenden Tourismus der Nachkriegszeit genutzt und von ihm profitiert. Als jungem Mann wurde Hechenblaikner aber das Tal zu eng. Vor einem guten Vierteljahrhundert hat er sein Fernweh mit einem Beruf verbunden und ist Fotograf geworden. Über Indien, Burma, Vietnam, Neuguinea, Bhutan, Indonesien und die Philippinen hat er berichtet. Die Ansichten der großen, weiten Welt haben den Blick auf die Heimat verändert, mit der sich der weit gereiste Heimkehrer nun seit mehr als zehn Jahren fotografisch auseinander setzt. Die künstlerische Beschäftigung mit dem Naheliegenden hat in der Fotografie eine lange Tradition. Die interessantesten Fotografen haben ihre Bilder in ihrer Heimat gefunden und uns mit ihnen verblüfft, weil sie gesehen und formuliert haben, was wir noch nicht wahrgenommen oder schlicht übersehen hatten.

Armin Kniely, ein freischaffender Agraringenieur, hat zwischen 1936 und 1970 im Auftrag der Landwirtschaftskammer Tirol fotografiert. Siedlungs-, Flur- und Bauformen hielt er fest, aber auch die Arbeit der Bauern, ländliche Bräuche, Prozessionen und Feste. Dieses Archiv von Schwarzweißaufnahmen hat Lois Hechenblaikner genutzt, um ausgewählten Motiven der Vergangenheit seine Ansichten entgegenzustellen. Eine Zeitmaschine ist so entstanden, die uns durch die Jahrzehnte befördert und uns die Veränderungen des Alpenraums wie im Zeitraffer vor Augen führt.

Die Schwarzweißfotografien von Kniely sind Dokumente der Vergangenheit; die Aufnahmen von Hechenblaikner dagegen wirken sehr gegenwärtig, die Handlung ist anscheinend noch nicht abgeschlossen. Hechenblaikner sucht formale Entsprechungen zu den Bildern des älteren Fotografen und schafft so ein verbindendes Element auf der Grundlage sichtbarer Phänomene. Einen Viehmarkt stellt er einem Autoparkplatz gegenüber, Feldarbeiter den Golfspielern, einen Traktor der Pistenmaschine.

Dieser Bilderdialog ist keine formale Spielerei, sondern das Resultat einer Konzeption, die Analyse zum Ziel hat. Die enormen Veränderungen Tirols in den vergangenen Jahrzehnten sollen auf der Grundlage vergleichenden Betrachtens anschaulich gemacht werden. Der Winter als alleiniger touristischer Höhepunkt ist durch eine das ganze Jahr umfassende atemlose Abfolge verschiedenster Freizeitaktivitäten abgelöst, deren Ziel ganz allein die Befriedigung der zahlenden Gäste ist. Die dauernde Verfügbarkeit der Landschaft für diese Zwecke hinterlässt die sichtbarsten Zeichen der Veränderung von einer agrarwirtschaftlichen Nutzlandschaft zu einer benutzten Freizeitlandschaft. Die Unversehrtheit der Landschaft, die die frühen Bilder noch zeigen, die scheinbare Harmonie zwischen Mensch und Natur existieren heute so nicht mehr. Dass Landschaft keine frei zu gestaltende und unbegrenzte Ressource ist, lernen wir langsam durch die Entdeckung der Umweltschäden in dieser Freizeitlandschaft.

Der Bilderdialog belegt auch, wie sehr sich der Alltag der Menschen verändert hat. Er erzählt vom Verlust der Traditionen, von der harten, körperlichen Landarbeit im Rhythmus der Jahreszeiten und von der heute ganzjährig zu erbringenden Dienstleistung. Er berichtet von der Individualisierung der Gesellschaft und von den zeitgenössischen Formen der Freizeitgestaltung.

Der amerikanische Fotograf Robert Adams, der als Erster Mitte der sechziger Jahre ökologische Themen aufgriff, hat eine gelungene Landschaftsfotografie als eine Mischung aus Autobiografie, Topografie und Metapher beschrieben. *Échos Alpin* von Lois Hechenblaikner vereint alle diese Elemente in der Form eines Lehrstücks, das in Österreich, in dem annähernd jeder Dritte vom Tourismus lebt, auf schon fast feindselige Ablehnung stößt. Die Arbeit, die auf paradoxe Weise die Schönheit dieser Region und die Kritik an der Alpenbewirtschaftungsindustrie verbindet, zeigt zwar regionale Phänomene, formuliert aber allgemein gültige Bedeutung in einer zeitlosen und zugänglichen Sprache. Es geht also um viel mehr als nur um Tirol.

Thomas Weski ist Hauptkurator im Haus der Kunst München.

SÜDDEUTSCHE ZEITUNG MAGAZIN »SCHNEE VON GESTERN«
AUFTRAGGEBER Süddeutsche Zeitung Magazin **AGENTUR** Süddeutsche Zeitung Magazin **ART DIRECTION** Mirko Borsche **FOTOGRAFIE** Lois Hechenblaikner
VERLAG Magazin Verlagsgesellschaft, Süddeutsche Zeitung mbH **BILDREDAKTION** Claudia Bingemann, Eva Fischer **CHEFREDAKTION** Dominik Wichmann
GRAFIK Daniel Bognar, Marion Blomeyer, Anne Blaschke, Kestin Deinert **TEXT** Thomas Weski

ZEITSCHRIFTENBEITRÄGE AUSZEICHNUNG

HEKMAG MAGAZIN »EIN KLEID AUS L.A.«
AUFTRAGGEBER André Aimaq **AGENTUR** Aimaq·Rapp·Stolle Werbeagentur GmbH **CREATIVE DIRECTION** André Aimaq **ART DIRECTION** Christian Feldhusen, Mieke Haase
FOTOGRAFIE Deborah Mittelstaedt **VERLAG** Hekmag Verlag **CHEFREDAKTION** André Aimaq, Christopher Knipping, Ulrike Miebach **GRAFIK** Rieke Karrasch, Hans Renzler
PROJEKTMANAGER Robert Stolle, Karoline Huber **TEXT** Miriam Dehne

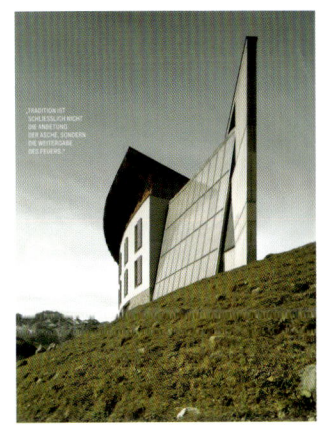

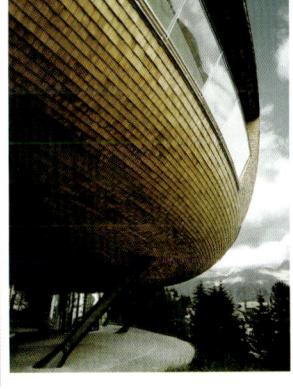

BMW MAGAZIN »HOHE KUNST«
AUFTRAGGEBER BMW AG   **MARKETINGLEITUNG** Andreas-Christoph Hofmann   **CREATIVE DIRECTION** Dirk Linke   **ART DIRECTION** Judith Grubinger
KUNDENBERATUNG Dr. Kai Laakmann, Marco Krönfeld   **VERLAG** Hoffmann und Campe Verlag GmbH, Corporate Publishing   **CHEFREDAKTION** Bernd Zerelles
DRUCK Hofmann Druck, Nürnberg

BILD TITEL »WIR SIND PAPST!«

AUFTRAGGEBER
BILD
CREATIVE DIRECTION
Veronika Illmer, Markus Ackermann
ART DIRECTION
Patrick Markowski
VERLAG
Axel Springer AG
CHEFREDAKTION
Kai Diekmann
PRODUKTION
Christine Morath
REDAKTION
Georg Streiter

Zusätzlich erhielt diese Arbeit Silber in der Kategorie Text auf Seite 167.

Unser Joseph Ratzinger ist Benedikt XVI.

WIR SIND PAPST!

Mittwoch, 20. April 2005, 0,90 €
Spanien 91/16

Bild

UNABHÄNGIG · ÜBERPARTEILICH

www.bild.de

SUPER-BINGO, 9. Spiel
145 161 173 180 374 393 440
Goldene Zahl 22528755

WILLKOMMEN BENEDIKT XVI.
Joseph Kardinal Ratzinger betritt als neuer Papst den Balkon des Petersdoms, winkt strahlend den Gläubigen

ES IST EINE JAHRTAUSENDSENSATION!

Joseph Kardinal Ratzinger (78) aus dem bayerischen Städtchen Marktl am Inn ist der neue Papst!
DER ERSTE DEUTSCHE SEIT 482 JAHREN AUF DEM HEILIGEN STUHL! OBERHAUPT VON ÜBER EINER MILLIARDE KATHOLIKEN AUF DER GANZEN WELT!
Um 18.47 Uhr trat der deutsche Papst gestern auf den Balkon des Petersdoms – Zehntausende Gläubige auf dem Petersplatz brachen in Jubel aus, riefen „Viva il Papa! – Es lebe der Papst!"

Der Nachfolger des großen Johannes Paul II. trägt den Namen Benedikt XVI. – der Gesegnete.
ALLES ÜBER DEN NEUEN PAPST, DIE WAHL-SENSATION, WIE GANZ DEUTSCHLAND FEIERTE „WIR SIND PAPST" – Seiten 2 bis 5 und Letzte.

Gläubige jubeln auf dem Petersplatz über den deutschen Papst – unter ihnen viele Deutsche, stolz die Deutschlandflagge schwingend!

Fotos: AFP/PATRICK HERTZOG

Trotz aller harten Konkurrenz: Die Litfaßsäule kann sich als Werbeträger behaupten **Seite 14**

Neue Herrenmode aus Mailand: Die gegelte Eleganz der Dreißigerjahre ist wieder zurück **Seite 15**

NR. 7704
26. WOCHE
27. JAHRGANG
AUSGABE BREMEN
€ 1.60 AUSLAND
€ 1.30 DEUTSCHLAND
FREITAG, 1. JULI 2005

die tageszeitung

Bundestag wählt Miss Trauen

Zehn Fragen zur Kür des Jahres – beantwortet auf SEITE 3

FOTO (M.): PICTUREPRESS, KARWASZ/TEAMWORK

LINKER JUDENHASS
Wolfgang Kraushaar im taz-Interview über seine Studie „Die Bombe im Jüdischen Gemeindehaus" und den linksradikalen Antisemitismus   SEITE 4

BREMEN
Die Kanzlermillionen kamen nie. Also sollten Sparmöglichkeiten geprüft werden. Das Ergebnis ist dürftig   SEITE 21

Stolpe will Lkw-Maut auch für Bundesstraßen
Bundesverkehrsminister Manfred Stolpe (SPD) will auf bis zu 15 Bundesstraßen Maut für Lkws erheben, um so den ausweichenden Verkehr zurück auf die Autobahnen zu lenken. Im ersten Halbjahr 2005 wurden mit der Lkw-Maut bisher 1,4 Milliarden Euro eingenommen.   SEITE 2, 11

CONFED-CUP
Auch wenn es am Schluss nur Platz drei geworden ist: Das deutsche Team hat beim Confederations Cup Spaß und Identifikation gebracht   SEITE 19

VISA-AFFÄRE
Schuld war nur der ADAC: Im Visa-Ausschuss wurde der Automobilclub als der eigentliche Verantwortliche für die Affäre enttarnt   SEITE 6

EUROPA
Ausgerechnet Tony Blair könnte der EU die nötigen Impulse zur Reform geben   SEITE 11

---

taz muss sein

Die tageszeitung wird ermöglicht durch 6.335 Genossinnen, die in die Pressefreiheit investieren.
Infos unter geno@taz.de oder
Tel: 030 - 25 90 22 13
Aboservice: 030 - 25 902-590
fax: 25 902-680 / abomail@taz.de
Anzeigen: 030-25 90 22 -38 /-90
fax: 030 -251 06 94
anzeigen@taz.de
Kleinanzeigen: 030-25 90 22 22
Redaktion: 030 - 25 902-0
fax: 030 - 251 51 30/ briefe@taz.de
taz, die tageszeitung,
Postfach 610229, 10923 Berlin
taz im Internet: www.taz.de

Ohne Schröder wär's leichter

KOMMENTAR VON BETTINA GAUS

Wenn dem Kanzler heute sein Herzenswunsch erfüllt wird und das Parlament ihm das Vertrauen entzieht, dann fangen die Probleme erst an. Nicht nur die rechtlichen, mit denen sich Bundespräsident und Verfassungsgericht auseinander zu setzen haben. Sondern auch die inhaltlichen. Die belasten vor allem die SPD und deren mögliche Gefolgschaft. Ohne den Regierungschef auf Abruf hätten sie es leichter.

Falls Schröder – wie es seine Erklärung nach der NRW-Wahl nahe legt – die Neuwahlen in eine Volksabstimmung über seine Politik umzuwandeln versucht und die Vertrauensfrage entsprechend begründet, dann nimmt er seine Partei und deren letzten Getreuen in Geiselhaft. Wer den Kurs der Regierung für falsch hält, aber die Traditionspartei SPD nicht zur Bedeutungslosigkeit herabgewürdigt sehen will und sie deshalb zähneknirschend wählen würde, kann das kaum noch tun. Nicht einmal dann, wenn er oder sie die neue so genannte Linkspartei wegen der rechtspopulistischen Äußerungen von Oskar Lafontaine für unwählbar hält.

Und die Befürworter der Regierungspolitik? Wie hat man sich deren Wahlkampf konkret vorzustellen? Soll ein Abgeordneter sagen: Natürlich unterstütze ich Gerhard Schröder, das sieht man ja schon daran, dass ich ihm im Bundestag das Vertrauen entzogen habe? Absurd. Dieser Widerspruch lässt sich auch nicht durch wohlfeile Programmkorrekturen wie die donnernde Forderung nach einer Millionärssteuer auflösen.

Es gilt als unumstößliche Tatsache, dass Amtsinhaber gegenüber ihren Herausforderern im Vorteil sind. Aber die jüngste Entwicklung lehrt: Im Wahlkampf gibt es keine unumstößlichen Tatsachen. Schröder gebührt das historische Verdienst, das politische Wörterbuch um einen Ausdruck erweitert zu haben. Er hat dafür gesorgt, dass sich neben dem Kanzlerbonus künftig auch der – bislang ziemlich ungebräuchliche – Begriff des Kanzlermalus etablieren dürfte.

Es sei denn, er zöge sich doch noch zurück. Und erwiese somit der SPD einen letzten Dienst. Dass dieser Abstieg von Gerhard Schröder nicht von diesem allein, sondern auch von einigen seiner Parteifreunde zu verantworten ist, ändert am Tatbestand nichts.

■ verboten

Guten Tag,
meine Damen und Herren.

Heute mal kein guter Witz, sondern **Bundeskanzler Gerhard Schröder.** Zwei Szenarien, die einen Rest guten Geschmacks zurückschließen.
1. Schröder tritt zurück.
2. Schröder erklärt heute in vollem Ernst, was er im kommenden Jahr noch so alles durchziehen würde wollen: Arbeitsmarktreform, Überreichung des Pokals bei der WM und so weiter. Wer in der CDU, CSU oder FDP ist und schon immer fand, dass jemand anders den WM-Pokal überreichen sollte, wird ihm das Misstrauen aussprechen. Wer zu Schröders Koalition gehört, aber in der Arbeitsmarktpolitik anderes will, kann ihm auch das Misstrauen aussprechen. Wer aber der Meinung des Kanzlers ist, muss ihm das Vertrauen aussprechen. Das schließt den Kanzler ein.

Alles andere ist nicht mehr lustig.

BILD BEITRAG »SCHLAGZEILEN, DIE WIR UNS 2006 WÜNSCHEN«

AUFTRAGGEBER BILD **CREATIVE DIRECTION** Veronika Illmer **ART DIRECTION** Markus Ackermann **VERLAG** Axel Springer AG
CHEFREDAKTION Kai Diekmann **PRODUKTION** Ulrike Schultz-Ossmer

Zusätzlich erhielt dieses Buch eine Auszeichnung in der Kategorie Informationsmedien auf Seite 397.

COCA-COLA BUCH »HEIMSPIEL«
AUFTRAGGEBER Coca-Cola GmbH **MARKETINGLEITUNG** Gregor Gründgens **WERBELEITUNG** Matthias Meusel **AGENTUR** INTERNATIONAL Berlin
CREATIVE DIRECTION Todd Schulz **ART DIRECTION** Nathanaël Hamon **KUNDENBERATUNG** Axel Pfennigschmidt, Gisela Widmer
FOTOGRAFIE Steffen Jagenburg **VERLAG** Verlag für bildschöne Bücher, Bodo von Hodenberg **BILDBEARBEITUNG** Appel Grafik Berlin
DRUCK Druckerei H. Heenemann/Buchbinderei Helm **TEXT** Bertram Job

CORPORATE PUBLISHING SILBER **543**

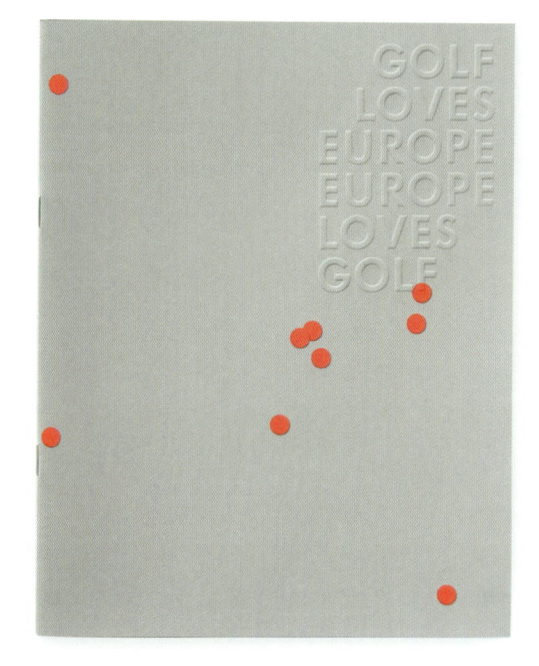

VOLKSWAGEN MAGAZIN FOTOWETTBEWERB AUSSTELLUNGSKATALOG »GOLF LOVES EUROPE, EUROPE LOVES GOLF«
AUFTRAGGEBER Volkswagen AG **MARKETINGLEITUNG** Lutz Kothe, Rainer Brensing, Rüdiger Schingale **AGENTUR** Mutabor Design GmbH
CREATIVE DIRECTION Johannes Plass **ART DIRECTION** Paul Neulinger, Sven Ritterhoff **KUNDENBERATUNG** Paul Neulinger **FOTOGRAFIE** diverse
VERLAG G+J Corporate Media GmbH **AGENTUR PRODUCER** Peter Becker GmbH **ART BUYING** Trine Skraastad, Trixi Rossi
BILDBEARBEITUNG Graphic Group Köhler & Lippmann **BILDREDAKTION** Trine Skraastad, Trixi Rossi **CHEFREDAKTION** Rüdiger Schingale, Harm Clüver
DESIGN Julia Guther **DESIGNBÜRO** Mutabor Design GmbH **DRUCK** Mohn Media/Mohndruck GmbH **EDITOR** Kay Dohnke **GRAFIK** Julia Guther
PROJEKTMANAGER Paul Neulinger **REDAKTION** G+J Corporate Media GmbH **TEXT** Uwe Pütz **TYPOGRAFIE** Julia Guther

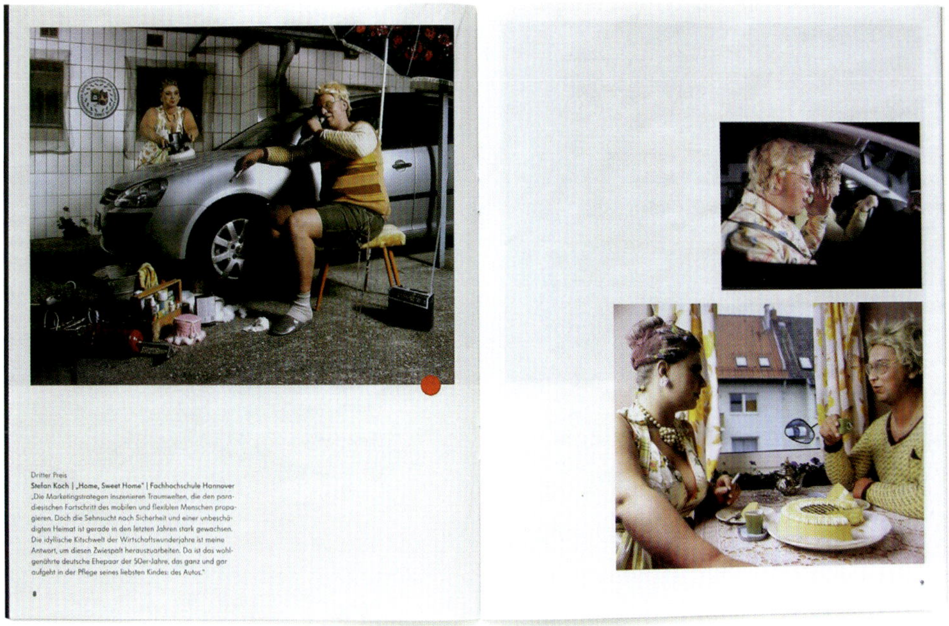

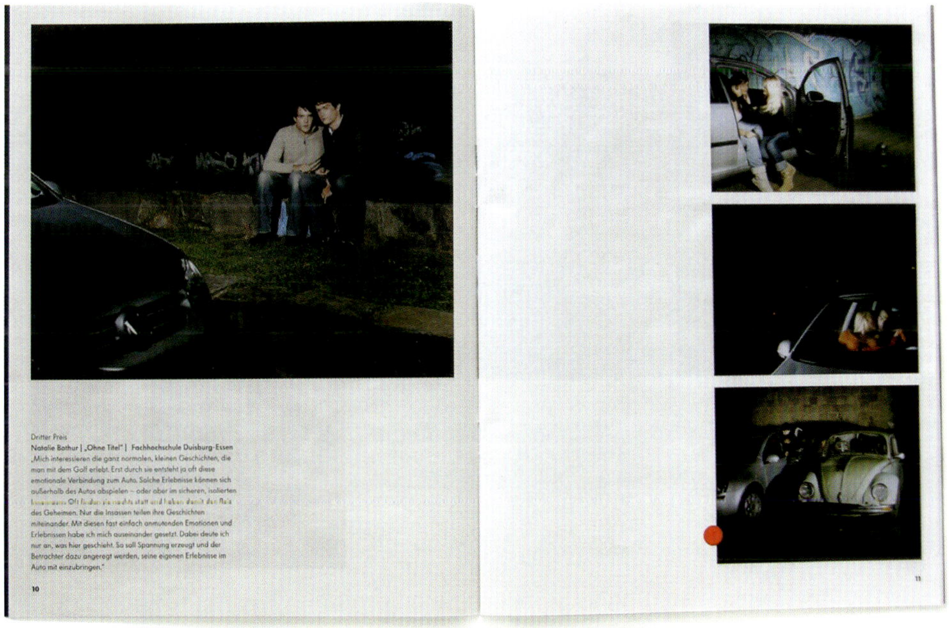

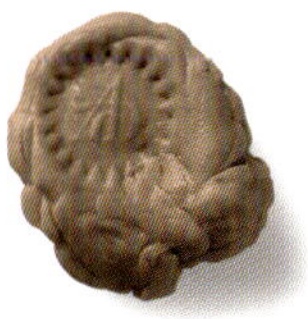

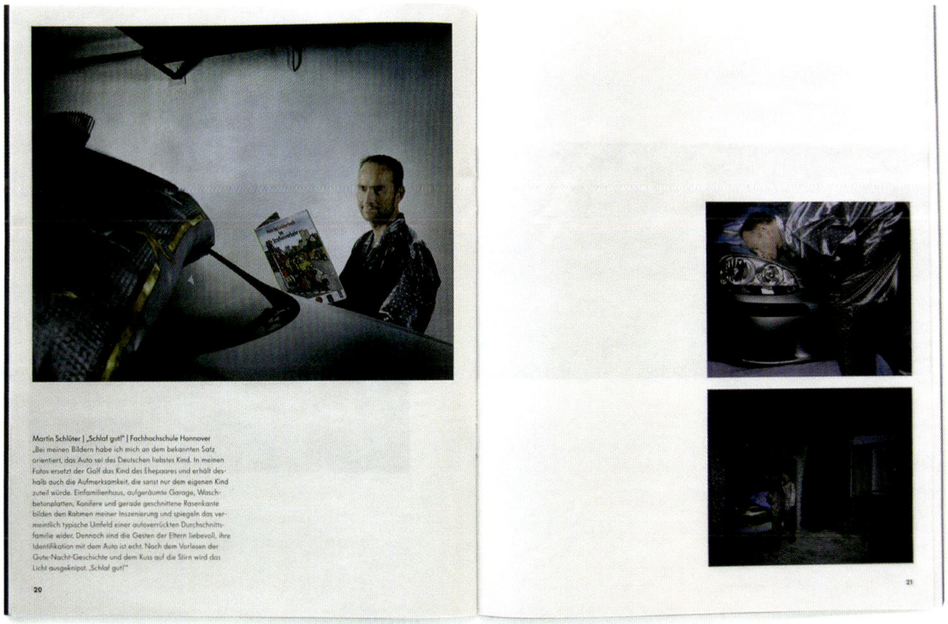

BMW MAGAZIN SPECIAL »DER NEUE 3ER«
AUFTRAGGEBER BMW AG   **CREATIVE DIRECTION** Dirk Linke   **ART DIRECTION** Anna Clea Skoluda   **KUNDENBERATUNG** Dr. Kai Laakmann, Marco Krönfeld
VERLAG Hoffmann und Campe Verlag GmbH, Corporate Publishing   **CHEFREDAKTION** Bernd Zerelles   **DRUCK** Kastner & Callwey, Forstinning

PHILADELPHIA

MINIINTERNATIONAL »ZÜRICH«

AUFTRAGGEBER BMW AG, MINI Brand Management, Dr. Kay Segler (Marketingleitung MINI), Viola Schmidke (Projektmanagement MINIInternational)
CREATIVE DIRECTION Mike Meiré **ART DIRECTION** Stefan Pietsch **KUNDENBERATUNG** Ulrike Häubl **VERLAG** Hoffmann und Campe Verlag GmbH, Corporate Publishing
CHEFREDAKTION Anne Urbauer, Peter Würth **DESIGNBÜRO** Meiré und Meiré für Hoffmann und Campe **DRUCK** Druckhaus Kaufmann

TALENTS

ZEHN MIT ZUKUNFT

TALENTIERT, JUNG, KREATIV.

TEXT: MATTHIAS MÄCHLER FOTO: RAPHAEL DAVID KOCH

Die Künstlergruppe: Mickry3 (7)
Nina (26), Christina (24) und Dominique (23) sind seit sieben Jahren Mickry3. Aufsehen erregten sie mit „Supermarkt", in dem man alles kaufen konnte, was man in einem Supermarkt sonst nicht kriegt. Die renommierte Galerie Hauser&Wirth stellte ihn aus, das Kunsthaus Zürich kaufte die Sexabteilung. (www.mickry3.com)

Der Grafiker: Friedrich-Wilhelm Graf (27)
Seine Leidenschaft ist das Sammeln: Bei „FW" stapeln sich alte Magazine, Spielzeuge und Vinylfiguren. Die Liebe zu Details und kleinen Nebenschauplätzen zeigt sich auch in seinen Arbeiten. Ein Zürich-Führer für ausländische Kunststudenten, der Auftritt für einen belgischen Modedesigner, diverse Arbeiten für den Schweizer Bühnenverband: Stets schicken „FW" und seine Kollegin Nadia Gisler den Betrachter auf kleine Entdeckungsreisen (www.unfolded.ch).

Der Snowboarder: Nicolas Müller (22)
Wer ihn kennenlernt, ist begeistert von seiner netten Art. Dabei gilt er als Enfant Terrible im Snowboard-Zirkus. Oder zumindest als einer, der sich nicht allzu viel aus Titeln zu machen scheint: Passt ihm was nicht, geht er nicht an den Start, obwohl er zurzeit einer der Besten ist. Nicolas Müller gilt als Shootingstar der Snowboard-Filmszene und hat sein eigenes Snowwear-Label (www.arcuswear.com).

Der Verleger: Benjamin Sommerhalder (26)
„Chapter 3" heißt sein bisher wichtigstes Werk, ein Band mit Bildern von Andro Wekua und Rita Ackermann, den er mit einem japanischen Kunstverlag koproduzierte. Aus seinem eigenen Verlag (www.nieves.ch) erfreuen sich vor allem die Zine-Serien einer großen Sammlergemeinde.

Der Fotograf: Raphael David Koch (26)
Im Moment stellt der Fotograf der Talentfotos gerade einen Fuß seines Stativs in die Modeszene Mailands. Aber ausschließlich Fashionshootings mag er dann doch nicht machen. Ob Porträt oder Reportage: Raphaels Bilder leben von einer Situationskomik, die auf den zweiten Blick oft etwas Melancholisches hat (www.zmqt.ch).

Die Schuhdesignerin: Joanna Skoczylas (26)
Der Schuh ist für sie „Wurzel aller Kleidung", ihre Arbeit „Hightech im Spiel mit der Erotik": Joanna Skoczylas' selbstbewusste Kreationen sind Kunstwerke für Fuß und Bein, Fetischobjekte jenseits des bisher Gekannten (www.tyrann.ch). Kein Wunder, dass sie in Italien, Deutschland und der Schweiz einen Preis nach dem anderen gewinnen.

Der Filmkünstler: Noël Dernesch (27)
Er will keine „Hirn-Kunst" machen, sondern die Menschen über den Bauch ansprechen. Und das tut er ebenso mit eigenwilligen TV/Kino-Spots (z.B. fürs Kultlabel Alprausch) wie mit poetischen Film- und Kunstprojekten (www.komun.ch). Noël Dernesch ist optimistisch: „Es gibt ein paar tolle Menschen hier: In den nächsten Jahren wird Zürich noch mehr Boomtown in Sachen Film."

Die Schauspielerin: Meike Droste (23)
Egal, wann sie nachts heimkommt, sie muss einfach an den Kühlschrank und sich ein Stück Käse abschneiden, am liebsten Appenzeller. Die gebürtige Deutsche kam aber nicht wegen des Käses nach Zürich, sondern wegen der guten Schauspiel am Schauspielhaus und debütierte hier gleich in einer Hauptrolle. (www.agentur-schneider.de).

Zehn Zürcher für Morgen (v.l.n.r.): Dominique, Christina und Nina von Mickry3, Friedrich-Wilhelm Graf, Nicolas Müller, Benjamin Sommerhalder, Raphael David Koch, Joanna Skoczylas, Noël Dernesch, Meike Droste.

STYLE

TYLER BRÛLÉ NENNT

10 GRÜNDE

WARUM ZÜRICH TOP IST.

Tyler Brûlé, der Mann, der „Wallpaper" erfand, sitzt mit seiner Firma Winkorp in Zürich.

Von allen Metropolen dieser Welt wird keine so sehr missverstanden wie Zürich. Dabei spielt es keine Rolle, ob jemand die Stadt kennt oder nicht, eine Meinung haben die Leute trotzdem. Für den DJ aus Berlin zum Beispiel bietet Zürich ein überraschend lebendiges Nachtleben, aber lebe wollte er dort nie. Für das Managerpärchen aus Westchester, New York, ist es der perfekte Ort in Europa, um Kinder großzuziehen, weil es hier so sicher und ordentlich ist. Für den überdrüssigen Londoner ist es eine absolut reizende Stadt, aber doch etwas langweilig, oder? Zürich im Jahr 2005 ist das alles – und noch ein bisschen mehr.

Mein erstes Techtelmechtel mit der Stadt hatte ich 1983, als Großmutter mich auf einen großen Europatrip mitnahm. Nach einer heißen Woche in Paris, dem konfusen London und zwei stillen Wochen in Stockholm erfüllte Zürich alle Punkte auf meiner damals noch ausbaufähigen urbanen Checkliste. Die Stadt war ein zum Leben erwachtes Modelleisenbahn-Szenario, sie sprach meinen Sinn für Ordnung an, und sie hatte einen ziemlich reizvollen Maßstab. Glücklicherweise hat sich das seither kaum geändert. Das ist auch der Grund, warum Zürich ständig unter den Top Five der lebenswertesten Städte rangiert – eine Tatsache, die seine Kritiker verblüfft und seine Konkurrenten dazu bringt, viel Zeit in Zürichs Gassen zu verbringen, um herauszufinden, wie man ein bisschen von dieser Schweizer Stadt nach Kuala Lumpur, Montreal oder Johannesburg bringt.

Nachdem ich jetzt seit drei Jahren immer wieder eine Zeit lang in Zürich lebe, habe ich meine persönliche Top Ten-Liste zusammengestellt, warum diese Stadt so anziehend ist und sich an der Spitze der urbanen Hitliste halten kann.

1. Ein unerschütterlicher Rest aus den Siebzigern
Die siebziger Jahre legten den Grundstein für Zürichs Ruf jenseits des Großen Teiches. Und die Stadt fühlt sich noch immer so an, wie vielleicht 1977. Das Vermächtnis von Swissair spielt in den Köpfen der Leute eine große Rolle, obwohl es die Airline längst nicht mehr gibt. Und die Geschäfte der Stadt sehen aus wie in Formaldehyd konserviert. Lauter schöne Dinge, die Zürichs Charme ausmachen.

2. Aufmerksamkeit für Kleinigkeiten
In der Hauptstadt der deutschsprachigen Schweiz funktioniert ziemlich alles so, wie es sollte, und die Stadtplanung agiert sehr wohl überlegt: ein makelloses Tramnetz mit schnellem Zeittakt, gepflegte Parks, und Straßen und Autobahnen, die immer besser werden.

3. Der See
Seen gibt es in vielen Städten, aber nur wenige sind so sauber wie der von Zürich, und noch weniger spielen eine so große Rolle für die Identität der Stadt wie der Zürichsee von Mai bis September. Während „Sommer" in den meisten Großstädten gleichbedeutend mit Flucht aus dem Häusermeer ist, bleiben die Zürcher da und genießen lange Nachmittage mit Sonnenbaden, Schwimmen und kalten Getränken in einer ganzen Reihe von Badeanstalten.

4. Model-Schönheit
Die Zürcher sehen vielleicht nicht so modelmäßig gut aus wie die Leute in Kopenhagen. Aber die dänische Stadt sieht dafür nicht so aus wie die Spielzeugstadt einer Modelleisenbahn. Zürichs Proportionen sind nicht nur kompakt, sie sind auch richtig hübsch.

5. Eine Stadt ohne Hochnäsigkeit
Während so viele Großstädte mit Gästelisten in Bars und endlosen Wartezeiten für einen Tisch in Spitzenrestaurants nerven, ist Zürich beim Ausgehen völlig frei von solchen Attitüden.

6. Die Nähe zur Natur
Das hügelige Umland ist von praktisch jeder Stelle in höchstens sieben Minuten zu erreichen. Und 90 Minuten von der Stadt entfernt kann man richtig gut Ski laufen.

7. Eine Stadt der Kunstliebhaber
Egal was man sucht, Zürichs Kunsthändler haben es wahrscheinlich. Glaubt man den kursierenden Geschichten, dann besitzen die Zürcher die größte Sammlung moderner Kunst in der Welt. Das heißt nicht, dass alles Qualität hat, aber es zeugt von einer gewissen fortschrittlichen Haltung.

8. Die Älteren
Wenn sie über 60 sind, leben viele Zürcher in einer Welt, die unberührt ist von Lifestyle-Magazinen und aktueller Mode. Daher kann man an einem Mittwochvormittag auf der Bahnhofstrasse sehr schönen Frauen in den unglaublichsten Outfits begegnen. Und ihre Männer machen ihnen durchaus ebenbürtige Konkurrenz.

9. Design, wohin man schaut
Gutes Design scheint hier jeden Aspekt von Konsum und Kultur zu beleben. Wegen des Reichtums der Stadt lassen es sich – trotz ihrer überschaubaren Größe – die besten Labels und Marken nicht davon abhalten, hier Geschäfte zu eröffnen.

10. Gutes Essen
Diese übersichtliche und doch kosmopolitische Stadt hat auch einige der besten Restaurants, Imbissbuden und Cafés in Europa zu bieten: Kronenhalle, Mata Bar, Vorderer Sternen und Schober sind herausragend.

550 CORPORATE PUBLISHING **AUSZEICHNUNG**

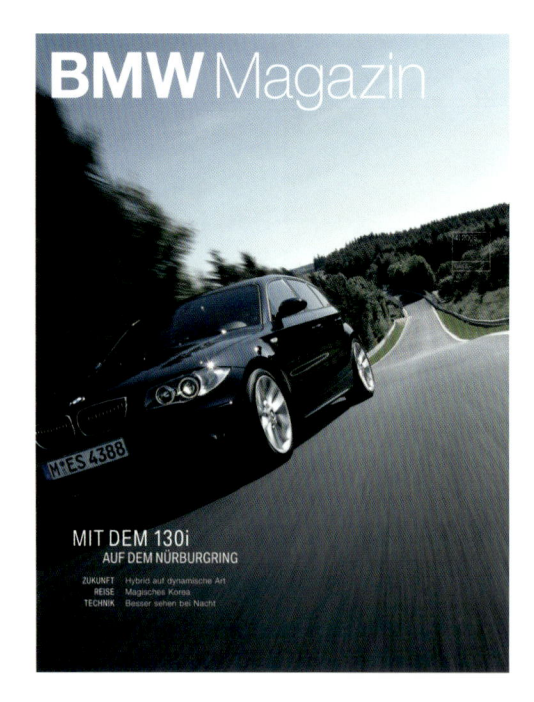

BMW MAGAZIN »04/2005«
AUFTRAGGEBER BMW AG   **MARKETINGLEITUNG** Andreas-Christoph Hofmann   **CREATIVE DIRECTION** Dirk Linke   **ART DIRECTION** Judith Grubinger
KUNDENBERATUNG Dr. Kai Laakmann, Marco Krönfeld   **VERLAG** Hoffmann und Campe Verlag GmbH, Corporate Publishing   **CHEFREDAKTION** Bernd Zerelles
DRUCK Hofmann Druck, Nürnberg

SAL. OPPENHEIM »216PLUS – EIN MAGAZIN FÜR DIE BESONDERE PERSPEKTIVE«
AUFTRAGGEBER Sal. Oppenheim jr. & Cie. KGaA   **MARKETINGLEITUNG** Projektleitung: Kerstin Switala   **AGENTUR** Simon & Goetz Design GmbH & Co. KG
ART DIRECTION Bernd Vollmöller   **KUNDENBERATUNG** Katrin Peisert, Iris Schneider, Tanja Zingrebe   **DESIGN** Bernd Vollmöller
DESIGNBÜRO Simon & Goetz Design GmbH & Co. KG   **DRUCK** Schotte GmbH & Co. KG   **PRODUKTION** Günter Malkmus   **TYPOGRAFIE** Bernd Vollmöller

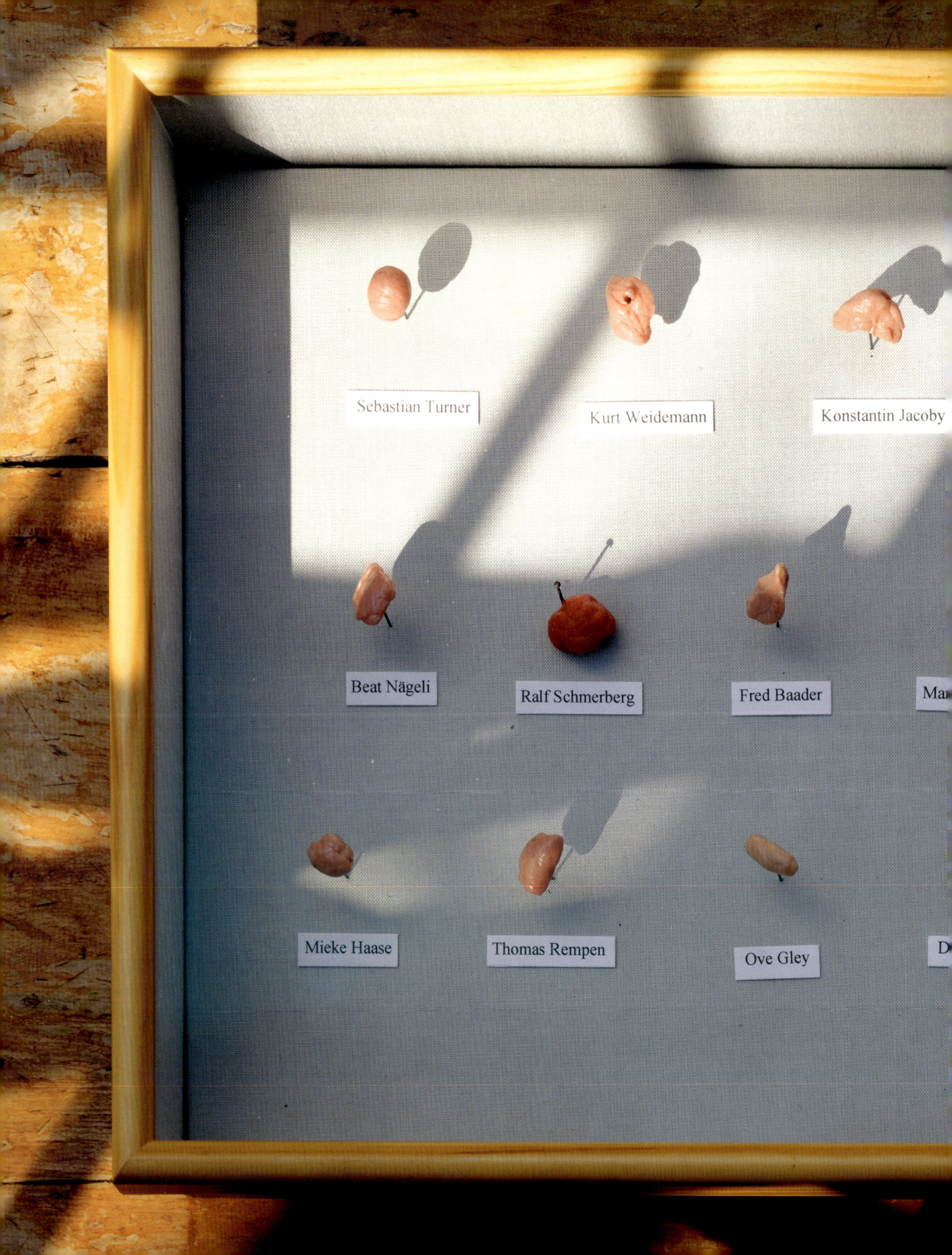

Sebastian Turner	Kurt Weidemann	Konstantin Jacoby
Beat Nägeli	Ralf Schmerberg	Fred Baader
Mieke Haase	Thomas Rempen	Ove Gley

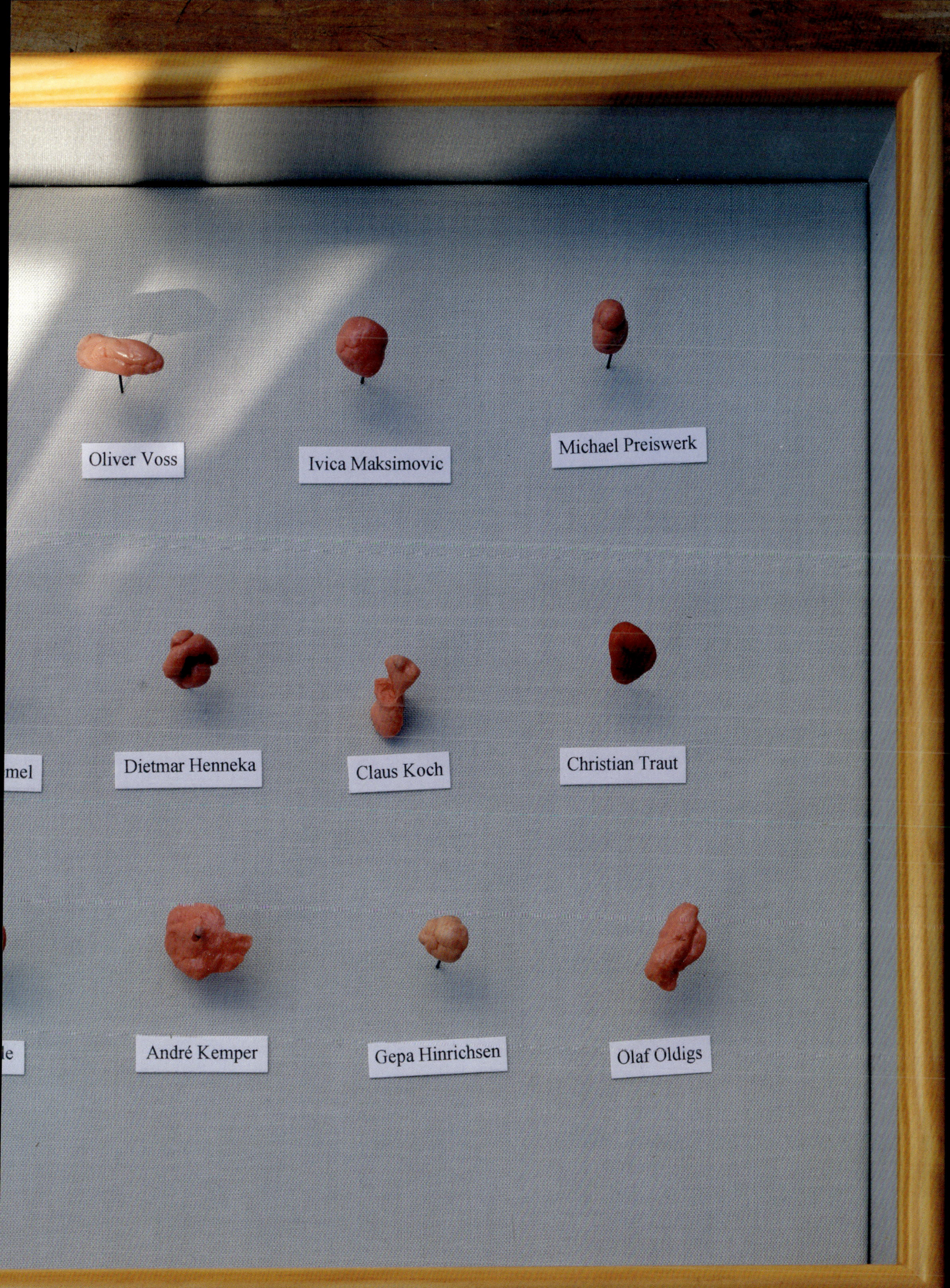

Oliver Voss	Ivica Maksimovic	Michael Preiswerk
Dietmar Henneka	Claus Koch	Christian Traut
André Kemper	Gepa Hinrichsen	Olaf Oldigs

MICHAEL CONRAD
ADC JURY-CHAIRMAN

Die Arbeit der 276 Juroren war brillant organisiert. Die Diskussionen um die Arbeiten waren kompetent und fair. Die Vorarbeit und Recherche des ADC machten das Thema »Fakes« zum Nicht-Thema. Die eingereichten Arbeiten, als Ausstellung aufbereitet, kreierten im Tempelhofer Flughafen eine eindrucksvolle Leistungsshow unserer Industrie. Bravo an Susann und ihre Mannschaft. Berlin war die Reise wert.

Das Resultat liegt in Ihrer Hand. Der kleinste gemeinsame Nenner ist die frische Idee, klischeefrei, konkurrenzfähig. Trends oder das Auftauchen einer neupopulären Art von Kommunikation gab es nicht. Lösungen und dramatische Formate waren erfrischend vielfältig. Viele Ideen profitierten in ihrer Umsetzung besonders von exzellentem Handwerk und von der Liebe zum Detail. Das ADC Jahrbuch 2006 sollte deshalb eine relevante Studie über erfolgreiches Schaffen sein. Wenn Arbeiten dabei sind, die Sie erdacht, gemacht oder ermöglicht und finanziert haben, herzlichen Glückwunsch. Sind Ihre Arbeiten nicht dabei, lassen Sie sich inspirieren und überzeugen. Vor allem von den Arbeiten, die innovativ und mutig sind und in ihrer Umsetzung die »Extra-Meile« gehen. Arbeiten, mit denen alle Beteiligten gewinnen, Zuschauer (-hörer) eingeschlossen.

BERLIN WAR DIE REISE WERT

Ich denke z. B. an die Doppelnummer des SZ Magazins vom 23.12.2005, die sich mit dem Thema Zwillinge auseinander setzt und beide Ausgaben sich wie eineiige Zwillinge gleichen, obwohl sie komplett verschieden sind. Die Idee, für jeden Zwilling ein eigenes Magazin zu produzieren, ist schon mal brillant. Aber auch, die Magazine typografisch identisch zu halten, bei differenzierendem Inhalt, das ist eben die »Extra-Meile«, die man gehen und finanzieren muss, wenn man Standards setzen will. Auch das Konzept, dass der zweite Zwilling über den Zeitschriften-Handel, den Nachbarn oder die SZ besorgt werden musste, um das Zwillingsthema zu komplettieren, macht die Idee noch runder, als sie es schon ist.

Auch die HLX-Kampagne hat eine innovative, verrückte Idee, deren Stärke sowohl im Gedanken als auch in der Realisierung liegt: HLX kauft sich mit dem Thema »Schleichwerbung« satirisch in die Werbespots von Titanic ein, die ihr für ihre vor der Bundestagswahl gegründete Partei »Die Partei« von den öffentlich-rechtlichen Sendeanstalten kostenlos zur Verfügung gestellt wurden.

Und: selten wurde ein Testergebnis als Briefing so brillant umgesetzt wie in diesem Spot. »Crashtest« von Renault basiert auf dem soliden, aber überraschenden Fakt, dass ein französisches Auto die Bestnote im wichtigsten europäischen Crashtestverfahren Euro-NCAP erhielt und damit deutsche, japanische und schwedische Autos auf die Plätze verwies. Zu einem gemütlichen französischen Chanson Weißwurst, Sushi, Wasa und Baguette nacheinander an die Wand zu fahren, zeigt eine höhere kompetitive Spielart, wie man sie bei uns viel zu selten sieht.

Interessant ist, dass das Board auf dem Schreibtisch von Renaults deutschem Marketingchef Jörg-Alexander Ellhof Monate in einem Stapel »To Be Produced« schmoren musste, bis sich die Funds für den Film fanden. »Crashtest« wurde ungetestet für Kino und Net produziert. Getestet wurde der Spot später, wobei er nicht crashte und nun international erfolgreich läuft. Laut einer Auto Motor Sport Image-Studie parkt Renault in Sachen Sicherheit bereits auf Platz 2. »Die gute Idee findet immer ihren Weg«, davon ist Ellhoff überzeugt.

Gut so. Das Glas ist halbvoll. Und »Wir sind Papst!«.

Michael Conrad,
ADC Jury-Chairman

STEFFEN KREFT
ADC STUDENT DES JAHRES

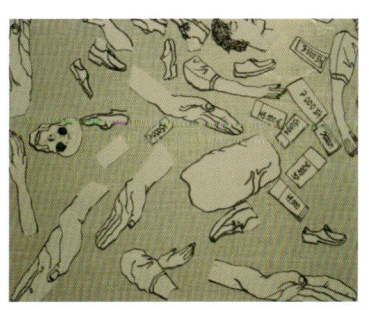

GUT GEDACHT. UND VERDAMMT GUT GEMACHT.

Das Nachwuchs-Highlight des Jahres 2005 fand vom 21. bis 23. Oktober in München statt. Die ADC Junior Days lockten allein über 600 Jungstars an die Isar.

Um beim 22. ADC Nachwuchswettbewerb die neuesten Arbeiten aus der Praxis und den Unis zu bestaunen. Um bei Vorträgen Bewährtes aus den Mündern erfahrener ADC Macher zu hören. Um bei der Preisverleihung mit heftiger Party eine Nacht lang sich und mit anderen zu feiern. Um davor, danach, dazwischen neue Kolleginnen oder Arbeitgeber kennen zu lernen.

536 Arbeiten wollten bewertet werden. 55 ADC Juroren suchten, diskutierten, fanden – das Beste und die Besten Jahrgang 2005. Die beste Semesterarbeit (Student des Jahres), die beste Abschlussarbeit (Talent des Jahres) und den besten Macher aus der Praxis (Junior des Jahres). »Es gab viel Mut zum Experiment gepaart mit großer Professionalität zu bestaunen. Ausgeflippte Einfälle konnten neben eher praxisorientierten, erstklassig umgesetzten Arbeiten bestehen.« – so oder so ähnlich habe ich es für die Presse zusammengefasst.

Der »ADC Student des Jahres 2005« heißt Steffen Kreft und studiert an der Fachhochschule Münster. Seine filmische Arbeit trägt den Titel »Schönes endliches Leben – die Dokumentation«. Sie zeigt das Entstehen des gleichnamigen Films, der ebenfalls unter der Regie von Kreft entstand. »Diese 13-minütige Dokumentation steckt voller außergewöhnlicher Ideen und ist keine Sekunde langweilig.« Steffen Kreft lässt den Zuschauer an einer sensiblen Betrachtung über Leben und Sterben teilnehmen.

NILS JAEDICKE

ADC TALENTE DES JAHRES

ADC Talente des Jahres und damit Sieger unter den Einsendern von Hochschul-Abschlussarbeiten konnten in diesem Jahr gleich in zwei Bereichen gekürt werden: in Print und Film.

In Print heißt der Preisträger Nils Jaedicke, und er kommt von der Universität Essen. Seine Arbeit »Der Staatskonfigurator« ist ein skurriles Spiel in Buchform: Mit der imaginären »Agentur für Identitätsfindung« schlägt er dem Leser des großformatigen Bandes sämtliche Elemente zur Gründung eines fiktiven Staates vor.

ALEXANDER KIESL
STEFFEN HACKER
ADC TALENTE DES JAHRES

Im Bereich Film geht der Titel »ADC Talente des Jahres 2005« an das Team Alexander Kiesl und Steffen Hacker von der Filmakademie Baden-Württemberg. In ihrem Spot erzählen sie ebenso humorvoll wie actionreich von dem wilden Flugzeug-Rennen zweier konkurrierender Piloten-Teams. »Die Arbeit ist in technischer und kreativer Hinsicht erstklassig und lustig gelöst.« Sie zeige die handwerkliche Leistungsstärke der Youngsters und eine »fast schon beängstigende Fähigkeit der Absolventen, kreative Einfälle professionell in Werbung und Kampagnen umzusetzen«.

Generell ist allen studentischen Arbeiten eine große Zielorientiertheit anzumerken, manchmal dürften sie sich allerdings ruhig noch etwas mehr experimentelle Fantasie erlauben.

DENNIS MAY

ADC JUNIOR DES JAHRES

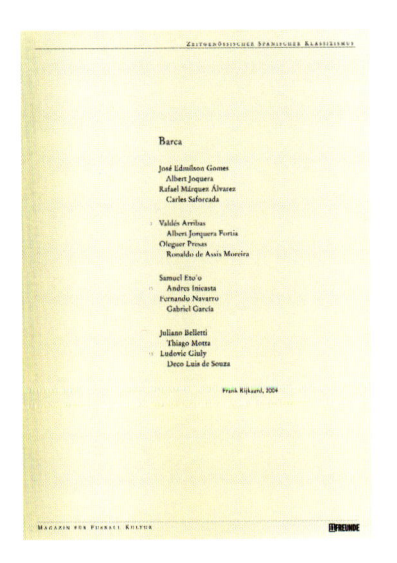

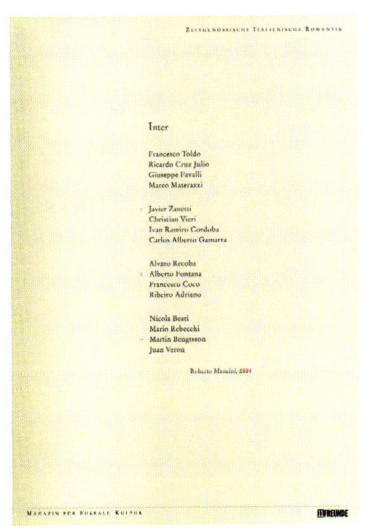

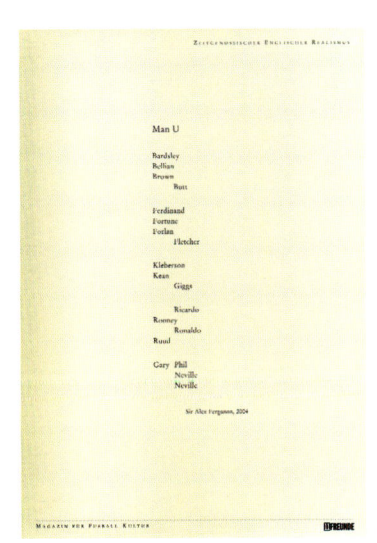

Agenturjunior Dennis May von Jung von Matt, Hamburg, hat in der Kategorie der Berufsanfänger den ersten Platz errungen und ist somit der »ADC Junior des Jahres 2005«. Mit seiner Print-Arbeit »11 Freunde Fußballlyrik« präsentiert er Mannschaftsaufstellungen in Form von Gedichtstrophen.

Die ersten Gewinner des Nachwuchswettbewerbes wurden zur ADC Ausstellung im März 2006 nach Berlin eingeladen, wo ihre Arbeiten einer großen Öffentlichkeit gezeigt wurden. Und: Der Junior, die Talente und der Student des Jahres dürfen zu den nächsten Clio Awards in Miami, USA reisen. Der Student des Jahres erhält außerdem den FOCUS/ADC Student Award. Alle prämierten Arbeiten werden darüber hinaus im Buch *sushi*, der Dokumentation des ADC Nachwuchswettbewerbs, veröffentlicht.

Neben den Siegertiteln verlieh die Jury 16 Auszeichnungen im Bereich Semesterarbeiten, 17 Auszeichnungen im Bereich Abschlussarbeiten und 13 Auszeichnungen im Bereich Praxisarbeiten. Alle verdammt gut gedacht. Und gut gemacht.

Delle Krause,
Executive Creative Director Ogilvy Frankfurt,
ADC Vorstand, ADC Junior Days

KURT WEIDEMANN

ADC EHRENMITGLIED
DES JAHRES

Laudatio von Edzard Reuter aus Anlass der Ernennung von Kurt Weidemann zum Ehrenmitglied des Art Directors Club, gehalten am 5. Dezember 2005 im Rahmen der ADC Night of Honour in Berlin.

»… EGAL – SOLANGE ES SICH BLOSS NICHT UM EINE LAUDATIO HANDELT …«

Kurt Weidemann

Fast auf den Tag genau ist es heute zehn Jahre her, dass ich Kurt Weidemann zuletzt öffentlich lobpreisen durfte. Damals ist mir ein schlimmer Fehler unterlaufen. Gefragt, worüber ich sprechen solle, hatte er damals ebenso ironisch wie trocken und endgültig verlautbart, das sei ihm völlig egal – solange es sich bloß nicht um eine Laudatio handele. Ebenso unüberhörbar wie berechtigt schwang da mit, dass ich von ihm und seiner Arbeit sowieso nichts verstünde.

Mein Fehler war, dass ich mich an diese Weisung gehalten und einige unpassende Worte über die Zukunft von Berlin verloren habe. Das hat mir im Auditorium Ärger und bei ihm Langeweile eingetragen. Ganz so dumm bin ich nun aber doch nicht, mich zweimal auf dasselbe Glatteis locken zu lassen. Auch wenn er jetzt schnurstracks aus dem Saal fliehen sollte, werde ich deswegen heute einzig und allein über jenen Kurt Weidemann sprechen.

Aus dieser Vorwarnung haben Sie schon entnommen: Er ist ein Schlitzohr. Freilich beschreibt das leider nur einen Teil seiner Persönlichkeit. Niemand, jedenfalls ich nicht, weiß nämlich so recht, wie groß, wie gewichtig dieser Anteil tatsächlich ist. Hinzu kommt, dass das präzise Ausmaß seiner Schlitzohrigkeit womöglich von Tag zu Tag, von Anlass zu Anlass, von Gegenüber zu Gegenüber schwankt. Offensichtlich handelt es sich also um einen, wenn auch recht außergewöhnlichen, Anwendungsfall der Heisenberg'schen Unschärferelation.

Sie besagt, dass es nicht nur von Zufall zu Zufall, sondern grundsätzlich unmöglich ist, im Bereich eines quantenphysikalischen Umfeldes exakt vorherzusagen, ob man einem Elementarteilchen als harte Materie oder als unsichtbare Wellenbewegung begegnen wird. Nicht anders muss jeglicher Versuch enden, Kurt Weidemann auf bestimmte Eigenheiten festzunageln. Eine Laudatio ist somit eigentlich schon per definitionem unmöglich. Das wiederum wäre allemal Ausrede genug, den zu Ehrenden und Sie alle unverzüglich von der Last weiteren Zuhörens zu entbinden.

Ob ihm ein solcher Verzicht wirklich so ganz willkommen wäre, weiß ich allerdings nicht so sicher – zumal die warnenden Ratschläge für eine solche Laudatio, die wir soeben von ihm gehört haben, ja ohne allzu große Schwierigkeit auch als umgekehrte Aufforderung interpretiert werden könnten …

Und schon sind wir zurück beim »Schlitzohr«. Der Begriff kennzeichnet laut Lexikon einen »durchtriebenen, pfiffigen Kerl«. In früheren Zeiten soll man angeblich solchen Exemplaren kurzerhand die Ohren aufgeschlitzt haben. Pfiffig, das ist Kurt Weidemann ja nun allemal. Aber durchtrieben? Da habe ich, obwohl ich ihm grundsätzlich alles Mögliche zutraue, denn doch gewisse Zweifel. Versuchen wir es also noch einmal von vorn!

Wie wäre es beispielsweise mit »Ästhet«? Vorsichtshalber habe ich gleich zweimal versucht nachzuschlagen, um was es sich dabei handelt. Siehe da: in einem Band aus dem Jahre 1966 wird ein Ästhet umschrieben als »überfeinerter, schwärmerischer Freund des Schönen«. Nun mag der äußere Eindruck, mit dem er sich zu schmücken pflegt, jedenfalls nicht auf Anhieb und von vornherein jedem Verdacht zuwiderlaufen, dass dieser Befund zutreffen könnte: Lorgnon am Band, Ring im Ohr, Künstlerhut auf dem Kopf – fehlt nur noch der Brilli in der Nase oder sonst wo … Und doch wäre solches natürlich absoluter Quatsch. Es gibt nun wahrlich keine Eigenheit von Kurt Weidemann, die man – ausgenommen vielleicht seine Kennerschaft aller guten Biere dieser Welt – mit Fug und Recht als »überfeinert« oder »schwärmerisch« bezeichnen könnte. Im Gegenteil: genau so, wie sich hinter seinem Spaß an der Ironie, ja am Sarkasmus, nichts anderes als jene Nüchternheit verbirgt, zu der ihn sein alles andere als leichter Lebensweg geführt hat, genau so ist er jeder romantischen Schwärmerei abhold, die nicht auf unbestechlichem handwerklichem Können beruht.

Der nächste Versuch könnte sich da schon eher als hilfreich erweisen. In einem etwa dreißig Jahre später, 1995, erschienenen Lexikon ist man offensichtlich mit der Begriffsbildung vorangekommen. Dort wird ein Ästhet als »Mensch mit besonders ausgeprägtem Sinn für das Schöne« beschrieben. Das scheint mir denn die Sache schon eher auf den Kopf zu treffen! Unbestreitbar dürfte nämlich in der Tat sein, dass dieser Mann beinhart zwischen dem Schönen und dem Hässlichen zu unterscheiden weiß. Mehr noch, man könnte das tägliche Mühen darum, diesem Anspruch Geltung zu verschaffen, ihn im Zentrum des eigenen Wirkens zu halten, ohne Weiteres zum Grundgesetz seines Wirkens ausrufen. »Schön und praktisch bauen! Schluss mit der kalten Zweckmäßigkeit« – so ist ein Aufruf von Mies van der Rohe aus dem Jahr 1930 überschrieben. Ich meine, dass man das Lebenswerk von Kurt Weidemann kaum besser mit einem einzigen Satz umschreiben könnte als mit diesem damaligen Leitmotiv des Bauhauses, dessen zeitgerechte Entwicklung, keineswegs identisch mit dröger Nachahmung, er wie kaum ein anderer verkörpert.

»DER KÜNSTLER MACHT, WAS ER WILL, DER DESIGNER WILL, WAS ER MACHT.«

Kurt Weidemann

Die Bandbreite, mit der man seine Arbeit oder besser seinen Beruf kennzeichnen kann, ist weit gespannt. Er ist Designer genau wie Typograf, Lehrer genau wie Kommunikator, unbestechlicher Mahner genau wie streng objektiver Berater. Ohne Ausnahme zielen jedoch alle diese Felder seines Wirkens auf praktische Anwendung. Die Sphären der davon abgehobenen bildenden Künste sind ihm zwar keineswegs fremd, waren jedoch zu keinem Zeitpunkt – auch nicht heimlich – Gegenstand seines eigenen Strebens oder Sehnens. Daran hat er nie Zweifel gelassen, sondern sein Selbstbewusstsein stets erhobenen Hauptes als gleichberechtigtes Anliegen ins Feld geführt. »Der Künstler macht, was er will, der Designer will, was er macht.« – das ist ein Zitat von Kurt Weidemann. Klarer als mit diesem Satz kann man sein Selbstverständnis nicht charakterisieren.

Ebenso kritischer wie liebevoller Begleiter der schönen Künste, ihr ebenso sublimer wie kundiger Arbeiter: Ja – das natürlich! Aber er selbst und seine Arbeit? Wenn schon »Künstler«, dann jedenfalls einer, der darauf besteht, dass sich seine Kunst stets auf das Praktische zu richten pflegt. Nie habe ich ihn anders erlebt als in der stolzen, von keinerlei Koketterie getragenen Überzeugung, Pragmatiker zu sein. Das ist er unverändert bis heute geblieben, und Gott sei Dank hat es keine Versuchung – mag sie auch in noch so verlockenden weiblichen Erscheinungsformen daher gekommen sein – je vermocht, ihn davon abzubringen.

Pragmatiker: 1966 tut die gleiche Quelle kund, es handele sich um einen »Vertreter der Kunst, richtig zu handeln«, um einen Anhänger der »Lehre, nach der Handeln und Denken dem praktischen Leben dienen sollen«. Abgesehen von der, hier freilich anders gemeinten, »Kunst« vermute ich, dass Kurt Weidemann nicht allzu laut widersprechen würde, sollte man diese Definition auf ihn anwenden. Freilich könnte er hinzufügen, dass seine berufliche Überzeugung in Wirklichkeit einzig und allein darauf ausgerichtet sei, einer guten Sache zu dienen. Dem steht übrigens die selbstverständliche Bereitschaft, auf Vorstellungen und Wünsche seiner Kunden einzugehen, in keiner Weise entgegen. Allerdings gibt es da eine Grenze, die er um keinen Preis überschreiten wird. Sie liegt dort, wo der Maßstab in Frage gestellt werden sollte, was er für gut – oder meinetwegen auch für schön – zu empfinden vermag.

Dabei kann es ja gewiss sein, dass es in Wahrheit zwischen beidem gar keinen Unterschied gibt. Unter hoch gebildeten Kunsthistorikern und Literaten oder meinetwegen auch ganz allgemein Intellektuellen lässt sich, wie bekannt, weidlich darüber streiten. In Bezug auf Kurt Weidemann ist solcher Streit allerdings leicht zu vermeiden, wenn wir uns hier wiederum auf das jüngere Lexikon verlassen. Was beim Nachschlagen an der aus dem Jahr 1995 stammenden Stelle zu erfahren ist, würde Kurt Weidemann nämlich vermutlich, nein: sicherlich ohne Vorbehalt unterschreiben: dass ein Pragmatiker ein Mensch »mit Sachkunde, Sinn für Tatsachen und Orientierung auf das Nützliche« sei.

Wohlan – ich selbst habe ihn nie anders als einen solchen erlebt, und deswegen muss mir, soll ich nicht heucheln, erlaubt sein, ihn heute dafür zu loben. Zugleich will ich Ihnen, unseren Gastgebern, zu Ihrer glücklichen Hand bei der Auswahl des Preisträgers gratulieren: Sie haben genau den Richtigen für Ihre Ehrung auserwählt!

Wenn ich mich richtig erinnere, kennen wir beide uns schon seit mehr als zwei Jahrzehnten. Bis zu meinem Ausscheiden aus der aktiven beruflichen Verantwortung haben wir während einer Wegstrecke von mindestens zehn Jahren eng, sehr eng zusammengearbeitet. Gestritten haben wir dabei auch, und das nicht zu wenig. So werde ich nie den Fehler vergessen, der mir unterlaufen ist, als ich manch einen vor Kurt in Schutz genommen habe, dessen Charakter erst später ans volle Tageslicht kommen sollte.

Doch keine Angst: Ich werde mir zumindest Mühe geben, nun nicht mit dem fortzufahren, was alle Festredner seit jeher am liebsten tun: unter dem Deckmäntelchen der Lobpreisung eines anderen in Wirklichkeit über sich selbst zu sprechen. Umso mehr erscheint es mir unvermeidlich, meinen Respekt vor diesem Mann, der längst zum Freund geworden ist, mit einem ganz schlichten Hinweis zu belegen. Er lautet, dass es sich bei dem, was wir ihm während jener Zeit, und wohl auch noch danach, aufgeladen haben, um alles andere als um einen einfachen Auftrag handelte. Im Gegenteil: Es war schon ein alles in allem verdammt komplexes Unternehmen und eine verdammt komplexe Führungsmannschaft, die da teils auf seinen Rat und seine aktive Mithilfe zählten.

Doch schon mit dieser simpel klingenden Aussage ertappe ich mich bei der Gefahr, Ihnen etwas vorzugaukeln. Was heißt hier schon »darauf zählen«? Fast klingt das ja danach, als sei der neue Berater durch alle beteiligten Personen mit offenen Armen willkommen geheißen worden. Davon konnte nicht im Entferntesten die Rede sein. Denn natürlich gab es auf allen Ebenen Menschen, die keineswegs auf ihn warteten, sondern sich vor ihm fürchteten. Sie wussten aus tiefster Überzeugung und ganz genau, dass wir allüberall und besonders auf den Gebieten, um die es bei seinen Aufträgen ging, unschlagbar waren. Mit anderen Worten: Nur ein böswilliger Schelm konnte aus der Sicht dieser Leute auf die Idee kommen, dass wir trotz unserer Erfahrung, unserer Tradition, unseres Könnens und unserer erwiesenen Erfolge etwa des Rates oder gar der aktiven Mitwirkung eines Außenstehenden bedurften. Schließlich waren wir doch nun einmal die Größten!

Keinem, der je die Mechanismen innerhalb eines riesigen, sich noch dazu mitten in einer fundamentalen Umstellung befindenden Unternehmens miterlebt hat, brauche ich näher zu erläutern, dass allein nur eine Vorgabe durch die oberste Leitung, mag sie noch so klar und unmissverständlich daherkommen, solcherart Widerstände allenfalls in den seltensten Glücksfällen beiseite zu schieben vermag. Torpedos laufen bekanntlich unterhalb der Oberfläche. Ihnen ausweichen und trotzdem Kurs halten: gelingen konnte das einzig und allein dem Betreffenden selbst.

Er und nur er allein war es also, der mit zäher Beharrlichkeit und unwiderlegbarer Sachkunde, gepaart mit einer gehörigen Portion taktischen Geschicks, ein Ergebnis hervorzubringen wusste, das zum Schluss alle Beteiligten als ihr eigenes Werk empfinden und anpreisen konnten. Nun ahne ich an dieser Stelle sehr wohl, dass Kurt mir sofort an die Gurgel geht, wollte ich jetzt behaupten, dass ihm alles, was er angepackt hat, bei uns ohne Ausnahme gelungen sei. Das wäre auch durchaus berechtigt, denn nicht nur einmal sind seine Vorschläge auf mehr oder minder üble Weise zerredet und verworfen worden. Und doch trifft es unter dem Strich zu, wenn ich sage, dass sich das innere wie das äußere Erscheinungsbild des Unternehmens durch ihn fundamental gewandelt hat.

Ich rufe Ihnen nur ein paar Stichworte zu, die andeuten, um was es sich alles gehandelt hat. Mehr davon würde ein ganzes Buch füllen, und das will und darf ich Ihnen nun wirklich nicht zumuten. Kurt Weidemann hat in jenen Jahren ein gänzlich neue Schrift für unser Unternehmen entwickelt – und das noch dazu in drei Varianten. Er hat, zusammen mit dem wunderbaren Lichtkünstler Walter Giers, das Erscheinungsbild des legendären Mercedes-Sterns von Grund auf überarbeitet. Die öffentlichen Auftritte des Gesamtunternehmens bis hin zu den Hauptversammlungen wurden neu gestaltet. Und alles das, was heutzutage als Corporate Identity bezeichnet zu werden pflegt, hat unter seiner Obhut ein neues Gesicht bekommen.

Unzählige Kräche, zahllose Fälle von bösartigster Hintertreibung haben diesen Weg gepflastert. Ich will nicht verschweigen, dass hier und da eine gewisse Halsstarrigkeit mitgespielt haben mag, mit der Kurt versuchte, das von ihm als richtig Befundene per ordre de mufti durchzusetzen. Manches Mal ist er auch mit der ihn kennzeichnenden Mischung aus blauäugiger Selbstsicherheit und sarkastischer Überheblichkeit unnötig in die Falle gelaufen. Ich vermute, dass er sich zumeist dabei allzu sicher auf einen seiner eigenen Sinnsprüche verließ: »Wer seine Arbeit nur vorstandsbeschlussfähig macht, macht sie meist nicht empfängerverständlich.« Gewiss bleibt trotzdem, dass es ganze Wolken von Staub waren, die er – und nur er – auf- und weggeblasen hat. Teile davon mögen später wieder auf die verbliebenen, vielleicht sogar mutwillig wiederbelebten Reste barocker Selbstgefälligkeit zurückgesunken sein. Ändern konnte trotzdem niemand mehr etwas daran, dass die Fähigkeit zu moderner Aufgeschlossenheit unter seinem beharrlichen Einfluss unausrottbar Wurzeln geschlagen hatte.

»Geschmack ist gut. Haltung ist besser. Gutes Design kann man an jeder Straßenecke kaufen, eine überzeugende Haltung nicht.« Unverkennbar ist das erneut ein Zitat von Kurt Weidemann – und es kennzeichnet genauer als alles andere die Zielsetzung unserer Zusammenarbeit. Das Ergebnis war sein Verdienst. Mehr konnte niemand von diesem Mann erwarten. Nicht minder trifft allerdings die elegische Feststellung zu, dass sich solche Taten nicht sozusagen von allein auf alle Ewigkeit bewahren. Auch Unternehmen wandeln sich im Laufe der Zeit. Das sichere Gespür für einen Stil, der unverkennbar und untrennbar im Anspruch auf ethischen und charakterlichen Anstand wurzelte, mag dabei an Bedeutung gewinnen oder verlieren. »Lerne, Dich nicht zu scheuen, etwas auf die Gefahr hin zu sagen, dass es so verstanden wird, wie es gemeint ist.« – das war, das ist und das bleibt der Schlüssel zu allen jenen Eigenschaften, die es so überzeugend rechtfertigen, dass Sie diesen einzigartigen Mann heute mit Ihrer Auszeichnung ehren.

»LERNE, DICH NICHT ZU SCHEUEN, ETWAS AUF DIE GEFAHR HIN ZU SAGEN, DASS ES SO VERSTANDEN WIRD, WIE ES GEMEINT IST.«

Kurt Weidemann

Sie dürfen nun einmal froh sein, in einer Branche tätig zu sein, in der nach den Worten Ihres neuen Ehrenmitgliedes »Einwegflaschen keine Chance haben«. Doch halt! Damit wir den für den weiteren Verlauf des Abends versprochenen Genüssen klipp und klar, sprich: ohne jene Zweideutigkeit entgegen sehen können, die man mit der vorhin so liebevoll zitierten Bemerkung des bisherigen amerikanischen Notenbankpräsidenten womöglich auch Ihrem heutigen Laudator unterstellen könnte:

Glückwunsch zu Ihrer Wahlentscheidung – vor allem aber Glückwunsch Dir, lieber Kurt, zu dieser eben so hohen wie wohl verdienten Ehrung! Und damit basta!

JOCHEN ZEITZ

ADC KUNDE DES JAHRES

Laudatio von Sebastian Turner aus Anlass der Ernennung von Jochen Zeitz zum ADC Kunden des Jahres, gehalten am 5. Dezember 2005 im Rahmen der ADC Night of Honour in Berlin.

Die Mitglieder des Art Directors Club haben Ideen. Wenn jemand für Ideen Geld gibt, dann finden wir das eine besonders gute Idee. Wenn jemand aller Welt vorführt, welchen Wert Ideen haben, dann wählen wir ihn zum Kunden des Jahres.

WENN JEMAND ALLER WELT VORFÜHRT, WELCHEN WERT IDEEN HABEN, DANN WÄHLEN WIR IHN ZUM KUNDEN DES JAHRES.

Kunden des Jahres haben Werbegeld in gute Ideen gesteckt und so Unternehmenswert geschaffen – meist mit einer Verzinsung, die auch Heuschrecken beeindrucken würde. Wenn Sie – so, wie die Mitglieder des ADC – von Ideen leben, dann kommen Sie irgendwann auf die Idee, dass man mit Ideen auch ganze Unternehmen führen kann – nicht irgendwohin, sondern zum Erfolg. Nennen Sie es Hybris, wir nennen es Betriebswirtschaftslehre.

In unserer Galerie verdienter Kunden des Jahres gibt es zum Beispiel einen, der sagt: Ohne ständig neue Ideen und ideenreiche Kommunikation hätte er nie aus dem Kleinbetrieb seines Vaters ein internationales Unternehmen aufbauen können. Dieser Kunde des Jahres heißt Erich Sixt.

Heute ehren wir einen Mann, der mit Ideen ein Unternehmen gerettet und – fast »nebenbei« – auch dessen Kommunikation revolutioniert hat. Über Jochen Zeitz und das phänomenale Comeback von Puma ist viel geschrieben worden. Wenn man die Stapel von Hymnen nicht durcharbeiten will, dann muss man nur einen Blick ins Chefbüro der Puma AG werfen.

In dem großen Raum mit den dunkeln Holzwänden atmet man den Geruch eines überlebten Unternehmens. Autoritär, selbstherrlich, dem Untergang geweiht. Aber in dem Saalbau steht nicht mehr der Schreibtisch des Patriarchen Armin Dassler, der die Firma mit seinem Vater erst groß und dann alleine klein gemacht hat. Es gibt gar keinen Schreibtisch mehr – dafür Laufbänder und andere Fitnessgeräte. Im altfränkischen Chefbüro zu Herzogenaurach wird Sport getrieben.

Das ist eine gute Idee, und sie ist so gesund, dass ein Mediziner darauf hätte kommen können. Der gesunde Gedanke ist vom Chef, und er heißt Jochen Zeitz. Die Heldentaten von Jochen Zeitz als Manager sind hoch besungen. Er hat alle Managerpreise erhalten, manche gleich mehrfach. Aber alle Bewunderer haben übersehen, warum Zeitz so erfolgreich ist.

Aber dafür gibt es ja den Art Directors Club. Seine Mitglieder, die sich voller Bescheidenheit als beste Kreative unseres Landes verstehen, haben einen Blick für Ideenversteher. Jochen Zeitz erkennt gute Ideen und kann sie durchsetzen. Das ist es schon.

Das zeigt sich auch, wenn man seine Biografie ansieht. Zeitz wollte Arzt werden. Er stammt aus einer ganzen Dynastie von Leibärzten der sächsischen Kurfürsten. Mediziner zu werden ist da vielleicht keine originelle Idee, aber sicher eine gute. Der Medizin ist mit Jochen Zeitz vermutlich ein großes Talent verloren gegangen, wenn die Taten der Vorfahren Rückschlüsse erlauben. Einem Leibarzt des sächsischen Kurfürsten wird die erste Schilddrüsenoperation zugeschrieben. Hier deutet sich die Gabe für innovative Durchbrüche an. Heute noch viel relevanter ist das Talent eines Zeitz'schen Vorfahren auf dem Gebiet der Senkung der Arzneimittelkosten. Dieser Leibarzt verschrieb August dem Starken gegen jedes Leiden täglich mehrere Tassen Tee.

JOCHEN ZEITZ ERKENNT GUTE IDEEN UND KANN SIE DURCHSETZEN. DAS IST ES SCHON.

Vor das Arztstudium hatte die deutsche Bürokratie den Numerus clausus und eine längere Wartezeit gesetzt. Wer hätte gedacht, dass die Einführung des Medizin-NC einmal einen Sportartikelhersteller retten sollte! Zeitz fing darum in Italien an und überbrückte die Wartezeit für das Physikum in Deutschland mit einem Betriebswirtschaftsstudium, das ihn dann nicht mehr losließ. Nach dem Examen ging Jochen Zeitz nach New York zu Colgate. Warum? Er war sich sicher, in Deutschland bekommt man jung keine Verantwortung. Deutschland ist nicht nachtragend. Wenige Jahre später wurden Jochen Zeitz zum jüngsten Vorstandschef einer Aktiengesellschaft bestellt – in Deutschland, mit nicht einmal dreißig Jahren. Allerdings: Das Unternehmen war schwer verwundet. Und es waren internationale Finanzinvestoren, die ihn gegen die deutsche Gruppe im Puma-Aufsichtsrat durchsetzten. Irgendwann wird man in Herzogenaurach noch einmal ein Denkmal für Heuschrecken errichten.

Wenn man verstehen will, wie Jochen Zeitz die vom Aussterben bedrohte Puma-AG wieder päppelte, hilft vielleicht ein Blick in seine Jugend. Mit zwölf Jahren sah Jochen Zeitz zum ersten Mal einen Puma – in der Stuttgarter Wilhelma. An den Füßen hatte er schon vorher welche, lange bevor er in der ersten Bundesliga American Football spielte. Es ist nicht überliefert, was den jungen Jochen mehr beeindruckte: Dass ein Puma jedes Tier erlegen kann – oder dass auf das Revier eines Puma-Männchen immer mehrere Weibchen kommen.

Nicht auszuschließen, dass hier früh die Erkenntnisse gewonnen wurden, die Pumas Erfolgsstrategie begründen. Erstens: Nirgendwo steht geschrieben, dass eine Sportmarke grundsätzlich nach einer unbelüfteten Umkleidekabine riechen muss. Und zweitens: Die Hälfte der Menschen sind Frauen. Jochen Zeitz brach mit Puma in deren wohlriechende Reviere auf. Aus den Billigtretern wurde die Sports-Lifestyle-Marke, die auch Frauen kaufen.

Dabei dürfte Zeitz eine profunde Analyse eines Mitgliedes der Akademie der Künste behilflich gewesen sein, in deren Haus der ADC Zeitz ehrte. Vicco von Bülow – alias Loriot – stellte fest, dass Sportschuhe heute nur echt sind, wenn sie so aussehen, als sei man in ein Stück Torte getreten. Ghettoblaster für die Füße – das beeindruckt halbstarke Fußballer – aber macht keinen schlanken Fuß. Gegen die amerikanische Schaumstoff-Hochrüstungsstrategie setzte Zeitz die filigranen Schläppchen, die Formel-1-Rennfahrer tragen. Das ist gerade noch männlich genug, damit emanzipierte Frauen es feminin finden. Bei Männern heißt das gegenwärtig metrosexuell.

Die Jahre von Jochen Zeitz – über ein Jahrzehnt – an der Spitze von Puma sind zu dicht gespickt mit ideenreichen Erfolgen, dass sie hier vollständig aufgezählt werden könnten. Ein paar Stichwörter zeigen das Spektrum: die neue Sportart Street Soccer, Serena Williams im schwarzen Catsuit, die Bobmannschaft von Jamaika, Mode-Sponsoring der Formel 1, der Einteiler für die Mannschaft von Kamerun und anschließend der dankenswerte Wirbel der FIFA. Mit diesen Innovationen gelang der Wiederaufstieg vom Wühltisch im Billigkaufhaus zu eigenen Flagshipstores in den Weltmetropolen.

Jeder Mensch, der Ideen schätzt, würde sagen: Jochen Zeitz' Wahl zum Kunden des Jahres ist eine Selbstverständlichkeit. Die ADC Mitglieder achten aber auch noch auf etwas anderes. Wir achten bei unserem Kunden des Jahres auf den Umgang! Wer sich nicht mit erstklassigen Kreativen umgibt, den können wir nicht so richtig lieb haben. Erstklassige Kreative erkennen wir im Art Directors Club zum Beispiel daran, dass sie Mitglied im Art Directors Club sind. Da sieht es bei Puma zurzeit etwas mau aus, wenn ich das einmal so direkt sagen darf. Bei näherem Blick zeigt sich allerdings, dass das weniger das Problem von Puma ist, sondern vielmehr unseres. Für die Puma-Produkte arbeiten Top-Designer wie Tom Ford, Jil Sander und Philippe Starck, die Kampagnen werden gemacht von Weltstars wie Juergen Teller und Katharina Sieverding. Allesamt Kreative von Weltrang – aber keine Mitglieder des ADC. Wir müssen unser Aufnahmeverfahren vielleicht noch einmal den Bedingungen der Globalisierung anpassen.

»MIT MARKTFORSCHUNG WÄREN WIR NIE ZUM ZIEL GEKOMMEN. UNS WÄREN ZU VIELE GUTE IDEEN VERLOREN GEGANGEN.«

Jochen Zeitz

Vielleicht können wir sogar von Jochen Zeitz lernen, wie wir diese Leute erkennen. Er sagt: »Spitzenkreative erkennt man daran, dass sie wissen, was sie wollen.« Und Kunden können von Zeitz lernen, wie man mit solchen Leuten umgeht. Er sagt: »Man muss sie machen lassen.« Und noch ein Zitat: »Mit Marktforschung wären wir nie zum Ziel gekommen. Uns wären zu viele gute Ideen verloren gegangen.«

Jochen Zeitz hat mit Ideen eine sterbende Marke zu einem Welterfolg gemacht, er hat mit Ideen ein Unternehmen gerettet, er hat mit Ideen seine Aktionäre atemberaubend reich gemacht und er hat – unter dem Strich – viele neue Arbeitsplätze im Ausland und in Deutschland geschaffen.

Viel mehr kann man mit Ideen nicht erreichen!

GEKOCHTER PINGUIN

Wie bringt man 85 hoffnungsvolle kreative Nachwuchstalente dazu, wochenlang über Pinguine nachzudenken? Genauer: über die Steigerung des Verzehrs von Pinguinen und ihres Abverkaufs? Indem man ein ADC Junior-Seminar abhält.

Wie gewohnt mit den spannendsten und besten deutschen Kreativen als Referenten, die in 5 Städten all ihre Berufsgeheimnisse verrieten. Wie gewohnt mit reger Teilnahme vom Kreativ-Nachwuchs und begeistertem Feedback aller Teilnehmer. Wie gewohnt mit einem Briefing an die Junioren, dessen beste Lösung zu Ruhm, Ehre und einer Reise nach Miami führte.

Doch halt! Ich korrigiere: Diesmal mit einem Briefing, das überhaupt nicht wie gewohnt war. Einem Briefing, das sich gewaschen hatte. Einem echten Briefing. Einem Briefing, das auch erfahrene Kreative das Fürchten lehren würde. Geschweige denn Junioren. Einem Briefing für einen TV-Spot aus dem Hause Ferrero. Das Produkt: Kinder Pingui. Der Milchsnack, der leicht schmeckt, aber nicht leicht genannt werden darf.
Der für Kinder und Erwachsene gleichermaßen lecker ist, was auch gezeigt werden soll. Und zwar wenn möglich, da es sich um ein Frischeprodukt aus dem Kühlregal handelt, unter Einbeziehung eines Kühlschranks in die Handlung. (Um nur die wichtigsten Briefingpunkte zu nennen.)

Hilfe! Geht's noch! Das ist ja wie im wirklichen Werberleben! Wo bleiben die typischen Studentenaufgaben wie: »Machen Sie eine Imagekampagne für die Liebe.«?
Sind wir denn komplett verrückt geworden? Was soll denn bei so einem Hardcore-Briefing herauskommen? Ganz viel Gutes. Ganz viel Witziges. Ganz viel Erfrischendes (mindestens so frisch wie ein Kinder Pingui, frisch aus dem Kühlregal!). Ganz viel.

Es gab eine Rekordbeteiligung von 37 Teams, die insgesamt 42 Konzepte eingereicht haben, und einen klaren Gewinner: Der gekochte Pinguin. (Das Rezept bzw. das Treatment zum Nachlesen gibt's unter www.adc.de.) Wir hoffen alle, dass dieser Film irgendwann on Air gehen wird.

Vielen Dank allen Referenten, Coaches, Ferrero und natürlich dem Pinguin-Koch Philipp Janz.

Dörte Spengler-Ahrens,
ADC Vorstand, Seminare und Nachwuchs

Wir sehen eine Mutter in der Küche am Herd stehen und kochen. Zwei kleine Kinder (ein Junge und ein Mädchen, 5–6 Jahre) kommen in die Küche gestürmt und entdecken zwei Riegel Kinder Pingui, die neben dem Herd liegen.

Die Mutter sieht die gierigen Blicke der Kinder und versucht die Riegel mit einem Topflappen zu verdecken. Die Kinder jedoch sind schneller und schnappen die Riegel weg. Während das Mädchen einen der Riegel auspackt fragt es:

Du Mama, warum heißt Kinder Pingui eigentlich Kinder Pingui?

Die Mutter schaut ihre Kids verärgert an und beginnt zu erzählen:

Nun ja, das liegt an den leckeren Zutaten. Jedes Jahr nämlich, wenn die Pinguinmamas ihre Jungen auf die Welt bringen, kommen große böse Menschen und stecken die Kinderpinguine in einen Sack ...

Die Mutter gestikuliert eindrucksvoll, wie die Kinderpinguine gefangen und in den Sack gesteckt werden.

Dann werden die Kinderpinguine in eine grausame Fabrik gebracht und in einem riesigen Kochtopf auf über 1000 Grad erhitzt ...

Zur Verdeutlichung dreht die Mutter den Herd voll auf und rührt wie besessen in ihrem Topf.

Wenn alle Kinderpinguine zerkocht sind, wird die heiße Suppe mit Schokolade vermischt und tiefgefroren. Dann wird das Ganze in handliche Stücke zerhackt und lustig verpackt.

Die Mutter hackt mit einem Küchenmesser auf dem Tisch rum und lacht diabolisch.

Die Kinder sind den Tränen nahe und halb gelähmt vor Ekel und Schock. Mit zittrigen Händen geben sie ihre Riegel der Mutter zurück. Die Mutter beißt genüsslich erst in den einen, dann in den anderen und sagt:

Noch Fragen?

Packshot/Off:

Für Kinder allein viel zu schade.

Kinder Pingui.

Kauen macht schlau

Von britischen Forschern bestätigt: Kauen fördert die Merkfähigkeit um bis zu 35% gegenüber nicht-kauenden Vergleichsgruppen. Das Herz klopft schneller, die Sauerstoffversorgung des Gehirns läuft beim Kauen auf Hochtouren.

Unser Herz schlägt schon schneller beim Gedanken an außergewöhnliche Druck-Herausforderungen wie beim ADC Buch.
Das wissen schlaue ADC Mitglieder und fragen auch andere Jobs bei uns an.
Und weil Kaugummikauen vor allem das Kurzzeitgedächtnis beflügelt, zögern Sie nicht, fragen Sie uns an:
Universitätsdruckerei H. Schmidt
Telefon 0 61 31-50 60-0
bsf@universitaetsdruckerei.de

Universitätsdruckerei
H. Schmidt Mainz

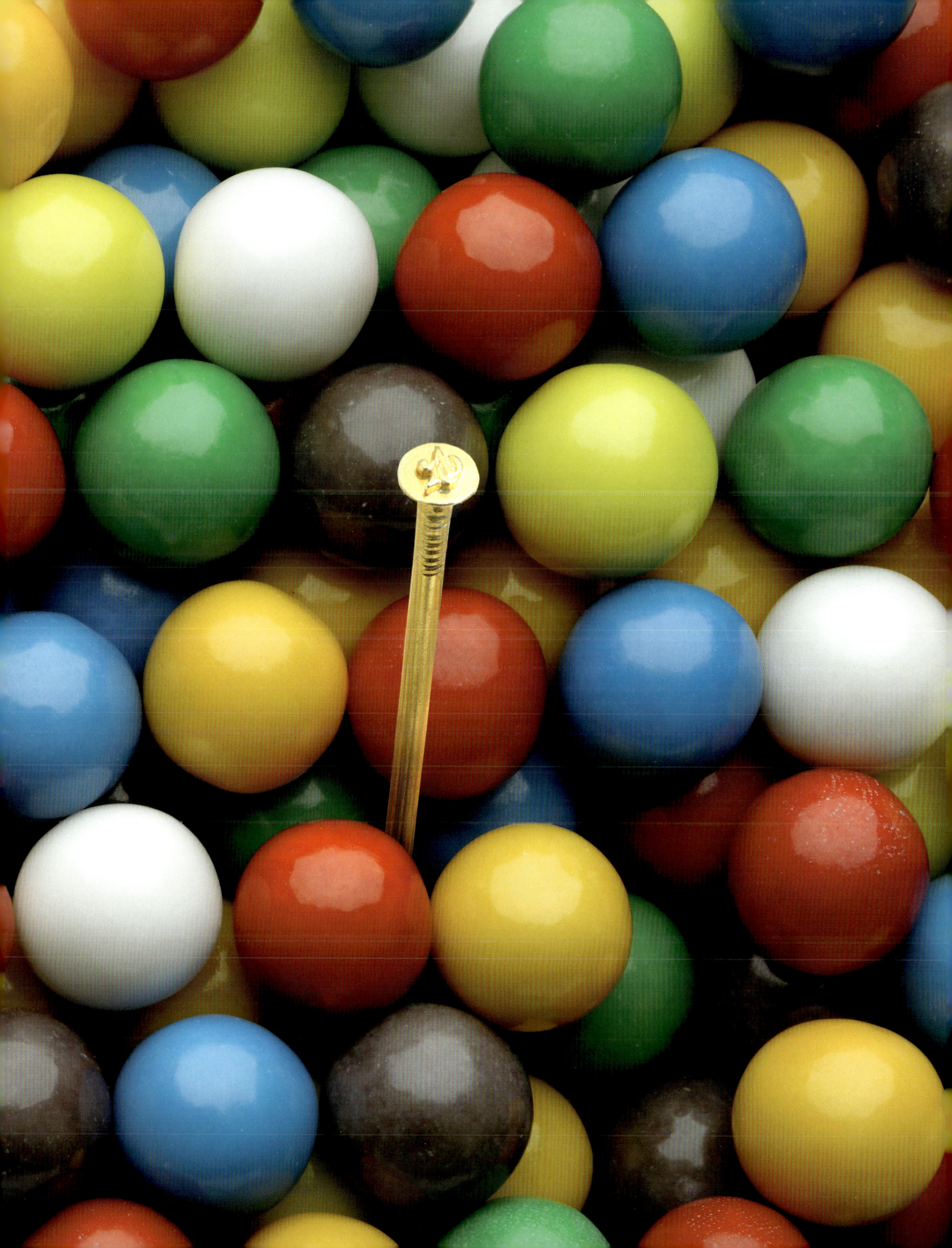

ART DIRECTORS CLUB FÜR DEUTSCHLAND – DIE MITGLIEDER

Tobias Ahrens
Creative Director
Springer & Jacoby
Werbeagentur GmbH & Co. KG
Poststraße 18
20354 Hamburg
T 0 40.3 56 03-1 55
F 0 40.3 56 03-6 66
tobias.ahrens@adc.de
JURYMITGLIED

André Aimaq
Creative Director, Mitinhaber
Aimaq·Rapp·Stolle
Werbeagentur GmbH
Münzstraße 15
10178 Berlin
T 0 30.30 88 71-0
F 0 30.30 88 71-71
andre.aimaq@adc.de

Hans-Peter Albrecht
Texter
hp albrecht werbeagentur gmbh
Geyerstraße 13 b
80469 München
T 0 89.20 25 60-0
F 0 89.20 25 60-20
hanspeter.albrecht@adc.de
JURYMITGLIED

Christian von Alvensleben
Fotograf
Christian von Alvensleben
Photography
Hoeter Berg 21 A
23843 Bad Oldesloe
T 0 45 31.8 80 13 10
F 0 45 31.8 80 13 11
christianvon.alvensleben@adc.de
JURYMITGLIED

Niels Alzen
Geschäftsführender Gesellschafter
santamaria
Heinrichstraße 9
22769 Hamburg
T 0 40.3 99 22-10
F 0 40.3 99 22-129
niels.alzen@adc.de

Paul Apostolou
Creative Director
Elephant Seven AG
Gerhofstraße 1–3
20354 Hamburg
T 0 40.3 41 01-315
F 0 40.3 41 01-101
paul.apostolou@adc.de
JURYMITGLIED

Ulf Armbrust
Creative Director
Hofweg 19
22085 Hamburg
T 0 40.22 71 42 27
F 0 40.22 71 61 96
ulf.armbrust@adc.de

Jürgen Assmann
Creative Director
Eppendorfer Baum 13
20249 Hamburg
T 0 40.48 43 93
F 0 40.46 77 59 31
mobil 01 71.2 11 03 50
juergen.assmann@adc.de

Fred Baader
Creative Director, Mitinhaber
Baader Hermes
Werbeagentur GmbH
Fischertwiete 1 (Chilehaus)
20095 Hamburg
T 0 40.8 08 05-24 15
F 0 40.8 08 05-24 19
fred.baader@adc.de
JURYMITGLIED

Stefan Baggen
Creative Director, Geschäftsführer
BaggenDesign GmbH
Martinstraße 47–55, Gebäude F
40223 Düsseldorf
T 02 11.61 71 76-27
F 02 11.61 71 76-21
stefan.baggen@adc.de

Frank Bannöhr
Creative Director
Springer & Jacoby
3. Werbeagentur GmbH & Co. KG
Poststraße 18
20354 Hamburg
T 0 40.3 56 03-4 40
F 0 40.3 56 03-6 66
frank.bannoehr@adc.de

Michael Barche
Creative Director, Geschäftsführer
gudella, barche. Werbeagentur
GmbH & Co KG
Palmaille 55
22767 Hamburg
T 0 40.3 80 86 34-0
F 0 40.3 80 86 34-11
mobil 01 78.4 83 26 66
michael.barche@adc.de
JURYMITGLIED

Alexander Bartel
Creative Director, Geschäftsführer
GBK, Heye Werbeagentur GmbH
Linprunstraße 16
80335 München
T 0 89.54 24 43 13
F 0 89.54 24 43 10
alexander.bartel@adc.de
JURYMITGLIED

Prof. Christoph Barth
Professor für visuelle Kommunikation
FH Würzburg/Schweinfurt,
Fachbereich Gestaltung
Münzstraße 12
97070 Würzburg
mobil 01 62.2 89 02 03
christoph.barth@adc.de

Dirk Bartos
Creative Director, Geschäftsführer
Bartos Kersten Printmediendesign
Heinrichstraße 11
22769 Hamburg
T 0 40.42 10 65 33
F 0 40.42 10 65 37
dirk.bartos@adc.de
JURYMITGLIED

Joerg Bauer
Grafik-Designer
joergbauerdesign/DortenBauer
Christophstraße 6
70178 Stuttgart
T 07 11.7 65 22 30
F 07 11.7 65 22 31
joerg.bauer@adc.de
JURYMITGLIED

Asta Baumöller
Managing Director
VIVA SCHWEIZ S Media Vision AG
Schaffhauserstrasse 550
CH 8052 Zürich
T 00 41.44.5 56 56-02
F 00 41.44.5 56 56-57
asta.baumoeller@adc.de
JURYMITGLIED

Toygar Bazarkaya
Creative Director
Springer & Jacoby
Erste Werbeagentur GmbH
Gänsemarkt 35
20354 Hamburg
T 0 40.35 60 31 93
F 0 40.35 60 34 11
toygar.bazarkaya@adc.de

ADC MITGLIEDER 579

Jan Bazing
Illustrator
Jan Bazing Illustrationsatelier
Seyfferstraße 91
70197 Stuttgart
T 07 11.63 86 73
F 07 11.63 86 74
jan.bazing@adc.de

Wolfgang Behnken
Art Director
Funk+Behnken
Hohe Bleichen 24
20354 Hamburg
T 0 40.35 01 66-80
F 0 40.35 01 66-88
mobil 01 72.9 24 89 76
wolfgang1.behnken@adc.de
JURYMITGLIED

Wolfgang Behnken
Creative Director, Mitinhaber
Baader Hermes
Werbeagentur GmbH
Fischertwiete 1 (Chilehaus)
20095 Hamburg
T 0 40.8 08 05-24 13
F 0 40.8 08 05-24 19
wolfgang.behnken@adc.de
JURYMITGLIED

Jochen Beithan
Creative Director
JBCC Jochen Beithan
Corporate Communcation
Bismarckstraße 4
35781 Weilburg
T 0 64 71.13 40
F 0 64 71.37 96 23
mobil 01 73.9 74 00 85
jochen.beithan@adc.de

Bernd Beitz
Geschäftsführer
TrioBRANDINSIDER
Integrated Brand Marketing
Große Elbstraße 133
22767 Hamburg
T 0 40.3 17 66-4 02
F 0 40.3 17 66-4 44
bernd.beitz@adc.de

Arwed Berendts
Geschäftsführer Kreation
Saint Elmo's Agentur für Kreative
Energie GmbH
Max-Joseph-Straße 7a
80333 München
T 0 89.59 99 58-0
F 0 89.59 99 58-88
arwed.berendts@adc.de

Matthias Berg
Creative Director, Consultant
MATTHIAS BERG arbeitet.
Elbchaussee 28
22765 Hamburg
T 0 40.36 00 69 30
F 0 40.36 00 69 39
mobil 01 72.2 00 18 79
matthias.berg@adc.de

Kathrin Berger
Freier Art Director, Creative Director
Köhlbrandtreppe 1
22767 Hamburg
F 0 40.38 59 26
mobil 01 72.4 56 25 42
kathrin.berger@adc.de
JURYMITGLIED

Prof. Hans-Joachim Berndt
Regisseur, Geschäftsführer
House of Packshots GmbH
Film- und Fernsehproduktion
Franklinstraße 12–14
10587 Berlin
T 0 30.39 83 69-10
F 0 30.39 83 69-25
hansjoachim.berndt@adc.de
JURYMITGLIED

Michi Besler
Musiker, Komponist
EARDRUM Music + Sound Design
Langbehnstraße 4
22761 Hamburg
T 0 40.4 39 27 77
F 0 40.4 39 27 62
mobil 01 772.99 51 51
michi.besler@adc.de

Reinhard Besser
Komponist, Musikproduzent
BESSER MUSIC
production & consulting
Ziegelhüttenweg 27–31
60598 Frankfurt am Main
T 0 69.69 76 66-20
F 0 69.69 76 66-21
reinhard.besser@adc.de
JURYMITGLIED

Joachim Beutler
Creative Director
c-one.net/communication network
Hansaallee 159
40549 Düsseldorf
T 02 11.9 04 94 13
F 02 11.39 41 71
mobil 01 72.6 46 44 56
joachim.beutler@adc.de

Matthias Birkenbach
Geschäftsführer Kreation
Signum communication GmbH
Lange Rötterstraße 11
68167 Mannheim
T 06 21.3 39 74-1 40
mobil 01 70.9 07 76 99
matthias.birkenbach@adc.de

Lars Uwe Bleher
Architekt, Ausstellungsgestalter
Atelier Markgraph GmbH
Hamburger Allee 45
60486 Frankfurt am Main
T 0 69.9 79 93-0
F 0 69.9 79 93-11 81
larsuwe.bleher@adc.de
ROOKIE

Helge Blöck
Creative Director
TBWA Werbeagentur GmbH
Rosenstraße 16–17
10178 Berlin
T 0 30.44 32 93-2 48
F 0 30.44 32 93-3 99
mobil 01 72.3 88 87 50
helge.bloeck@adc.de
JURYMITGLIED

Dieter Blum
Fotograf
Studio Dieter Blum
Ina-Seidel-Weg 26
73732 Esslingen
T 07 11.37 70 66
F 07 11.3 70 25 53
mobil 01 78.2 59 47 77
dieter.blum@adc.de

Timo Blunck
Komponist
BLUWI | Blunck & Will
Mühlenkamp 63 a
22303 Hamburg
T 0 40.27 87 85 67
F 0 40.27 80 66 12
mobil 01 72.5 45 57 07
timo.blunck@adc.de
JURYMITGLIED

Rainer Bollmann
Geschäftsführer Kreation
McCann Erickson Frankfurt GmbH
Großer Hasenpfad 44
60598 Frankfurt am Main
T 0 69.6 05 07-1 92
F 0 69.6 05 07-5 42
rainer.bollmann@adc.de
JURYMITGLIED

Michael Borch
Geschäftsführer
Michael Borch Werbung GmbH
Roßpfad 55
40489 Düsseldorf
T 02 11.40 48 85
F 02 11.4 08 93 84
michael.borch@adc.de

Philip Borchardt
Creative Director
TBWA Werbeagentur GmbH
Rosenstraße 16–17
10178 Berlin
T 0 30.44 32 93-2 80
F 0 30.44 32 93-3 99
philip.borchardt@adc.de
JURYMITGLIED

Mirko Borsche
Art Director SZ-Magazin
Magazin Verlagsgesellschaft
Süddeutsche Zeitung mbH
Rindermarkt 5
80331 München
T 0 89.21 83 95 49
F 0 89.2 60 82 17
mirko.borsche@adc.de
JURYMITGLIED

Frank Brammer
Gesellschafter
Franken Architekten GmbH
Hochstraße 17
60313 Frankfurt am Main
T 0 69.2 97 28-30
F 0 69.2 97 28-3 29
frank.brammer@adc.de
JURYMITGLIED

Prof. Lo Breier
Creative Director Art
mobil 00 43.66 49 19 43 49
lo.breier@adc.de
JURYMITGLIED

Peter Breul
Art Director
Frankfurter Allgemeine Zeitung
GmbH
Hellerhofstraße 2–4
60327 Frankfurt am Main
T 0 69.75 91 28 38
peter.breul@adc.de

IZVORIŠNE OSNOVE

Izražavajući tisućljetnu nacionalnu samobitnost i državnu opstojnost hrvatskoga naroda, potvrđenu slijedom ukupnoga povijesnoga zbivanja u različitim državnim oblicima te održanjem i razvitkom državotvorne misli o povijesnom pravu hrvatskoga naroda na punu državnu suverenost, što se očitovalo:

- u stvaranju hrvatskih kneževina u VII. stoljeću;
- u srednjovjekovnoj samostalnoj državi Hrvatskoj utemeljenoj u IX. stoljeću;
- u Kraljevstvu Hrvata uspostavljenome u X. stoljeću;
- u održanju hrvatskoga državnog subjektiviteta u hrvatsko-ugarskoj personalnoj uniji;
- u samostalnoj i suverenoj odluci hrvatskoga sabora godine 1527. o izboru kralja iz Habsburške dinastije;
- u samostalnoj i suverenoj odluci Hrvatskoga sabora o pragmatičnoj sankciji iz godine 1712.;
- u zaključcima Hrvatskoga sabora godine 1848. o obnovi cjelovitosti Trojedne Kraljevine Hrvatske pod banskom vlašću, na temelju povijesnoga, državnoga i prirodnoga prava hrvatskog naroda;
- u Hrvatsko-ugarskoj nagodbi 1868. godine o uređenju odnosa između Kraljevine Dalmacije, Hrvatske i Slavonije i Kraljevine Ugarske na temelju pravnih tradicija obiju država i Pragmatičke sankcije iz godine 1712.;
- u odluci Hrvatskoga sabora 29. listopada godine 1918. o raskidanju državno pravnih odnosa Hrvatske s Austro-Ugarskom te o istodobnu pristupanju samostalne Hrvatske, s pozivom na povijesno i prirodno nacionalno pravo, Državi Slovenaca, Hrvata i Srba, proglašenoj na dotadašnjem teritoriju Habsburške Monarhije;
- u činjenici da odluku Narodnoga vijeća Države SHS o ujedinjenju sa Srbijom i Crnom Gorom u Kraljevini Srba, Hrvata i Slovenaca (1. prosinca 1918. godine), godine), poslije (3. listopada 1929. godine) proglašenoj Kraljevinom Jugoslavijom, Hrvatski sabor nikada nije sankcionirao;
- u osnutku Banovine Hrvatske godine 1939. kojom je obnovljena hrvatska državna samobitnost u Kraljevini Jugoslaviji;
- u uspostavi temelja državne suverenosti u razdoblju drugoga svjetskog rata, izraženoj nasuprot proglašenju Nezavisne Države Hrvatske (1941.) u odlukama Zemaljskoga antifašističkog vijeća narodnog oslobođenja Hrvatske (1943.), a potom

Niemand korrigiert schneller.

2.1.1 Clasificación en función del tipo de modelo utilizado

Siguiendo a Draper y Herce (1994), los modelos que estima el impacto de la inversión pública se pueden clasificar en tres categorías principales: modelos contables, modelos estructurales y modelos que utilizan otras metodologías.

a) Modelos Contables

Los modelos contables son los que recogen representaciones estilizadas del fenómeno utilizando normalmente descomposiciones algebraicas y que, en general, no abordan los efectos de las infraestructuras. Esta categoría arranca de los modelos de contabilidad del crecimiento con un artículo de Solow (1957) y se ha prolongado hasta la actualidad dando lugar a numerosos trabajos. Entre ellos figuran los de Diamond (1989) y Barro (1991). El primero analiza la influencia del gasto del gobierno por componentes y agregado sobre la tasa de crecimiento del PIB. El segundo considera las tasas de inversión pública y privada dentro de un vector de variables explicativas de la tasa de crecimiento económico de un país. Bajo este epígrafe se engloban también una amplia gama de modelos de crecimiento del sector público, que estudian su influencia sobre la actividad económica.

b) Modelos Estructurales

Estos modelos representan propiedades técnicas o relaciones de comportamiento de los agentes económicos. Dentro de ellos cabe distinguir dos grandes subcategorías, dependiendo de que adopten una perspectiva de equilibrio parcial o general.

b.1 Modelos de Equilibrio Parcial

El punto de partida del análisis es la teoría neoclásica de la producción. Consiste en estimar funciones de producción ampliadas, en las que el capital público interviene como un factor que no recibe retribución por su productividad marginal, trasladándose aquélla al resto de los factores. Las especificaciones más utilizadas para la función de producción son la *Cobb-Douglas* y la translog. Para superar las limitaciones de estas especificaciones un marco de referencia adecuado lo proporciona la teoría de la dualidad, que es una forma alternativa de enfocar el problema de optimización del productor. Bajo esta teoría se estiman funciones de beneficio, o su equivalente, funciones de costes que reflejan el comportamiento optimizador de la empresa representativa. Bien optimizando beneficios o bien minimizando costes, se puede obtener la dotación óptima de los inputs variables y fijos (siendo uno de ellos la dotación de capital público en infraestructuras), estimar el precio o valor sombra del capital público, aislar el efecto de las infraestructuras de las economías de escala que afectan a la empresa y distinguir entre los efectos

Heike Brockmann
Creative Director
Scholz & Volkmer GmbH
Schwalbacher Straße 76
65138 Wiesbaden
T 06 11.1 80 99-33
F 06 11.1 80 99-77
heike.brockmann@adc.de
JURYMITGLIED

Felix Bruchmann
Creative Director, Gesellschafter
trio westag BSB
Hülchrather Straße 17–23
50670 Köln
T 02 21.97 35 3-0
F 02 21.97 35 3-1 39
mobil 01 72.2 40 62 68
felix.bruchmann@adc.de

Jörg Bruchmann
Creative Director
trio westag BSB
Hülchrather Straße 17–23
50670 Köln
T 02 21.97 35 3-0
F 02 21.97 35 3-1 39
joerg.bruchmann@adc.de

Prof. Uwe R. Brückner
Creative Director
Atelier Brückner GmbH
Quellenstraße 7
70376 Stuttgart
T 07 11.50 00 77-0
F 07 11.50 00 77-22
uwe.brueckner@adc.de

Rob Brünig
Geschäftsführer Creation
Ogilvy & Mather Düsseldorf
GmbH & Co. KG
Am Handelshafen 2–4
40221 Düsseldorf
T 02 11.4 97 00-0
F 02 11.4 97 00-2 43
robert.bruenig@adc.de
JURYMITGLIED

Hans-Jakob Bruppacher
Creative Director, Geschäftsführer
Bruppacher + Partner AG
Florastrasse 14
CH 4502 Solothurn
T 00 41.32.6 22 64 41
F 00 41.32.6 22 63 93
hansjakob.bruppacher@adc.de

Carsten Buck
Grafik-Designer
Mutter GmbH
Eppendorfer Weg 87a
20259 Hamburg
T 0 40.48 40 47-0
F 0 40.4 91 52 65
carsten.buck@adc.de

Holger Bultmann
Geschäftsführer Kreation
santamaria
Heinrichstraße 9
22769 Hamburg
T 0 40.39 92 21 21
F 0 40.39 92 21 29
holger.bultmann@adc.de
ROOKIE

Hans-Jürgen Burkard
Fotograf
Freier Fotograf
Kutusowskij Pr. 7/4 Kp1 Kw. 244
RU 121248 Moskau
T 0 07.4 95.9 56 20 77
mobil 01 72.4 02 40 20
hansjuergen.burkard@adc.de

Sönke Busch
Freier Art Director, Creative Director
www.buschwork.com
Papenhuderstraße 30
22087 Hamburg
T 0 40.22 92 99 00
mobil 01 60.90 11 20 68
soenke.busch@adc.de
JURYMITGLIED

Uwe Buschkötter
Inhaber
UBM RECORDS GMBH
Musikproduktion
Tieckstraße 16
10115 Berlin
T 0 30.28 04 09 57
F 0 30.28 04 09 59
uwe.buschkoetter@adc.de

Werner Butter
Creative Director
Butter. Agentur für Werbung GmbH
Kronprinzenstraße 87
40217 Düsseldorf
T 02 11.8 67 97 0
F 02 11.8 67 97 86
werner.butter@adc.de

Thomas Caspari
Regisseur, Fotograf
Casparifilm Produktions GmbH
Rilkestraße 25
40668 Meerbusch
T 0 21.50.70 52 0
F 0 21.50.70 52 23
thomas.caspari@adc.de

Thomas Chudalla
Executive Creative Director
DDB Tokyo 9th floor Hiroo Plaza
5-6-6 Hiroo Shibuya-ku
JP 150-0012 Tokyo
T 00 81.3 57 91 10 20
F 00 81.3 57 91 10 21
thomas.chudalla@adc.de

Veronika Classen
Creative Director, Mitinhaberin
REINSCLASSEN
Agentur für Sprache
Schwanenwik 32
22087 Hamburg
T 0 40.22 69 27-0
F 0 40.22 69 27-70
veronika.classen@adc.de
JURYMITGLIED

René Clohse
Fotograf
Francheville 6B
B 4970 Stavelot
T 00 32.80.88 11 08
F 00 32.80.88 04 83
rene.clohse@adc.de
JURYMITGLIED

Mats Cordt
Fotograf
Mats Cordt Photography
Lagerstraße 32c Hof
20357 Hamburg
T 0 40.41 92 18 72
F 0 40.41 92 18 76
mats.cordt@adc.de

Olaf Czeschner
Creative Partner
NEUE DIGITALE
Agentur für neue Medien GmbH
Falkstraße 5
60487 Frankfurt am Main
T 0 69.7 04 03-2 00
F 0 69.7 04 03-5 00
olaf.czeschner@adc.de
JURYMITGLIED

Arndt Dallmann
Chief Creative Officer
Atletico International Advertising
Calle Amistad 21–23
ES 08005 Barcelona
T 00 34.93.2 27 42 00
F 00 34.93.2 27 42 90
mobil 00 34.6 99 90 95 53
arndt.dallmann@adc.de
JURYMITGLIED

Mariusz Jan Demner
Geschäftsleitung
Demner, Merlicek & Bergmann
Werbegesellschaft mbH
Lehargasse 9–11
A 1061 Wien
T 00 43.1.5 88 46-52
F 00 43.1.5 88 46-69
mariuszjan.demner@adc.de

Hajo Depper
Creative Director
RG Wiesmeier Werbeagentur AG
Landsberger Straße 404
»Campus West«
81241 München
T 0 89.29 00 89-34
F 0 89.2 04 00-27-34
mobil 01 72.8 40 59 34
hajo.depper@adc.de

Feico Derschow
Creative Consultant, Dozent
MCAD – MasterClassArtDirection
MasterClass e.V.
Stielerstraße 7
80336 München
T 0 89.76 62 60
F 0 89.2 04 00-27-34
mobil 01 71.6 75 99 12
feico.derschow@adc.de
JURYMITGLIED

Kurt Georg Dieckert
Chief Creative Officer
TBWA Werbeagentur GmbH
Rosenstraße 16–17
10178 Berlin
T 0 30.44 32 93-0
F 0 30.44 32 93-3 99
kurtgeorg.dieckert@adc.de
JURYMITGLIED

Oliver Diehr
Art Director
Heye & Partner GmbH
Werbeagentur GWA
Ottobrunner Straße 28
82008 Unterhaching
T 0 89.6 65 32-1 63
F 0 89.6 65 32-3 80
oliver.diehr@adc.de
JURYMITGLIED

Kirsten Dietz
Grafik-Designerin, Geschäftsführerin
strichpunkt agentur für
visuelle kommunikation gmbh
Schönleinstraße 8a
70184 Stuttgart
T 07 11.62 03 27-0
F 07 11.62 03 27-10
kirsten.dietz@adc.de
JURYMITGLIED

Prof. Tanja Diezmann
Geschäftsführende Gesellschafterin
pReview digital design GmbH
Kastanienallee 29–30
10435 Berlin
T 0 30.4 43 51 95-0
F 0 30.4 43 51 95-99
tanja.diezmann@adc.de

Frank Dovidat
Managing Partner
Publicis Hamburg GmbH
Große Elbstraße 39
22767 Hamburg
T 0 40.3 81 07-3 50
F 0 40.3 81 07-3 01
frank.dovidat@adc.de
JURYMITGLIED

Uwe Düttmann
Fotograf
Studio Uwe Düttmann
Mörikestraße 22 a + b
22587 Hamburg
T 0 40.86 60 06 66
F 0 40.86 60 06 88
uwe.duettmann@adc.de
JURYMITGLIED

Dietrich Ebert
Grafik-Designer, Illustrator
D. & I. Ebert Grafik &
illustrative Dinge
Braikinbachweg 12
72766 Reutlingen
T 0 71 21.4 57 47
F 0 71 21.47 04 10
dietrich.ebert@adc.de

Axel Eckstein
Art Director
Jung von Matt/Limmat AG
Wolfbachstrasse 19
CH 8032 Zürich
T 00 41.1.2 54 66 49
axel.eckstein@adc.de
JURYMITGLIED

Tobias Eichinger
Creative Director
Jung von Matt/Neckar GmbH
Eberhardstraße 69–71
70173 Stuttgart
T 07 11.24 89 84-5 39
F 07 11.24 89 84-40
tobias.eichinger@adc.de
JURYMITGLIED

Kay Eichner
Creative Director Text
weigertpirouzwolf
Werbeagentur GmbH
Waterloohain 9
22769 Hamburg
T 0 40.4 32 39-2 42
F 0 40.4 32 39-2 22
mobil 01 72.4 26 00 90
kay.eichner@adc.de
JURYMITGLIED

Joseph Emonts-Pohl
Creative Director Art
Angela Liedler GSW Werbeagentur
Spichernstraße 44
50672 Köln
T 02 21.5 69 06 90
F 02 21.56 90 69 29
mobil 01 73.9 77 94 47
joseph.emontspohl@adc.de
JURYMITGLIED

Lutz Engelke
Geschäftsführer
Triad Berlin Projektgesellschaft mbH
Marburger Straße 3
10789 Berlin
T 0 30.21 90 98-82
F 0 30.21 90 98-61
lutz.engelke@adc.de
JURYMITGLIED ROOKIE

Johannes Erler
Partner
Factor Design AG
Schulterblatt 58
20357 Hamburg
T 0 40.43 25 71-34
F 0 40.43 25 71-99
johannes.erler@adc.de
JURYMITGLIED

Christoph Everke
Creative Director, Geschäftsleitung
Serviceplan
Dritte Werbeagentur GmbH
Haus der Kommunikation
80250 München
T 0 89.20 50 13 54
christoph.everke@adc.de
JURYMITGLIED

Kai Fehse
Werbetexter
For Sale Werbeagentur AG
Nymphenburger Straße 86
80636 München
T 0 89.1 20 09-1 02
F 0 89.1 20 09-5 00
kai.fehse@adc.de
JURYMITGLIED

Klaus Fehsenfeld
Creative Director, Geschäftsführer
W.A.F. Werbegesellschaft mbH
Gottfried-von-Cramm-Weg 35–37
14193 Berlin
T 0 30.30 30 05 26
F 0 30.30 30 05 30
klaus.fehsenfeld@adc.de

Thomas Feicht
Geschäftsführer
INSTANT Corporate Culture
Leerbachstraße 58
60322 Frankfurt am Main
T 0 69.71 91 54 80
F 0 69.72 93 41
thomas.feicht@adc.de
JURYMITGLIED

Wolfgang Fetzer
Creative Director
Teutonen 10
40545 Düsseldorf
mobil 01 72.2 35 23 56
wolfgang.fetzer@adc.de

Claus Fischer
Geschäftsführer
VOSS + FISCHER
marketing event agentur gmbh
Georg-Voigt-Straße 17
60325 Frankfurt am Main
T 0 69.97 06 19-0
F 0 69.97 06 19-26
claus.fischer@adc.de
JURYMITGLIED ROOKIE

Georg Fischer
Fotograf
Aegidius Straße 2
67595 Bechtheim
T 0 62 42.8 25
mobil 01 72.4 32 15 20
georg.fischer@adc.de
JURYMITGLIED

Catrin Florenz
Freier Creative Director, Texterin
Ilsenweg 28
22395 Hamburg
T 0 40.6 40 49 82
F 0 40.63 70 85 74
mobil 01 72.4 34 85 40
catrin.florenz@adc.de
JURYMITGLIED

Heico Forster
Creative Director
Verlagsgruppe Milchstrasse
Mittelweg 177
22786 Hamburg
T 0 40.41 31 22 59
F 0 40.41 31 21 99
heico.forster@adc.de
JURYMITGLIED

Oliver Frank
Texter
Wieden + Kennedy
Keizersgracht 125–127
NL 1015 CJ Amsterdam
T 00 31.20 71 26-5 00
mobil 00 31.6 11 89 14
oliver.frank@adc.de
JURYMITGLIED

Ekki Frenkler
Geschäftsführer Kreation
Serviceplan Gruppe für innovative
Kommunikation GmbH & Co. KG
Haus der Kommunikation
80250 München
T 0 89.20 50-21 90
F 0 89.20 50-12 11
mobil 01 73.9 39 81 79
ekkehard.frenkler@adc.de
JURYMITGLIED

Michael Friedrich
Texter, Geschäftsführer Kreation
Michael Friedrich
Konzeption & Design
Sophienstraße 17
70178 Stuttgart
T 07 11.96 01-8 12
F 07 11.96 01-8 30
mike.friedrich@adc.de
JURYMITGLIED

Jan Fröscher
Creative Director Text, Mitinhaber
Red Rabbit Werbeagentur GmbH
Neuer Kamp 30
20357 Hamburg
T 0 40.43 19 70-16
F 0 40.43 19 70-43
mobil 01 72.3 97 72 35
jan.froescher@adc.de

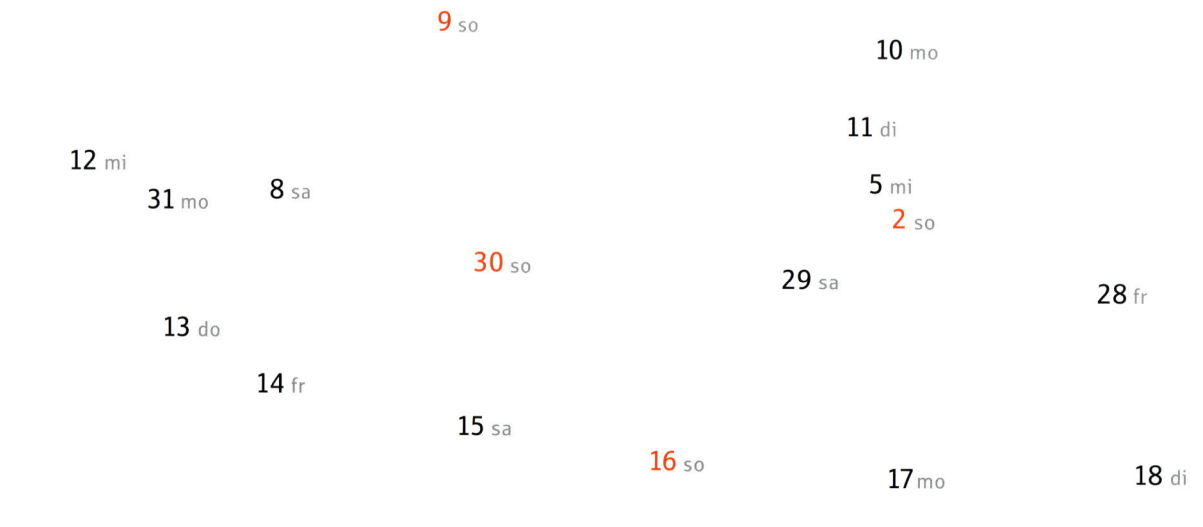

9 so
10 mo
11 di
12 mi
31 mo   8 sa
5 mi
2 so
30 so   29 sa
28 fr
13 do
14 fr
15 sa
16 so   17 mo   18 di

Juli

7 fr

4 di

6 do

3 mo
1 sa   24 mo
25 di   22 sa
26 mi
27 do   23 so
            21 fr
      20 do
19 mi

Jeden Tag ein Stück näher am Traum. Die Anlageberatung der Sparkasse.

Klaus Funk
Geschäftsführer, Konzeptionist, Dramaturg, Regisseur
Studio Funk GmbH & Co. KG
Eimsbütteler Chaussee 69
20259 Hamburg
T 0 40.43 16 93 34
F 0 40.4 32 04-5 00
mobil 01 72.4 31 04 30
klaus.funk@adc.de
JURYMITGLIED

Prof. Peter Gamper
Art Director, Hochschuldozent
Buchenstraße 26
63110 Rodgau
T 0 61 06.7 12 92
F 0 61 06.88 66 32
peter.gamper@adc.de

Stephan Ganser
Executive Creative Director
Publicis Frankfurt GmbH
Walther-von-Cronberg-Platz 6
60594 Frankfurt am Main
stephan.ganser@adc.de
JURYMITGLIED

Oliver Gehrs
DUMMY Verlag
Magazin und Entwicklung
Max-Beer-Straße 33
10119 Berlin
T 0 30.44 01 03 17
oliver.gehrs@adc.de

Jan Hendrik Geschke
Texter, Executive Creative Director
UCA United Creatives Agency GmbH
Bleibtreustraße 38
10263 Berlin
T 0 30.27 87 88-0
F 0 30.27 87 88-22
janhendrik.geschke@adc.de
JURYMITGLIED

Andreas Geyer
Creative Director
Hohenzollernring 6
22765 Hamburg
mobil 01 73.2 11 21 30
andreas.geyer@adc.de
JURYMITGLIED

Michel Girardin
Creative Director, Inhaber
Girardin Creative Consulting
Staffelstrasse 10
CH 8045 Zürich
T 00 41.44.3 81 09 04
F 00 41.44.3 81 09 14
mobil 00 41.79.4 02 99 49
michel.girardin@adc.de

Prof. Friederike-Nannette Girst
Professorin für visuelle Kommunikation
Kratzerstraße 8 a
80638 München
T 0 89.26 01 98 58
F 0 89.23 25 98 34
mobil 01 73.3 27 44 31
friederike.girst@adc.de

Felix Glauner
Chief Creative Officer
EURO RSCG Worldwide
Kaiserswerther Straße 135
40474 Düsseldorf
T 02 11.99 16-2 03
F 02 11.99 16-2 55
felix.glauner@adc.de

Ove Gley
Geschäftsführer Kreation, Art
Jung von Matt/Elbe GmbH
Glashüttenstraße 38
20357 Hamburg
T 0 40.43 13 53-0
F 0 40.43 13 53-6 01
ove.gley@adc.de
JURYMITGLIED

Georg Gottbrath
Fotograf
Lessingstraße 5
60325 Frankfurt am Main
georg.gottbrath@adc.de

Andreas Grabarz
Geschäftsführer
Grabarz & Partner Werbeagentur GmbH
Alter Wall 55
20457 Hamburg
T 0 40.3 76 41-0
F 0 40.3 76 41-4 00
andreas.grabarz@adc.de
JURYMITGLIED

Tobias Gremmler
Freier Art Director
T 0 89.58 95 87 89
F 0 89.58 95 88 92
tobias.gremmler@adc.de

Florian Grimm
Geschäftsführender Gesellschafter
Grimm Gallun Holtappels Werbeagentur GmbH & Co. KG
Schützenstraße 21
22761 Hamburg
T 0 40.28 80 26 86
F 0 40.28 80 26 26
florian.grimm@adc.de
JURYMITGLIED

Luc(as) de Groot
Direktor
FontFabrik
Apostel-Paulus-Straße 32
10823 Berlin
T 0 30.78 70 30 97
F 0 30.78 10 58 78
mobil 01 72.1 2 65 61 49
lucasde.groot@adc.de

John Groves
Komponist, Musikproduzent
John Groves Music
Isekai 20
20249 Hamburg
T 0 40.4 71 03 50
F 0 40.46 40 78
mobil 01 72.4 50 44 91
john.groves@adc.de
JURYMITGLIED

Hartmut Grün
Creative Director
Grün Communication
Ludwigstraße 33
60329 Frankfurt am Main
T 0 69.74 09 39 00
F 0 69.74 09 39 02
hartmut.gruen@adc.de

Kai-Uwe Gundlach
Fotograf
Studio Gundlach
Arndtstraße 24 a
22085 Hamburg
T 0 40.61 01 89
F 0 40.61 02 13
kaiuwe.gundlach@adc.de
JURYMITGLIED

Uli Gürtler
Creative Director
gürtlerbachmann Werbung GmbH
Zippelhaus 5 a
20457 Hamburg
T 0 40.5 21 02 22-12
F 0 40.5 21 02 22-22
mobil 01 72.4 09 73 11
uli.guertler@adc.de

Esther Haase
Fotodesignerin
Esther Haase Photography
Lange Reihe 51
20099 Hamburg
T 0 40.24 90 13
F 0 40.24 82 24 83
mobil 01 72.4 10 84 65
esther.haase@adc.de
ROOKIE

Prof. Fritz Haase
Creative Director, Inhaber
Haase & Knels
Atelier für Gestaltung
Am Landherrnamt 8
28195 Bremen
T 04 21.3 34 98-0
F 04 21.3 34 98-33
fritz.haase@adc.de
JURYMITGLIED

Mieke Haase
Creative Director, Geschäftsführerin Kreation
c-feld GmbH
Donnerstraße 20
22763 Hamburg
T 0 40.40 18 77-0
F 0 40.40 18 77-15
mieke.haase@adc.de
JURYMITGLIED

Sibylle Haase
Creative Director, Inhaberin
Haase & Knels
Atelier für Gestaltung
Am Landherrnamt 8
28195 Bremen
T 04 21.3 34 98-0
F 04 21.3 34 98-33
sibylle.haase@adc.de

Nadim Habib
Freier Art Director
mobil 01 78.3 12 30 62
nadim.habib@adc.de

ADC MITGLIEDER 587

Dirk Haeusermann
Creative Director Art
Springer & Jacoby
Werbeagentur GmbH & Co. KG
Schleusenbrücke 1
20354 Hamburg
T 0 40.35 60 34 18
F 0 40.35 60 35 55
mobil 01 75.2 63 76 00
dirk.haeusermann@adc.de
JURYMITGLIED

Prof. Nikolaus Hafermaas
Dekan
Art Center College of Design
Graphic Design Department
1700 Lida St.
USA 91103 Pasadena
T 0 01.6 26.3 96 22 90
F 0 01.6 26.7 95 08 19
nikolaus.hafermaas@adc.de

Heiko Hagemann
Director & Director of Photography
Trenknerweg 50
22605 Hamburg
mobil 01 71.2 64 95 95
heiko.hagemann@adc.de

Doris Haider
Freie Texterin
Doste Hairau
Ursulastraße 1
80802 München
T 0 89.30 78 20 18
T 0 89.34 26 67
mobil 01 73.9 22 87 99
doris.haider@adc.de
JURYMITGLIED

Olaf Hajek
Illustrator
Schröderstraße 4
10115 Berlin
T 0 30.28 38 59 47
mobil 01 73.2 39 22 10
olaf.hajek@adc.de

Hubertus Hamm
Fotograf
Hubertus Hamm
Trogerstraße 19
81675 München
T 0 89.28 22 22
F 0 89.47 13 25
hubertus.hamm@adc.de
JURYMITGLIED

Oliver Handlos
Creative Director Text
Jung von Matt/Spree GmbH
Hasenheide 54
10967 Berlin
T 0 30.78 95 62 45
F 0 30.78 95 61 11
oliver.handlos@adc.de
JURYMITGLIED

Matthias Harbeck
Creative Director
Springer & Jacoby
Werbeagentur GmbH & Co. KG
Schleusenbrücke 1
20354 Hamburg
T 0 40.3 56 03-2 15
F 0 40.3 56 03-4 68
mobil 01 72.4 17 69 54
matthias.harbeck@adc.de
JURYMITGLIED

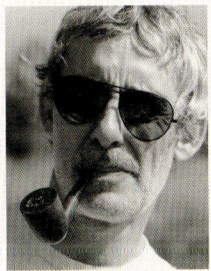

Claus Harden
Creative Director
Pilger Harden Creative Concepte
Schirmerstraße 76
40211 Düsseldorf
T 02 11.17 54 69 01
F 02 11.17 54 69 03
claus.harden@adc.de

Sebastian Hardieck
Executive Creative Director
BBDO Campaign GmbH
Königsallee 92
40212 Düsseldorf
T 02 11.13 79 85 27
F 02 11.13 79 91 85 27
sebastian.hardieck@adc.de
JURYMITGLIED

Felix Harnickell
Creative Director
Harnickell Design
Klosterallee 60
20144 Hamburg
T 0 40.35 71 85 83
F 0 40.35 71 85 84
mobil 01 73.6 13 34 70
felix.harnickell@adc.de

Arno Haus
Freier Creative Director
Gradnauerstraße 10
14532 Kleinmachnow
mobil 01 71.7 65 04 03
arno.haus@adc.de

Irene Hecht
Creative Director Art
Dozentin IMK Wiesbaden
Alte Mauergasse 5
61348 Bad Homburg
T 0 61 72.68 52 00
F 0 61 72.68 52 02
irene.hecht@adc.de

Uli Heckmann
Fotodesigner
Adelheidstraße 14
80798 München
T 0 89.52 72 80
F 0 89.5 23 71 11
mobil 01 77.5 27 28 00
uli.heckmann@adc.de

Guido Heffels
Creative Director,
Geschäftsführer Kreation
HEIMAT, Berlin
Segitzdamm 2
10969 Berlin
T 0 30.6 16 52-0
F 0 30.6 16 52-2 00
guido.heffels@adc.de
JURYMITGLIED

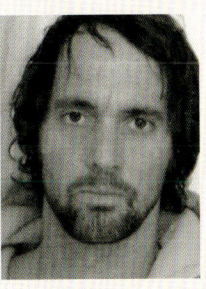

Alexander Heil
Art Director
Ogilvy & Mather
Worldwide Plaza,
309 West 49th Street
USA 10019-7399 New York
T 0 01.2 12.2 37- 40 00
alexander.heil@adc.de

Prof. Achim Heine
Creative Director, Mitinhaber
Heine/Lenz/Zizka
Platanenallee 19
14050 Berlin
T 0 30.85 40 80-0
F 0 30.85 40 80-99
achim.heine@adc.de
JURYMITGLIED

Gerald Heinemann
Chief Creative Officer
Abtoitraße 30
20149 Hamburg
T 0 40.44 19 57 29
F 0 40.41 42 87 33
mobil 01 77.3 01 93 54
gerald.heinemann@adc.de

Carsten Heintzsch
Managing Partner
BBDO Campaign
Hausvogteiplatz 2
10117 Berlin
T 0 30.34 00 03-1 11
F 0 30.34 00 03-20
carsten.heintzsch@adc.de
JURYMITGLIED

Erik Heitmann
Chief Creative Officer
Springer & Jacoby
Werbeagentur GmbH & Co. KG
Poststraße 14–16
20354 Hamburg
T 0 40.3 56 03-0
F 0 40.3 56 03-3 44
erik.heitmann@adc.de

Rainer Hellmann
Creative Director
Zinzendorfstraße 4
70825 Korntal
mobil 01 73.3 44 92 31
rainer.hellmann@adc.de

Dietmar Henneka
Fotograf
Studio Dietmar Henneka
Mörikestraße 24
70178 Stuttgart
T 07 11.60 50 40
F 07 11.6 40 84 55
dietmar.henneka@adc.de

Torsten Hennings
Regisseur, Producer, Toningenieur
Studio Funk GmbH & Co. KG
Eimsbütteler Chaussee 69
20259 Hamburg
T 0 40.43 20-43
F 0 40.43 20-44 00
torsten.hennings@adc.de
JURYMITGLIED

Klaus-Jürgen Hergert
Creative Director, Geschäftsführer
H&K Hergert Werbeagentur GmbH
Im Kohlruß 5
65835 Liederbach am Taunus
T 0 61 96.50 28-5 22
F 0 61 96.50 28-5 99
klausjuergen.hergert@adc.de

Some like it pink.

JUDITH SCHALANSKY
Fraktur mon Amour
648 Seiten mit über 300 Frakturzeichensätzen und
Schmuckbuchstaben aus insgesamt 644 Fonts
Format 12,4 x 20 cm
Flexcover aus schwarzem Kunstleder mit Prägung
und Farbschnitt inkl. einer CD-ROM mit über
130 Fraktur-Schriftfonts
Euro 49,80 | sFr. 79,80
ISBN 3-87439-696-7
[ab 1.1.2007 ISBN 978-3-87439-696-7]

VERLAG HERMANN SCHMIDT MAINZ
Der führende Fachverlag für Typografie | Grafikdesign | Werbung

Christoph Herold
Creative Director Text
J. Walter Thompson GmbH & Co. KG
Schwedlerstraße 6
60314 Frankfurt am Main
T 0 69.4 05 76-5 97
F 0 69.4 05 76-6 60
christoph.herold@adc.de
JURYMITGLIED

Norbert Herold
Executive Creative Director
Griechenplatz 5
81545 München
T 0 89.6 65 32-1 61
F 0 89.6 65 32-3 80
mobil 01 62.2 88 80 04
norbert.herold@adc.de
JURYMITGLIED

Prof. Klaus Hesse
Designer
Hesse Design GmbH
Düsseldorfer Straße 16
40699 Erkrath
T 02 11.28 07 20-0
klaus.hesse@adc.de
JURYMITGLIED

Peter Heßler
Art Director
PHCC Peter Heßler Agentur
für Corporate Communication
Wilhelmsplatz 19
63065 Offenbach am Main
T 0 69.56 04 37 38
F 0 69.56 80 70 89
mobil 01 73.9 32 91 85
peter.hessler@adc.de

Ralf Heuel
Geschäftsführer Kreation, Partner
Grabarz & Partner
Werbeagentur GmbH
Alter Wall 55
20457 Hamburg
T 0 40.3 76 41-0
F 0 40.3 76 41-4 00
ralf.heuel@adc.de
JURYMITGLIED

Wolf Heumann
Geschäftsführer Kreation
Jung von Matt/Elbe
Werbeagentur GmbH
Glashüttenstraße 38
20357 Hamburg
T 0 40.4 32 42-401
F 0 40.4 32 42-470
wolf.heumann@adc.de
JURYMITGLIED   ROOKIE

Jürgen Heymen
Creative Director
T 02 11.66 08 65
mobil 01 70.2 23 00 74
juergen.heymen@adc.de

Prof. Fons Matthias Hickmann
Fons Hickmann m23
Mariannenplatz 23
10997 Berlin
T 0 30.69 51 85 01
F 0 30.69 51 85 11
fons.hickmann@adc.de

Christoph Hildebrand
Creative Director Text
stöhr, MarkenKommunikation GmbH
Burghofstraße 40
40223 Düsseldorf
T 02 11.9 33 01 45
F 02 11.9 33 01 11
christoph.hildebrand@adc.de
JURYMITGLIED   ROOKIE

Helmut Himmler
Creative Director
Friedrichstraße 6
69221 Dossenheim/Heidelberg
T 0 62 21.18 20 67
mobil 01 72.6 04 36 51
helmut.himmler@adc.de
JURYMITGLIED

Oliver Hinrichs
Designer für interaktive Medien
Marienburger Straße 11
10405 Berlin
mobil 01 72.4 16 50 60
oliver.hinrichs@adc.de

Gepa Hinrichsen
Texterin
ZOO Werbeagentur
Holstenwall 7
20355 Hamburg
T 0 40.32 08 70
F 0 40.32 08 73 20
mobil 01 77.4 80 24 33
gepa.hinrichsen@adc.de
JURYMITGLIED

Volker Hinz
Fotograf
Fischers Allee 22
22763 Hamburg
T 0 40.3 90 97 78
F 0 40.3 90 16 72
mobil 01 72.5 14 93 42
volker.hinz@adc.de
JURYMITGLIED

Peter Hirrlinger
Creative Director
Heye & Partner
Werbeagentur GmbH
Ottobrunner Straße 28
82008 Unterhaching
T 0 89.6 65 32-4 41
F 0 89.6 65 32-3 60
mobil 01 62.2 88 80 23
peter.hirrlinger@adc.de
JURYMITGLIED

Wilbert Hirsch
Geschäftsführer, Komponist
complete audio
Music Post und Sounddesign GmbH
Schützenstraße 89
22761 Hamburg
T 0 40.8 53 21 40
F 0 40.8 50 94 90
wilbert.hirsch@adc.de

Nicole Hoefer
Freie Kreative
mobil 01 73.3 42 18 76
nicole.hoefer@adc.de
JURYMITGLIED

Thomas Hofbeck
Creative Director
Ogilvy & Mather Werbeagentur
GmbH & Co. KG
Darmstädter Landstraße 112
60598 Frankfurt am Main
T 0 69.96 22 50
F 0 69.96 22 55 55
thomas.hofbeck@adc.de
JURYMITGLIED

Caspar-Jan Hogerzeil
Regisseur
Schröderstraße 15
10115 Berlin
T 0 30.94 40 29 35
F 0 30.94 40 29 35
mobil 01 71.5 15 33 32
casparjan.hogerzeil@adc.de
JURYMITGLIED

Till Hohmann
Creative Director
Jung von Matt/Neckar GmbH
Eberhardstraße 69–71
70173 Stuttgart
T 07 11.24 89 84-5 40
F 07 11.24 89 84-40
mobil 01 77.2 41 32 07
till.hohmann@adc.de
JURYMITGLIED

Prof. Werner Holzwarth
Professor für
visuelle Kommunikation
Bauhaus-Universität Weimar
Fakultät Gestaltung/
Visuelle Kommunikation
Marienstraße 1
99423 Weimar
T 0 36 43.58 33 34
werner.holzwarth@adc.de

Judith Homoki
Freie Kreativdirektorin, Texterin
Grolmanstraße 15
10623 Berlin
mobil 01 72.4 77 14 47
judith.homoki@adc.de
JURYMITGLIED

Ingo Höntschke
Freier Creative Director, Texter
Kurfürstendamm 167
10707 Berlin
mobil 01 73.6 09 35 07
ingo.hoentschke@adc.de
JURYMITGLIED

Walter Hugelshofer
Art Director
Publicis
Theaterstrasse 8
CH 8001 Zürich
T 00 41.1 2 65 31 11
F 00 41.1 2 62 57 80
walter.hugelshofer@adc.de

Andreas Hykade
Animationsfilmer
Andreas Hykade
Ostendstraße 106
70188 Stuttgart
T 07 11.4 87 05 06
F 07 11.4 89 19 25
andreas.hykade@adc.de

Florian Illies
Chefredaktion, Creative Direction
Juno Verlag GmbH & Co. KG
Rosenthaler Straße 49
10178 Berlin
T 0 30.44 01 34 40
F 0 30.44 01 34 43
florian.illies@adc.de

Tom Jacobi
Art Director
Gruner+Jahr AG & Co. KG
Redaktion Stern
Am Baumwall 11
20459 Hamburg
T 0 40.37 03-32 50
F 0 40.37 03-56 11
tom.jacobi@adc.de
JURYMITGLIED

Konstantin Jacoby
Creative Director
Springer & Jacoby Werbung
GmbH & Co. KG
Poststraße 14–16
20354 Hamburg
T 0 40.3 56 03-3 45
F 0 40.3 56 03-2 48
konstantin.jacoby@adc.de

Achim Jäger
Geschäftsführer
Jung von Matt/Neckar GmbH
Eberhardstraße 69–71
70173 Stuttgart
T 07 11.2 48 98-40
F 07 11.2 48 98-4 40
achim.jaeger@adc.de
JURYMITGLIED

Alexander Jaggy
Geschäftsführer Kreation
Jung von Matt/Limmat AG
Werbeagentur BSW
Wolfbachstrasse 19
CH 8032 Zürich
T 00 41.4 42 54 66 96
F 00 41.4 42 54 66 01
alexander.jaggy@adc.de
JURYMITGLIED

Joerg Jahn
Creative Director, Geschäftsführer
Scholz & Friends Wien GmbH
Zirkusgasse 13
A 1020 Wien
T 00 43.1.2 18 54 00-15
F 00 43.1.2 18 54 00-54
mobil 00 43.1.66 45 35 05 45
joerg.jahn@adc.de

Mathias Jahn
Chief Creative Officer
fcb deutschland
An der Alster 42
20099 Hamburg
T 0 40.28 81-13 43
F 0 40.28 81-13 00
mathias.jahn@adc.de
JURYMITGLIED

Wolfgang Jaiser
Regisseur
Hundingstraße 8
80639 München
wolfgang.jaiser@adc.de

Armin Jochum
Chief Creative Officer
BBDO Campaign GmbH
Breitscheidstraße 8
70174 Stuttgart
T 07 11.2 10 99-10
F 07 11.2 10 99-2 19
armin.jochum@adc.de
JURYMITGLIED

Peter Jooß
Geschäftsführer Kreation
Wire Advertising GmbH
Fettstraße 7a
20357 Hamburg
T 0 40.4 32 96 10
F 0 40.43 29 61 99
peter.jooss@adc.de

Daniel Josefsohn
Kreativer
ELTERNHAUS
Bergstraße 27, 2. HH
10115 Berlin
T 0 30.29 66 49 00
F 0 30.29 66 49 72
mobil 01 72.4 00 01 508
daniel.josefsohn@adc.de
JURYMITGLIED

Eva Jung
Freier Creative Director
evajung Creative Direction
Paulsenplatz 11
22767 Hamburg
T 0 40.5 14 15 07
F 0 40.5 14 15 07
eva.jung@adc.de
JURYMITGLIED

Prof. Richard Jung
Professor für Kommunikationsdesign
& Corporate Identity
Hochschule Niederrhein
Fachbereich Design
Frankenring 20
47798 Krefeld
richard.jung@adc.de
JURYMITGLIED

Gabi Junklewitz
Freie Texterin
Feichtetstraße 17b
82343 Pöcking
T 0 81 57.99 82 00
F 0 81 57.92 49 85
mobil 01 70.2 31 70 20
gabi.junklewitz@adc.de

Laszlo Kadar
Regisseur, Kameramann,
Geschäftsführer
Laszlo Kadar Film
GmbH & Co. KG
Schulterblatt 58
20357 Hamburg
T 0 40.88 88 99-0
F 0 40.88 88 99-10
laszlo.kadar@adc.de

Constantin Kaloff
Creative Director
Scholz & Friends Berlin GmbH
Wöhlertstraße 12/13
10115 Berlin
T 0 30-2 85 35-5 14
F 0 30-2 85 35-5 82
mobil 01 73.2 09 38 48
constantin.kaloff@adc.de
JURYMITGLIED

Christian Kämmerling
Creative Consultant
Contrix GmbH
Germaniastrasse 64
CH 8006 Zürich
T 00 41.43.2 43 80 90
christian.kaemmerling@adc.de

Florian Käppler
Komponist, Produzent
Floridan Studios GmbH
Reinsburgstraße 97
70197 Stuttgart
T 07 11.2 29 31 93-0
F 07 11.2 29 31 93-9
florian.kaeppler@adc.de
JURYMITGLIED ROOKIE

Oliver Kapusta
Creative Director, selbständig
mobil 01 72.6 94 83 83
oliver.kapusta@adc.de

Stefan Karl
Gesellschafter, Geschäftsführer
SHANGHAI DGM
Werbeagentur
Leibnizstraße 65
10629 Berlin
T 0 30.2 03 11-0
F 0 30.2 03 11-23
stefan.karl@adc.de

Nikolai Karo
Regisseur, Autor
Soulmate
Noestraße 16
81479 München
T 0 89.74 99 66-94
F 0 89.74 99 66-93
nikolai.karo@adc.de
JURYMITGLIED

Detmar Karpinski
Texter
KNSK Werbeagentur GmbH
Alte Rabenstraße 1
20148 Hamburg
T 0 40.4 41 89-4 11
F 0 40.4 41 89-3 00
detmar.karpinski@adc.de
JURYMITGLIED

Amir Kassaei
Chief Creative Officer
DDB Group Germany GmbH
Neue Schönhauser Straße 3–5
10178 Berlin
T 0 30.2 40 84-5 71
F 0 30.2 40 84-5 72
amir.kassaei@adc.de
JURYMITGLIED

Willy Kaussen
Creative Director Text
Jung von Matt/Alster
Werbeagentur GmbH
Glashüttenstraße 79
20357 Hamburg
T 0 40.43 21-13 44
F 0 40.43 21-10 74
willy.kaussen@adc.de
ROOKIE

Dürfen wir uns vorstellen?

"Andreas ist ein Designer, wie man ihn sich vorstellt. Puristisch und neugierig."

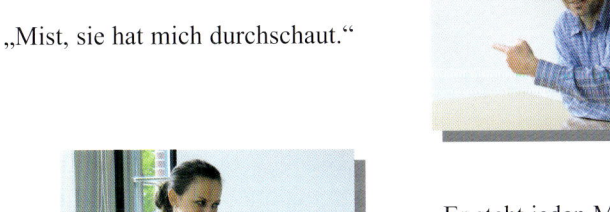

"Mist, sie hat mich durchschaut."

"Er steht jeden Morgen um 7 Uhr auf und freut sich schon beim ersten Klingeln des Weckers darauf, gleich seine alte Kaffeemaschine zu bedienen – weil sie so funktional ist."

"Zu Recht, so was gibt es heute gar nicht mehr. Aber Ute kommt jeden Morgen erst um 10 Uhr in die Agentur, weil sie es ohne französischen Kaffee und eine Brioche einfach nicht schafft, auch nur einen einzigen klaren Gedanken zu fassen."

"Schuldig, Herr Vorsitzender. Aber mal abgesehen von unseren Schwächen, wir haben natürlich auch die eine oder andere Stärke vorzuweisen."

"Stopp, das grenzt an Werbung. Und die machen wir nur unter singvogel-muchovsky.de."

"Stimmt, besucht uns doch mal dort."

Singvogel + Muchovsky
Werbung mit Pfiff

Michael Keller
Geschäftsführer
KMS-Team GmbH
Deroystraße 3–5
80335 München
T 0 89.49 04 11-0
F 0 89.49 04 11-49
michael.keller@adc.de
JURYMITGLIED

André Kemper
Inhaber und Geschäftsführer
kempertrautmann gmbh
Große Bleichen 10
20354 Hamburg
T 0 40.41 34 99 14
F 0 40.41 34 99 27
andre.kemper@adc.de
JURYMITGLIED

Claudia Kempf
Fotodesignerin
Wolkenburg 48
42119 Wuppertal
T 02 02.43 52 00
F 02 02.6 95 88 30
claudia.kempf@adc.de
JURYMITGLIED ROOKIE

Diether Kerner
Creative Director,
Geschäftsführer Kreation
Philipp und Keuntje GmbH
Holstentwiete 15
22763 Hamburg
T 0 40.4 11 16-0
F 0 40.4 11 16-1 00
diether.kerner@adc.de
JURYMITGLIED

Oliver Kessler
Creative Director Text
J. Walter Thompson
GmbH & Co. KG
Schwedlerstraße 6
60314 Frankfurt am Main
T 0 69.40 57 62 09
F 0 69.40 57 65 03
mobil 01 73.2 07 67 78
oliver.kessler@adc.de
JURYMITGLIED

Hartwig Keuntje
Geschäftsführer
Philipp und Keuntje GmbH
Brunnenhofstraße 2
22767 Hamburg
T 0 40.43 25 99-0
F 0 40.43 25 99-99
hartwig.keuntje@adc.de

Martin Kießling
Geschäftsführer, Creative Director
GBK, Heye Werbeagentur GmbH
Linprunstraße 16
80335 München
T 0 89.54 24 43 14
F 0 89.54 24 43 10
mobil 01 72.6 46 49 19
martin.kiessling@adc.de

Matthias Kindler
Geschäftsführender Gesellschafter
THE EVENT COMPANY
Gesellschaft für Event Marketing
mbH
Prinzregentenstraße 67
81675 München
T 0 89.41 80 07-0
F 0 89.41 80 07-17
matthias.kindler@adc.de
JURYMITGLIED

Lukas Kircher
Creative Director, Mitinhaber
Kircher Burkhardt Editorial &
Corporate Communication GmbH
Oranienburger Straße 66
10117 Berlin
T 0 30.4 40 32 18
F 0 30.4 40 32 20
lukas.kircher@adc.de
JURYMITGLIED

Andreas Klemp
Creative Director
Heye, 121 GmbH
Ottobrunner Straße 28
82008 Unterhaching
T 0 89.6 65 32 10
andreas.klemp@adc.de
JURYMITGLIED

Christoph Klingler
Creative Director
BBDO Werbeagentur
Alserbachstraße 16
A 1090 Wien
T 00 43.1.31 31 40
christoph.klingler@adc.de

Sven Klohk
Creative Director
Husumer Straße 29
20249 Hamburg
T 0 40.32 54 23-54
F 0 40.32 54 23-23
mobil 01 72.5 45 69 67
sven.klohk@adc.de
JURYMITGLIED ROOKIE

Peter Knaup
Fotograf
Peter Knaup Photograph
11, Rue de L'Aqueduc
FR 75010 Paris
T 00 33.1.40 35 29 87
F 00 33.1.40 05 15 79
peter.knaup@adc.de

Georg Knichel
Creative Director
Schnelle Brüter
Nordstraße 71
40667 Meerbusch
T 0 21 32.1 37 69 26
F 0 21 32.75 85 44
mobil 01 73.5 32 35 75
hansgeorg.knichel@adc.de

Werner Knopf
Geschäftsführer
KNSK Werbeagentur GmbH
Alte Rabenstraße 1
20148 Hamburg
T 0 40.4 41 89-01
F 0 40.4 41 89-100
werner.knopf@adc.de

Petra Knyrim
Designerin, Gesellschafterin
nowakteufelknyrim
Kommunikationsdesign &
Ausstellungsarchitektur
Lichtstraße 52
40235 Düsseldorf
T 02 11.68 91-11
F 02 11.68 91-12
petra.knyrim@adc.de

Claus Koch
Geschäftsführer
Claus Koch™
Claus Koch Identity GmbH
Kaistraße 18
40221 Düsseldorf
T 02 11.3 01 02 30
F 02 11.3 01 02 90
claus.koch@adc.de

Michael Koch
Geschäftsführer Kreation
OgilvyOne worldwide
GmbH & Co. KG
Darmstädter Landstraße 112
60598 Frankfurt am Main
T 0 69.6 09 15-3 27
F 0 69.6 09 15-3 20
mobil 01 72.6 42 50 85
michael.koch@adc.de
JURYMITGLIED

Stefan Kolle
Geschäftsführer Kreation
Kolle Rebbe
Werbeagentur GmbH
Dienerreihe 2
20457 Hamburg
T 0 40.32 54 23-86
F 0 40.32 54 23-23
stefan.kolle@adc.de
JURYMITGLIED

Dagmar König
Freier Creative Director, Texterin
Am Treptower Park 36
12435 Berlin
mobil 01 71.8 24 90 68
dagmar.koenig@adc.de
JURYMITGLIED

Prof. Wilfried Korfmacher
Creative Director
Zeichenverkehr
Wanheimer Straße 11a
40667 Meerbusch
T 0 21 32.97 14 00
F 0 21 32.97 14 01
wilfried.korfmacher@adc.de

Helen Kötter
Freier Creative Director, Texterin
Falkenried 25
20251 Hamburg
mobil 01 62.1 07 84 44
helen.koetter@adc.de
JURYMITGLIED ROOKIE

Delle Krause
Executive Creative Director
Ogilvy & Mather Werbeagentur
GmbH & Co. KG
Darmstädter Landstraße 112
60598 Frankfurt am Main
T 0 69.9 62 25-17 50
F 0 69.9 62 25-17 31
delle.krause@adc.de
JURYMITGLIED

Robert Krause
Creative Director
Aimaq·Rapp·Stolle
Werbeagentur GmbH
Münzstraße 15
10178 Berlin
T 0 30.3 08 87 10
robert.krause@adc.de
JURYMITGLIED

Adobe® Creative Suite

Bücher über Design oder Fotografie. Und wo finde ich was zu „Deadline war gestern und ich habe nichts?"

Die Adobe® Creative Suite bietet alle Kreativlösungen in einer nahtlos integrierten Designumgebung. Wenn die zündende Idee kommt – und sie wird kommen –, müssen Sie nur noch loslegen. It's everything but the idea. Adobe Creative Suite.

ADC MITGLIEDER

Johannes Krempl
Creative Director
BBDO Campaign Berlin GmbH
Hausvogteiplatz 2
10117 Berlin
T 0 30.3 40 00 32 59
johannes.krempl@adc.de
JURYMITGLIED

Stephanie Krink
Freier Creative Director, Texterin
Josthöhe 114
22339 Hamburg
T 0 40.45 03 56 25
F 0 40.45 03 56 25
mobil 01 71.7 85 77 45
stephanie.krink@adc.de
JURYMITGLIED

Tim Krink
Creative Director Art
KNSK Werbeagentur GmbH
Alte Rabenstraße 1
20148 Hamburg
T 0 40.4 41 89-4 28
F 0 40.4 41 89-3 00
tim.krink@adc.de
JURYMITGLIED

Henner Kronenberg
Creative Director, Partner
Grabarz & Partner
Werbeagentur GmbH
Alter Wall 55
20457 Hamburg
T 0 40.3 76 41-0
F 0 40.3 76 41-4 00
henner.kronenberg@adc.de

Detlef Krüger
Art Director
KNSK Werbeagentur GmbH
Alte Rabenstraße 1
20148 Hamburg
T 0 40.4 41 89-4 39
F 0 40.4 41 89-3 00
detlef.krueger@adc.de
JURYMITGLIED

Mike Krüll
Creative Director, Geschäftsführer
FCB Leutenegger Krüll AG
Herzogenmühle 16
CH 8304 Wallisellen-Zürich
T 00 41.1.8 77 87 97
F 00 41.1.8 77 87 50
mike.kruell@adc.de

Lars Kruse
Geschäftsführender Gesellschafter
Puschert & Kruse GmbH
Werbeagentur und Meisterbetrieb
für Werbetechnik
Hohe Luft 3
27404 Heeslingen
T 0 42 81.9 51 94 46
F 0 42 81.9 51 94 47
lars.kruse@adc.de
JURYMITGLIED

Irene Kugelmann
Creative Director Art
Wieden & Kennedy Amsterdam
Keizersgracht 125–127
NL 1015 CJ Amsterdam
T 00 31.20.7 12 65 75
F 00 31.20.7 12 66 99
mobil 01 60.94 63 15 14
irene.kugelmann@adc.de

Hans Dieter Kügler
Creative Director
Kügler & Partner
Creative Consulting
Bürgerstraße 20
40219 Düsseldorf
T 02 11.55 40 12
F 02 11.55 40 08
hansdieter.kuegler@adc.de
JURYMITGLIED

Bastian Kuhn
Creative Director Art
Heimat Berlin
Segitzdamm 2
10969 Berlin
T 0 30.6 16 52-0
F 0 30.6 16 52-2 00
bastian.kuhn@adc.de
JURYMITGLIED

Thomas Kurzawski
Creative Director
Alte Kollaustraße 52
22529 Hamburg
T 0 40.27 80 88 59
F 0 40.55 77 94 50
mobil 01 72.2 02 97 42
thomas.kurzawski@adc.de
JURYMITGLIED

Roland Lambrette
Geschäftsführer
Atelier Markgraph GmbH
Hamburger Allee 45
60486 Frankfurt am Main
T 0 69.97 99 30
F 0 69.9 79 93 14 83
roland.lambrette@adc.de
JURYMITGLIED

Petra Langhammer
Art Director
Friedbergstraße 21
14057 Berlin
petra.langhammer@adc.de
JURYMITGLIED

Till Leeser
Fotograf
Till Leeser
Eppendorfer Weg 87a
20259 Hamburg
T 0 40.40 39 66
F 0 40.4 91 46 49
mobil 01 71.5 27 29 20
till.leeser@adc.de
JURYMITGLIED

Jochen Leisewitz
Geschäftsführer Kreation
ECONOMIA Gesellschaft für
Marketing und Werbung mbH
An der Alster 35
20099 Hamburg
T 0 40.2 84 22-1 83
F 0 40.2 84 22-1 10
jochen.leisewitz@adc.de
JURYMITGLIED

Bruce Leonard
Geschäftsführer, Regisseur
Dowsing & Leonard
Filmproduktion GmbH
Amalienstraße 81
80799 München
T 0 89.28 50-31
F 0 89.28 05-336
bruce.leonard@adc.de

Charly Leske
Regisseur, Kameramann
www.charlyleske.com
Borgweg 17
22303 Hamburg
T 0 40.27 38 38
mobil 01 71.7 73 02 27
charly.leske@adc.de

Jan Leube
Creative Director Text
Scholz & Friends Berlin GmbH
Wöhlertstraße 12/13
10115 Berlin
T 0 30.2 85 35-5 24
F 0 30.2 85 35-5 99
mobil 01 78.6 46 44 28
jan.leube@adc.de
JURYMITGLIED

Jana Liebig
Freie Kreativdirektorin, Texterin
Liebig-Werke
Eckenheimer Landstraße 82
60318 Frankfurt am Main
mobil 01 71.8 39 93 39
jana.liebig@adc.de
JURYMITGLIED

Alfred Limbach
Creative Director
Limbachconception
Auf dem Rothenberg 13
50667 Köln
T 02 21.2 58 14 63
F 02 21.2 58 22 53
mobil 01 72.2 00 03 33
alfred.limbach@adc.de

Arno Lindemann
Geschäftsführer Kreation
Jung von Matt/Fleet GmbH
Glashüttenstraße 79
20357 Hamburg
T 0 40.43 13 53-6 53
F 0 40.43 13 53-6 01
mobil 01 71.8 60 86 83
arno.lindemann@adc.de

David Linderman
Creative Director
Fork Unstable Media
Wolliner Straße 18–19
10435 Berlin
T 0 30.44 35 07-0
F 0 30.44 35 07-11
david.linderman@adc.de
JURYMITGLIED

Dirk Linke
Creative Director, Inhaber
Ringzwei
Waterloohain 5
22769 Hamburg
T 0 40-5 48 04-3 00
F 0 40-5 48 04-3 10
mobil 01 78.8 37 77 41
dirk.linke@adc.de
JURYMITGLIED

Harald Linsenmeier
Creative Director Text
Textorstraße 56
60594 Frankfurt am Main
mobil 01 71.8 84 34 13
harald.linsenmeier@adc.de
JURYMITGLIED

Sascha Lobe
Geschäftsführer
L2M3 Kommunikationsdesign
GmbH
Hölderlinstraße 57
70193 Stuttgart
T 07 11.99 33 91 60
F 07 11.99 33 91 70
sascha.lobe@adc.de
ROOKIE

Marcus Loeber
Komponist, Produzent
KCM Marcus Loeber
Am Tannenberg 30
21218 Seevetal
T 0 41 05.57 06 57
F 0 41 05.57 06 58
mobil 01 71.3 13 19 99
marcus.loeber@adc.de

Prof. Uwe Loesch
Geschäftsführer, Art Director
Arbeitsgemeinschaft für visuelle
und verbale Kommunikation
Mettmanner Straße 25
40699 Erkrath
T 02 11.5 58 48
F 02 11.5 58 46 10
mobil 01 73.9 82 58 66
uwe.loesch@adc.de

Benjamin Lommel
Executive Creative Director
Diedenhoferstraße 3
10405 Berlin
mobil 01 72.6 65 30 03
benjamin.lommel@adc.de
JURYMITGLIED

Frank Lübke
Geschäftsführer, Creative Director
:lübke prey Gmbh
Rosenheimer Straße 145 e–f
81671 München
T 0 89.4 90 67-1 51
F 0 89.4 90 67-1 00
frank.luebke@adc.de
JURYMITGLIED

Gerd Ludwig
Fotograf
Gerd Ludwig Photography
2256 Nichols Canyon Road
USA Los Angeles, CA. 90046
T 0 01.3 23.8 82 69 99
F 0 01.3 23.8 82 64 20
gerd.ludwig@adc.de

Matthias Lührsen
Geschäftsführender Gesellschafter
HASTINGS MUSIC GmbH
Ruhrstraße 13
22761 Hamburg
T 0 40.8 53 28 90
F 0 40.8 50 21 56
mobil 01 73.3 78 71 83
matthias.luehrsen@adc.de
JURYMITGLIED

Bernhard Lukas
Geschäftsführer
Jung von Matt/Fleet GmbH
Glashüttenstraße 79
20357 Hamburg
T 0 40.43 21-0
F 0 40.43 21-11 13
mobil 01 72.4 04 39 03
bernhard.lukas@adc.de

Prof. Ivica Maksimovic
Creative Director
Maksimovic & Partners Agentur
für Werbung und Design GmbH
Johannisstraße 5
66111 Saarbrücken
T 06 81.9 50 96-13
F 06 81.9 50 96-77
ivica.maksimovic@adc.de
JURYMITGLIED

Jürgen Mandel
Creative Director
Wittelsbacherstraße 27
10707 Berlin
T 0 30.80 58 08 00
mobil 01 72.2 10 27 76
juergen.mandel@adc.de

Andreas Manthey
Creative Director Text
BBDO Campaign GmbH Berlin
Hausvogteiplatz 2
10117 Berlin
T 0 30.34 00 03-3 45
F 0 30.34 00 03-20
mobil 01 72.9 92 68 27
andreas.manthey@adc.de
JURYMITGLIED

Uwe Marquardt
Executive Creative Director
Young & Rubicam
GmbH & Co. KG
Kleyerstraße 19
60326 Frankfurt am Main
T 0 69.75 06 13 28
F 0 69.75 06 16 48
uwe.marquardt@adc.de
JURYMITGLIED

Olaf Martens
Fotograf
Thomasiusstraße 16
04109 Leipzig
T 03 41.9 93 93 33
F 03 41.9 93 93 34
olaf.martens@adc.de

Chris Mayrhofer
Creative Director Art
Xynias, Weizel
Werbeagentur GmbH
Schwanthaler Straße 9–11
80336 München
T 0 89.55 25 55-85
F 0 89.55 25 55-99
mobil 01 72.8 31 30 69
chris.mayrhofer@adc.de
JURYMITGLIED

Jan van Meel
Creative Director
Keizersgracht 674 b
NL 1017 Amsterdam
T 00 31.2 04 20 13 03
F 00 31.2 04 21 03 79
mobil 00 31.6 46 08 74 56
janvan.meel@adc.de

Marco Mehrwald
Executive Creative Director
.start GmbH
Sandstraße 33
80335 München
T 0 89.7 46 13 61 55
F 0 89.7 21 26 00
marco.mehrwald@adc.de
JURYMITGLIED

Fritz Hendrick Melle
Geschäftsführer Kreation
Dorland Werbeagentur GmbH
Leuschnerdamm 31
10999 Berlin
T 0 30.61 68 40
F 0 30.61 68 41 66
fritzhendrick.melle@adc.de

Prof. HG Merz
Architekt, Museumsgestalter
Stuttgart/Berlin
Relenbergstraße 6
70174 Stuttgart
T 07 11.22 41 96-0
F 07 11.22 41 96-60
hg.merz@adc.de

Stefan Meske
Creative Director
Springer & Jacoby
Werbeagentur GmbH & Co. KG
Gerhofstraße 1–3
20354 Hamburg
T 0 40.3 56 03-3 60
F 0 40.3 56 03-5 11
stefan.meske@adc.de

Michael »Much« Meyer
Freier Texter
Bauerstraße 1
80796 München
mobil 01 79.4 50 24 90
michael.meyer@adc.de

Thomas Meyer-Hermann
Regisseur, Produzent
Studio Film Bilder
Ostendstraße 106
70188 Stuttgart
T 07 11.48 10 27
F 07 11.4 89 19 25
thomas.meyerhermann@adc.de

Julian Michalski
Geschäftsführer Kreation
Change Communication GmbH
Werbeagentur
Solmsstraße 4
60486 Frankfurt am Main
T 0 69.9 75 01-1 20
F 0 69.9 75 01-1 00
julian.michalski@adc.de

Olaf Mierau
Head of Sound Department,
Geschäftsführer
Studio Babelsberg
Postproduction GmbH
August-Bebel-Straße 26–53
14482 Potsdam
T 03 31.7 21 34 33
F 03 31.7 21 34 21
mobil 01 73.6 00 37 57
olaf.mierau@adc.de

Raphael Milczarek
Creative Director
DDB Group Germany GmbH
Berliner Allee 10
40212 Düsseldorf
T 02 11.60 13 31 55
F 02 11.60 13 55 31 55
raphael.milczarek@adc.de
JURYMITGLIED ROOKIE

ADC MITGLIEDER

Johannes Milla
Creative Director, Geschäftsführer
Milla und Partner GmbH
Agentur & Ateliers
Heusteigstraße 44
70180 Stuttgart
T 07 11.9 66 73 72
F 07 11.6 07 50 76
johannes.milla@adc.de
JURYMITGLIED

Bernd Misske
CEO, ECD
McCann-Erickson GmbH
Gregor-Mendel-Straße 50
A 1191 Wien
T 00 43.1.3 60 55-2 77
F 00 43.1.3 60 55-2 70
bernd.misske@adc.de

Christian Mommertz
Creative Director
Ogilvy & Mather Werbeagentur
GmbH & Co. KG
Darmstädter Landstraße 112
60598 Frankfurt am Main
T 0 69.9 62 25-0
F 0 69.9 62 25-17 31
christian.mommertz@adc.de
JURYMITGLIED   ROOKIE

Stephan Moritz
Sound Engineer & Komponist
Studio Funk GmbH & Co. KG
Skalitzer Straße 104
10997 Berlin
T 0 30.6 11 40 74
F 0 30.6 11 50 88
stephan.moritz@adc.de
JURYMITGLIED

Boris Mosner
Director & Director of Photography
Alter Kirchweg 18
25474 Hasloh
T 0 40.52 87 62 62
F 0 40.52 87 62 63
boris.mosner@adc.de

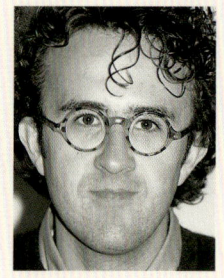

Ono Mothwurf
Freier Texter
Waldheimstraße 29
82166 Gräfelfing
T 0 89.13 37 17
F 0 89.13 99 92 01
mobil 01 72.6 83 73 73
ono.mothwurf@adc.de
JURYMITGLIED

Margot Müller
Creative Consultant
Myliusstraße 39
60323 Frankfurt am Main
T 0 69.72 86 83
F 0 69.71 40 89 90
margot.mueller@adc.de

Prof. Gudrun Müllner
Professorin für
visuelle Kommunikation
Schlesierstraße 70
81669 München
T 0 89.6 80 12 07
F 0 89.68 05 07 74
mobil 01 79.2 22 27 97
gudrun.muellner@adc.de
JURYMITGLIED

Beat Nägeli
Creative Consultant
Hof Wartenberg
24631 Langwedel-Blocksdorf
T 0 43 29.14 53
F 0 43 29.10 76
mobil 01 77.4 00 27 77
beat.naegeli@adc.de
JURYMITGLIED

Kerrin Nausch
Creative Director Text
Leo Burnett GmbH
Alexanderstraße 65
60489 Frankfurt am Main
T 0 69.7 80 77-6 33
F 0 69.7 80 77-7 77
kerrin.nausch@adc.de
JURYMITGLIED

Hans Neubert
Creative Director Text
Q Werbeagentur AG
Nymphenburger Straße 125
80636 München
T 0 89.55 29 92 01
F 0 89.55 29 92 99
hans.neubert@adc.de

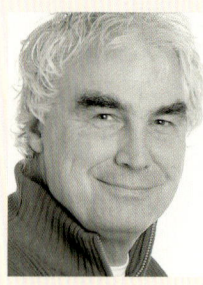

Gerd Neumann
International Executive
Creative Director
Ogilvy & Mather
Werbeagentur GmbH & Co. KG
Darmstädter Landstraße 112
60598 Frankfurt am Main
T 0 69.9 62 25-15 73
F 0 69.9 62 25-15 55
gerd.neumann@adc.de
JURYMITGLIED

Ralf Nolting
Creative Director
Grabarz & Partner
Werbeagentur GmbH
Alter Wall 55
20457 Hamburg
T 0 40.3 76 41-0
F 0 40.3 76 41-4 00
ralf.nolting@adc.de
JURYMITGLIED

Stefan Nowak
nowakteufelknyrim
Kommunikationsdesign &
Ausstellungsarchitektur
Lichtstraße 52
40235 Düsseldorf
T 02 11.68 91 11
F 02 11.68 91 12
stefan.nowak@adc.de

Carlos Obers
Texter
Aventinstraße 7 a
80469 München
T 0 89.8 34 82 02
F 0 89.8 34 81 20
carlos.obers@adc.de

Lars Oehlschlaeger
Creative Director Art
Q Werbeagentur AG
Nymphenburger Straße 125
80636 München
T 0 89.55 29 92 00
F 0 89.55 29 92 99
lars.oehlschlaeger@adc.de
JURYMITGLIED

Oliver Oelkers
Konzeption + Art Direction
Elisabethstraße 27
80796 München
T 0 89.27 37 53 19
F 0 89.27 37 53 20
oliver.oelkers@adc.de

Michael Ohanian
Creative Director
kempertrautmann gmbh
Große Bleichen 10
20354 Hamburg
T 0 40.4 13 49 90
michael.ohanian@adc.de
JURYMITGLIED

Jan Okusluk
Creative Director
Heye & Partner
Werbeagentur GmbH
Ottobrunner Straße 28
82008 Unterhaching
T 0 89.66 53 22 73
jan.okusluk@adc.de
JURYMITGLIED

Olaf Oldigs
Geschäftsführer Creation
Kolle Rebbe
Werbeagentur GmbH
Dienerreihe 2
20457 Hamburg
T 0 40.32 54 23-0
F 0 40.32 54 23-23
olaf.oldigs@adc.de
JURYMITGLIED

Bettina Olf
Creative Director Art
Springer & Jacoby
5.Werbeagentur GmbH & Co. KG
Schleusenbrücke 1
20354 Hamburg
T 0 40.3 56 03 82 37
F 0 40.35 60 35 55
bettina.olf@adc.de

Simon Oppmann
Creative Director Art
Ogilvy & Mather Werbeagentur
GmbH & Co. KG
Darmstädter Landstraße 112
60598 Frankfurt am Main
T 0 69.9 62 25-17 52
F 0 69.9 62 25-15 55
simon.oppmann@adc.de

Peter Oprach
Creative Director Text
Platanenstraße 7
40233 Düsseldorf
T 02 11.67 54 39
F 02 11.67 54 39
peter.oprach@adc.de

Fiete Osenbrügge
Regisseur, Kameramann
Images Film- und
Fernsehproduktion GmbH
Johannes-Brahms-Platz 9–11
20355 Hamburg
T 0 40.35 76 74-0
F 0 40.35 76 74-74
fiete.osenbruegge@adc.de
JURYMITGLIED

PREMIUM WHITE SINCE 1855

(ZUCKERFREI.)

-- --

Der Art Directors Club für Deutschland prämiert jedes Jahr die besten Ideen
und druckt sie im ADC-Buch auf unser Papier – für ein strahlend weißes Lächeln bei allen Beteiligten.
Bei der Herstellung weißer Papiere seit 1855 sind jede Menge Erfahrungen bei uns kleben geblieben.
Sie haben auch frische Ideen? Wir beraten Sie gerne!

-- Die Marken von Scheufelen: PhoeniXmotion, Consort Royal, Job Parilux, BVS und BRO --

Papierfabrik Scheufelen GmbH + Co. KG -- Adolf-Scheufelen-Strasse 26 -- D-73252 Lenningen -- Tel. +49 (0) 7026 66-0 -- Fax +49 (0) 7026 66-32 703
service@scheufelen.de -- www.scheufelen.com

Thomas Pakull
Executive Creative Director
.start GmbH
Sandstraße 33
80335 München
T 0 89.74 61 36-4 25
F 0 89.7 21 26 00
thomas.pakull@adc.de
JURYMITGLIED

Heinrich Paravicini
Creative Director, Gesellschafter
Mutabor Design GmbH
Große Elbstraße 145 b
22767 Hamburg
T 0 40.39 92 24-12
F 0 40.39 92 24-29
heinrich.paravicini@adc.de
JURYMITGLIED

Patricia Pätzold
Creative Director
Grabarz & Partner
Werbeagentur GmbH
Alter Wall 55
20457 Hamburg
T 0 40.37 64 10
F 0 40.37 64 14 00
patricia.paetzold@adc.de
JURYMITGLIED

Hartmut Pflüger
Creative Director
Trills 104
40699 Erkrath
T 0 21 04.3 54 19
hartmut.pflueger@adc.de
JURYMITGLIED

Britta Poetzsch
Creative Executive Director
M.E.C.H. McCann-Erickson
Communications House Berlin GmbH
Schönhauser Allee 37
10435 Berlin
T 0 30.4 40 30-2 25
F 0 30.4 40 30-1 51
mobil 01 73.2 00 06 37
britta.poetzsch@adc.de
JURYMITGLIED

Prof. Hans-Georg Pospischil
Art Director
Lettera GmbH
Wolfsgangstraße 41
60322 Frankfurt am Main
T 0 69.5 96 22 90
hansgeorg.pospischil@adc.de

Michael Preiswerk
Geschäftsführender Gesellschafter
GPP. Werbeagentur GmbH
Heilbronner Straße 154
70191 Stuttgart
T 07 11.2 55 07-3 10
F 07 11.2 55 07-3 03
michael.preiswerk@adc.de
JURYMITGLIED

Martin Pross
Creative Director, Partner
Scholz & Friends Berlin GmbH
Wöhlertstraße 12/13
10115 Berlin
T 0 30.2 85 35-4 62
F 0 30.2 85 35-5 97
martin.pross@adc.de

Marco Pupella
Executive Vice President
Saatchi & Saatchi Milan
Corso Monforte, 52
IT 20122 Milan
T 00 39.02 77 01-37 36
F 00 39.02 78 11 96
marco.pupella@adc.de

Nina Puri
Freier Creative Director, Texterin
Eppendorfer Weg 87 a
20259 Hamburg
T 0 40.43 27 07 91
mobil 01 72.5 17 98 86
nina.puri@adc.de
JURYMITGLIED

Raphael Püttmann
Creative Director Art
M.E.C.H. McCann-Erickson
Communications House Berlin GmbH
Schönhauser Allee 37
10435 Berlin
T 0 30.4 40 30-2 24
F 0 30.4 40 30-1 51
raphael.puettmann@adc.de

Peter Quester
Texter
Scholz & Friends Berlin GmbH
Wöhlertstraße 12/13
10115 Berlin
T 0 30.2 85 35-5 22
F 0 30.2 85 35-5 86
peter.quester@adc.de
JURYMITGLIED

Jochen Rädeker
Geschäftsführender Gesellschafter
strichpunkt agentur für
visuelle kommunikation gmbh
Schönleinstraße 8a
70184 Stuttgart
T 07 11.62 03 27-32
F 07 11.62 03 27-10
jochen.raedeker@adc.de
JURYMITGLIED

Diddo Ramm
Creative Director
DRDCC
Pastorenstraße 16–18
»Druvenhof«
20459 Hamburg
T 0 40.87 88 66-0
F 0 40.87 88 66-22
diddo.ramm@adc.de
JURYMITGLIED

Markus Rasp
Art Director
Anzinger | Wüschner | Rasp
Agentur für Kommunikation GmbH
Triftstraße 13
80538 München
T 0 89.53 90 67-0
F 0 89.53 90 67-20
mobil 01 72.9 98 70 24
markus.rasp@adc.de

Utz D. Rausch
Creative Director, Inhaber
UTZ Beratung & Kommunikation
GmbH
Kohlfurter Straße 41–43
10999 Berlin
T 0 30.61 65 45 60
F 0 30.61 65 45 66
mobil 01 71.8 90 55 55
utz.rausch@adc.de
JURYMITGLIED

Dora Reale
Art Director
Goernestraße 2
20249 Hamburg
mobil 01 70.9 65 11 51
dora.reale@adc.de
JURYMITGLIED

Peter Redlin
Milla und Partner GmbH
Agentur & Ateliers
Heusteigstraße 44
70180 Stuttgart
T 07 11.9 66 73-0
F 07 11.6 07 50 76
peter.redlin@adc.de
JURYMITGLIED ROOKIE

Petra Reichenbach
Art Director
reichenbach-design
Puschkinstraße 29
06108 Halle an der Saale
T 03 45.2 90 97 65
F 03 45.6 86 82 00
mobil 01 51.15 12 68 16
petra.reichenbach@adc.de

Cosima Reif
Texterin, Illustratorin
www.zufallsproduktion.at
Schleifmühlgasse 3/5
A 1040 Wien
T 00 43.15 81 11 83
mobil 00 43.66.41 56 39 86
cosima.reif@adc.de

Dietmar Reinhard
Creative Director
J. Walter Thompson
GmbH & Co. KG
Schwedlerstraße 6
60314 Frankfurt am Main
T 0 69.4 05 76-0
F 0 69.4 05 76-660
dietmar.reinhard@adc.de
JURYMITGLIED

Armin Reins
Creative Director, Mitinhaber
REINSCLASSEN
Agentur für Sprache
Schwanenwik 32
22087 Hamburg
T 0 40.22 69 27-0
F 0 40.22 69 27-70
armin.reins@adc.de
JURYMITGLIED

Alexander Reiss
Creative Director
cayenne Werbeagentur GmbH
Rheinallee 9
40549 Düsseldorf
T 02 11.97 76 91 54
F 02 11.9 77 69 40
alexander.reiss@adc.de
JURYMITGLIED

Michael Reissinger
Visual Director, Creative Consultant
deli pictures
Steinhöft 9
22769 Hamburg
T 0 40.80 80 25-0
F 0 40.80 80 25-1 00
michael.reissinger@adc.de
JURYMITGLIED

ANZEIGE DES MONATS
AUGUST 2004

Wir gratulieren

*Jung von Matt/
Alster Werbeagentur GmbH
Hamburg*

zum 3. Platz

mit dem Motiv

**BtB
Gabelstapler**

der Firma ebay GmbH,
Europarc Dreilinden

Leinfelden, 11. Oktober 2004

INDUSTRIE ANZEIGER

Bei Jung von Matt gewinnst Du jeden Preis.
www.jvm.de

Thomas Rempen
Grafik-Designer
Büro Rempen GmbH
Rather Straße 110 b
40476 Düsseldorf
T 02 11.5 80 80-40
F 02 11.5 80 80-4 10
mobil 01 78.8 58 20 75
thomas.rempen@adc.de

Ivo von Renner
Fotograf
Metzendorfer Weg 11
21224 Rosengarten (Hamburg)
T 0 41 08.4 33 00-0
F 0 41 08.4 33 00-30
ivovon.renner@adc.de

Daniel Requardt
Geschäftsführer
Floridan Studios GmbH
Reinsburgstraße 97
70197 Stuttgart
T 07 11.2 29 31 93-0
F 07 11.2 29 31 93-9
daniel.requardt@adc.de
JURYMITGLIED ROOKIE

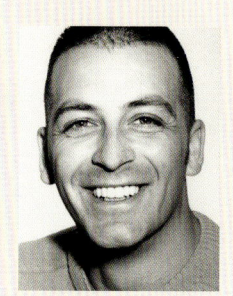

Jan Rexhausen
Creative Director
Jung von Matt/Basis GmbH
Glashüttenstraße 38
20357 Hamburg
T 0 40.43 21-12 65
F 0 40.43 21-19 90
jan.rexhausen@adc.de
JURYMITGLIED

Brigitte Richter
Fotografin
C/. Cuadrado 9
ES 07100 Sóller/Mallorca
T 00 34.9 71.63 22 99
F 00 34.9 71.63 32 17
brigitte.richter@adc.de

Torsten Rieken
Executive Creative,
Managing Director
J. Walter Thompson GmbH & Co. KG
Elbberg 1
22767 Hamburg
T 0 40.3 06 19-4 01
F 0 40.3 06 19-2 20
mobil 01 73.6 55 48 11
torsten.rieken@adc.de
JURYMITGLIED

Manfred Rieker
Fotograf
Manfred Rieker Studio
Blumenstraße 36
71106 Magstadt
T 0 71 59.40 07-0
F 0 71 59.40 07-50
manfred.rieker@adc.de

Manfred Riemel
Creative Consultant
riemel.com
Dreifaltigkeitsplatz 4
80331 München
T 0 89.55 05 09 66
manfred.riemel@adc.de

Mike Ries
Chief Creative Officer
J. Walter Thompson
GmbH & Co. KG
Schwedlerstraße 6
60314 Frankfurt am Main
T 0 69.4 05 76-6 02
F 0 69.4 05 76-5 03
mike.ries@adc.de
JURYMITGLIED

Markus Rindermann
Art Director
Markus Rindermann-Studio
Nibelungenstraße 24
80469 München
F 0 89.20 25 60 20
mobil 01 72.8 65 49 64
markus.rindermann@adc.de

Jan Ritter
Creative Director, Inhaber
Ritterslagman Werbeagentur
GmbH & Co. KG
Stadtdeich 27
20097 Hamburg
T 0 40.30 97 01-17
F 0 40.30 97 01-15
jan.ritter@adc.de
JURYMITGLIED

Kai Röffen
Executive Creative Director,
Managing Director
TBWA Düsseldorf GmbH
Schanzenstraße 54 a
40549 Düsseldorf
T 02 11.86 43 51 13
F 02 11.86 43 51 08
kai.roeffen@adc.de
JURYMITGLIED

Heiner Baptist Rogge
Creative Director, Gesellschafter
Werbeagentur
SHANGHAI DGM
Leibnizstraße 65
10629 Berlin
T 0 30.2 03 11-0
F 0 30.2 03 11-23
mobil 01 72.4 54 59 02
heinerbaptist.rogge@adc.de
JURYMITGLIED

Alex Römer
Kreativer
RömerWildberger
Hackescher Markt 4/
Große Präsidentenstraße 10
10178 Berlin
T 0 30.80 57 81 64
mobil 01 60.8 02 04 81
alex.roemer@adc.de
JURYMITGLIED

Peter Römmelt
Creative Director
Ogilvy & Mather
Werbeagentur GmbH & Co. KG
Darmstädter Landstraße 112
60598 Frankfurt am Main
T 0 69.9 62 25-17 33
F 0 69.9 62 25-12 99
peter.roemmelt@adc.de

Christine de Rooy
Creative Director
Holbeinstraße 46
60596 Frankfurt am Main
T 0 69.63 15 37 32
F 0 69.63 15 37 32
christinede.rooy@adc.de

Thilo Rothacker
Illustrator
Herzogstraße 15
70176 Stuttgart
T 07 11.6 14 33 45
F 07 11.6 14 33 46
mobil 01 73.3 41 15 95
thilo.rothacker@adc.de
JURYMITGLIED

Constantin Rothenburg
Creative Director
QVEST Magazine
Münzstraße 14
10178 Berlin
T 0 30.70 07 29-0
F 0 30.70 07 29-10
constantin.rothenburg@adc.de
JURYMITGLIED ROOKIE

Helmut Rottke
Art Director, Inhaber
Rottke Werbung
Dominikanerstraße 19
40545 Düsseldorf
T 02 11.58 87 12
F 02 11.58 83 38
helmut.rottke@adc.de

Raban Ruddigkeit
Partner
Wächter & Wächter Worldwide
Partners. Identity & Design.
Grimmstraße 3
80336 München
T 0 89.74 72 42 41
F 0 89.74 72 42 40
mobil 01 73.5 63 40 91
raban.ruddigkeit@adc.de
JURYMITGLIED

Kersten Sachse
Geschäftsführer Creation
Heuer & Sachse
Werbeagentur GmbH
Paul-Dessau-Straße 3c
22761 Hamburg
T 0 40.8 19 55-1 11
F 0 40.8 19 55-1 55
kersten.sachse@adc.de

Wolfgang Sasse
Geschäftsführer
KNSK Werbeagentur GmbH
Alte Rabenstraße 1
20148 Hamburg
T 0 40.4 41 89-01
F 0 40.4 41 89-3 03
wolfgang.sasse@adc.de
JURYMITGLIED

Prof. Joachim Sauter
Creative Director
ART+COM AG
Kleiststraße 23–26
10787 Berlin
T 0 30.2 10 01-0
F 0 30.2 10 01-5 55
joachim.sauter@adc.de

Simon Schäfer
Creative Director, Mitinhaber
Movement Marketing GmbH
Oranienstraße 183
10999 Berlin
T 0 30.61 67 85-32
F 0 30.61 67 85-50
simon.schaefer@adc.de

Stephan Schäfer-Mehdi
Geschäftsführer Kreation
VOK DAMS GRUPPE
Ges. f. Kommunikation mbH
Katernberger Straße 54
42115 Wuppertal
T 02 02.3 89 07-0
F 02 02.3 89 07-1 99
stephan.schaefermehdi@adc.de
JURYMITGLIED ROOKIE

Reinhold Scheer
Freier Creative Director
Stephanienstraße 26
40211 Düsseldorf
mobil 01 75.5 90 87 89
reinhold.scheer@adc.de

Burkhart von Scheven
Geschäftsführer Kreation
Saatchi & Saatchi GmbH
Uhlandstraße 2
60314 Frankfurt am Main
T 0 69.71 42-1 71
F 0 69.71 42-4 18
burkhartvon.scheven@adc.de
JURYMITGLIED

Alexander Schill
Partner
Serviceplan Agenturgruppe
Harvestehuder Weg 45
20149 Hamburg
mobil 01 71.3 08 94 02
alexander.schill@adc.de
JURYMITGLIED

Sandra Schilling
Creative Director
BBDO Campaign GmbH Berlin
Hausvogteiplatz 2
10117 Berlin
T 0 30.34 00 03-3 47
F 0 30.34 00 03-20
mobil 01 73.2 60 75 83
sandra.schilling@adc.de
ROOKIE

Prof. Michael Schirner
Geschäftsführender Gesellschafter
Institut für Kunst und Medien
Karlsruhe
Arnoldstraße 12
40479 Düsseldorf
T 02 11.4 93 08 57
F 02 11.4 92 08 67
mobil 01 72.2 11 73 49
michael.schirner@adc.de
JURYMITGLIED

Ralph M. Schlehofer
Gesellschafter, Geschäftsführer
SMP Schlehofer mit Partnern
GmbH Kommunikationsberatung
Ehrengutstraße 1
80469 München
T 0 89.72 10 90
F 0 89.7 21 09 28
ralph.schlehofer@adc.de

Ralf Schmerberg
Regisseur, Produzent
Trigger Happy Productions GmbH
Swinemünder Straße 121
10435 Berlin
T 0 30.28 48 97-30
F 0 30.28 48 97-55
ralf.schmerberg@adc.de

Martin Schmid
Regisseur, Geschäftsführer
JOISCHMID Filmproduktion
GmbH
Budapesterstraße 7–9
10787 Berlin
T 0 30.26 39 88-0
F 0 30.26 39 88-20
martin.schmid@adc.de

Susanne Schmidhuber
Innenarchitektin, Geschäftsführerin
Schmidhuber+Partner
Nederlinger Straße 21
80638 München
T 0 89.1 57 99-70
F 0 89.1 57 99-7 99
susanne.schmidhuber@adc.de
JURYMITGLIED

Heiko Schmidt
Creative Director
Leagas Delaney Hamburg GmbH
Waterloohain 5
22769 Hamburg
T 0 40.54 80 44 18
heiko.schmidt@adc.de
JURYMITGLIED

Jens Schmidt
Creative Director
Moccu GmbH & Co. KG
Kreativagentur für digitale Medien
Pappelallee 10
10437 Berlin
T 0 30.44 01 30-52
F 0 30.44 01 30-50
mobil 01 73.6 13 97 03
jens.schmidt@adc.de

Julia Schmidt
Creative Director Art
Uderbergerstraße 60
10435 Berlin
T 0 30.4 41 55 91
julia.schmidt@adc.de
JURYMITGLIED

Matthias Schmidt
Geschäftsführer Kreation, Partner
Scholz & Friends Hamburg GmbH
Am Sandtorkai 76
20457 Hamburg
matthias.schmidt@adc.de
JURYMITGLIED

Stefan Schmidt
Chief Creative Officer
TBWA\ Germany
Rosenstraße 16–17
10178 Berlin
T 0 30.44 32 93-0
F 0 30.44 32 93-4 00
mobil 01 72.8 09 81 16
stefan.schmidt@adc.de

Rolf Schmidt-Holtz
CEO, ECD
SONY BMG Music Entertainment
Herrengraben 3
20459 Hamburg
T 0 40.80 80 95-8 00
F 0 40.45 76 26
rolf.schmidtholtz@adc.de

Harald Schmitt
Creative Director und Mitinhaber
BCST Advertising Beebol
Camesasca Schmitt Tilliger
Hanauer Landstraße 161–173
60314 Frankfurt am Main
T 0 69.94 94 59 13
mobil 01 76-22 88 64 66
harald.schmitt@adc.de

Michael Schnabel
Fotograf
Studio Michael Schnabel
Schubartstraße 16–2
70190 Stuttgart
T 07 11.2 85 85 89
F 07 11.2 85 85 76
mobil 01 72.7 32 26 09
michael.schnabel@adc.de

Christian Schneider
Komponist, Musikproduzent
pearls° Gesellschaft für
Acoustic Identity mbH
Hanauer Landstraße 11–13
60314 Frankfurt am Main
T 0 69.43 05 18-0
F 0 69.43 05 18-10
christian.schneider@adc.de
JURYMITGLIED

Frank Schneider
Düsseldorfer Straße 71
40545 Düsseldorf
T 02 11.57 21 71
F 02 11.5 56 00 74
frank.schneider@adc.de

Günther Schneider
Creative Director Text
Heye & Partner GmbH
Hans-Henny-Jahnn-Weg 35
22085 Hamburg
T 0 40.2 29 33-01
F 0 40.2 29 33-100
guenther.schneider@adc.de

Manfred Schneider
Freier Creative Director, Texter
Osterwaldstraße 71
80805 München
mobil 01 72.6 46 43 06
manfred.schneider@adc.de

Tim Schneider
Creative Director
HEIMAT, Berlin
Segitzdamm 2
10969 Berlin
T 0 30.6 16 52-0
F 0 30.6 16 52-2 00
tim.schneider@adc.de
JURYMITGLIED

Wolfgang Schneider
Creative Director,
Geschäftsführer Kreation
Jung von Matt/Spree GmbH
Hasenheide 54
10967 Berlin
T 0 30.7 89 56-3 11
F 0 30.7 89 56-1 19
wolfgang.schneider@adc.de
JURYMITGLIED

Marc Schölermann
Regisseur
Bogenallee 12
20144 Hamburg
T 0 40.41 49 57 57
F 0 40.41 49 65 51
marc.schoelermann@adc.de
ROOKIE

Bernd Schöll
Geschäftsführer
Instant Records GmbH
Osterwaldstraße 10
80805 München
T 0 89.36 19 24 86
F 0 89.36 19 24 88
mobil 01 72.8 36 62 40
bernd.schoell@adc.de

Joachim Schöpfer
Texter, Geschäftsführer Kreation
Serviceplan
Zweite Werbeagentur GmbH
Haus der Kommunikation
80250 München
joachim.schoepfer@adc.de
JURYMITGLIED

Volker Schrader
Creative Director
Unter den Golläckern 44
64295 Darmstadt
T 0 61 51.38 57 05
mobil 01 77.5 88 82 09
volker.schrader@adc.de
JURYMITGLIED

Patrick Schrag
Freier Texter
Chodowieckistraße 41
10405 Berlin
mobil 01 63.7 34 89 70
patrick.schrag@adc.de
JURYMITGLIED

Stefan Schulte
Creative Director
DDB Werbeagentur GmbH
Neue Schönhauser Straße 3–5
10178 Berlin
T 0 30.24 08 43 40
F 0 30.24 08 45 43 40
mobil 01 72.9 52 79 00
stefan.schulte@adc.de
JURYMITGLIED

Todd Schulz
Creative Director, Inhaber
INTERNATIONAL
Pfuelstraße 5
10997 Berlin
T 0 30.61 65 79-0
F 0 30.61 65 79-20
todd.schulz@adc.de

Klemens Schüttken
Freier Kreativer
Swinemünder Straße 126
10435 Berlin
mobil 01 76.43 00 54 53
klemens.schuettken@adc.de
JURYMITGLIED

Christian Schwarm
Geschäftsführer
Dorten GmbH
Christophstraße 6
70180 Stuttgart
T 07 11.4 70 46-0
F 07 11.4 70 46-5 55
christian.schwarm@adc.de
JURYMITGLIED

Roland A. Schwarz
Geschäftsführer Kreation
markenentertainment GmbH
Eugensplatz 1
70184 Stuttgart
roland.schwarz@adc.de

Boris Schwiedrzik
Ass. Creative Director
TBWA Werbeagentur GmbH
Rosenstraße 16–17
10178 Berlin
T 0 30.4 43 29 30
F 0 30.4 43 29 33 99
boris.schwiedrzik@adc.de
JURYMITGLIED

Christian Seifert
Creative Director
Ogilvy & Mather
Werbeagentur GmbH & Co. KG
Darmstädter Landstraße 112
60598 Frankfurt am Main
T 0 69.9 62 25-17 76
F 0 69.9 62 25-17 31
mobil 01 51.18 45 15 15
christian.seifert@adc.de
JURYMITGLIED

Oliver Seltmann
Creative Director,
Geschäftsführer Kreation
Red Rabbit Werbeagentur GmbH
Neuer Kamp 30
20357 Hamburg
mobil 01 79.2 10 54 45
oliver.seltmann@adc.de
JURYMITGLIED

Helmut Sendlmeier
Chairman, CEO
McCann-Erickson Deutschland
GmbH
Großer Hasenpfad 44
60598 Frankfurt am Main
T 0 69.60 50 72 11
F 0 69.60 50 72 49
helmut.sendlmeier@adc.de

Marcello Serpa
Creative Director
Almap BBDO Comunicacoes Ltda.
Edificio Morumbi Office Tower
Av. Roque Petroni JR, 999-5/6/7
BR 04707-905 Sao Paolo
T 00 55.11.21 61 56 00
F 00 55.11.21 61 56 55
marcello.serpa@adc.de

Stefan Setzkorn
Geschäftsführer Kreation
Scholz & Friends Hamburg GmbH
Am Sandtorkai 76
20457 Hamburg
T 0 40.37 68 15 72
F 0 40.37 68 13 73
stefan.setzkorn@adc.de

Othmar Severin
Creative Consultant
Fürstenberger Straße 233
60323 Frankfurt am Main
T 0 69.55 17 83
F 0 69.55 37 32
mobil 01 73.3 45 00 46

Anna Clea Skoluda
Freie Kreative
Anberg 1
20459 Hamburg
T 0 40.28 78 94 24
mobil 01 63.5 10 27 17
annaclea.skoluda@adc.de
JURYMITGLIED

Matthias Spaetgens
Creative Director
Scholz & Friends Berlin GmbH
Wöhlertstraße 12/13
10115 Berlin
T 0 30.2 85 35-5 23
F 0 30.2 85 35-5 99
mobil 01 73.9 47 77 31
matthias.spaetgens@adc.de
JURYMITGLIED

Dörte Spengler-Ahrens
Geschäftsführerin Kreation
Jung von Matt/Basis GmbH
Glashüttenstraße 38
20357 Hamburg
T 0 40.43 21-12 52
F 0 40.43 21-19 90
doerte.spenglerahrens@adc.de
JURYMITGLIED

Prof. Dr. Heike Sperling
Freier Creative Director
Institut Fuer Musik Und Medien
Robert Schumann Hochschule
Düsseldorf
Georg-Glock-Straße 15
40474 Düsseldorf
heike.sperling@adc.de
JURYMITGLIED

Reinhard Spieker
Art Director, Inhaber
WATZMANN
Advertising Culture KG
Ludwigstraße 182
63067 Offenbach am Main
T 0 69.17 00 03 13
F 0 69.72 23 69
reinhard.spieker@adc.de
JURYMITGLIED

Prof. Erik Spiekermann
Geschäftsführender Gesellschafter
UDN United Designers Network
GmbH
Motzstraße 59
10777 Berlin
T 0 30.21 28 08-0
F 0 30.21 28 08-10
mobil 01 72.3 13 17 11
erik.spiekermann@adc.de

Julia Stackmann
Freier Creative Director, Texterin
Papenhuderstraße 33
22087 Hamburg
mobil 01 71.1 27 22 31
julia.stackmann@adc.de
JURYMITGLIED

KOPF TRIFFT NAGEL

Ausgezeichnete Anzeigen finden Sie auch jede Woche im SPIEGEL.

Christoph Steinegger
Grafik-Designer
Christoph Steinegger/INTERKOOL
Schulterblatt 14
20357 Hamburg
T 0 40.44 80 40-10
F 0 40.44 80 40-8 88
christoph.steinegger@adc.de
JURYMITGLIED

Ludwig Steinmetz
Grafiker, Texter
AHA Advertising Head Agency GmbH
Widenmayerstraße 25
80538 München
T 0 89.29 16 09 25
F 0 89.29 16 09 24
ludwig.steinmetz@adc.de

Michael Stiebel
Geschäftsführer, Regisseur
Downtown Film Productions GmbH
Große Elbstraße 146
22767 Hamburg
T 0 40.30 68 50-0
F 0 40.30 68 50-20
mobil 01 72.4 35 00 77
michael.stiebel@adc.de

Mathias Stiller
Creative Director,
Geschäftsführer Kreation
Jung von Matt/Spree GmbH
Hasenheide 54
10967 Berlin
T 0 30.7 89 56-3 11
F 0 30.7 89 56-1 19
mathias.stiller@adc.de

Christian Stöppler
Geschäftsführer
DSB&K Werbeagentur GmbH & Co. KG
Zeppelinallee 77
60487 Frankfurt am Main
T 0 69.24 79 07-0
F 0 69.24 79 07-3 99
christian.stoeppler@adc.de

Norman Störl
Geschäftsführender Gesellschafter santamaria
Heinrichstraße 9
22769 Hamburg
T 0 40.3 99 22-10
F 0 40.3 99 22-1 29
norman.stoerl@adc.de
ROOKIE

Marc Strotmann
Creative Director Text
Xynias, Wetzel Werbeagentur GmbH
Schwanthaler Straße 9–11
80336 München
T 0 89.55 25 55 95
F 0 89.55 25 55 99
mobil 01 71.4 98 28 79
marc.strotmann@adc.de
JURYMITGLIED

Achim Szymanski
Freier Creative Director, Texter
Wagmüllerstraße 19
80538 München
T 0 89.29 91 89
F 0 89.2 28 38 07
mobil 01 72.8 90 34 20
achim.szymanski@adc.de
JURYMITGLIED

Ralph Taubenberger
Creative Director
Heye & Partner GmbH
Werbeagentur GWA
Ottobrunner Straße 28
82008 Unterhaching
T 0 89.6 65 32-4 06
F 0 89.6 65 32-1 49
mobil 01 62.2 88 80 70
ralph.taubenberger@adc.de

Christine Taylor
Design Director
Winsstraße 42
10405 Berlin
christine.taylor@adc.de
JURYMITGLIED

Prof. Philipp Teufel
Kommunikationsdesigner,
Ausstellungsdesigner
nowakteufelknyrim
Kommunikationsdesign & Ausstellungsarchitektur
Lichtstraße 52
40235 Düsseldorf
T 02 11.68 91 11
F 02 11.68 91 12
philipp.teufel@adc.de

Patrick They
Creative Director Art
Schlüterstraße 71
10625 Berlin
mobil 01 73.6 50 70 33
patrick.they@adc.de
JURYMITGLIED

Christopher Thomas
Fotograf
Fotostudio Christopher Thomas
Thalkirchner Straße 143
81371 München
T 0 89.7 23 45 16
F 0 89.7 24 28 68
christopher.thomas@adc.de

Axel Thomsen
Creative Director
Serviceplan Hamburg
Harvesterhuder Weg 45
20149 Hamburg
T 0 40.18 88 11-82 50
F 0 40.18 88 11-81 11
mobil 01 71.6 41 64 33
axel.thomsen@adc.de
JURYMITGLIED

Hans-Joachim Timm
Executive Creative Director
guhl/partners.
Agentur für Kommunikation
Feldeggstrasse 13
CH 8034 Zürich
T 00 41.4 43 83 59 88
F 00 41.4 43 83 59 82
mobil 00 41.7 92 11 36 51
hansjoachim.timm@adc.de

Christian Traut
Creative Director
KNSK Werbeagentur GmbH
Alte Rabenstraße 1
20148 Hamburg
T 0 40.4 41 89-01
F 0 40.4 41 89-3 00
christian.traut@adc.de
JURYMITGLIED

Sebastian Turner
Partner, Vorstandsvorsitzender
Scholz & Friends AG
Chausseestraße 8, Aufgang E
10115 Berlin
T 0 30.59 00 53-2 10
F 0 30.59 00 53-2 99
sebastian.turner@adc.de
JURYMITGLIED

Prof. Andreas Uebele
Kommunikationsdesigner
Büro Uebele
Visuelle Kommunikation
Heusteigstraße 94a
70180 Stuttgart
T 07 11.34 17 02-0
F 07 11.34 17 02-30
andreas.uebele@adc.de

Götz Ulmer
Creative Director Art
Jung von Matt/Alster Werbeagentur GmbH
Glashüttenstraße 79
20357 Hamburg
T 0 40.43 21-0
F 0 40.43 21-13 24
goetz.ulmer@adc.de
JURYMITGLIED

Frank C. Ulrich
Creative Partner
Totems
Communication & Architecture
Ludwigstraße 59
70176 Stuttgart
T 07 11.5 05 31-1 00
F 07 11.5 05 31-3 33
frank.ulrich@adc.de
JURYMITGLIED

Peter Unfried
Stellvertretender Chefredakteur
taz, die tageszeitung
Verlagsgenossenschaft e.G.
Kochstraße 18
10969 Berlin
T 0 30.25 90 22 94
F 0 30.25 90 27 94
mobil 01 72.1 75 51 54
peter.unfried@adc.de

Eric Urmetzer
Freier Art Director/Creative Director
WUNDERHAUS GmbH
Ledererstraße 6
80331 München
T 0 89.24 29 66-00
F 0 89.24 29 66-66
mobil 01 63.6 64 44 40
eric.urmetzer@adc.de
JURYMITGLIED

Mirko Vasata
Texter, Geschäftsführer Kreation
Vasata | Schröder Werbeagentur GmbH
Stresemannstraße 29
22769 Hamburg
T 0 40.43 28 66-0
F 0 40.43 28 66-10
mirko.vasata@adc.de

Hermann Vaske
Creative Director, Regisseur
Hermann Vaske's Emotional Network
Schmidtstraße 12
60326 Frankfurt am Main
T 0 69.7 39 91 80
F 0 69.73 10 21
hermann.vaske@adc.de

Oliver Viets
Creative Director Art
Elephant Seven GmbH
Gerhofstraße 1–3
20354 Hamburg
T 0 40.3 41 01-5 65
F 0 40.3 41 01-1 01
oliver.viets@adc.de
JURYMITGLIED

Gerhard Peter Vogel
Creative Director, Geschäftsführer
KOPRA GmbH Agentur für klassische
und interaktive Kommunikation
Friedrichstraße 191
10117 Berlin
T 0 30.28 09 88 66
F 0 30.28 09 86 33
mobil 01 70.3 13 13 10
gerhardpeter.vogel@adc.de
JURYMITGLIED

Dr. Stephan Vogel
Executive Creative Director
Ogilvy & Mather Werbeagentur
GmbH & Co. KG
Darmstädter Landstraße 112
60598 Frankfurt am Main
T 0 69.9 62 25-17 61
F 0 69.9 62 25-5 55
stephan.vogel@adc.de

Manfred Vogelsänger
Regie, Geschäftsführer
Vogelsänger Film GmbH
Oberlöricker Straße 398
40547 Düsseldorf
T 02 11.53 75 77-0
F 02 11.53 75 77-77
manfred.vogelsaenger@adc.de
JURYMITGLIED

Michael Volkmer
Geschäftsführung
Scholz & Volkmer GmbH
Schwalbacher Straße 76
65183 Wiesbaden
T 06 11.1 80 99-0
F 06 11.1 80 99-77
michael.volkmer@adc.de
JURYMITGLIED

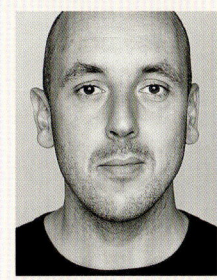

Stefan Vonderstein
Werbetexter
BBDO Campaign
Königsallee 92
40212 Düsseldorf
T 02 11.13 79-88 10
stefan.vonderstein@adc.de
JURYMITGLIED

Oliver Voss
Geschäftsführer Kreation,
Jung von Matt/Alster
Werbeagentur GmbH
Glashüttenstraße 79
20357 Hamburg
T 0 40.43 21-12 10
F 0 40.43 21-12 14
oliver.voss@adc.de
JURYMITGLIED

Jürgen Vossen
Creative Director,
Geschäftsführer Kreation
HEIMAT, Berlin
Segitzdamm 2
10969 Berlin
T 0 30.6 16 52-1 11
F 0 30.6 16 52-2 00
mobil 01 70.5 28 52 99
juergen.vossen@adc.de
JURYMITGLIED

Prof. Manfred Wagner
Geschäftsführer, Inhaber,
Managing Director
Braun Wagner
Krefelder Straße 147
52070 Aachen
T 02 41.9 97 39 60
F 02 41.9 97 39 61
manfred.wagner@adc.de
JURYMITGLIED

Thimoteus Wagner
Creative Director
Jung von Matt/Alster
Werbeagentur GmbH
Glashüttenstraße 79
20357 Hamburg
T 0 40.43 21-11 81
F 0 40.43 21-12 14
thimoteus.wagner@adc.de
JURYMITGLIED

Peter Waibel
Geschäftsführer
Jung von Matt/Neckar GmbH
Eberhardstraße 69–71
70173 Stuttgart
T 07 11.24 89 84-0
F 07 11.24 89 84-40
peter.waibel@adc.de
JURYMITGLIED

Pius Walker
Creative Director
Walker Werbeagentur
Blaufahnenstrasse 14
CH 8001 Zürich
T 00 41.43.2 44 04 44
F 00 41.43.2 44 04 40
pius.walker@adc.de
JURYMITGLIED

Thomas Walmrath
Creative Director
GREY Hamburg
Straßenbahnring 6
20251 Hamburg
T 0 40.30 30 07 01
F 0 40.30 30 07 00
thomas.walmrath@adc.de
JURYMITGLIED

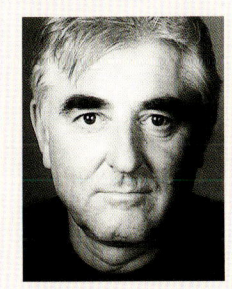

Horst Th. Walther
Freier Creative Director, Texter
Lindemannstraße 29
40237 Düsseldorf
T 02 11.6 79 03 55
F 02 11.6 79 81 15
mobil 01 72.2 10 54 27
horst.walther@adc.de

Tobias Wannieck
Geschäftsführer Kreation
THE EVENT COMPANY
Gesellschaft für Event
Marketing mbH
Prinzregentenstraße 67
81675 München
T 0 89.41 80 07-10
F 0 89.41 80 07-17
tobias.wannieck@adc.de
JURYMITGLIED ROOKIE

Manfred Wappenschmidt
Creative Director Art
Leo Burnett GmbH
Alexanderstraße 65
60489 Frankfurt am Main
T 0 69.7 80 77 6 40
F 0 69.7 80 77-7 03
mobil 01 63.7 80 77 28
manfred.wappenschmidt@adc.de
JURYMITGLIED

Hermann Waterkamp
Geschäftsführender Gesellschafter
Leagas Delaney Hamburg GmbH
Werbeagentur
Waterloohain 5
22769 Hamburg
T 0 40.5 48 04-0
F 0 40.5 48 04-4 94
hermann.waterkamp@adc.de

Hello Weber
Creative Consultant
Budapester Straße 13
10787 Berlin
T 0 30.2 62 50 34
F 0 30.2 62 50 35
hello.weber@adc.de

Reinhold Weber
Creative Director, Geschäftsführer
Reinhold Werbeagentur AG
Weinbergstrasse 31
CH 8035 Zürich
T 00 41.12 56 86 90
F 00 41.12 56 86 91
reinhold.weber@adc.de

Timm Weber
Creative Director Text
Springer & Jacoby
Werbeagentur GmbH & Co. KG
Schleusenbrücke 1
20354 Hamburg
T 0 40.3 56 03-1 61
F 0 40.3 56 03-5 55
timm.weber@adc.de
JURYMITGLIED

Uli Weber
Creative Director
Leonhardt & Kern
Werbeagentur GmbH
Rheinlandstraße 11
71636 Ludwigsburg
T 0 71 41.93 16-5 20
F 0 71 41.93 16-5 29
uli.weber@adc.de

Alexander Weber-Grün
Creative Director
HEIMAT, Berlin
Segitzdamm 2
10969 Berlin
T 0 30.61 65 20
alexander.webergruen@adc.de
JURYMITGLIED

Ulrike Wegert
Creative Director Text
KNSK Werbeagentur GmbH
Alte Rabenstraße 1
20148 Hamburg
T 0 40.4 41 89-01
F 0 40.4 41 89-100
ulrike.wegert@adc.de
JURYMITGLIED

Prof. Kurt Weidemann
Kommunikationsdesigner
Atelier
Am Westbahnhof 7
70197 Stuttgart
T 07 11.6 36 54 34
F 07 11.63 42 96
kurt.weidemann@adc.de

Willkommen
in der Radio
Die Radio-Stars der AS&S 2006.

RADIO-STAR der AS&S 2006
Beste Nutzung von Musik
Radiospot „Schlager"
Werbetreibender: eBay International AG
Werbeagentur: Jung von Matt, Hamburg
Studio: Studio Funk, Hamburg

RADIO-STAR der AS&S 2006
Wirkungsdimension: Marken-Inszenierung
Radiospot „Volksmusik"
Werbetreibender: Blaupunkt GmbH
(Navigationssysteme)
Werbeagentur: Jung von Matt, Hamburg
Studio: Hahn Nitzsche Studios, Hamburg

RADIO-STAR der AS&S 2006
Wirkungsdimension: Kino im Kopf
Radiospot „Hammer!"
Werbetreibender: METABOWERKE GmbH
Werbeagentur: RTS Rieger Team, Stuttgart
Studio: Jankowski Soundfabrik, Esslingen

RADIO-STAR der AS&S 2006
Wirkungsdimension: Überzeugungsleistung
Radiospot „Klassik"
Werbetreibender: Blaupunkt GmbH
(Navigationssysteme)
Werbeagentur: Jung von Matt, Hamburg
Studio: Hahn Nitzsche Studios, Hamburg

RADIO-STAR der AS&S 2006
Wirkungsdimension: Kampagnenstärke
Radio-Kampagne „Navi"
Werbetreibender: Blaupunkt GmbH
(Navigationssysteme)
Werbeagentur: Jung von Matt, Hamburg
Studio: Hahn Nitzsche Studios, Hamburg

www.radio-stars.de

Advertising-Hall-of-Fame.

RADIO-STAR der AS&S 2006
Beste Nutzung von Text
Radiospot *„Hammer!"*
Werbetreibender: *METABOWERKE GmbH*
Werbeagentur: *RTS Rieger Team*, Stuttgart
Studio: *Jankowski Soundfabrik*, Esslingen

RADIO-STAR der AS&S 2006
Wirkungsdimension: *Visual-/Audio-Transfer*
Radiospot *„Schaden"*
Werbetreibender: *DEVK Versicherungen*
Werbeagentur: *Grabarz & Partner*, Hamburg
Studio: *Studio Funk*, Hamburg

RADIO-STAR der AS&S 2006
Beste Nutzung von Geräuschen
Radiospot *„Soundcollage"* (Passat V6 FSI)
Werbetreibender: *Volkswagen AG*
Werbeagentur: *Grabarz & Partner*, Hamburg
Studio: *Studio Funk*, Hamburg

RADIO-STAR der AS&S 2006
Wirkungsdimension: *Abverkaufsstärke*
Radiospot *„Bandwurmsatz"* (Volkswagen DSG)
Werbetreibender: *Volkswagen AG*
Werbeagentur: *Grabarz & Partner*, Hamburg
Studio: *Studio Funk*, Hamburg

RADIO-STAR der AS&S 2006
Wirkungsdimension: *Einzigartigkeit*
Radiospot *„Pommes"* (TDI®-Technologie)
Werbetreibender: *Volkswagen AG*
Werbeagentur: *Grabarz & Partner*, Hamburg
Studio: *Studio Funk*, Hamburg

Alle Radio-Stars der AS&S 2006 belegen mit ihrer herausragenden kreativen Arbeit das große Wirkungsspektrum des Medium Radio. Für diese Leistung werden sie in die Radio-Advertising-Hall-of-Fame aufgenommen.

ARD-Werbung SALES & SERVICES dankt allen Teilnehmern des Wettbewerbs 2006 und freut sich auf die Einsendungen im kommenden Jahr.

radiostars
präsentiert von AS&S

ADC MITGLIEDER

Michael Weiss
Art Director
Aventinstraße 7
80469 München
T 0 89.21 66 56 52
mobil 01 75.2 01 41 86
michael.weies@adc.de
JURYMITGLIED

Michael Weigert
Creative Director, Geschäftsführer
weigertpirouzwolf
Werbeagentur GmbH
Waterloohain 9
22769 Hamburg
T 0 40.43 23 90
F 0 40.43 23 92 22
mobil 01 72.4 34 85 92
michael.weigert@adc.de

Stefan Weil
Geschäftsführer Kreation
Atelier Markgraph GmbH
Hamburger Allee 45
60486 Frankfurt am Main
T 0 69.9 79 93-0
F 0 69.9 79 93-11 81
stefan.weil@adc.de
JURYMITGLIED ROOKIE

Jan Weiler
Chefredakteur
Feld Hommes Feld Verlag GmbH
Donnerstraße 20
22763 Hamburg
mobil 01 71.8 38 08 18
jan.weiler@adc.de
JURYMITGLIED

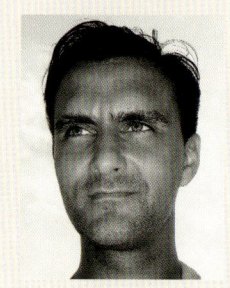

Hans Weishäupl
Creative Director Art
Jung von Matt/Alster
Glashüttenstraße 79
20357 Hamburg
T 0 40.43 21-12 17
F 0 40.43 21-12 14
mobil 01 79.2 09 48 99
hans.weishaeupl@adc.de
JURYMITGLIED ROOKIE

Arnfried Weiss
Freier Kreativer
Arnfried Weiss
Werbung und Projekte
Lehmweg 35
20251 Hamburg
T 0 40.46 09 05 05
F 0 40.46 09 05 07
arnfried.weiss@adc.de
JURYMITGLIED

Walther Weiss
Creative Director, Geschäftsführer
Kellner & Weiss
Markenagentur Hamburg
Sierichstraße 106
22299 Hamburg
T 0 40.4 80 17 54
F 0 40.41 30 58 05
mobil 01 72.4 02 28 31
walther.weiss@adc.de

Deneke von Weltzien
Geschäftsführer Kreation
Jung von Matt/Alster
Werbeagentur GmbH
Glashüttenstraße 79
20357 Hamburg
T 0 40.43 21-11 18
F 0 40.43 21-12 14
denekevon.weltzien@adc.de
JURYMITGLIED

Konrad Wenzel
Creative Director
Huth + Wenzel
Agentur für Kommunikation
Guiollettstraße 45
60325 Frankfurt am Main
T 0 69.97 12 08-0
F 0 69.97 12 08-21
konrad.wenzel@adc.de

Matthias Wetzel
Geschäftsführer Kreation
Xynias, Wetzel
Werbeagentur GmbH
Schwanthaler Straße 9–11
80336 München
T 0 89.55 25 55-25
F 0 89.55 25 55-31
matthias.wetzel@adc.de
JURYMITGLIED

Thomas Wildberger
Freier Creative Director, Texter
Borsigstraße 27
10115 Berlin
T 0 30.27 58 25 34
mobil 01 72.5 43 18 80
thomas.wildberger@adc.de
JURYMITGLIED

Kai Wilhelm
Geschäftsführender Gesellschafter
Hagström Wilhelm
Werbeagentur GmbH
Opernplatz 10
60313 Frankfurt am Main
T 0 69.92 03 96-10
F 0 69.92 03 96-20
mobil 01 72.6 71 98 65
kai.wilhelm@adc.de

Klaus Wilhelm
Art Director
Kaiser-Friedrich-Ring 67
65185 Wiesbaden
T 06 11.84 02 77
klaus.wilhelm@adc.de

Ferdi Willers
Freier Creative Director,
Texter, Dozent IMK
Großer Hasenpfad 28
60598 Frankfurt am Main
T 0 69.6 03 13 70
F 0 69.60 60 73 79
ferdi.willers@adc.de

Claudia Willvonseder
Creative Director
Rüsselsheimerstraße 91a
65451 Kelsterbach
T 0 61 07.99 12 05
F 0 61 07.6 29 27
mobil 01 51.15 72 83 10
claudia.willvonseder@adc.de
JURYMITGLIED

Mathias Willvonseder
Komponist
Willvonseder Musik Studio
Rüsselsheimerstraße 91a
65451 Kelsterbach
T 0 61 07.99 12 04
F 0 61 07.6 29 27
mathias.willvonseder@adc.de
JURYMITGLIED

Holger Windfuhr
Art Director
WirtschaftsWoche Verlagsgruppe
Handelsblatt GmbH
Kasernenstraße 67
40213 Düsseldorf
T 02 11.8 87 22 54
F 02 11.8 87 97 22 54
holger.windfuhr@adc.de

Conny J. Winter
Fotograf, Regisseur
Studio Conny J. Winter
Tuttlinger Straße 68
70619 Stuttgart
T 07 11.47 16 73
F 07 11.4 78 01 20
mobil 01 72.2 63 10 29
conny.winter@adc.de
JURYMITGLIED

Marc Wirbeleit
Executive Creative Director
TEQUILA\ GmbH
Axel-Springer-Platz 3
20355 Hamburg
T 0 40.36 90 74 00
F 0 40.36 90 74 01
marc.wirbeleit@adc.de
JURYMITGLIED

Frieder Wittich
Regisseur
embassy of dreams
filmproduktion gmbh
Heßstraße 74–76, rgb
80798 München
T 0 89.2 36 66 30
F 0 89.23 66 63 33
mobil 01 63.2 10 77 07
frieder.wittich@adc.de

Harald Wittig
Creative Director, Geschäftsführer
Euro RSCG
Kaiserswerther Straße 135
40474 Düsseldorf
T 02 11.99 16-3 08
F 02 11.99 16-2 55
mobil 01 73.6 89 21 55
harald.wittig@adc.de
JURYMITGLIED

Lars Wohlnick
Creative Director
Aimaq·Rapp·Stolle
Werbeagentur GmbH
Münzstraße 15
10178 Berlin
T 0 30.30 88 71-0
F 0 30.30 88 71-71
lars.wohlnick@adc.de
JURYMITGLIED

Ewald Wolf
Creative Director, Geschäftsführer
weigertpirouzwolf
Werbeagentur GmbH
Waterloohain 9
22769 Hamburg
T 0 40.4 32 39-2 32
F 0 40.4 32 39-2 22
ewald.wolf@adc.de
JURYMITGLIED

Gregor Wöltje
Kreativer
Sohnckestraße 6b
81479 München
T 0 89.26 76 29
F 0 89.26 02 41 41
gregor.woeltje@adc.de
JURYMITGLIED

Paul Würschmidt
Creative Director
Eichenheide 22
61476 Kronberg
T 0 61 73.47 68
F 0 61 73.7 95 89
mobil 01 72.6 82 48 01
paul.wuerschmidt@adc.de

Dietrich Zastrow
Geschäftsführer Kreation
TBWA Werbeagentur GmbH
Axel-Springer-Platz 3
20355 Hamburg
T 0 40.3 69 07-1 22
F 0 40.3 69 07-1 00
dietrich.zastrow@adc.de
JURYMITGLIED

Ralf Zilligen
Chief Creative Officer
BBDO Campaign GmbH
Düsseldorf
Königsallee 92
40212 Düsseldorf
T 02 11.13 79 81 25
F 02 11.13 79 91 81 25
ralf.zilligen@adc.de
JURYMITGLIED

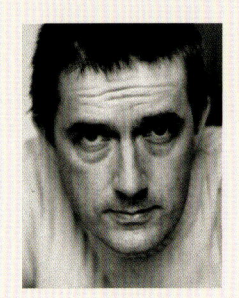

Peter Zizka
Geschäftsführer Kreation
Heine/Lenz/Zizka
Projekte GmbH
Fritzlarer Straße 28–30
60487 Frankfurt am Main
T 0 69.24 24 24-0
F 0 69.24 24 24-99
peter.zizka@adc.de
JURYMITGLIED   ROOKIE

Stefan Zschaler
Mitinhaber, Creative Director
Leagas Delaney Hamburg GmbH
Werbeagentur
Waterloohain 5
22769 Hamburg
T 0 40.5 48 04-4 05
F 0 40.5 48 04-4 94
stefan.zschaler@adc.de
JURYMITGLIED

Ulrich Zünkeler
Creative Director Text
Kolle Rebbe
Werbeagentur GmbH
Dienerreihe 2
20457 Hamburg
T 0 40.3 25 42-30
F 0 40.3 25 42-323
ulrich.zuenkeler@adc.de
JURYMITGLIED

ROOKIE = NEUES ADC MITGLIED

ADC EHRENMITGLIEDER

1979
Hubert Troost
gestorben 1991

1980
Vicco von Bülow, Loriot
Höhenweg 19
82541 München

1981
Tomi Ungerer
Dunlough
IR Goleen-Cork

1982
Heinz Edelmann
Valeriusplein 26
NL 1075 BH Amsterdam

1983
Willi Fleckhaus
gestorben 1983

1985
Rolf Gillhausen
gestorben 2004

1986
Jean-Paul Goude
c/o S. Flaure, 2é Bureau
13, Rue d'Aboukir
FR 75002 Paris

1987
Karl Gerstner
Mönchsbergerstraße 10
CH 4024 Basel

1988
Helmut Krone
gestorben 1996

1989
Reinhart Wolf
gestorben 1988

1990
Helmut Schmitz
gestorben 2000

1991
Günter Gerhard Lange
Neubeuerner Straße 8
80686 München

1992
Paul Gredinger
Seestraße 16 a
CH 8800 Thalwil

1993
Hans Hillmann
Egenolffstraße 9
60316 Frankfurt am Main

1994
Wolf D. Rogosky
gestorben 1996

1995
Peter Lindbergh
14, Rue de Savoie
FR 75006 Paris

1996
Michael Conrad
c/o Conrad Consulting
Aurorastraße 50
CH 8023 Zürich

1996
Walter Lürzer
c/o Lürzer GmbH
Glockmühlenstraße 4
A 5023 Salzburg

1997
Prof. Dr. Werner Gaede
Speerweg 67
13465 Berlin

1998
Prof. Dr. Dieter Rams
Am Forsthaus 4
61476 Kronberg (Ts.)

1999
Konstantin Jacoby
c/o Springer & Jacoby
Werbung GmbH & Co. KG
20354 Hamburg

2000
Rudolf Augstein
gestorben 2002

2001
Othmar Severin
Fürstenberger Straße 233
60323 Frankfurt am Main

2002
Robert Gernhard
Neuhaustraße 12
60322 Frankfurt am Main

2003
Prof. Michael Schirner
c/o Institut für Kunst und
Medien Karlsruhe
Arnoldstraße 12
40479 Düsseldorf

2004
Armin Maiwald

2005
Prof. Kurt Weidemann
Am Westbahnhof 7
70197 Stuttgart

ART DIRECTORS CLUB FÜR DEUTSCHLAND – DIE EHRENMITGLIEDER

✝

PROF. HORST SEIFFERT

Ich habe Horst Seiffert unter den denkbar ungünstigsten Umständen kennen gelernt. Wie in großen Agenturen nicht unüblich, wurde bei TBWA\Düsseldorf von einem Tag auf den anderen die Geschäftsführung ausgetauscht, Seiffert kam für Nagel auf den Platz.

Stefan Schneider und ich waren damals ein sehr junges Team, eingestellt von und auf andere CDs. Doch die Art und Weise, wie Horst Seiffert mit uns Kreativzicken umging, war vorbildlich. Horst Seiffert war ein sehr freundlicher, integrativer, verbindlicher Mann.

Und einer mit Energie. Als es dem Club Anfang der 70er Jahre finanziell und kulturell so schlecht ging, dass ein Ende der ADC Geschichte zu befürchten war, hat er mit einigen anderen und mit viel Engagement dafür gesorgt, dass es mit uns weiterging. Ohne Horst Seiffert wäre die ADC Historie bestimmt nicht so glanzvoll weiterverlaufen.

Horst Seiffert ist am 19. Januar 2006 gestorben. Zu schnell, zu früh. Ich freue mich, ihn kennen gelernt zu haben und bedauere sehr, dass er nicht noch mehr Zeit hatte. Und ich bin sicher, dass alle, die ihm begegnet sind, auch so denken.

Felix Bruchmann

†

VOLKER SCHLEGEL

Danke, dass Du da warst.

Im Schneideraum von Volkers Filmproduktion FFC hing ein kleiner Bilderrahmen mit einem weithin unbekannten Zitat: »Wir wollen friedlich sein. Aber unter gar keinen Umständen ehrlos.« Und so liefen sie denn auch, die nächtelangen Kämpfe um den besseren Schnitt, den besseren Ton, den besseren Ablauf, das bessere Ergebnis generell. Ob sich die Kämpfe gelohnt haben, kann man in allen ADC Büchern der 80er und 90er Jahre nachgucken. Unter Rubriken wie Gold, Silber und Bronze. Oder einfach hinten im Index unter dem Stichwort »Schlegel, Volker«.

Solche Rekordergebnisse gibt's immer nur im Paket mit Talent und Einsatz. Und mit Ehrgeiz, Eitelkeit und gekränkter Eitelkeit. Das ist das Paket der Champions – ob in der Formel 1, in der Politik oder in der Werbung. Der Unterschied liegt nur im eigenen Umgang mit diesen Elementen. Volker war da sauber und gerade wie eine gut verlegte Kamera-Schiene. »Einer guten Idee ist es egal, wer sie hat, basta!«, war sein Motto. »Willst Du jetzt den Film drehen, dann kann ich nämlich gehen?«, rückte er die Verantwortlichkeiten zurecht. Er übernahm eben tatsächlich Verantwortung – eine Charaktereigenschaft, die in der Branche irgendwie in Vergessenheit geraten ist. Schuld sind immer die anderen oder das Wetter – das gab's bei ihm nicht. Einen Mercedes-Film von Erik Heitmann hat er tatsächlich drei Mal gedreht – natürlich bevor der Kunde überhaupt irgendetwas gesehen hat. Dafür gab's dann aber auch Gold. Ein Skript von mir hat er in der Postproduktion so umgebaut, dass mir auch nach zehn Jahren Zusammenarbeit die Kinnlade runterfiel, genau wie bei dem Löwen, den wir in Cannes dafür bekamen. Überhaupt Löwen und andere Preise: Er kämpfte darum wie alle, die wir dabei waren – die Ideallinie wurde nicht immer getroffen und der Grenzbereich wurde oft voll ausgenutzt. Aber es war immer ein reales Rennen, ein echter Grand-Prix. Statt eine Runde auf der Playstation mit Fakes. Volker war noch ein echter Racer mit Ecken und Kanten – diese bedrohte Spezies wird inzwischen in der Werbung genauso vermisst, wie in der Boxengasse: Glatt, geschickt, geschmeidig und mediengerecht sollte man sein. Dazu hatte er kein Talent – umso mehr dafür, die Leute zum Lachen zu bringen. Kein Werbefilmer hat mehr Freude, Leichtigkeit und menschlichen Charme in die deutsche Werbung gebracht als Volker Schlegel. Vergelt's Gott.

PS: Das am Anfang genannte Zitat stammt übrigens von Adolf Hitler.
Typisch Volker: Einer guten Idee ist es egal, wer sie gehabt hat.

Konstantin Jacoby

„GAB'S SCHON."
„GAB'S SCHON."
„GAB'S SCHON."
„GAB'S SCHON."
„GAB'S SCHON."
„GAB'S SCHON."

NEUES SEHEN. *max*

ART DIRECTORS CLUB FÜR DEUTSCHLAND – DER VORSTAND
AMTSPERIODE OKTOBER 2004 BIS OKTOBER 2006

Hans-Joachim Berndt
Audiovisuelle Kommunikation

Matthias Kindler
Events und Schatzmeister

Thomas Pakull
Fachforen

Mike Ries
Hochschulnetwork
Hochschulranking

Delle Krause
Seminare und Nachwuchs

Michael Preiswerk
Vorstandssprecher

Dörte Spengler-Ahrens
Seminare und Nachwuchs

Sebastian Turner
ADC Institut

Marc Wirbeleit
Visions, Sonderprojekte

Kai Röffen
Fördermitglieder
(seit Juni 2005)

Felix Bruchmann
Mitglieder

Jochen Rädeker
Erscheinungsbild, Werbung
und Publikationen

www.medialine.de/adspecials

FOCUS
FAKTEN. FAKTEN. FAKTEN.

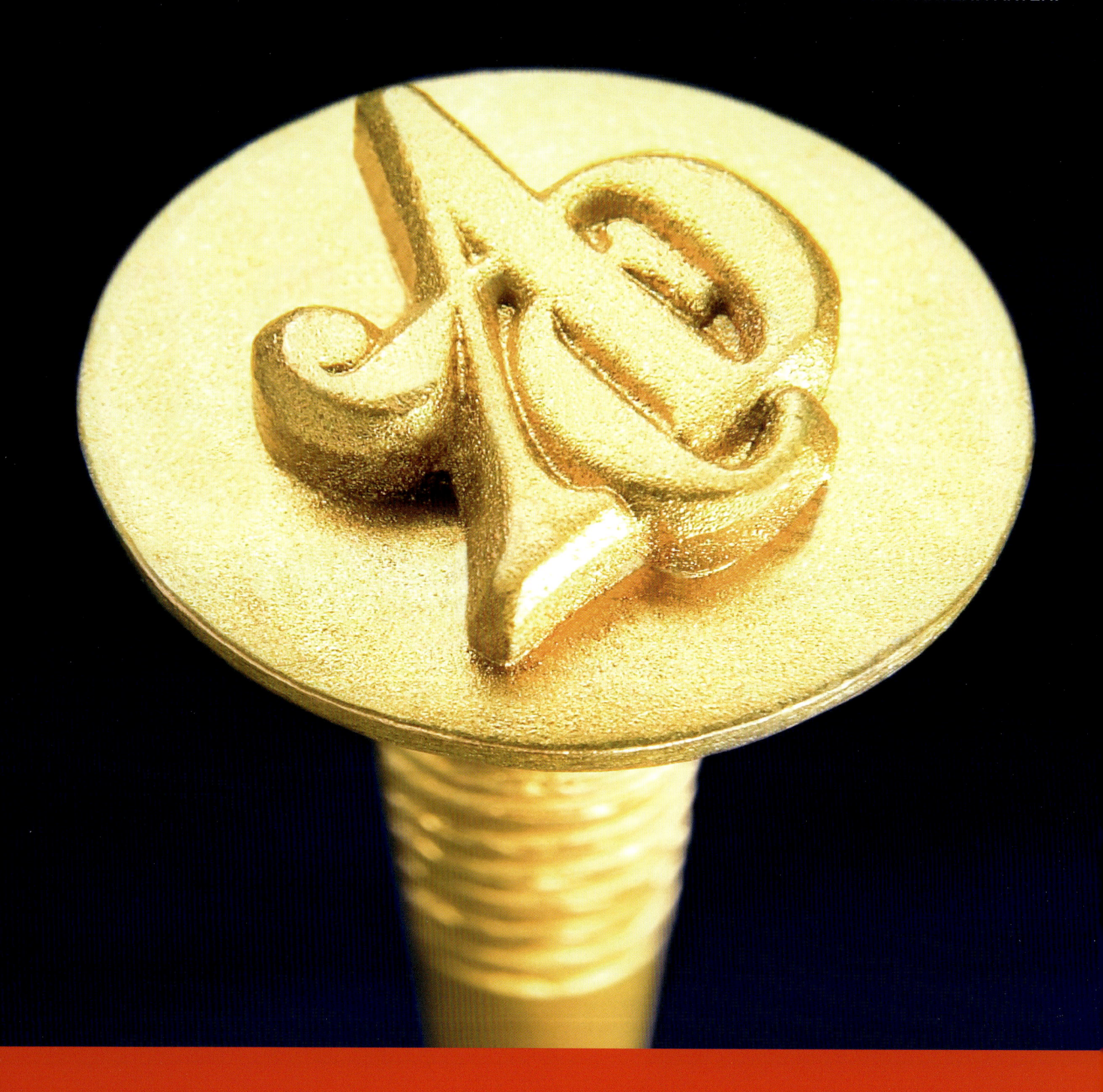

Das bleibt hängen.

Sonderformate.   Sonderfarben.   Sonderwünsche.
FOCUS Ad-Specials – damit Ihre ausgezeichnete Idee auffällt.   www.medialine.de/adspecials

FÖRDERMITGLIEDER 2005-2006

A
- ACHT FRANKFURT GmbH & CO. KG, Frankfurt am Main
- ARD-Werbung SALES & SERVICES GmbH, Frankfurt am Main
- ARRI Film und TV Services GmbH, München
- Art Directors Club Verlag GmbH, Berlin
- Atlas Filmkontor GmbH & Co. KG, Moers
- audioforce sounddesign, Berlin
- AXEL SPRINGER AG, Berlin

B
- Bayerische Hypo- und Vereinsbank AG, Group Brand Communication, München
- BBDO Berlin GmbH, Berlin
- BBDO Campaign GmbH Stuttgart, Stuttgart
- BBDO Germany GmbH, Düsseldorf
- BUTTER. Agentur für Werbung GmbH, Düsseldorf

C
- Citigate Demuth GmbH, Frankfurt am Main
- CMP Creative Media Production GmbH, München
- Cobblestone Hamburg Filmproduktion GmbH, Hamburg
- Corbis GmbH, Düsseldorf

D
- DaimlerChrysler AG, Marketing Kommunikation Mercedes-Benz PKW, Stuttgart
- DDB Group Germany GmbH, Berlin
- Designerdock, Berlin
- Die Brandenburgs Werbeagentur GmbH, Berlin

E
- embassy of dreams filmproduktion gmbh, München
- EURO RSCG GmbH Niederlassung Düsseldorf, Düsseldorf

F
- FAW Fachverband Außenwerbung e.V., Frankfurt am Main
- Final Touch Filmproduktion GmbH, Hamburg
- five_three double ninety filmproductions GmbH, Hamburg
- Foote Cone & Belding Deutschland, Hamburg

G
- Getty Images Deutschland GmbH, München
- Gramm Werbeagentur GmbH, Düsseldorf
- Grey Worldwide GmbH, Düsseldorf
- Gruner + Jahr AG & Co. KG, stern-Marketingleitung, Hamburg

H
- H2e Hoehne Habann Elser, Werbeagentur GmbH, Ludwigsburg
- HEIMAT Werbeagentur GmbH, Berlin
- Heinrich Bauer Verlag KG, Zentrale Werbeleitung, Hamburg
- Heye & Partner Werbeagentur GmbH, Unterhaching
- Hochkant Film GmbH & Co. KG, München
- HORIZONT Deutscher Fachverlag GmbH, Frankfurt am Main
- Hubert Burda Media, Burda Advertising Center GmbH/ Media Community Network GmbH, München

I
- IP Deutschland GmbH, Köln

J
- Jahreszeiten Verlag GmbH, Hamburg
- J. Walter Thompson GmbH & Co. KG, Frankfurt am Main

K
- Kolle Rebbe Werbeagentur GmbH, Hamburg
- Königsdruck, Printmedien und digitale Dienste GmbH, Berlin

L
- Laszlo Kadar Film GmbH & Co. KG, Hamburg
- Leo Burnett GmbH, Frankfurt am Main
- Leonhardt & Kern Werbeagentur GmbH, Ludwigsburg
- Lowe Communication Group GmbH, Hamburg

M
- Markenfilm GmbH & Co. KG, Wedel
- McCann Erickson Frankfurt GmbH, Frankfurt am Main
- McCann Erickson Hamburg GmbH, Hamburg
- McDonald's Deutschland Inc., München
- MetaDesign AG, Berlin
- mindact-live communication GmbH, Wuppertal

N
- netz98 new media GmbH, Mainz
- New ID Filmproduktion GmbH, Düsseldorf
- Neue Sentimental Film Frankfurt GmbH, Frankfurt am Main

O
- Ogilvy & Mather Werbeagentur GmbH & Co. KG, Frankfurt am Main

P
- Palladium Commercial Productions GmbH, Köln
- Papierfabrik Scheufelen GmbH & Co. KG, Lenningen
- Peek & Cloppenburg KG, Düsseldorf
- PICTORION das werk GmbH, Digitale Bildbearbeitung, Frankfurt am Main
- Philip Morris GmbH, München
- Pirates 'n' Paradise GmbH, Film- und Videopostproduction, Düsseldorf
- Pixelpark AG, Köln
- plusform Präsentationssysteme, In der alten Krawattenfabrik, Wunstorf
- ProSiebenSat.1 Media AG, Unterföhring
- PUBLICIS Deutschland GmbH, Frankfurt am Main

R
- Red Cell Werbeagentur GmbH & Co. KG, Düsseldorf
- Reemtsma Cigarettenfabriken GmbH Marketing Direktor, Hamburg
- RG Wiesmeier Werbeagentur GmbH, München
- RMS Radio Marketing Service GmbH & Co. KG, Hamburg

S
- Saatchi & Saatchi GmbH, Frankfurt am Main
- Scholz & Friends AG, Berlin
- Scholz & Friends Group GmbH, Hamburg
- Serviceplan Gruppe für innovative Kommunikation GmbH & Co. KG, München
- Sioux GmbH, Walheim
- SPIEGEL-Verlag Rudolf Augstein GmbH & Co. KG, Hamburg
- Springer & Jacoby Werbung GmbH & Co. KG, Hamburg
- .start GmbH, München
- stöhr, MarkenKommunikation GmbH, Düsseldorf
- Storyboards Deutschland GmbH, Hamburg
- Studio Funk GmbH & Co. KG, Hamburg

T
- TBWA\ Deutschland Holding GmbH, Düsseldorf
- Tony Petersen Film GmbH, Hamburg
- Tsunami GmbH, Köln

U
- UNIPLAN International GmbH & Co. KG, Kerpen

V
- VCC Perfect Pictures AG, Düsseldorf
- Verlag Der Tagesspiegel GmbH, Berlin
- Verlagsgruppe Milchstraße GmbH, Hamburg
- Vogelsänger Studiogruppe, Foto-Film-Video-Multimedia-Event, Lage Pottenhausen

W
- w & v werben & verkaufen Europa Fachpresse Verlag GmbH & Co. KG, München
- WerbeWeischer KG, Hamburg
- Wieden & Kennedy Amsterdam, CJ Amsterdam

Y
- Young & Rubicam GmbH & Co. KG, Frankfurt am Main

Z
- Zebra Unternehmensberatung GmbH, Hamburg

DIE AGENTUREN, DIE PRODUKTIONEN, DIE VERLAGE

0–9

- 180 Amsterdam (180\TBWA) 254, 274
- 24+7 48, 67
- 3deluxe 471

A

- A.R.T. STUDIOS 262
- abc DIGITAL 50, 64, 122, 136
- ade hauser lacour 401, 402, 415
- Adhoc4acp GmbH 491
- AF-FIX Werbegesellschaft mbH 220
- Aimaq-Rapp-Stolle Werbeagentur GmbH 198, 257, 378, 531, 536
- Albert Bauer KG 126
- Alliance Graphique Internationale 437
- Almap BBDO 293
- Andreas Ramseier + Associates Ltd., Zürich 474
- Appel Grafik Berlin 69, 73, 77, 80, 90, 107, 110, 155, 170, 185, 351, 397, 542
- Appel Grafik Hamburg 498, 519, 524
- argonauten360 GmbH 362
- Arri Film & TV Services GmbH 263, 309
- Art Department Studio Babelsberg 384
- ART+COM AG 382, 384, 464
- Artbox, Amsterdam 290
- ARTE GEIE 303
- Arte & Immagini srl 84, 105
- Atelier Brückner GmbH 475
- Atelier Christian von Alvensleben 174
- Atelier Markgraph, Frankfurt am Main 462, 468, 486
- Atelier Martin Kohlbauer 464
- Atelier Weber & Meiler 484
- Atletico International 310
- ATOZ Medienproduktion GmbH 512
- Audioforce, Berlin 252, 256, 266, 286, 296, 298, 311, 332
- AVE Verhengsten GmbH 491
- AV Stumpfl GmbH, A-Wallern 474
- Axel Springer AG 167, 500, 538, 541

B

- bauhouse 308
- BBDO Campaign GmbH 293
- BBDO Campaign GmbH Berlin 260
- BBDO Campaign GmbH Düsseldorf 134, 141, 209, 238, 248, 275, 291, 327, 335
- BBDO Campaign GmbH Stuttgart 146, 180, 397, 432, 435, 482
- beckerlacour.com 401
- Berger Baader Hermes 364
- Berlin Postproduction 155, 170, 351, 362
- Big Fish Filmproduktion GmbH 272, 295
- Big Wave production/Channel 4 382
- Bilderberg 78
- BMG Zomba Production Music Interworld 277
- Bosch Druck, Landshut 174
- BRANDIT, Marketing und Kommunikation 412
- Buchbinderei Helm 397, 542
- Bureau Mario Lombardo 510
- Buttergereit und Heidenreich GmbH 448
- Büro Hamburg JK. PW. Gesellschaft für Kommunikationsdesign mbH 506
- Büro Staubach 384
- Büro Uebele Visuelle Kommunikation 398, 454

C

- Carat, Hamburg 253, 296
- Cebra GmbH 491
- c-feld 498, 519, 524
- Chrome 273
- Cicero Werkstudio 146, 397, 432
- cine plus Media Service GmbH & Co. KG 234, 301
- Cobblestone Hamburg 265, 307
- Compumedia 438
- Corbis 69, 76, 84, 86, 105, 138, 338
- cosmic Werbeagentur Bern 413
- CPI GmbH Düsseldorf 176
- CP Productions Inc. 176, 183, 184
- CTNM 349, 376
- Cut & Run 254
- Czar, Berlin 378

D

- DASPROJEKT Atelier für Kommunikation Messe und (Innen) Architektur 490
- DDB Berlin GmbH 42, 58, 63, 86, 138, 142, 201, 216, 271, 283, 284, 290, 325, 328, 329, 334, 441
- DDB Düsseldorf GmbH 75, 243
- DDE Reprotechnik 84, 98, 105, 440
- Deli Pictures Postproduction GmbH 265, 276
- delta E 190, 193
- Design Hoch Drei, Stuttgart 462
- designklinik, Stuttgart 474
- Die Brüder, Berlin 275
- Die drei Ausrufezeichen 312
- Die Filmemacher 317
- Die Gestalten Verlag (dgv) 410
- Die Photodesigner 477, 480
- die tageszeitung Verlags- und Vetriebs-GmbH 540
- digitalunit.de 496, 505, 519
- Display International 491
- Display Modellbau Küppers 240
- Disturbanity.com 418
- documenta Archiv Kassel 384
- dpa 517
- Druckerei H. Heenemann 397, 542
- Druckerei Rüss, Potsdam 509
- Druckhaus Kaufmann 548
- Dummy Magazin Verlag 510

E

- Ear to Ear Audio Banks 363
- Ebner & Spiegel, Ulm 408, 438, 441
- EFTI AB 258
- element e 253, 296, 372
- Electric Umbrella 470
- Elephant Seven AG 356, 380
- emarsys München 349, 376
- Engelhardt & Bauer, Karlsruhe 396, 410, 425
- Entspannt Film 255, 297
- Ernst F. Ambrosius & Sohn, Frankfurt am Main 462, 468
- Euro RSCG Düsseldorf 418
- eventlabs gmbh 477, 480
- Expo Company 470
- ExpoTec OHG, Mainz 468

F

- Factory 7 397, 435
- Faktor 3 AG 210
- Fallon 273
- Farbraum 176, 183
- Fata Morgana 390
- Feld Verlag 498, 519, 524
- feldmann+schultchen design studios 428
- fiftyseven GmbH Filmproduction 300
- Final Cut, London 274
- Fire dept GmbH 508
- Five-three double ninety, Hamburg 256, 286
- Floridan Studios GmbH 468, 474
- Fons Hickmann m23 410, 437
- FOUR TO ONE: scale design, Institut für Licht- und Bühnensimulation GmbH, Hürth 468, 470
- Framestore CFC, London 254
- FunDeMenal, Düsseldorf 335

G

- G+J Berliner Zeitungsdruck GmbH 437
- G+J Corporate Media GmbH 544
- Gardeners GbR, visual Communication design 366
- gate.11 GmbH 304, 490
- GBK Heye Werbeagentur GmbH 133, 408, 438, 441
- Getty Images 338
- giraffentoast 288
- Go Robot 363
- gosub communications GmbH 366
- Grabarz & Partner 40, 60, 62, 65, 97, 101, 103, 112, 117, 140, 166, 277, 321, 322
- Grafisches Zentrum Drucktechnik, Ditzingen-Heimerdingen 426
- Graphic Group Köhler & Lippmann 544
- Greenpeace Media GmbH 506
- Grey Worldwide GmbH 176, 206, 247, 416, 421
- Gruner+Jahr AG & Co. 186, 188, 192, 530, 533

H

- H. Reuffurth GmbH 350, 434, 442
- Hädecke Verlag 174
- häfelinger+wagner design 476
- Hager Moss Commercial GmbH 263, 309
- Hahn Nitzsche Studios GmbH 282, 318
- Hastings Audio Network 218, 249, 270, 290, 325, 326, 328, 329, 334, 416
- Hatje Cantz Verlag 414
- Hauser Gocht Meyer Kommunikation und Design GmbH 491
- heckel GmbH 508
- HEIMAT, Berlin 71, 82, 114, 231, 252, 256, 266, 286, 296, 298, 311, 332, 395
- Heine/Lenz/Zizka 430
- Hekmag Verlag 198, 531, 536
- Helmut Gass Reprotechnik 80, 118
- Heye&Partner GmbH 307
- hiepler, brunier 56
- Himmelspach & Riebenbauer 219
- Hoffmann und Campe Verlag GmbH 184
- Hoffmann und Campe Verlag GmbH, Corporate Publishing 537, 546, 548, 550
- Hofmann Druck, Nürnberg 537, 550

I

- i_d buero gmbh 424
- Image Bank 69
- Ingenieurgruppe Bauen 460
- Institut für Tageslichttechnik, Stuttgart 460
- Interkool 436, 502
- INTERNATIONAL Berlin 397, 542
- Interone Worldwide GmbH, Hamburg 369

J

- janglednerves, Stuttgart 458, 468, 475
- Jankowski Tonstudio 320
- Jan Roelfs (RSA), USA Inc. 273
- Johler Druck, Neumünster 506
- Jung von Matt AG 36, 38, 44, 52, 54, 68, 70, 74, 78, 96, 115, 128, 139, 143, 148, 150, 152, 156, 160, 162, 165, 212, 222, 223, 226, 230, 240, 242, 245, 248, 249, 255, 265, 268, 269, 270, 272, 273, 276, 278, 279, 281, 292, 294, 295, 297, 299, 304, 306, 308, 318, 326, 328, 342, 349, 351, 367, 376, 386, 390, 439, 441, 449, 466
- Juno Verlag GmbH & Co. KG 532
- JWT Frankfurt am Main 350, 419, 434, 442
- JWT Hamburg 126

K

- Kastner & Callwey, Forstinning 546
- Kauffmann Theilig & Partner Freie Architekten BDA, Ostfildern 462
- kempertrautmann gmbh 61, 78, 182, 191, 220, 264
- kid's wear Verlag 496, 505, 519
- Klanglobby Stuttgart 349, 376
- Kleinman Productions, London 254
- Klein Photographen 62
- Klöppinger + Riedl GmbH 419
- KMS Team GmbH 368, 458, 473
- KNSK Werbeagentur GmbH 50, 64, 84, 94, 98, 105, 122, 136
- köckritzdörrich Agentur für Kommunikation GmbH 394
- Kolle Rebbe Werbeagentur GmbH 106, 210, 221, 228, 288, 302, 329, 344, 440
- Koziol 430
- kulissenbau 276, Stuttgart 474
- KW43 branddesign 176

L

- L2M3 Kommunikationsdesign GmbH 414, 460
- La Manana 231, 395
- Leo Burnett Frankfurt 244
- LIGA_01 COMPUTERFILM 316
- Loft Studios Berlin 257
- Look 138
- lyhssauer Projektgemeinschaft, Düsseldorf 154

DIE AGENTUREN, DIE PRODUKTIONEN, DIE VERLAGE 619

M

- Magazin Verlagsgesellschaft, Süddeutsche Zeitung mbH 494, 507, 513, 517, 520, 526, 528, 535
- Maksimovic & Partners 399, 404
- Markenfilm GmbH & Co. KG 279, 291, 294, 302, 310, 344
- Markenfilm GmbH & Co. KG, Hamburg 283, 284
- Markenfilm, Berlin 252, 296, 311, 332
- Masdaq 378
- Massive Music 263, 309
- MEDIALIS Offsetdruck GmbH 503, 504
- MediaZest 390
- Meiré & Meiré 496, 505, 519, 548
- Meirelli OST GmbH 491
- meso digital media systems design, Frankfurt am Main 471, 486
- Messebau Tünnissen 458
- Metagate GmbH, Hamburg 56, 135, 157, 214, 241, 338
- Metropolis, Montevideo (Serviceproduktion) 256, 286
- Mikros Image 270
- Milla und Partner Agentur & Ateliers 474, 482
- Mindshare 370
- MJZ, London 274
- Mohndruck GmbH 544
- Mohn Media GmbH, Gütersloh 522, 534, 544
- Moving Picture Company, London 274
- MTV Networks GmbH & Co. OHG 312, 314, 317
- Music & Light Design, Leonberg 474, 482
- Mutabor Design GmbH 470, 544

N

- Neef + Stumme 498, 519, 524
- NEON Magazin 522, 534
- NEUE DIGITALE GmbH 354, 358, 360, 365, 379
- Neue Sentimental Film, Berlin 257, 358
- Neumann & Müller Veranstaltungstechnik GmbH, Wendlingen 468, 490
- nhb studios, Berlin 252, 296, 311, 332
- nhb studios, Hamburg 280, 281
- nhb ton GmbH 295
- Niels Schubert Fotografie, Stuttgart 349, 376
- Nordpol+ Hamburg 253, 296, 372, 374, 515

O

- Offizin Verlag (Orell Füssli) 413
- Ogilvy 76, 81, 92, 108, 130, 196, 230, 343, 346, 363, 370, 442, 514
- Ogilvy & Mather 72, 116
- Olympia Verlag GmbH 508
- Onnen & Klein Reproduktion 240
- Optix DigitalPictures 270
- oysterbay Werbeagentur GmbH 488

P

- Partner Werbung und Druck, Hamburg 106
- Patzner Architekten, Stuttgart 474
- Peter Becker GmbH 544
- Philipp und Keuntje GmbH 46, 66, 137
- Pictorion – Das Werk, Berlin 298
- Pictorion – Das Werk, Düsseldorf 335
- planet media // av projects and more 470
- Play Media GmbH 260
- Procon Event Engineering GmbH 486, 491
- prof hg merz architekten + museumsgestalter 460
- Proximity 332
- Publicis Frankfurt GmbH 227
- pva, Landau 154
- PX1 71, 82, 96, 114, 223, 231, 332, 395
- PX3 184
- Pytka Films, Venice CA 363

Q

- Quad, Paris 264

R

- Radical.Media GmbH, Berlin 268, 270, 271, 276, 292, 293, 306, 334
- Red Rock Productions 470
- Reinstadler & Svatek, München 474
- Reuters 511
- Revolver – Archiv für aktuelle Kunst, e-flux 436
- RGB GmbH 491
- Ring Zwei 184
- Riviera Stockholm 258
- Rockservice 491
- Rodale-Motor-Presse GmbH & Co. 200
- Romey von Malottky GmbH, Hamburg 61, 182
- Royal Post Club, Hamburg 61, 182
- RTS Rieger Team Business-to-Business Communication 320
- Rushes London 306

S

- S.P.O.T. Medien GmbH 490
- Saatchi & Saatchi GmbH 183, 262, 324
- sachsendruck GmbH, Plauen 400
- Schmidhuber+Partner 458, 470
- Scholz & Friends 56, 69, 73, 77, 80, 89, 90, 95, 100, 102, 104, 107, 110, 117, 120, 135, 142, 147, 155, 157, 164, 170, 185, 199, 214, 224, 225, 234, 241, 248, 258, 301, 328, 338, 340, 351, 443, 453
- SCHOLZ & VOLKMER 388
- Schotte GmbH & Co. KG 551
- Schreinerei Wollasch 474
- Schrod & Muno GbR 490
- Schulten Film 262
- Schumann Möbelbau 474
- Sehsucht GmbH 270
- Serviceplan Dritte Werbeagentur GmbH 153
- Serviceplan Zweite Werbeagentur GmbH 229
- silbersee film 282
- Simon & Goetz Design GmbH & Co. KG 551
- sleek friends GmbH 503, 504, 512
- Snoeck-Ducaju & Zoon 436
- soehne toechter tiere ltd. 450
- Sonic Brothers 318
- SONNE, Copenhagen 256, 286
- Soundelux, London 274
- Speade London 306
- SPIEGEL-Verlag Rudolf Augstein GmbH & Co KG 511, 518
- Sportmagazin Verlag 502
- Springer & Jacoby 282
- Standard Rad. 236, 420, 477
- Steiner Film 281
- stephan.feder.net
- Stink Filmproduktion, London 277
- strichpunkt 396, 400, 425, 426, 444, 446
- stroemfeld verlag, frankfurt am main, basel 402
- Studio Duettmann 178
- Studio Funk 265, 321, 322, 324, 335
- Studio Funk Berlin 224, 255, 297, 328
- Studio Funk Hamburg GmbH & Co. KG 327
- Studio Funk, Düsseldorf 327
- Stünings Medien GmbH, Krefeld 412
- Süddeutsche Zeitung GmbH 406, 408, 438, 441, 443
- Supersonic, Copenhagen 256, 286

T

- TBWA\ Deutschland 48, 67, 80, 118, 124, 204, 231, 246, 247, 375
- TBWA\ Deutschland (180/TBWA) 263, 309
- Tempomedia Filmproduktion GmbH, Hamburg 264
- THE COMPANIES / THE EVENT COMPANY 484
- The Shack GmbH 269, 297, 299
- Titanfilm GmbH 308
- Titanic Verlag GmbH & Co. KG 234, 301
- TLD Lichtplanung, Wendlingen 462
- Transsolar Energietechnik 460
- Triad Berlin Projektgesellschaft mbH 472
- Trigger Happy Productions 266, 298
- trytes : new values in interaction design 381
- TwentyfourSeven, Madrid 254

U

- URY University Radio/DIE NEUE 107,7 329

V

- Velten GmbH, Mainz 486
- Velvet Mediadesign 458
- Verlag für bildschöne Bücher, Bodo v. Hodenberg 397, 542
- Verlag Hermann Schmidt Mainz 446, 448
- Verlagsgruppe Handelsblatt GmbH 516
- Vier-Türme GmbH, Münsterschwarzach 402
- Visavis Filmproduktion 477, 480
- VMI, Landsberg 406, 408, 441, 443
- Voss TV Atelier Düsseldorf 293
- VOSS+FISCHER marketing_event agentur gmbh 490

W

- Wachter GmbH, Bönnigheim 444
- Wahl Media GmbH, München 522, 534
- walker Werbeagentur 347
- weigertpirouzwolf Werbeagentur GmbH 218, 327
- WeimerSteinbergVega GmbH 482
- Wensauer & Partner 190
- Werner Sobek Ingenieure GmbH & Co. KG, Stuttgart 460
- Wieden+Kennedy Amsterdam 231, 395
- WIZZ Postproduction Company (Paris) 264
- www.kuthal.com 401

X

- XL Video, Oststeinbek 486

Z

- Zarbock GmbH & Co. KG 419
- Zeeh Design Messebau GmbH Karlsruhe 490
- Zefa 69
- ZERONE de Groot & Thoss KG 191

AUFTRAGGEBER: DIE FIRMEN

0–9

- @Carola Wendt GmbH 218
- 100 | 100 GmbH 368
- 49 Special 443, 453

A

- A.R.T. STUDIOS 262
- Achim Lippoth 496, 505
- ADAC Fahrsicherheitszentrum 104
- ADC Verlag GmbH 446
- adidas 354, 358
- adidas International 254, 274
- adidas-Salomon AG 263, 309
- AEG Hausgeräte GmbH 238
- Aernout Overbeeke for Kamitei Foundation 180
- AGI Congress Berlin e.V. 437
- AIDS-Hilfe Düsseldorf e.V. 291
- Aktionsbündnis Landmine.de 199
- Allegra Passugger Mineralquellen AG 347
- Alzheimer Forschung Initiative e.V. 304, 449
- André Aimaq 198, 531, 536
- Animals Asia Foundation e.V. 191
- Archery Direct 156
- ARTE, Henri L'Hostis 303
- ASICS Europe B.V. 257, 378
- AUDI AG 61, 182, 183, 264, 356, 362, 470
- Automobili Lamborghini S.p.A. 46, 66, 394
- Axel Springer AG 74, 139, 242, 278, 295, 326, 500
- Axel Springer AG/Zeitungsgruppe BILD 390

B

- Bahlsen GmbH & Co KG 228
- Beiersdorf AG 80, 118
- Berlitz Deutschland GmbH 243
- Bertelsmann AG 78
- Best Life 200
- beyerdynamic GmbH & Co. KG 36
- Bibliographisches Institut & F.A. Brockhaus AG 482
- BILD 167, 538, 541
- Bilfinger Berger AG 490
- Bisley GmbH 106, 329
- Blaupunkt GmbH 318
- Blinden- und Sehbehindertenverein Hamburg e.V. 321
- BMW AG 44, 184, 269, 270, 272, 273, 276, 279, 281, 294, 297, 299, 306, 537, 546, 550
- BMW AG, MINI Brand Management 548
- BRANDIT, Marketing und Kommunikation 412
- bravo charlie gmbh 424
- British American Tobacco (Germany) GmbH 210
- Bruno Bruni 174
- BSH Bosch und Siemens Hausgeräte GmbH 56
- Bundesverband der Organtransplantierten e.V. 440

C

- Casino Luxembourg 415
- Chefredaktion DER SPIEGEL 511, 518
- Cicero Werkstudio 146, 397, 432
- Coca-Cola GmbH 388, 397, 542
- com berlin.Agentur für Communication/Apple Center M&M:Trading! 381
- Cosmo Sports 421

D

- DaimlerChrysler AG 50, 64, 122, 136, 471
- DaimlerChrysler AG, DCVD 107, 117, 147, 164, 224, 380, 462
- DBMB 413
- Deutsche Oper am Rhein 416
- Deutsche Post AG 96, 154, 209, 248, 327, 335
- Deutsche Post World Net 255, 297
- Deutsche Postbank AG 275
- Deutsche Stiftung Denkmalschutz 92
- Deutscher Sparkassen Verlag GmbH 150, 351
- die tageszeitung 540
- Dr. August Oetker Nahrungsmittel KG 472
- Dummy Magazin 510
- Düsseldorfer Schauspielhaus 418

E

- ELTERNHAUS 450
- EnBW Energie Baden-Württemberg AG 367
- Estetica-Klinik 328
- EuroEyes Service GmbH 100
- Europa Fachpresse Verlag 484
- Evangelische Stiftung Alsterdorf 398

F

- FC Schalke 04 Supporters Club e.V. 157, 214
- Feld Verlag 498, 519, 524
- feldmann+schultchen 428
- Ferrero OHG m.b.H. 366
- Financial Times Deutschland GmbH & Co. KG 94
- Fissler GmbH 244
- Fons Hickmann m23 GmbH 410
- Frankfurter Allgemeine Zeitung GmbH 90, 110

G

- GARDENA Deutschland GmbH 153
- Gebrüder Mey GmbH & Co. KG 342
- Geldermann Privatsektkellerei GmbH 302
- General Mills 204, 247
- Globus SB Warenhaus Holding GmbH & Co. KG 108, 230
- GMX 307
- Greenpeace 324
- Greenpeace Media GmbH 506
- Gruner+Jahr AG & Co. KG 344

H

- Hahn Nitzsche Studios 152
- Hapag-Lloyd Express GmbH 157, 225, 234, 301
- Heine/Lenz/Zizka 430
- Himmelspach & Riebenbauer 219
- Holsten-Brauerei AG 73, 137
- HORNBACH Baumarkt AG 71, 82, 114, 252, 256, 266, 286, 296, 298, 311, 332
- HypoVereinsbank München 454

I

- IBM Worldwide/IBM Deutschland, Stuttgart 363
- IKEA Deutschland GmbH & Co. KG 327
- Inlingua Sprachschulen 288
- Institut für Kulturaustausch, Tübingen 414
- Interone Worldwide GmbH 369
- Intertool GmbH, Schweiz 81, 130
- IWC Schaffhausen 52, 160

J

- jobsintown.de 120, 248
- Jüdisches Museum Frankfurt am Main 402
- Julius Bär 165
- Jung von Matt 249, 466
- Jung von Matt Gruppe 349, 376
- Junge Deutsche Philharmonie e.V. 419
- Juno Verlag GmbH & Co. KG 532
- JWT 350, 434, 442

K

- Kai-Uwe Gundlach 187
- Karen am Ende Lektorat 222, 441
- Karlshöhe Ludwigsburg 190
- kassel tourist GmbH 384
- K-fee AG 162, 226, 265
- Kindernothilfe e.V. 338
- KNSK Werbeagentur GmbH 105
- Konica Minolta Photo Imaging Europe GmbH 69
- Künstlergruppe Mangan 386

L

- Landschaftsverband Westfalen/Lippe 475
- Lange Uhren GmbH 95
- Literaturhaus Frankfurt 236, 420, 477
- L'tur Tourismus AG 343

M

- Margarete Steiff GmbH 474
- Mast-Jägermeister Aktiengesellschaft 364
- MBC Creative Services 316
- McDonald's Werbeges. m.b.H. 133
- Media Markt Management GmbH, Ingolstadt 220
- Metabowerke GmbH 320
- mg technologies ag 401
- MITSUBISHI MOTORS Deutschland GmbH 258
- MOST Chocolat seit 1859 – Deutsche Markenvertriebsgesellschaft mbH 452
- MTV Networks GmbH & Co. OHG 312, 314, 317
- Munksjö Paper 476

N

- NEON Magazin GmbH 522, 534
- nhb studios 135
- NIKE Deutschland GmbH 231, 395
- Nintendo of Europe GmbH 68, 268, 292
- NOAH Menschen für Tiere e.V. 128, 249, 280, 348

O

- O$_2$ Germany GmbH & Co. OHG 458
- Olympus Europa GmbH 379
- OroVerde Tropenwaldstiftung, Bonn 76, 196, 346, 442
- Österreichische Galerie Belvedere 464

P

- Papierfabrik Scheufelen GmbH + Co. KG 426, 444
- Payer Germany GmbH 80, 185
- PepsiCo Deutschland 141, 293
- Perle Hamburg 126
- Pilsner Urquell Distributing GmbH 488
- Playboy Deutschland Publishing GmbH 514
- PLH, Porsche Lizenz- und Handelsgesellschaft mbH & Co. KG 176
- POLO⁺¹⁰ – Das Polomagazin 515
- Porsche Lizenz- und Handelsgesellschaft mbH & Co. KG 473
- Profil Management 245

Q

- Qvest Magazin 172

R

- Renault Deutschland 253, 296, 372, 374
- Revolver – Archiv für aktuelle Kunst, e-flux 436
- Robert Bosch GmbH 54, 143, 148, 308
- Robinson Club GmbH 241
- RUND Redaktionsbüro Hamburg GmbH & Co. KG 508

S

- Sal. Oppenheim jr. & Cie. KGaA 551
- Saturn 115
- Schirn Kunsthalle Frankfurt 360, 365
- schlott gruppe AG 400
- Science + Media LLP, The Science Museum, London 382
- SEAT Deutschland GmbH 310
- Shuri-Ryu Berlin 124, 231
- Siemens AG, Medical Solutions, Computed Tomography Division 300
- SIPA Unternehmer Beratung GmbH 399, 404
- Sixt GmbH & Co. Autovermietung KG 70, 240
- sleek friends GmbH 503, 504, 512
- smart 282
- Sony Computer Entertainment Deutschland GmbH 48, 67
- Sony Computer Entertainment Europe/PlayStation 370
- SPIEGEL-Verlag Rudolf Augstein GmbH & Co. KG 75
- Sportmagazin Verlag 502
- Staatliche Porzellan-Manufaktur Meissen GmbH 155, 170, 351
- Staatsministerium Baden-Württemberg 77
- Staatstheater Stuttgart Schauspiel Stuttgart 396, 425
- Sterk und Kurzweg Fotografie 397, 435
- Stern Gruner+Jahr AG & Co. 40, 103, 117, 186, 188, 192, 530, 533
- Stiftung Brandenburgische Gedenkstätten, Gedenkstätte und Museum Sachsenhausen 460
- Studio Funk GmbH und Co. KG 101
- Süddeutsche Zeitung 406, 408, 438, 441, 443
- Süddeutsche Zeitung Magazin 193, 494, 507, 513, 517, 520, 526, 528, 535

T

- TBWA\Deutschland 246, 375
- Tjaereborg (LTU Touristik) 212, 248
- Tokai Deutschland 227
- T-Online International AG 221, 468
- Tourismus+Congress GmbH Frankfurt am Main 486
- TOYS«R»US 206, 247
- TUI Deutschland 230, 439
- TV Spielfilm Verlag GmbH 38

U

- Ullstein GmbH 328
- Unilever Deutschland 72, 116
- Uwe Duettmann 178

V

- Vereinigung der Hörgeräte-Industrie 223
- Verlagsgruppe Lübbe GmbH & Co. KG 229
- Victorvox AG 260
- Volkswagen AG 42, 60, 62, 63, 65, 86, 112, 138, 140, 142, 216, 271, 277, 283, 284, 322, 325, 328, 329, 334, 441, 477, 480, 491, 544

W

- WDCS Deutschland 340
- Weru AG 89, 102, 142
- Wieners+Wieners Werbelektorat GmbH 97, 166
- WirtschaftsWoche 516
- WMF AG 84, 98
- WORLD VISION Deutschland e.V. 58, 201, 290
- Wrigley's Deutschland 134

www.redbox.de
Suchen . Klicken . Finden . *CP* **- connecting professionals**

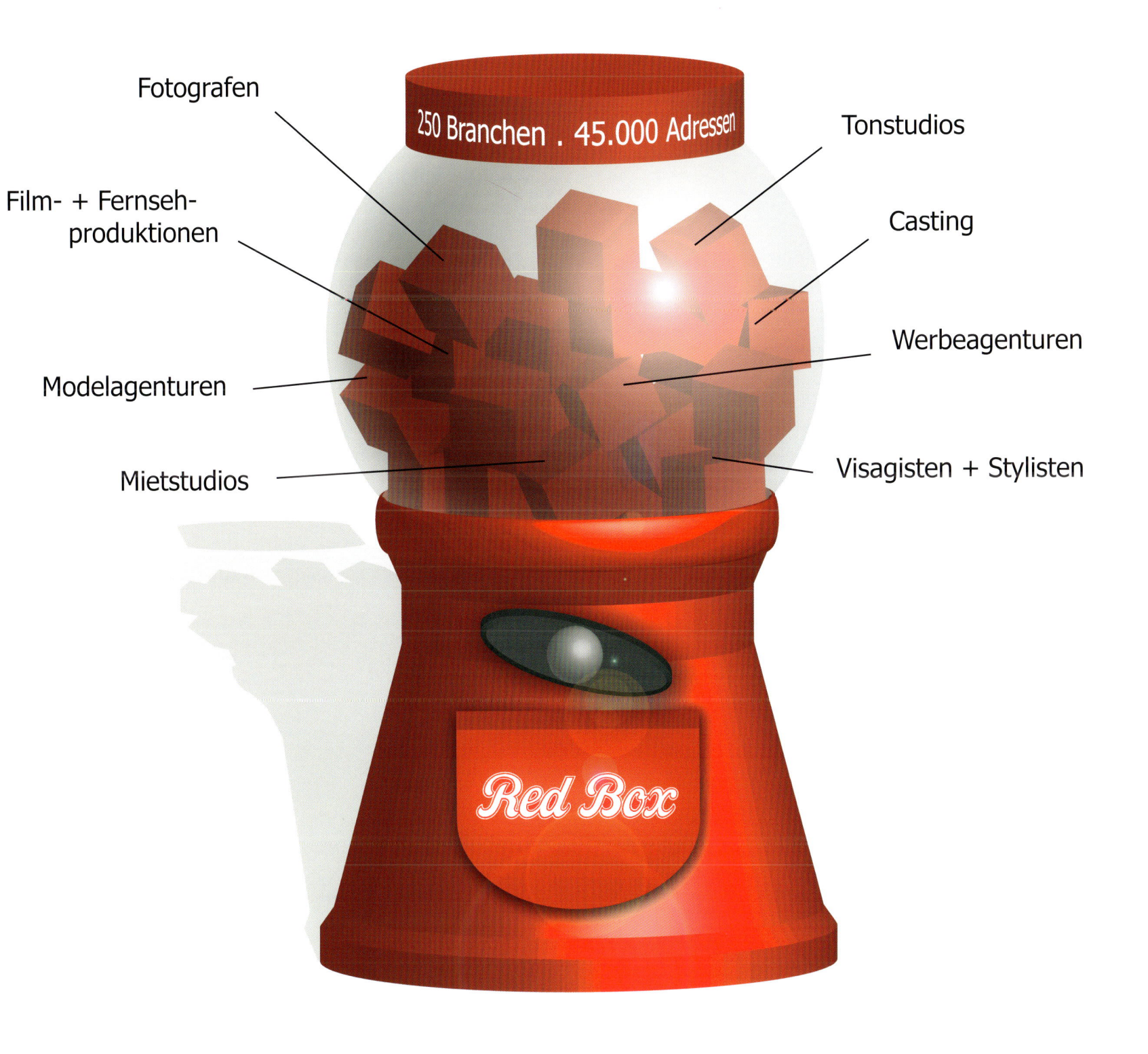

250 Branchen . 45.000 Adressen

- Fotografen
- Film- + Fernsehproduktionen
- Modelagenturen
- Mietstudios
- Tonstudios
- Casting
- Werbeagenturen
- Visagisten + Stylisten

Red Box Verlag GmbH . Hansastr.52 . 20144 Hamburg . Tel. 040 . 450 150 0
Fax 040 . 450 150 99 . info@redbox.de . www.redbox.de

AUFTRAGGEBER: DIE PRODUKTE

0–9

- 49 Special Album Dark Lonesome Road 443, 453

A

- A.R.T. STUDIOS 262
- ADAC Fahrsicherheitstraining 104
- ADC Wettbewerb 2005 Poster & Jahrbuch 446
- adidas 254, 263, 274, 309, 354, 358
- AGI Kongress 2005 Berlin 437
- AIDS-Hilfe Düsseldorf 291
- Aktionsbündnis Landmine.de 199
- Allianz Arena Magazin 193
- Alzheimer Forschung Initiative 304, 449
- Animals Asia Foundation 191
- Apple iPod 381
- Archery Direct 156
- ARTE 303
- ASICS 257, 378
- Astra Urtyp 137
- Audi 61, 182, 183, 264, 356, 362, 470
- Ausstellung Das neue Österreich 464

B

- Berliner Morgenpost 328
- Berlitz Deutschland GmbH 243
- Best Life Magazin 200
- beyerdynamic Premium Stereo-Kopfhörer 36
- BILD Zeitung 139, 167, 242, 278, 295, 326, 390, 538, 541
- Bilfinger Berger Jubiläum 125 Jahre 490
- Bisley Büromöbel 106, 329
- Blaupunkt Navigationssysteme 318
- Blinden- und Sehbehindertenverein Hamburg 321
- BMW 184, 269, 270, 272, 273, 279, 281, 294, 297, 299, 306, 537, 546, 550
- Bosch 54, 143, 148, 308
- BRANDIT 412
- bravo charlie 424
- Brockhaus 482
- Bruno Bruni 174

C

- Carola Wendt 218
- Cicero Typografisches Manifest 146, 397, 432
- Coca-Cola 388, 397, 542
- COLT CZ3 258
- Computer BILD 74
- Cosmo Sports Bowlingkurse 421

D

- DaimlerChrysler Umweltschutz-Broschüre 147
- Dali Ausstellung Plakat 245
- DBMB 413
- DER FREUND Magazin 500
- DER SPIEGEL 75, 511, 518
- Deutsche Oper am Rhein 416
- Deutsche Post 154, 209, 248, 327, 335
- Deutsche Stiftung Denkmalschutz 92
- DHL 96, 255, 297
- die tageszeitung 540
- DIE ZEIT 103
- do it Kunstanleitungsbuch 436
- documenta Kassel 384
- Dove 72, 116
- Dr. Oetker Markenausstellung 472
- Dummy Magazin 510
- Düsseldorfer Schauspielhaus 418

E

- echtzeit 04 509
- Eclipse Gum 134
- Einkaufsnetz.org 324
- ELTERNHAUS Parfum 450
- EnBW Energie Baden-Württemberg AG 367
- EuroEyes Augen Laser Zentrum 100
- Evangelische Stiftung Alsterdorf 398

F

- FC Schalke 04 Fankalender 157, 214
- FELD HOMMES 498, 519, 524
- Ferrero – Kinder Maxi King 366
- Financial Times Deutschland 94
- Fissler Edelstahlpfannen 244
- Forum Besser Hören 223
- Frankfurter Allgemeine Zeitung 90, 110

G

- GARDENA 153
- Gauloises 210
- Gedenkstätte Sachsenhausen 460
- Geldermann Sekt 302
- GEO 344
- Globus SB Warenhaus 108, 230
- GMX Freemail 307
- Greenpeace Magazin 506
- Grundig Bartschneider 80, 185

H

- Häagen-Dazs 204, 247
- Handwerkerinnen-Agentur Perle 126
- Hekmag Magazin 198, 531, 536
- HLX 157, 225, 234, 301
- Holsten Pilsener 73
- HORNBACH Bau- und Gartenmärkte 71, 82, 114, 252, 256, 266, 286, 296, 298, 311, 332
- Hypovereinsbank München 454

I

- IBM 363
- IKEA 327
- Inlingua Sprachschulen 288
- Institut für Kulturaustausch, Tübingen 414
- Intertool 81, 130
- IWC Schaffhausen 52, 160

J

- J. Walter Thompson 350, 434, 442
- Jägermeister 364
- Jeep 50, 64, 122, 136
- jobsintown.de 120, 248
- Jüdisches Museum Frankfurt am Main 402
- Julius Bär 165
- Junge Deutsche Philharmonie 419

K

- Kaleidotype Computer-Programm und Spiel 448
- Karen am Ende Lektorat 222, 441
- K-fee 162, 226, 265
- Ken Folletts Eisfieber 229
- Kid's wear Magazin 496, 505, 519
- Kindernothilfe 338
- KNSK/WMF 105
- Konica Minolta Dimage Z3 69

L

- Lamborghini 46, 66, 394
- Land Baden-Württemberg 77
- Lange Uhren 95
- Leibniz Minis 228
- LILIPUT Power 4 238
- Literaturhaus Frankfurt 236, 420, 477
- L'tur 343

M

- MBC 4 316
- McDonald's Österreich 133
- Media Markt 220
- Meetnight 2005 484
- Meissener Porzellan 155, 170, 351
- Mercedes-Benz 107, 117, 164, 224, 380, 462, 471
- Metabo BHE 20 Compact 320
- Mey 342
- mg technologies 401
- MINI 44, 276, 548
- monopol – Magazin für Kunst und Leben 532
- MOST Chocolat seit 1859 452
- MTV 312, 314, 317
- Munksjö Paper Decor 476
- Museumsuferfest Frankfurt 2005 486
- Musicload 221

N

- Nanga Parbat Website 386
- NEON Magazin 522, 534
- NIKE FREE 231, 395
- Nintendo DS 68, 268, 292
- NIVEA Creme 80, 118
- NOAH 128, 249, 280, 348

O

- O$_2$ Germany 458
- Olympus 379
- Organtransplantation+Hilfe für Betroffene und Angehörige 440
- OroVerde Tropenwaldstiftung 76, 196, 346, 442

P

- Papierfabrik Scheufelen 426, 444
- Passugger 347
- Pepsi 141, 293
- Pilsner Urquell 488
- Playboy 514
- Polo+10 515
- Porsche Design 176, 473
- Postbank Vermögensberatung 275

Q

- Qvest Magazin 172

R

- Renault 253, 296, 372, 374
- Robinson Club Golf Urlaub 241
- RUND> DAS FUSSBALLMAGAZIN 508

S

- Sal. Oppenheim 551
- Saturn 115
- Schirn Kunsthalle 360, 365
- schlott gruppe Geschäftsbericht 2003/2004 400
- SEAT 310
- Shuri-Ryu Selbstverteidigung für Frauen 124, 231
- Siemens 56, 300
- simply 260
- SIPA Unternehmer Beratung 399, 404
- Sixt rent a car 70, 240
- sleek – magazine for art and fashion 503, 504, 512
- smart forfour 282
- Sony Playstation 48, 67, 370
- Sparkassen-Anlageberatung 150, 351
- spike Art Quarterly 502
- Staatstheater Stuttgart Schauspiel Stuttgart 396, 425
- Steiff Markenerlebniswelt 474
- stern 40, 103, 117, 186, 188, 192, 530, 533
- Süddeutsche Zeitung 406, 408, 438, 441, 443, 494, 507, 513, 517, 520, 526, 528, 535

T

- The Science Museum, London: The Science of Aliens 382
- Tjaereborg 212, 248
- Tokai Feuerzeuge 227
- T-Online International 468
- TOYS«R»US 206, 247
- TUI 230, 439
- TV Spielfilm Kampagne 38

V

- Volkswagen 42, 60, 62, 63, 65, 86, 112, 138, 140, 142, 216, 271, 277, 283, 284, 322, 325, 328, 329, 334, 441, 477, 480, 491, 544

W

- Weru Schallschutzfenster 89, 102, 142
- Westfälisches Museum für Archäologie 475
- Whale and Dolphin Conservation Society WDCS 340
- WirtschaftsWoche 516
- WMF Messer Kampagne 84, 98
- WORLD VISION 58, 201, 290
- www.perfekterbusen.de 328

Kurt Weidemann:

abcdefghijklmnopqrstuvwxyzABCDEFGHIJKLMNOPQRSTUVWXYZ1234567890ßöäü§$£¥%&<>@!,;.:+*-""„"»«/()˜{}=[]?¿®†¨πðøæœåç ͦ ͣ©ƒ≈∫˜µ∞…‰ÖÄÁÃÅÛÜÙØΩ∏Í™ÏÌÓıŒÆ‡Ç‹›÷¬‡*abcdefghijklmnopqrstuvwxyzABCDEFGHIJKLMNOPQRSTUVWXYZ1234567890ßöäü§$£¥%&<>@!,;.:+*-""„"»«/()˜{}=[]?¿®†¨øæœåç ͦ ͣ©…‰ÖÄÁÃÅÛÜÙØÍ™ÏÌÓıŒÆ‡Ç‹›÷¬*abcdefghijklmnopqrstuvwxyzABCDEFGHIJKLMNOPQRSTUVWXYZ1234567890ßöäü§$£¥%&<>@!,;.:+*-""„"»«/()˜{}=[]?¿®†¨πðøæœåç ͦ ͣ©ƒ≈∫˜µ∞…‰ÖÄÁÃÅÛÜÙØΩ∏Í™ÏÌÓıŒÆ‡Ç‹›÷¬‡abcdefghijklmnopqrstuvwxyzABCDEFGHIJKLMNOPQRSTUVWXYZ1234567890ßöäü§$£¥%&<>@!,;.:+*-""„"»«/()˜{}=[]?¿®†¨πðøæœåç ͦ ͣ©ƒ≈∫˜µ∞…‰ÖÄÁÃÅÛÜÙØΩ∏Í™ÏÌÓıŒÆ‡Ç‹›÷¬‡abcdefghijklmnopqrstuvwxyzABCDEFGHIJKLMNOPQRSTUVWXYZ1234567890ssöÄÜ§$£¥%&<>@!,;.:+*-""„"»«/()˜{}=[]?®†¨πðøÆŒåç ͦ ͣ©ƒ≈∫˜µ∞…‰ÖÄÁÃÅÛÜÙØΩ∏Í™ÏÌÓıŒÆ‡Ç‹›÷¬‡abcdefghijklmnopqrstuvwxyzABCDEFGHIJKLMNOPQRSTUVWXYZ1234567890ßöäü§$£¥%&<>@!,;.:+*-""„"»«/()˜{}=[]?¿®†¨πðøæœåç ͦ ͣ©ƒ≈∫˜µ∞…‰ÖÄÁÃÅÛÜÙØΩ∏Í™ÏÌÓıŒÆ‡Ç‹›÷¬‡abcdefghijklmnopqrstuvwxyzABCDEFGHIJKLMNOPQRSTUVWXYZ1234567890ßöäü§$£¥%&<>@!,;.:+*-""„"»«/()˜{}-[]?¿®†¨πðøæœåç ͦ ͣ©ƒ≈∫˜µ∞…‰ÖÄÁÃÅÛÜÙØΩ∏Í™ÏÌÓıŒÆ‡Ç‹›÷¬‡abcdefghijklmnopqrstuvwxyzABCDEFGHIJKLMNOPQRSTUVWXYZ1234567890ßöäü§$£¥%&<>@!,;.:+*-""„"»«/()˜{}=[]?¿®†¨πðøæœåç ͦ ͣ©ƒ≈∫˜µ∞…‰ÖÄÁÃÅÛÜÙØΩ∏Í™ÏÌÓıŒÆ‡Ç‹›÷¬‡abcdefghijklmnopqrstuvwxyzABCDEFGHIJKLMNOPQRSTUVWXYZ1234567890ßöäü§$£¥%&<>@!,;.:+*-""„"»«/()˜{}=[]?¿®†¨πðøæœåç ͦ ͣ©ƒ≈∫˜µ∞…‰ÖÄÁÃÅÛÜÙØΩ∏Í™ÏÌÓıŒÆ‡Ç‹›÷¬‡abcdefghijklmnopqrstuvwxyzABCDEFGHIJKLMNOPQRSTUVWXYZ1234567890ssöÄÜ§$£¥%&<>@!,;.:+*-""„"»«/()˜{}=[]?¿®†¨πðøÆŒåç ͦ ͣ©ƒ≈∫˜µ∞…‰ÖÄÁÃÅÛÜÙØΩ∏Í™ÏÌÓıŒÆ‡Ç‹›÷¬‡**abcdefghijklmnopqrstuvwxyzABCDEFGHIJKLMNOPQRSTUVWXYZ1234567890ßöäü§$£¥%&<>@!,;.:+*-""„"»«/()˜{}=[]?¿®†¨πðøæœåç ͦ ͣ©ƒ≈∫˜µ∞…‰ÖÄÁÃÅÛÜÙØΩ∏Í™ÏÌÓıflfiŒÆ‡Ç‹›÷¬‡**abcdefghijklmnopqrstuvwxyzABCDEFGHIJKLMNOPQRSTUVWXYZ1234567890ßöäü§$£¥%&<>@!,;.:+*-""„"»«/()˜{}=[]?¿®†¨πðøæœåç ͦ ͣ©ƒ≈∫˜µ∞…‰ÖÄÁÃÅÛÜÙØΩ∏Í™ÏÌÓıŒÆ‡Ç‹›÷¬‡abcdefghijklmnopqrstuvwxyzABCDEFGHIJKLMNOPQRSTUVWXYZ1234567890ssöÄÜ§$£¥%&<>@!,;.:+*-""„"»«/()˜{}=[]?¿®†¨πðøÆŒåç ͦ ͣ©ƒ≈∫˜µ∞…‰ÖÄÁÃÅÛÜÙØΩ∏Í™ÏÌÓıŒÆ‡Ç‹›÷¬‡**АБВГДЕЖЗИЙКЛМНОПРСТУФХЦЧШЩЪЫЬЭЮЯЂЃҐЈЄЇЉЊЋЏЅЋЋĆЌЎŸЏЦЁягжзийклмнопрстуфхцчшщ1234567890IЪКЯ§$£i%&<>@!,;.:+*-abcdefghijklmnopqrstuvwxyz"»«/(){}=[]?***АБВГДЕЖЗИЙКЛМНОПРСТУФХЦЧШЩЪЫЬЭЮЯЂЃҐЈЄЇЉЊЋЏЅЋЋĆЌЎŸЏЦЁягжзийклмнопрстуфхцчшщ1234567890IЪКЯ§$£i%&<>@!,;.:+*-abcdefghijklmnopqrstuvwxyz"»«/(){}=[]?***ΑΒΓΔEZHΘIKΛMNOPΣTYΦXΨΩάΆΈΉΊΌΎέήόώΏαβγδεςφηικλμνξοπρστχψωζϊϋϊ̈abcdefghijklmnopqrstuvwxyzABCDEFGHIJKLMNOPQRSTUVWXYZ1234567890ßöäü§$t¥%&<>@!,;.:+*-""""»«/()ς{}=[]?ά®†¨ΊΕΩΨœ¨¨çΦM©P≈K˜µA…–φÖÄγX¹σÜτ ŸHξ2λμνθΏὀΈ°ὑ²ήi÷¬ὐ**ΑΒΓΔEZHΘIKΛMNOPΣTYΦXΨΩάΆΈΉΊΌΎέήόώΏαβγδεςφηικλμνξοπρστχψωυζϊϋϊ̈abcdefghijklmnopqrstuvwxyzABCDEFGHIJKLMNOPQRSTUVWXYZ1234567890ßöäü§$t¥%&<>@!,;.:+*-""""»«/(){}=[]?ά®†¨ΊΕΩΨœ¨¨çΦM©P≈K˜µA…–φÖÄγX¹σÜτ ŸHξ2λμνθΏὀΈ°ὑ²ήi÷¬ὐ***ΑΒΓΔEZHΘΙΚΛΜΝΟΠΣΤΥΦΧΨΩάΆΈΉΊΌΎέήόώΏαβγδεςφηικλμνξοπρστχψωυζϊϋϊ̈abcdefghijklmnopqrstuvwxyz***

macht

was

draus

Schrifttrilogie Corporate A, S, E; lateinisch kompatibel, kyrillisch und griechisch in einem internationalen Zeichenvorrat. Von Kurt Weidemann.
Vertieb: URW++ Design & Development GmbH, Poppenbütteler Bogen 36, 22399 Hamburg, Tel. 040/60 60 50, Fax 040/60 60 5111, info@urwpp.de

thank you

DER ART DIRECTORS CLUB
DANKT DEN SPONSOREN DES ADC WETTBEWERBS 2006

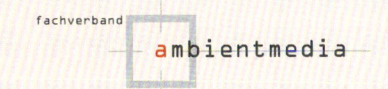

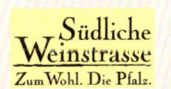

DIE MACHER

A

- Abbas, Amer 502
- Abd El-Salam, Kai 63, 142
- Abele, Jörg 320
- Abramowitz, Ben 254
- Achatz, Birgit 419
- Ackermann, Barbara 468
- Ackermann, Jörg 468
- Ackermann, Markus 167, 538, 541
- Adaschkiewitz, Britta 72, 116
- Ade, Gregor 401
- Adolph, Daniel 212, 248
- Aertz, Toon 378
- Affentranger, Stefan 540
- Agah, Manu 54, 143
- Ahlborn, Uwe 269, 297, 299
- Aigner, Gregor 236, 420, 477
- Aimaq, André 198, 531, 536
- Albayrak, Özgür 508
- Albert, Marcus 137
- Allwardt, Benjamin 106
- Al-Mardini, Nadia 75
- Altendorf, Mario 419
- von Alvensleben, Christian 174
- Alzen, Niels 191
- Amend, Kerstin 236, 420, 477
- Andersen, John Andreas 272
- Andersson, Magnus 258
- Angerer, Henning 508
- Ängeslevä, Jussi 382
- Angne, Karen 472
- Antosch, Marc 470
- Anweiler, Dominik 372, 374
- Apostolou, Paul 356
- Ardelean, Alexander 82
- Arlart, Florian 135
- Arleth, Kerstin 458, 470
- Armbrecht, Wolfgang, Dr. 269, 270, 272, 279, 281, 294, 297, 299, 306
- Arndt, Frank 157, 214
- von Arnim, Adriana Meneses 73, 104, 155, 170, 351
- Arnold, David 257
- Arp, Cecil 63, 142
- Assfalg, Sonja 406, 408, 438, 441, 443
- Atam, Mete 332
- Auer, Thomas 332
- Augner, Martin 94
- Augustin, Eduard 408, 441
- Augustowsky, Jens 260
- Aust, Stefan 511, 518
- Aveillan, Bruno 264

B

- Baarz, Danny 257, 378
- Baba, Marcin 157, 214
- Bach, Ina 97, 166
- Baer, Sacha 165
- Bah, Astrid 126
- Bahrmann, Ole 231, 395
- Baiker, Ralph 89, 102, 135, 142
- Bajer, Eva 82, 252, 296, 298, 311, 332
- Baker, Thomas 363
- Balderman, Lars 157, 225, 234, 301
- Balke, Jean 508
- Bamert, Annette 95
- Banks, Brian 363
- Barbian, Ulrich 48, 67
- Bardesono, Pia 424
- Baron, Alexander 329
- Baron, Stefan 516
- Barrett, Suze 135, 157, 214
- Bartel, Alexander 133
- Bartel, Philipp 263, 309
- Bartels, Ingmar 253, 296, 372, 374
- Barth, Philipp 52, 68, 150, 156, 160, 230, 245, 273, 342, 351, 439
- Barthold, Stephanie 94
- Bartneck, Alexander 472
- Bärwald, Ines 260
- Barz, Fabian 263, 309
- Bäsler, Sabine 340
- Bastian, Carolin 148
- Bate, Andy 300
- Bäth, Brigitte 229
- Bättig, Barbara 437
- Bauer, Annette 494
- Bauer, Bernd 78
- Bauer, Chris 369
- Bauer, Ina 414
- Bauer, Jörg 146, 397, 432
- Baumbach, Rolf, Pastor 398
- Baumeister, Sepp 350, 434, 442
- Baur, Gerhard 386
- Beavers, Kim 44
- von Bechtolsheim, Matthias 231, 395
- Becic, Jagoda 183
- Beck, Sabine 74
- Beckel, Marco 209, 248
- Becker, Iris 515
- Becker, Kai 380
- Becker, Kilian 210
- Becker, Regine 80, 118
- Becker, Uli 254, 274
- Bedir, Jasmin 68, 150, 351
- Beer, Hans 347
- Behl, Andreas 486
- Behrend, Dirk 209, 248, 327, 335
- Behrendt, Christian 150, 351
- Behrendt, Sebastian 52, 160, 226, 276
- Behrens, Michael 390
- Behrens, Nils 230, 439
- Beige, Markus 364
- Beims, Mike 269, 297, 299
- Beisner, Kai 280, 348
- Beiße, Petra 75
- Belser, Tim 61, 182, 191, 220
- Benders, Claudia 540
- Berderow, Jürgen 46
- von Berg, Claus 148, 308
- Berg, Martina 42, 60, 63, 86, 112, 138, 142, 271, 277, 328, 329, 334
- Berger, Matthias 364
- Berger, Sylvester 327, 335
- Bergesen, Anders 396
- Bergfeld, Katrin 364
- Berghäuser, Sven 103
- Bergmann, Ole 390
- Bergström, Jonas 327
- Berk, Kerstin 221
- Bernard, Andreas 406, 443
- Berndl, Ludwig 42, 58, 201, 216, 271, 283, 284, 290, 328, 329, 334, 441
- Berner, Gerd 282
- Bernschneider, Jonas 327
- Berthold, Corina 56, 241
- Bertling, Hanno 227
- Besl, Martin 70, 240
- Besler, Michael 291
- Besser, Tim Fabian 500
- Bestehorn, Inga 228, 344
- van Beusekom, Jan 472
- Bielefeldt, Christoph 253, 296
- Bielinski, Jan A., Dr. 165
- Bienert, Peggy 304, 449
- Biermann, Bettina 72, 116
- Bierschenk, Katharina 344
- Biewer, Hagen 312
- Bihari, Kunja 306
- Bildsten, Bruce 273
- Bingemann, Claudia 494, 507, 513, 517, 520, 526, 528, 535
- Birkemeyer, Sandra 80, 118
- Bischoff, Marit 206, 247
- Bisello, Marco 92, 514
- Bittermann, Dirk 209, 248, 275, 327, 335
- Bittner, Patrick 399, 404
- Blaha, Rich 300
- Blaschke, Anne 507, 513, 517, 520, 526, 528, 535
- Blecker, Olaf 494
- Bleckmann, Theo 482
- Bleher, Lars Uwe 468
- Bleier, Christian 280, 348
- Blenkov, Sebastian 256, 286
- Blöck, Helge 48, 263, 309
- Blomeyer, Marion 438, 507, 513, 517, 520, 526, 528, 535
- Blumenauer, Laura 514
- Blumentritt, Jan 98
- Blum-Heuser, Christine 343, 346
- Bock, Michael 471
- Bockelmann, Wolf 370
- Böckler, Claudia 244
- Bognar, Daniel 438, 494, 507, 513, 517, 520, 526, 528, 535
- Bogner, Julia 474
- Böhm, Andreas 334
- Böhm, Peter 382, 384
- Böhning, Tobias 228
- Bökle, Marc-Matthias 221
- Bolk, Carsten 209, 238, 248, 275, 327, 335
- Bond, Fredrik 274
- Bonnert, Katja 350, 442
- Borcherding, Rolf 365, 379
- Borchers, Anke 226
- Borsche, Marion 494
- Borsche, Mirko 193, 438, 494, 507, 513, 517, 520, 526, 528, 535
- Borsodi, Bela 520
- Bosse, Joachim 82
- Bott, Melanie 370
- Böttcher, Philipp 81, 130
- Bourguignon, André 354, 379
- Boutoux, Thomas 436
- Boyens, Franziska 98
- Brand, Steffie 256, 286
- Brandau, Friedhelm 474
- Bransch, Susanne 65, 140
- Braun, Christiane 488
- Braun, Daniela 70, 240
- Braun, Fabian 199
- Braun, Philip 288
- Brechschmidt, Sveja 276
- Breitbach, Christoph 277
- Brekelmans, Dorus 58, 201, 290
- Bremer, Björn 6
- Brenner, Christian 243
- Brensing, Rainer 544
- Brettschneider, Benjamin 312, 317
- Breuer, Kerstin 252, 256, 266, 286, 296, 311, 332
- Breuer, Martin 418
- Breunig, Andreas 293
- Brinkert, Raphael 100, 135, 157, 214, 338
- Brockmann, Heike 388
- Broido, Dmitri 516
- Bromberg, Stefan 74
- Broms, Eric 258
- Bromund, Elena 276, 307
- Brosch, Armin 444
- Bruch, Wolfgang 97, 166
- Brucker, Vincent 318
- Brückner, Uwe, Prof. 475
- Brüdgam, Berend 50, 64, 94, 122, 136
- Brüggemann, Grit 200
- Bruhn, Andreas 291
- Bruhn, Peter 468
- Bruno, Benjamin 380
- Bruns, Jörg 152
- Bruns, Sönke 421
- Buch, Franziska 295
- Buck, D. W. 282
- Budelmann, Sven 334
- Bünting, Kai-Uwe 260
- Burchardt, Lina 75
- von der Burg, Lena 258
- Burgdorf, Knut 124, 231
- Bürger, Tobias 327, 335
- Burghauser, Klaus 380
- Bürgy, Fabian 349, 367, 376, 386
- Burk, Gregor 343
- Bürkle, Petra 190
- Burrichter, Maren 137
- Busch, Gregor W. 106, 329
- Busch, Holger 367
- Büsges, Markus 437
- von dem Bussche, Simone 75
- Busse, Alexandra 398, 454
- Buttgereit, Michael 448
- Byrne, Alexsandra 306

C

- Cahill, Patrick 321
- Caprano, Thomas 77, 107, 117, 147, 164, 199, 224, 258
- Carr, Garry 106, 329
- Casademont, Vladimir Llovet 532
- Catana, Nadja 255, 297
- Cerny, Philipp 44, 268, 292
- Cesar, F. A. 334
- Chaffin, David 273
- Chan, Hi-Sha 242
- Chan, Lai-Sha 78, 269, 297, 299
- Chawaf, Hanadi 50, 64, 84, 105, 122, 136
- Christiansen, Kim 356
- Cincik, Tamara 306
- Ciuraj, Cathrin 95, 340
- Claußen, Peter O. 302
- Cline, Peter 254, 274
- Clohse, René 100
- Clüver, Harm 544
- Coertlen, Riza A. 234, 301
- Conrad, Susanne 176
- Conzelmann, Jörg 190
- Cordes, Heinz 382
- Corty, Hülya 78, 96, 223, 390
- Cramer, Daniel 508
- Cremer, Petra 106, 288
- Cruz, Ivo 443, 453
- Cubasch, Simon 366
- Curtin, Chris 272
- Cwiklinska, Carolina 199
- Czeschner, Olaf 354, 358, 360, 379
- Czieplluch, Christina 468

D

- Dagnell, Erik 128, 249
- Dahm, Stephan 154, 209, 248, 327, 335
- Dalferth, Wolfgang 84, 98
- Daliri-Freyduni, Barbara 328
- Dallmann, Arndt 310
- Daly, Rad 273
- Damm, Steffen, Dr. 384
- Daniel, Simona 283, 284
- Darius, Raphael 468
- Daub, Christian 137
- Daum, Jens 66, 328
- Davis, Dane 254
- Decker, Julia 520
- Dedlaf, Darius 291
- Dehne, Miriam 536
- Deinert, Kerstin 526, 535
- Deinhart, Christine 229
- Deisenhofer, Stephan 69, 155, 170, 351
- Deissler, Alex 424
- Delfgaauw, Martien 46, 62
- Despond, Estève 223
- Dettlaff, Darius 344
- Dettmann, Katrin 48, 67
- Deutschmann, Julia 272, 273, 281
- Dieckert, Kurt Georg 48, 67, 246, 263, 309, 375
- Diehr, Oliver 307
- Diekmann, Kai 167, 538, 541
- Dietz, Frank 370
- Dietz, Kirsten 396, 400, 425, 426, 444, 446
- Dilchert, Elke 42, 63, 86, 138, 142, 334
- Dinger-Hampel, Melanie 257, 378
- Dingler, Brigitte 349, 376, 386
- Dittmann, Jörg 288, 440
- Dlugosch, Martin 338
- Doebele, Sandra 394
- von Döhlen, Svenja 509
- Dohnke, Kay 544
- Doka, Elin 474
- Dolezyk, Daniel 321
- Dolkart, Jonas 273
- Dömer, Markus, Dr. 390
- Domke, Axel 470
- Donnert, Sonja 468
- Dopjans, Clemens 388

DIE MACHER 627

- Döring, Christian 241
- Dormeyer, Daniel 227
- Dörner, Philipp 253, 296
- Dorough, Bob 269, 297, 299
- Dörrich, Berthold 394
- Dorst, Christine 424
- Dotcheva, Kapka 81, 130
- Dowling, Regina 364
- Drawe, Felix 378
- Dresler, Iris 401
- Dresser, Richard 210
- Dreyer, Clemens 133, 438
- Dreyer, Margret 275
- Dreyer, Wiebke 58, 201, 290
- Duettmann, Uwe 178
- Duin, Hanna 344
- Duroux, Patrick 264
- Duve, Alexander 106, 329, 344

E

- Ebener, Cedric 477, 480
- Ebenwaldner, Marc 56
- Eberhardt, Udo 343
- Ebert, Michael 522, 534
- Ebsen, Bernd 531
- Eckart, Oliver 231, 395
- Eckel, Till 71, 82, 252, 256, 286, 296, 298, 311, 332
- Eckstein, Axel 165
- Eckstein, Lothar 503, 504, 512
- Ederer, Bernhard 44, 276
- Edirne, Ertugrul 96
- Ehl, Michael 36
- Ehlen, Nicole 72, 116
- Ehlers, Robert 390
- Ehlers, Susanne 378
- Ehrhart, Michael 399, 404
- Ehrig, Anne 115
- Ehrlich, Christina 273
- Eichbaum, Katja 241
- Eichhorn, Martin 509
- Eichhorst, Thorsten 386
- Eichinger, Tobias 183, 349, 376
- Eichner, Kay 218, 327
- Eickhoff, Thomas 321
- Eisenbarth, Marc, Dr. 306
- Eisenblätter, Mark 390
- Eisert, Wolfgang 58, 201, 290
- Eistert, Viola 509
- Elbers, Julia 62, 101, 103
- Eller, René 257
- Ellerkamp, Anne-Katrin 508
- Ellhof, Jörg Alexander 253, 296, 372, 374
- Elspass, Ilona 72, 116
- Emmerich, Kirsten 75
- Endrass, Annette 350, 442
- Engel, Peter 206, 247, 421
- Engelke, Lutz 472
- Entrup, Nicolas 340
- Ernst, Nicole 509
- Ernsting, Daniel 325
- Ernsting, Philipp 50, 64, 122, 136
- Ersson, Andreas »Beavis« 325, 328, 329, 334
- Eschborn, Claudia 176, 183, 184
- Esders, Hans 137
- Esterházy, Péter 507
- Everke, Christoph 153
- Ewertz, Markus 67, 101

F

- Faahs, Andreas 230, 439
- Faber, Sebastian 316
- Fackrell, Andy 254, 274
- Faller, Markus 343
- Farwick, Jo Marie 44, 52, 160, 268, 292
- Fassmann, Jörg 448
- Faust, Bernd 327, 335
- Fecker, Regula 249, 466
- Feder, Stephan 401
- Fehn, Ivonne 520

- Feigenspan, Marc 482
- Feigl, Jakob 522, 534
- Feil, Alex 262
- Feldhaus, Thomas 369
- Feldhusen, Christian 198, 531, 536
- Feldmann, André 428
- Fermer, Oliver 50, 64, 122, 136
- Fetzer, Dino 291
- Feußner, Stefan 204, 247
- Fezer, Irmi 438
- Fiebranz, Sandra 137
- Fiedler, Christina 362
- Filipowicz, Christa 191
- Fimmen, Burkhard 126
- Finke, Michael 356
- Finke, Tim 509
- Fischbach, Melanie 155, 170, 351
- Fischer, Andreas 530
- Fischer, David 104, 120, 248
- Fischer, Eva 494, 507, 513, 517, 520, 526, 528, 535
- Fischer, Jochen 321
- Fischer, Julian 304, 449
- Fischer, Kristof 71, 114
- Fischer, Robert 308
- Fischer, Teja 40, 117
- Fitzgerald, Manfred 46, 66, 394
- Fleig, Paul 367
- Floh, Caroline 249, 466
- Flohr, Henning 302
- Flottmann, Heike 141
- Fockenberg, Stefan 278, 295, 326
- Foecking, Mareike 508
- Foltin, Philipp 502
- von Foris, Gerald 508
- Förster, Jochen 510
- Försterling, Stephan 74
- Fortunato, Jorge 443, 453
- Foster, Simon 363
- Fox, Janet 307
- Frahm, Elena 340
- Frank, Caro 219
- Frank, Heike 321
- Frank, Oliver 257, 378
- Frank, Sabine 134
- Franke, Niklas 253, 296
- Franke, Ursula 346
- Frankel, Johnnie 254
- Franzen, Tillmann 508
- Frass, Wolf 344
- Fredebeul, Stefan 134, 293
- Fredriksen, Katja 322
- Fregin, Anika 74, 128, 249
- Freilinger, Marcus 258
- Freitag, Andreas 155, 170, 351, 362
- French, Gregory 107, 258
- Frenkler, Ekkehard 229
- Frenz, Kirsten 204, 247
- Frericks, Daniel 36, 38, 52, 54, 74, 143, 160, 280, 348
- Frese, Fabian 36, 38
- Freund, Pepe 76
- Freystadt, Tim 268, 292
- Frick, Carolin 397, 435
- Frieben, Sabine 350, 442
- Friedemann, Mark 260
- Friedrich, Sandra 206, 247
- Fritsche, Christian 162, 242, 281, 306
- Fritz, Ingo 372, 374
- Frost, Dieter 89, 102, 142
- Fuchs, Martin 416
- Fuchs, Tilo 472
- Fudickar, Jörg 291
- Fuld, Sarah-Joan 368
- Funk, Klaus 101, 324
- Funk, Michael 421
- Funke, Alexander 356
- Füreder, Klaus 406, 408, 438, 441, 443

G

- Gabbert, Matthias 307
- Gabriel, Anne 340
- Gadeberg, Jesper 263, 309
- Gadjus, Luka 306
- Gaillard, Marie Toya 90, 110
- Gairard, Cedric 274
- Gallus, Simon 410
- Galow, Katja 72, 116
- Gamper, Mario 69, 155, 170, 351
- Gandolfi, Steve 254
- Gandowitz, Christine 484
- Gareis, Hans 482
- Garski-Hoffmann, Petra 444
- Gärtner, Andrea 153
- Gasper, Harald 318
- Gassner, Annette 506
- Gauchey, Marc 302
- Gauß, Helmut 328
- Gawins, Hajo 472
- Gayan, Nacho 277
- Gazzetti, Maria, Dr. 236, 420, 477
- Gebauer, Esther 496, 505, 519
- Gebetsreither, Ines 502
- Gebhardt, Jens 490
- Gebhardt, René 38
- Gehrs, Oliver 510
- Geiger, Roland 342
- Geiger, Uli 80, 89, 102, 142, 185
- Geipel, Ron 260
- Geiss, Florian 78
- Gengenbach, Klaus 241
- Gentis, Steffen 291
- Genzmer, Felix 369
- Georgy, Samir 349, 376
- Gephart, Matthias 418
- Geratz, Sabine 302, 329
- Gerckens, Lars 369
- Gerken, Kai 210
- Gerlach, Elmar 327, 335
- Gerlach, Yvonne 70, 240
- Gern, Antonina 508
- von Gersdorff, Gero 226
- Gerstner, Henning 223, 328
- Gessat, Sören 120, 248
- Gessner, Ralf 94
- Geyer, Andreas 106, 210, 288, 344, 440
- Gibson, Dan 254, 274
- Giehl, Wolfgang 96
- Giese, Morton 256, 286
- Gieselmann, Sina 78, 272, 281
- Gill, Oliver 46
- Gimenez, Markus 364
- Glaser, Stefan 471
- Glatz, Michael 137
- Glauner, Felix 418
- Gley, Ove 148, 304, 449
- Göbber, Anke 36, 38, 68, 74, 268, 292
- Gocht, Peter 52, 54, 143, 160, 222, 441
- Gocht, Susanne 491
- Gocke, Robert 44, 276
- Godzoll, Peter 312
- Goetze, John F. 81, 130, 363
- Goetze, Markus 438
- Gögge, Alice 278
- Golbach, Marco 255, 297
- Gold, Robert 272
- Göldner, Frank 410
- Gölzer, Markus 344
- Goode, Tim 312
- Görlich, Matthias 402
- Görlitz, Matthias 382, 384, 464
- Gottwalt, Christian 494, 498, 513, 517, 519, 524, 526
- Graalfs, Amelie 60, 65, 112, 140
- Gräber, Nicole 38
- Graf, Christine 320
- Grammerstorf, Tom 112
- Granser, Peter 192
- Graß, Martin 97
- Graßmann, Burkhard 221
- Gratzias, Bob 295
- Graves, Paul 520
- Green, Alastair 363
- Gregor, Jean-Pierre 291

- Greib, Kai 354, 360
- Greiner, Kerstin 528
- Gressbach, Michaela 229
- Greulich, Matthias 508
- Greve, Susanne 474
- Grimm, Ulrich 38, 150, 351
- Grinke, Alexander 316
- Grobe, Fabian 308
- Grobler, Anne 522, 534
- Gröbner, Sebastian 44, 268, 292
- Groezinger, Nicole 262
- Grönwoldt, Ole 249, 466
- Gröpl, Markus 350, 442
- Gross, Nicole 363
- Groß, Marcus 468
- Grossholz, Gunter 474
- Große-Leege, Dirk 477, 480
- Grotian-Steinweg, Gesine 410
- Grotrian, Etta 410
- Grubinger, Judith 500, 537, 550
- Grumbach, Tobias 327, 335
- Gründgens, Gregor 397, 542
- Grunwald, Boris 124, 231
- Guha, Sid 65, 140
- Gumbmann, Susanne 236, 420, 477
- Gundlach, Kai-Uwe 176, 183, 184, 187
- Gunnerud, Bjorn 273
- Gunske, Dennis 218, 326
- Günther, Stefan 509
- Günzel, Peter 494
- Gürten, Ethel 370
- Guther, Julia 544
- Guthmann, Steffen 300
- Gutsch, Cyrill 484
- Gutzeit, Andreas 421

H

- Haak, Kater 354, 358
- Haas, Jürgen 468
- Haase, Esther 302
- Haase, Mieke 498, 519, 524, 531, 536
- Haber, Alexander 255, 297
- Haberkern, Stefan 80, 185
- Häcker, Simon 464
- Hackner, Tanja 139, 242, 278, 295, 326
- Hädecke, Walter 174
- Hagedorn, Mina 464
- Hagelskamp, Jochen 508
- Hägerling, Stefan 106
- Hahn, Georg 318
- Hahn, Gerrit 71
- Hahn, Greg 273
- Hahn, Sebastian 97
- Haist, Uli 134
- Halper, Markus 165
- Hamm, Hubertus 190, 193
- Hamm, Till 344
- Hamon, Nathanaël 397, 542
- Hampe, Vera 94
- Hampel, Günter 486
- Handlos, Oliver 44, 46, 66, 223, 255, 276, 297
- Hanebeck, Timm 70, 240
- Hanfstein, Wolfgang 418
- Hanke, Sascha 148, 152, 308, 318
- Hansen, Caralin 255, 297
- Hansen, Sönke 279, 294
- Hansen, Sophie 260
- Hansen, Torben 137
- Hanstein, Otfried 486
- Hanstein, Sascha 486
- Harbeck, Jan 96, 328
- Harbeck, Matthias 282
- Harden, Jennifer 381
- Harder, Cornelis 234, 301
- Harder, Matthias 356
- Hardieck, Sebastian 141
- Hardt, Nicole 508
- Hardt, Peter 320
- Hargarten, Ralph 226

quattro®

Vorsprung durch Technik www.audi.de

Audi

- Harms, Sabine 533
- Hart, Erik 329
- Hartmann, Silke 236, 420, 477
- Hartung, Peter 320
- Hartwig, Attila 155, 170, 351
- Harzer, Daniela 77
- Harzer, Toni 509
- Hastry, Lorraine 324
- Hatcher, James 254
- Hattendycken, Alexander 262
- Häubl, Ulrike 548
- Hauf, Thorsten 320
- Hauptkorn, Katharina 216, 441
- Hauschulz, Olaf 42
- Hauser, Joachim 491
- Hauser, Stefan 415
- Häusermann, Dirk 282
- Haushahn, N. 244
- Häußler, Michael 89, 102, 142, 223
- Häußler, Thomas 476
- Haveric, Emir 62
- Hebrank, Christine 475
- Hechenblaikner, Lois 535
- Hecht, Thilo 318
- Hecker, Bernd 327, 335
- Heese, Nicole 421
- Heffels, Guido 71, 82, 114, 231, 252, 256, 266, 286, 296, 298, 311, 332, 395
- Hegel, Martin 48, 67
- Heggenhougen, Marianne 67
- Heidenreich, Wolfram 448
- Heidorn, Oliver 60, 103
- Heidtmann, Jan 406, 443
- Heier, Tanja 46, 66
- Heil, Eva 307
- Heilemann, Kristoffer 42, 58, 201, 216, 271, 283, 284, 290, 328, 329, 334, 441
- Heimbach, Erich 474
- Heindorff, Victoria 471
- Heinecke, Ulrike 209, 248, 327, 335
- Heinemann, Mirjam 68, 150, 156, 230, 245, 306, 342, 351, 439
- Heinrichs, Anja 134
- Heinze, Ramona 244
- Heinzel, Andreas 244
- Heinzlmeier, Bert 534
- Heisig, Matthias 262
- Heitbrink, Tilman 228
- Heitzler, Simone 260
- Helbig, Silvio 253, 296, 372
- Heldt, Alexander 80, 118, 204, 247
- Helfenstein, Rolf 165
- Hellberg, Jan 356
- Heller, Ralf 349, 376
- Hellerung, Christoph 75
- Hellmann, Rainer 482
- Hengge, Dominik 135
- Hennemeier, Uta 190
- Hennen, André 139
- Hennings, Frank 80
- Hennings, Torsten 101, 265, 321, 322, 327
- Hennschen, Holger 273
- Henow, Karsten 227
- Henson, Joe 306
- Herholz, Benjamin 390
- Heric, Biljana 128, 249
- Hermannsson, Sandra 509
- Hermansson, Benny 327
- Herold, Christoph 419
- Herrmann, Sandra 190
- Herschel, Gabriele 472
- Hertlein, Ulrich 464
- Herzog, Jörg 72, 116
- Hesebeck, Birthe 76, 196, 442
- Hess, Johanno 468
- Heß, Britt 477, 480
- Heß, Roland 242, 295
- Heuel, Ralf 40, 60, 62, 65, 97, 101, 103, 112, 117, 140, 166, 277, 321, 322
- Heumann, Karen 249, 466
- Heumann, Wolf 70, 148, 152, 240, 304, 308, 318, 449
- von Heydebreck, Amélie 532
- von Heyking, Ernst 276
- Heymann, Nicolai 488
- Hezinger, Stefanie 349, 376

- Hickmann, Fons 410, 437
- Hicks, Johannes 80, 157, 185, 225, 234, 301
- Hiebl, Simon 52, 160
- Hilbert, Karin 139, 242, 278, 295, 326
- Hildebrand, Christoph 221, 228, 344
- Hillenbrand, Klaus 540
- Hiller, Jost 134
- Hiller, Norbert 400
- Hillesland, Jan 73, 137
- Hilswicht, Frank 471
- Himmelspach, Christian 219
- Himmler, Helmut 76, 196, 442
- Hinrichs, Jörn 60, 62, 65, 112, 140, 277, 322
- Hinrichs, Till 380
- Hinsenkamp, Andreas 124, 231
- Hinz, Larissa 222, 230, 439, 441
- Hinze, Carina 509
- Hitpass, Jörg 310
- Hodes, Charlie 176
- Hoefer, Nicolas 300
- Hofer, Nicole 108, 230
- von Hoff, Arndt 135
- Hoffmann, Anke 384
- Hoffmeister, Helge 78
- Höfler, Mark 372, 374
- Hofmann, Andreas-Christoph 537, 550
- Hofmann, Annett 223
- Hofmann, Frank 200
- Hofmann, Frederik 66
- Hofmann, Vera 104, 157, 225, 234, 301
- Hogrefe, Birgit 416
- Hohendorf, Julia 176, 473
- Hohls, Kirsten 183
- Hohmann, Till 349, 376
- Hohndorf, Julian 271, 298, 307
- Höld, Arthur 254, 274
- Holkenborg, Tom 254
- Holland, Tobias 100, 135, 157, 214
- Holland, Uwe 370
- Holle, Niels 50, 64, 84, 94, 105, 122, 136
- Hölzel, Corinna 324
- Hönnemann, Henning 344
- Höntschke, Ingo 328
- van Hooff, Arnaud Loix 63
- Hopp, Katja 176
- Hoppe, Ulrich 137
- Horbelt, Andreas 484
- Hörner, Susanne 426, 446
- Hörning, Olaf 94
- Hörrmann, Michael 77
- Hort, Helmut 206, 247
- Horwedel, Nico 312
- Huber, Karoline 198, 257, 378, 531, 536
- Huber, Stefanie 279, 294
- Hufgard, Christina 76, 81, 108, 196, 230, 442
- Hug, Justus 364
- Humbek, Sandra 60, 62, 65, 101, 112, 140
- Humm, Antonia 472
- Hundt, Thomas 468
- Hunger, Reinhard 126
- Hupertz, Christian 52, 160, 268, 270, 272, 273, 279, 292, 294
- Hush 271
- Huvart, Lars 76, 196, 442
- Hyam, John 443, 453
- Hyba, Malte 89, 102, 142

I

- Ibanez, Raphael 264
- Ibing, Louisa 58, 86, 138, 201, 216, 290, 325, 328, 329, 441
- Ihle, Marco 419
- Ihringer, Stefan 468
- Illenberger, Sarah 522
- Illguth, Birgitta 134
- Illies, Florian 532
- Illmer, Veronika 167, 538, 541
- Imbusch, Verena 260
- Immel, Edwin 338

- Indemans, Franca 270, 306
- Inselmann, Heinz 324
- Isenmann, Harald 349, 376
- Iser, Andrea 139, 242, 278, 295, 326
- Ising, Tom 500
- Isken, Marc 488
- Isterling, Jan 255, 297

J

- Jachmann, Lina 63, 142
- Jacobi, Tom 186, 188, 192, 530, 533
- Jacobs, Tim 243
- Jacobsen, Claus 380
- Jagenburg, Steffen 397, 542
- Jager, Anje 155, 170, 351
- Jäger, Nina 46, 66
- Jaggy, Alexander 165
- Jagodda, Arthur 283, 284
- Jahrbacher, Martina 254, 274
- Jakob, Uwe 363
- Janda, Jörg 364
- Janes, Achim 369
- Janke, Michael 223, 334
- Janke, Lisa-Marie 210
- Jann, Peter-Michael 60, 62, 65, 112, 140, 277
- Jansen, Axl 508
- Janßen, Nina 502
- Jaune-Immendorf, Oda 198
- Jawanski, Hans-Jürgen 468
- Jean, James 200
- Jefferson, Thomas 273
- Jensen, Volker 40, 103, 117
- Jessen, Philipp 78
- Job, Bertram 397, 542
- Jochum, Armin 146, 180, 397, 432, 435
- Jonason, Frida 258
- Jonsson, Roman 100
- Joos, Christof 302
- Joppen, Jürgen 253, 296, 372
- Jörgensen, Jörn, Dr. 100
- Josefsohn, Daniel 450, 510
- Joseph, Alex 274
- Josting, Bettina 343
- Jung, Holger 349, 376
- Jung, Richard 338
- Jung, Simon 344
- Jungclaus, Nick 94
- Junge, Heinz-Rudi 50, 64, 84, 98, 105, 122, 136
- Jünger, Nico 227
- Junghäni, Julien 413
- Junghanns, Stephan 363
- Junkie XL 254
- Jürgens, Nele 272
- Jurkat, Alexander 295

K

- Kaehler, Florian 324
- Kaempfe, Hasso, Dr. 364
- Kaffer, Jürgen 506
- Kafoury, Stephanie 274
- Kainz, Sebastian 71, 82, 114, 256, 266, 286
- Kaiser, Henning 450
- Kaiser, Sebastian 421
- Kallina, Frank 471
- Kallmeyer, Julia 183
- Kaloff, Constantin 73, 107, 199
- Kanecke, Ron 52, 160
- Kanofsky, Thomas 262
- Karrasch, Rieke 531, 536
- Kasper, Robin 69
- Kassaei, Amir 42, 58, 63, 75, 86, 138, 142, 201, 216, 243, 271, 283, 284, 290, 325, 334, 441
- Kauffmann, Astrid 253, 296, 372, 374
- Kaussen, Willy 139, 242, 268, 278, 292, 295, 326
- Kayenburg, Hanna 106
- Kehr, Thomas 509
- von Keisenberg, Justin 408, 441
- von Keisenberg, Phillip 408, 441
- Keller, Christoph 436
- Keller, Jonas 115
- Keller, Michael 368, 458, 473

- Keller, Sabine 508
- Kellerer, Stefan 84, 98
- Kemper, Wulf-Peter 488
- Kentner, Dominik 349, 376
- Kerckhoff, Marion 482
- Kerner, Diether 46, 66
- Kernspeckt, Björn 38
- Kessler, Marco 104
- Kessler, Wuffdesign 490
- Ketterl, Hans-Peter, Dr. 269, 270, 272, 279, 281, 294, 297, 299, 306
- Khachaturian, Aram Ilyich 274
- Kiechle, Moritz 67
- Kiefer, Gerhard 183, 264
- Kiefer, Stefan 511, 518
- Kiefner, Robert 419
- Kießling, Martin 133
- Kim, Eddie 254
- Kindler, Matthias 484
- King, James 382
- Kinkel-Clever, Eva 183
- Kirchhoff, Eberhard 262
- Kirchhoff, Peter 295
- Kirchner, Mischa 98
- Kirner, Fabian 141, 327, 335
- Kirsch, Peter 354
- Kirschenhofer, Bertrand 253, 296, 515
- Kisters, Sebastian 528
- Kittel, Ilona 174
- Kitzing, Florian 61, 182, 220, 264
- Klage, Jan P., Dr. 90, 110
- Kläring, Tina 356
- Kleebinder, Hans Peter, Dr. 276
- Kleemann, Natalie 475
- Kleenebene, Wenke 310
- Klein, Georg 157, 225
- Klein, Katja 509
- Klein, Nicole 402
- Kleinjohann, Michael, Dr. 38
- Kleinman, Daniel 254
- Klimmeck, Uwe 484
- von Klitzing, Vernon 514
- Klohk, Sven 221, 228, 344
- Klos, Arndt 176
- Klotzek, Timm 522, 534
- Klubert, Christa 180
- Klug, Julia 222, 230, 439, 441
- Klüglein, Daniela 153
- Knabe, Anke 244
- Knauss, Jan 60
- Knight, Julia 306
- Knipping, Christopher 198, 531, 536
- Koch, Andreas 458
- Koch, Michael 343, 346
- Köcher-Onnom, Ongart 364
- Kochlik, Patrick 382, 384
- Kockmeyer, Timo 275
- Köckritz, Michael 394
- Köditz, Marco 269, 297, 299
- Koeslag, Carsten 36, 162
- Koggelmann, Katja 230, 439
- Kohl, Petra 508
- Kohls, Kirsten 84, 98, 105
- Kohlschmidt, Kai-Uwe 386
- Kohnle, Jeannette 396, 400, 425, 426, 444
- Koidl, Roman Maria 452
- Kolitsch, Wolfgang 155, 170, 351
- Kondre, Ala 270
- König, Thomas 498, 519, 524
- Königsfeld, Oliver 416
- Konnert, Liane 206, 247
- Konrad, Bernd 273
- Koop, Christian 356
- Koop, Marcel 133
- Koopmans, Sandra 257, 378
- Köpke, Jan 369
- Kopp, Tatjana 280, 348
- Kornbichler, Frieder 209, 248, 275, 327, 335
- Kornbrust, Sabine 410
- Körner, Andreas 454
- Körner, Dietrich 486
- Kortemeier, Pia 106, 344
- Koslik, Matthias 117, 164, 508
- Kostreba, Hana 92

www.volkswagen.de

Macht sportlich. Der GTI® – jetzt auch als Polo.

Der Mythos GTI®, kompakt zusammengefasst: 110 kW (150 PS)* und 220 Nm Drehmoment, Kühlergrill in Wabenstruktur, Edelstahl-Doppelendrohr, tiefer gelegtes Sportfahrwerk, ESP, rot lackierte Bremssättel, Schwellerverbreiterungen, GTI®-Sportsitze, charakteristisch karierte Sitzbezüge, 16-Zoll-Leichtmetallräder „Denver" und 205er Breitreifen. Macht zusammen 100 % sportlichen Fahrspaß – am besten zu erleben bei einer Probefahrt. Weitere Informationen unter 01802-Volkswagen (0,06 €/Anruf).

Aus Liebe zum Automobil

*Kraftstoffverbrauch, l/100 km innerorts/außerorts/kombiniert/CO_2-Emission, g/km kombiniert: 10,8–10,9/6,0–6,1/7,8–7,9/187–190.

- Kothe, Lutz 42, 60, 62, 63, 65, 86, 112, 138, 140, 142, 216, 271, 277, 283, 284, 322, 325, 328, 329, 334, 441, 544
- Kotte, Anatol 61, 182
- Kouthoofd, Jesper 258
- Koy, Dirk 473
- Kozak, Paul 249, 466
- Kracht, Christian 500
- Kraeße, Birthe 139, 242, 326, 342
- Kraft, Manfred 388
- Krallmann, Andreas 228
- Krämer, Bernd 390
- Krämer, Stephan 300
- Krämer, Yves 71, 82, 114, 252, 256, 266, 286, 296, 298, 311, 332
- Kramler, Christl 69
- Kranefeld, Stefan 134
- Krasting, Arne 472
- Krau, Anna Rosa 494
- Krause, Andrej 468
- Krause, Britta 275
- Krause, Doreen 63, 142
- Krause, Jan 46
- Krause, Robert 258
- Krauß, Martin 508
- Krauthausen, F. 244
- Krebs, Clemens 318
- Krems, Oliver 338
- Kress, Pascal 507, 513, 517
- Kretschmer, Achim 293
- Krezslack, Johannes 227
- Krimmel, Oliver-A. 424
- Krink, Tim 50, 64, 84, 94, 105, 122, 136
- Krischke, Katharina 502
- Kriwet, John 300
- Kroeber, Florian 244
- Kröger, Katja 80, 118
- Krogmann, Amelie 52, 160
- Kroll, Christian 52, 54, 143, 160, 222, 441
- Krömker, Julia 78, 139, 242, 278, 326, 342
- Krönfeld, Marco 537, 546, 550
- Kröper, Wolfgang 320
- Kruchten, Niklas 78
- Kruck, Manuel 218
- Krüger, Anikó 69, 170, 340, 351
- Krüger, Reiner 72, 116
- Krumbacher, Leo 78
- Krumbholz, Felix 104
- Krummenacher, Claudia 382
- Krumpel, Philipp 133
- Kruszka, Frank 412
- Kubitz, Matthias 386
- Küchenmeister, Thomas 199
- Kudielka, Ulrich 300
- Kuenstler, Christian 304, 449
- Kugler, Peer 506
- Kuhlmann, Iris 511, 518
- Kuhn, Bastian 63, 142, 325
- Kuhn, Leoni 474
- Kühnöhl, Bert 454
- Kuhnt, Christine 165
- von Kuk, Arnd Buss 304, 449
- Kummer, Stuart 80, 157, 185, 225, 234, 301
- Kunkel, Jean-Pierre 104
- Künning, Bettina 56
- Kunz, Christine 280, 348
- Kunze, Christina 128, 249
- Kupka, Tina 241
- Küpker, Christian 503, 504, 512
- Küster, Axel 275
- Küster, Sven 362
- Kutschinski, Michael 363, 370
- Kuttka, Alex 265
- Kutzera, Rolf 54, 143, 318

L

- Laakmann, Kai, Dr. 537, 546, 550
- Lacic, Dinko 312, 314, 317
- Lacour, Laurent 402
- Lagerroos, Kjell 265
- Lambert, Bruno 293
- Lamberti, Valeska 80
- Lambl, Florian 496, 505, 519
- Lambrette, Roland 486

- Lamken, Mathias 191
- Lamm, Frank 317
- Lamm, Michael 58, 86, 138, 201, 271, 283, 284, 290, 328, 329, 334
- Landgraf, Oliver 438
- Landmark, Anke 224, 258
- Landmark, Nils 263, 271, 309
- Landwehr, Mischa 364
- Lang, Lydia 124, 231
- Lange, Garnet 60, 112
- Lange, Marion 271, 283, 284, 290, 325, 328, 329, 334
- Lange, Marko 228
- Lange, Wolf H. 162, 226, 265
- Langner, Maik 335
- Lanz, Bettina 379
- Laubscher, Axel 265
- Laudan, Florian 50, 64, 122, 136
- Laufer, Cornelia 303
- Lauhöfer, Annika 141
- Laur, Christian 218
- Laurien, Rouven 380
- Leber, Karin 347
- Leesch, Kerstin 506
- Leger, Rolf 210, 272, 273, 281
- Lehmann, Christoph 222, 441
- Lehmann, Marc 370
- Lehr, Jakob 384, 464
- Lehrenfeld, Sandra 206, 247
- Leick, Stefan 69
- Leifert, Werner, Dr. 490
- Lemcke, Felix 141, 327, 335
- LeMoine, Rick 276
- Lempert, Stephan 362
- Lendle, Michael 62, 65, 140, 216, 283, 284, 322, 325, 441
- Lenz, Monika 56
- Lenz, Stefan 70
- Leube, Jan 80, 89, 90, 95, 102, 104, 110, 120, 142, 157, 185, 225, 234, 248, 301, 328, 340, 443, 453
- Leuffert, Christian 96
- Levy, Janina 204, 247
- Lewis, Dennis 72, 116
- Lidtke, Armand 231, 395
- Lidzba, Marco 210
- Liebowitz, Adam 363
- Lima, Gito 443, 453
- Lindemann, Arno 115, 162, 265
- Lindenberger, Matthias 363
- Lindhardt, Holger 137
- Lindner, Torsten 95
- Link, Andreas 279, 294
- Linke, Dirk 184, 537, 546, 550
- Linnert, Svenson 141, 209, 248, 327, 335
- Linscheid, Edgar 95, 340
- Lipp, Melanie 269, 272, 297, 299
- Lippert, Oliver 238
- Lippoth, Achim 519
- Lisek, Silke 240
- List, Andreas 304, 449
- Littlechild, Henry 283, 284
- Litwin, Stefan 260
- Llanos-Ahrens, Carmen 100
- Lobe, Sascha 414
- Lochte, Christiane 271, 276, 306, 334
- Loeser, Gunnar 56, 241
- Logan, Scott 273
- Löhn, Lars 282
- von Löhneysen, Konrad 438
- Löhr, David 369
- Loick, Marcus 44, 74
- Loidl, Christoph 502
- Lombardo, Mario 510
- Lommel, Benjamin 183
- Lony, Pieter 307
- van der Loo, Martin 280, 348
- Löper, Björn 63, 142
- Lopez, Ana 288, 302, 344
- Lorden, Kathleen 273
- Losch, Cathleen 42, 63, 142, 271, 334

- Löschke, Christiane 153
- Losier, Amélie 340
- Loskill, Sven 390
- Lotz, Katharina 81, 130
- Lotze, Frank 96, 328
- Löw, Sascha 234, 301
- Low-Becic, Jagoda 61, 182, 264
- Löwe, David 509
- Löwenberg, Holger 324
- Lübcke, Jan-Peter 369
- Lübke, Kay 89, 102, 142
- de Luca, Araldo 84, 105
- Lück, Dennis 135, 157, 214, 338
- Lück, Oliver 508
- Ludwig, Lena 360, 365
- Ludwig, Su 304, 449
- Lührs, Rainer 472
- Lührsen, Matthias 326
- Luithle, Anja 474
- Lukas, Bernhard 115, 162, 265, 270, 272, 281
- Lullies, Melanie 67
- Lungwitz, Falk 324
- Luser, Wolfgang 464
- Lusty, Jason 42, 58, 63, 86, 138, 142, 201, 216, 271, 283, 284, 290, 325, 328, 329, 334, 441
- Lüth, Nina 508
- Luther, David 283, 284
- Lüthi, Philipp 413
- Lütje, Tim 44
- Lütkenhaus, Pablo 509
- Lutz, Claudia 349, 376
- Lützenkirchen, Ulrich 86, 138, 270, 334
- Lyhs-Webelhaus, Sabrina 154

M

- Maasdorff, Elke 356
- Madsen, Tanja 94
- Magel, Stefan 108, 230
- Magerl, Sabine 528
- Mahler, Clemens 334
- Maier, Matthias 74
- Maierhofer, Knut 368, 473
- Maihoefer, George 304, 449
- Maksimovic, Ivica 399, 404
- Malchaire, Didier 300
- Malkmus, Günter 551
- Malvinsky, Boris 220
- Mandel, Josh 254, 274
- Manecke, Sabine 498, 519
- Manger, Christine 98
- Manger, Sebastian 509
- Manikas, Konstantinos 227
- Manthey, Andreas 260
- Marcus, Pierre 293
- Marek, Bruno 368
- Märki, Patrick 368, 473
- Markowitsch, Robert 133
- Markowski, Patrick 167, 538
- Markus, Sandra 58, 201
- Marquardsen, Anika 396
- Marschall, Annabelle 75
- Martens, Natalie 148, 308
- Marti, Pascal 270
- Maryon, Dean 254
- Massari, Camilla 293
- Mathews, Silke 183
- Matthews, Jon 412
- Matthews, Kirstin 412
- Maubach, Steffen 468
- May, Dennis 36, 38, 44, 268, 280, 292, 348
- Mayer, Jörg 69, 155, 170, 351
- Mayer, Philipp 349, 376
- Mayer, Robert 106
- Mayrhofer-Mik, Gabriele 184
- McDowell, Jim 273
- McKenna, Patrick 273
- Mechitarian, Wahan 458
- Mecking, Jens 327, 335
- Meemken, Ansgar 382, 464
- Mehlhorn, Thomas 468
- Mehwald, Oliver 115
- Meier, Astrid 302
- Meier, Thorsten 150, 269, 297, 299, 351

- Meilicke, Gerald 77, 147
- Meilinger, Sabina 356
- Meimberg, Claudia 206, 247
- Meimberg, Florian 206, 247, 421
- Meiré, Mike 496, 505, 519, 548
- Meissner, Ursula 191
- Mende, Kerstin 56
- Mene, Chantal 241, 338
- Mengel, Ulrich 426, 444
- Menges, Claudia 434
- Mergemeier, Jörg 70, 240
- Metzger, Reiner 540
- Meusel, Matthias 397, 542
- Meyer, Claudia 270
- Meyer, Thomas 90, 110
- Meyer-Hermann, Julia 528
- Michaelis, Cathleen 95
- Michalski, Marcel 468
- Michel, Sven 402, 415
- Miebach, Ulrike 198, 531, 536
- Mielke, Nicola 326
- Mika, Bascha 540
- Milczarek, Raphael 141, 291
- Milione, Concetta 238, 291
- Milla, Johannes 474, 482
- Miller, Steve 334
- Mittelstaedt, Deborah 536
- Mittermüller, Matthias 153
- Mittler, Vera 324
- Mocafico, Guido 186
- Moeller, Tim 124, 231
- Mohajer, Soheyla 258
- Molinari, Patrick 470
- Möllemann, Anika 532
- Möller, Gregor 229
- Mommertz, Christian 81, 108, 130, 230
- Monath, Gert 464
- Monica, Santa 254
- Monshausen, Till 36, 38, 269, 270, 297, 299
- Montmar, Lydia 252, 296, 311
- Morar, Sorin 190, 193
- Morath, Christine 538
- Morgenstern, Stefan 482
- Moritz, Stephan 328
- Morlock, Franziska 410
- Mörsdorf, Thomas 468
- Moser, Michael 350, 442
- Moss, Eric 263, 309
- Mously, David 308
- Müggenburg, Ole 210
- Muguet, Jerome 363
- von Mühlendahl, Paul 322
- Mühlenhoff, Matthias 380
- Mühlmann, Rolf, Dr. 472
- Müller, Bernd 148, 308
- Muller, Eliane 210, 288, 440
- Müller, Ingo 288
- Müller, Jan 95
- Müller, Jörg 364
- Müller, Lutz 252, 296, 311, 332
- Müller, Norman 368, 473
- Müller, Robby 252, 296, 311, 332
- Müller, Sebastian 314
- Müller, Sergej 223
- Müller, Susanne 434
- Müller, Toni 258
- Müller, Uwe 468
- Müller-Dannhausen, Henning 70, 249, 466
- Müller-Horn, Andreas 137
- Müller-Using, Mathias 253, 296, 372, 374
- Mummendey, Robert 366
- Münster, Arne 150, 351
- Musalf, André 133

N

- de Nadon, Isabelle 264
- Nagel, Dirk 349, 376
- Nagel, Stefan 180, 397, 435
- Nagel, Susanne 44
- Näher, Peer 117, 164
- Nassauer, Patricia 310
- Naylor, Juliet 277
- Nemitz, Gordon 249, 466
- Nerlich, Fabienne 204, 247
- Nestel, Jogi 490
- Neuerer, Andreas 193
- Neulinger, Paul 544
- Neumann, A. 244
- Neumann, Bernhard 470
- Neumann, Britt 60, 65, 112, 140, 277
- Neumann, Michael 474, 482
- Neuroth, Julia 415
- Ney, Kim Jessica 139
- Nickel, Eckhart, Dr. 500
- Nickold, Kay 288
- Niemann, Nicolai 255, 297
- Niessner, Andreas 473
- Nieth, Jens 410
- Nissen, Kati 56, 100
- Nitzsche, Thomas 318
- Nitzsche, Torsten 50, 64, 122, 136
- Nolle, Thomas 362
- Nolting, Ralf 40, 60, 62, 65, 101, 103, 112, 117, 140, 277, 322
- Nonnenmacher, Gerhard 183, 324
- Noshe 508
- Nucci, Dario 274
- Nugent, Corinna 282

O

- Obermann, Marco 238, 291
- Oberschelp, Malte 508
- Obladen, Tina 500
- O'Brien, Katy 273
- Obrist, Hans Ulrich 436
- Occhipinti, Gianni 494
- Ochs, Benjamin 137
- Ochs, Benne 508
- Oeding, Katrin 137, 329
- Oehme, Sebastian 221, 228
- Oehmke, Philipp 438
- Oehrlich, Holger 349, 376
- von Oertzen, Ulrike 150, 351
- Oettel, Uta 509
- Ohanian, Michael 291
- Ohlsen, Thomas 118
- Ohlson, Johan H. 56
- Ohm, Frithjof 183
- Ohnesorge, Bernd, Dr. 300
- Öhrke, Janine 302
- Okun, Michael 148, 318
- Okusluk, Jan 307
- Ollmann, Dirk 380
- Olszak, Frederique 264
- Ophoff, Frank 472
- Opitz, Cornelia 258
- Oppmann, Simon 92
- Ortmann, Peter 126
- Ortmann, Sandra 96
- Oskarsson, Karl 306
- Osterkorn, Thomas 186, 188, 192, 530, 533
- Osterwalder, Anja 424
- Otte, Stephan 117, 147, 164
- Otten, Julia 428
- Ottensmeier, Andreas 148, 308, 318
- Otto, Mike John 369
- Ouchiian, Djik 97
- Overbeeke, Aernout 180

P

- Pabst, Benjamin 302
- Pack, Florian 40, 117
- Pagel, Florian 324
- Palfalvi, Andreas 54, 143
- Panier, Florian 278, 466
- Panitz, Igor 44
- Paravicini, Heinrich 470
- Paßkowski, Sigrid 166
- Patuta, Steve 252, 296, 311, 332
- Patzner, Henning 279, 294, 304, 449
- Pätzold, Patricia 40, 60, 62, 103, 112, 117, 277, 322
- Patzschke, Reinhard 40, 60, 62, 65, 103, 112, 117, 140, 277
- Paul, Dennis 382, 384, 464
- Paul, Susanne 342
- Paulat, Birgit 134, 238
- Pauls, Rita 243
- Pawlak, Radek 134
- Pawlitzky, Andreas 134
- Peichl, Sebastian 464
- Peisert, Katrin 551
- Pense, Jacques 209, 248, 335
- Pernitsch, Manfred 273
- Persch, Matthias 334
- Perscheid, Johanna 154
- Peter, Jörg 73, 137
- Peter, Susanne 221
- Peters, Anke 44, 276
- Peters, Anne-France 100
- Peters, Valeska 234, 301
- Petrasch, Verene 410
- Petrausch, Romy 148, 308
- Petri, Anne 183, 324
- Petzold, Andreas 186, 188, 192, 530, 533
- Peuckert, Julia 249, 466
- Peulecke, Bert 488
- Pezely, Zeljko 133
- Pfaffenbichler, Sebastian 310
- Pfänder, Alexander 468
- Pfau, Paul 65, 140
- Pfeiffer-Belli, Michael 96, 223, 255, 297, 328
- Pfennigschmidt, Axel 397, 542
- Pfister, Thom 413
- Pflug, Stephan 508
- Pickmann, Anatolij 89, 102, 142
- Pietsch, Stefan 548
- Pilgrim, Anne 210
- Pinzolits, Herbert 502
- Piper, Brian 349, 376
- Piskora, Oliver 210
- Pita, Damjan 52, 160
- Placzek, Regina 346
- Plass, Johannes 470, 544
- Plate, Leonie 68, 150, 351
- Platt, Amandus 183
- Platz, Alexandra 356
- Plewe, Renate 434
- Ploska, Katrin 90, 110, 120, 248
- Plümacher, Christof 176, 183, 184
- Plümecke, Lutz 150, 351
- Podobrin, Mike 141, 293
- Polcar, Aleš 76, 196, 442
- Pollmann, Lars 157, 214
- Pollmann, Torsten 206, 247, 421
- Poloschek, Sandra 327
- Poralla, Tanja 508
- Portmann, Jens 282
- Portz, Vera 264
- Poser, Ralph 270, 273, 281, 306
- Preuss, Michael 212, 248
- Pricken, Stefanie 61, 182, 191, 264
- Priebs-Macpherson, Alexander 262
- Prilop, Jan-Christoph 498, 519, 524
- Pringle, Jacqui 306
- Proietti, Matias 90, 110
- Pröschel, Ulrich 246, 375
- Pross, Martin 77, 90, 110, 117, 155, 164, 170, 234, 301, 351
- Psczolla, Katharina 95, 340
- Pucher, Stefan 210
- Pukall, Claudia 280, 348
- Puls, Christian Ole 95, 340
- Purino, Fabio 303
- Pütting, Holger 477, 480
- Püttmann, Raphael 155, 170, 351
- Pütz, Uwe 544
- Pytka, Joe 363

Q

- Quester, Peter 107, 258

R

- Raab, Emanuel 471
- Rabe, Maren 156
- Rabenstein, Djamila 334
- Rachals, Markus 263, 309
- Rädeker, Jochen 396, 400, 425, 426, 444, 446
- Radomski, Michael 260
- Radtke, Richard 162, 226, 265
- Rafelt, Leene 328
- Rahaus, Janina 107, 199
- Rankin 72, 116
- Raphael, Ralf 241
- Rapp, Andreas 257, 378
- Rasche, Theresa 157, 225, 234, 301
- Rating, Fritz 307
- Ratzlaff, Dennis 509
- Raupach, Susanne 450
- Rauschen, Matthias 70, 240
- Rauscher, Andreas 146, 397, 432
- Rebmann, Mathias 80, 90, 110, 185
- Rebstock, Martin 394
- Rehde, Malte 152, 226
- Rehm, Hajo 491
- Rehn, Michaela 98
- Rehse, Antje 238
- Reichard, Peter 388
- Reichardt, Joerg 67
- Reinhard, Dietmar 419
- Reinhardt, Andreas 96, 223
- Reinhardt, Sebastian 460
- Reininger, Benjamin 325
- Reinmann, Christian 291
- Reissinger, Michael 218
- Rell, Andreas 146, 180, 397, 432, 482
- Remmers, Jasmin 65, 140
- Renda, Nicola 52, 160
- Rendel, Thomas 488
- Rendtel, Kirsten 104, 117, 164
- Renzler, Hans 498, 519, 524, 531, 536
- Reppa, Thomas 364
- Reschner, Tanja 210
- Reuter, Sabrina 364
- Reuter, Sven 124, 231
- Rewald, Michael 176
- Rewig, Matthias 135
- Rexhausen, Jan 128, 249, 279, 294
- Rey, Carina 514
- Reys, Olaf 257, 378, 531
- Rhee, Do-Sun Robert 488
- Richau, Daniel 380
- Richter, Annegret 73, 77
- Richter, Maik 223
- Ricken, Frank 231, 395
- Riebenbauer, Franz 219
- Riebling, Christoph 354, 358
- Riech, Amelie 519
- Rieken, Torsten 126
- Ries, Mike 350, 442
- Riggert, Jan 65, 140
- Rinsch, Carl Erik 252, 296, 311, 332
- Rist, Andreas 350, 434, 442
- Rittenbruch, Markus 150, 351
- Ritter, Marko 367, 386
- Ritterhoff, Sven 544
- Ritz, Thilo 310
- Röffen, Kai 124, 231
- Roggendorf, John 272
- Röhr, David 200
- Rohrer, Christoph 458
- Rohweder, Inken 165
- Romeiß, Julia 458
- Römmelt, Peter 92
- Rönnspies, Torben 269, 297, 299
- Rönz, Cornelius 310, 344
- Rose, Christine 135
- Rose, Jaqueline 52, 160
- Rosenberg, Simone 141
- Rosenow, Bettina 506
- Rosenthal, Oliver 362
- Roser, Fabian 367, 386
- Rosinski, Bent 115, 162, 265
- Rosocha, Alexander 275, 293, 335
- Ross, Hayo 229
- Rossi, Trixi 544
- Róta, Mark 268, 269, 270, 276, 280, 292, 297, 299, 306, 348
- Rothaug, Daniel 334
- Rott, Gabriela 262
- Rottmann, Markus 165
- de Rouget de Conigliano, P. 303
- Roy, Dorian 362
- Rückert, Frank 471
- Rudolph, Christian 334
- Rudorf, Constanze 227
- Ruf, Christoph 508
- Ruhe, Martin 276, 334
- Rühmann, Lars 253, 296, 515
- Ruiz, Manuel 277
- Rumberg, Dirk 406, 408, 441, 443
- Rümenapp, Katrin 472
- Runge, Claus 174
- Runje, Lilli 260
- Rüschoff-Thale, Barbara, Dr. 475
- Russel, Rick 274

S

- Sabel, Thomas 312, 314, 317
- Sachse, Dieter 382, 384, 464
- Sachtleben, Jörg 141, 238, 327, 335
- Sadakane, Gen 96
- Sahihi, Ashkan 510
- Saken, Jochen 100
- Salley, Raphael 306
- van de Sand, Matthias 308
- Sanel, Oda 304, 449
- Sanjosé, Dr. Axel 368
- Santo, Ben 418
- von Saß, Hartwig 477, 480
- Sasse, Helga 328
- Sattler, Moritz 154
- Sauer, Jane 154
- Sauer, Melanie 458
- Sauter, Joachim, Prof. 382, 384, 464
- Sax, Rainer 356, 380
- Schacht, Torben 94
- Schäfer, Julia 514
- Schäfer, Rainer 508
- Schaffarczyk, Till 76, 196, 442
- Schalansky, Judith 509
- Scharenberg, Wolfram 398
- Schatte, Boris 50, 64, 84, 94, 105, 122, 136
- Schauer, Stefanie 484
- Schecker, Marc 106
- Scheer, Olaf 148, 308
- Scheffler, Robert 50, 64, 122, 136
- Scheidgen, Daniel 472
- Scheler, Irene 80, 185
- Schelkmann, Ann-Katrin 61, 182, 220, 264
- Schels, Walter 188
- Schenk, Marty 272
- Schenk, Michaela 484
- Schepker, Boris 310
- Scherer, Gitti 474
- Schermers, Mark 254
- Scheumann, Sandra 126
- von Scheven, Burkhart 96, 328
- Schierl, Alexander 56
- Schierwater, Tim 226, 276
- Schif, Wolfgang 146, 180, 397, 432
- Schifferdecker, Bernd 406, 443
- Schiffers, Herbert 438
- Schild, Jochen 506
- Schilling, Axel 74
- Schilling, Nele 256, 283, 284, 286
- Schilling, Sandra 86, 138, 334
- Schindler, Heribert 73

- Schingale, Rüdiger 544
- Schirmer, Ursula, Dr. 92
- Schittl, Patrik 488
- Schladitz, Elmar 421
- Schlamp, Armin 473
- Schleidweiler, Vera 135
- Schliessler, Tobias 273
- Schlottau, Christian 75
- Schlungs, Katharina 354, 358, 379
- Schlutter, Wolfgang 157, 225, 234, 301
- Schmelter, Jan 486
- Schmelz, Piet 252, 296, 311, 332
- Schmid, Urs 347
- Schmidhuber, Susanne 458
- Schmidmeier, Merle 228
- Schmidt, Julia 77, 90, 107, 110, 117, 147, 164, 199, 224
- Schmidt, Matthias 73, 117, 147, 164, 199, 224, 338
- Schmidt, Naciye 328
- Schmidt, Sönke 66
- Schmidt, Stefan 48, 67, 246, 263, 309, 375, 508
- Schmidt, Stefanie 401
- Schmidt, Steven 334
- Schmidt, Ulf 363
- Schmidke, Viola 548
- Schmidt-Reitwein, Jörg 266
- Schmitt, Barbara 257
- Schmitt, Ralf 115
- Schmitz, Peter 412
- Schmoranzer, Vanessa 95, 340
- Schmuschkowitsch, Ilja 334
- Schnabel, Michael 446
- Schnauder, Gabi 166
- Schneider, Bernhard 269, 270, 276, 281, 297, 299, 306, 334
- Schneider, Corinna 293
- Schneider, Cornelia 477, 480, 491
- Schneider, Dennis 38, 44, 52, 128, 160, 245, 249, 276, 280, 348
- Schneider, Detlef 512
- Schneider, Iris 551
- Schneider, J. Justus 471
- Schneider, Michael 416
- Schneider, Oliver 82, 231, 395
- Schneider, Pia 56
- Schneider, Silke 56, 241
- Schneider, Tim 71, 82, 231, 252, 256, 286, 296, 298, 311, 332, 395
- Schneider, Verena 440
- Schneider, Wolfgang 42, 58, 86, 138, 201, 216, 271, 272, 283, 284, 290, 328, 329, 441
- Schnitzler, Philipp 36, 150, 351
- Schoeffler, Eric 75, 243
- Schoffro, Florian 428
- Scholze, Eva 117, 147, 164, 224, 258
- Schomberg, Andreas 200
- Schönberger, Michael 291
- Schönen, Thomas 110
- Schöning, Gabriele 474
- Schönmann, Roman 519
- Schott, Chris 468
- Schöttle, Claudia 107, 117, 147, 164, 224
- Schrader, Frank 176
- Schrader, Sven 82
- Schreck, Ralf 468
- Schreiber, Gunther 253, 296, 372, 374
- Schröcker, Jürgen 71, 82, 114, 252, 256, 266, 286, 296, 298, 311, 332
- Schröder, Astrid 134
- Schröder, Dirk 472
- Schröder, Toni 508
- Schronen, Susann 446
- Schrooten, Vanessa Rabea 70, 240
- Schröter, Christof 260
- Schubert, Daniela 98
- Schubert, Niels 400
- Schudy, Nicola 410
- Schultchen, Arne 428
- Schulte, Joko 221
- Schulte-Herbrüggen, Sarah 73
- Schultze, Arne 293
- Schultze, Matthias 367
- Schultz-Ossmer, Ulrike 541
- Schulz, Roland 534
- Schulz, Susi 224
- Schulz, Todd 397, 542

- Schulze, Inga 120, 248
- Schulze, Michael 155, 170, 351
- Schulze, Michael Thorsten 117, 147, 164, 258
- Schunack, Valentin 464
- Schüppel, Thomas 464
- Schuster, Stefan 354
- Schuster, Stefanie 290
- Schuster, Thies 60, 112, 277
- Schütz, Walter 342
- Schütze, Jan 509
- Schwab, Sebastian 210
- Schwalfenberg, Gershom 511, 518
- Schwanke, Mike 458
- Schwartz, Stephan 327, 335
- Schwarz, Benjamin 260
- Schwarz, Esther 78
- Schwarz, Jochen 318
- Schwarzer, Dirk 384
- Schwarzl, Elmar 363
- Schwarzmaier, Gunter 522, 534
- Schweder, Hendrik 115, 162
- Schweickhardt, Heiko 365, 379
- Schwenkert, Liselotte 238, 275
- Schwiedrzik, Boris 48, 263, 309
- Schwingen, Hans-Christian 61, 182, 183, 264
- Seale, Derin 270
- Seegers, Katrin 80, 89, 90, 95, 102, 104, 110, 120, 142, 157, 185, 225, 234, 248, 301, 328, 340, 443, 453
- Seelig, Christine 367
- Segler, Kay, Dr. 548
- Sehr, Kai 266
- Sehrbrock, Alexander 46
- Seidel, Knut 384
- Seifert, Christian 514
- Seifert, Stefan 390
- Seil, Tom 257, 266
- Seinige, Tom 165
- Selimi, Bejadin 358, 360
- Selle, Volker 227
- Selter, Anna 212, 248
- Semik, Oliver 394
- Sengpiehl, Jochen 107, 117, 147, 164, 224
- Sense, Torsten 328
- Serpa, Marcello 293
- Setzkorn, Stefan 56, 241
- Severin, Christian 176, 183, 184
- Shenouda, René 519
- Siebenhaar, Dirk 97, 166, 277, 321
- Siebenhaar, Klaus, Prof. Dr. 384
- Silversved, Niclas 327
- Sinclair, Caruso 252, 296, 311
- Sindt, Sven 137
- Singer, Vappu 98
- Sinn, Andrew 369
- Skerlec, Patrick 312
- Skibbe, Henning 509
- Skinner, Barry 390
- Skoluda, Anna Clea 508, 546
- Skraastad, Trine 470, 544
- Sladek, Oliver 366
- Slisuric, Renata 388
- Smith, Hendrik 344
- Sofinskyj, Natalie 216, 441
- Sohlström, Erik 258
- Sommer, Bastian 424
- Sonneborn, Martin 234, 301
- Sonnendorfer, Sven 473
- Sonnenschein, Melanie 180
- Sontheimer, Nina 474
- Spaetgens, Matthias 80, 89, 90, 95, 102, 104, 110, 120, 142, 157, 185, 225, 234, 248, 301, 328, 340, 443, 453
- Spamer, Jörg 236, 477
- Spang, Michael 472
- Specht, Peter 412
- Speicher, Stefanie 416
- Spengler-Ahrens, Dörte 128, 249, 279, 294
- Sperling, Kim 50, 64, 122, 136

- Sperling, Mascha 249, 466
- Spies, Marco 365
- Spindler, Rudolf 438
- Spohd, Eberhard 508
- Sponticcia, Martin 349, 376
- Sprenger, Florian 366
- Sprungala, Hubertus 162, 226, 265
- Staebler, René 509
- Stagg, Melanie 229
- Stähelin, Jürg 165
- Stamm, Henning 302, 344
- Stange, Antje 107, 147
- Stange, Raimar 502
- Starck, Hans 80, 120, 185, 248
- Stauber, Roland 76, 196, 442
- Stäuber, Steffen 180, 397, 435
- St. Clair, Bruce 263, 309
- Stearns, Tony 254
- Steffen, Jens 354, 358, 360
- Steffens, Steffen 84, 94, 105
- Steger, Peter 244
- Stehle, Alexander 212, 248
- Stein, Jens 73, 77, 117, 147, 164
- Steinegger, Christoph 436, 502
- Steiner, Dominique 107, 117, 164
- Steinhardt, Marc 73
- Steinl, Inge 223
- Stempel, Sybille 229
- Stempels, Jan-Piet 40, 103, 117, 344
- Stephan, Daniela 103
- Stephens, Shailia 364
- Sternsdorf, Björn 388
- Steur, Markus 410
- Stiebel, Katie 279, 294, 302
- Stierle, Jörg 468
- Stiller, Mathias 42, 58, 86, 138, 201, 216, 271, 283, 284, 290, 328, 329, 334, 441
- Stöckle, Frank 320
- Stockmar, Tim 95
- Stoffels, Sebastian 298
- Stöhr, Darek 269, 279, 294, 297, 299
- Stolle, Robert 198, 531, 536
- Stolz, Mirko 96
- Storath, Matthias 52, 160, 257, 378
- Storto, Carola 82, 231, 395
- Storz, Franziska 528
- Strass, Marc 276
- Strasser, Sebastian 307
- Strathus, Tim 153
- Strauß, Peter 363
- Strecker, Angela 412
- Streidl, Barbara 438
- Streiter, Georg 167, 538
- Streppelhoff, Silke 368
- Stricker, Christoph 60, 65, 112, 140, 277, 322
- Ströh, Peter 269, 270, 272, 279, 281, 294, 297, 299, 306
- Stromberg, Tom 210
- Stübane, Tim 199, 224
- Stubbe, André 382
- Stuck, Silke 528
- Studt, Jan-M. 390
- Stürmer, Frauke 115
- Stüting, Stefanie 515
- Suarez Argueta, Javier 38, 74
- Sudendorf, Malte 334
- Suendermann, Lutz 394
- Sürek, Eva 369
- Süß, Andreas 343
- Süss, Thomas 252, 296, 311, 332
- Süssmayr, Florian 513
- Swistowski, Joanna 162
- Switala, Kerstin 551
- Swoboda, Robert 468

T

- Tabert, Margit 176
- Talbott, Kate 273
- Talwalkar, Sachin 243
- Tamschick, Charlotte 472
- Tang, Thi Nga 438
- Tank, Fabian 477, 480
- Tapp, Burkhard 440
- Tappert, Brunhilde 324

- Tarsem 293
- Taunay, Ricardo 293
- Taylor, Christine 48, 67
- Tebartz, Silke 328
- Tehrani, Turan 38, 44, 52, 128, 160, 245, 249, 280, 348
- Teidler, Natascha 277
- la Tendresse, Carsten 366
- Terhart, Martin 36, 44, 268, 280, 292, 348
- Terkowski, Gabi 300
- Tettenborn, Michael 282
- Teulet, Mel 306
- Tewes, Max 397, 435
- Theissen, Caroline 231, 395
- Theobald, Ann 436
- Thernes, Sabine 368
- Thiele, Liv Kristin 100
- Thiele, Thomas 64, 84, 105, 136
- Thielmann, Martin 238
- Thieme, Sascha 224
- Thies, Alexander 509
- Thiesen, Christian 104
- Thiry, Isabelle 498, 519
- Thole, Mirjam 293
- Thomas, Nicole 52, 73, 160
- Thomé, Susanne 204, 247
- Thomsen, Antje 354
- Thormann, Christian 366
- Thywissen, Philipp 124, 231
- Tiedemann, Kay-Owe 344
- Tiedje, Olaf 508
- Timmermann, Martin 65, 140
- Tischer, Axel 104, 120, 248
- Tischer, Janet 70, 240
- Toerkell, Armin 484
- Toland, Chris 273
- Tomaschko, Rolf 260
- Tomlinson, Marcus 306
- Topen, Paul 306
- Trabuco, Joao 443, 453
- Trau, Frank-Michael 56, 241
- Trautmann, Michael 61, 78, 182, 264
- Traves, Justin 306
- Treisch, Julia 338
- Trenton, Adelina 354, 358
- Treshow, Stefan 272
- Trippel, Claudia 68, 150, 156, 230, 245, 342, 351, 439
- Trobitz, Ingrid 396, 425
- Troxler, Annik 410
- Trümper, Kristin 486
- Tscherter, Thomas 476
- Tügel, Tetjus 450
- Tulinius, Tomas 10, 62, 101, 103, 117
- Turkenberg, Jan 344
- Turner, Sebastian 90, 110, 234, 301
- Tychsen, Henrik 288

U

- Ude, Dirk 96, 255, 297
- Uebele, Andreas, Prof. 398, 454
- Uhlig, Agnes 162, 265
- Ulmer, Götz 36, 38, 44, 52, 54, 74, 143, 160, 268, 276, 280, 292, 348
- Ulrich, Christine 343
- Unbehaun, Carsten 257, 378
- Unfried, Peter 540
- Unger, Conny 304, 449
- Urban, André 486
- Urban, Sonja 137
- Urbauer, Anne 548
- Uselmann, Tanja 265

Masterfile
Rights-Managed and Royalty-Free

Ohne Bild kein Nagel

Nicht suchen. Finden!

Masterfile.com

Mit SimSearch™ schneller zum ausgezeichneten Bild.
Kontakt: 0211 95 77 00 oder duesseldorf@masterfile.com

700-659665 © Mark Peter Drolet / masterfile.com

BLICKTRICKS
Anleitung zur visuellen Verführung

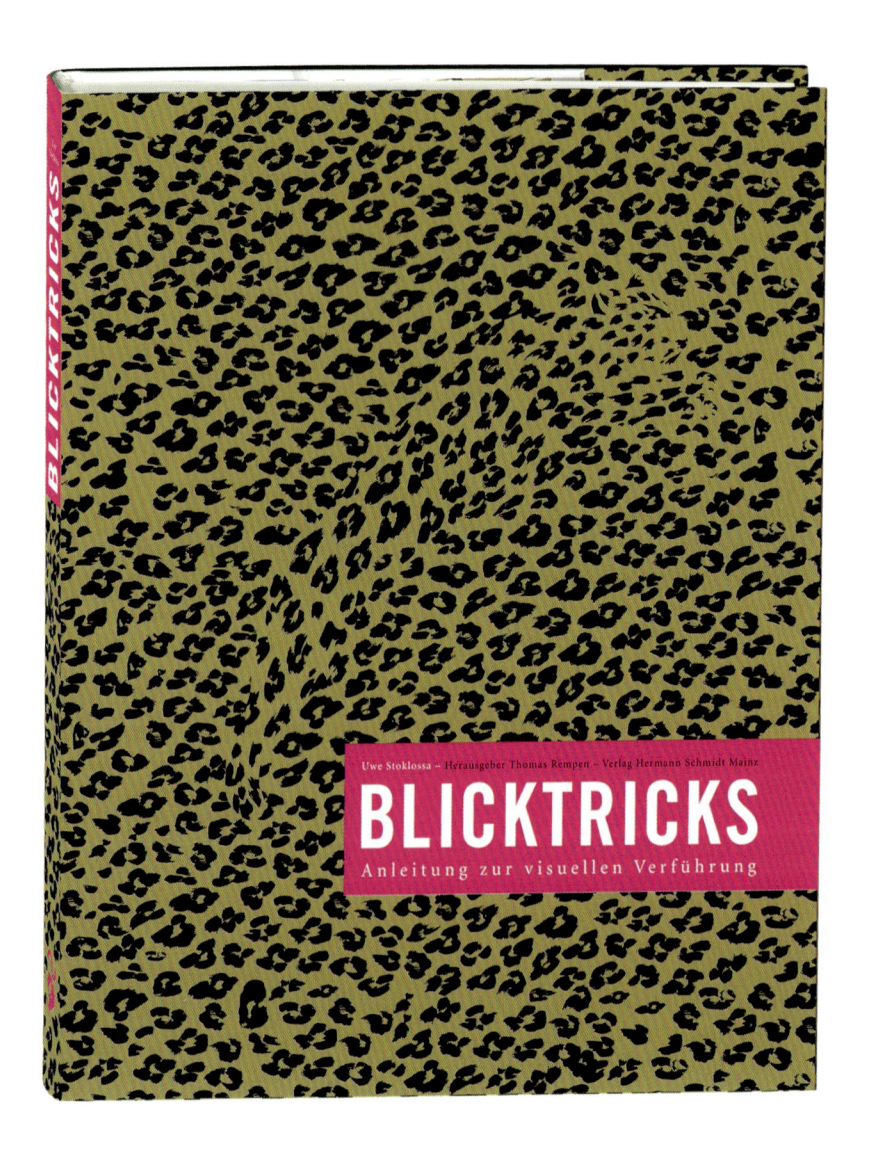

UWE STOKLOSSA
Blicktricks
Anleitung zur visuellen Verführung
Herausgegeben von Thomas Rempen
274 Seiten mit über 500 farbigen Abbildungen
Format 24,5 x 28,7 cm
Festeinband
Euro 68,– | sFr. 110,–
ISBN 3-87439-681-9
[ab 1.1.2007 ISBN 978-3-87439-681-3]

VERLAG HERMANN SCHMIDT MAINZ
Der führende Fachverlag für Typografie | Grafikdesign | Werbung

V

- van den Valentyn, Birgit 199, 224
- Vanoni, Roland 310
- Vedam, Achim 260
- Veit, Georg 484
- Veken, Dominic 221
- Vens, Stephan 266, 298
- Vest, Peter, Dr. 367
- Vidière, Jean-Louis 474
- Vidokle, Anton 436
- Vieira, Sara dos Santos 90, 110, 120, 248
- Viets, Oliver 356
- Vitorelli, Rita 502
- Vogel, Bettina 312
- Vogel, Birgit 458
- Vogel, Stephan, Dr. 81, 108, 130, 230
- Vogel, Friederike 76, 196, 346, 442
- Vogt, Arne 511, 518
- Vogt, Jasper 327, 335
- Vogt, Thomas 260
- Voigt, Florian 183
- Voigt, Sebastian 328
- Voigt, Thorsten 370
- Voit, Robert 526
- Vollmer, Nicole 139
- Vollmert, Sebastian 508
- Vollmöller, Bernd 551
- Voss, Oliver 36, 44, 52, 74, 78, 139, 160, 226, 242, 268, 276, 280, 292, 295, 326, 348
- Vossen, Jürgen 71, 82, 114, 231, 252, 256, 266, 286, 296, 298, 311, 332, 395
- Vurma, Liisa-Triin 89, 102, 142
- Vydra, Alan 390

W

- Waechter, Johannes 438
- Waernes, Jens Petter 128, 249
- Wagener, Matthias 356
- Wagner, Anselm 502
- Wagner, Frank 476
- Wagner, Martin 474, 482
- Wagner, Thimoteus 68, 150, 156, 230, 269, 270, 272, 273, 281, 297, 299, 306, 342, 351, 439
- Wagner, Till 350, 434, 442
- Waibel, Peter 349, 376
- Waldschütz, Jörg 354
- Walker, Patricia 347
- Walker, Pius 347
- Wallek, Thomas 210
- Walmrath, Thomas 416
- Walter, Andreas 209, 248, 275, 335
- Walz, Marco 400
- Walz, Stefan 349, 367, 376, 386
- Wannieck, Tobias 484
- Warnecke, Detlef 440
- Wauer, Robert 334
- Wauschkuhn, Michaela 372, 374
- Webecke, Ingo 268, 292, 295
- Weber, Birgit 78
- Weber, Diana 71, 82, 114, 252, 256, 266, 286, 296, 298, 311, 332
- Weber, Marco 81, 130
- Weber, Michel 460
- Weber, Nora 269, 270, 276, 297, 299
- Weber-Grün, Alexander 63, 142, 325
- Webster, Alex 274
- Wedendahl, Kasper 256, 286
- Wegener, Caroline 472
- Weidenbach, Richard 56
- Weil, Stefan 486
- Weiler, Jan 438, 498, 519, 524, 528
- Weiner, Ann-Katrin 496, 505, 519
- Weinmann, Nina 77
- Weiretmayr, Richard 52, 160
- Weische, Christof 324
- Weise, Niklas 298
- Weishäupl, Hans 78, 139, 242, 278, 295, 326
- Weiß, Markus 356
- Weiß, Volkmar 69
- Weissenberger, Lothar, Dr. 150, 351
- Weixler, Hermann 438
- Welle, Jörn 183, 324
- Wellenreiter, Kurt 81, 130
- von Weltzien, Deneke 52, 54, 68, 74, 78, 143, 150, 156, 160, 222, 226, 230, 245, 268, 270, 272, 273, 279, 281, 292, 294, 299, 306, 351, 439, 441
- a Wengen, Eva 141
- Wenk, Martin 349, 376
- Wenninger, Katja 72, 116
- Wentz, Jan 310
- Werning, Gerolf 401
- Wernle, Barbara 249, 466
- Weski, Thomas 535
- Westenberger, Christina 264
- Wetzel, Patricia 126
- Weyland, Beate 434
- Weymann, Nico 60
- Wichmann, Dominik 406, 443, 494, 507, 513, 517, 520, 526, 528, 535
- Widder, Barbara 71, 82, 114, 252, 256, 266, 286, 296, 298, 311, 332
- Widmaier, Felix 426, 446
- Widmann, Marcus 349, 376
- Widmer, Gisela 397, 542
- Wiebking, Lars 279, 294
- Wiedemann, Esther 283, 284
- Wiedemann, Werner A. 508
- Wiegel, Susanne 62, 65, 112, 140
- Wiek, Ole 416
- Wieland, Jens 369
- Wiemann, Eike 350, 434, 442
- Wieners, Helke 100, 157, 214, 338
- Wieners, Ralf 97, 166
- Wientzek, Marc 71, 82, 114, 231, 256, 266, 286, 395
- Wierer, Steffen 509
- Wiese, Ellen 304, 449
- Wildner, Thommy 282
- Wilhelm, Alexander 302
- Wilkesmann, Dirk 124, 231
- Wille, Volkhard, Dr. 76, 196, 346, 442
- Willersinn, Kai 212, 248
- Willner, Wilfried 508
- Willvonseder, Claudia 227
- Wilmsen, Daniel 288
- Windfuhr, Holger 516
- Winding, Catharina 249, 466
- Winkler, Sabine 454
- Winschewski, Anke 98
- Winter, Martin 448
- Winterhager, Penelope 95
- Wirth, Thomas 515
- Witsche, Julia 73
- Witt, Stefan 488
- Witt, Stefanie 216, 441
- Wittig, Harald 183
- Witting, Lennart 61, 182, 220, 264
- Wittkowski, Clemens 308
- Wöhler, Philipp 73, 77, 117, 164
- Wohlfarth, Holger 108, 230
- Wöhrle, Hannes 390
- Wolf, Eberhard 406, 443
- Wolf, Michael 172
- Wollmann, Viktoria 73
- Wondollek, Bernd 260
- Woodruff, Richard 363
- Wortmann, Hildegard 44, 276
- Wübbe, Stefan 210
- Wuchner, Heinz 81, 130
- Wuchner, Marc 81, 130
- Wuchterl, Hannes 133
- Wulff, Söhnke 380
- Wurst, Stefanie 107, 117, 147, 164, 224, 258
- Würth, Peter 548
- Wyrwoll, Jeanine 104, 258, 328
- Wyst, André 532
- Wyville, Jon 273

Y

- Yom, Bill 137
- Yuhlmann, Daniel 280, 348

Z

- Zaschke, Christian 408, 441
- Zastrow, Dietrich 80, 118, 204, 247
- Zecher, Andreas 509
- Zeh, Joachim 71, 82, 114, 231, 395
- Zeh, Thorsten 244
- Zehender, Stephanie 400, 444
- Zenger, Roland 413
- Zerelles, Bernd 184, 537, 546, 550
- Ziebarth, Mark 349, 376
- Ziegle, Anne 270
- Ziegler, Anne 183
- Ziegler, Julia 44, 52, 160
- Ziemann, Béla 263, 309
- Zilligen, Ralf 335
- Zimmermann, Guido 419
- Zingler, Werner 153
- Zingrebe, Tanja 551
- Zoelch, Michael 349, 376
- Zucht, Monika 511, 518
- Zünkeler, Ulrich 106, 210, 288, 344, 440

IMPRESSUM

HERAUSGEBER
Herausgeber und verantwortlich
für den redaktionellen Inhalt:
Art Directors Club Verlag GmbH
Leibnizstraße 65
10629 Berlin
T 0 30.5 90 03 10-0
www.adc.de

KONZEPT UND GESTALTUNG
Claus Koch™

REDAKTION
Susann Schronen, Skadi Groh

ADC PROJEKTMANAGEMENT
Skadi Groh

FOTOGRAFIE
Dietmar Henneka (Titel und Bildstrecke)
Oliver Lippert (Schutzumschlag und Stills)
Peter Adamik (Jurys – Gruppenbild und Schuhsohlen)

ILLUSTRATION
Thilo Rothacker

DANK
Ulrich Leschak (Gruß an N. Bolz)
ORT Medienverbund GmbH, Krefeld

ORGANISATION
Günter Busch, Bertram Schmidt-Friderichs

HERSTELLUNG
Günter Busch, Eleonora Frolov

SATZ
Universitätsdruckerei H. Schmidt, Mainz:
Claudia Fuchs, Volker Kehl, Nina Knobloch, Michael Staab, Jennifer Töpel;
Eleonora Frolov (Gestaltung der Gewinnerseiten)

SCHRIFT
Futura LT Light, Book, Medium, Bold

DRUCK
Universitätsdruckerei H. Schmidt, Mainz

BINDUNG
Buchbinderei Schaumann, Darmstadt

SCHUTZUMSCHLAG UND EINBAND
Bilderdruck-Papier BVS, glänzend, 135 g|m² von Scheufelen
und Buchleinen Metallium 12302

PAPIER
Bilderdruck-Papier BVS, glänzend, 135 g|m² von Scheufelen

VERLEGER
Verlag Hermann Schmidt Mainz
Robert-Koch-Straße 8
55129 Mainz
F 0 61 31.50 60 30
T 0 61 31.50 60 80
www.typografie.de

ISBN 3-87439-702-5 (978-3-87439-702-5)

© 2006 by Art Directors Club Verlag GmbH
Nachdruck, auch auszugsweise, nur mit Genehmigung
der Art Directors Club Verlag GmbH

Die Deutsche Bibliothek – CIP-Einheitsaufnahme
Ein Titelsatz für diese Publikation ist bei der Deutschen Bibliothek erhältlich.

Claus Koch